Paula Molte

OMA TANZT

PAULA MOLTE

Oma tanzt

Tanzen wir weiter?!

Die Deutsche Nationalbibliothek verzeichnet diese Publikation in der Deutschen Nationalbibliografie; detaillierte bibliografische Daten sind im Internet über dnb.dnb.de abrufbar. Die Schweizerische Nationalbibliothek (NB) verzeichnet aufgenommene Bücher unter Helveticat.ch und die Österreichische Nationalbibliothek (ÖNB) unter onb.ac.at.

Unsere Bücher werden in namhaften Bibliotheken aufgenommen, darunter an den Universitätsbibliotheken Harvard, Oxford und Princeton.

Paula Molte:
Oma tanzt. Tanzen wir weiter?
ISBN: 978-3-03830-420-3

Foto Mohnfeld:
© pixabay / Karsten73

Gestaltung Cover & Foto v. Autorin:
© Christine Wimmer / freeegrafffix@yahoo.de

Buchsatz: Danny Lee Lewis, Berlin: dannyleelewis@gmail.com

Paramon® ist ein Imprint der
Europäische Verlagsgesellschaften GmbH
Erscheinungsort: Zug
© Copyright 2018
Sie finden uns im Internet unter: www.paramon.at

Im Gedenken an meine geliebte Oma und ihre Nachgeborenen.
Für meine Enkelkinder und ihr Geschwisterchen, das sein
Erdenleben im Spätsommer beginnen wird.

Für Rudi

Paula Molte

Inhalt

Weiter tanzen

für P.

*verwandelst
was so unheil
trostlos ist
indem du es
betastest
anschaust und
durchdringst
mit worten*

Jan 2018
von Evi

Handelnde Menschen

- Philomena Kössler, die Erzählerin

PHILOMENAS HERKUNFTSFAMILIE
- Ihre Eltern – Frieda Hanna (Muggerl) und Wilhelm
- Ihre jüngeren Brüder – Michael und Günter, der Jüngste
- Friedas (Muggerls) und Ritas Eltern – Frieda und Karl
- Friedas (Muggerls) Schwester Rita
  ihre Halbschwester Magda
- Ritas Mann Matthias
- Die Schwestern Friedas – Katharina (Tante Kathi), Erna und
  noch acht weitere Geschwister
- Wilhelms Eltern – Max und Margarete;
- Wilhelms Tanten – Dora, Herta, Maria
- Wilhelms Schwester Konstanze und Wilhelms Bruder Max

PHILOMENAS FAMILIE UND FREUNDINNEN
- Jakob, ihr Mann
- Miriam, deren Tochter
- Miriams Kinder – Simon und Hanna
- Der Vater von Miriams Kindern, Viktor
- Miriams beste Freundin Alva
- Philomenas liebste Freundin Elisabeth, deren Schwester Paula
  und Bruder Harald
- andere Freundinnen: Agathe und Barbara mit ihrem Freund
  Vinzenz
- KinderfreundInnen: Barbara, Manuela, Norbert und Axel
  mitschüler: Andreas
- Die Kindergartenlieblings*tante*[1] Herta
- Ihr Lehrer Bernd

---

[1] Heute: Kindergartenpädagogin, da *keine verwandtschaftliche Beziehung zum Kind*
besteht.

JAKOBS FAMILIE
- Jakobs Eltern – Johanna und Alfred
- Johannas jüngster Bruder und Jakobs Onkel Rudolf
- Alfreds Schwester Gertrud

MICHAELS FAMILIE
- Matteo, sein Sohn
- Maria, Matteos Mutter und Michaels Exfrau
- Nina, seine jetzige Lebensgefährtin
- Marlene, die älteste Enkeltochter Ninas

GÜNTERS FAMILIE
- seine Exfrau und die Mutter seiner Kinder, Irene
- seine Kinder Amanda und Liv
- seine Freundin Isabella

FREUND DER HERKUNFTSFAMILIE
- Herbert

Handlungsorte

Waghofen, *Metallwerk(e) Waghofen*,
Grubenau, Oberbuchenberg bei Grubenau, Marienstein
Birkenmoor, Salzburg
Baden, Kottingbrunn, *Waldbühl, Oberbühl, Waidhall;* Spittal, *Weiß-see*, Hermagor, *Möllach, Radthal, Patengauhofen*

Zuvor

Hier liest du, wenn du magst, eine Entwicklung meiner Familie aus meiner ganz persönlichen Sicht. Meinen Zugang zu den Themen, die sich aus meiner Familiengeschichte ergeben und meine Entwicklung, meinen Weg zu trauern und mir immer näher zu kommen.

Ich schreibe in großer Dankbarkeit, alles erlebt haben zu dürfen in den Begegnungen, in den Situationen und mit den Menschen. So konnte ich lernen und wachsen und spüren.

In großer Dankbarkeit hier zu leben, wo ich lebe, in relativer (vermeintlicher) Sicherheit und in Luxus. Für mich konnte ich lernen, wie gut es tun kann, Zeit zu haben und mir näher zu kommen. Es ist ein Lernprozess, aus einem langjährigen Leistungs- und Perfektionsdenken, annehmen zu können, Zeit zu haben. Gleichzeitig die Geduld und die Bewusstheit anzunehmen, was ist.

Ich gehöre der zweiten Generation nach dem Krieg an und darf bewusst Verstrickungen lösen. Welche Werte will ich weiter kultivieren, welche Eigenschaften und Haltungen übernehme ich gerne, weil sie zu mir gehören, welche gebe ich meinen AhnInnen zurück?

Die Flüchtigen, die wir jetzt erleben auf Grund der Weltsituation haben Not und benötigen bei weitem andere Überlebensstrategien. Was kommt auf sie noch zu? Wie wird sich alles entwickeln? Ergreifen wir alle die Chance zu lernen?

Diese Welt wünsche ich mir für unsere Kinder, Enkelkinder, Urenkel und allen Nachgeborenen: ein respektvolles, liebendes Miteinander und genauso sich selbst liebevoll und achtend annehmen zu lernen!

Teil 1
Oma tanzt

IE VERDIENTE IHR EIGENES GELD als Dienstmadl am Peters-hof bei *den Reichen*.

Als kleines Mädel schon hatte sie bei *den Reichen* die Tennisbälle aufgeklaubt, um das verdiente geringe Trinkgeld für ihre neun Geschwister und ihren arbeitslosen Vater nach Haus zu bringen. Er hatte in der Gärtnerei gearbeitet, so konnte die Familie noch von dem Gemüse leben, das er nach Hause brachte. Ende der Zwanzigerjahre war das dann auch vorbei. In Zimmer-Kuchl-Kabinett haben sie zusammengerückt geschlafen und gegessen. Oma, ihre Eltern hatten sie Frieda genannt, schlief auf der harten Küchenbank. Basena und Klo gab's am Gang.

Ihre Mutter war Ungarin. Sie starb, als sie vierzig war und hinterließ ihrem Mann zehn Kinder zu versorgen. Frieda war nicht die Älteste. Für alle Kinder galt es, gegenseitige Hilfe zu leisten; die älteren unterstützten die jüngeren. Alle Geschwister, die konnten, sorgten in einem täglichen Kampf irgendwie dafür, den Lebensunterhalt, zumindest das Allernotwendigste zu Essen aufzubringen. Angst vorm Hungern. Schlafen auf der Küchenbank. Sie kannte nichts anderes. Es war immer hart.

Oma war kein Bankert. Sie wollte auch nie in die Situation kommen, mit Bankerten[1] schwanger zu sein.

Frieda war als junges Mädel immer gerne »auf der Geh«. Sie tanzte bis in die frühen Morgenstunden und ging dann arbeiten. Sie liebte das Leben.

Frieda tanzte. Sie zog ihr schönstes Kleid an. Ihr einziges schönes Kleid. Sie legte großen Wert auf Reinlichkeit. Sie ist eine schöne Frau mit dunkelbraunen Augen und feinen Gesichtszügen. Sie war frei. Ihr eigenes Geld verdient. 1934.

Oma liebte die Freiheit, tanzte und verdiente ihr eigenes Geld. Erna, ihre ältere Schwester war anders.

---

[1] uneheliches Kind – *auf der Küchenbank gezeugt,* oft: mit der Magd gezeugt.

Katharina war lebenslustig wie sie. Erna streng, katholisch. Frieda nicht.

Frieda lernt Männer kennen; einer verspricht ihr die Sterne vom Himmel. Frieda wird schwanger.

Frieda weiß, was sie will – kein Bankert, es muss geheiratet werden. Der Mann ist verheiratet.

Frieda besteht auf einer Scheidung, er muss zu seinem Kind stehen, die Verantwortung übernehmen – zu ihr stehen.

Ihr gemeinsames Kind kommt zur Welt – Frieda. Der Vater nennt sie Muggerl. Er liebt ihre *Guggascheckerln* (Sommersprossen), die in Muggerls Gesicht sprießen. Er liebt das Kind abgöttisch und Muggerl kann seine Liebe spüren. So erzählte Frieda, meine Mutter, in ihren späten Jahren. Sie erinnerte sich, dass sie als junges Kind monatlich mit einem Kuvert zu einer bestimmten Adresse gegangen ist und Geld abgegeben hat. Sie tat es einfach, ohne zu wissen.

Am Begräbnis meiner Oma sollte Friedas Schwester Rita ihre zweite Schwester kennenlernen – niemand in unserer Familie wusste von ihrer Existenz – Muggerl schon. Da war noch ein Mädel vom Vater. Sie wurde verschwiegen. Rita erfuhr von dem dritten Kind ihres Vaters erst, als ihre Mutter 1999 gestorben war, zufällig, denn das dritte Kind war die Schwiegertochter der hiesigen Steinmetzfamilie.

Überleben in Kriegszeiten

Rita wurde geboren, der Vater musste in den Krieg. Vom Vater weiß niemand genau, wer er war, wie er untergetaucht war. Er sollte sich selbst verletzt haben und dann im Pferdelazarett ge*dient* haben.

Frieda hatte auch im Krieg als Dienstmadl gearbeitet. Und dann wollte sie immer schwanger bleiben, damit sie sich keine Sorgen ums Überleben ihrer Töchter machen musste. Woher jeden Tag was zu essen bekommen?

Drei Jahre nach Muggerl wurde Rita geboren. Zwei Kinder durchfüttern. Sie hatten vorerst eine Schlafgelegenheit in einer Dachkammer auf Kartoffelsäcken – sie waren auch nicht weicher als die Küchenbank.

Sie bekamen das Geld vom Vater, den sie erst nach dem Krieg wiedersehen sollten.

Frieda konnte ihren Augen nicht trauen: Aus Unwissen, was mit ihrem Mann in seiner Zeit als Soldat passiert war, war die Überraschung unbeschreiblich, als er dünn und ausgezehrt nach dem Krieg die Straße entlangkam – er war es.

– Da kam er, ich stand da und sah, wie er in die *Bratnerstroß'n*[2] einbog und lachte. –

Oma erzählte diese Geschichte oft, immer wenn wir bei meinen Besuchen in Baden in die *Bratnerstroß'n* spazierten, wo sie nach dem Krieg von den Russen eine kleine Wohnung zugewiesen bekommen hatten. Sie mussten aus der alten Behausung ausziehen. Das erste zugewiesene Zimmer war ein dreckiges Zimmer, unzumutbar für eine Frau mit zwei kleinen Kindern. Mutig ging Oma ins Hauptquartier der Russen und forderte für sich und die Kinder ihr Recht auf eine ordentliche und größere Wohnung. Frieda konnte sehr hartnäckig sein. Für sich und die Kinder erreichte sie alles. Diese Oma spür ich in mir, sie trotzte der Gefahr und setzte sich für das Notwendige ein!

Sie hatte die verwanzten Möbel der neuen größeren Wohnung in die Schwechat geworfen, erzählte Oma mir auf unseren Spazier- und Einkaufsgängen durch Baden. Wir standen an der Brücke über der Schwechat. Es stank intensiv nach Schwefel. Das ist der gesunde heilende Schwefel, weswegen viele Leute nach Baden auf Kur kommen – auch ins Johannisbad, wo Oma arbeitete. Da lagen doch tat-

---

[2] Braitnerstraße

sächlich eine Couch und andere Möbelstücke in der Schwechat! Das war allerdings in den achtziger Jahren.

In diese Wohnung kam der Vater, Karl, zurück. Wieder zurück in die Zeit des Hungers und der Arbeitslosigkeit. Er hütete etliche Kilometer außerhalb bei den Russen Schweine. Muggerl brachte ihm zu essen. Jeden Tag, mit dem Fahrrad viele Kilometer. Karl und Frieda stritten viel – Frieda sprach danach tagelang kein Wort mit ihrem Mann.

Karl rauchte. Er aß nicht viel. Im Krieg hatte er auch nichts gegessen, nur geraucht; auch die von anderen Soldaten weggeworfenen Tschick.

Muggerl meinte immer, ihre Mutter hatte sie nie geliebt. Nur die Rita; sie war krank an der Niere und bekam deshalb immer besseres Essen. Sie bekam die Orange, nicht die ältere Schwester.

Oma verschuldete sich wegen Rita, um ihr gesundes Essen zukommen zu lassen; vor Sorge vor Verschlimmerung der Krankheit! Muggerl verdiente nach der Schule ihr eigenes Geld im Büro.

Muggerl war immer die Beste in der Schule – das war ihr wichtig. 300 Schilling verdiente sie später im Büro und brachte sie nach Hause.

Rita hatte immer irgendwie welche »Fetzen« – schöne Kleider. War Neid herauszuhören, wenn Muggerl so abwertende Worte über ihre Schwester benutzte? Eifersucht? Zu kurz gekommen? Rita wollte Schauspielerin werden. Sie lernte in Wien interessante Leute kennen. Ihr Herzensweg wurde möglich.

Friedas (Omas) Mutter starb früh, sie konnte ihre Liebe Frieda so wenig spüren lassen, viel zu wenig. Zu bald tot.
Zu bald groß werden müssen und als Kind zu viel Verantwortung fürs Überleben.
Und Frieda? Muggerl konnte die Liebe ihrer Mutter nicht *annehmen*, nicht sehen, nicht spüren. Genauso zu bald Verantwortung übernehmen, den Vater versorgen. Die Angst vor den Russen.

Die Villen, an denen sie mit dem Rad vorbeifuhr – zerschossen.
Die Schüsse!
Nein, sie hat nichts gesehen. Und nichts gehört; meine Mutter hatte vom Krieg nicht erzählen können, Oma eher.

Ein Rätsel ist für mich, dass niemals von den abtransportierten Juden die Rede war; meine Mutter war zu jung, um einzuordnen, warum jemand aus ihrer Klasse verschwunden sein sollte. Wie die Nazis in Baden gewütet hatten, davon erzählte mir Oma nie. Sie schimpfte deftig auf die Nazis, mied es dennoch, tiefgehender zu erzählen, was außerhalb der Familie geschah; auch nicht vom Pogrom gegen die Juden. Baden war bekannt als eine Stadt, in der viele Juden gelebt hatten.

Die Kellerkinder bekommen alle Rachitis. – Ich wusste schon als Kind, was Rachitis ist. Kellerkinder lebten in Kellerwohnungen ohne Tageslicht, oder zu wenig Tageslicht aus den Lichtschächten. Schwarze Schatten unter den Augen, krumme Rücken von den kranken Knochen.

Mutter erzählte mir *nur* von den rachitischen Kindern aus den Kellerwohnungen. Viele wohnten im Souterrain. Ich war um die vierzig, als ich mit Mutter in Baden durch die Gassen spazierte und sie in Erzählerinnenlaune war. Sie fühlte sich in einer kleinen Gasse an ein schreckliches Ereignis erinnert. Sie zeigte auf die Kellerfenster der Souterrains und erzählte von Zwillingen, zwei Mädchen, die dort unten im Keller gewohnt hatten. Die beiden Mädchen waren wie sie acht Jahre alt, als sie immer dünner und kränker wurden und an Tuberkulose starben. Sie erzählte von den tiefliegenden Augen der Mädchen mit tiefschwarzen Ringen und, dass Mutter mit ihnen zur Schule ging und spielte. Kellerkinder. Mutter war bei diesem Thema ausnahmsweise sehr bewegt. Ich bekam solche Tatsachen von ihr in kleinen Dosen mit, wobei die Abstände zwischen diesen Informationen Jahrzehnte dauerten.

Oma war für mich eine starke Frau, die sich kein Blatt vor den Mund nahm. Allerdings in jeder Hinsicht. Wenn ihr jemand nicht entsprach, war er *Gsindel*. *Odraht* waren Leute, die andere ausnutzten; naja und als damals die ersten *Tschuschen* ins Land kamen, saß ihr vermutlich *der Russe* noch im Nacken.

Geliebte Oma

Mit einer Kindheit voll Liebe kann man ein halbes Leben hindurch
für die kalte Welt haushalten.

Jean Paul

Sie konnte schon tief in ihre Kiste von Vorurteilen greifen. Dabei trat die Schillingzeitungleserin in ihr hervor. Und die Schilling Zeitung weiß bekanntlich in Wespennester zu stechen, in die hetzerische Seele der ÖsterreicherInnen. Trotzdem konnte ich Oma nicht böse sein. Obendrein kannte sie jugoslawische Frauen persönlich. Mit ihren jugoslawischen Arbeitskolleginnen hatte sie einen freundschaftlichen und wertschätzenden Umgang, weil sie diese kannte.

Ich ging fünf Kilometer zu Fuß von zu Hause nach Grubenau oder fuhr mit dem Fahrrad. Ich musste ein Stück durch den Buchenwald. Es konnte stockfinster sein – ich hatte nie Angst! Oma warnte mich vor den *Tschuschen*, die im Wald warteten und mich vergewaltigen würden; ich sollte bei Tageslicht nach Hause kommen. Sie wusste, dass ich das als jugendliches Mädel nicht ernst nehmen konnte. Oma machte sich Sorgen um mich. Sie hatte zu viel erlebt.

– Vor den Tschuschen muss man sich in Acht nehmen. Wir haben die Kinder versteckt, die Mädchen! –

Und:

– Geh nicht allein fort und komm vorm Dunkelwerden nach Hause! Geh nie allein durch den Wald! Du wirst noch überfallen! In der Zeitung liest man so viel von Überfällen! –

Oma hatte Angst um mich! Die *Tschuschen* waren für sie wie die Russen. Das steckte wie gefrorenes Blut in ihren Adern.

Sie selbst hatte von den Russen profitiert. Ihr Mann bekam Arbeit bei ihnen und ein Fahrrad.

Und Zigaretten. Oma hatte kein Problem, von den Russen zu erzählen, dass die Mütter ihre Töchter versteckt hatten, um sie vor Übergriffen zu schützen. Ihre Schwester Katharina erzählte, wie die Russen in Kottingbrunn geschändet hatten! In dritter Person, über andere, aber sehr persönlich.

Oma erzählte immer vom Krieg, wenn ich's hören wollte, ob ich fragte und oder nicht.

Oma hasste die Nazis. Sie wollte nur ihre Kinder heil durch diese furchtbare und entbehrungsreiche Zeit bringen.
– Leg deine Kleider ordentlich auf den Stuhl! Wenn Fliegeralarm war, mussten wir unsere Kleider geordnet haben. Da konnten wir nicht zum Suchen und Ausdrehen anfangen. Da hieß es so schnell wie möglich in den Luftschutzkeller. –
Textilkrapfen (den Ausdruck fand ich bei Christine Nöstlinger, hätte von Oma sein können!) hätten dir das Leben kosten können.

Sie sagte nicht: – die Vorhänge zuziehen –, sie sagte: – verdunkeln – und erzählte, dass alles Licht ausgemacht werden musste, damit kein Schein nach außen drang und die Piloten bei Fliegerangriffen nicht die Lichter der Städte sehen konnten.

Oma und ich diskutierten viel. Sie schätzte Bruno Kreisky und Johanna Dohnal.

– Solche Politiker sind wichtig, die schauen, dass wir Frauen zu unserem Recht kommen. –

Oma war bis zu ihrer Pensionierung Dienstmadl – trotz ihres Alters. Sie zog ihre halbhohen schwarzen Schuhe an, die immer glänzend geputzt waren. Die Schuhe waren geschnürt und wirkten elegant. Sie hatte starke Einlagen in ihren orthopädischen Schuhen. Im Winter musste sie neue teure Schuhe kaufen. Sie stürzte, als sie vom Glatteis überrascht wurde und ihre Schuhe ohne Profil getragen hatte. Oma kam vom Nachtdienst. Mein Bruder Michael und ich waren zu dieser Zeit bei ihr zu Hause und hatten auf Oma gewartet. Wir wussten, wann sie nach Hause kommen sollte. Sie kam mit großen Schmerzen. Ich glaube, das war das einzige Mal, wo ich erlebte, dass es ihr schlecht ging.

Sie deckte abends im Kurhaus die Tische für morgens, ich half ihr manchmal dabei, dann blieb ich noch ein wenig bei ihr in der Portierloge. Sie schimpfte über Katzen und die alten Weiber die saufen gehen und in der Nacht muss sie dann die Kotze wegputzen – sie war sicher älter als die alten Weiber.

Katzen mochte sie nicht, sie hatte jedoch eine schwarze Katze, die zu ihr ans Fenster kam und die sie fütterte, auf diese wartete sie sogar und vermisste sie, wenn sie nicht kam.

Ich fühlte mich geborgen und gut in Omas Wohnung, die wieder in der Elisabethstraße war. In den dreißiger und vierziger Jahren lebte sie mit ihren zwei Töchtern im selben Haus in einem Dachgeschoßzimmer, das Küche, Schlaf- und Wohnzimmer gleichzeitig gewesen war und wo ihre Schwestern in Abständen auch noch eine Schlafstatt finden mussten.

Jetzt hatte sie Zimmer-Kuchl-Kabinett – eine schöne Wohnung. Ich liebte diese Wohnung. Oma hatte kein Bad, keine Dusche, keine Badewanne. Das Abwaschbecken fürs Geschirr war auch das Waschbecken für die Körperhygiene. Die Wäsche wusch sie darin mit der Hand; mein Vater kaufte ihr irgendwann eine Schleudertrommel, damit sie die Wäsche nicht mehr auswinden musste. Wollte sie keine Waschmaschine? Das kann sein, ein Lieblingsspruch von ihr: – I brauch nix, i hob ois. –

Ihr tägliches Waschritual vollzog sie in jenem Doppelabwaschbecken mit Holzumrandung. Im Lavoir wusch sie mich mit dem Waschlappen von oben bis unten bei vorgezogenem Trennvorhang zwischen Nassbereich und Küche, damit niemand durch das Fenster die Zeremonie beobachten konnte. Ich stellte mich ins Lavour und Oma goss warmes Wasser hinein. Sie schrubbte mich mit ei-

nem Waschlappen von oben bis unten ab. Sie wechselte das Wasser und mit dem Waschlappen machte sie die Seife weg.

Und: – Wasch dich auch unten! –

Nach draußen beobachtete sie alles von ihrem Küchenfenster aus. Dabei saß Oma auf einem der plastiküberzogenen Sesseln im fünf-ziger-Jahre-Stil und dem praktischen Tisch mit Kunststofffurnier, damit alles leicht zum Putzen geht.

Schau'n und kommentieren, wer kommt und geht und was pas-siert.

– Dass da eh keine Leut' kommen, kein G'sindl, das nicht hierher-gehört. Höchstens die Gäst' halt vom Hotel, das der Frau gehört. –

Die Schatten der Nacht, wenn die LKWs vorbeifuhren und lange Lichtkegeln an die Decke warfen, gaben mir Vertrauen. Die Geräu-sche der Straße, der summende Kühlschrank, bis es knackste: er bebte und für eine Zeit lang war es ruhig; es war heimelig.

Ich konnte nicht immer schlafen, aber es machte mir nicht das Geringste aus.

Oma schlief mit Haarnetz. Als Kind bestaunte ich dieses feine Ge-flecht, das ich für ein Spinnennetz hielt. Es hielt ihre Frisur aus Was-serwellen nachts zusammen. Die Haarklammern aus Metall, die Oma zur Gestaltung ihrer Frisur brauchte, hatten scharfe Zacken.

Ich mochte sie zum Spielen, formte Figuren. Sie hatte eine Menge davon. Ihr silbernes Haar war immer gepflegt.

Ich liebte es am Diwan – oder Chaiselonge – zu liegen und wir versuchten wenigstens ein Fernsehprogramm mit Hilfe der Stellung der Innenantenne hereinzubekommen. Wichtig waren für Oma die Sendung mit Heinz Konrads *Was gibt es Neues* und der *Seniorenclub*. Wenn ich einen Sender hereinbekam, durfte ich auch meine Serien ansehen: *Daktari* und *Flipper* zum Beispiel – wie g'scheit doch diese Tiere waren und wie lustig die Menschen. Es ging mehr ums Fernsehen, als um den Inhalt. Alles war neu.

Der winzige Fernseher mit Antenne war mit schwarz-weiß Bild, das oft sehr verzerrt war. Er hatte seinen Platz im Winkerl hinter dem Diwan. In meinen jugendlichen Jahren sah ich mit Oma sogar den *Beats Club* und *Ohne Maulkorb*, eine sehr kritische Jugendsendung, an; es war mir ein wenig peinlich. Sie sah dennoch mit, sie wollte wissen, was mich interessierte und kaufte mir dann entsprechend Schallplatten – in Grubenau besuchten wir gemeinsam den kleinen Schallplattenladen an der Ecke zur Ringstraße und suchten die Schallplatten aus.

Im Radio probierte ich Sender aus. Auf Mittelwelle konnte man moderne Musik hören und später *ganz normal* Ö3. Omas Radio stand auf einen besonderen Biedermeiersekretär. In seinen verzierten Schubladen mit schwarzen verschnörkelten beweglichen Metallbeschlägen hatte sie Fotos und alte Briefe aufbewahrt, die sie mir zeigte und mir die Menschen auf den Fotos vorstellte. Jeden Morgen turnte sie nach Ilse Buck. Es war für Oma von großer Bedeutung diese isometrischen Übungen mitzumachen. Sie war ganz euphorisch dabei. Wenn es ihr Dienst erlaubte, ließ sie keine Sendung aus. Ich glaubte, dass diese Übungen für alte Leute eine absolute Notwendigkeit waren. Wenn ich da war, turnte ich mit Oma gemeinsam.

Die Kennmelodie von *Autofahrer unterwegs* ist für ewig in meinen Genen gespeichert, wie das Ankündigen und Geläut der Kirchenglocken irgendeines österreichischen Dorfes in dieser Sendung. Die

Stimme von Frau Isopp wurde mir vertraut. Das Wunschkonzert hörten wir auch manchmal gemeinsam und machten uns lustig über die Verwandten – Oma nannte sie Erbschleichersendung.

Das Klo war am Gang, das Klo war im Winter kalt. Es war in einem hohen Schacht und man konnte bis zum Dachfenster sehen und zum Himmel, ob blau oder der Regen drauf prasselte

Sie selbst ging gern einkaufen und nahm uns Kinder gerne mit. Zum Beispiel zum *Hofer*. Sie bildete sich die Kokoskuppeln im 3erPackerl ein, die mussten sein. Für sie war es das Paradies, alles kaufen zu können; diese Vielfalt! Diese cremigen Süßigkeiten verursachten bald Übelkeit, wir aßen viel zu viel davon. Die mit rosa und weißen Zuckerguss überzogenen Schokopastillen, die waren *lecker*. An Süßigkeiten mangelte es uns dank Oma nie.

Sie selbst gönnte sich höchstens Palmers Unterwäsche und Nachthemden. Wenn, dann mussten diese Dinge von guter Qualität sein. Wobei die Nachthemden aus abweisendem Material waren. Nylon war modern. Oma hatte eine Combinaige und Strümpfe, die sie mit Strumpfbändern festmachte. Ich liebte ihre Sprache. Sie war ganz französich: vom Lavour zum Souterrain, von der Combinaige zum Bassena; Wien ist multikulturell, die Sprache lebt von den sprachlichen Feinheiten der Zugereisten und der, die es versuchten zu erobern und eben auch von der Hofsprache Französisch.

Und Muggerl, sie war tatsächlich fünfzehn, als sie ihren Mann, ab nun lebenslang an ihrer Seite, kennenlernte und wie sie sagte, immer geliebt hatte.
Wilhelm studierte in Wien. Er hatte Glück. Seine Eltern waren arm und er kam dennoch irgendwie zu einem Stipendium. Elektrotechnik.
Rita wollte Schauspielerin werden. Rita ging tanzen, vergnügte sich. Sie lernte das Leben kennen. Sie erlaubte sich ihr Leben zu leben! Welch ein Vorbild! Aus genau den Geschichten, die Mutter erzählte, begann sich etwas in mir neugierig zu regen. Ein Weg kann sich gut anfühlen, wenn es der eigene ist!

Bevor Muggerl meinen Vater kennenlernte, wollte sie ins Kloster. Sie war sehr katholisch. Ihr Freund hat ihr Gott ausgeredet. Was man nicht sieht, gibt es nicht. Sieht man Strom?

1950. Die Guggascheckn weggemacht. Viele Guggascheckn am Arm schmerzhaft entfernt – SchönheitsOP in den Fünfzigern? Alles, um sich von sich selbst zu entfernen für den Mann, um dem Mann zu Gefallen zu sein.

1955 wird geheiratet. Sie waren am 15. Mai 1955 dabei, erzählte Mutter immer wieder in Zusammenhang mit ihrem Hochzeitstag, berauscht von dem Mythos der Worte Außenminister Figls am Belvedere: – Österreich ist frei! –

Ein gutes Jahr zu heiraten. Drei Wochen nach der Unterzeichnung des Österreichischen Staatsvertrages schwuren meine Eltern sich ewige Treue.

Erni empört sich, dass die Trauung nicht kirchlich stattfindet.

Auch keine Taufe; das Kind, es kommt fünfeinhalb Jahre später auf diese Welt, wird nicht getauft. Es kommt erst nach Klarheit der Umstände und in *sicheren* Verhältnissen zur Welt.

Als Vater gute Arbeit hatte und ein schönes Heim. Kein Krieg, keine Hungersnot, endlich alles da. Sogar ein Auto.

Sogar ein gesunder Kaiserschnitt war möglich. Sogar eine Reise meines Vaters zum Kilimandscharo.

Alles da, alles möglich.

Das Kind schreit, das Kind wird gefüttert. Ein Wonnebrocken! Und es schreit – nicht vor Hunger – vor zu viel Füttern und zu wenig Nähe.

Futter ist Liebe?

Stillen ist zu wenig Futter, nur die Flasche bringt genug.

Das Kind ist widerspenstig, es will anders, es will selber. Zu viel Vaterliebe, zu viel Körperlichkeit, aber nicht, wenn ich schreie, kein Trost; beim Balgen Körperlichkeit. Ich will nicht balgen.

– Dein Vater liebt dich, du bist ein Papa-Kind. –

…

Nein, noch beginne ich nicht tiefergehend von meiner Kindheit und meinem Wachsen zu erzählen; mein Nichtverstanden worden sein, mein Ausgegrenzt sein.

Die Hilflosigkeit meiner Mutter:

– Oma liebt dich über alles; mich konnte sie nie so lieben. Mein Vater starb. Ich weiß um seine Liebe. –

Die Sehnsucht, die große Traurigkeit um ihn war immer da.

Oma sollte nicht in der Babysprache mit mir reden. – Das Kind muss ja was lernen. –

Meine Eltern reisten viel, zum Beispiel sechs Wochen nach Amerika, in die USA – Oma nahm sich frei, um es möglich zu machen und in dieser Zeit bei mir zu sein.

Sie hatte nach dem Krieg wieder *als Dienstmadl* Arbeit bekommen. Im Johannesbad bei *den Reichen*.

Ich schlief bei Oma im Gästebett. Sie schlief bei mir im Gästebett. Da spürte ich das *Leben*.

Mein Vater verdiente viel, ich bekam Geschwister und wir zogen in ein Reihenhaus.

– My home is my castle –,

war Vaters Leitspruch. Familie, Leistung und sonst nichts.

Ich erfuhr in den letzten fünfzig Jahren vieles von meinem Vater. In den letzten fünfzehn Jahren verstand ich immer mehr. Er war gewaltbereit und gewalttätig. Ich konnte mit ihm später dennoch viele Entwicklungen durchgehen. Er konnte sich in den letzten Jahren immer mehr öffnen.

Mutter konnte das nicht so gut. Sie war hilflos, irgendwie gefangen in sich. Erst viel später verstand ich, dass sie es genauso war, in deren Geschichte sich meine verwickelte. Mit Vater hatte ich die heftigsten, auch gewaltvollen Auseinandersetzungen als Jugendliche. Vater war übermächtig, wie ihn besiegen? Wie sehr hätte ich ihre Hilfe benötigt! Das weiß ich erst jetzt!

Mutter war nicht präsent – keine Liebe.

Danke, dass du mich geboren hast. Ich liebe das Leben.

Zuerst kommt der Mann, die Kinder kommen danach – denn die gehen wieder, der Mann bleibt. (Wer weiß das schon?)
– Bring' mir ja kein lediges Kind heim. –

Kein Bankert

– Lern was, denn Wissen kann dir niemand nehmen. – Sprach Oma. Ich floh als junge Frau oft zu Oma.

Woher sollte ich ein lediges Kind bekommen? Nach Mutters Tabuisierungen konnte ich nicht wissen woher.

Ich blutete mit zehn. Da bekam ich Watte und die Info, dass das jetzt monatlich passieren konnte.

Nervenzusammenbrüche, Schweigen, weil ich mein eigenes Leben führen wollte mit Freundinnen und Freunden, die ich mir selbst aussuchte – selbstverständlich? Nein, nicht unbedingt.

Mein Vater erzählte von den Juden, die die Welt erobern und von den dummen Negern; Ich war zwölf.

Und was bewirkte er damit? Widerstand!

Ich brach bald aus, wohnte und lebte nicht mehr zu Hause. Ich schlief wohl da. Ich schaffte meinen Schulabschluss und machte Matura.

Danke Vater, danke, dass du mich zu einem sozial und emphatisch denkenden und fühlenden Wesen erzogen hast.

Danke Vater, dass ich an dir lernte in schwierigsten, ausweglosen Situationen Widerstand zu leisten.

Danke Vater und Mutter, dass ihr durch euren Freiheitsentzug mich zu kreativen Lösungen angespornt habt.

Danke, dass ich durch euch zu einem politisch denkenden Menschen wurde.

Zuerst über den Weg der Kommunisten. Im Grunde hatte sich meine enge Situation wiederholt. Andersdenkende waren bei meinen GenossInnen nicht akzeptiert und alles was drüben im Osten geschah, war im Sinne einer besseren Welt, und wer's nicht glaubte und andere Vorstellungen hatte, musste eben *bezahlen*; Auch hier lernte ich Widerstand aufzubauen und nicht alles zu glauben.

Wieder lernte ich, dass kritisches, selbstständiges Denken, vor allem Fühlen nicht erwünscht ist. Wieder lernte ich auszusteigen und trotzdem Verbundenheit mit Freunden und Freundinnen, auch mit Andersdenkenden zu fühlen.

Der Weg der Vielfalt war immer der schönste, der freieste – und doch. Zu lernen, was Freiheit in Verantwortung mir selbst gegenüber ist, es wirklich zu spüren, zu erfühlen, wahrhaftig eins zu sein, dieser Weg dauert ein Leben.

Ich glaube, ich bin jetzt auf dem Weg.
Damals auf Suche, wonach nur?
Ich hatte auch mit fünfzehn einen Freund, drei Jahre lang.

Und nach dieser Beziehung hatte ich das tiefe Bedürfnis, allein zu sein, den Hauch der Freiheit (Warum nicht den Wind der Freiheit?), nur für mich zu entscheiden.

Und immer wieder ließ ich mich auf Beziehungen mit Männern ein – warum? Wieder allein sein wollen, nicht allein sein können; Bestätigung, beachtet werden, anerkannt werden, die Sehnsucht, die ich mir selbst nicht erfüllen konnte! Den Mann, den ich liebe, trotzdem nicht verlieren wollen; Freiheit, meine Gefühle auszuleben. Welche Gefühle genau? Und das Gefühl, die Einstellung zu mir? Geborgenheit, Dazugehören?

Angst. Angst in der Nacht vor Schatten. Panikattacken. Nicht oft. Dann waren sie wieder weg. Viel rauchen, viel trinken. Ich kann jeden haben, der mir gefällt. Schwanger werde ich sowieso nicht.

Und bevor mit mir jemand die Beziehung beendet, setze ich ein Ende. Mich verletzt niemand.

Ich werde nicht schwanger.

In diese Welt, in diese Unfähigkeit der Menschen, Mensch zu sein, schien es unverantwortlich ein Kind zu *setzen*. Der Kalte Krieg.

Ich weiß immer noch nicht, wo mein Platz ist. Ich studiere, aber was interessiert mich? Wofür brenne ich? Sprachen, Vielfalt, Grenzen überschreiten.

Mit Sprachen andere Menschen kennenlernen, die Welt kennenlernen.

Jakob stand immer hinter mir, ich liebte ihn immer, ich hatte mich entschieden. Er würde nicht immer auf mich warten.

Die Situation in diesem Bewusstsein überschnitt sich, wenige Wochen später, nur mit einer unbewussten Ahnung, … keine Ahnung haben wollen, kein Hinschauen. Wir verbrachten Tage in der Schweiz bei einer Freundin; ich hatte das Bedürfnis nach viel Schlaf; meine blauweißgestreifte Latzhose passte mir noch, wenn ich seitlich die Knöpfe offenließ.

Ungeborene

Und dann kamst du in meinen Körper,
das wusste ich und verdrängte diesen Gedanken.

Wochen vorher: Einfach nur meinen körperlichen Bedürfnissen nachgeben, mit einem Gefühl der Unsicherheit oder Unstimmigkeit. Mit dem Bus fuhr ich zu einem Freund, nur, um mit ihm zu schlafen – und ich merkte sofort – es war anders – ich war schwanger.

Ich fuhr mit dem Bus wieder zurück, in mein dunkles WG-Zimmer in der Stadt.

Ich wusste, es war das letzte Mal, dass ich mich *unterwerfe*. Ich fühlte mich benutzt, auch wenn es so vereinbart schien und ich *das* so wollte.

Ich musste hinschauen; mein Bauch und meine Brüste wurden unübersehbar fülliger.

Ich hatte keine Klarheit, wohin es mit mir gehen sollte. Was hatte ich damals studiert? Romanistik, Jus, Germanistik?

Mein WG-Zimmer war auch im Sommer dunkel.

Jakob war da. Das fühlte sich gut an, und er war für mich der einzige Halt. Und ich selbst?

Das war zu wenig.

Es war nicht schwierig, einen Arzt zu finden. Ich hätte die Narkose fast nicht überlebt. Mit der Leberkässemmel nach dem Eingriff, bekam ich vom Arzt die Info, ich sollte zu rauchen aufhören, meine körperliche Konstitution sei sehr schwach.

Meine seelische auch. Es war leicht damals. Die Entscheidung abzutreiben fiel mir nicht schwer. Der Gedanken, wohin mein Embryo gekommen sei, machte mir zu schaffen. Ich schob ihn beiseite.

Wie bin ich damals aus dieser Situation gewachsen?

Mein tiefes Inneres

Nach zweiunddreißig Jahren, nach tausenden Prozessen in Kontakt mit besonderen Menschen und Ausbildungen, die mich letztendlich in tiefere Bewusstheit führten, warst du wieder da. Das von mir abgelehnte und abgetriebene Embryo, als *ein Mann mit Namen Paul.*

In meinem inneren Bild, nach zweiunddreißig Jahren. Du bist immer da gewesen. Nicht oft in meinen Gedanken.

Ich sah dich mit mir wie selbstverständlich am Feuer sitzen und wir besprachen alles. Ich erzählte dir meine Gedanken, wie es dazu kommen konnte, dich nicht in dieser Welt leben zu lassen.

Ich lernte zu dieser Zeit freier zu denken und mehr zu spüren, mehr in mir zulassen.
Nicht nur zu funktionieren.

All die Jahre habe ich den Eingriff als eine Abtreibung gesehen, nicht mehr. Eine Abtreibung, weil du von einem Mann warst, den ich nicht mochte.

Nicht von Jakob.

Diese Ehrlichkeit konnte ich mir erst heuer eingestehen – ich glaube nicht allein das dunkle Zimmer, meine Perspektivlosigkeit, meine Not mit meinen Eltern, die mich auch finanziell nicht unterstützt hatten, hätten mich dazu gebracht, dir das Leben nehmen zu lassen. Ich hab' dich nicht als das geistige Wesen gesehen, dem ich das Leben in diese Welt schenken hätte können.
Das Geheimnis hatte ich mit Jakob nicht geteilt.
Ich habe es ihm im Mai gesagt. – Bevor sich meine Eltern das Leben nahmen.
Es war leicht; es war unaufgeregt, es ihm zu sagen.
Warum jetzt?
Die Dinge schienen sich zu verdichten.

Eine Roma-Frau erzählt mir ihre Geschichte. Ich mag diese Frau sehr gern. Wir verbringen viel Zeit miteinander. Wir vertrauen einander.
Sie erzählte mir eine Geschichte ihrer Mutter – ohne Warum.
Eine so entsetzliche Geschichte, niemand weiß, was tatsächlich passiert ist.

Eine Geschichte von Blutrache und Zwangsehen

Ihre Mutter hatte ihre Schwester überredet, ihr neugeborenes Baby zu begraben.

Der Vater des Babys war unbekannt. Die Schande zu groß.

Diese Geschichte ist in mir herumgegeistert Tag und Nacht; nicht angstvoll besetzt, schon wegen der Grausamkeit. Wut, Ekel, Mitgefühl. Was passiert da eigentlich mit uns Frauen?

Warum werden wir zu den Menschen, die so etwas tun?

Diese Frau, die mir diese grausame Geschichte erzählte, verachtet ihre Mutter heute noch.

In einem Ritual mit dreiunddreißig Frauen in der Walpurgisnacht, habe ich so wie die anderen Frauen ein Holzscheit genommen und das Feuer, mit meinen Worten gebeten, die Frau nicht anzuklagen, sondern das zu transformieren, was Frauen in derartige Situationen bringt.

Alle Frauen haben angeklagt, wie Frauen in allen Zeitaltern von patriarchalen Gesellschaften in ungewollte Situationen gezwungen wurden. Wir wissen das alles.

Ich bin dankbar, mich heute für diese Themen anders öffnen zu können als ich es als junge Frau vermochte.

Ich bin dankbar hinzuschauen und mit Frauen zu sein, die ich als *linke* junge Frau (im Kopf) ausgegrenzt hätte.

Ich bin dankbar für die Qualität und die Kraft, die von Frauen ausgeht und mit Herz, Bauch und Verstand zu spüren.

Da ist etwas passiert.
Auf einmal kommt mir Paul in den Sinn.

Paul – und wie viele andere geistige Wesen durften nicht in die Welt kommen, weil wir Frauen uns selbst gesellschaftlich beschnitten haben! Er war von einem anderen Mann, den ich nicht mochte, zu dem ich nicht stehen konnte.

Ich weiß, ich hätte Pauls Wachsen und Werden mit Jakob gut lösen können.

Jetzt weiß ich das.

Dennoch verzeihe ich mir und Paul ist in meinem Geiste. Als großer Bruder meiner Tochter, als erwachsener Sohn, als kleines Kind. Zeitlos, raumlos.

Ich hatte begonnen, mir diese Gedanken zu machen – wie hängt das alles zusammen, dass Leben nicht sein darf?
Ich dachte an meine Ahninnen, auch sie kamen mir in den Sinn.

Ich war emotional sehr verstrickt.

Ich schritt nochmal in eine Phase des mich Näherns an meine Eltern, an die Liebe zu meiner Herkunft, damit Liebe fließen kann, zu meinem Vater, zu meiner Mutter.

Zu sehen, dass das, was ist, ist.

Schweigen

Das Schweigen und Ausgrenzen in meiner Familie ist mir in den Sinn gekommen.

Vor kurzem hatte meine *Ex*-Schwägerin mich überraschend angerufen, es folgte ein sehr langes Gespräch. Wir suchten wieder den Kontakt zueinander und ich somit auch zu meinen liebenswürdigen Nichten.

Ich hatte ihr Werden nicht mitbekommen.

Selten erlebe ich meinen Neffen Matteo. Er ist von meinen Eltern bedauert worden, gepaart mit einer großen Angst es würde nichts aus ihm werden.

Was machen die Enkelkinder, die Urenkelkinder?
Das Leistungsprinzip ist wichtig.

Meine Schwägerin und ich vereinbarten, dass ich sie und ihre Mädels mit Hanna und Simon, meinen beiden Enkelkindern in München besuchen würde. Es war so eine freudvolle Begegnung!

Familie.
Meine Nichten sprechen nicht mit ihrem Vater.
Mein Vater sprach zehn Jahre und länger nicht mit mir.
Meine Mutter verurteilte meine Schwägerin.
Miriam lernte ihre Großeltern kennen, als sie drei Jahre alt war.
Meine Mutter hatte uns heimlich bei Miriams Geburt besucht.
Schön war das, welch bewundernde Worte ihr über die Lippen kamen.
Ohne Gram und ich konnte die Worte nehmen, ohne Gram.

Sie bewunderte, wie ich Miriam im Arm hielt, wie ich sie stillte, wie achtsam ich war.

Sehnsucht war bei meiner Mutter. Sehnsucht, was sie nicht vermocht und gehabt hatte, sie sprach es sogar aus.

In der Phase des Schweigens und des nicht bestehenden Kontaktes mit meinen Eltern zu mir hatte ich meine Mutter dennoch über meine Freude meiner zweiten Schwangerschaft informieren wollen.

Wir vereinbarten ein Treffen in Salzburg. Wir verabredeten uns in der Rainerstraße in einem Restaurant.

Wir begegneten uns wieder an einem sonnigen Tag im Mai.
Auf der Straße noch sagte sie mir,
– Du weißt, du brauchst es nicht kriegen. –
– Was willst du dann machen? Wie wird es dann mit dir beruflich weitergehen? –

Sie merkte wohl, dass ich unser Kind mit Freude auf diese Welt bringen werde.
Und Mutter sprach nicht mehr weiter.
Es war gut.

Wir hatten uns lange nicht gesehen, dennoch waren wir im Einvernehmen. Es war gut mit meiner Mutter zu sein; sie *akzeptierte* meine Haltung.

Bei unserer Hochzeit im Jahr zuvor waren Mutter und Vater nicht dabei gewesen.

Vater muss vor Gram außer sich gewesen sein, dass er mich nicht mehr sah; seine Eitelkeit, sein Kontrollbedürfnis waren größer.

Miriam, unsere Tochter wurde geboren. Sie war immer etwas Besonderes. Ihre helle, aufgeweckte, liebenswerte Persönlichkeit wurde von fremden Menschen bemerkt, als sie erst ein paar Tage auf dieser Welt war.

Später entsprach Miriam auch meinen Eltern (– verzeih bitte). Sicher nicht bewusst. Miriam wollte gefallen.

Du konntest mit meinen Eltern umgehen, sie waren stolz auf dich.

An den seltenen Tagen, an denen du bei ihnen warst, wurdest du anschließend krank.

Als Mutter bei dir sein sollte – das einzige Mal, als ich sie geholt hatte – als du krank warst, war sie in unserem Garten und riss alles aus, was sie störte.

Das *Unkraut* zu entfernen war wichtiger, oder sie konnte besser damit umgehen, als an deinem Bett zu sein.

Sie konnte nicht mit Kindern.

Das hat sie auch immer gesagt.

Vater liebte es zu spielen, selbst wie ein Kind zu sein.

Sie nicht.

Mutter war auch nicht fähig hinter uns zu stehen, sie wusste nicht, wie das geht.

Zu Matteo, meinem Neffen, den Sohn meines nach mir geborenen Bruders, hatten unsere Eltern andere Erwartungen, als die, die er zu erfüllen vermochte.

Vater konnte seine Entwicklung differenzierter sehen, nicht so vordergründig und direkt wie Mutter. Vor meinem Bruder hielten sie negative oder sorgenvolle Gespräche über seinen Sohn: – Er folgt nicht, er bricht die Schule ab. Er bringt keine Leistungen und ist doch so g'scheit! Er hat keinen Beruf, wohin soll das führen … ? –

Als meine Mutter von der Schwangerschaft der Frau meines jüngeren Bruders erfuhr war ihre für sie selbstverständliche Reaktion:

– Um Gottes willen! –, wobei mein kleiner Bruder schon beteuerte, er wolle keine Kinder.

Für einige Jahre entwickelte sich eine Beziehung von Akzeptanz und Hingezogenheit zu seinen Kindern. Bestimmt auch Liebe in seinem Sinn. Die Großeltern der Mädchen, es kam noch ein wundervolles Mädchen zur Welt, waren stolz. Es war ein ständiges

Bemühen. Sie waren brave und kluge Mädels, was meinen Eltern entsprach.

Die Mutter der beiden Kinder, konnte machen, was sie wollte, Mutter fand, sie würde nicht zu ihrem Sohn passen.

Ablehnung und Leistungsprinzip gepaart mit Kontrolle und Perfektionismus.

Kinder sind anders, und es ist schön, ihr Werden zu begleiten.

Wir machen Fehler.

Sterben im Februar

Es war eine intensive Zeit. Die Kontakte zur Familie meines Mannes waren voller Wärme und wir rückten näher zusammen.

Miriams Großvater war am 14. Februar gestorben.

Die Nachricht, dass mein Schwiegervater im Sterben liegen sollte, traf mich während meiner Kur in Tirol. Ich konnte keine Stunde mehr hier, in dieser Umgebung mit diesem Gedanken verbringen. Ich brach meinen Kuraufenthalt ab und fuhr direkt ins Krankenhaus zu ihm. So gedankenvoll an Alfred diese kleine Reise war, so intensiv empfand ich sie. Sonnenschein, im Stau stehend, andere Wege benutzend, wo ich nicht sicher war, allerdings das Vertrauen hatte, dass es schon die richtigen sein werden.

Ich bekam Hunger und einen Parkplatz an einer überfüllten Raststätte. Beobachtend erlebte ich, wie zwei Frauen heftigst in gewaltvoller Sprache um einen Parkplatz kämpften. Es tut gut im eigenen Leben zu reaktiven Situationen Abstand zu spüren. Ohnehin war meine Welt im Moment woanders. Mit netten Leuten an einem Tisch mit den letzten freien Plätzen im Freien genoss ich die wärmende Sonne und mein Mahl. Ich werde in Ruhe ankommen.

Es würden seine letzten Tage sein. Wir alle waren traurig und betroffen und wollten noch so viel Zeit, wie wir meinten, wie es für ihm angenehm war, an seiner Seite verbringen. Natürlich war es auch für uns wesentlich, mit ihm zu sein. Jakob war mit seiner Mama schon an seinem Bett im Grubenauer Krankenhaus, als ich den Raum der Intensivstation gefunden hatte. Zu Beginn bekam er noch mit, dass Jakob hier war und seine Enkelin, seine Frau ohnehin. Er bekam es auch später mit, in seiner Welt, allerdings für uns nicht mehr erkenntlich. Er hatte Schmerzen. Die moderne Medizin unterstützte sein Atmen, seine Nahrungszufuhr, alles Notwenige zum Leben.

Wir wechselten uns in den nächsten Tagen ab, nach Grubenau zu fahren oder fuhren gemeinsam. Wir wollten gleichzeitig versuchen Jakobs Mama gut beizustehen. Glücklicherweise wohnt ihr Bruder mit seiner Frau im Nachbarhaus. Es war ein friedvoller, geborgener Zusammenhalt.

Zwei Wochen waren Zeit, um kleine Hoffnungen aufkommen zu lassen, um uns dann doch immer mehr zu verabschieden und ihm zu sagen, was noch zu sagen war. Da zu sein. Hanna malte Bilder für ihn.

Die Pflegerinnen klebten das Bild an die Wand neben seinem Bett. Miriam war sehr betroffen und war so sehr für ihn da. Sie litt und hatte Angst vor dem Wissen und der Tatsache, dass sie ihren Opa bald verlieren wird. Ich bin dankbar, in diese Familie aufgenommen worden zu sein. Johanna und Alfred gingen Hand in Hand und hatten einen sehr wertschätzenden, liebevollen Umgang miteinander, als ich sie kennenlernte. Es fühlte sich authentisch an. Das sagte ich Johanna am Sterbebett ihres Mannes. Sie beide hatten mir Gewissheit gegeben, dass ich genau in diese Familie *heiraten* mag. Ich dachte, sie seien ein gutes Vorbild, gemeinsam alt werden zu können. Es war ein schönes Gefühl und ein zusätzliches Geschenk zu meiner Liebe zu Jakob.

Es sollte der letzte Tag sein, als wir Rudolfs, Johannas Bruder, Anruf bekamen, dass wir kommen sollen. Der Vater Hannas und Simons wollte sich von Alfred verabschieden. Bei allem Unfrieden, den ich gegen diesen Mann hatte, war es gut. Er kannte Alfred und Alfred mochte ihn.

Wir waren da. Alfred lag im Palliativraum. Hell, mit Ausblick auf die Grubenauer Au. Weniger technische Instrumente ließen ihn menschlicher, friedvoller erscheinen, nur das Atemgerät tat seine Funktion. Er war sehr schwach und angestrengt. Jeder Atemzug war eine Herausforderung. Der ehemalige Dechant der Grubenauer Stadtkirche stand auf einmal in der Tür. Jakob war kurz irritiert; niemand hatte mit ihm gerechnet, zumindest Jakob und ich nicht. Der würdevoll wirkende Mann kam an unsere Seite. Der Geistliche war genau der Richtige für diesen Augenblick. Sehr würdevoll sprach er mit Alfred über sein Leben, was für ein wunderbarer Mensch er sei und wie er sein Leben gestaltet und die großen Herausforderungen bewältigt hatte. Liebevoll war er für seine Familie da gewesen. Er hatte gute tröstende Worte für Johanna und uns. Johanna tat es gut. Ich war ergriffen von den einfühlsamen Worten. Jakob rührte es. Der Mann konnte das und es war genau in Ordnung so.

Zusätzlich bekam ich von einer lieben Freundin eine Nachricht über mein Smartphone, liebevolle, feine Worte, wie wir für uns und Alfred würdig den Abschied begleiten konnten. Diesmal galt das Smartphone für mich als hilfreich, als ich die Nachricht einer möglichen geistigen Begleitung meiner Freundin im Gang abrief. Es half mir innerlich mitzugehen – Alfred geistig mit Licht zu umhüllen und auch uns in die schützende Macht des Lichtes zu vertrauen. Alles andere geschah einfach.

Am Weg zum Krankenhaus pflückte ich eine Christrose; das Weiß der Blüte wollte ich meinem Schwiegervater auf seinem Weg mitgeben. Johanna war erschöpft, sie wollte nach Hause. Wir organisierten das. Niemand wusste, wie lange die Zeit des Sterbens dauern würde. Wir versprachen Alfred, dass Simon seine Eisenbahn im Keller bespielen und ehren wird. Wir versprachen ihm auf Johanna Acht zu geben.

Alfreds Schwester Gertrud kam, katholisch, durchaus bigott. Sie war mit dem Tod und Friedhöfen vertraut. Emotional *stabil*. Sie hatte ihre Art mit dieser endgültigen Situation im Sterbezimmer ihres Bruders umzugehen. Für sie war Sterben normal, sie sprach von alltäglichen Dingen – es war mühsam, besonders für Miriam. Wir baten Gertrud um Zurückhaltung.

Gertrud sorgte zweimal jährlich, zu Ostern und zu Weihnachten dafür, dass ihre Familie zusammenkam. Jede und jeder, verschwägert oder auch neue Freunde, alle waren willkommen. Sie versorgte unsere Kinder und Enkelkinder mit liebevoll gestrickter und selbstgenähter Kleidung, dazu in Miniatur passender Puppenkleidung und kleinen Spielsachen. Wir bekamen selbstgestrickte Socken, auf die ich mich jedes Jahr freute.

Manche lästerten über den Ablauf der Zusammenkünfte. Gertrud sorgte dafür, dass wir mit manchen Familienangehörigen dadurch wenigstens die beiden Male im Jahr Kontakt hatten und uns an unserem Wiedersehen erfreuen konnten.

Jakob und ich holten Pizza vom Dönerstand. Wir hatten Hunger. Wir wollten abwechselnd essen. Miriam holte uns, hilflos. In der Zeit, wo Miriam intensiv bei ihrem Großvater war, war Gertrud für sie besonders heftig, da sie sich über Alltagsdinge unterhalten wollte, die der Situation gar nicht entsprachen.

Miriam stürzte aufgelöst zu uns. Wir waren in seiner Todesstunde bei ihm. Sein letzter Atemzug war sein letzter Atemzug.

Es spürte sich an wie Geburt und Tod gleichzeitig. Sein ganzes Leben war in ihm und ging mit ihm, eingeschlafen, friedlich. Als ob sichtbar seine Seele aus seinem Körper ging war der Raum hell, das Fenster offen, die Luft angenehm. Die Pflegerinnen waren genau da, wann sie da sein sollten. Es war wunderschön. Während wir draußen warteten, bis die Pflegerinnen die Instrumente abgebaut hatten und Alfred bereitmachten, kam Johanna. Sie machte sich Vorwürfe, dass sie nicht bei ihrem Mann war in seinen letzten Minuten.

Er wollte seiner Frau diesen Abschied nicht antun. Gertrud war still. Es war gut. Draußen beim Warten konnten wir uns weinend umarmen und spüren.

Johanna sah ihn lächelnd, frei, friedlich mit der Blume auf seiner Decke, Hannas Bild an der Wand. Er war rasiert und seine Zähne waren eingesetzt. Er sah aus, als ob er schlafen würde. Wir waren da. Überwältigt. In diesen Augenblicken sind alle Urteile und Wertungen vergessen und unwesentlich.

Wir waren immer wieder in Grubenau bei Jakobs Mama. Für die Kinder war es unbeschreiblich traurig. Simon rannte in den Winter hinaus, als er vom Tod seines Urgroßvaters erfuhr. Wir haben die Kinder bei ihren anderen Großeltern und ihrem Vater angerufen. Es war unfassbar für sie, Hanna machte sich Vorwürfe, weil sie Weihnachten Windpocken hatte und zum Fest zu ihren Urgroßeltern nach Grubenau nicht mitkommen konnte. Simon machte sich Vorwürfe, seinen Urgroßvater zu wenig umarmt zu haben.

Das Begräbnis war schlimm, einzig – wir spürten uns.

Der polnische Pfarrer sprach die Messe – im konservativ polnisch katholischen Stil ohne wirklich Bezug zu nehmen, wer Alfred gewesen war und ihn zu würdigen. Beim Urnengrab stand er mit einem Fuß unachtsam auf einer Kranzschlaufe.

So ganz anders als der alte Dechant. Dieser durfte uns nicht begleiten – Kirchengesetz, Zuständigkeiten.

Wir hielten uns in den Armen und konnten uns gut verabschieden. Der Pfarrer war nicht wichtig.

Das Essen bei unserem ungarischen Wirt'n war sehr feierlich. Jakobs große Familie war wunderbar und wir trafen Verwandte, die wir mögen und sonst kaum oder nie treffen. Wir verabredeten uns einander unter anderen Umständen wieder zu sehen.

Johanna war erfreut, mit ihrer Nichte und anderen Verwandten zu plaudern. Sie genoss es, dass wir viele waren und bei ihr.

Ein kleiner Autounfall, ein Hauch von Ankündigung der Demenz Alfreds Bruders irritierte das Hiersein mit den Möglichkeiten und Stimmungen des Lebens. Er war verwirrt und wir hatten das Gefühl, er begriff nicht mehr, was geschehen war.

Das Leben.

Jakob hatte Erbangelegenheiten zu regeln. Er half seiner Mama bei Behördenwegen. Seine Mama gab ihm die Uhr seines Vaters und ein paar Silbermünzen. Es war berührend und unkompliziert.

Jakob hat keine Geschwister, das erleichtert einiges (nur einmal organisatorisch gesehen), wie ich zu einem späteren Zeitpunkt in meinen Angelegenheiten erleben werde. Es war nicht viel da zu erben. Wie bei Oma. Irgendwie empfinde ich es würdiger für die Vorausgegangenen.

Ahnungen

Hanna schrieb die Namen aller Verwandten mit gelben Leuchtstift auf Papier und die, die sie nicht mehr auf dieser Welt *erspürte* und die uns schon vorausgegangen waren, in Grau.

Meine Eltern auch in Grau. Obwohl kaum ein Gedanke daran gewesen war, was passieren wird.

Hanna sollte Dinge zeichnen, wovon sie im Grunde nichts wusste; Kinder sind sehr feinfühlig und manche, wie Hanna, spüren mehr, als wir aussprechen. Sie zeichnete Wilhelm mit Schiern am Kilimandscharo und Muggerl dort mit mir – eine Gleichzeitigkeit aus 1961.

Empfindungen

Hatten wir uns Weihnachten das letzte Mal gesehen? Nein, es war der Geburtstag meiner Mutter, den wir im Jänner zusammen mit meinem Geburtstag nachfeierten. Danach sagte ich zu meiner Therapeutin einen Satz. Einen Satz, den ich in meinen Gedanken immer wieder hin- und herwiegte.

Was bedeutet das? Kann frau so einen Satz überhaupt aussprechen, kann frau so einen Satz überhaupt denken?

Frau kann, Frau hat. Für mich war es so. Immer wieder in dem Haus meiner Eltern, das nicht mein Elternhaus war. Dunkel, steif, anstrengend, schwer, vor allem schwer.

Vater bemühte sich. Im Gespräch auch authentisch und klar und unkompliziert – von Vater fühlte ich mich sogar verstanden und er sich von mir … in den letzten Jahren.

Mutter bemühte sich auch.

– Niemand kann aus seiner eigenen Haut raus. –

Dennoch gibt es Metamorphosen und Umwandlungen im Laufe des Lebens.

Waren es Schuldgefühle?
Mutter war so voller Hass.
– Ich hasse … –
sagte sie oft.

Sie sah nicht hin. Sie sah sich als Opfer. Wiederholte die jahrelangen Anschuldigungen gegenüber meiner Schwägerin, sie sei schuld, dass es meinem kleinen Bruder nicht gut gehe. Sie trieb ihn sozusagen in die Arme einer anderen Frau. Er musste sie ja hintergehen, um glücklicher zu sein. Ähnlich empfand sie gegenüber ihrer eigenen Schwägerin. Sie war eifersüchtig auf die geschwisterliche Beziehung ihres Mannes zu Konstanze.

Jemand war zu dick, sie wertete sofort:

– So eine soll nicht so viel essen, wie verfressen die Menschen doch sind! –

Ich hielt dieses Geschimpfe nicht aus, dieses Schlechtreden von Menschen und Situationen.

Ich sprach das ihr gegenüber auch so aus und gleichzeitig änderte ich dadurch natürlich nichts; es fiel mir schwer, sie so anzunehmen. Fiel es ihr auf? Empfand sie, dass sie nicht richtig sei, so wie sie ist? Kritisierte ich sie zu viel?

Und dann der Tod. Das Reden, dass sie niemals allein leben könnte, so eine große Liebe zu ihrem Mann, meinem Vater. Auch von ihm so eine große Liebe zu seiner Frau. Im Alter, wie gut das ist.

Sie haben nur sich, und sie wollen niemandem zur Last fallen und sich bedienen lassen oder im Altersheim dahinvegetieren. Nein, das nicht.

Immer wieder dieses Thema.

Würdest du denn kommen, wenn wir uns nicht mehr selbst versorgen können? Du hast ja dein Leben.

Auch ohne diese Inhalte war eine morbide Stimmung in dem Haus. Und alles wurde aufgehoben, bewahrt. Die Dinge von früher und der Zucker und das Butterbrotpapier. Verständlich – viel Angst, wieder arm zu sein ... Es war eben so. Und Mutter wusch das Geschirr ohne Spülmittel ab. Die Gläser waren fettig.

Das Haus war voll mit unheimlichen Geistern. Unaufgearbeitete Vergangenheit kam immer stärker hervor.

Ich will nicht mehr in dieses Haus.

– Ich kann meine Mutter nicht mehr besuchen, bis sie stirbt. –

So sagte ich es zu meiner Therapeutin. Und es war so. Boh, dieser Satz ist schwer.

Ich hielt diese Todesstimmung in diesem Haus nicht aus.

Mutter nahm uns als ihre Kinder nicht mehr wahr. Es drehte sich alles um ihre Meinungen von Leuten, um den Tod, um die Wanderungen jeden Samstag auf den Schellenberg, um das Küsserbankerl.

War das Liebe, war das Genuss? Es war Perfektion, es war Sicherheit im Zählen – 500 Mal auf dem Schellenberg gewesen. Und dann nach Baden in die Heimatstadt meiner Mutter – immerwährende Sehnsucht – auch da eine kleine morbide Wohnung. Kalt und dunkel. Von dort aus Ausflüge aufs Eiserne Tor – immer, wenn sie in

Baden waren. Mutter litt unter Schwindelanfälle, aber um es dem Leben zu zeigen, erst recht,

– wir schaffen das – immer schafften wir den Gipfel. –

Auch in Lanzarote oder Las Palmas. Wandern bis zum Umfallen. Bis zum Endsieg, Stalingrad, alle erfrieren, überall der Tod und dennoch – Durchhalten bis zum Endsieg.

Lanzarote, die wundervolle *tote* Insel, alles Lava, alles Tod.

Mutter, deine Todessehnsucht war schauerlich!

Mit dem Tod leben, den Tod ins Leben integrieren. Das Leben leben, genießen, auch weil das Leben hier auf Erden endlich ist.

Eine Ewigkeit, ein Sein in der Ewigkeit hier auf Erden. Das war es nicht.

Mutter hatte den Tod hier auf Erden.

Man könnte meinen, sie genoss in ihren Reisen und Wanderungen das Leben. Vielleicht.

Es waren vielleicht Fluchtversuche. Ich kann es nicht wissen.

Ich begann Therapien, die mich *mir* wieder näherbrachten, meinem Leben. Ich durfte weiterarbeiten, um die Liebe meiner Eltern, meines Vaters und meiner Mutter zu spüren. Vieles gelang.

Meine Ausbildungen, meine Selbsterfahrungen waren und sind so wertvoll. Meine körperlichen Schmerzen, mein Ausstieg aus jahrzehntelangem Berufsleben, mein Mut, mein Unvermögen, alles ist gute Entwicklung.

Mein tiefes Inneres

Ich spüre Vater auf mich zukommen, mit unbändiger Liebe will er sich mir nähern. Ich bin das Kind, ich erschrecke, ich spüre ja und merke: stopp. Es ist zu viel. Zuviel Liebe, es erdrückt mich, nicht so nah, nicht so grob.

Seine Liebe zeigte er grob, das ging nicht zärtlich. Ich wurde gekitzelt – ich mochte das nicht.

Jetzt, in meinen inneren Bildern, kann ich zu ihm sagen:

– *Stopp! – bis hierher und nicht weiter. Ich nehme deine Liebe. So, wie du sie mir geben magst und nicht konntest.*

Du zeigtest Liebe in Taten. Später, Jahrzehnte später.

Vorher warst du beleidigt, wenn ich nicht so funktionierte, wie du es gern gehabt hättest. Immer Familie, immer Leistung, keine FreundInnen. Wenn ich mich durchsetzen wollte, wurdest du hart, manchmal auch körperlich.

Deine Neins waren schauerlich. Und Mutter hilflos. Ich musste mit in die Berge. Bei Eiseskälte Schi fahren, schwere, zu große Schi. Man muss ja auch mal was durchstehen können – den Sinn erkannte ich nicht. Deine Idee dazu weiß ich schon – Familiensinn.

Du hast mich geliebt, Papa, das weiß ich. Erst seit nicht so langer Zeit. Man sagte es mir; Freunde von früher sagten es mir. Mutter sagte es mir: Ich hätte alles von dir haben können, wenn ich mich nicht immer gegen alles so gewehrt hätte. Mit Diplomatie hätte ich dich um den Finger wickeln können – das war ich nicht.

Ich wollte deine Geborgenheit, dein Verständnis, deine Zuneigung ohne Bedingung, bedingungslos.

Bei dir war alles nur unter Bedingungen.

Und Mutter hilflos.

Auch bei den Schlägen, die ich noch als jugendliche Frau brutal zu spüren bekam. Mutter sah zu.

Sie wollte dich nicht verlieren. Die Kinder gingen eines Tages aus dem Haus, du bliebst ihr. Also arrangierte sie sich.

Und dann Schweigen. Ich war weg von zu Hause mit sechzehn.

Ich hab' wohl gewohnt, war aber vogelfrei. Die Tür war zu. Ich besorgte mir den Kellerschlüssel, so kam ich ins Haus.

Gegessen wurde im Speisezimmer.

Ich in der Küche.

So groß war deine Liebe, dass du keinen Widerstand ausgehalten hast.

Und Mutter konnte nicht lieben. Sie wollte. Aber sie wollte eigentlich keine Kinder, wie geh' ich mit Kindern um?

> *Mit deiner Mutter ist es dir genauso ergangen.*
> *Deiner Mutter ist es mit ihrer Mutter so ergangen.*
> *Wie geht Liebe? Wo ist sie verloren gegangen?*

Mein tiefes Inneres

Das Bild, indem ich Mutters Liebe bekomme: Du bist weich und hast weiche weiße Haut. Du hockst dich zu mir und nimmst mich in den Arm, ganz sanft. Es tut gut dich zu spüren und es ist so.

Und es ist gut. Ich habe es nicht nur verstanden, ich habe immer mehr Schichten in mein Bewusstsein gehoben, wo ich gespürt habe und verzeihen konnte. Gegenseitig.

Du wendest dich um zu deiner Mutter, sie beugt sich zu dir, geht in die Hocke und umarmt dich. Du kannst ihre Liebe spüren. »Es tut mir leid; bitte vergib mir; ich liebe dich; danke.« [3]

Meiner Mutter, ihrer Mutter und deren Mutter ist es möglich, diese Worte zu ihren Töchtern zu sprechen.

Weil sie spürt, dass sie von ihrer Mutter Liebe bekommen kann und weil diese den Prozess des Vergebens gehen kann und auch sie wiederum lieben lernt.

(Die Arbeit mit dem inneren Bild ist gut. Ich kann tiefe Verstrickungen mit den AhnInnen lösen und gute Verbindungen annehmen. In unterschiedlicher Weise kommen die Bilder und ich kann spüren, so vieles lösen und befreien an Last, die wir von unseren AhnInnen mitnehmen.)

Viele Emotionen durften sich in meinem Körper zeigen und wandeln und gehen.

---

[3] Aus: Ho'oponopono; berührendes Hawaianisches Vergebungsritual

Ahnen

Ich bin ihnen so nah.
Ich durfte nehmen und geben.
Geben, was nicht zu mir gehört. Nehmen, was mir gut ist.

Diese Akkumulation, diese Verdichtung, diese Ahnung Monate vorher, dass etwas passiert.
Wir telefonierten. Mutter war so weit weg.
Vater weniger.

Tanz der Gegenwart, Zukunft, Vergangenheit, Mutter Erde und Mondin

Im schönen frischen März, als die ersten Bäume zu blühen begannen, tanzte ich mit einer kleinen Gruppe von Frauen mit erdverbundenen Bauchtänzen in meinen Körper. Wir tasteten uns ein mit Meditationen in tiefer Verbindung und Verwurzelung mit Mutter Erde, spürten die Energie in Verbindung mit unseren Frauenherzen und verbanden uns mit dem Universum.

Tiefes Erleben hatte ich beim anschließenden Einlassen auf den Sufitanz: wir tanzten wie nach einem Mantra, gleichförmige Bewegungen mitschwingend in einer wundervollen orientalischen Musik, die sofort berührt und im und um den gesamten Köper weiterschwingt: lange, um zu spüren.

Die immer wiederkehrenden Bewegungen ließen mich meditativ eintauchen.

Etwas fühlte sich traurig an. Weißes diffuses Licht begann sich auszubreiten, das sich mit kaum wahrnehmbaren, feinen Farben zu vermischen begann. Während meiner Bewegungen nach hinten tauchten aus diesem Licht aus der Ferne schemenhaft Gestalten auf. Es waren Bilder meiner Ahninnen. Zuerst das meiner Großmutter. Ich sah sie ganz klar. Lachend, mit ihren weißen, kleinen Locken. Vaters Mutter.

Bald spürte ich meine Mutter in einem aprikofarbenen Licht und in der anderen Bewegung nach hinten
meinen Vater in goldenfarbiger Verbindung zu mir. Ein goldenes Lichtband.

Diese Verbindung in meiner Nachhintenbewegung wurde immer stärker spürbar, immer mehr ein Gefühl, angenehm – meine Eltern sind friedvoll hinter mir, mehr noch: in tiefer Verbindung. Und meine Tränen flossen. War es Traurigkeit? Dankbarkeit? Die Berührtheit, diese schönen fließenden Bilder, diese Verbindung wahrnehmen zu dürfen?

Möglich, ich spürte Vater und Mutter schon als Verstorbene, Vorausgegangene. Ich hatte dieses Gefühl.

Tat es dennoch ab. Es war einfach eine wundervolle Verbindung und es war gut.

Vater

Und Vater zeigte seine Liebe mit Taten.

Nach zehn Jahren Schweigen und tiefster Depression meiner Mutter mit der Begleiterscheinung einer Magersucht sahen wir uns wieder.

Ich war achtundzwanzig Jahre alt, als ich das Haus meiner Eltern wieder öfter betrat.

Und da hatte ich meinen Vater zum ersten Mal auf die Wange geküsst und umarmt.

Im Vorraum ihres Hauses und danach Mutter.

Es fühlte sich komisch an, wir hatten das nie. Es fühlte sich gut an. Und er ließ es geschehen.

Ab da machte ich das immer.

Später sagte er ganz vorsichtig: Ich muss dir etwas sagen: Wenn du zu mir kommst, bitte nimm kein Parfum – ich kann das nicht riechen. Unsicherheit. Natürlich nahm ich Parfum. Ihm zuliebe etwas tun, möglich ist es, doch was war das für eine Aussage?! Es ging um was anderes, um etwas, was ich gern mag. Er konnte das aushalten, wie ich meinte.

Ganz viel später, als Jakob und ich beschlossen hatten, uns ein gefördertes Reihenhaus zu kaufen, war sogar sein Umgang mit

Jakob respektvoll. Nach mehr als zehn Jahren und wohl auch wegen unserer wunderbaren Tochter, erkannte er – und auch Mutter- wie besonders Jakob war. Sie brauchten erst den Beweis einer guten leistungsorientierten Lebensführung.

Aber dann ließen sie nichts über ihn kommen.

Wir waren auf einmal die Bilderbuchfamilie. Und Miriam passte sich an … sie ging mit auf die Berge – und danach war sie immer krank.

Miriam war sechzehn, als es zu einer Wendung kam in der Beziehung zu meinem Vater.

Ich wollte den Dachboden in unserem Haus ausbauen und fragte tatsächlich nach Möglichkeiten das zu gestalten. Mit meinem Vater. Wir kamen uns näher, indem ich ganz klar sagte, er müsse sich gar nicht auf dieses Projekt einlassen, wenn wir das nicht nach meinem und Jakobs Vorstellungen machen konnten.

Es gelang die Annäherung.

Vater kann alles. Er zeichnet Pläne. So wie sie gezeichnet werden müssen. Er baut eine Stiege vom ersten Stock in den Dachboden mit Wendel und allem, was dazu gehört.

Mein Schwiegervater hatte auch mitgeholfen und sogar das ist einigermaßen gut gegangen. Sie waren irgendwie beide stolz, was da zu Stande kam.

Sie kannten sich noch nicht, als beide zeitgleich ihr Haus in Grubenau und Alfred in Oberbuchenberg bei Grubenau zu bauen begonnen hatten. Jeder davon überzeugt, wie er es mache, wäre es das Richtige. An unserem Zaun in Grubenau an der Baustelle war jeder gescheiter als der andere, Vater wurde ausfällig und arrogant. Beide gingen beleidigt auseinander und hatten ihren Kontakt abgebrochen, Vater nicht wissend, dass seine Tochter mit Alfreds Sohn zusammen war.

Jahrzehnte später balancierten beide über dem Abgrund auf den Balken, um die Decke einzuziehen. Schauerlich.

Immer: es geht alles.
Er machte für uns die Elektroinstallation.

Vater hatte nur ein Auge, das zweite hatte er sich verletzt, als ich ein kleines Kind war. Heißes Aluminium kam ihm ins Auge. Oma kam, Mutter fuhr ihn nach Tübingen in eine Klinik, da blieb er lange.

Danach sah er auf dem Auge fast nichts, was ihn nicht hinderte die feinsten Arbeiten zu machen. Er reparierte alle Uhren, die ihm unterkamen. Er reparierte alle Radios, alles was ihm unterkam. Es gab nichts, was er nicht reparieren konnte. Und er schrieb Computerprogramme auch noch nach seiner Pensionierung und er veranstaltete Reisen mit »seinen« Prokuristen, Kollegen seiner ehemaligen Arbeit, und bereitete dafür alles vor, um die Geschichte und Wissenswertes ihrer Zielorte rezitieren zu können und …

Die Elektroinstallation war für ihn eine Selbstverständlichkeit, das hat er ja schließlich gelernt und studiert.

Damit Mutter sich freute, hatte er ihr zu ihrem vierzigsten Geburtstag den Doktortitel geschenkt. Er hatte tatsächlich noch dissertiert. Und neben seiner zeitintensiven Tätigkeit im *Werk* hatte er immer wieder in der Abendschule unterrichtet.

Mutter war das schon wichtig, das Außen, die Fassade. Obwohl sie immer betonte, dass ihr die Gesellschaft unwichtig sei.

Das Haus, die teuren Teppiche, die Pelzmäntel, teure Möbel – im *Empfangsbereich*.

In dieses Haus, das meine Eltern zu bauen begonnen hatten, als ich fünfzehn war, bin ich nie eingezogen. Ich half auch beim Bauen nicht mit – doch, einmal, ein paar Mörtelstriche auf die Ytongziegel.

Dann war ich dahin mit dem Rad. Gewohnt hatten wir noch in Waghofen in der Klosterstraße.

Gebaut, gebaut, Häuser bauen. Das Haus in Waldbühl – auch so dunkel.

Meine Brüder halfen mit.

Nach dem Tod meiner Eltern erfuhr ich, dass meine beiden Brüder das Dach mit Schindeln belegt hatten und sie auch aus diesem Grund dieses Haus sehr gut kannten.

Das Haus war leergeräumt und ich fragte meinen Bruder, ob er noch einmal kommen mag, das Haus zu sehen, sich zu verabschieden. Er sagte, es erinnere ihn an die Zeit, als sie den Boden verlegt hatten; so hatte es damals wahrscheinlich auch ausgesehen in der Leere.

Ich hatte Michael bei einem der letzten meiner unzähligen Besuche in Grubenau noch gebeten mit mir einen Schrank nach unten zu tragen. Da hatte er das Haus das letzte Mal von innen gesehen.

Michael schien irgendwie in Frieden zu sein.

Vater hatte dieses Haus mit seinen, Mutters und meiner Brüder Hände und Körpereinsatz gebaut. Er konnte alles: Architektur, Statik, alles.

Er füllte sein Leben aus in dem er seine äußersten Grenzen wahrnehmen wollte. Nahm er sie wahr?

Ein Monat nach meiner Geburt bestieg er den Kilimandscharo.

Bestieg mit seinen Bergsteigerkumpels mit seinen schweren Schiern den Göll, Watzmann, diese ganzen Gebirgsketten, die man sieht, wenn man eine gute Fernsicht in die Salzburger Berge hat.

Er kennt jeden Gipfel und rezitiert über Moränen beim Autofahren Richtung Salzburg und sonstige Faltungen und Entstehungsgeschichten dieser Steine.

Was ist los mit diesem Mann? …

Ich konnte das nicht fassen und begreifen, mir war das zu viel.

Und dennoch kenne ich ein Gefühl dazu.

Oh ja, spätestens in meiner logotherapeutischen Ausbildung erkannte ich wieder und ich begriff:

Wo ist der Unterschied einen Sonnenuntergang in all seiner Größe und Farbherrlichkeit und Spürsamkeit zu genießen, oder ihm technische Daten zuzuschreiben und zu erklären, warum das so ist?

Mein Vater schaffte es, jede Stimmung zu ruinieren. Mit seinen Erklärungen.

Ich liebe ihn, wenn ich das schreibe.

Ich habe begonnen, ihn lieben zu lernen an Mutters siebzigstem Geburtstag, als ich von ihm diese wunderbaren, altrosa, gefüllten Rosen bekam. Als wären wir allein mitten unter den vielen Gästen, so fühlte ich diesen Augenblick, als er mir in die Augen blickend, sagte: *Alles ist gut.*

Die Momente mit Vater in Birkenmoor während der Jause, in den Arbeitspausen, als er sich Zeit für Gespräche nahm, konnte ich ohne Anstrengung mit wenig Anspannung (ich vermute, Anspannung war immer da, vielleicht nicht immer bewusst wahrnehmbar) erleben. Es waren wunderbare Augenblicke und er erzählte die Geschichte von ihm und seinem Vater, er zitterte am ganzen Körper, ich ließ ihn ohne Widerspruch reden.

Sein Vater war Nazi. Von den Engländern, *wie er immer meinte*, in Salzburg in der Rainerkaserne in Gefangenschaft gehalten. Vater erzählte das mit großer Angst, wie es ihm damals als jungem Mann ergangen war. Und wie er ihn drei Wochen bis zu seinem Tod gepflegt hatte. Er ist an Lungenkrebs gestorben.

(Ihn selbst pflegen zu müssen, das wollte Vater uns Kindern nicht *antun*.) Welch Geschenk – dennoch – seinen Vater begleiten zu dürfen, bis er wieder in die Anderswelt zurückgeht. Vater konnte das so nicht sehen.

Er hatte seinen Vater Gras fressen gesehen durch die Zaunlatten, erzählte er. Er hatte täglich große Angst, dass sein Vater mit den täglich abfahrenden Zügen nach Jugoslawien zu den Partisanen deportiert wird und dort gefoltert und ermordet wird. Das wusste man, dass die Partisanen mit Nazis *reinen Tisch* machen würden.

Es geschah nicht. Mein Großvater war *im Dritten Reich* Gendarm gewesen, hoch zu Pferd bei der SS.

Vater hatte noch seinen Ausweis gefälscht und sich ein Jahr älter gemacht, damit er zur SA kam: Den Ausweis hatten wir gefunden. Ich wusste das schon als junges Mädchen.

Er hat mir als junges Mädchen und Frau viel erzählt, aber mit anderen Vorzeichen. Ich habe ihn dafür gehasst, wie er über Juden und Neger sprach.

Wir gaben uns politische Gemetzel, die mich in den Kommunismus trieben. Das hatte begonnen, als ich zehn Jahre alt war. Als Dreizehnjährige provozierte mich Vater ständig durch diese politischen Gespräche, die er dann zu meiner Schmach noch auf den Kasettenrekorder aufnahm.

Wie wahnsinnig war er!

Und dann – Jahrzehnte – später doch eine Wende.

Er wurde einsichtig, so schwer das war.

Er konnte sich Michael nähern. Zu unserer Mutter hatte Michael mehr Bezug. Mit ihr ging es ihm besser.

Mein Bruder und ich konnten unsere Einstellung zu unseren Eltern noch gut gestalten.

Günter war, glaube ich, noch voller Gram und Wut, nichts war gelöst, es gab nur Vorwürfe.

Es war eine schlimme Zeit, die Günter als der Jüngste mit unserer depressiven, magersüchtigen Mutter und dem sprachlosen, angespannten, zum Jähzorn bereiten Vater, verbrachte. Ihre Außenkontakte brachen meine Eltern völlig ab. Mit viel Alkohol überbrückte Günter diese gemeinsame Zeit mit den Eltern – was meine Mutter nie bemerkte, die ihn immer in Schutz nahm, nichts sah, bis zum Schluss nicht. Die Frauen waren die Bösen, die meinem Bruder das Leben so schwer machten.

Nie konnte Mutter es verwinden, als ihr Jüngster aus dem Haus war.

Teneriffa mit Nähe

Ich genoss mit unseren Eltern eine Reise nach Teneriffa.

Es war durchaus anstrengend und aufregend, dennoch erlebte ich es als ein gutes Wandern mit Genuss an der wunderbaren, vielfältigen Landschaft. Ich fuhr das Auto.

Einem Erlebnis, bei dem ich dem Tode nahe war, sei *nebenbei* zu erwähnen, wenn man die Geschichte dieser Eltern kennt.

Einen Umweg sind wir gewandert, dann vom Weg abgekommen in eine Landschaft riesiger kantiger Felsen, die zu queren waren an einem unendlichen tiefen Kraterabgrund!

Vater war es urpeinlich.

Ich war wie erstarrt mit je einem Bein auf einem riesigen Felsblock – unter mir in der Tiefe Lavalandschaft, der Krater. Ich wusste weder wie vor noch zurück.

Ein deutscher sportlicher Tourist tauchte plötzlich ein paar Meter oberhalb von mir auf. Er machte mir Mut, damit ich den Schritt zum nächsten Fels über den gähnenden Abgrund machen konnte. Danke!

Bevor mein Retter kam, sah ich schon mein gelebtes Leben und stellte mich darauf ein, dass ich meine wunderbare Familie nicht mehr sehen werde.

Auch Mutter musste diesen Schritt von dem Felsen zum nächsten machen. Sie schaffte es wie ich.

Am Gipfelplateau war es erhebend. Einerseits der unglaubliche Weitblick bis unendlich über das Meer, ob dem Osten, dem Süden, dem Westen oder dem Norden hingewendet.

Ich fühlte mich dem Universum sehr nahe, verbunden.

Ich hatte noch nie so ein Erlebnis der Stille, eine unfassbar klare Atmosphäre durchdrang mich. Nein, es war die gleichzeitige Verbindung mit der Erde und dem Universum. Ein Eintauchen ins Angebundenen-Sein.

Ich verzeihe ihm, Vater sucht und findet immer andere Wege. Wenige Ausflüge und Bergtouren gab es, wo wir einen vorgestalteten, vorgesehenen Weg gingen.

Das kenne ich auch: Vielfalt leben, es ist so viel möglich, warum nicht alles erleben?

Das gesunde Maß in der Vielfalt leben zu lernen: wie gut spürt sich hier Sicherheit, Leichtigkeit und auch So-Sein an.

Ich hatte Konflikte mit meinen Eltern auch in dieser Zeit. Alte Muster der Ablehnung und der Trennung, des Unverständnisses kamen hoch und dockten in altbekannten Situationen und Worten an.

Dennoch, wir gingen auch ab und zu in unserer heimatlichen Umgebung gemeinsam wandern.

Lanzarote

Jakob und ich wurden von meinen Eltern für eine Woche nach Lanzarote eingeladen. Wir ließen uns darauf ein. Ereignisreich und mit vielen guten Momenten.

Ich kotzte da, wie ich noch nie in meinem Leben gekotzt hatte, eine Badewanne voll.

Eine befreundete Ärztin war mit uns, die mich beruhigen konnte.

Dennoch ging ich am nächsten Tag mit wandern und ich ging mein Tempo. Ein schöner Weg durch die gestrüppte Lavalandschaft direkt in Richtung Meer. Ich lief am Strand den Wellen entgegen wie ein kleines Kind. Am Meer bin ich glücklich.

Meine Kleidung war nass und es war gut!

Rosalinde war eine angenehme Begleiterin. Mit ihr ging ich kürzere Wege oder wir ließen uns mit dem Auto abholen, wenn möglich. Es war eine gute Zeit, es war nicht fad mit meinen Eltern.

Mutters Einstellung zum Tod und die negative Haltung zu Menschen schlug bei dieser Reise vollkommen durch.

Ich glaube, ich hatte damals alles emotional mitbekommen, was ich von Mutter weiß. Ich brauchte mir keine Gedanken zu machen, das Spüren genügte. In ihrer Einsamkeit, in ihrer Abhängigkeit von Vater, diese Symbiose, ihre Selbstaufgabe von Anfang an.

Später sagte man, sie war ihm hörig, vielleicht dann auch er von ihr vollkommen abhängig. Nicht allein lebensfähig.

Warum darüber urteilen.

Dieses Gefühl, wie ich meine Mutter erlebte, meine ich, ließ mein Körper mein Inneres nach außen stülpen.

Ich war nicht da, nicht spürbar für sie. Sie sprach über Menschen, von dieser toten Insel, von sich und richtete ihre verschwägerten Verwandten aus. Sie war Opfer des Familiensinnes meines Vaters, der nie durchbrechbaren symbiotischen Beziehung zu seiner Schwester. Und das übertrug sie gleich auf die Frau meines kleinen Bruders. Bei Michaels zweiter Frau hat es auch gedauert, bis irgendwie eine Beziehung gelang, dank deren außerordentlicher Bemühungen. Dabei war auch das gemeinsame archäologische und historische Interesse verbindend.

Vater führte uns bei einer abwechslungsreichen Wanderung an erhöhten felsigen Wegen entlang am Meer und über feine Sandstrände – angekleidet – mitten durch einen FKK-Strand. Ohne jegliche Scham gegenüber den nackten Menschen; hier ging der Weg zu seinem Ziel hindurch, also wich er nicht extra auf andere Möglichkeiten aus. Es war ihm nicht peinlich. Ich fand es übergriffig.

Wir lernten die Insel gut kennen mit dem Forschergeist meines Vaters.

Wir erlebten viel, ich mag das nicht missen. Und Vater bemühte sich außerordentlich, dass alles passte.

Mein Vater kann alles und das war mir zu viel.

Kräfte

Und dann vor fünf Jahren der Umzug in unser Haus, wo er mit seinem achzig Jahre alten Körper gearbeitet und mehr als alles gegeben hatte. *Ich kenne diesen Mann nur mit angespannten, harten Muskeln.* Mit der Spitzhacke durchbricht er Wände, mit dem Bohrer durchdringt er scheinbar undurchdringbare Wände – er schafft das. Ich hätte da nicht einmal angefangen.

Er riss die Zargen aus den Türrahmen, schleppte Ytongziegel, mauerte, riss x Tannenbäume aus, die ich in dem Garten als Umrandung nicht mehr haben wollte, setzte Zäune ein, bohrte in den Betonboden Löcher und kniete dabei auf dem harten Asphalt.

Einmal erwähnte er, er hätte beim Nachhausefahren nach Grubenau die Wirbelsäule gespürt. Mutter trat, sozusagen als Massage, auf seinen Rücken auf- und abwärts und dann ging's wieder.

Ich baute ein Regal in die Wand und er wiederholte mehrmals, wie großartig ich doch alles mache.

Ja, ich kann auch viel.

Ich wollte nur nicht so viel, denn mir tat der Rücken weh. Und ich erkannte das als Alarmzeichen.

In dieser Zeit hatte er während einer Nachmittagsjause mit dem Versuch begonnen, sich an Worte anzunähern, die er nicht gewohnt war, auszusprechen.

Ich vermute auch, diese Worte zu denken, musste aus einem tiefen Teil des Unbewussten hervorgehoben werden. Ich glaube, er hatte eine Ahnung von einem Gefühl der Traurigkeit in diesem Moment: Er würde mir etwas sagen wollen. Das mit der Gewalt, als ich so jung war, das wäre so über ihn gekommen und er hätte das nicht gewollt.

Vater spricht über *das*! Nein, nicht jetzt. Das hatte ich nicht aushalten wollen. Ich sagte, es sei gut. Ich wollte nicht darüber sprechen. Ich nahm es an als Entschuldigung.

Vater zeigte seine Liebe in körperlichen Taten in Verbindung mit etwas Nützlichem.

Trotzdem bekam er eines Tages Stents, er bekam's mit dem Herzen. Auch unser Vater konnte nicht an seinen körperlichen Reaktionen vorbeileben, ignorieren ging nicht mehr.

Er kannte sich medizinisch aus und wenn er sich nicht auskannte, erkundigte er sich so lange, las alles, was er zu einem Thema fand, bis er dem Arzt erklärte, wie es um alles stehe und welche Möglichkeiten er in Erwägung ziehe.

Die letzten zehn Jahre, sogar fünfzehn Jahre in Begegnung mit meinen Eltern waren in Ordnung. Ich konnte und wollte meine Eltern nicht oft besuchen.

Auch der besondere Umgang, wer sich wie zu verhalten hätte im Kontakt zueinander – die Kinder müssen kommen, die Enkel sollen sich doch melden –, war eine immerwährende verkannte Wiederholung.

– Und warum rufst du nicht an? Die Telefonleitung von Grubenau nach Salzburg ist genau so lang wie umgekehrt. Du kannst dich genauso melden, auch bei unserer Tochter. –

Vater fand das humorig. Mutter nicht.

Und wir besuchten ihn und Mutter und manchmal war es hell. Wenn die Sonne ins Wohnzimmer hereinschien und die düstere Stimmung zu erhellen suchte, leuchteten Augenblicke auf. Ich empfand das Haus fast immer kalt und meine Eltern unlebendig.

Seit Jänner 2016 war es düster.
Wie still es da ist, wie still ist es in diesem Haus.
So oft, wie ich seit Mai in diesem Haus war, war ich die letzten dreißig Jahre nicht dort.

Ich wäre auch gekommen, wenn meine Eltern mich gebraucht hätten.

Das wollten sie nicht, sie waren schon in ihrer Welt, in ihrer ganz eigenen Welt, nahmen nichts mehr wahr, nur sich selbst.

Diese Akkumulation, diese Verdichtung, diese Ahnung Monate vorher, dass etwas passiert.
Wir telefonierten. Mutter war so weit weg.
Vater weniger.

Schwinden

Mutter stürzte bei einem Ausflug in Wien auf der Rolltreppe. Meine Eltern besuchten meinen Bruder mit seiner Frau in der von ihr neu eröffneten Virgilkapelle. Unsere Eltern waren stolz auf ihre Schwiegertochter und voller Bewunderung. Ihr Interesse war groß und sie wollten alles genau wissen. Die Zeit verfloss; die beiden wollten den Bus nach Baden erreichen und waren knapp dran. Vater ging die Treppen hoch, Mutter nahm die Rolltreppe Richtung Stephansplatz und stürzte schwer.

Mein Bruder machte sich Vorwürfe, sie nicht begleitet zu haben. Er machte sich Vorwürfe, dass ganz in seiner Nähe Mutter einen schweren Unfall hatte. Sie wurde mit Kopfverletzungen ins Wilhelminenspital gebracht.

Natürlich auf Revers wieder entlassen. Später kam mir der Gedanke, dass sie wie panisch vor dem Krankenhaus fliehen – so verkündeten sie das auch immer wieder – weil es da zum Sterben wird, man wird nur kränker und kommt dann nicht mehr heraus. So wollten sie nicht sterben. Zu Hause habe ich ihre Patientenverfügung – die hatte ich damals unterschrieben, als Mitwissende. Und wer weiß, vielleicht hatten sie ja da schon einen Plan zu ihrem gemeinsamen Ende.

Vater versicherte noch, dass *nichts weiter war* – das heißt, sie musste *nur* am Kopf genäht werden.

Vater fuhr von ihrer Wohnung in Baden mit Mutter nach Grubenau. Sie hatten einen Unfall auf der Autobahn mit ziemlichem Blechschaden. Er sah beim Herausfahren aus der Innenspur das vorbeikommende Auto nicht.

Michael und Nina vermuteten, dass Wilhelm mit geistigen Ausfällen zu tun bekam. Ihnen ist das in Baden schon aufgefallen im Beisammensein am Garten in Tribuswinkel. Beim Spazierengehen war er plötzlich desorientiert auf einem Weg, der ihm absolut vertraut war. Er wusste nicht mehr, wo er war.

Ich selbst hab' das bei Vater so nicht erlebt. Ich hatte ihn in letzter Zeit auch kaum getroffen.

Er besorgte gemeinsam mit seiner Schwiegertochter Nina noch Pflanzen für diesen Garten, in dem unsere Eltern zuvor noch viel Gewachsenes entfernt hatten.

Mit Nina gemeinsam machte ihm der Garten viel Freude, vor allem, dass jemand diesen Garten schätzte, unbefangen! Als ob er die Übergabe vorbereiten würde. Mein Bruder und meine Schwägerin mochten es von Wien hinauszufahren – dorthin.

Vater regelte den Unfall mit dem anderen Autolenker – wir sollten später ein Protokoll finden – sie fuhren weiter nach Hause.

Ich erfuhr diese Situation von Michael.
Ich war wie gelähmt, blockiert.

Ich konnte nicht anrufen, erst später. Meine Eltern haben mich nicht angerufen und mir von ihrem Ereignis erzählt. Immer alles gut.

Im Krankenhaus zu Hause diagnostizierten die Ärzte am Tag darauf einen Steißbeinbruch. Mutter hatte große Schmerzen, sie konnte schlecht gehen und das Hinsetzen tat ihr sehr weh.

Das Steißbein hat zu tun mit dem Lebenswillen, einem Selbsterhaltungstrieb, mit Verwurzelung, Urvertrauen, Geborgenheitsgefühlen, Bodenständigkeit, Selbstvertrauen, Durchsetzungskraft.

Es wäre Zeit gewesen nochmal etwas zu verändern. Etwas zu wandeln. Der Lebenswille fehlte. Der Sinn für das lebenswerte Leben fehlte. Wenn du behindert bist, ist es nicht wert zu leben. (Steht es mir denn zu, zu beurteilen, wie meine Eltern dachten? Es war ein Teil einer Meinung zum unwerten Leben – es war ihre Meinung)

Im Rollstuhl monatelang beim Fenster rauszusehen, ohne sich selbst bewegen zu können, nicht einmal eine sportliche Aufzählungszahl zu erreichen am Gipfel des Schellenberges oder am Eisenen Tor. Verständliche Unmöglichkeit für meine Mutter das auszuhalten.

Und Vater meinte vergesslich zu werden. Damit konnte er bestimmt nicht leben, denn Wissen war für ihn sein Leben. Darin war er außerordentlich stark. Er konnte Wissen aufsaugen wie ein Schwamm.

Ich rief an.

Ich hatte das Gefühl, nur dieses schauerliche Gefühl, etwas Schlimmes würde passieren. Wenn ich jetzt nicht zu Hause anrufe, würde ich mir ewig Vorwürfe machen. Ich war wütend. Es war ganz nah, eine Verzweiflung, eine Hilflosigkeit, die mich beklemmte. Ich wusste es, so wie ich meine Eltern, eher noch Mutter, in meinem Geiste wahrnahm.

Auf einmal hörte ich mich sagen:

– Mutter, du hörst mir jetzt zu, ohne mich zu unterbrechen: Ich weiß, dass Vater immer zuerst kam und dann lange nichts und dann wir Kinder, so sagtest du. –

Sie sagte darauf:
– Lange nichts, das stimmt nicht. –

Gut. Lange nichts stimmt nicht. Jetzt nicht mehr(?).

Dann bat ich sie, namentlich genannt, an ihre drei Kinder, ihre vier Enkelkinder und ihre zwei Urenkelkinder zu denken: was sie meine, was das denn mit uns allen mache, wenn sie beide sich vom Leben davonmachen würden. Was heißt das für die nächsten Generationen, was würde das für Hanna und Simon für Auswirkungen haben, für Amanda und Liv? Wie sollen sie damit umgehen, mit dieser Schwere?

Mutter:
– Was redest du! –
– Ich rede von eurem Selbstmord. –
– Das ist doch lächerlich. –
sagte sie.

– Wenn ich jetzt total daneben mit diesen Gedanken sein sollte, Mutter, dann bitte verzeihe mir, dann tut mir das unendlich leid. Dann ist das ein schlimmes Missverständnis. –

Sie sagte, es sei gut. Wir verabschiedeten uns. Ich rief nochmal an, Vater war am Telefon.

Ich sagte nochmal, wenn ich Mutter jetzt verletzt haben sollte, so täte mir das sehr leid.

Er sagte: – Nein, alles gut, sie geht jetzt zum Frisör. –

Und: – Machst du mir eine Malakofftorte? –

– Die bekommst du zum Geburtstag. –

Wagte ich ihm zu entgegnen. Gewagt, Vater hielt die Widerworte aus, konnte damit umgehen.

Verabschieden. Und dann Funkstille.

Wir sind jetzt viel mit Jakobs Mama, Johanna zusammen, weil sie Alfred im Februar verloren hat.

Meinen Vater hat das sehr berührt. Er bot auch an, dass Johanna meine Eltern besuchen konnte – nur das war nicht in ihrem Sinne und im Sinne der Ruhe, die sie benötigte.

Es ging mir gut. Ich begann reiten zu lernen – zum ersten Mal in meinem Leben auf einem Pferd! Mit Hanna, meiner Enkeltochter.

Und dann verbrachten Jakob und ich mit seiner Mama, seinem Onkel und dessen Frau einen wunderschönen lustigen Maitag in der Nähe von Schärding.

Es war lebendig. Eine wunderbare Leichtigkeit.

Jakobs Onkel erzählte noch eine Geschichte über eine Lesung meines Vaters aus einem seiner Fachbücher. Er hätte sich danach von jedem Anwesenden einzeln verabschiedet.

Ich wusste wenig, oberflächlich von den Dingen meiner Eltern. Die Freunde und das Schreiben, das kannte ich, sie erzählten – alles so übertrieben und ohne Bezug. Es schien vordergründig so wichtig, aber etwas fehlte dabei.

Das passt, dass er sein Werk vorstellte – niemals aus Eitelkeit. Mein Vater wollte immer etwas weitergeben. Er konnte es nur belehrend. Die Liebe wollte er weitergeben, er hatte sie, er wusste nur nicht, wie das geht.

Er hatte es auch nicht spüren gelernt.
Ich bekam eine Ahnung und fand das sehr schön.

Trotzdem spottete ich noch – auch über einen Kollegen Vaters, der begeistert von dieser Lesung war. Diese Lesung. Viele bewunderten meinen Vater.

Er war auch bewundernswert, sehr bewundernswert.
Ich kann ihn auch bewundern. Jetzt. Und betrauern.

Am nächsten Tag freute ich mich auf meine Reitstunde mit Hanna, ich putzte mein Auto so gründlich wie nie. Und dann um 13.30 Uhr Konstanze am Telefon.

Ich freute mich, denn heute konnte ich ihr vorschlagen, demnächst mit ihr eine Bergwanderung zu unternehmen. Das wäre grad eine gute Zeit. Wir treffen uns sehr selten. Irgendwie meinte ich, ich kann mich doch nähern, unsere verwandtschaftlichen Beziehungen sind nicht mit gegenseitigen Besuchen gesegnet. Muss auch nicht sein, dennoch: eine gemeinsame Bergtour … ?

Doch dazu kam es nicht.

Ein Komet aus heiterem Himmel – verbrannte Erde

Weinen, gebeuteltes Aufweinen, ohne Sprache, – Deine Eltern …! –
Ich verstand nicht.

Tod

*– Obwohl man nur wenig Freude an ihm finden kann, ist der Tod
dennoch kein monströses Übel, … Ich lernte den Tod zu
entmythologisieren und ihn als das zu sehen, was er ist – ein Ereignis,
ein Teil des Lebens, das Ende weiterer Möglichkeiten. »Er ist ein
neutrales Ereignis«, sagte Paula, »doch wir haben gelernt, es mit Furcht
auszustatten.« –[4]*

Ich rief Jakob an, er kam sofort, ohne dass ich irgendetwas begriff,
ich funktionierte, wen ruf' ich an? Wer muss informiert werden? –
Ich weiß ja gar nichts.

Ich rief die Polizei in Grubenau an, die konnten oder wollten mir
nichts sagen …

Wir fuhren nach Grubenau, ich in dem Gedanken, meine Mutter
sei gestorben und Vater hätte sich umgebracht, weil er ohne sie
nicht leben kann und will. Wer würde kochen und seine Wäsche
waschen?

Oder umgekehrt, nein, Mutter würde der *Mut* dazu fehlen, obwohl,
mit Tabletten … und ohne ihn? Wer würde den Rasen mähen? Wer
die Bäume schneiden? Ja, wer?

Ich war wie auf Watte.

Und wieso wusste das Konstanze? Polizei, Autos, ich wurde von
einem Polizisten in die Küche gebracht, Jakob an meiner Seite. Ich
will meine Eltern sehen. Freundliche Männer, Polizeibeamte, sie
verwickelten mich in ein beruhigendes Fragegespräch, …

Wann hatte ich meine Eltern das letzte Mal gesehen? Wann tele-
foniert? Wie war die Beziehung?

---

[4] Irvin D. Yalom, Die Reise mit Paula

Zueinander? Zu mir?

Waren sie krank?

Immer wieder fragten mich das später viele Menschen.

– War Ihr Vater Linkshänder? –

Mein Vater konnte alles mit beiden Händen. Er war unglaublich!

– Was war mit dem Auge? –

Vor fünfzig Jahren ins heiße Aluminium geschaut. Tapfer war er, immer wieder in die Augenklinik nach Tübingen. Er sah ein wenig mit diesem Auge.

Wir kreisten um Geschichten.

Und plötzlich, wie aus dem Nichts:

– Ihre Eltern haben sich erschossen! –

Ich schrie auf! Haltlos, wütend, Angst!

Ich glaubte es nicht; ich war nicht mehr in dieser Welt. Ich will sie nicht sehen, nicht sehen!!!

So nicht. Ich spürte von fern Jakob mich halten. Die Männer waren da.

Vater hat Mutter erschossen und dann sich selbst.

Mein tiefes Inneres

Gebückt am Küchenstuhl saß ich da. Den Rücken offen, verletzlich. Nach vorne gebeugt, um mich zu schützen. Vor meiner eigenen Wut; Die Wut wächst, will sich winden, will hinaus wie ein wildes Tier. Ein Wolf. Es geht nicht. Der Wolf liegt da, das Fell stumpf, zersaust, schwarz. Reglos liegt er da. Unbelebt. Ich begegne ihm, seine Augen blicken hilflos. – Wann lässt du mich leben, lebendig werden? – Ich möchte schreien, ich schreie. Orange Farbe steigt in mir auf. Endlich kann ich weinen, mein Wolf erwacht, er heißt Ringo. Wut wurde zur Trauer, Traurigkeit. Endlich spüre ich. Das Orange wird gut.

Als ob sich etwas wandelt. Ich spiele mit dem Wolfshund. Es entsteht Kraft in uns, Vitalität. Wir leben, spielen. Die Wut darf leben, Wut darf sein, ohne auszurasten; wir laufen am Strand im nassen Sand. Ich sehe meine Spuren, nur Spuren.

Ich darf Sein. Ich mach es für mich.

(Dieser Ort, die Situation wird nach eineinhalb Jahren in mir auftauchen.)

Untersuchungen und Fragen, denn es war Mord und Selbstmord. Nein! Nein! Die wollten das gemeinsam! Ob ich meine, ob Mutter Vater hörig war.

Das war die überraschend richtige Frage, die direkt bei mir ankam. Ja. Es war nicht diese Liebe, die alle rundherum sehen wollten, Händchen haltend herumspaziert.

Es war ein enorm hohes Sicherheitsbedürfnis meiner Mutter und eine andere Abhängigkeit meines Vaters; auch eine Art von Sicherheit.

Es ist gut. So wollten sie das, so hatten sie das. Trotzdem, zur Verständlichkeit sage ich, es war Hörigkeit.

Wie sie das beschlossen haben und warum?
Kein Mensch wird es wissen. Wieso ich?

Ich konnte wieder *klarer* denken. Ich wusste alles – ich war im Schock. Ich beobachtete mich von außen.

Welche Phase durchging ich da eben? Bin ich wütend? Bin ich distanziert? Traurig? Ich habe Angst. Mir ist eiskalt.

Der Bestatter ist auch schon da. Mit seinem Sohn.

Völlig durchgeschwitzt, triefend vor Schweiß. Ich gebe ihm die Küchenrolle. Er nimmt sein Stofftaschentuch.

Davon hätte ich auch genug aus diesem Haus.

Dieses Haus? Was ist hier? Was war hier? Es war so warm, Frühsommer. Und mir war kalt.

Er hat dieses Schriftstück – das kannte ich, das haben uns unsere Eltern gegeben.

Er wollte ein Begräbnis, nein, er wollte kein Begräbnis, mein Vater. Mutter? Ja, verbrannt wollten sie werden. Ohne Einladungen, ohne Parte, ohne FreundInnen. Das ist doch eine Zumutung, zuerst legen sie – anscheinend – so viel Wert auf ihre Freundschaften, dann würden sie ihren Freunden nicht einmal die Möglichkeit der Verabschiedung geben. Okay, geht das mich etwas an? Was will ich, was brauchen wir Kinder, welches Ritual, um damit einigermaßen klar zu kommen?

Plötzlich diese Vorstellung. Verstreuen … – ich habe Angst vor den Bildern.

Jetzt ist das eingetreten, was sie mir mehrmals sagten.

– Beim *Manhardseder* in Grubenau ist alles hinterlegt. Der weiß, was zu tun ist. Auch schon alles bezahlt. –

Der Bestatter heißt jetzt anders. Da stand ein Junger im schwarzen Anzug, auch verschwitzt, draußen.
– Sie können gerne die Jacke ausziehen. –

– Nein. Nein. –

Er erzählt, was wir tun können … Erst müssen die beiden nach Linz zur Obduktion. Da war also der Kriminalinspektor von Linz gekommen. – Inspekta gibt's kan! –

kommt mir in den Sinn. Wie im *Kottan*[5].

Komischer Humor. Ich kann auch lachen.

Also verbrennen, dann Urnen. Er sieht am Papier, dass da ein Wunsch von Vater war, in Oberbühl bei seiner Herkunftsfamilie begraben zu sein.

Niemals. Ich höre noch meine Mutter, wie sie sagte,

---

[5] *Kottan ermittelt:* Satirische österreichische Krimiserie aus den 1970igern und 1980iger Jahren.

– Alles, nur da leg ich mich nicht hinein. Nicht bei den Schwiegerverwandten in Oberbühl. Niemals. –

Nicht nur einmal sagte sie das, wenn sie von ihrer Beerdigung sprach.

In Sri Lanka verstreuen. Sie hatte ihre Vorstellungen.

Der Bestatter: – Wir müssen hier den *letzten Willen* nicht berücksichtigen. –

Müssen wir nicht. Die Angehörigen sollten das entscheiden können.

Ich entscheide. Da weiß ich einfach zu viel von meinen Eltern. Über den Tod hat Mutter gern gesprochen und Vater hat davor keine Angst gehabt.

Es sollte noch einmal tiefe Auseinandersetzungen geben zum Thema des Ortes und der Art der Bestattung.

Hey, sie sind hier in einen gewaltsamen Tod gegangen. Freiwillig und gemeinsam. Nein, sie werden auch gemeinsam begraben und mit allem, was dazu gehört. Und in Grubenau.

Ich sah damals schon, dass da unglaublich viel auf *mich* zukommt. So wie ich auch hier vor Ort des Geschehens war. Natürlich informierte ich sofort meine Brüder und Mutters wunderbare Schwester.

Wie auch immer. Hier war Vaters und Mutters Lebensmittelpunkt, hier kannten sie viele Menschen und hatten FreundInnen. Sollten die nach Oberbühl pilgern? Nein. Es geht nicht nur um die beiden, die beschlossen hatten aus dem Leben zu gehen.

Es geht auch um mich. Meine Eltern wussten um mein Talent Dinge zu organisieren. Ob ich das nun wollte oder nicht.

Sie kamen von oben, ich sah aus dem Augenwinkel, wie sie diese schrecklichen grauen blechernen Särge hinaustrugen. Der junge und ältere Mann im schwarzen Anzug. Da draußen waren Kameras.

Ich sollte mich nicht am Fenster blicken lassen. Ich war plötzlich in dieser Realität.

Ich realisierte die Tragweite davon, was hier passiert war und ich stoppte sogleich diesen Gedanken. Vater hätte auch niemals ruhig gehen können. Doch die Medien sollten Unglaubliches berichten. Ich habe vermieden, etwas anzusehen oder zu lesen. Freundinnen und Jakobs Verwandte erfuhren *es* zum Teil sehr rasch aus den Medien.

Ich schrieb meinen Freundinnen. Sie fanden berührende Worte. Verstanden mehr als ich.

Da wurde mir wieder bewusst, wie wesentlich meine Frauen für mich waren. Klartext zu sprechen, um auf mich aufzupassen.

> Sie hatten schneller verstanden, was mit mir los war. Viele haben einen Teil oder alles meiner Geschichte miterlebt und wissen Bescheid.

Miriam, die Kinder. Was soll ich tun, wie sie schützen? Miriam hat grad ihren Großvater verloren, ihre Kinder den Urgroßvater. Und jetzt? Es ist unfassbar.

Die Spurensicherung suchte etwas im ganzen Haus. Alle Schubläden, Kästen wurden geöffnet, Jakob wurde zur Unterstützung geholt. Was suchen sie?

Einen Abschiedsbrief. Dokumente, Reisepässe. Keine Ahnung, wo meine Eltern das haben … das sollte insgesamt in diesem Haus noch zu erheblichen Schwierigkeiten führen.

Sogar die Polizei stellte diese unglaubliche präzisionshafte Ordnung fest. Alles so genau geordnet. Nichts ist in Unordnung. – Ihre Ordnung, aber kein anderer kennt sich aus.

Uralte Rechnungen vom alten Simca, ihrem ersten Auto aus den 50iger Jahren …

Der Pass wurde gefunden. Ja, Testament haben wir alle drei Geschwister.

Ich wurde zur Bundespolizei gefahren. Sie nahmen das Protokoll auf und erklärten mir, was nun passieren würde.

Jakob war immer bei mir.

Es dauerte, sie waren korrekt und freundlich. Sie nahmen die Schlüssel, ich konnte nicht mehr ins Haus.

Gut so.

Zu Hause sollte mir einfallen, dass sich das Adressbuch noch im Haus befindet, ich muss Freunde und Freundinnen meiner Eltern verständigen!

Können wir nach Hause fahren? Ich bin bewegungslos.

Wir fahren zu meiner Lieblingsschwiegermama. Ich trinke von ihrem Bier. Es tut gut in diesem Haus zu sein. Ich kann jetzt weinen.

Ich bekomme von meinem Arzt Schlaftabletten, er kommt zu mir nach Hause, ich schaffe den Weg in die Praxis nicht. Die Menschen in meiner Umgebung sind so wunderbar, so besonders.

Ich bekomme eine Krankschreibung. Wie sollte ich auch arbeiten, etwa mit meinen KlientInnen vom Jugendamt?

Ich muss informieren. Was ist zu tun? Für mich, eine Klientin hat heute Geburtstag, …

Das Telefonbuch meiner Mutter. Ich muss wieder nach Grubenau.

Hochwasser. Überall Wasser. Nach dem heißen Tag regnete es in Strömen. Das Hochwasser von Treubach. Ich hab' es noch nicht mitbekommen.

Ich fuhr zur Polizei und bitte um die Schlüssel. Zwei freundliche Beamte begleiteten mich zum Haus. Ich begann vom Telefon meiner Eltern zu telefonieren – die eingespeicherten Nummern von ihrem Apparat. Eine nach der anderen.

Einige wussten es schon; ich nahm dann das Telefonbuch mit, in diesem Haus konnte ich nicht lange sein. Ich hatte einen ganz harten Magen und es war so unendlich eng in mir.

Dennoch, ganz vorsichtig arbeitete ich mich in den ersten Stock vor. Das Schlafzimmer war versiegelt, es lag mir fern, es zu betreten.

Ich hatte zu den Zimmern ein trauriges Gefühl, musste gehen.

Die Wiese war überschwemmt.

Ich sollte am nächsten Tag wiederkommen, der Nachbar rief mich an, ob ich eine Pumpe hätte zum Auspumpen des Kellers.

Habe ich, also wieder nach Grubenau. Miriam wollte mit. Die Kinder waren bei ihrem Vater.

Die Nachbarn kamen auf mich zu. Ich realisierte das Hochwasser gar nicht. Dann ersann ich, dass Vater in dieses Schlupfloch von einem halben Meter Höhe, das den Keller ersetzte, hineingekrochen war, als es einmal schlimmes Hochwasser gab. Ich befürchtete, dass Wasser drin war. Keine Ahnung, wie das aufgeht und wie man da reinkommt. Der Nachbar wusste es.

In der Vertiefung des Nebenraums war Wasser und Zeugs schwamm herum; alte Plastikuntersetzer, aufgehobene Plastikbehälter, Geschenkpapier, alles aus dem Stauraum. Ein Großteil des Raumes war verfliest.

Wir schöpften Wasser.

Treubach war verwüstet. Als bräuchte es noch eine Bestätigung der Naturgewalten zu dieser von Menschen an sich selbst angelegten Gewalt.

Wir versammelten uns in unserem Haus in Salzburg. Meine Brüder kamen mit ihren Freundinnen und die Schwester meines Vaters mit ihrem Mann. Miriam war es wichtig, bei uns zu sein. Ihre Anwesenheit tat gut, gleichzeitig standen ihr der Schock und die Schlaflosigkeit ins Gesicht geschrieben.

Wir wussten bereits, dass mein Vater seinen Schwager angerufen hatte. Seine Schwester wollte er erreichen, der Schwager war am Telefon, als Vater ankündigte, er mache jetzt seinem und dem Leben Muggerls ein Ende. Daraufhin zwei Schüsse.

Wie unsensibel kann man sein?! Meine Tante und ihr Mann sagten, es war mutig. Aha.

Ihr Sohn ist bei der Polizei und sie verständigten ihn, der dann die zuständige Polizei in Linz anrief. In Grubenau brach die Polizei die Tür auf.

Der Schlüsseldienst war auch gleich da. Ich bekam sogleich die Rechnung und die Polizei die Schlüssel.

Wir saßen auf unserer Terrasse, es war Sonnenschein, Miriam war bei uns. Ich freute mich sehr, dass sie da war. Sie machte grad Schreckliches durch.

Mein kleiner Bruder hatte Zeitnot. Er war in dieser Zeit mit seiner Freundin mit dem Rad unterwegs. Sie mussten den Zug erreichen.

Also, er habe nicht viel Zeit.

– Können wir das emotionslos, also sachlich besprechen? –

Meine Göttin, was soll das denn werden! Emotionslos? Das? Wegen dem Begräbnis, letzten Willen erfüllen vom Vater, war das Thema. Ich stellte mich gegen Oberbühl. Ich wusste, keiner meiner Brüder, vor allem nicht jener *ohne* Emotionen, würde die notwendige Arbeit leisten können. Und ich weigerte mich nach Oberbühl zu fahren. Kein Mensch hatte Bezug zu Oberbühl, außer natürlich die Schwester meines Vaters.

Jeder war entsetzt und hatte seine eigene Art mit diesem Wahnsinn umzugehen. Ich hatte das Gespräch mit dem Bestatter, die weitere Kommunikation und ich gab die Dinge weiter.

Gut, jetzt spürte ich, so fängt das an, wenn Verwandte sich nach Todesfällen nicht einigen können. Wie geh' ich damit um?

Ich blieb dennoch bei meiner Position. Ich musste auf mich und was gut für mich war achten. Auch wenn sie das nicht wahrhaben wollten, mein kleiner Bruder hatte keine Ahnung, wie was zu organisieren wäre. Vor allem beschäftigten sich beide sehr mit dem Warum:

Und das interessierte mich nicht oder wenig. Weil ich das bei unseren Eltern lassen wollte. Es gibt kein Warum. *Sunder warumbe*.[6]

Es war gut, jedoch wusste ich, es ist Handlungsbedarf. Und ich wollte handeln.

Wir einigten uns auf meine Position, weil jeder wusste, denk' ich, dass ich am meisten konfrontiert sein werde.

Und Miriam hatte die Idee, meine Eltern noch aufbahren zu lassen vor der Einäscherung. Wir respektierten, dass Miriam ihre Großeltern noch sehen mochte. Ich wollte es ursprünglich absolut nicht.

In dieser Situation besprachen wir Geschwister tatsächlich, um Klarheit zu haben, was wir wollten – das Haus in Grubenau zu verkaufen. Mir war das wichtig, denn ich wollte mich keinen Tag länger als notwendig um dieses Haus kümmern müssen.

Ich besprach das mit meiner Maklerin. Mein jüngerer Bruder hatte einen Freund, dessen Vater … okay, ich ruf diesen Makler an.

Mein jüngerer Bruder hatte in dieser Zeit Termine. Wir richteten uns nach ihm. Er musste arbeiten.

Ich hatte meine berufliche Arbeit aufgegeben. Ich fühlte mich krank, unfähig mit Menschen in dieser Situation zu arbeiten.

Dennoch war klar, ich musste diese Dinge regeln.

Konstanze sagte:

– Da ist noch was. –

Auch sie hatte sofort reagiert. Womit? Sie zog drei Briefkuverts aus ihrer Tasche und übergab jedem von uns eines davon. Ich ahnte, was da drin war. Zweierlei. Sie hatte einen Brief aus dem Jahre 1998. Es war der Brief meines Vaters mit dem Wunsch nach seinem Tod noch eine Freundin zu verständigen – in der Ex-DDR. War das die Freundin, die er in den neunzehnachtziger Jahren hatte? Von jener ich damals ahnte? Konstanze wusste davon und sollte es später Michael erzählen …

---

[6] Aus: Konstatin Weckers Lied: *Ohne Warum*

Hatte die Magersucht meiner Mutter auch damit zu tun, dass Vater immer wieder in die DDR zu seiner Geliebten reiste? Dienstreise. Der gesellschaftliche Rückzug damit, weil er zu Geheimhaltung von militärischen Informationen gezwungen war?

Und die zweite Info in diesem Brief: Im vertieften Anbau seines Hauses sei hinter dem Bretterverschlag ein Safe und der Schlüssel dazu im Werkzeugkasten. Im Brief stand, dass Konstanze den Inhalt bekommen sollte.

Ich lachte auf. Ich wusste davon. Vater hatte mich voriges Jahr zur Seite genommen und mir vertraulich zugeflüstert (- auf diese heimliche Art, wie Tante Herta mir als Kind zugeraunt hatte, ich sollte ihre wertvollen Ringe zu meiner bestandenen Matura bekommen …), es gibt da etwas, was er mir zeigen mag. Und das wüsste nur ich, sagte er. Der Schlüssel dazu ist hinter dem Werkzeug im Werkzeugkasten. Der Schlüssel zum Safe – und das, was drinnen ist, sollte ich nach seinem Tod nehmen. Ich sollte es für mich behalten. Er wolle das so, sagte er, als ich widersprach, das bringe nur Schwierigkeiten mit meinen Brüdern. Die wissen das nicht, meinte er. Es seien auch Dollars drin, von seinen Dienstaufenthalten im Ausland.

Mein Lachen war erklärungsbedürftig. Also erklärte ich. Konstanze fand ohnehin, das Geld, oder was immer da drin sei, sollte uns gehören.

Ich erzählte meine Geschichte. Nicht ganz, nicht mit dem letzten Satz meine Brüder betreffend, nur angedeutet, es wäre im Grunde meins. Nicht einmal angedeutet. Doch vermutlich war es schon herauszuhören.

Natürlich, wenn wir gemeinsam in Grubenau sind, werden wir auf die Suche gehen. Wenn wir alle drei den Schlüssel haben und die Zeit.

Wir vereinbarten einen Termin Tage später in Grubenau beim Bestatter.

Ich war tatsächlich in dieser Zeit noch beim Notar. Brachte die notwendigen Unterlagen. Der Bestatter und die Polizei hatten mir diesen Schritt erklärt zu tun.

Es lägen dann beim Notar die Schlüssel und wir könnten ins Haus. Es war kompliziert an die Schlüssel zu kommen, jeder war wohlwollend und so lernte ich den Notar kennen.

Ich wollte tun, was zu tun war.

Der Notar erzählte mir, dass mein Bruder angerufen hatte und wissen wollte, was wir besprochen hatten – es gab ein Protokoll, das jeder von uns bekam – dennoch – woher dieses große Misstrauen? Das war für mich eine enorme Belastung. Die Arbeit zu tun und das Vertrauen dazu nicht zu bekommen. Immer wieder Misstrauensbezeugungen seitens meines kleinen Bruders.

Die Schlüssel waren dann doch bei der Polizei. Ich brachte die Unterlagen und das Testament, das alle von uns drei Geschwistern hatten, zum Notar, damit die Dinge ihren Lauf nehmen sollten. Ich dachte an die Angelegenheiten, die bei Jakobs Vaters Tod zu regeln waren und wusste, dass es ohnehin dauern würde.

Das Gespräch beim Notar tat mir gut. Es brachte Ordnung in mein Leben – Ordnung in diese gewaltige Unordnung, die meine Eltern in mein Leben gebracht hatten.

Ich fand in diesen erforderlichen Amtswegen Sicherheit.

Und dann das Hochwasser.

Meine Brüder konnten spontan nicht weg. Die Nachbarn hatten mich angerufen, dass schon wieder überall das Wasser steht. Ich fuhr los, diese Strecke im sommerlichen Mai, im sommerlichen Juni. Getreide, Mohnblumen, blau leuchtende Kornblumen, Idylle und Traurigkeit vermischten sich.

Während der Zeit des Hochwassers fing Sophie, die jugendliche Nachbarstochter die Fische mit dem Casher aus unserem Rasen. Junge, kleine Goldfische aus dem kleinen Seerosenteich meines Vaters schwammen zwischen den Grashalmen der Wiese umher.

Wir versuchten sie in den Teich zurückzubefördern. Es ergaben sich komische Situationen.

Drinnen und draußen

Das Schlafzimmer, der Ort dieser Gewalttat, war noch immer tabu für mich.

Ich wollte auf meinen Bruder aus Wien mit der Entsorgung des Schlafzimmers warten.

Es erfolgte keine Tatortreinigung. Es kam nicht dazu.

Schlimm und unheimich, die Dinge zu sehen, die an Mutters und Vaters Leben erinnerten, das vor so kurzer Zeit noch war. Mutter hatte noch verpackte Lebensmittel vorbereitet, Kuchen, süßes Brot, Fertigprodukte, wie mit Schinken belegtes Pizzabrot. Der Kühlschrank war gefüllt mit alltäglichen Lebensmittel; Milch, Käse, Butter.

Wann begann ich auszumisten? Sehr bald. Alles in die Mülltonne.

Ich weiß nicht mehr, wie oft ich zu meinem Elternhaus fuhr. Sehr bald hatte ich zumindest weißen Salbei mit, um auszuräuchern; diese Todesenergie zu transformieren. Ich holte Informationen bei erfahrenen Frauen, was ich tun kann, um dieses Haus mit diesen Geschehnissen zu einem freien Ort zu transformieren. Ich reinigte mit weißem Salbei. Anderes überforderte mich im Moment. Später holte ich mir Unterstützung von einer wunderbaren Schamanin, um das Haus von Grund auf rituell zu reinigen.

Jedes Mal war mein erstes Ritual eine violette Kerze im großen Vorraum anzuzünden. Ich positionierte sie auf diesem antiken schwarzen Stuhl meiner Großmutter.

Der sollte meiner Tante gehören. Bis dahin sollte er meiner Ritualkerze dienen. Ich sprach mit meinen Eltern, sie waren noch hier. Ich lernte ihre Entscheidung bei ihnen zu lassen. Es war ihr Wille gewesen. Dennoch war ich überwältigt von meinen Emotionen. Und gleichzeitig sah ich die Notwendigkeit, das monströse Projekt zu starten, dieses Haus auszuräumen. Mich umzusehen, jedes Mal sah ich anders hin, neues Altes. Es wurde zur Entdeckungsreise in eine andere Welt, in die ich mit Verwunderung, auch manchmal mit Ekel, auch mit Wut eintauchte, dennoch den Respekt und die Würde gegenüber meinen Eltern wahrend.

Beim Aufsperren dieser Eingangstür sah ich meine Eltern mir entgegenkommen mit Freude, mit Umarmung, meine Güte, wie wenig Körper meine Mutter war!

Die lila Kerze anzünden; ich pflückte Blumen, drapierte sie in einer Kristallvase und stellte sie auf den Wohnzimmertisch. Auch die Terrasse gestaltete ich mit Blumen und Kerzen.

So war ich bei ihnen, ihnen nah. Viele Tränen. Weil ich sie vermisste. Und Wut, weil ich mich wieder alleingelassen fühlte. Und weil das, was sie getan hatten, sich aus dem Früher erklärte und das Früher wieder da war, wieder hochkam, das, was schon verziehen war. Verziehen ist. In der Dankbarkeit für mich, durchgestanden zu haben, immer auf dem Weg, zu versuchen, mir treu zu bleiben.

Danke für das Leben, das ihr mir geschenkt habt. Durch euch wurde ich geboren in diese Welt, die ich liebe.

Ich will leben!

Erst viel später streifte mich der Gedanke, – Hätte ich sie doch öfter besucht … –

Es war nicht so und ich habe keine Schuldgefühle.

– Mehr, als den Tod fürchtet man die vollkommene Isolation, die ihn begleitet … Freunde ziehen sich zurück, da sie sich hilflos und unbeholfen fühlen und nicht wissen, was sie sagen oder tun sollen und überdies davor zurückschrecken, einen zu ausführlichen Vorgeschmack auf den eigenen Tod zu erhalten … –[7]

Zum Glück beruhigte sich das Wetter und ich konnte immer wieder in den Garten.

---

[7] S.o.

– So gepflegt –,

sagte die Polizei

– Alles ist so in Ordnung, sie mussten doch alle ihre Sinne beisammen gehabt haben. –

Ja, auf ihre Weise schon.

– So gepflegt –

sagten die Nachbarn. Ja, ich empfand den Garten immer als beschnitten. Alles gerade, eher technisch. Kaum gewachsen, wieder zurückgeschnitten. Als ob nichts wachsen hätte sollen. Und jetzt *sah* ich den Garten. Mitten in der gemähten Wiese ließ Vater Margeriten wachsen. Wie liebevoll sie da wachsen durften. Hier wuchsen Zucchini und Phlox nebeneinander. Dann viele Steine, Löwenmäulchen zwischen den Pflastersteinen, ein Sommerflieder wagte sich zwischen den Steinen am Weg zu entfalten. Und so schöne Rosen!

Am letzten Tag in diesem Haus sollte ich noch wunderbar duftende Rosen entdecken – ich pflückte sie, um mich noch Tage darin zu vertiefen.

Ich entdeckte große Blumentöpfe, in denen alles durcheinander wachsen durfte. Und immer wieder Löwenmäulchen. Ich aß Kapuzinerkresse. In bunten großen Mengen wuchs sie aus Töpfen und aus Beeten. Ich weinte oft vor Freude, das hier so sehen zu dürfen, meinen Vater als liebevollen Gärtner sehen zu dürfen. Hinter der Garage wucherte ein Himbeerstrauch.

Er ließ den Garten so ordentlich wirken und die Unordnung, nein, die Ordnung der Natur durfte darin auch Platz haben.

Mit meinen lebenden Eltern konnte ich diesen Garten so nicht sehen. Hinter dem Zaun hatte Vater noch einen Garten mit Apfel- und Zwetschkenbäumen und vielen Himbeer- und Ribiselsträuchern.

Hier war ich erst einmal. Er hatte diesen Garten später dazu gekauft. Ich hatte keinen Bezug dazu. Miriam erinnerte sich ans Apfelernten. Und meine Enkelkinder erinnerten sich mit Freude, wie mein Vater auf die Bäume geklettert war. Simon hielt seinen Urgroßvater gern daran in Erinnerung. Er sei so lustig gewesen. Auch wanderte Simon mit Hanna und Miriam am besagten Schellenberg und die Kinder nahmen meine Eltern sehr lustig und liebevoll wahr.

Oft hatten sie sich nicht gesehen.

Jetzt konnte ich den Garten als etwas ganz Besonderes schätzen. Wie still es doch hier ist.

Ich fütterte bei jedem Besuch die Goldfische in dem kleinen Seerosenteich.

– Wie oft sind sie zu füttern? –

Unsere Nachbarn waren so hilfsbereit. Ich habe so etwas noch nicht erlebt, dass Nachbarn ihre Hilfe so unkompliziert und so selbstverständlich anboten. Sophie, die Tochter der einen Nachbarn bot sich an, die Goldfische im Teich zu füttern, der andere Nachbar wollte den Rasen mähen. Vater hatte so einen Rasentraktor. Das war bestimmt auch witzig mit dem rumzukurven. Ich schenkte unserem Nachbarn (nicht ohne meine Brüder zu informieren) am Ende den Traktor.

Ohne den Nachbarn hätte ich den Rasen pflegen müssen.

Reinigung

Ich hielt es plötzlich nicht mehr aus zu warten, bis mein Bruder aus Wien kam, um das Schlafzimmer zu betreten und das Bettzeug zu entsorgen. Es begann schon eine Metamorphose einzugehen und Gerüche bildeten sich …

Es musste weg. Ich ging mit dicht rauchendem weißen Salbei ins Zimmer. Vorher hatte ich das Haus geräuchert. Ganz dicht war der Rauch: immer wieder half mir dieses Mantra:

*Aus Unwirklichkeit
in die Wirklichkeit.*

Aus Dunkelheit ins Licht,
beim Sterben ins Ewige

Weit öffnete ich die Tür zum Balkon, um die Geister hinauszulassen. Die zweite Tür ließ sich nicht öffnen.

Ich näherte mich dem Blick aufs Bett. Ich sah am Bettende Blut. Zu viel Realität. Warum am Bettende? Da waren die Hausschuhe meines Vaters. Alles war sehr nah und bedrohlich. Ich beschloss, Plastiksäcke zu holen, alles zu verpacken und am Wirtschaftshof zu entsorgen.

Ich hatte ein Leihauto. Die Gelegenheit das jetzt zu tun! Ich brauchte mein Auto nicht mit dieser Energie zu belasten.

Whffff. Nicht denken, abschalten, keinen Bezug herstellen – tun. Den Bettüberwurf in einen Sack stopfen. Die Decke in einen Sack stopfen. Da wird es immer mehr, überall dieses Blut, der Gestank. Zum Glück mach' ich das jetzt, das wird sonst immer … und ekeliger und fängt zu schimmeln an … das waren meine Gedanken. Warum da hinten? Den Polster in den Sack, den anderen. Das Leintuch, uralte Unterdecken, mit Blut durchtränkt. Die hatten sie immer noch, die kenn' ich von meiner Kindheit aus dem alten Haus, in dem ich aufwuchs. Das Bettzeug von früher. Die Matratzen waren ganz modern und neu.

Ich fand mich als Zeugin meines elterlichen Schlafzimmers wieder. Es war mir zuwider. Ich wollte es zu einem Ende bringen. Rückenfreundliche Matratzen, noch immer gestocktes dunkles Blut. Ich holte ein Stanley-Messer und zerschnitt mit aller Kraft die Matratzen, um sie in die blauen Säcke stopfen zu können. Ich wütete! Es war mir ein *Genuss*, sie vom Balkon zu werfen. Einen Teil konnte ich ins Auto bringen. Die saubere Matratze ließ ich oben. Das konnte warten.

Ich fuhr zweimal zum Wirtschaftshof in der Nähe.

Ich hatte ein unglaublich erleichterndes Gefühl und ein Gefühl der absoluten Erschöpfung.

Noch einmal ging ich mit dem rauchenden Salbei durch das Schlafzimmer.

Es war heiß, die Sonne schien warm. Im Garten war Friede. Was tat ich hier? Was passierte mit mir? Was tu ich hier? Ich lasse Wasser aus dem Brunnen im Garten über meine Arme laufen. Ich wasche mein Gesicht mit dem gepumpten fließenden Wasser, ich trinke von diesem klaren Wasser, als müsste ich mich von innen reinigen. Ich nehme Blumen mit aus dem Garten. Ich weine im Auto beim Wegfahren vor Erschöpfung. Bei dem Metallwerk vorbeifahrend, sehe ich meinen Vater, wie er in seiner seinen Kopf vorgestreckten Haltung und die Arme am Rücken nach Hause ging.

Diese Strecke von dem Haus meiner Eltern nach meinem Zuhause verinnerliche ich sehr ambivalent in Liebe und Schönheit, im Wechsel der Jahreszeiten und in Traurigkeit und in Gedanken an übermäßiger Anstrengung. Zu wissen, dass mein Bewusstsein mich schützt vor dem, was in mir arbeitet. In unterschiedlicher Dosierung sollte ich es verarbeiten.

Rituale helfen

Zu Hause zündeten wir an unserem breiten Fensterbrett für Alfred, meinen verstorbenen Schwiegervater, täglich ein Licht für seine Seele an. Sein Foto ließ ihn uns noch gegenwärtiger sein.

Es war noch nicht lange her, ganz frisch die Trauer um ihn. Dennoch ist zu ihm in meinem Herzen großer Frieden.

Unsere Enkelkinder richteten liebevoll mit ihrer Mama einen Platz für Alfred mit Blumen und Kerzen und alten Fotos von Begegnungen ein.

Es war für sie die absolute Überforderung, dass sich zwei weitere Menschen ihrer Ahnenreihe plötzlich aus unserem Sein in die Anderswelt verabschiedet haben. Nein, sie haben sich nicht verabschiedet. Simon hätte sie noch gern umarmt. Ich auch.

Sie sind eingeschlafen, weil sie müde vom Leben waren. Die Kinder wussten von Mutters Unfall. Sie ist eingeschlafen mit Vater, weil sie schwach und krank wurden. Mutter hatte schlimme Schmerzen und Vater ist vor Traurigkeit mit ihr gegangen … so in etwa sagten wir es den Kindern.

Wie sonst sollten wir diesen jungen Menschen den Tod ihrer Urgroßeltern erklären?

Simon schlief unruhig, er träumte viel. Von Felsen, die ihn ein-
klemmten mit seinem Fahrrad. Von Steinen, die herabfielen, von
denen er nicht schnell genug davonrennen konnte.

> Er erzählte mir diesen Traum, als er bei uns zu Hause auf dem
> Sofa lag. Da war seine Angst, er sah die Bilder, jetzt. Ich fragte
> ihn, wem die Steine gehören könnten. Er sagte: – Wilhelm, der
> braucht sie, um was daraus zu bauen! –
> Unglaublich, wie ihm das sofort bewusst werden konnte.
> Da hatte noch jemand Bedrohlicher eine Brille auf –, dann gab
> es noch einen Stock. Die Brille gehörte auch seinem Urgroßva-
> ter, damit er sehen konnte, was er baute. Der Stock gehörte sei-
> ner Urgroßmutter zur Stütze. Die Steine waren weg, er konnte
> mit dem Fahrrad einen freien Weg fahren.

Diese Situation hatte sich ergeben. Ich meinerseits hatte mittlerweile durch meine Therapien einige Erfahrung im Umgang mit
Dingen, die ich abgeben konnte und transformieren. Die mir Last
waren und die als Puzzlestein meine Eltern oder andere AhnInnen
benötigten, damit alles ins Gleichgewicht kam.

Hanna nässte wieder ein und beide Kinder krochen zu ihrer Mama
ins Bett. Und ihre Mama hatte Albträume von den Verstorbenen,
ihr Bett war morgens von ihrem Schweiß durchtränkt.

Sie verlor ihre Arbeit, sie wollte alles leisten. Die Kinder waren
krank, nichts ging mehr. Unser Hausarzt schrieb sie krank. Wir
machten uns tatsächlich große Sorgen um Miriam, sie konnte nicht
mehr viel essen … Mit ihrem damaligen Freund beendete sie die
Beziehung aus Mangel an Verständnis seinerseits. Miriam »fehlte«
die jugendliche Coolness. Andere Welten. Gleichzeitig war die
räumliche Entfernung von tausend Kilometern ein Hindernis die
Beziehung zu leben – Miriam sehnte sich nach Nähe und Vertrauen, und danach, sich auf jemanden verlassen zu können.

In welch wunderbarerer Situation war ich mit meinem lieben Mann
an meiner Seite. Auch betroffen und überfordert von diesen Ereig-

nissen. Doch wir konnten miteinander sein und sprechen. Miriam sorgte für die Kinder und für sich so gut es ging.

Wir halfen, wo wir konnten. Wir waren alle für einander da. Wir konnten nicht so, wie wir für alle da sein wollten. Und Miriam nahm auf mich noch Rücksicht.

In den Wochen danach hatten wir das sehr bereichernde vertiefende Erlebnis mit einer wunderbaren Therapeutin. Sie war in Pension und machte die Sitzung nur für uns auf Grund der Schwere der Situation. Miriam und ich gemeinsam in therapeutischen Händen. Ich bin dankbar. Wir bekamen Klarheit und dennoch hatten wir zu tun mit unserer Aufarbeitung der Geschehnisse … es kam ja immer und immer noch was dazu!

Uns wurde bewusst, dass wir nicht alles verstehen müssen. Nicht zu diesem Zeitpunkt, drei Wochen nach *ihrem* gewaltsamen Tod. Es war gut, einmal sagen zu dürfen, dass es das Allerletzte war, was wir aushalten wollten! Miriam war absolut enttäuscht und wütend. Was haben sie ihr und ihren Kindern da angetan? Was vorgelebt? Nicht das! Gleichzeitig war es eine schöne Klärung unserer Beziehung. Viel war gut und Miriam fühlte sich angenommen und geborgen, geliebt und wohlwollend begleitet. Die Klarheit fehlte, der Entscheidungsspielraum war zu groß, die so genannten Grenzen zu weit.

Es war gut zu hören, wie Miriam ihre Kindheit und Jugend erlebt hatte. Diese Frage sollten Eltern ihren erwachsenen Kindern stellen, bevor sie ausziehen.

Was war? Warum war Miriam so belastet, vorher schon!

– Zieh die Mokassins deiner Großeltern aus! Die kleben schwer an dir. –

Hart zu sich sein, leisten, um der Anerkennung willen … die Ahnen wirken!

Und bei mir? Mir machte diese wunderbare Frau mit einer einfachen Übung klar, dass ich immer, wenn ich als Kind mit – den Eltern entgegengehaltenen – Händen um Geborgenheit oder Sicherheit, Liebe oder Anerkennung bat, es vor der Gegenseite auf halber Strecke abfiel. Es kam nicht einmal an bei meinen Eltern.

Als Erwachsene will dir jemand Liebe geben, du kannst sie nicht annehmen, auf halber Strecke fällt das ab, was genommen zu werden schreit! Anerkennung, Geborgenheit, Liebe, Sicherheit – es gibt sie nicht, immer fehlt etwas. Großartig, wenn Menschen durchhalten und dir dennoch geben!

Wir beide tun uns schwer im Annehmen. Miriam meinte, ich hätte das schon so wunderbar gelernt. Das dachte ich auch.

Ich durfte dieses Jahr und noch länger viele erleuchtende Erfahrungen machen und erleben, was wirklich Freude sein kann!

Warum sind wir so gefangen in unseren Mustern des *Nichtannehmenkönnens? Wenn du immer bittest um Liebe … und alles wird fallengelassen und kommt nicht an und es bietet dir jemand Liebe und du kannst sie nicht annehmen, unfassbar.*

Im November davor nahm ich vier Tage an einem logotherapeutischen Imaginationsseminar teil. Da spürte ich zum ersten Mal das, was ich wusste! Aber viel mehr! Spüren ist so viel wesentlicher als Wissen!

Viele Rituale halfen uns durch diese Zeit.

Ich spürte meine Eltern einige Wochen bei mir. Ich begrüßte sie jeden Morgen im Haselnussstrauch.

Zündete viele Kerzen an, nahm meinen Ahninnen-Stein und Fotos, baute langsam auch für sie eine Gedenkstätte auf. Es war anders, doch auch in Liebe.

Ich hatte viel gelernt abzugeben und nur zu nehmen, was Liebe ist. Und sei es, dass Mutter mich auf diese Welt gebracht hat … dankbar dafür, dass ich lebe. Ohne sie gäbe es mich nicht. Dankbar meinem inneren Kind, dass es überleben wollte.

Der Hilflosigkeit und Überforderung meiner Mutter getrotzt und dennoch konnte ich ihr zuliebe auch gnädig und freundlich sein.

Ich aß nichts mehr. Jakob zwang mich zu essen.

Die Erkenntnis, dass mich Mutter als Baby wie verrückt aufpeppeln wollte, denn Füttern war ja wohl das Wesentlichste für sie, damit ich nach dieser schwierigen Geburt und der einsamen Zeit danach überlebte.

Immer Angst, ich sei zu wenig. Und was für ein Wonnebrocken ich war!

Eine Erkenntnis, die, als sich mein Essverhalten wieder einpendelte, gut war, um nur Lebensmittel und gutes Essen, das mir schmeckte und mir gut tat, zu mir zu nehmen.

Ich darf genießen!

Doch das dauerte noch eine Weile. Erstmal war mir für Wochen der Appetit vergangen.

Miriam wollte die Großeltern nochmal sehen, bevor sie verbrannt wurden. Starker Tobak!

Was und wie tun?

Täglich kam Neues auf uns zu, direkt die Tage danach. Entscheidungen, Überraschungen.

Der Nachbar war so aufmerksam an die Post zu denken. Ich gab ihm den Schlüssel und dachte danach selbst daran, den schweren Postkasten zu leeren. Mir wurde geliefert und bewusst, wo ich mich melden musste, wo es Klärungsbedarf gab. Viele Telefonate, einige Rechnungen.

Mit dem Makler hatte ich bald den ersten Termin. Er stellte sich als sehr hilfsbereit heraus. Er selbst ließ die Schlüssel nachmachen, damit wir alle nach Bedarf ins Haus konnten.

Ich besorgte bei der Lebenshilfe in Grubenau nette Schlüsselanhänger. Am Tag der Beisetzung sollte ich sie meinen Brüdern überreichen können.

Es tropfte durchs Dach. Ein Spengler musste geordnet werden. Wir bekamen viel Fachinformationen vom Dach, es war nicht schlimm, konnte rasch repariert werden und kostete nicht so viel.

Meine Brüder hatten das Dach mitgebaut. Mit dem Makler erforschten wir gemeinsam Haus und Ordner nach hilfreichen Unterlagen.

Mein Vater hatte mit Mutter und meinen Brüdern das Haus gebaut. Die Energieeffizienz war sehr gut.

Dem Makler war klar, dass dieses Haus gut zu verkaufen sein wird ... jedoch sollten die Geschehnisse darin nicht erwähnt sein. Er wollte rasch verkaufen, je länger es leer stand, desto schwieriger würde es ... und die Pflege intensiver – im Winter heizen, nachsehen, Schnee schaufeln ... bloß nicht!

Warum meinte mein Bruder nur, es sei kein Handlungsbedarf?

Eine Versicherung musste organisiert werden. Das Haus war hoffnungslos unterversichert. Das Haus in Waldbühl war nicht so wichtig. Es ist alt, entsprechend der Bauweise der 50iger Jahre. Auch das wollten wir verkaufen – es konnte warten. Darum wollte ich mich nicht mehr kümmern.

Verrückt war das schon, was alles los war, bevor überhaupt die Bestattung stattfinden konnte.

Ob Miriam oder Jakob mit mir waren oder ob ich allein da war, ich traf mich oft mit meiner Schwiegermutter, ihrem Bruder und seiner Frau zum Mittagessen im Gastgarten beim Ungarn. Das wurde zum lichtblicksamen Ereignis.

Die drei waren eine besondere Stütze, obwohl, oder vielleicht, weil sie vor kurzer Zeit meinen Schwiegervater verloren hatten. Ich konnte die erschöpfenden Aufenthalte im Haus meiner toten Eltern und die belastenden alltäglichen Wahnsinnigkeiten im Gespräch loswerden, ihnen manchmal sogar humorvoll begegnen.

Mit meinen Brüdern sollte ich auch mehrmals dorthin in den Gastgarten kommen.

Ich hatte intensiven Kontakt zu meiner Schwägerin Irene, der Exfrau meines Bruders, und zu seinen Kindern. Das behielt ich soweit für mich. Die Situation diesbezüglich war sehr angespannt. Er begrüßte es, dass ich Kontakt zu seiner *Ex*-Familie hatte, bevor unsere Eltern beschlossen hatten zu gehen. Er fand es gut, dass seine Kinder wenigstens zu einem Teil seiner Familie Kontakt hatten. Zu ihm verweigerten sie den Kontakt. Zu seiner Exfrau war der Kontakt schwierig und mäßig. Er pflegte zwei Jahre lang eine Beziehung zu einer anderen Frau. Seine Frau erfuhr die Wahrheit durch eine falsch adressierte Mail. Er reagierte damit, beide zu lieben und doch auch die Familie *haben* zu *wollen*! Er fühlte sich ungerecht behandelt. Seine Frau und vor allem seine Töchter zogen die Konsequenzen. Viel Leid entstand.

Unsere Mutter nahm ihren Sohn immer in Schutz.

Spätnachts hatte ich Irene nach langem Überlegen an diesem Tag verständigt. Ich fand, sie hatte ein Recht, es zu erfahren und damit mit ihren Kindern umzugehen. Schlussendlich war der Selbstmord und Mord meiner Eltern, wie es benannt wurde, diese Tage ein mediales Ereignis. Jeder konnte davon informiert werden.

Später sollte mein kleiner Bruder mir vorwerfen, dass ich die Mutter meiner Nichten informiert hatte – es sei schließlich seine Familie – oh, wie kompliziert! Nach dem Tod unserer Eltern fand er es nicht mehr in Ordnung, dass ich von seinen Töchtern mehr wusste als er und eine Meinung auf Grund der Situation des Kontaktes zu meinen Nichten und ihrer Mutter hatte. In dieser Phase ohnehin sehr heikel! Unsere Verletzlichkeit war sehr groß.

Michael und Nina kamen nach Salzburg. Sie wohnten in unserer Nähe. Sie erkannten mehr als ich, dass sie Rücksicht nahmen und nicht bei uns wohnten. Wir brauchten auch unsere eigene Zeit. Beide holten mich ab, um nach dem Hochwasser nach Grubenau zu fahren. Zeitliches Zuordnen fällt mir schwer. Michael fuhr mit meinem Auto, ich war froh, gefahren zu werden. Meine körperliche Verfassung war nicht nach Autofahren. Wir hatten gute Gespräche. Die Verbindung zu Michael war sehr intensiv und schön. Uns verband auch eine aufgearbeitete Geschichte zu unseren Eltern, auch wenn da noch viel kommen sollte. Wir hatten nicht mehr diesen Groll gegenüber unseren Eltern.

Wir besprachen viel im Auto. War Günter deshalb unleidlich, weil er nicht dabei war? Zwischen Günter und Michael gab es immer mehr Beziehung als von mir zu meinem kleinen Bruder. Auch politisch. Nicht bezüglich der Verantwortung dem Leben gegenüber. Da waren Michael und ich uns näher. Günter litt immer noch unter der Zeit, die er, als wir größeren Geschwister ausgezogen waren, allein mit unseren Eltern verbracht hatte. Hier wurde Beziehungslosigkeit noch weiter vertieft.

Günter war der Jüngste, fast acht Jahre nach mir geboren und vier Jahre nach Michael.

Es war gut wie es ist. Jeder lebte sein Leben.

Dennoch sollte uns das noch einige Herausforderungen kosten.

Für mich war es wohlig, mit Michael und seiner Frau im Auto getragen zu werden.

Jakob hatte zwei Wochen Urlaub. Er unterstütze mich auch als Fahrer nach Grubenau. Er hatte tiefes Feingefühl dafür, wann er als Unterstützung mit dabei war und wann wir Geschwister unter uns sein sollten ...

Michael spürte ich als Bruder.

Wir trafen uns, im Haus unserer Eltern – für meine Brüder war es wohl auch ihr Elternhaus – zu wandeln und Entscheidungen zu treffen. Günter holten wir am Bahnhof ab. An dem Tag, als wir Geschwister gemeinsam zur Bestandsaufnahme durch das Haus gingen, waren wir vollkommen überfordert.

Wer nimmt die Teppiche? Die kleinen waren mir vorerst kein Problem in unserem Haus unterzubringen. Michael sollte später in der Badener Wohnung ein paar unterbringen, Günter hatte auch für ein paar wenige Verwendung.

Münzen – nimm du sie doch, Silbermünzen. Und Alben voller Nazi Abzeichen und Nazizeugs und Kriegszeugs. Wegschmeißen? Ja, wegschmeißen. Niemals sollten das alte oder neue Nazis in die Hände bekommen.

Ich nahm das wörtlich und warf es in eine Presse für unbrauchbare Kleidung und anderes Zeugs am Wirtschaftshof.

Es gab unendlich viele Dokumente und Aufzeichnungen. Alles haben sie dokumentiert, alles. Mutter führte Tagebuch.

Die letzte Eintragung war aufgeschlagen, als ich am Todestag in die Küche kam. Völlig belanglose Worte. Radio hören, frühstücken, in den Garten gehen und so weiter. Keine Hinweise, auch zu den letzten Tagen nicht.

Im ersten Stock in der Bibliothek fanden dann meine Brüder und ich dutzende Tagebücher unserer Mutter. Meterlang Fotoalben, meterlang gebundene Reiseberichte und andere Aufzeichnungen.

Meinem kleinen Bruder sagte ich:

– Wenn ich ausräume, verbrenne ich das alles. Es sind Aufzeichnungen unserer Mutter und unserer Eltern. Die Tagebücher gehen uns nichts an. Ich räume *gerne* das Haus aus, aber diese Sachen durchstöbere ich nicht. –

Meine Brüder kamen dann zu einem Zeitpunkt, der okay war, um diese Dinge zu retten.

Ich hätte sie in Würde dem Feuer überlassen und sie transformiert oder so wie meine Eltern zu Asche werden lassen.

Michael ist Archäologe und dokumentiert alles, so auch die Schätze unserer Eltern. Jede Lampe, jeden Teppich, alle Schmuckstücke, jedes Möbel, jedes Bild, alles. Gut, dann hat jeder scheinbare Sicherheit. Nein, es ging ihm ums Bewahren der Bezüge, die er noch hatte.

Ich sollte die Schmuckstücke nehmen. Wir wollten im Haus keine wertvollen Sachen lassen.

Ich besorgte eine schöne Schatulle und legte alle hinein, nach einem Ritual, sie zu würdigen und zu reinigen von allem Negativen. Nur wenige konnte ich tragen. –

Nach eineinhalb Jahren gar keine mehr.

Überwältigt war ich von der Menge der Dinge. Nicht ein paar Teller aus aller Frauen Länder, nein, ganze Wände hat sie damit lückenlos

gefüllt. Kupfergefäße wändelang. Wir fanden immer wieder welche. Unüberschaubar. Vorerst dachte ich – Nur weg damit.

Den Abschied vorbereiten

Also eine Aufbahrung; es dauerte, bis die beiden von der Obduktion frei gegeben wurden; wir drei, die ihre Kinder waren, hatten
die Aufgabe alles zu regeln.

Wir trafen uns beim Haus und fuhren gemeinsam zum Bestatter.
Ich spürte viel Anspannung.

Wo werden wir uns einig sein?

Alle drei waren wir sehr kreativ und kooperativ im Herausfinden
von Fotos und Sprüchen für die Parte.

Wir konnten uns gut aufeinander abstimmen und respektieren,
was für jeden Einzelnen wichtig war.

> *Für gewöhnlich sieht der Mensch nur das Stoppelfeld der*
> *Vergänglichkeit; was er übersieht, sind die vollen Scheunen der*
> *Vergangenheit. Im Vergangensein ist nämlich nichts unwiederbringlich*
> *verloren, vielmehr alles unverlierbar geborgen.*

Dieses Zitat Viktor Frankls von den Stoppelfeldern und der einge-
brachten Ernte des Lebens war wesentlich für mich, dass auf der
Parte steht. Wir stimmten alles ab und es passte so weit.

Mein kleiner Bruder hatte Fassbinder für die Parte ausgewählt:

Das Land des Apfelbaums

Von Efeu liebevoll umrankt
Von Trauerweiden sanft und duldsam eingezäunt
Liegt ein unerreichtes Land
Doch 's ist für jedermann schon eingeräumt.

Ich denke oft daran, was nachher kommt
Vielleicht nur Schönheit, Liebe, Melodie

Das, was uns heute nicht gegönnt
Erreichen wir's auch später nie?

In dieser Ruhe, diesem sanften Hauch
Von Zärtlichkeit, von Liebe
Gibt es nur Wälder, Seen, Baum und Strauch
Und keine unerfüllten Triebe.

Wir werden glücklich sein
Wenn Härte, alles Böse abgefallen ist
Der Tod, er ist nur Schein
Wenn dich der letzte zarte Windhauch küßt.

Rainer Werner Fassbinders »Gedichte und Prosa aus den Kölner Jahren
1962/63«

Dann war da noch die Einladung zum Begräbnis, die Leute mussten benachrichtigt werden, sofern ich das nicht schon getan hatte.

Irene wollte nicht neben Günter auf der Parte stehen, Günter wollte
Irene gar nicht auf der Parte haben.

Schwiegertöchter und Schwiegersohn sollten gemeinsam draufste-
hen, die Kinder und Enkelkinder bei den Familien. Wie sollte das
gehen? Günter und ich hatten jede/r für sich andere Vorstellungen
und waren gekränkt, nicht wahrgenommen zu werden.

Also gut, wir gemeinsam als Geschwister, alle Verwandtschafts-
grade gemeinsam. Kinder, Enkelkinder, Urenkelkinder, Schwestern, SchwägerIn.

Ich ließ mich hinreißen zu sagen, dass ich wüsste, wie Irene und
die Kinder das wollten. Das war ein Fehler. – Es ist meine Familie! – Und er schloss sie gleichzeitig aus. Ich sollte mich da nicht
einmischen.

Ich verzieh auf Grund der angespannten Situation. Es ging mir
schlecht. Gleichzeitig kam so viel raus! An diesem Tag passierten
viele Verletzungen. Michael versuchte zu schlichten, er sah und
erkannte viel.

Es ist wesentlich, würdevoll in diesen Situationen mit den Menschen und mit sich selbst umzugehen.

Ich hatte regen Mailverkehr mit meiner Schwägerin und wusste, wie es ihr ging. Es kamen so viele Verletzungen hoch, die auch von unseren Eltern ihr gegenüber passiert waren. Wie sie sie ausgeschlossen und gedemütigt hatten, vor allem Mutter, die ihren Jüngsten immer in Schutz nahm, egal, was er ihr antat, wie er mit Frauen einschließlich seiner Mutter umging.

Das war hier jetzt nicht im Vordergrund. Ich konnte Mutter lieben und ihre Unzulänglichkeiten stehen lassen.

Beleidigt regte sich mein Bruder auf, ich sei anmaßend. Ich müsse nicht alles regeln, ich wäre nicht für alles verantwortlich (stimmt). Gut, lass uns zum Mittagessen gehen.

Es war ohnehin anstrengend den Ablauf zu verstehen bis zum Urnenaussuchen. Wir lachten über unsere Geschmäcker und welche Urnen es jetzt sein sollten – wir verstanden das Spiel der Kompromisse … selten konnten wir gemeinsam außerhalb von uns stehen und zusehen, was wir taten.

Ich fand das heilsam, hin und wieder aus der Situation herauszutreten, um anzusehen, was hier so passierte.

An diesem Tag gelang das nicht mehr.

Wir hatten die Urnennische auszusuchen. Oben oder ebenerdig? Mittig nicht. Zu der oberen Etage kam nur mein hochgewachsener jüngster Bruder hin. Beim Begräbnis würde bei dieser Wahl die Sicht auf die Urnen für die Kinder und kleinen Leute schwierig werden. Mein Bruder war wieder erzürnt, dass ich meinen Willen durchsetzen musste – immer ich.

Was hat der bloß? Es geht nicht um meinen Willen, es geht um Sinnhaftigkeit und Wertschätzung.

Was davon versteht der nicht? Unsere Eltern sind tot. Mein lieber Bruder glaubt sowieso nicht, dass ihre Geister bei uns, im Haus oder in einem Ruheraum sind. Jetzt geht es ihm um die Aussicht der Urnen. Mutter liebte die Sonne. Verstehe ich, oben werden sie beschienen.

Ich bekam einen Anruf der Landespolizei aus Linz.

Ohne mich wurde beschlossen – oben. Entsprechend unangenehm war das beim Begräbnis …

Die Spurensicherung, eigentlich der Beamte des Bundeskriminalamtes, teilte mir mit, dass beide Eltern aus freiem Willen gehandelt hatten. Das hatten die Untersuchungen ergeben.

Ich teilte das meinen Brüdern nach dem Besuch beim Steinmetz mit.

Marmor musste die Nischentafel sein. Untersberger Marmor. Das war Michael wichtig. Wir würden viel Geld bekommen. Das könnten wir uns schon leisten. Der Stein, den wir aussuchten, war schön, die Art der Schrift wieder ein Streitpunkt. Ich hatte keinen Nerv mehr für diese Entscheidungen. Ich war erschöpft.

Draußen sagte ich ihnen, was der Beamte mir gesagt hatte. Günter regte sich enorm über diese *Dreistigkeit* auf. Es musste doch einen Hintergrund geben, wer weiß, welche Diagnose im Spital bei Mutter herauskam, was wir nicht wissen. Er wird sich einen Anwalt leisten oder selbst ins Spital gehen und nachfragen. Das taten meine Brüder auch, bekamen keine entsprechende Auskunft.

Ich sagte nur, wir müssen es nicht verstehen, es gibt kein Warum, keinen Grund, der nicht unseren Eltern, so wie wir sie kannten, entsprechen würde. Kein Geheimnis.

Und wenn, dann haben sie es mit in den Tod nehmen wollen!

– Nur bitte, lass uns das nicht jetzt diskutieren, es ist zu viel, ich kann nicht mehr. –

Darauf mein jüngster Bruder:

– Immer willst du, dass wir auf dich Rücksicht nehmen, du bist manipulativ und willst im Mittelpunkt stehen. Mit deinen Gefühlen. –

Ich war fassungslos und ging heulend zum Gärtner. Michaels Frau, Nina kam dazu, umarmte mich und sagte:

– Geh du und du suchst jetzt noch die Blumen aus. –

Nina war in vielen Situationen hilfreich da.

Ich wechselte die Straßenseite und ging laut heulend den Weg zur Gärtnerei. Tief durchatmend sah ich mich um. Die Blumen taten mir gut. Die wachsende bunte Atmosphäre der Gärtnerei.

Die Gärtnerin wusste eh sofort Bescheid.

Ich wollte bestimmte Blumen auch fürs Haus. Nina begleitete mich und war behutsam zu mir, wie zu einem kleinen Kind, das sie vorsichtig in seinem Kummer begleitete.

Ihre Umarmungen waren tröstlich. Natürlich war das Aussuchen der Bouquets eine Herausforderung, schon wieder einen Kompromiss zu finden. Wir waren uns bei den Blumen einig.

Ich kaufte noch Vase und Kerze für das Haus. Wir fuhren noch hin um zu gedenken und Kerzen und Blumen auf der Terrasse aufzustellen.

Jeder Lastwagen, der 80km/h fuhr war mir willkommen. Ich fuhr zur Entspannung hinterher. Ich kenne die Stecke gut, hörte *Konstantin Wecker*, genoss das Grün, die Wälder, die Buntheit der Felder. Es tat gut, für mich zu sein.

Es gab den Termin der Aufbahrung. Für wenige Menschen, nur die nahen Angehörigen. Ich führte viele Telefonate mit Bergfreunden meines Vaters, Reisefreundinnen meiner Mutter, Nachbarinnen, Stammtischfreunden.

Eine Freundin rief mich nach mehreren Abendtelefonaten an. Ich wusste nicht mehr, was ich sagte. Es war mühsam, Eindrücke und Warums von anderen Menschen zu hören. Zoe sagte, – Hey, sei still, du redest Bullshit! – Ich war ihr dankbar für dieses Feedback. Ich war schon lange nicht mehr bei mir. Ich musste gar nichts mehr in diesem Augenblick. Mir Zeit für mich nehmen, das.

Zoe hatte ihren Sohn auf eine ebenso mit tausenden Fragezeichen belegte Weise, mit einem Sprung vom Mönchsberg verloren.

Er war ein Freund, fast wie ein Bruder zu Miriam gewesen. Er hat mit seinem Foto immer noch einen Platz auf dem momentan sich erweiternden Altar.

Zoe fand gute Worte und das Angebot, für mich da zu sein. Wohltuend, denn ich hatte eigentlich das Gefühl, dass ich für die FreundInnen meiner Eltern da war und sie tröstete.

Meine Freundinnen taten mir gut.

Ein Freund allerdings war besonders und eine Freundin. NachbarInnen von früher, die ich so gut kannte und die mich so gut kannten, meine Geschichte, ja meinen Ursprung. Sie waren auch meine Zuflucht, wenn es ganz heftig und unaushaltbar mit meinen Eltern gewesen war. Sie hatten ein Ohr für mich. Schon auch versuchend zu versöhnen: – Wenn dein Vater stirbt und du hast so eine tiefe Wut und bist so in deiner Empörung, in deinem Groll gegen ihn, kann es sein, dass es dir sehr nachhängt. –

Er hat sich Jahrzehnte Zeit gelassen mit dem Sterben, kein Groll mehr aus dieser Zeit.

Trotz dieser Worte fühlte ich Verständnis bei unserem Nachbar und seiner Frau. Von ihrer Tochter bekam ich als Dreizehnjährige cooles Gewand – eine bauchfreie Bluse zum Beispiel, sonst war ich sehr konservativ angezogen …

Und bei der befreundeten Nachbarin war ich Kindermädchen, mit vierzehn Jahren etwa. Auch eine Möglichkeit von zu Hause wegzukommen.

Sie erkannte, was war. Sie war bei den Kaffeekränzchen meiner Mutter mit dabei. Ich glaube, sie bekam viel mit.

Die Frau unseres Nachbarn starb vor einigen Jahren. Die beiden hatten eine sehr liebevolle Beziehung. Immer noch fehlt sie ihm. Seine Tochter besucht ihn regelmäßig, sie telefonieren täglich. Ich freute mich, wieder Kontakt zu ihm zu haben.

Er erzählte mir Dinge über meine Eltern, wie sie waren und musste nichts beschönigen – in seiner tirolerischen Aufrichtigkeit.

Mit Jakob war ich bei ihm, mit Miriam war ich bei ihm. Er wusste gut zu erzählen.

Er hatte meine Eltern drei Tage vor ihrer Tat besucht. (Er kümmerte sich um die Pflanzen und ums Haus, wenn meine Eltern auf Urlaub waren. Er hatte den Schlüssel.)

Mutter war in der Küche; Vater zog ihn an sich und flüsterte ihm ins Ohr: – Weißt du, sie hat solche Schmerzen und das wird auch nicht mehr aufhören. Ich hab' das im Internet recherchiert. Ich mache mir große Sorgen. –

Sie tranken noch gemeinsam Kaffee. Herbert brachte ihm ein Radio zum Reparieren.

Vater brachte ihm Freitag am Vormittag um zehn Uhr das reparierte Radio zurück in seine Wohnung.

An der Schwelle drehte er sich noch einmal um und sagte,

– Weißt du, heute geht es mir verdammt schlecht. –

So hatte Herbert meinen Vater, meinen starken Vater noch nicht erlebt. Er meinte wegen Mutters verletztem Steißbein, merkte jedoch, dass mit ihm selbst auch etwas nicht stimmte.

Herbert war der Letzte, der ihn sah. Mutter saß im Auto unten am Parkplatz und wartete auf Vater; sie tat sich schwer mit Treppensteigen.

Herbert war entsetzt. Und schimpfte, was die beiden eigentlich glaubten, so mit dem Leben umzugehen.

Er war der Einzige, der seine Gefühle zeigte und mit nichts hinterm Berg hielt. Er mochte meine Eltern sehr und er kannte sie auch; er hatte meinem Vater die Meinung sagen dürfen und hatte ihm sagen können, wenn Vater Blödsinn von sich gab. Sie hatten viele Auseinandersetzungen und wussten, danach war alles wieder gut. Das war nur bei ihm so.

Er erzählte mir, warum seiner Meinung nach Mutter mit zweiundvierzig Jahren magersüchtig geworden war und beschlossen hatte, nichts mehr zu sich zu nehmen – sie spazierten durch die Klosterstraße, die Männer hinten, die Frauen vorne und Vater hatte gesagt:

– Was meine Frau doch für einen großen Arsch hat! –

Das hatte sie gehört. Herbert und seine Frau waren bestürzt gewesen ob dieser Aussage. Diese Wortwahl war nicht die Übliche meines Vaters.

Mutter reagierte:

– Dann wirst du diesen großen Arsch nicht wiedersehen. –

Und sie beschloss nicht mehr zu essen.

Es gibt viele Thesen dazu. Auch die, dass Vater zu dieser Zeit bei seinen Dienstreisen in die DDR eine Freundin gehabt hatte und auch, beziehungsweise gerade deshalb, wenn nicht darüber gesprochen wurde, Mutter unglaublich verletzt gewesen sein musste.

Ich hatte in dieser Zeit zu meinen Eltern kaum Kontakt. Zu Vater nicht, zu Mutter sehr distanziert.

Sie verkraftete auch schwer, dass wir Kinder das Haus verließen und ihr Jüngster nun bald dran sein würde.

Ich bekam ihre Magersucht dennoch mit. Sie wachte um zwei Uhr morgens auf und begann Bilder zu sticken – haufenweise. Sie wog unter vierzig Kilogramm und hatte damals noch meine Größe von einem Meter siebzig. Auch darüber sprachen wir – über ihren absoluten sozialen Rückzug. Zehn Jahre ging sie nicht mehr ans Telefon. Das war die Zeit nach dem Hausbau. Herbert und seine Frau waren hartnäckig, hin und wieder gab es Besuche. Sie sprachen darüber, dass Frieda Hilfe in Anspruch nehmen sollte. Meine Eltern veränderten nichts. Es ging ihr nicht gut. Mit Vater hatte sie die Beziehung, die ihr, wie sie immer noch glaubte, Halt oder eine Form von Sicherheit gab. Es war durch und durch krank.

Günter war zu dieser Zeit noch zum Teil zu Hause. Immer wieder sagte er, es war die Hölle für ihn. Das glaube ich ihm auch. Ich selbst habe ihn aus dieser *Hölle* immer wieder geholt. Er kam mehrmals nach Salzburg zu mir in meine Wohngemeinschaft, in der ich als junge Frau lebte – und soff sich mit Ricadonna zu.

Mutter sagte, er trinke nur Tee. Hinschauen war Ihres nicht.

Und jetzt will er hören, ihm sei es von uns Dreien am schlimmsten ergangen. Ist es das, was du hören willst? Was war schlimmer? Warum sollen wir uns jetzt vergleichen? Was ist das bitte, was da hochkommt?

Die Ereignisse werden jetzt wieder wach und in Erinnerung gerufen.

Und Herbert weiß viel.

Schön ist, dass Vaters Freund Herbert mir jedes Mal bei meinen Besuchen sagt, er freut sich jeden Morgen, wenn er aufwacht und dankt Gott, dass er lebt, und dass er froh ist, noch gut für sich selbst sorgen zu können. Seine Beine lassen nach. Er fährt eher mit dem Auto, zu Fuß ist es schon schwer. Am Balkon hat er ein Heimfahrrad, mit dem er regelmäßig trainiert und sieht dabei in die schöne Landschaft. Er pflegt seinen Haushalt und spricht mit seiner Frau.

Wenn es ihm einmal schlechter gehen sollte, dann würde er für sich Hilfe engagieren. Für den Nachbarn kippt er jeden Morgen das Badfenster, und wenn es nicht gekippt ist, kommt er nachsehen, ob alles in Ordnung sei.

Herbert ist fünfundneunzig. Herbert liebt das Leben.

Die Besuche bei ihm oder bei unseren Lieben in Oberbuchenberg bei Grubenau waren ein Anker, ein Hafen, bevor ich von unserem Elternhaus nach Hause fuhr. Ich konnte viel fallen lassen.

Miriam und ich fuhren in die Klosterstraße, um die Parte, nein, Einladung (- wie sagt man da?) selbst zu verteilen oder Adressen ausfindig zu machen, die noch wesentlich sind.

Eine Begegnung mit einer Nachbarin war besonders schön. Auch lustig, weil sie von den Hausfrauenrunden erzählte, das Getratsche – sie war die einzige Berufstätige. Sie bekam auch mehr mit, als mir das damals bewusst war. Wir hörten sie früher oft mit ihrem Mann streiten. Wir telefonierten mit der anderen Freundin, deren Kinder ich als Vierzehnjährige betreute. Mit ihr hatte ich losen Briefkartenkontakt. Wir trafen uns in Waghofen. Es ist immer eine Freude, sie zu sehen.

Herbert kommt nicht zum Begräbnis, wegen der Beine. Er kommt zur Urnenaufbarung.

Wir durchliefen ein unglaubliches Prozedere: ganz im Nichtsinne meiner Eltern und im Gedanken, sie dennoch entsprechend zu würdigen.

Das Datum für die Aufbahrung im Sarg musste fixiert werden, die Auswahl der Blumen, wie lange es dauern sollte und wer eingeladen werden sollte.

Dann zwei Tage später war es schon so weit. Alles ging sich gut aus, auch die Urnenaufbarung für fünf Tage mit schönen Blumenbouquets und einem großen Foto, auf welchem beide umarmt und Mutter mit einem Taschentuch winkend zu sehen waren.

Nun hatten viele Menschen, die sich in Ruhe von den beiden verabschieden wollten, die Möglichkeit das zu tun.

Es ist gut zu funktionieren, dennoch, was heißt das alles? Meine Eltern noch einmal zu sehen, tot.

Ich war Miriam dankbar für ihren Wunsch, ihre Großeltern vor der Einäscherung noch zu sehen.

Es wuchsen bedrohliche Gedanken in mir. Was geschah hier? Wie würden wir das alles durchstehen?

Es hatte geregnet, viel geregnet. Unsere Eltern lagen also noch hier in der Aufbahrungshalle im Friedhof.

Der Schotterweg an den Gräbern vorbei knirscht unter meinen Füßen. Dort, in diesem kleinen Gebäude vor uns, liegen sie jetzt. Ich nehme Jakob neben mir wahr und Miriam, sehe meine Brüder.

Ich nähere mich dem Bestatter und den Särgen. Zuerst ich, zum Glück.

Gleichzeitig meine geistige, pragmatische Präsenz und die tiefste Überwältigung zu dem, was ich sah.

Beide Särge waren offen – ich sagte doch, es sollten nur ihre Gesichter sichtbar sein.

Ich bat den Bestatter, beide Särge bis oben hin zu schließen.

Draußen warteten meine Brüder, auch Miriam und Jakob und ein paar Leute. – Der Anblick der toten Eltern in ihrer vollen Größe war zu intim. Ich hatte es mir zugemutet.

Mutter lag da wie ein kleines Kind, Haut und Knochen, elend, die Haare ungekämmt, ungepflegt, wie ich sie noch nie gesehen hatte.

Mutter hatte immer so viel Wert auf eine ordentliche Frisur gelegt.

Miriam wollte hereinkommen.

– Den Sargdeckel bitte nach oben schieben! –

Miriam wollte Wilhelm nicht sehen, sie hatte so eine Wut! Ich bat sie, kurz zu warten. Wie in Zeitlupe fiel mir ein Detail nach dem anderen in mein Gesichtsfeld.

Der seidig wirkende Polster meiner Mutter war mit Blut durchtränkt. Sofort bat ich den Bestatter den Polster doch zu reinigen. Er meinte:

– Wollen Sie? –

und holte einen nassen Lappen. Das war nicht die Art, wie man einen toten Körper liebevoll reinigen möchte … ich bat ihn, das zu tun. Natürlich ließ sich der Blutfleck nicht entfernen.

Ich hatte eine kleine schwarze Jacke von mir mit, Fotos, Lavendel und Pfingstrosen. Ich bereitete mich in unserem Garten vor, welche Blumen ich für meine Eltern mitbringen wollte.

Ich sah die Austrittswunde. Es sah aus, als ob ihr durch den Mund geschossen worden wäre. War sie betäubt, hatte sie vorher Tabletten genommen? Oder war sie ohnehin betäubt vor so einer Tat?!

Ich legte meine Jacke um ihren Kopf. Sagte ihr liebevolle Worte, dass ich sie lieben würde, viele Worte, die aus meinem Körper kamen, dann deckte ich sie mit Blumen zu, schmückte sie, spürte die Liebe, ihre Hilflosigkeit. Nein, auch eine Kraft. Ich habe geschrien, war leise, streichelte sie.

Ich bebte, ich spürte ein unendlich gewaltiges Beben in meinem Körper, das mit einem riesigen Aufschluchzen herauskam, ein Zittern, Kälte und dann wieder Ruhe.

Ich glaube, ich erlebte in diesen Minuten mein ganzes emotionales Innenleben, das mich mit meinen Eltern verband.

Ich empfand Liebe meinem Vater gegenüber, wie er einfach nur dalag im nicht – mehr – auf – dieser -Welt – Sein. Endlich nur Sein. Ihn sah ich bis zur Brust vom Sargdeckel bedeckt. Dieses schwarze Seidenkleid. Nie hätten die beiden das so gewollt – ich musste lächeln – jetzt könnt ihr euch nicht mehr wehren, wobei das vermutlich auch gar nicht wesentlich war.

Liebe empfand ich und gleichzeitig beobachtete ich ihn. Wie sah er aus? Ganz geschwollen. Langsam kam ich mit meinen Sinnen nach, ich sah das blaue geschwollene Ohr, den Durchschuss unter dem Kinn. Ich sah die Tat vor mir und gleichzeitig nahm ich mein schwarzes Spitzentuch und legte es ihm über das Ohr, so dass es diese Kopfhälfte bedeckte. Diese Anblicke wollte ich Miriam nicht zumuten.

War es auch Abscheu? Nein, er war hier so friedlich, trotz dieser schrecklichen Verletzungen, die er sich und seiner Frau bewusst zugefügt hatte, die zu ihrem Tod führen sollten. Ich empfand tatsächlich Liebe. Oder wollte ich das empfinden, um irgendwas zu entschuldigen? Die Gefühle waren da. Da war nichts zu wollen!

Jakob war da und ging wieder zu Miriam. Er fühlte sich zerrissen, mir beizustehen oder für unsere Tochter da zu sein! Und er selbst unfassbar betroffen von dieser Situation.

Es war in Ordnung, dass ich hier allein mit meinen Eltern war. Ich glaube, da war so viel Gefühlsintimität sichtbar, sodass es niemand wagte, hereinzukommen und meinen Ablauf als einer schreienden, mit den Toten sprechenden, flüsternden Frau zu unterbrechen. Alle ließen mich.

Ich legte meinem Vater das Foto meiner jungen Mutter in den Sarg:

– Sieh, was du getan hast! –

Auch der Vorwurf war da! Ein Foto von ihnen beiden in jungen Jahren, als sie noch kinderlos gewesen waren, legte ich zu meiner Mutter. Sie waren ein Paar, auch Eltern und ein Paar. Als Paar hatten sie DAS entschieden, nicht als Eltern.

Ich erzählte ihnen von dieser schönen Jahreszeit, die sie nicht mehr genießen wollten.

Wie lange war ich in dieser Situation bei ihnen? Es gab keine Zeit. Ich kam mir vor wie ein griechisches Klageweib … und ich spürte wie das Klagen Sinn macht.

Miriam hatte Wilhelm kaum angesehen, später anblicken wollte sie ihn dann doch. Wahrgenommen hätte sie ihn nicht.

Friedas Nichtfrisur fand sie furchtbar, alle fanden das würdelos, die beiden hier so ohne kosmetische Hilfsmittel liegen zu sehen.

Gleichzeitig: so war es.

Ich war durch diesen Prozess so ohne *Beschönigung* mit meinen Eltern durchgegangen. Es kam unglaublich viel an Gefühlen und Erkenntnissen parallel hoch. Liebe gepaart mit Wut und tiefer Traurigkeit. Enttäuschung, Unfassbarkeit, Klarheit, Nähe, Distanz, Spiritualität …

Für Miriam hatte ich die Erinnerungen an die Tat, die sichtbaren Wunden, verdeckt. Vielleicht auch für die beiden selbst.

Niemand hat davon viel wahrgenommen.

Jakob war erschrocken beim Hereinkommen. Auch er hatte Mutter bei offenem Sarg gesehen in ihrem Elend, in ihrer kleinen mageren Gestalt. Jetzt waren beide im Pfingstrosen- und Lavendelbad. Sie würden mit den Fotos und meinen Kleidungsstücken gehen.

Der Bestatter gab uns im Vorbeigehen den Schmuck. Auch blutig. Blut war noch in dem Plastiksäckchen mit dem Ring, der Kette mit ägyptischen Anhänger und der Uhr zu sehen. Ich nahm den Schmuck an mich, im Wissen, dass er Reinigung benötigt.

Die Blumen und Kerzen waren schön.

Es waren Bergfreunde da. Ich setzte mich mit Jakob und sah Frieda an, meinen Kopf an seine Schulter gelehnt. Jetzt brauchte ich ihn.

Ich sah meine Mutter schwitzen, ich dachte: – Schwitzen, oh, ist da noch Leben? – Diese Gedanken! Die beiden sind doch schon einige Tage tot. Ihr Geist schien hier zu sein. Sie sind beide da.

Meine Brüder gingen mit den Bergfreunden Wilhelms und anderen Freunden meiner Eltern ins Wirtshaus. Nie wollte ich mit ihnen noch über irgendetwas hinsichtlich des Todes meiner Eltern sprechen. Ich hatte so viele Telefonate darüber. Ich konnte nicht mehr. Und nach dieser Begegnung mit meinen toten Eltern war ich leer, erschöpft.

Es kam noch die Familie der Schwester meines Vaters und legte Latschenkiefer, vom Berg geholt, an die Särge.

Tränen, Umarmungen. Ich ging.

Wir fuhren zu Herbert, wir wussten, er freute sich. Er strahlte eine Fröhlichkeit aus, und trotzdem hielt er mit seinem Entsetzen und seiner Fassungslosigkeit nicht hinter dem Berg.

– Und der Stammtisch wird auch immer kleiner. –

Er erzählte gerne von seinen befreundeten Nachbarn, unseren Eltern. Trotzdem schwang bei ihm eine Leichtigkeit mit. Woher nahm er die? Ich weiß, dass ihm das alles unglaublich naheging, ihn betroffen machte. Er konnte es nicht immer stehen lassen als ihren Weg, als ihre Entscheidung, er war stinksauer und dennoch erhaben. Er wollte mehr aufwarten, als die Mannerwafferl. Sie taten uns gut und der Kaffee schmeckte. Eine Oase. Wir lachten. Er hatte Gesten und Aussagen, die an Wilhelm erinnerten. Sie kannten sich über Jahrzehnte. Armbewegungen, Redewendungen, die die beiden Männer verbanden. Die Art, die Schulter zu heben. Freundlich zu sein.

Wir verabschiedeten uns, wissend, wir kommen wieder. Er würde die Urnen unserer Eltern besuchen.

Davon sollte er später erzählen, dass er die Gestaltung der Urnenaufbahrung sehr berührend und würdevoll fand. Er war allein da gewesen mit der aufbewahrten Asche meiner Eltern, mit den schönen Blumen und den Kerzen, im Gespräch mit ihren Geistern.

Fünf Tage blieben die Urnen von lilaweißen Blumen geschmückt, von Kerzen umkränzt, in dieser Halle.

In drei Tagen würde ich die Urnenaufbahrung besucht haben.

Die Kinder waren beim Besuch der Urnen mit dabei. Es war anders, es war schön.

Simon kam zu mir, als ich vor ihnen stand, er wollte mich trösten.

Das musste er nicht. Vielmehr brauchten die Kinder Trost, Gemeinschaft und Unterstützung.

Ich dankte ihm und sagte, ich sei gerne mit ihnen jetzt grad so und faltete meine Hände vor meinem Herzen. Es sah aus, als ob ich betete.

Ich verband mich tief mit meinen Eltern und sah das schöne innere Bild, dass sie jetzt gemeinsam Hand in Hand gingen. Jetzt. Ich rief ihnen zu: – Bitte geht nicht! – Mutter wandte sich um: – Wir sind doch immer da, trotzdem. – Winkte, drehte sich um und ging in den leeren Raum. Es waren nur sie und der schwarze Raum. Sie fühlten sich sicher.

Es ging mir gut.

Fuhren wir noch zum Haus? Ja, ich brachte von da Blumen mit.

Und das Begräbnis selbst?

Welche Steigerung, wie viele Abschiede gehe ich noch durch?

Gespräche und Taten zwischen diesen Tagen waren überfordernd und auch gut. Gemeinsam zu sein, zu spüren, dass wir füreinander da sind.

Und dennoch, im unterschiedlichen Umgang mit der Situation hatten wir als Geschwister im Umgang miteinander hohe Alarmbereitschaft. Ich versuchte sehr achtsam zu sein, fühlte mich aber durch die vielen Spitzen meines jungen Bruders sehr verletzt.

Die Nachbarn zu sehen, wenn wir zum Haus kamen, tat gut.

Michael fotografierte. Das kam von seinem Beruf, alles zu dokumentieren. Es war gut. So konnte einem niemand vorwerfen, dass jemand zu viel genommen hätte.

Jedoch war das nicht das Thema. Wenn jemand etwas haben wollte an Gegenständen, die ihm wichtig waren, so war das möglich.

Der Notar und auch der Makler hielten uns an, die Wertgegenstände so bald als möglich aus dem Haus zu bringen, welche das immer sein mochten. Ja was war da wertvoll? Ich lernte an Hand der hinterlassenen Gegenständlichkeiten viel, was die Wert(e)verschiebung in den letzten Jahrzehnten bedeutete.

Schmuck

Ich übernahm den Schmuck. Ich packte ihn in einzelne Schatullen, um ihn bei einem Juwelier in Salzburg schätzen zu lassen. Auf einmal alle Schmuckstücke zu schätzen war für den Juwelier und auch für mich zeitlich nicht möglich. Es war Zeit, es war emotionale Arbeit. Immer wieder wurde klar, dass die Schmuckstücke alt waren und nur noch den Materialwert hatten. Manches davon war schön und zwei Ringe waren mir wichtig, die von Tante Herta.

Eine Tante meines Vaters hatte mir zwei Ringe versprochen, wenn ich die Matura schaffen würde (Welch Leistungsgedanke!). Da war ich ungefähr zehn Jahre alt. Wir waren bei ihr zu Besuch in einer Zinshauswohnung in Spittal, in Kärnten. Dunkel, wie alle Wohnungen und Häuser dieser Familie.

Da war eine dunkle Säule. Es war ganz geheimnisvoll. Tante Herta nahm mich zur Seite und als wir allein waren, schraubte sie an der Säule, nahm den verzierten, schwarzen Deckel ab, nahm eine Schatulle aus der Vertiefung und zeigte mir ihren Schmuck. Einen Ring holte sie hervor und einen zweiten. Beide mit lila Stein. Sie sagte mir, die sollten mir gehören. Herta war eine alte Frau, älter als meine Großmütter. Sie gab die Ringe meiner Mutter und sagte ihr, sie sollte sie für mich aufbewahren. Sie sagte das in hoher Ernsthaftigkeit. Ich dachte schon Jahrzehnte nicht mehr dran. Zu meiner Matura sollte ich sie bekommen, da wollte meine Mutter nichts mehr davon wissen. Und jetzt nahm ich direkt die beiden Ringe und steckte sie an. Da fiel mir diese Geschichte ein. Es waren genau die beiden goldenen Ringe mit lila Stein. Ein Amethyst.

Die türkisen Schmuckstücke wirkten erfrischend. Anfangs trug ich manche.

Ich räucherte über die Schmuckstücke, wie über alles, was ich mit nach Hause nahm. Auch wenn ich im Haus selbst ebenfalls schon geräuchert hatte.

Mit dem Ring, der Kette und der Uhr musste ich etwas tun. Mutter hatte sie getragen, als Vater sie erschossen hatte. Genau so.

Das Lederband der Uhr entsorgte ich. Mit der Uhr konnte ich nicht viel machen. Der Wert des Ringes wurde mir erst viel später bewusst.

Ich richtete mir Sand her, legte Räucherkohle darauf und zündete sie an. Ich legte direkt die Kette und den Ring auf die mit Salbei ausgelegte Kohle.

Das war zu wenig. Ich entzündete ein kleines Feuer und da legte ich alles nochmal hinein. Für mich war diese Energie des Wahnsinns immer noch in diesen Gegenständen. Ich wusste nicht mehr, warum und was ich tat. Der Ring war ruiniert. Zu guter Letzt reinigte ich ihn mit Danchlor. Der Sinn? Alles musste weg. Der Ring war noch mehr kaputt – das Gold hatte eine grässliche Farbe, die Steine blieben schwarz, verfärbt, glanzlos.

Gleichzeitig zeigte es für mich genau die Situation. Alles war kaputt, mit Gewalt ruiniert. Ich konnte kein Ritual finden, das angemessen war und die Schmuckstücke würdevoll behandelte. Erst danach dachte ich daran, sie in ein Schnapsglas zu legen und dieses über Nacht in ein großes Glas mit Salzwasser zu geben. Doch diese Reinigung hätte mir vorher nicht entsprochen.

Ich brachte die von Grund auf zerstörten Schmuckstücke zur Reinigung zum Juwelier und bat ihn, nicht zu fragen, was ich damit gemacht hätte. Der Ring war ein Brillantring mit vielen kleinen Steinchen. Na gut, worum ging es? Um einen Prozess. Ich werde diesen Ring ohnehin nicht tragen können. Aber ihn im Haus zu haben ohne Reinigung, ging gar nicht.

Viermal fuhr ich in die Stadt und brachte Schmuckstücke hin. Es war zu viel alles auf einmal. Ich wollte sie schätzen lassen und dann durch Drei teilen. Die besonderen Schmuckstücke eventuell aufheben. Günter meinte, er habe eine Schmuckphobie und legte keinen Wert drauf. Okay, soll sich jede/r was aussuchen. Ich hätte auf Anraten des Juweliers die kaputten und wertloseren Teile einschmelzen lassen und den Goldwert durch drei geteilt.

Tja, wie sagt frau, – die Rechnung ohne den Wirt gemacht? Wie könnte ich entscheiden, welche Schmuckstücke nicht aufhebenswert seien. Spannend – das Andenken durch Schmuckstücke schien wichtiger zu sein als die Phobie.

– Du siehst ohnehin, dass du nicht zu kurz kommst! –

Ich empfand diese Bemerkung wie einen Messerstich. Was war das denn unter so fortschrittlichen, aufs Gemeinwohl orientierten Geschwistern. Interessant.

Nach einer Weile dachte ich. – Gut erkannt. Ich mach' das, ich schau', dass ich nicht zu kurz komme! –

Wir hatten alle das Gefühl vom Leben benachteiligt zu sein. Bis jetzt. Zumindest Günter und ich. Bei Michael weiß ich es nicht.

Das zu wissen ist gut. Denn du kannst dir die Frage stellen: – Bist du vom Leben benachteiligt? Was fehlt dir? –

Mir fehlt gar nichts. Ich lebe und spüre mein Leben.

Und die Lebenssituation? Schmerzhaft, ich bin verletzlich, verwundbar und das darf sein. Traurig. Ich vermisse sie.

Ich vermisse meine Eltern.

Mitten drin im Tun und abends oder morgens in der Ruhe.

Was kam mir noch in den Sinn?

Das meiste aus dem Haus war zu entsorgen. Ich schlug vor, einen Antikhändler einzuladen.

Die hunderten Stücke aus Zinn sollte er auf alle Fälle mitnehmen. Darüber waren wir uns einig.

Ich war da, um vieles zu entsorgen und zu organisieren, es sinnvoll zu entsorgen.

Zum Beispiel es aktuell der Flüchtlingshilfe zu schenken.

Im Herumtelefonieren, um an jemanden zu gelangen, der für die eben begonnene heftige Bewegung der Geflüchteten Gegenstände brauchen konnte, gelangte ich an eine Freundin von früher. Sehr rasch schickte sie zwei junge Zivildiener.

Ich hatte alles, nein einiges vorsortiert: Bettwäsche, Polster, Decken (natürlich nicht die aus dem Schlafzimmer). Geschirr. Oh, wie war das fettig! Meine Mutter hatte schon lange kein Spülmittel mehr verwendet. Noch zu ihren Lebzeiten fand ich das unappetitlich. Die Zivildiener konnten einiges mitnehmen. Es würde ohnehin nochmal gewaschen. Ich hatte das Gefühl, nichts wurde weniger, so viel war noch hier. Trotzdem freute ich mich, Dinge sinnvoll verschenkt zu haben. Die Kleidung warf ich in einen *Humana* Container. Kleidung hatten sie schon genug für die Geflüchteten.

Bei allem, was ich ansah oder versuchte einzuschätzen, was damit zu tun sei, tauchten so viele Fragen auf. Viele Unsicherheiten. Obwohl ich das meiste organisierte, wollte ich es meinen Brüdern recht machen. In der Weise, dass es für alle vertretbar sein konnte. Nur konnte das ohnehin nicht gelingen. Mir Gedanken über den Inhalt des Kopfes meines kleinen Bruders zu machen ist vermessen und unmöglich. Darf ich das? Braucht er das noch? Sicher nicht.

Ich sprach das in einem Mail aus. Wir besprachen etwas und Tage darauf ergaben sich die Dinge anders. Warum? Weil die Erfahrung fehlte. Eltern sterben nur einmal.

Michael sah die Dinge, wie sie waren.

Und dann tat ich einfach. Denn wenn ich darauf gewartet hätte, bis Günter überlegte, hätte ich nicht handeln können.

Den Geflüchteten viel zu geben war in unser aller Sinne. Alles konnten sie nicht brauchen. Sie sollten auswählen.

Unglaublich, wie ich die wenigen Tage vor dem Begräbnis unterwegs war.

Alle anschreiben und Einladungen zum Begräbnis verschicken. Telefonieren, um an Adressen zu kommen. Telefongespräche aushalten, sich darauf einlassen, manches fiel mir schwer zu hören. Das weiß ich jetzt.

Und da ich wusste, wir bekommen viel Geld, erfüllte ich mir einen Wunsch. Eine Skulptur, die Jakob und ich seit Jahren in einem afrikanischen Laden bewundert hatten, die wollte ich mir jetzt holen.

Ich fuhr mit dem Fahrrad in einem schönen Kleid in die Stadt zu dem Laden. Es war wunderschön, die Sonne schien und spiegelte sich glitzernd in der Salzach, der Wind streichelte mein Gesicht, das Leben war gut zu mir.

Der Laden hatte geschlossen. Eine Telefonnummer war da, die rief ich an und wir machten uns noch am selben Tag einen Termin aus.

Ich wollte die *pfeifende Frau* aus Simbabwe erwerben. Sie galt als unverkäuflich und jetzt war sie nicht mehr da. Die Inhaberin brachte aus der Stube hinter dem Vorhang eine Skulptur derselben Künstlerin. *Wish to be*.

Meine *Wish to be*. Ja, das war sie, genau sie. Sie sprach mich sofort an. In dieser Situation wusste ich: Ich brauche sie, mit dem verführerischen spitzen Mund, diesem feinen rötlichen Gesicht aus Sandstein, den Kopf schräg gestellt und dem rauen wunderbar gewellten Haar einer Afrikanerin. Ich liebte sie. Sie hatte eine Geschichte und war von einer afrikanischen Künstlerin gestaltet worden, die so alt ist, wie ich. Sie ist zu mir gereist. Schon lange hat sie auf mich gewartet.

Sie bekam einen würdigen Platz auf unserem sehr breiten Fensterbrett. Ich liebe es, sie anzufassen, über den glatten und rauen Sandstein zu tasten, ihr Gesicht zu ertasten, zu spüren: den Wunsch zu

Sein. Ich bin. Ich bin da und ich werde immer mehr ICH sein. Das will ich. Mit meiner *Wish to be* als Begleitung.

Was sollte ich zum Begräbnis anziehen? Gar weiß? Manchmal war mir danach. Ich bestellte Kleider. Und es sollte sich ausgehen bis zum Begräbnis, sie zu bekommen.

Fröhliche, ausgefallene Schnitte, bedruckt mit fröhlichen Mustern aus der Natur, schwarz, beige mit schwarzem Muster, schwarz mit weißem Muster. Ein Kleid, eine Tunika, eine schwarze Pluderhose, eine andere Tunika? Ich brauchte eine Auswahl für die Spontanität des Tages.

Und der Ablauf?

Christoph, mein Cousin, rief mich an. Wir hatten sonst wenig Kontakt. Ich sehe ihn als schüchtern und sehr zuvorkommend. Mutig fand ich es von ihm, anzurufen. Er fragte mich, ob er etwas sagen dürfte am Begräbnis, er wollte meine Eltern noch mit seinen Worten würdigen. Seinen Onkel, als Protegè für seine Arbeit und als Unterstützer für sein Studium. Er hatte monatlich viel Geld von meinem Vater bekommen. Das ist seine Sache und die meines Vaters – meine Mutter hatte das immer maßlos geärgert, aber geändert hat sie auch nichts. Uns hat er nie so unterstützt. Wir hatten ja auch das Falsche studiert …

Es war mir trotzdem gleichgültig und ich freute mich, dass er mit uns war.

Wir besprachen, wann er im Ablauf sprechen wolle und dass ich es meinen Brüdern sagen würde.

Ich beschloss nach anfänglichem Nichtwollen, doch intuitiv aufzuschreiben, was ich am Tag der Beerdigung meiner Mutter und meinem Vater in Worten mitgeben wollte.

Michael schlug vor, es uns gegenseitig zu schicken. Günter wollte ich es nicht schicken und er uns offensichtlich auch nicht.

Reihenfolge?

Günter: – Ich mag am Schluss sprechen. – (Das letzte Wort?) Ich wollte ursprünglich am Schluss dran sein und danach dachte ich, es würde kommen, wie es sein sollte und ich würde mittendrin sprechen. Ein gutes Gefühl, nicht die Erste sein zu müssen und auch nicht die Letzte. In der Geborgenheit mittendrin. Ich überließ es Christoph, wann er sprechen wollte. In seiner Demut meinte er, am Schluss. Es war gut, auch er mittendrin, bei uns. Es hatte etwas Versöhnliches innerhalb unserer nicht gelebten Verwandtschaft.

Es war gut, dass er mit dabei war.

Als ich mit Michael und Nina wieder mal im Auto Richtung Grubenau fahrend saß, spielte ich ihnen Konstantin Weckers *Heiligen Tanz* vor. Ein besonderes Lied für mich zum Lebensgenuss. Ich hätte es gern am Begräbnis vorspielen lassen. Es ist gut, wenn es ein fröhlich klingendes Lied ist. Michael wollte bestimmte Sätze von Mozarts Requiem.

Wir besprachen das. Ich sollte mich umentscheiden zum *Gefrorenem Licht*. Im März war ich im Konzert Konstantin Weckers. Es war sehr berührend gewesen. Diese Lieder sind Lieder zum Leben, Lieder zum All-eins-Sein.

Der Tag

Es war zu überwältigend.

Wir trafen uns alle zuerst im Haus unserer Eltern. Es war ein strahlend warmer Junitag. Der Siebte. Einen Tag nach dem Geburtstag meines kleinen Bruders.

Wir trafen uns im Garten unter einem kleinen Baum. Michael und Nina organisierten die Sitzmöglichkeiten aus dem Schuppen.

Ich war durch und durch außer mir und von innen zitterte mein ganzer Körper nach außen. So, als würde er bersten. Was alles wollte da raus? Das würde nie in dem Tempo gelingen, was mein Körper da mit mir anstellte. Ich atmete, damit ich mich erinnere, dass mein Atem mich zu mir bringen kann. Es war eng.

Ich hatte Schlüsselanhänger bei der Grubenauer Lebenshilfe besorgt, um Michael und Günter in schöner Form die Schlüssel zu übergeben. Es sollte jeder unabhängig von den Anderen ins Haus können.

Alle Verwandten hier in diesem Garten. Oh, nein, nicht alle. Ohne väterliche Verwandte.

Rita und Matthias, die Schwester meiner Mutter und ihr Mann, kamen mit dem Zug. Ich freute mich so auf sie. Matteo, mein Neffe, und Ninas Tochter mit ihrer jungen Familie, mit Baby. Hanna und Simon bekamen von ihnen Geschenke und auch wir hatten für die Kleinen etwas mitgebracht. Sie freuten sich und es war erquickend, Jugend hier zu haben.

Wir Geschwister hatten beschlossen, heute den Safe zu öffnen. Was für eine skurrile Idee!

Vom Notar wussten wir, wenn wir außerhalb des Testaments Dinge finden sollten, Hausrat im erweiterten Sinne, galt es zu teilen – wir hatten nichts anderes vor. Eines war uns allen bewusst, wenn wir uns da uneinig wären, würde es dauern und würde emotional, finanziell und zeitlich untragbar werden.

Nina wollte noch Gläser holen – ich bat sie zu warten. Ich weiß noch wie durcheinander und gleichzeitig hoch konzentriert ich war, mich unglaublich beherrschend, um klar denken zu können. Mit meinen Brüdern da runter zu gehen, nachdem wir den Schlüssel gefunden hatten, und den Safe zu öffnen. Ich wollte niemanden von draußen dabeihaben. Das wollten wir alle nicht – dennoch musste Günter bewerten, wie ich zu Nina nur so sein konnte, sie nicht ins Haus zu lassen. Er scheint immer am falschen Ort Feinfühligkeit zu entwickeln. Wieso wirft er mir diese Dinge vor? Ich sage klar, was ich in Situationen benötige. Für Nina war das auch klar. Dann fand er die Art, wie ich die Schlüssel übergab, unmöglich. Ich machte was Feierliches, er bemäkelte es. Zeitweise war er für mich unerträglich.

Es war egal, wie ich mich verhielt. Er hatte viel herumzunörgeln. Ich meinte, es ginge uns alle nicht gut mit der Situation; ich verstand, dass jeder anders damit umgehen würde. Günstig dabei war, bei sich zu bleiben. Ich sah die Dinge auch anders als Michael. Warum sollte ich ihm das Leben schwermachen? Wir konnten unseren gegenseitigen Zugang gut nehmen. Das konnte ich von Günter auch. Es galt für mich auch hier nicht, dass er seine Probleme auf mich projizierte. Auch wenn ich das alles verstand, es tat sauweh! Er ist Therapeut. Er machte seine Arbeit in dieser schlimmen Phase. Wenn er meinte, er könne das – ich würde ihm nicht dreinreden. Ich wunderte mich nur. Er hatte viel Kummer. Seine Freundin war heute mitgekommen.

Seine Kinder hatten gesagt, dass sie das ohnehin nicht wollten, denn da würden sie ihren Vater sehen und das wollen sie nicht. Obendrein mochten Frieda und Wilhelm sie nicht – das war ihre Meinung, und darum hatten sie auch keine Lust sich von ihnen zu verabschieden. Sie hatten gespürt, dass da kein Bezug zu ihnen war– nur Anerkennung ihrer Leistung, sich sprachlich gut ausdrücken zu können und gut in der Schule zu sein.

Günter war mit der Freundin da, wegen der sich seine Familie von ihm getrennt hatte, weil er sich nicht entscheiden wollte.

Gut. Auch ihm gegenüber: Leben und leben lassen. Aber bitte auch mich!

Diese zusätzliche Spannung war für mich unerträglich.

Dennoch, beim Safeöffnen war geschwisterliche Einigkeit zu spüren.

Das ist immer wieder phänomenal, wie sich die Gefühle in Augenblicken wandeln können. Ich bin ja auch sofort sehr dankbar darüber, wenn mein Bruder wieder gnädig ist.

Wir zählten das Geld, teilten und steckten es ein. Es war viel, sehr viel. Wir lachten, weil wir uns vorkamen wie bei einem Banküberfall. Sparbücher mit beachtlichen Beträgen lagen da drin. Wir gaben sie an, auch wenn das nicht im Sinne unseres Vaters war. Da hätte er uns allerdings die Losungswörter zukommen lassen müssen: heute weiß ich sie. Sehr unpersönlich, was sonst.

Wir verständigten uns darüber, es zu Hause nachzuzählen und gegebenenfalls neu aufzuteilen, alles wertvolle Zeugs, was da im Verborgenen war.

Ich lachte, denn mein Vater wollte es damals tatsächlich mir überlassen. Warum auch immer? Es war genug für uns alle!

Der Notar wollte es nicht wissen und die Sparbücher zählten zum Erbe. Wir gaben sie die nächsten Tage ab.

Unsere Eltern waren wohlhabend und meine Mutter packte Einzufrierendes in gebrauchtes Butterpapier. Es gab ein halbes Dutzend Gefäße mit Zucker aus internationalen Cafe's gefüllt. Und Koffer, voll mit Zündhölzern aus allen Ländern der Welt. So wird frau reich! Und wenn der Mann bis zu sechzig Stunden in der Woche arbeitet und viel Geld macht – auch im kommunistischen Ausland!

Zündhölzer und Zucker aus den Cafe's und Restaurants ihrer Reisen waren auch interessante Hinweise in welchen Ländern auf dieser Welt sie überall gewesen waren.

Ich nehme das Geld in Dankbarkeit an. Das ist die Erklärung einer Liebe, die er nicht leben und ausdrücken konnte. Ich nehme es, als seine Liebe, auch als die Liebe meiner Mutter, die das Geld verwaltet hat, jeden Groschen und Cent.

Wir mussten interessant ausgesehen haben, als wir so geeint wieder im Garten bei den Gästen erschienen, die Wasser und vorbereitete Kleinigkeiten bekamen.

Wasser lieber aus dem schönen Ziehbrunnen im Garten. Aus dem Haus hatte es metallischen Geschmack (- aus dem Brunnen auch, fand ich).

Die Gläser waren fettig. Günters Freundin fand toll, wie umweltfreundlich unsere Mutter gewesen war, dass sie kein Spülmittel verwendet hatte und auch keinen Geschirrspüler benötigt hatte.

Wie nett und wie unhygienisch. Mein Körper reagierte mit dem Erfühlen einer Fieberblase (- mein homöopatisches Mittel war mir dabei eine Hilfe).

Im Garten war es noch nie so gesellig gewesen wie damals: Es tat so gut die Wiener Familie hier versammelt zu haben. Alle mit ihren Sorgen und Nöten und dennoch so unkompliziert, offen und liebevoll.

Ich machte mir Sorgen um die Kinder und um mein Kind. Wie werden sie alles verkraften?

Wir kamen überein, dass die Kleinen nach dem Begräbnis zu ihrer Uroma, ihrem Uronkel und seiner Frau fahren sollten und nicht mehr am *Leichenschmaus* mit den vielen unbekannten Menschen teilnehmen mussten. Simon war froh darüber. Seine Schwester ließ sich das Essen nicht nehmen. Vor allem war sie so neugierig auf die Menschen!!

Miriam hatte sich auch gefreut ihren Cousin wiederzusehen. Alle hatten das Gefühl der Wiedersehensfreude. So oft sehen wir uns nicht, obwohl wir uns sehr mögen und viel gemeinsam haben.

Gemeinsam hatten wir jetzt eine Geschichte mit unseren verstorbenen Eltern, Großeltern und Urgroßeltern, Schwiegereltern, Schwester und Schwager und Schwägerin, die den Tod selbst gewählt hatten. Ich bin sicher, auch meine Enkelkinder spürten, dass da etwas anders war.

Unsere Unfassbarkeit war allgegenwärtig. Unsere Freude auch, diesen hellen wundervollen Garten genießen zu dürfen. Zu sehen, was blühte und unsere Verwunderung, dass der Garten so viel Lebensfreude ausdrückte. Rita, Mutters Schwester, wollte das Haus mit der Aura des Todes von innen nicht mehr sehen.

Die Kinder rannten wie wild um das Haus und es schien, als rannten sie jeden Meter dieses Gartens ab. Sie waren irre laut, zu laut. Wir konnten das nicht aushalten. Leider, es ging nicht. Das passte dann doch nicht zur Situation. Die Kinder hätten es gebraucht zu schreien.

Ich setzte mich in den Liegestuhl, ein paar Minuten zum Durchatmen.

Dann ging es los. Wir fuhren im Konvoi zum Friedhof.

Wieder dieses Gefühl, zerspringen zu müssen. Hingehen. In den Friedhof gehen, über den Schotter an den Gräbern vorbei, eines ist das einer Freundin – bitte steh mir bei! Viele Menschen. Vor der Halle, in der Halle sitzend. Wen begrüßen? Jakob ist bei mir und ich bin da und dort. Wo muss ich überhaupt hin? Da meine Schwiegerfamilie, ich bin dankbar, da habe ich Halt. Eine Freundin meiner Mutter, ich umarme sie, sie tut mir gut. Einer, der mir was geben will, was er eh schon mit Mail gesendet hat, unser erster Nachbar aus Kindertagen. Freude, ihn zu sehen, aber wohin einordnen? Eine Umarmung, er will auf seine geschriebenen Worte hinweisen – doch bitte nicht jetzt!

Wir Geschwister sollen zusammensitzen. Meine Familie sitzt auf der anderen Seite der Urnen meiner Eltern. Das fühlt sich nicht gut an.

Meine andere Tante kommt mit ihrer Familie, heftige Umarmungen, tiefe Trauer. Mit meiner Cousine verbindet mich da in diesem Moment viel.

Welche Leute begrüßen? Ich bin heillos überfordert. Funktioniert mein Bluetoothgerät?

Ich sehe Rita mit ihrem Mann, das tut gut und rührt mich sehr zu Tränen. Welche Verbundenheit! – Und da! Agathe und Elisabeth, meine besonderen Freundinnen aus den Tagen meiner Schulzeit, Freundinnen, die da sind.

Ich weine, ich werde von meinem Körper bewegt.

Musik, wir sitzen, ich sehe zu den Urnen. Mein Cousin sitzt neben mir, dann Günter, links von mir, an erster Stelle Michael. Er erhebt sich und geht zum Rednerpult. Er sagt wunderbare Worte zum Leben unserer Eltern, typische Ereignisse, Worte, die in Erinnerung bleiben:

– Grubenau war für Mutter immer Kleinsibirien. –,

das sagt er und so war es wohl, ihre Sehnsucht nach ihrem Heimatort.

Seine Worte taten gut. Musik – innehalten. Der ritualisierte Ablauf trägt viel Würde in sich. Ich habe Teelichter mitgebracht, die auf einem Tischchen umgeben von Blumen und großen Kerzen von jedem, der mag, angezündet werden konnten. Ich bemerke, viele brennen. Für euch, Mama und Papa. Ihr fehlt mir.

Christoph spricht seine Dankbarkeit gegenüber meinem Vater sehr ehrlich aus, er macht kein Geheimnis daraus, wie sehr er ihn unterstützt hat. Er mochte ihn, wie einen Vater. So sagt er es. Viel Wahrheit wird ausgesprochen, Klarheit über die verschiedenen Leben unserer Eltern. Bei Christoph nur Bewunderung. Seine Mutter weint. Er sagt auch technische Dinge aus seinem Arbeitsleben, das ihn mit seinem Onkel verbunden hat. Das hätte Wilhelm gefallen!

Es war gut und interessant zu hören, wie unsere Zugänge zu den beiden Gestorbenen waren, bei Christoph für ihn klar – nur Verbundenheit.

Bei uns Kindern die Unendlichkeit des Miterlebten, die Gefühle als Kinder, dennoch die Worte in Würde hervorgebracht.

– Hätte dein Vater gewollt, Frieda, dass ich dich beschütze? Er wollte, dass du beschützt wirst, ich konnte das nicht leisten. –

– Diese alte Verstrickung ist immer ein wenig präsent, warum auch hier an diesem Ort? –, waren meine Gedanken.

Es war die Schwere zu spüren. Meine Freundinnen kennen unsere/ meine Geschichte. Viele wussten, wovon wir sprachen, viele fanden es sehr mutig von uns Geschwistern, viele einfach schön.

Ich suchte Halt, ich suchte den Kontakt meiner Füße zum Boden, ich versuchte alles, um mich immer wieder zu finden. Meinen Atem bewusst zu spüren, meinen Bauch. Den Kontakt zur Erde und die Verbindung zum Universum. Diese Verbindungen waren da. Ich legte meine linke Hand auf den Oberschenkel meines kleinen Bruders. Ich suchte diese Verbindung, die geschwisterliche Verbindung, während unser anderer Bruder schöne Worte sprach.

Fast festgekrallt hatte ich mich an seinem Bein. Ich wünschte, er legte seine Hand auf die meine. Das ging für ihn nicht, er war steif, bewegungslos, regungslos. Er nahm es nicht wahr, oder was auch immer. Er reagierte in keinster Weise. Auf mich wirkte er stoisch. Ich wandte mich an meine eigene weibliche Kraft.

Das Bluetoothgerät funktioniert nicht, noch nicht. Ich gebe nicht auf, ich geh' da erst weg, wenn ich dieses Lied gehört habe. Irgendwann gelingt es. Mein Zweifel, es könnte nicht passen und die Gedanken um die Menschen um mich herum, was sie denken und davon wahrnehmen, ist verschwindend klein. Ich höre das Lied für uns. *Gefrorenes Licht.*

Und zuvor stand ich am Pult in einem schönen Wickelkleid aus hellem Stoff mit schwarzen Vögeln und Blumen.

Ich fasste mich, es tat mir gut, zu meinen Eltern zu sprechen.

Ich nahm zwischendurch manche Menschen im Raum wahr. Ich suchte immer wieder den Kontakt zu Jakob, Miriam und ihren Kindern. Was wohl in Hanna und Simon vorging?

Wen sah ich an, um meine Stimme einigermaßen zu stabilisieren und nicht in Tränenfluss und Schluchzen zu ertrinken? Noch nicht. Meine beiden besonderen Freundinnen standen rechts ganz hinten, für mich gut sichtbar und da. Sie gaben mir viel Kraft und gleichzeitig ein unbestimmtes Gefühl von Sehnsucht. So viele Menschen auf einmal, zu denen ich in anderen Zeitepochen Bezug hatte.

So vieles kommt in diesen Augenblicken an die Oberfläche. Einige sind ganz bei sich.

Die Menschen, die links von mir saßen, konnte ich nicht so gut sehen. Ich wusste, da war Jakobs Mutter und ihr Bruder mit seiner Frau. Wie es ihnen ging? Dieses Riesenbrimborium! Meine Gedanken wanderten zu Alfred, der drei Monate zuvor friedvoll am Alter gestorben war. Sie waren da. Ich fühlte mich immer von ihnen gehalten, obwohl sie selbst Halt brauchten. Viele andere liebe Menschen waren da, kurze Blicke und Rita sehen.

Ich war dennoch bei meinen Worten.

Es war gut. Und vor mir die Blumen und Kerzen und meine Eltern in den Urnen und da.

Und ich war bei mir, spürte meinen Körper und meine Kraft und meine Schwäche. Meine Schwäche und Verletzlichkeit.

Mir fiel auf, dass jeder von uns Geschwistern nie uns erwähnte. Wir waren alle einzeln die Kinder unserer Eltern mit unserem unterschiedlichen Leid und unterschiedlichen Verarbeitungsprozessen.

Und hier verbunden mit den heftigen noch nicht zum Aussprechen reifen Gefühlen zu unseren Eltern.

Das waren meine Worte in diesem Raum zum Abschied an unsere Eltern:

Was noch sagen?

– Alles ist gut. –

Waren deine Worte, die du mir mit einem Rosenstrauß aus tiefrosa, gefüllten Rosen mitgegeben hast, **Papa.**

Es war das Fest deines siebzigsten Geburtstags, Mama. Ein sehr verbindender Geburtstag.

Und es war gut. Es verband uns in diesem Augenblick ein Gefühl von Verbundenheit, Geborgenheit, Dankbarkeit und Zärtlichkeit – du konntest es geben und ich konnte es annehmen.

Es war die Jahre danach, als du mir Dinge erzählen konntest mit dem Gefühl der unendlichen Betroffenheit aus einer unendlichen Tiefe.

Niemand musste werten, was passiert war, es war das Leid eines Kindes, das seinen Bruder verloren hatte und die Geschichte deines Vaters, der zwei Kriege durchgestanden hatte.

Es ging nicht mehr um Wertung – es war.

Mama, danke, dass ich deine Geschichten hören durfte. Deine Mama hat mir viel erzählt, dass sie lieber mit dir und Rita die schlimmen Zeiten über schwanger gewesen wäre, damit sie nicht täglich von Neuem sich sorgen musste, eure Kindermägen in etwas wie Sattheit zu bringen.

Und dennoch, die Art, wie du erzählt hast, war für mich immer Heimat – deine Sprache, deine wienerische Ausdrucksweise waren mit Humor verpackt, dass ich über manche politische Unkorrektheiten – in meinen älteren Jahren – lachen konnte.

Und: Dein Papa hat dir deinen Namen Muggerl gegeben, als er dich mit deinen Guggascheckerl im Gesicht strahlen sah. Die Geschichte hörten wir oft.

Da seid ihr mir nah gewesen.

Danke, dass ihr mich in diese Welt geboren habt.

Ich liebe dieses Leben mit allen Höhen und Tiefen, durch die wir gegangen sind.

Die Liebe bleibt.

Miriam durfte als kleines Mädchen bei dir, Mama, im Bett schlafen, als sie Angst hatte. Und sie liebte deine aufgetauten Krapfen am Gipfelkreuz.

Hanna und Simon spielten mit euch voriges Jahr am Schellenberg noch ein Wettrennen – alle gewannen einmal – Wilhelm zog dich am Stock hinten nach.

Simon kletterte noch mit dir in den Apfelbaum – wie Opapa im Apfelbaum.

Grade heute belebten wir Kinder mit unseren Familien gemeinsam euren Garten.

Danke, dass ihr noch so viel möglich gemacht habt.

Ihr habt in den letzten zehn/fünfzehn Jahren das Leben feiern können – euren sechzigsten Hochzeitstag unter anderem am Küsserbankerl am Schellenberg mit Sekt.

Ihr wart so wichtig für eure Freunde und sie für euch – ihr wart, wie ihr wart mit euren Schrullen, herausfordernd, Wilhelm durchaus grenzüberschreitend und dennoch wurdet ihr genommen, wie ihr wart. Denn sogar meine alten Freundinnen haben euch charmant in Erinnerung.

Beide meintet ihr, mir immer wieder sagen zu müssen, ich soll gut und ganz zu Jakob stehen, denn die Liebe zum gewählten Partner ist so wesentlich.

NoNa.
Es gibt viele Arten Liebe zu leben und sie IST.

Jedoch aus eurem Mund zu hören, im Alter die Liebe so spüren zu können ist schon besonders.

Ich lernte nicht nur Glühbirnen einzuschrauben – ich lernte auch Lampen zu montieren – und hätte ich es ausgehalten immer zuzuhören, hätte ich auch Häuser bauen können. Das hast du uns vorgelebt.

Frieda lernte mir das Reisen schmackhaft zu machen, in denen sie die Freiheit symbolisierte.

Für mich Freiheit, die wir uns in unserer Verantwortung bewusst nehmen dürfen!

Danke, dass ich lernen durfte, und täglich weiter lernen darf, mutig zu sein und die Vielfalt des Lebens zu wagen. Lernen darf, Grenzen auszuloten – jedoch die eigenen Grenzen und die des anderen gut wahrzunehmen. Ich für mein Alter genieße es, wenn ich erkenne: Das musst du nicht tun, es genügt; erlaube dir Muße und Muße im Verzicht.

Die Mohnblumenfelder

Die Mohnblumenfelder, manche gespickt mit Kornblumen am Weg nach Grubenau bewegen mein Herz.

Als Kind liebte ich sie, ich pflückte sie dir, Mama, und war traurig, dass sie so sensibel waren und ihre Blätter so leicht abfielen. Auf einmal waren sie weg, die Mohnblumen und die Kornblumen. Es gab viele Jahre der Unachtsamkeit im Umgang mit der Natur, die als solche nicht gesehen wurde.

Das Bewusstsein danach konnte sich wieder entwickeln und jetzt sind sie wieder da. Das Rot der Mohnblumen, die sich mit dem Wind treiben lassen und dieses einzigartige Blau der kraftvollen Kornblumen.

Die Natur schenkt uns grade eine prachtvolle Zeit des Werdens, wie ihr sie geliebt habt.

Ich kann diese Geschichte Hanna und Simon erzählen, die kleine Geschichten so gut verstehen.

Ich liebe euch.

Ich achte und respektiere euch und euer Leben und euer Vonunsgehen.

Eure Ahnen heißen euch willkommen!

Lasst es euch ein Fest sein!

Adieu

Gefrorenes Licht

Wenn durch den Dom von sommergrünen Bäumen
die Lichter wie ein Segen niedergeh'n
und als Kristalle in den Zwischenräumen
von Laub und Ast und Himmel steh'n

da ahnst du, dass, was scheinbar fest gefügt
und uns sich als die Wirklichkeit erschließt
nichts als ein Bild ist, das sich selbst genügt,
durch das verträumt ein großer Atem fließt.
Du magst es greifen, du begreifst es nicht.
Was du auch siehst, ist nur gefror'nes Licht.

Wenn sich in solchen selt'nen Stunden
des Daseins Schönheit leise offenbart,
weil sich – sonst nie so leicht verbunden –
das Ahnen mit Erleben paart,

dann zög're nicht, dich zu verwandeln,
nimm diese Stunde tief in dich hinein.
So aus der Zeit erübrigt sich das Handeln,

und in der Leere offenbart sich erst dein Sein.
Du magst es greifen, du begreifst es nicht.
Was du auch siehst, ist nur gefror'nes Licht.

Konstantin Wecker

Aus Unwirklichkeit
Führe mich in die Wirklichkeit.
Aus Dunkelheit führe mich ins Licht,
beim Sterben ins Ewige.

Vedisches Mantra

(Was ich immer wieder wiederholte, vor allem beim Räuchern des Hauses.)

Das war, was ich euch mitgeben mag in die Welt, in die ihr jetzt eintaucht. Ruht euch aus. –

Günter sprach die Schlussworte. – Da sitzen Kinder, seht hin, da sitzen Kinder! –, sagte er.

Er wagte sich heran, starke Kindheitserlebnisse zu erzählen, zum Beispiel, als er als kleiner Junge mit der Spitzhacke den Asphalt vor der Garage aufschlug. Vater kam abends nach Hause und lobte ihn für sein getanes Werk.

– Da warst du mir nahe! –, sagte Günter.

Und als er im Nebel beim Eislaufen verloren ging und plötzlich Mutter vor ihm auftauchte. – Da war sie ihm nahe!

Solche Dinge waren für Günter wesentlich zu sagen. Es war gut.

Der letzte Weg

Es war sehr heiß, die Sonne ließ unsere Köpfe heiß werden. Der Bestatter nahm die Urnen auf den Wagen und wir sollten langsam durch den Friedhof hinterher über den Schotter gehen. Irgendwas war noch mit den Kerzen, irgendjemand fragte etwas. Dann gingen wir langsam hinter den Urnen. Wer war wo? Was war zu tun? Ich war zerstreut wie auf dem Boden der Kies, der knirschte.

Vor dem Urnengrab im zweiten Stock kamen wir zum Stehen. Vom Bestatter wurde uns die Idee für das Ritual vorgezeigt, dass unsere Hände noch einmal zum Abschied die beiden Urnen berühren und segnen sollten.

Ein gutes, stilles Ritual, nur eben hoch oben. Ich nahm es auf und schickte meinen Segen und Abschiedsworte. Konstanze, der das bestimmt wichtig war, kam mit ihren Armen nicht nach oben. Sie war zu klein. Die Kinder hoben wir hoch, was eher eigenartig wirkte.

Hanna und Simon hatten ein Herz aus Sandstein und einen Engel mit. Simon behielt den Engel, Hanna gab ihn mit zu den Urnen. Nach dem Segnen der Urnen standen wir bereit für die Menschen, sich bei uns zu … was eigentlich? Ihre Trauer und ihr Mitgefühl auszusprechen? Für mich war es schwer auszuhalten, manche stellten sich vor und begannen zu erzählen. Einer stellte Fragen, ob er irgendetwas haben kann, falls ich es finden sollte. Was? Ich war überfordert. Ich hörte von Besuchern, dass sie nach unseren feierlichen Reden gegangen waren, weil sie sich nicht in der Reihe anstellen wollten, es war so heiß. Ein älterer Herr hatte Sorge, einen Sonnenstich zu bekommen und beeilte sich mit der Beileidsbekundung. Verständlich.

Plötzlich wurde mir bewusst, dass die Kinder in dieser Reihe standen. Sie mussten sich das doch nicht antun! Alle waren überfordert mit der Situation und niemand dachte an die Kinder, bis Jakob mir sagte, dass Johanna die Kinder gerne mit zu sich nach Hause nehmen würde. Die Kinder sind sehr gerne bei ihrer Urgroßmutter.

Elisabeth und Agathe waren *an der Reihe*. Umarmung, fallen lassen und jetzt ging es nicht mehr. Jetzt ließ ich mich von beiden halten, länger, und ich konnte endlich weinen und weinen. Niemanden nahm ich mehr wahr.

Freundinnen sind unersetzbar!

Die Tage davor waren meine Freundinnen eine besonders wertvolle Unterstützung gewesen. Feinfühlig, fragend ob die Zeit war für ein Gespräch. Spürend, wann es zu viel wurde.

Eine gut befreundete Kollegin hatte mich am Sonntag vor der Urnenbeisetzung besucht und wir konnten viele Themen, die sich in dieser Zeit auftaten, ansprechen und aussprechen. Ungeschminkt. Ihre Erfahrung, ihr Gespür und ihr beruflicher Hintergrund waren so hilfreich. Sie coachte mich in gewisser Weise als Vorbereitung zum Begräbnis. Sie war für mich da. Sie hörte mir zu. Ohnehin holte ich mir sehr bald professionelle Hilfe.

Um liebevoll in Kontakt zu kommen, war *What's App* ein gutes Medium, tröstende Worte zu lesen und auch in Telefongesprächen zu hören. Und dann ergab sich wieder Zeit der Ruhe, soweit das überhaupt möglich war. Ich nahm mir Zeiten der Stille auch bewusst. Mein Hausarzt schrieb mich sofort krank und brachte mir Pillen für einen guten Schlaf. Ich konnte schlafen. Wie wesentlich das war, um einigermaßen die Tage durchzustehen!

Arbeitskollegen meines Vaters stellten sich direkt beim Kondolieren vor. Ich lernte hier Menschen kennen, deren Namen ich schon sehr lange kannte. Die Reihe der Kondolierenden löste sich langsam auf. Ich war ein wenig verloren. Ich sah neben mir meine Brüder, den Jüngeren mit seiner neuen Freundin. Erst jetzt nahm ich sie wahr. Meine Tochter erzählte mir, dass die neue Freundin meines Bruders sich von allen kondolieren ließ. Litt sie sosehr am Verlust der Eltern ihres Geliebten? Den Geliebten, den sie heimlich zwei Jahre lang hatte, während er auf Familie machte mit seiner Frau und seinen zwei Töchtern? Leben und leben lassen, und ja, es ist nicht in meinem Entscheidungsbereich. Jedoch gibt es Grenzen und gefühlten würdigen Anstand. Was mich betrifft, war das nicht in diesem Bereich. Ich dachte auch an meine Nichten und ihre Mutter, die nicht wissen, wohin mit ihrer Traurigkeit, der Traurigkeit zum Verlust ihres Vaters, der an sein Leben denkt und – Seht, hier sitzen Kinder …! – Gerne hätte er auch seine Kinder hier gesehen, verständlich, bestimmt auch für ihn nicht leicht – es war seine Entscheidung. Alles kann auch ein jüngster Sohn, von Mutter über alles erhoben, von den Frauen nicht bekommen.

Alle Frauen lassen sich auch nicht alles bieten … und opfern ihr Leben für das wichtigere Leben des Mannes und sein Wohlergehen. Das gibt es auch in nicht religiösen Lebensentwürfen. Im Moment ist das dennoch nicht der Ort für die Hintergründe des Lebens meines kleinen Bruders.

Verständlich, dass viele Prägungen aus der Kindheit auftauchen, wenn ich von meinem kleinen Bruder spreche; Prägungen, die ihre Spuren hinterlassen haben. Oder eher die späteren aus der Jugend und dem jungen Erwachsenenalter?

– Wir gehen nicht mit zum Essen, es ist uns zu viel. –

Die Schwester meines Vaters und ihre Familie gingen nicht mit ins Wirtshaus, viele Freunde auch nicht. Der Schwager meines Vaters habe Verwandte im Nachbarort und seine Familie nutzte die Gelegenheit mit ihnen zu kommen.

Michael und Nina hatten zu viel Essen am Buffet bestellt. Keiner konnte wissen, dass so wenige Besucher mitkommen würden. Viele meinten, vermutlich aus gutem Grund, dass wir als Familie unter uns bleiben wollten. Die Fassungslosigkeit ließ einige besser, in ihrem Nichtwissen, wie damit umgehen, nach Hause gehen. Und ja, es war intensiv und anstrengend genug, dass zum Beispiel Menschen, die sich als verwandt bezeichneten, auftauchten und meinten, interessante Geschichten erzählen zu müssen. Entfernt kannte ich sie vom Nichtzuhören, wenn mein Vater unseren komplizierten Stammbaum erklärt hatte. Er hatte unseren Stammbaum mehrfach dokumentiert: auf Papier, auf CDs, auf USB Sticks, in Dateien. Nichts sollte verloren gehen. Manches war auch spannend. Manches wäre aufschlussreich gewesen, jedoch muss frau nicht zu allem eine Beziehung haben. Vor allem nicht an so einem Tag!!

Wissend, dass ich jenen mit uns anscheinend verwandten Mann mit großem Mitteilungsbedürfnis und seiner zurückhaltenden Frau nicht in meiner Nähe haben wollte, nahm ich an einem anderen Tisch als meine Brüder Platz. Die Aufteilung war gut! Ich konnte gut für mich sorgen. Meine Tante, also Mutters Schwester, saß mir gegenüber, gemeinsam mit ihrem Mann. Jakob war bei mir, Matteo, mein Neffe, und Hanna mit Miriam. Und eine beste Freundin meiner Mutter. Mit ihr hatten wir vor ein paar Jahren einen schönen gemeinsamen Urlaub auf Lanzarote gehabt. Der war wirklich erinnerungswert. Rosalinde kannte meine Mutter besser, als sie sich selbst. Kannte sich denn meine Mutter? Rosalinde wusste viel, denn Muggerl, wie sie immer noch von vielen Freunden und Freundinnen genannt wurde, vertraute ihr viel an.

Von unseren typischen Spaziergängen mit meinen Eltern kannte ich die vertrauensvolle Erzähllust meiner Mutter auch: Vater ging vorne außer Hörweite, er wusste, wir sprachen über ihn. Das heißt, Mutter schüttete ihr Herz aus. Früher auch ich, in der Hoffnung, Mutter könnte etwas bewegen, wenn ich etwas von Vater wollte. Später sagte ich ihm die Dinge selbst. Jakob ging oft mit meinem Vater vor Mutter und mir.

Und wie oft Rosalinde mit Mutter auf ihren häufigen Wanderungen hinter ihm ging! Diese waren wesentlich für sie. Meine Eltern klebten sonst ja meistens beisammen.

Rosalinde kam mit ihrer Tochter. Ich sah sie zum ersten Mal und fand sie sofort sympathisch. Ich kannte sie *gut* aus den bewertenden Erzählungen meiner Eltern. Aus manchem Zynismus meiner Mutter (war es Neid?), dass Rosalinde sich von ihrer Tochter ausnutzen lasse und Rosalinde daher so wenig Zeit für sich selbst hätte. Im Grunde schien Neid Mutter fremd (oberflächlich gesehen), dennoch, durch ihre abwertende Haltung gegenüber vielen Menschen, die ein – anderes – Familienleben hatten, waren unsere Besuche bei meinen Eltern oft verdorben.

Aber Irma wusste davon nicht, sie verehrte meine Eltern. Bei vielen Menschen fiel mir auf, wie sehr sie meine Eltern schätzten und bewunderten. Vaters Wissen und seine Hilfsbereitschaft und Mutters Interessen, ihre Reiselust und die *Liebe* zueinander.

Mir tat es gut mit den beiden zu plaudern. Ich war umgeben von unkomplizierten Menschen und Jakob und Miriam. Hanna düste mit Ninas Enkeltochter Marlene herum und vergab Wassertatoos. Matteo, Michaels Sohn, ließ sich eines von ihr an seinem Arm machen. Er war so angenehm und aufgeschlossen. Miriam und er gingen gemeinsam rauchen. Sie hatten gute Gespräche. Manchmal ist es eben auch gut sich im gemeinsamen Rauchen zu finden. Matteo steckte das, was passiert war, natürlich auch nicht einfach weg. Es waren seine Großeltern mit ihrer eigenen Geschichte ihm gegenüber! Auch keiner leichten, denn er passte nicht in ihre Vorstellung von einem erfolgreichen leistungsfähigen Menschen. – Schon gescheit, *zum Glück!* – aber nicht seinen Mann im Berufsleben stehen könnend.

Sich immer Sorgen machen, warum Menschen in diese Situationen kommen, in denen sie sind, und es entsetzlich finden. Trotzdem hinter jenen zu stehen, die es nicht *geschafft* hatten, das vermochten meine Eltern nicht. Mutter vor allem. Vater war im Alter oft einsichtig, wenn man mit ihm darüber sprach. Er hatte so etwas wie eine Altersweichheit. Mutter bemühte sich und freute sich vor allem über unseren Kontakt.

Beide schätzten ihren Sohn Michael mit Nina sehr. Sie kannten nach einiger Zeit auch Ninas Namen. Früher hatte mein Vater regionale Kärntner Ausdrücke für Frauen und merkte sich die Namen seiner beiden Schwiegertöchter nicht. *Gitschn, Dulcinea* oder ähnlich nannte er sie.

Ich fühlte mich wohl, als Matteo neben mir saß.

Hanna kam immer wieder und bewunderte Rita mit großen Augen.

– Sie ist eine berühmte Schauspielerin! –, sagte ihr Mann Matthias zu Hanna. Stimmt ja auch und vor allem eine sehr bewundernswerte. Was für Hanna klar war.

Oft schwärmte sie noch, welch schöne Frau an diesem Tag da war. Ihre Großtante, kaum zu glauben.

Ich fühlte mich immer geehrt in Rita und Matthias' Nähe, so liebe Menschen mit Humor und Lust auf Entwicklung. Menschen, die ihr Leben leben!

Immer wieder kamen Aussagen von Leuten bei mir an, ich nahm nicht alles auf, denn ich hatte wenig Energie und nicht immer Lust das, was aus meinen Gedanken kam, auch zu versprachlichen. Die Gedanken purzelten intensiv genug.

Die sommerliche Umgebung, wie beim Heurigen in dem quadratisch wirkenden Patio, dennoch kühl, versöhnte mich mit dem Dasein. Zwischendurch genoss ich mein Essen. Ein wenig Käse und ein wenig Gemüse. Trotz der Bitte Vegetarisches vorzubereiten, quoll das Buffet über von Fleisch. Wer's mag. Ich war zufrieden zu sitzen und die Umgebung wahrzunehmen.

Ich erzählte ein wenig davon, was bisher geschah und Matthias meinte, ich sollte darüber ein Buch schreiben. Noch nicht, viel sollte noch geschehen und die Zeit war noch nicht reif dafür.

Gut. Die Idee hatte ich auch schon früher. Ich hatte schon 2013 zu schreiben begonnen. Vorerst für mich. Allerdings hätten die absurden Situationen der letzten Tage ein Buch füllen können.

Es war gut, wie es war. Hanna war fröhlich und genoss ihre Freiheit und die Aufmerksamkeit der Erwachsenen.

Simon genoss es mit seiner Uroma zu sein und weg von den vielen Menschen. Es war großartig, dass wir doch noch fähig gewesen sind, endlich dafür zu sorgen, was gut für uns und die Kinder war.

Wir sprachen über guten Kaffee und wie wir ihn mögen und die Wiener Kaffeekultur und beschlossen es hier in Grubenau im Landwirtshaus zu wagen, einen Espresso zu bestellen. Er war genießbar.

Jakob verabschiedete sich, er wollte mit Hanna und Miriam Simon abholen. Der Tag war lang genug gewesen.

Langsam löste sich die Gesellschaft auf. Was hatten wir doch gemeinsam und ließ uns hier zusammenkommen? Wir wären sonst nicht hier gewesen!

Günter hatte das Kondolenzbuch. Ich wollte ihn immer wieder bitten, es mir zu geben, da ich die Kondolierenden anschreiben wollte. Würde Günter denn das machen? Es wäre mir Recht. Kenne ich ihn so gut, zu wissen, dass ihn das nicht interessiert?

Später sollte er mir sagen, ihn habe interessiert, wer aller da hineingeschrieben hätte.

Ich weiß, ich mag es nicht, wenn meine Vorurteile sich bestätigen.

Es sind nicht die unterschiedlichen Tempi und Zugänge zu dem, was getan werden soll. Es ist das, was getan werden sollte, zu sehen. Und das ist Günter egal. Sein Zugang. Wochen später bekam ich das Buch. Gut, dann hatte ich eben jene, deren Schrift ich lesen konnte und von denen ich eine Adresse ausfindig machen konnte, angeschrieben. Natürlich musste ich nicht. Michael hat mir ein paar Briefe zu schreiben abgenommen. Mich kannten auch noch viele Menschen aus unserer Zeit, als wir noch im Dorf, in der Werksiedlung, lebten. Günter kam erst nach knapp acht Jahren meines Weltendaseins auf diese Welt.

Ich glaube, er ist manchmal hilflos und meine Eltern würden gewusst haben, ich mach das schon, was zu tun ist – bestimmt. Mit Michaels Hilfe. Günter bot seine Hilfe an. Wie lange sollte ich darauf warten, wenn er in München arbeitet. Neben einer vollen beruflichen Tätigkeit war das, was unsere Eltern uns hier zur Aufgabe machten, nicht möglich. Psychisch, körperlich und organisatorisch nicht.

Ich sollte auf mich aufpassen, sagte nicht nur mein Arzt. Ich genoss gute intensive Therapie, ohne die ich diese Situation noch weniger gut überstanden hätte.

Wie wollten wir nach Hause? Michael und Nina fuhren noch nach Salzburg, Rita und Matthias mit ihnen. Sie reservierten ein Zimmer in einem Salzburger Hotel. Von dort konnten sie am nächsten Tag gut mit dem Zug nach Wien weiterfahren. Mit Matteo waren sie zu fünft im Auto. Alle verstanden, ohne dass ich viel erklären musste, dass ich allein fahren möchte; ich konnte nicht mehr. War ich egoistisch oder lernte ich, zu meinen Bedürfnissen und zu mir zu stehen?

Es tat gut hinter Michael zu fahren mit seiner ausgesprochen achtsamen und sicheren Fahrweise, sich an alle Geschwindigkeitsbegrenzungen haltend.

Wir winkten uns zeitweise zu. Ich konnte heulen und mit ihnen sein. Als sie abbogen, war ich traurig. Familie kann so schön sein. Unangepasst und liebevoll.

Es war vorbei.
Ich hatte es überstanden. Vorerst.

> Es war ein lauer Spätfrühlingsabend. Jakob und ich saßen auf unserer Terrasse im Dunkeln und tranken Weißwein. Weißwein vertrage ich nicht. Hier zählte der Moment, das kühle Herb tat gut.

Wie ging es wohl Miriam, die jetzt mit den Kindern allein war?

Sie wird fast jede Nacht von ihren Großeltern geträumt haben, und nass, im eigenen Schweiß liegend erwachen, versuchend, die zweite Hälfte der Nacht doch noch Schlaf zu bekommen. Die gleichen Schlaftabletten unseres Arztes wirkten in meiner Dosis bei ihr nicht. Die Kinder kamen zu ihr ins Bett und Hanna nässte ein. Auch die Kinder hatten schwere Träume.

Nach fast einem Jahr beginne ich vom Tod in allen unmöglichen Formen zu träumen, nicht schwer, aber als Thema.

Ich glaube, ich war an all dem so nah dran, dass mein Bewusstsein arbeitete und mein Unterbewusstsein nicht dazu kam hervorzukriechen. Ich weiß es nicht.

Meine Imaginationen bei meiner Therapeutin brachten mir Ruhe. Die Therapie mit Miriam brachte uns Klarheit und viel Erkenntnis. Rita rief mich am Tag darauf an, sie hatten auch noch den lauen Abend genossen.
Es ist schön, Rita so nahe zu sein.
Vieles entwickelt sich neu, vieles darf sich neu ordnen.
Das war erst der Beginn.

Ich ahnte, dass sich vieles zum Guten entwickeln würde und auch dieses Unereignis einen Sinn hätte. Eine neue Ordnung, die entstehen darf.

Schicht für Schicht erlebte ich das auch so.

Manchen Menschen kam ich näher, manchen so nahe, dass ich spürte und das Bedürfnis hatte, ich müsste mich wieder weiter weg bewegen.

Rita und Matthias kündigten für Herbst ihre Vorstellung vom Lumpazivagabundus in Salzburg an. Ich freute mich drauf, sie hier zu sehen, denn im Moment konnte ich nicht nach Wien. Ich dachte, in ein paar Wochen … es ging für mich nicht. Wir telefonierten.

Sommer

Zu viel, was sich in einem Leben ansammelt

Michael hatte sich zwei Wochen Urlaub genommen und gönnte sich Sommerfrische in Niederösterreich. Wenn er zurückkäme, bliebe er ein paar Tage, um mit mir das Haus zu räumen.

Günter kam auch dazu und packte, was ins Auto ging. Er konnte den Kühlschrank gebrauchen – den musste er zuerst ausräumen und abtauen.

Kisten von Fotoalben und Dokus wanderten in sein Auto. An diesem Tag wollten wir auch die schwarzen Erbmöbelstücke aus mehreren Generationen, sicher von Wert, unserem Cousin bringen.

Es war das offizielle Erbgut der Schwester Wilhelms von ihrer Mutter. Michael und Günter beschlossen das zu tun. Michael hatte einen größeren Kombi. Die Kredenz ging tatsächlich hinein. Günters Auto war bis oben gefüllt mit Schachteln von Fotoalben, Reiseberichten und anderen Dokus. Er fand es praktisch, diese Konstanze zu bringen, da hätte sie auch was davon. Also, somit war ihr Keller befüllt.

Michael stellte mit Nina viele Dinge zusammen, die sie mitnehmen wollten.

Mittlerweile hatte ich mit dem Makler zu tun, die Dinge zu ordnen, die zu tun waren. Einen Energieausweis erstellen. Die Situation der Gemeindestraße durch unseren Grund zu klären. Den Geometer zu bestellen, denn das Grundstück war nicht klar umrissen. Der Makler stieß immer wieder auf Dinge die zu urgieren und zu klären waren. Wir wussten nicht viel vom Haus. Es gab Grundstückspläne, jedoch keinen brauchbaren, klaren und aktuellen Grundstücksplan. Wir fanden keinen. Der Zaun lief ins Nachbargrundstück, mein Vater hatte es ihm mittels einer Pacht abgetreten … solche Dinge. Wie war das jetzt zu klären? Die Straße musste an die Gemeinde abgetreten werden.

Für unseren Makler tauchten immer wieder Ungewissheiten auf, die er klären konnte. Bald willigten Käufer ein. Der Preis war in Ordnung. Natürlich hatten wir Geschwister auch diesbezüglich Verhandlungen, ob es denn nicht Interessenten gäben könnte, die mehr böten. Wozu! Worauf sollten wir warten?

Öl musste abgepumpt werden, weil die Käufer das nicht wollten. Ich telefonierte, organisierte und war wieder vor Ort. Was hatte es mit dem Wasserreservoir auf sich? War die Wärmepumpe noch funktionsfähig?

Mercedes

Das Auto sollte aus der Garage. Wir durften es nicht bewegen. Zuerst benötigten wir eine Einwilligung vom Händler, dass er es kaufte. Dann brachte ich das Papier zum Notar, der es an das Gericht mit der Bitte um Bewilligung des Verkaufs durch die rechtmäßigen Erben weitergab. Das dauerte eine Weile. Denn ohne die spät zu erwartende Einantwortung musste die Rechtmäßigkeit geprüft werden.

Dadurch kam ich mehrmals in den Genuss der Begegnungen mit den Nachgeborenen unseres Autohändlers. Es war die Werkstatt meiner Kindheit. Ich war oft die steile Schlossstraße hinunter ins Dorf gefahren, die Reifen meines blauen Puch-Fahrrades aufzupumpen oder es reparieren zu lassen. Es war eine herrlich schmuddelige Werkstatt, mit diesem wunderbaren metallischen, öligen Geruch, wo die Mechaniker alles wieder herrichten konnten. Die Mechaniker bis zum Chef, es war ein Familienbetrieb, waren alle in blaue Mäntel gekleidet. Meine Eltern kauften bei ihnen ihre Autos und überließen sie ihnen auch zur Reparatur.

Mein Fahrrad hätte ich natürlich auch selbst gut reparieren können. Von Papa alles gelernt.

Und die Tochter des Chefs war so schön. Ich bewunderte sie und sah sie so gerne an. Sie war immer toll frisiert im damaligem Zeitgeist der siebziger und geschminkt.

Genau diese Familie begegnete mir jetzt in der Mercedes-Werkstatt. Ich kann ja nicht sagen- unverändert. Jedoch erlebte ich es in etwa so. Die Gesichtszüge, das Verhalten – und die Neugierde. Wie Neugierde in einem Dorf eben ist. Alle wissen scheinbar voneinander.

Belastend, weil wieder eine Geschichte für mich serviert wurde. Vater wollte sich noch einen Leihwagen nehmen. Ihn faszinierte der Mercedes der E-Klasse. Er wollte ihn ausprobieren, fahren und dachte über einen Kauf nach. Umso mehr das Erstaunen, dass er freiwillig aus dem Leben schied.

So schien es, er hätte sich doch kurzfristig entschlossen, sein Leben zu beenden.

Die Mutter aller Familienangestellten erzählte mir, dass sie sich noch so genau daran erinnerte, wie meine Mutter so abgenommen hatte. Später, als meine Mutter wieder in Kontakt mit Menschen kam, war sie öfter hier beim vertrauten Mercedeshändler. Jene Frau fragte immer wieder, was mit ihr los sei, und wollte sie sogar zum Essen motivieren … sie wollte von mir wissen, was denn los war. Meine Antworten waren ausweichend bis klar, dass ich darüber nicht reden mag!

Freundschaftsbekenntnisse und ein Schwärmen darüber, wie groß-artig doch beide waren, hörte ich auch von der Händlerfamilie. Ja und warum denn? Wenn wir immer wüssten, warum! Ich will schon immer mehr das Warum nicht mehr wissen. Auch nicht in anderen Zusammenhängen.

Als alles geregelt war, fuhr der alte Herr mit mir ins Haus zur Garage. Das war schon besonders. Ich mochte ihn. Er bat mich, ob er mit diesem Mercedes unseres Vaters noch einen Umweg zu seinen Enkelkindern machen darf. Er war sehr liebenswürdig und ich wollte ihn unentwegt ansehen mit seinem schönen, tief gefurchten, faltigen Gesicht. Spuren von einem zufriedenen Leben. Für mich war auch viel schöne Erinnerung in seinem Gesicht, als ob ich ihm sehr gut kennen würde.

Als er dann mit diesem Auto, das mir als Marke Jahrzehnte lang vertraut gewesen war, aus der Garage manövrierte und sich dann verabschiedete, konnte ich die Tränen kaum halten.

Ein Davonfahren von vielen Erinnerungen, die mit diesem Auto verbunden waren. Er machte den Umweg zu seinen Enkelkindern. Wie schön!

Ich schluchzte, als er weg war; als ob Vater gefahren wäre. Schön, dass ich hier im Garten einfach weinen konnte. Es tat mir gut.

Nie im Leben würde ich einen Mercedes besitzen. Dieses Auto war mir als jugendliche Frau verhasst. Es erinnert mich an die Proteste gegen meine Eltern.

Es ist Geschichte. Trotzdem besteht kein Grund für mich, mir einen Mercedes zu kaufen.

Mit fünfzehn hatte ich einen heimlichen Freund. Der Kontakt zu ihm war mir verboten. Um ihm nahe zu sein, verbrachten wir telefonierend gemeinsame Zeit. Allerdings ging ich ins Dorf zu *meiner* Telefonzelle, weit weg von unserem Haus, um nicht gesehen zu werden und mit Karl ungestört telefonierend unsere Liebe pflegen zu können. Unser Telefon zu Hause konnte ich nicht benutzen, da die Telefonnummern bei jedem Anruf mitregistriert wurden; denn das Telefon war ein Werkstelefon der Metallwerke.

Meine Ausgehzeit war kontrolliert.

Mutter hatte mich bei Ines, einer Freundin in der Nachbarschaft, aus dem Haus kommen sehen und ist mir mit ihren sehr dunkelblauen Mercedes Benz 280 SE nachgefahren. Ich konnte dieses Auto sehr lange nicht aushalten – lange hatte ich deshalb ein *Mercedes Trauma*. Ich sah und spürte das Auto näherkommen. Ich schaltete all meine Kreativität an und mein Denken verdichtete sich, was an Chuzpe ich aufbringen würde, ihr zu sagen. Die Wahrheit – dass ich telefonieren ging, ganz einfach. Was hätte ich zu verlieren? Mutter holte mich auf halber Strecke zur Telefonzelle mit diesem großen, unheimlichen Auto ein und befahl mir einzusteigen. Sie regte sich maßlos auf und war außer sich. Ich hasste dieses protzige Auto.

Sie hatte die Vermutung, ich ging zu meinem Freund ins Dorf; sie vermutete nicht mehr Karl, sondern irgendeinen Mann im Dorf, der mich sexuell ausbeutete. Welch Fantasien meine Mutter hatte!

Karl und ich trafen uns vor und nach der Schule bei ihm zu Hause im Gang und küssten uns, bis mein Bus kam – mehr an Intimität war nicht. Ich war jung, Mutter war auch fünfzehn, als sie mit Vater zusammenkam. Also weiß sie, was in diesem zarten jugendlichen Alter in liebender Einheit geschehen kann. Ich wusste von der jugendlichen Liebe meiner Eltern, weil ich heimlich im Schlafzimmer die Schublade ihres Nachtkästchens durchsucht hatte und ihr altes Tagebuch fand. Verzeihung.

Mutter zerrte mich ins Auto und fuhr voller Erregung nach Hause, sie war unglaublich aufgebracht! Was hast du nur gedacht, was hast du von mir angenommen, warum hast du solche Angst!

Mutter berichtete Vater die Situation, als er von der Arbeit bei der Tür hereinkam. Er kam ohne Vorwarnung direkt zu mir nach oben in mein Zimmer- ich hielt mit aller Kraft die Tür zu, er stieß sie mit mir zurück. Ich schnappte nach dem Zirkel, der auf meinem Schreibtisch lag und drohte, Vater sollte keinen Schritt näherkommen. Es war klar was passieren würde. Diese Gewaltanspannung kannte ich schon, da sah er nur Rot und sonst nichts mehr.

Er schlug mich grün und blau. Ich ging zu Boden, er trat mich. Ich versuchte mich nur noch zu schützen, rollte mich ein, hatte keine Chance gegen seine Tritte.

Ich versteckte meine blauen Flecke am Hals nicht, alle sahen es, die es sehen wollten. In der Schule fragte ich Bernd, meinen Klassenvorstand um Rat. Er hörte mir zu und musste mir abraten von einer Anzeige; damals konnte das tatsächlich für mich schlecht ausgehen und ein Erziehungsheim wäre vom Regen in die Traufe zu kommen. Da hatte er sicher Recht. Ich hatte das Mitgefühl meiner Lehrer.

Schlimm und sonderbar war, was ich allerdings erst Jahrzehnte später realisierte, dass meine Mutter mir nie zur Seite stand.

Diese Geschichte war mir beim Abholen des Autos nicht präsent. Sie war nicht mehr wesentlich. So heftig sie auch damals gewesen war.

Das Auto wurde mir ins Erbe gerechnet und Miriam bekam es als Leasinganzahlung für ein neues. Keinen Mercedes, der Händler verkauft auch andere Automarken.

Irgendwie war das verrückt.

Michael suchte die Schlüssel der Badener Wohnung. Sie schienen mit ihnen gegangen zu sein. Keine Spur. Nach Wochen, als das Auto durchgeputzt wurde, bekam ich einen Anruf, dass noch Wanderstöcke gefunden worden waren und ein Schlüsselbund, versteckt in einer Seitenablage – wie hatten wir das Auto vorher noch durchsucht! Es war der gesuchte Schlüssel. In der Zwischenzeit hatte Michael längst einen nachmachen lassen.

Gefunden haben wir andere alte Schlüsseletuis aus den fünfziger Jahren. Die waren immer schon da, wie die alten Brieftaschen – also größere Portemonnaies – die Vater *Brieftaschen* nannte. Und so ein Etui, das ich auch schon immer kannte. Das immer da war. Helles Leder, in dem er die Autodokumente aufbewahrt hatte, als man noch die Steuerkarte hatte – zum monatlichen Steuermarkenpicken.

Die Geldbörsel unserer Eltern warfen wir weg. Zuerst nahm ich das Schlüsseletui mit, aus Sentimentalität – der Geruch, das Gefühl, es zu ertasten. Und bald landete es im Mülleimer. Es ist altes Zeugs, das nur belastet!

Ich glaube wir konnten manches nicht finden, weil wir in diesem Haus so belastet und überfordert waren.

Michael sagte auch, nach einem Besuch in diesem Haus gingen seine Energien gegen null.

Ich spürte mich auch nicht mehr, außer jedes Mal wie ausgelaugt zu sein.

Es besserte sich, jedoch überforderte ich mich selbst immer wieder.

Ich habe viel vergessen, gut so.

Ist da noch Lebendiges? Dinge gehen.

Die Kleider stopfte ich in blaue Plastiksäcke. Miriam war mitgekommen, aber all das war zu viel für sie. Es war auch nicht ihre

Aufgabe, auszuräumen. Es überanstrengte mich und ich funktionierte. Alles gab ich weg, der Geruch musste mit verpackt werden.

Wie damals bei Oma, viele verpackte Strümpfe, unzählige Stofftaschentücher. Ich fand alte Sweater von mir aus den siebziger Jahren, einer in Rosa, den ich oft anhatte. Miriam bat ich draußen Himbeeren zu pflücken, das tat ihr gut.

Anoraks aus dem Jahre Schnee, uralte Schuhe, uralte Mäntel … Mottengeruch. Die Pelzmäntel. Ich nahm sie mit. Warum konnte ich sie nicht einfach entsorgen? Wer wollte sie haben? Niemand. Kein Mensch braucht Pelzmäntel. Eine Frau, die ich kannte, nahm sie. Irgendwie auch eigenartig – andere in der Hülle eines Kleidungsstückes meiner Mutter zu wissen. Ich selbst hätte keines tragen wollen. Um keinen Preis! Miriam schon gar nicht. Sie trägt ohnehin schon zu viel mit sich herum.

Unser Makler trieb später jemanden auf, der das Haus fertig ausräumte und alles brauchen konnte.

Ich ließ zwei Antikhändler kommen, die alles geringschätzten. Heutzutage sind die einst als wertvoll erstandenen Dinge nichts mehr wert. Zum Glück nahmen sie das Zinn und Silber mit!

Ich nahm viel zu viel mit. Krüge und Karaffen, zuerst auch vereinzelt Teller und eine Puppe.

Meine erste Puppe – Eva. Sie sah irgendwie gruselig aus mit ihren Augen. Was war gruselig an ihr?

Neugierde

Ich war oft allein in meinem Zimmer. Ich konnte mich stundenlang allein beschäftigen, sagte meine Mutter und war froh darüber. Ich hatte unter Tags, wenn Mutter den Haushalt erledigte, kein Problem mit dem Alleinsein. Da hatte ich Zeit für mich und konnte ziemlich ungestört Dinge ausprobieren.

Nein, ich machte nichts kaputt, ich war sogar sehr sorgfältig mit den Dingen. Ich wollte nur von fast allen Dingen das Innenleben erforschen. Ich hatte eine Vollplastikpuppe aus gutem Material. Sie hatte Wimpern an den Glasaugen und konnte die Augen öffnen und schließen. Wenn ich sie hinlegte, schloss sie die Augen, wenn ich sie aufsetzte, öffnete sie die Augen. Ich konnte auch ihre Arme und Beine bewegen. Der Torso hatte Ausnehmungen, da konnte man die Kugelgelenke der Arme und Beine hineindrucken. Ich nahm Eva, meine erste Puppe völlig auseinander. Den Kopf nahm ich ab, das war offensichtlich, dass das funktionieren musste, nachdem ich ihn auch um 360 Grad drehen konnte. Die Arme und Beine schaffte ich auch aus dem Torso zu bewegen. Ich hätte noch gern gesehen, wie die Augen von innen aussahen. Das konnte ich nicht so gut erkennen, die Öffnung in den Kopf war zu klein, um etwas zu erkennen. Ich drückte die Augen hinein, das war blöd, das konnte ich nicht mehr rückgängig machen. Die Puppe sah schauerlich aus mit den zwei Löchern im Gesicht. Das musste Vati reparieren.

Die Augen des Teddybärs mussten auch dran glauben. Und wie komme ich zu dem, was das Brummgeräusch im Bären ausmacht? Ich schaffte es den akustischen Zylinder aus dem Bären herauszuholen.

Die Puppe Eva gibt es noch. Sie ist die einzige Puppe, die ich nach dem Tod meiner Eltern wieder zu mir nahm.

Ich liebte Autos; später *reparierte* ich die Autos meiner Brüder. Ich schraubte den Unterboden auf und nahm die Karosserie ab, oft war nichts Besonderes dahinter. Die Räder waren dann lose und die mussten wieder angepasst werden.

So lernte ich Dinge zu reparieren. Ich tat und mache das als Erwachsene immer noch gerne. Ich ließ nichts unversucht, was in meiner Macht stand wieder in Ordnung zu bringen. Vielleicht habe ich auch so manches zerlegt…, der Neugierde wegen.

Bietet sich hier denn eine Verbindung zum Umgang mit meinen Mitmenschen an?

Meine Absicht war allerdings schon, mit Menschen behutsam umzugehen. Ich hatte nur immer alles hinterfragt und musste Tatsachen, angebliche Tatsachen von allen Seiten beleuchten und zerpflücken.

Wieviel Kristallgefäße kann man haben, wieviel Geschirr, feines und teures, das niemand gebrauchen kann? Kleine Kristallschälchen zur Aufbewahrung von diversen Schätzen, wie Halbedelsteinen, sind heute sichtbar in meinem Zimmer platziert. Manche Kristallvasen erfüllen für schöne Gartenblumen ihren Zweck. Ich habe sie in Verwendung. Ich hätte nicht gedacht, dass ich Gefallen daran finden hätte können. Mutter hatte sie zwanzigfach in der Schrankvitrine.

Vom Hutschenreutherporzellan konnte Konstanze Geschirr gebrauchen. Die Menge an Dingen war überwältigend.

Ich habe versucht die Teppiche schätzen zu lassen, die Mutter um teures Schillinggeld erworben hatte. Ich packte einiges zusammen, weil ich es nicht wegwerfen wollte; Händler wollten es nicht, das Dorotheum schon gar nicht ... Ninas Mama konnte Kristallgläser brauchen und die Pfadfinder anderes Zeugs, super! Michael und Nina packten einiges zusammen, CDs und Bücher. Danach waren immer noch so viele da, als wäre noch nichts weggekommen.

Nach vielem Nachfragen und all dem Desinteresse gab ich auch die großen Teppiche und ein paar kleine einer guten bosnischen Freundin, sie hatte wenigstens Freude daran!

Die Teppiche zusammenzulegen und ins Auto zu schleppen war Schwerarbeit, Meter um Meter, Stufe um Stufe in den Keller, wieder nach oben in die Sonne zum Absaugen ... alles war so staubig!

Ich bat unseren Cousin doch einmal mit einem größeren Auto zu kommen, um Rasenmäher, Gartenbänke und Bücherschränke zu transportieren, die nahm meine Nachbarin. Uns lief der Schweiß vom Schleppen. Immer wieder wegwerfen, als ob es kein Ende nehmen würde, altes Spielzeug, vergilbt und kaputt. Plastikblumen waren eines der ersten Dinge, die in den Müll wanderten. Der alte Rasierapparat meines Vaters war derselbe wie vor fünfundfünfzig Jahren. Der Geruch auch, auch ein Rasierapparat hat einen Geruch.

Werkzeug, neverending. Ich fragte die Nachbarn, ob sie Bedarf dafür hätten. Kaum.

Mit Simon war ich da. Er wollte das Haus noch einmal sehen und es ging ihm so schlecht damit. Er hatte so große Angst darin, die Autos, die vorbeifuhren, nahm er wahr: als wären sie drinnen in den Räumen. Er verlor hier irgendwie den Realitätsbezug. Es war in ihm wie panisch.

Ich dachte, er wollte draußen mit dem Schiff spielen, das wollte er haben, die gebastelte *Santa Maria.*

Ich war beschäftigt mit Suchen wegen der Unterlagen zum Öl.

Ich hätte bei ihm sein sollen! Er erzählte mir danach, wie er im Haus gesehen hätte, wie sich eine grüne schleimige Gestalt die Treppen hochzog, oben sich kaum festhalten konnte und dann war da Blut. Der Arme, was nahm er da bloß wahr!

Wir gingen essen und trafen da zufällig seine Uroma und Onkel und Tante aus Oberbuchenberg. Danach ging es ihm besser.

Heute fragt Hanna viel nach und Simon wundert sich natürlich auch, warum beide gleichzeitig starben. Hanna meint, warum wir bei Alfred dabei waren und es gut fanden, wie es war und bei Frieda und Wilhelm wissen wir so wenig. Wer hat sie überhaupt gefunden und warum? Simon schweigt lieber. Die Kinder wissen mehr, als wir meinen. Miriam geht wunderbar damit um und gibt die notwendigen Antworten. Hat sie für sich selbst die Antworten für ihr Wohlbefinden, für ihr mit sich eins sein können?

Miriam hat seit einem Jahr eine große Liebe, die ihr gut tut. Mit jedem Mal, wenn ich sie treffe, merke ich, wie wenig sie verarbeitet hat. Es geht ihr besser, dennoch ist sie noch so wütend auf die beiden.

Immer wieder fuhren wir nach Grubenau und räumten. Anfangs sortierten wir noch irgendwie. Die Messgeräte vermachten wir dem Werkmeister der HTL Grubenau. Wir wollten den Leuten, die etwas brauchen konnten, Freude machen. Der Makler machte mit mir und einem Bosnischen Freund Termine aus, um zu besichtigen, was zu nehmen war. Alles!

Wir mussten das Schlafzimmer und andere Zimmer ausgeräumt haben bis September. Wir hatten Zeit, jedoch war auch intensiv zu arbeiten. Der Makler überredete einen Bekannten, dass er das Schlafzimmer abbauen und mitnehmen sollte.

Ich war erleichtert. Das Wohnzimmer und die Küche und das *Speisezimmer* konnten bleiben.

Der Makler machte das gut und versuchte mir überall zu helfen. Ihm tat es so leid um die Dinge. Mir nicht mehr.

Er entdeckte das Gewehr, das ganz offensichtlich im Werkraum in der Ecke stand. Ich hatte es nie gesehen und wusste auch nicht davon. Meine Brüder schon, sie hatten mit diesem Luftdruckgewehr auch geschossen.

Der Makler räumte es weg. Ich sagte, er solle es mitnehmen. Er sagte, wir sollten es doch verkaufen. Nein, damit wollte ich mich sicher nicht befassen!

Zum Glück nahm es der Mann mit, der am Ende so gut wie alles gebrauchen konnte und mitgenommen hatte!

Ausgerechnet, als ich mit Simon da war, entdeckte ich das Luftdruckgewehr in einem Aktenschrank und war völlig erschrocken, dass es noch da war. Ich schloss die Schranktür sofort wieder.

Der Bekannte des Maklers hatte es mit der nächsten Fuhr mitgenommen.

Als ich das Schlafzimmer wieder und wieder ausräumte, fand ich viele *schöne* Dosen und gerahmte Fotos! Was sollte ich tun mit den

Fotos? Plötzlich, als ich eine der Dosen öffnete, stieß ich auf die Patronen. Solche Momente waren nur schrecklich für mich. Ich fand auch den Waffenschein. Ich machte am Balkon in einer diesen unzähligen Kupferschalen, die im ganzen Haus innen und außen verteilt waren, ein Feuer und verbrannte ihn. Es war eine Zeremonie, dabei zuzusehen, wie das Feuer dieses Papier zu Asche werden ließ. In Asche und Rauch mit diesem Zusammenhang zum Grauen.

Die Patronen warf ich in den Mülleimer!
Die Müllabfuhr sollte bald kommen.

Vieles warf ich in den Mülleimer. Mülltrennung ist gut und manchmal musste alles weg. Die unzähligen Disketten und CDs mit was-weiß-ich was drauf. Ich konnte nicht immer alle fragen, ob dies und jenes noch brauchbar sei!!?

Sie hatten ohnehin alles auf Papier und die Sachen von Vaters Firma sollten nicht interessant sein.

Und wir konnten auch nicht alles ins Internetz stellen. Diese Arbeit wollte ich mir nicht antun.

Bücher brachten wir einige los. Viele davon gingen auch nach Serbien, super!

Oft würdigte ich das Haus. Trotz allen Räumens würdigte ich die Dinge, die meine Eltern gepflegt hatten und die ihnen wesentlich waren. Es war ihr Leben.

Immer wieder, auch in tiefer Verwunderung, würdigte ich auch alte Dinge, die ihnen wichtig gewesen waren.

Der Postler machte sich die Mühe, extra vom gegenüberliegenden Weiher über den Wiesenweg hierherzukommen, als er mich vor dem Haus meiner Eltern sah. Er wollte mir mitteilen, wie großartig doch meine Eltern gewesen waren.

Eigentlich, wenn ich so nachdenke, sagten alle das Gleiche: Der Herr Kössler war so korrekt und es fiel nie ein ungeduldiges Wort. Sie waren ein besonderes altes Paar, die sich an den Händen haltend spazieren gingen. Schön. Was wollte er mir mitteilen? Immer wieder dieses Hervorheben der Korrektheit, der Fehlerfreiheit. Anständig. Freundlich, anständig und höflich ist gut. Gemeinsam füreinander da zu sein ist lobenswert und durchaus von Qualität. Warum sagen mir das so viele Menschen und warum empfinde ich es als so unpassend? Dieses besondere Hervorheben.

Wer hilft?

Drei Wochen nach dem Tod meiner Eltern nahm ich an einem Seminar teil, zu dem ich mich angemeldet hatte und das ich schon lange vorhatte zu besuchen. Ich konnte austesten, ob es passte und es war gut. Meine Kinesiologieausbildnerin, Frau Meier und die Gruppe waren so unterstützend. Auch die Seminarleiterin selbst testete, ob es für mich sinnvoll war, daran teilzunehmen. Es war. Bei einer der Übungen kamen viele Tränen – Frau Meier stand hinter mir und sagte, – Das sind die Tränen Ihrer Mutter, die müssen Sie nicht mehr weinen, Sie haben lange genug die Sorgen Ihrer Mutter getragen! –

Meine Ausbildnerin empfahl mir eine Schamanin aus Kuchl, um in der jetzigen Situation geistige Begleitung zu haben, wenn ich mag. Wieder hatte ich eine wunderbare Begegnung mit einer besonderen Frau. Wir trafen uns und machten uns aus, dass sie ins Haus nach Grubenau mitkommt.

Es war unglaublich mit ihr zu arbeiten. Ganz da im Hier und Jetzt auf dieser Welt zu sein, alles, was da ist, wahrnehmend und spürend.

Manuela war begeistert vom Garten meiner Eltern, von der liebevollen Pflege und dem guten Geist darin. Im Haus durfte ich die Geister aus dem Dachboden verabschieden, sie waren koboldisch, nicht gefährlich oder bedrohlich, sie gehörten nicht mehr hierher.

Wir erspürten die Zimmer, ich atmete mich in meine geistige Spürsamkeit, es ging mir gut mit meiner Begleitung und auch im Spüren.

Diesem Haus haben meine vorherigen Räucherungen gutgetan. Meine Empfindung in den Räumen wurde trotz den Belastungen immer klarer und leichter. Eine wunderbare frauenbewusste Freundin unterstützte mich mit angemessenen Ideen zum Rauchwerk. Der weiße Salbei war immer hilfreich.

In der Bibliothek bekam ich große Beklemmungen und spürte diese stählerne, undurchdringliche Härte in meiner Brust. Ich kenne das Gefühl. Manuela hatte alle Arbeit, um diesen Schild mit ihrer Begleitung loslösen zu können. So viel eben in diesem Augenblick ging. – Diese Härte gehört nicht zu mir! Es ist die meines Vaters, die ich da übernahm. Paradoxerweise nahmen wir das gebundene große Buch der Bibel, um mich diese Härte besser spüren zu lassen, um sie dann gehen lassen zu können. Es war unglaublich schwer, bis zur Atemnot. Diese Härte, Vaters Panzer, sein Unvermögen aus dieser Rüstung herauszukommen, würde ich noch Monate später spüren. Und es war auch mein Schutzschild, der mir diente. In vielen Meditationen konnte ich es erfahren, immer wieder transformieren.

Ich tauchte mit Manuelas Kompetenz und Hilfe tief ein in die geistige Welt und war danach sehr frei. Ich konnte selbst viel spüren, weinen und es war gut. Ich hatte für dieses Haus ein gutes Gefühl und freute mich, es geklärt an die Käufer weitergeben zu können.

Wir genossen noch den Garten und aßen Himbeeren und Kapuzinerkresse. Es tat gut mit jemandem ganz Unbelasteten hier zu sein!

Wie geht erben?

Es kamen die Termine mit dem Notar und die Regelung des Erbes auf uns zu.

Ich bin dankbar, Wissen und Erfahrung aus meinen Ausbildungen mitgenommen zu haben, somit gelang es mir zumindest immer wieder, von schwierigen Situationen Abstand nehmen und sie aus anderen Perspektiven sehen und annehmen zu können.

Alles schien klar. Das Geld vom Grubenauer Hausverkauf würde aufgeteilt. Michael bekam die Wohnung und den Grund in Baden, was er schätzen ließ. Dann waren da noch die Sparbücher und das Haus in Waldbühl.

Ich ließ das Haus in Waldbühl schätzen, weil ein Cousin Interesse hatte. Meine Tante hing an diesem Haus. Jetzt wollte sie es weiter pflegen, so wie sie es vorher für meine Eltern getan hatte, als sie nicht mehr jedes Wochenende in dieses morbide Wochenendhaus gefahren waren.

Ich traf mich mit einer Salzburger Maklerin, die es grob schätzte. Später fuhren wir hinaus zur Begutachtung. Mehr wollte ich nicht machen. Ich würde nichts mehr ausräumen. Nichts!

Das wollte ich noch kommunizieren. Meine Brüder waren einverstanden. Mein Cousin konnte nur weit unter dem geschätzten Preis bezahlen. Auch dazu hatten meine Brüder unterschiedliche Zugänge.

Oh, diese Latifundien! Ich konnte mit Rita und Matthias über diesen Ausdruck lachen.

Meine Güte, wo befinden wir uns da? In welchem Universum?

Für mich war klar, auch wenn der Cousin es möchte, wäre ich nicht einverstanden, es unterpreisig herzugeben. Das kommunizierte ich auch. Er hatte dann nach realistischer Einschätzung auch kein Interesse mehr. In der Zwischenzeit hatten sich Varianten gebildet.

In unserem Stammwirtshaus beim Ungarn in Grubenau war Günter irritiert, dass Michael die Latifundien in Baden bekommen würde, er witterte Ungerechtigkeit.

So what? Es liegt alles beim Notar, der wird das schon gerecht aufteilen. Und was Michael dann damit macht, konnte uns doch wurscht sein.

Nie im Leben würde ich mich mit diesen Altlasten belasten!!

Michael sagte in einem Nebensatz, Günter könnte ja genauso das Haus in Waldbühl erblich erwerben. Er bereute es später, das erwähnt zu haben. Das hatte noch Konsequenzen. Mittlerweile hatte ich von meiner Maklerin eine Einschätzung auf Papier. In Günter begann diese Idee zu arbeiten und er sagte, er wolle das Haus.

Bitte gerne, mir war das völlig egal. Nur wollte er eine eigene Schätzung. Er vertraute der Maklerin nicht, weil ich etwas manipulieren hätte können. Somit verschob sich wieder der Notartermin, an dem wir uns einigen wollten. Er suchte einen *neutralen* gerichtlich beeideten Sachverständiger. Sein Sachverständiger brauchte drei(!) Monate für ein Gutachten (wir warteten und es entwickelten sich blöde Unstimmigkeiten). Das Honorar musste Günter allein aufbringen.

Ich hatte genauso ein Gutachten von meiner Maklerin. In seinem Gutachten wurde unser geerbtes Objekt noch höher geschätzt. Das heißt, er musste es dritteln und es wurde entsprechend berechnet. Das Warten dazwischen war für alle mühsam. Termine wurden verschoben wegen Urlauben. Okay, das ist so. Die Entscheidung wurde immer wieder verschoben. Wir wollten Klarheit und ein Ende, vor allem Michael und ich.

Mittlerweile bemühten sich meine Brüder um Berechnungsarten des Erbes. Ich meinte, der Notar habe in dieser Beziehung durchaus Erfahrung, er mache das schon. Obendrein ist er auch Mediator und dadurch in seiner Aufgabe noch eher neutral, falls das anzuzweifeln im Raum gestanden wäre. Es wurde immer komplizierter. Wie sollten wir umgehen mit finanziellen Zuwendungen unseres Vaters an mich zu seinen Lebzeiten? Uneinigkeiten. Und mein Vater hatte auch noch Anteil am Haus meiner Tante gehabt.

Es war ein großes Glück, zu wissen, dass viel Geld auf mich zukommen würde. Ich hätte vorgehabt wieder zu arbeiten, verabschiedete mich jedoch von einem Großteil meiner Klienten nach meiner mehrmonatigen Pause. Bis ich nur noch eine Familie betreute. Ich war sehr vorsichtig, wieder einzusteigen, da ich selbst so belastet war.

Ich war zu sehr mit mir beschäftigt. Ich begriff vieles noch nicht. Ich wollte mich schützen vor den belasteten Situationen in den Familien und die Familien vor meinen möglichen Übertragungen. Im Herbst mutete ich mir wieder eine vertraute Familie zur Betreuung zu. Ich mag die Menschen in ihren oft sagenhaften Lebenssituationen und bin gerne für sie da. Ich durfte auch lernen loszulassen, wenn ich spürte, ich habe meinen Beitrag erfüllt und gebe die Verantwortung ab.

In diesem Jahr und die weitere Zeit lernte ich mich immer mehr kennen, den Zugang zu meinen Gefühlen, Widerstände zu erkennen und sie nicht zu ignorieren. Die Freude in mir zu entdecken. Alles durfte da sein.

Ich hatte ja genügend Übungsfeld, in den zahlreichen Situationen meine Einstellung zum Leben zu erproben. Mit meinen Tiefpunkten umzugehen, mit meinem Ärger, mit Verlorenem und Gewonnenem und damit auf das Wesentliche zu kommen: Die Liebe.

Geld in Liebe?

Wie lange konnte ich mir in meiner Situation leisten, nicht zu arbeiten? Mir war bewusst, dass mir eben Unglaubliches passierte. Ich durfte meine Freiheit genießen und ohne finanziellen, existenziellen Druck entscheiden.

Ich war nicht reich und doch unfassbar reich für mich. Ich lebe vom Erbe meiner Eltern.

Ich durfte mir erlauben, das Geld, das kam, in Besitz zu nehmen. Zu groß war die Distanz dazu.

Ich begriff, dass Geben aus der Liebe kommt, so konnte ich langsam annehmen. Nicht mehr darüber grollen, dass SIE mich, als ich es benötigt hatte, absolut hängen gelassen hatten. Es war ja immer genug da. Unsere Eltern lebten Sparsamkeit uns/mir gegenüber. Es war ihr Geld. Und jetzt war es meines, alles andere lohnte nicht darüber nachzudenken; das hatte ich früher genug getan. Es wäre mein Ärger, wozu mich über Vergangenes ärgern?

Wieviel ist das? Genug!

Dennoch war es wesentlich, dass wir alle drei Geschwister das Gefühl hatten, es war für uns gerecht aufgeteilt. Günter war meine Herausforderung im Misstrauen. Es war sein Problem. – Ich war schon erstaunt und enttäuscht von Handlungen und Aussprüchen, die ich so nicht verstand;

Dennoch, *er* litt unter seinem Misstrauen.

Die Firma

Wir wussten, dass der Betriebsrat der Firma, in der unser Vater gearbeitet hatte, Sterbegeld auszahlen würde. Die Angestellten der Firma zahlten monatlich einen minimalen Beitrag, um bei ihrem Ableben den Hinterbliebenen die Begräbniskosten zu erleichtern. Was bei uns leistbar gewesen war. Es war dennoch eine schöne Geste. Wir waren befragt worden, ob wir die Werkskapelle beim Begräbnis wollten. Nein, das wollten wir nicht.

Ich nahm Kontakt auf mit den Betriebsräten und es brauchte Zeit, bis ein Termin vereinbart werden konnte. Die Art der Betriebsräte und ihre Sprache im Grubenauer Dialekt waren mir vertraut.

Ich war permanent erinnert an Kindheit und Jugend. Es war anstrengend, alles einzuordnen. Meine Gefühle brachen immer wieder aus mir heraus. Ich übernahm das Organisieren dieser Dinge, die zu tun waren, auf Grund der örtlichen Nähe. Ich fühlte mich auch – ungesund, im Sinne, ob es wirklich richtig war für mich – hingezogen. Ich kannte mich auch noch aus in der Firma; in den letzten Jahrzehnten war vergrößert und viel umgebaut worden. Der Werkschutz war der Gleiche. Vor der Firma parken, zum Werkschutz (früher war dahinter das Gebäude des Betriebsarztes), Eintrittsgenehmigung holen, bzw. Gesichtskontrolle.

Gespräche zu meinem Vater. Der Werkschutz war von Anbeginn da, schon immer. Er wird wohl einmal in Pension gehen. Ich geh' zu dem Gebäude, zum Büro des Betriebsrats.

Mit sechzehn Jahren arbeitete ich in meinen Schulferien bei der Post. Ich trug auch die Post für die Metallwerke aus und durfte somit auf das Betriebsgelände.

Post – Erinnerungen aus eigenen Zeiten

Die Post war in den siebziger Jahren eine ganz besondere Institution, die Räumlichkeiten und die Menschen dort erinnerten an ein Amt.

(Lukas Resedarits stellt die Post in seinem Kabarett *Ich tanze nicht* genauso dar, wie ich sie damals erlebt hatte. Treffender kann man das nicht schilden!)

Die Waghofener Post war im Schloss. An der Schlossbergseite. Eine breite Treppe in einem hohen Torbogen führte links zur Bäckerei, rechts zur Post. Du musstest zuerst durch eine große braune Schwingtür und dann nochmal durch eine große braune Tür; dann roch es alt und nach Rauch.

Der Postchef stand angelehnt an einem der breiten Fensterbretter der hohen, in dunklen Holzrahmen und eingefassten dunklen Fenster, und rauchte. Immer im grauen Arbeitskittel. Im grauen Arbeitskittel waren auch die anderen Angestellten hinterm Schalter. Sie waren tatsächlich immer beschäftigt und es dauerte, bis man an die Reihe kam. Der Raum vor den Schaltern war groß. Ein langer Weg von der Tür zum Schalter.

Mit sechzehn Jahren wollte ich in den Ferien nach Ungarn reisen. Ich suchte mir einen Ferialjob und fragte unseren Briefträger nach Arbeitsmöglichkeiten bei der Post. Als BriefträgerIn zu arbeiten war damals attraktiv und gut bezahlt. Unser Briefträger verwies mich an den Amtsvorstand und ich bekam den Job für sechs Wochen in den Sommerferien.

Ich hatte Freude daran, Briefe zu sortieren nach Postleitzahlen und Ländern und ich hatte einen großen Reyon: unsere Siedlung und die Gegend außerhalb im Wald. Bei Schönwetter war es eine angenehme Arbeit. Manches Mal war ich den Tränen nahe, einem Gefühl:

– So! Wie bekomme ich das wieder in Ordnung! – Meine geordnete Post in der großen schwarzledernen Postumhängetasche fiel durcheinander. Meine innere Angst war groß, es nicht gut genug zu schaffen, alles wieder in Ordnung zu bringen.

Ich radelte wegen einzelner Briefe und Auszahlungen weit außerhalb der Siedlung zu einzelnen Häusern und zu einem Wirtshaus. Ich radelte auch in die andere Richtung ins Dorf, um die Postkästen zu entleeren. Ich empfand große Verantwortung. Wenn ich wollte und es frei war, durfte ich mir das Moped nehmen. Das soff mir immer wieder ab und bei Regen war alles einigermaßen unangenehmer und schwieriger. Ich fuhr mit dem schwarzen Steyrer Moped hinaus zum Wirt; auf der Strecke verteilte ich die Post in der Siedlung, dann in den *Baracken*; ich musste fünf Mal nach Hause die Hosen wechseln, da hielt keine Regenjacke dicht. Ich hatte dann keine Hose mehr anzuziehen, alle waren durchnässt. Das war wie in einem schlechten Traum.

Wenn schönes Wetter war und es wenig Post gab, konnte ich um elf Uhr ins Schwimmbad.

Es war ein wunderbarer erfüllter Sommer. Ich traf FreundInnen und meinen Liebsten. Wir machten Ausflüge mit dem Fahrrad, abends waren wir im Gastgarten. Und ich hatte mein eigenes Geld. Ich war dort, wo meine FreundInnen waren.

Im August war es soweit. Ich reiste mit Karl mit dem Zug nach Ungarn. Wir warteten sozialistische vier Stunden an der Grenze, bis alle Passagiere abgefertigt waren. Hegyeshalom. Über Sopron fuhren wir nach Budapest und nach ein paar Tagen zum Balaton. Wir ließen es uns gut gehen mit Krimsekt und Beef Tartar. Mein Vater wusste nichts, meine Mutter irgendeine Halbwahrheit. Ich war mir ohnehin selbst überlassen, da Vater den Kontakt zu mir mied und ich für ihn gestorben war.

Der Weg ins Werk war mir zu sehr vertraut.

Kennen Sie das, wenn es scheint, dass dein ganzes Leben aus dir hervorzukommen scheint?

Mein ganzer Körper bebte. Ich habe die Idee, dass die Liebe, gepaart mit den schrecklichen Beziehungsereignissen als Sechzehnjährige mit meinen Eltern, mein Job, als Herausforderungen und Bestätigungen, die Neugierde auf die Welt und jetzt das Leben und Wirken meines Vaters mit all meinem Wissen dazu in mir zusammenfließt. Die Gerüchte um meinen Vater als heftigen, alles fordernden Chef und den, der so viel Wissen in sich herumträgt und vieles mehr.

Es war ein heißer Sommertag. Ich kam nach Jahrzehnten zurück ins Werk, um das Geld abzuholen, welches dazu bestimmt war, nach Vaters Tod geholt zu werden. Sterbegeld. Die Hitze und die Helligkeit taten mir gut. Es tat mir gut, die Große zu sein, ein Auto zu fahren. Beweglich zu sein. Ich spürte mich als Erwachsene und ein Gefühl des Freiseins kam in mir hoch. Ganz frei.

Dieser Weg zu diesen alten, vertrauten Gebäuden erinnerte mich auch daran, dass alles vorbei ist. Wir leben im Jahr 2016 und das alles ist Geschichte! Die Gefühle dürfen sein, die Gedanken dürfen sein und die Wahrnehmung der Großen in mir tut mir gut

Hinein in dieses Gebäude, den Gang entlang, das Gefühl fremd zu sein und doch irgendwie hierherzugehören, ist überwältigend. Jetzt weiß ich, dass ich Vaters Dortsein und seine Präsenz mitgespürt hatte. Ich bekam ein Kuvert mit dem eingezahlten Geld meines Vaters überreicht.

Die Betriebsrätin war sehr sympathisch.

Ich blieb länger, als ich mir vorgenommen hatte. Sie hatte eine Namensgleichheit mit einer eingesessenen, engagierten Grubenauer Familie. Vermutlich ist, was diesen Namen betrifft, die Gemeinsamkeit eines sozialen Engagements verbindend. Mein betriebsrätliches Engagement ist allerdings schon eine Weile her. Sie erzählte von sich. Ein Kollege sprach sein Mitgefühl aus und beide schienen sich sicher zu sein, dass mein Vater ein guter Mensch gewesen war. Es spürte sich ehrlich an, wie sie von ihm sprachen (Ich weiß, dass Vater nicht immer den besten Ruf in dieser Firma hatte.) und es rührte mich unglaublich.

In dieser Umgebung akkumulierten die Gefühle und mein Aufarbeitungsmodus.

Ich bin meinen Brüdern dankbar für die Arbeit, die ich leisten hatte dürfen für uns alle in Bezug auf die Abwicklung unseres Erbes. Ich war oft stinksauer und hatte das Gefühl, zu viel aufgebürdet zu bekommen. Was auch der Fall war. Gleichzeitig hatte ich so die Gelegenheit, bewusst durch diese Prozesse zu gehen und sie zu verarbeiten.

Ich stolperte fast den Weg zurück. Jetzt wollte ich von hier weg. Beim Werkschutz ging ich schweigend durch. Ich konnte nicht mehr sprechen, ohne dass Tränen und Schluchzen aus mir herausbrechen würden.

Wie nützlich doch ein Auto sein kann, um wieder im Hier und Jetzt zu sein. Ich war wieder da in meinem vertrauten roten Honda. Ich hatte im Haus noch etwas zu erledigen.

Weekendhouse und darf's a bisserl mehr sein?

Unsere Tante ließ uns für unser Haus in Waldbühl die Schlüssel nachmachen. Wir sollten zu dem Wochenendhaus unserer Eltern freien Zugang haben. Ich hatte dazu absolut keine Lust, denn mit diesem Haus verbanden mich nur negative Erinnerungen.

Mit ihr ging ich durchs Haus, um zu sehen, ob was Brauchbares da sei. Sie fragte, ob sie den einen Wandteppich haben könne! Alles konnte sie meinetwegen haben, in Absprache mit meinen Brüdern!

Ich meinte, mit diesem Haus fange ich mir diesen Wahnsinn nicht wieder an. Schluss mit Räumen. Dieses Haus wird derjenige räumen, der es bekommt, wie auch immer. Ich nicht. Ja und die Puppen und das Puppenhaus und die Autos und die Puppenmöbel, ja was denn? – vergilbt und verfärbt, kaputt und dunkel und dunkel und dunkel! Kein Bezug. Für Konstanze war das schwer zu verstehen. Sie würde es dann für ihre Enkelkinder nehmen. Die Armen.

Lebt doch im Jetzt, diese alten Dinge sind nicht mehr wesentlich!!

Mit der Maklerin ging ich später durch; das geschah nach der Reinigung in Grubenau und auch nach mancher Transformationenarbeit zu meinen Eltern. Interessant war für mich, dass ich zum ersten Mal in meinem Leben diese Räume als hell empfand. War es sonnig? Nein, war es nicht. Ich ging mit ihr unbelastet durch die Räume.

Schön, dann war's das.

Und jetzt will also Günter dieses heruntergekommene Haus. Das Haus selbst wurde von niemandem höher als 10 000 € geschätzt!

Meine Maklerin ließ es von einer Kollegin gegen schätzen! Bei allen Schätzungen inklusive des wertvolleren Grundstückes entsprechend der Lage im Salzburger Vorort, war der Unterschied zwischen 1000 € und 5000 € auf oder ab. Günter misstraute mir und bezahlte viel Geld für seinen Sachverständigen. Dann sollte es so sein.

Gut. Beim Notar sollte ich von ihm hören, es wäre meine *Schuld*. Die Verzögerung und dass er Geld ausgeben musste. Was? Kinder-Hickhack.

Es war so unheimlich beim Notar, weil Günter sich über diesen sogar selbst beklagte; die Berechnung sei ungerecht usw.

Michael sorgte für Kompromisse. Ich würde den Raum ohne Klärung nicht verlassen. Ich wollte da nie wieder hin. Ich nahm Abstand, während ich in Günter, als er seinen Kopf, sein Kinn in seinem Ärger stark nach vorne schob, unseren Vater sah. Unseren jungen Vater von früher in seiner aufbrausenden, alles kritisierenden Art. Parallel auch in den Themen: Die Anwälte und Behörden wären alle unfähig und wollen nur ihr Geld (wie die Juden), man sollte mit ihnen nichts zu tun haben. Sozusagen wie die Wutbürger; unreflektiert auf bestimmte Berufsgruppen und welche *Menschengruppen* ihnen sonst noch in die Quere kamen, über sie zu schimpfen. So sah ich meinen Bruder in dieser Situation. Auch händeringend, verzweifelt; als würde es um sein Leben gehen: so verbissen! Ich fragte mich, warum denn? Worum ging es hier schlussendlich? Dass wir uns das Leben schwer machten?

Das half mir, mich zurückzulehnen und mich zu fragen, was da eigentlich passierte. Ich nahm einen Kompromiss an. Es war in Ordnung bei der Summe. Und vor Gericht hätte ich nie gestritten, das war es mir nicht wert. Da hätten dann tatsächlich die Anwälte gut verdient!

Das Geld, das ich ausgab in all den Situationen in Bezug auf das Elternhaus, war nicht selbstverständlich, ins Erbe zu verrechnen – das ist allerdings gesetzlich geregelt – und war ein Streitfaktor! Ich erzähle das auch, um zu zeigen, wie irreal und individuell alles abläuft. Und wir sind, wenn wir nicht aufpassen, die gekränkten und enttäuschten Kinder unserer Eltern, die jungen und kleinen Kinder. Und wir hatten nicht aufgepasst, das kommt natürlich auch immer wieder hoch. Wieviel Kindheitserinnerungen da wieder auftauchten. (Reflexion ist nicht verkehrt!)

Als ein Beispiel möglichen Neides aus unserer Kinderzeit, erzählte ich meinen Brüdern die Geschichte, dass ich von Omas Marzipanfrüchten, die sie uns oft mitbrachte, von jedem Säckchen heimlich gleich viel aß, so dass es nicht auffallen sollte, dass meine Brüder in ihrem Säckchen weniger hatten. Ich liebte Marzipan! Manchmal aß ich es in meiner Gier vollkommen weg. Vielleicht kommt das jetzt zu tragen? Michael lachte, er wusste von den Früchten, die ich heimlich aß, gar nichts!

Ich bin nicht die Großartige und Weise, die alles besser macht. Ich bin auch nicht die, die über den Dingen steht. Ich versuche es, über den Dingen zu stehen. Nicht alles um des Friedens willen, der stellt sich dann schon ein. Es gilt abzuwägen.

Meine Tante und ihr Mann waren noch da zur Klärung des Anteils an ihrem Haus. Das war unkompliziert, warum sollten wir uns um ein Drittel von einem Sechstelanteil streiten? Im Grundbuch bleiben? Es war zu klären.

Wir gingen auch diesmal, wie schon öfter, gemeinsam essen. Das schafften wir! Dazu gratulierte ich uns! Nun begannen alle, bis auf Michael, wieder auf den Notar zu schimpfen. Wo ich meinte, sie könnten es doch gut sein lassen. Wir sind alle super ausgestiegen und haben einen Batzen Geld oder Latifundien, je nach Wunsch, geerbt.

Geld sei halt unsicher wegen der Banken.

… und Latifundien sind eine Belastung. Man könnte jetzt im Detail diskutieren. Doch jede/r hat, was er/sie wollte, also ist es gut. Zum Glück konnten Michael und ich über unsere Kinder plaudern, wie es ihnen ginge.

Ich ging früher von dieser Erbengemeinschaft weg, ich wollte noch zu meiner Schwiegermutter. Beim Hinausgehen traf ich noch im selben Gasthaus unseren Notar.

Der Notar rief mich Monate später an, wie es mir ginge; mit meinen Brüdern. Er wusste gut, was wir durchgestanden hatten. Er gratulierte mir zu meiner Haltung, und dass ich sehr viel dazu beigetragen habe, dass die Prozedur in Frieden ausgehen konnte und es einen Abschluss gab.

Er wusste, wovon er sprach, manche Geschwister bekämpften sich ums Rechthaben, bis nichts mehr vom Erbe übrig war. Nein, das hätte ohnehin keiner gewollt.

Ich weinte eine halbe Stunde nach diesem Gespräch; dankbar, für ein Lob, dass mich jemand gesehen hatte.

Und überhaupt, ich bin die Älteste; das verstanden meine Brüder nicht, das kam ins falsche Ohr, als ob ich mir dadurch was herausholen würde. Ich wollte nur Würdigung (von wem tatsächlich?).

Es kam davon, dass es doch alle schwer hatten. Ich habe eine Geschichte geschrieben: Das Besondere als Erstgeborene: die Unfähigkeit meiner Eltern, mit mir umzugehen.

Und ja, es war schwer für alle. Wir wissen das und versuchen es nicht zu bewerten. Jede/r wollte hier die Anerkennung, die wir nicht bekommen hatten. Unsere Eltern hatten es nicht gekonnt, wie wir uns das gewünscht hätten. Wie viele Eltern.

Nach Grubenau sollte ich noch oft genug fahren, weil vieles nicht von Salzburg aus zu organisieren möglich war.

Anrufe zu dem und jenem. Es war nicht abgeschlossen. Wir hatten bald die Einantwortung von Vater, nicht von Mutter.

Der Verkaufsabschluss des Hauses sollte sich hinziehen, weil der Anwalt vergessen hatte (!), die Unterlagen zum Badener Gericht zu schicken.

Die Einantwortung unserer Mutter kam erst im April!

Rückwirkend gesehen, was soll's. Dennoch, wir wollten den Abschluss!

Ich bezahlte neun Monate lang nach dem Hausverkauf immer noch die Versicherung des alten Hauses, weil die Käufer noch nicht im Grundbuch standen.

Mit unserem Makler war ich deshalb noch lange in Verbindung; was wir humorvoll zur Kenntnis nahmen.

Theatergefühle

Am Begräbnis meiner Eltern gaben mir Rita und Matthias Bescheid, dass sie im September den Lumpazivagabundus auf einer kleinen Salzburger Bühne spielen würden. Ich freute mich: egal was passiert, diese Gelegenheit nehme ich wahr!

Wenn ich schon so selten nach Wien komme, um die Lesungen und Theateraufführungen zu besuchen, ist es eine Fügung, dass ich die SchauspielerInnen der *Gruppe 80* erleben darf!

Ich freute mich auch, weil ich Schauspieler von ganz früher, als ich sechzehn gewesen war, aus der Zeit der *Komödianten* erkannte.

Damals erlebte ich mit meiner ersten Liebe meine Tante im *Woyzzek*. Ich war ergriffen wie unmittelbar die Nähe mit der Bühne und den SchauspielerInnen war, als ob ich mitten drin in der Geschichte wäre. So ging es mir die zu wenigen Male immer bei den einzigartig lebendigen, hintergründigen Stücken der *Gruppe 80*. Ich erkannte zu meiner Freude den groß gewachsenen Mann, der damals den Woyzzek gespielt hatte, wieder. Heute würden die jungen Menschen sagen: Voll geil, wie die spielen!

Ein Freund erkannte an diesem Abend Matthias, den Mann meiner Tante, der im *Lumpazi* gespielt hatte, aus alten Salzburger Zeiten im gemeinsamen Beruf wieder.

Sind es die Erinnerungen, die uns so bewegen? Die schönen Gefühle, die wir damit verbinden, die intensiven Zeiten in intensiven Gefühlen! Das Werden und Vergehen?

Wunderbar, wie lustvoll und lebendig sie spielen! Wieder waren es Gestik, Bewegungen und die Sprache meiner Tante, die mich an Mutter erinnerten, als wäre sie das Pendant in ihr selbst!

Es war schon so, als Mutter noch lebte und Rita vor einem Jahr mit ihrer Gruppe die *Humanisten* Jandls spielte.

Ein fabelhaftes Stück, vor allem von diesen vier besonderen Menschen interpretiert; authentisch, nahe, humorvoll, originell – unglaublich. Und wie Rita, die Dinge aussprach, die Mutter nie auszusprechen wagte. Jandls Worte, von Rita authentisch rezitiert.

Nur wenn Rita spielt, werde ich an ihre Schwester erinnert. Sonst weniger.

Das Stück war zu Ende, meine Eltern seit vier Monaten tot. Ich meinte, viel an Trauer war schon verarbeitet; es war eine Zeit, in der ich mich wieder ein wenig nach einem Alltag ausstreckte.

Am Ende des Stücks, der Applaus setzte ein, brach es wieder aus meinem Körper heraus, ein Schluchzen hinein in die Freude der Menschen, die da waren.

Es war alles so nah. Ich ließ mich an Jakobs Schulter weinen. Meine Freunde, die neben mir saßen, wussten noch nichts vom Tod meiner Eltern. Wir hatten uns in meinen zwanziger und dreißiger Jahren öfter gesehen und verloren uns aus den Augen. Umso mehr freute ich mich, dass sie hier waren.

Alle Gefühle dürfen sein. Wie können nach vier Monaten, eben genau deshalb, weil sie so sehr intensiv waren, all die dazugehörigen Wege der Trauer vorbei sein? Welche Idee sollte das sein?

Wir saßen beisammen, es war schön, beisammen zu sein. Es tat gut, Rita und Matthias in meiner Nähe zu haben. Kurz nach der Vorstellung war eine besondere Situation, vielleicht ein Aufgewühlt-sein. Alles war gut, wie es war. Es war im Theater familiär und auch hier. In Salzburg wurde zu wenig geworben für diese wunderbare Gruppe, es entgeht den Salzburgern etwas von dieser Anderskultur.

Michael und Nina erzählten mir mit Begeisterung, wenn sie bei den Aufführungen unserer Tante gewesen waren. Gut nachvollziehbar, ich weiß. Es ist erfreulich, Rita und Matthias wieder näherzukommen. In unregelmäßigen Abständen telefonieren wir.

Liebe Menschen, mit denen ich mich in Therapiesituationen oder als Freundinnen getroffen habe, wunderten sich immer wieder ob meiner Ungeduld, die Dinge langsam annehmen zu können. Die Tiefe des Erlebten und auch die Tiefe der Verarbeitungen verheißen keinen schnellen Prozess, der bald ausgestanden ist. Muss es auch nicht, ich kann immer besser mit den verschiedensten Aspekten zum Tod meiner Eltern umgehen und immer anders. Rückblickend ist mir klar, dass es Gründe gibt, warum man von einem Trauerjahr spricht. Wenn zwei nahestehende Menschen sterben, werden es Trauerjahre und bei gewaltsamen Toden, dauert es vermutlich noch länger. Wer weiß? Ich bekam viel Trost und ließ mich auf viele gute Prozesse ein.

Dem Reisen auf der Spur

Lesbos und die Bereitschaft zur Reise in mein tiefes Unbewusstes

Vor dem Jahrestag des Todestages meiner Eltern, flog ich auf die schöne Insel Lesbos.

Ich begab mich auf die Reise; nicht zufällig. Was da alles nicht zufällig gewesen war, sollte mir in so vielen Situationen begegnen.

Lesbos war das Ziel. Ich freute mich auf einen Seminarurlaub: *Träumst du noch, oder lebst du deine Träume?* Da wollte ich unbedingt hin.

Auch um auszuprobieren, wieder einmal ganz allein zu verreisen; spüren, was mir wichtig und wesentlich ist. Eine Reise zu mir.

Speziell war auch, nicht daran denken zu müssen, ob ich mir das leisten kann. So und so hätte ich es mir leisten können. Das Gefühl der finanziellen Absicherung brauchte ich noch für mein Leben. Das Gefühl von existenzieller Sicherheit.

Wie oft dankte ich euch für das Erbe!

Salzburg Hauptbahnhof, acht Uhr: – Der Zug nach München fällt heute aus. –

Aha. Ich treffe meine Nachbarn, die denselben Zug nehmen wollen. Wir nehmen einen Zug, der uns über die Grenze bringt und erreichen den richtigen Zug nach München. Verspätung wegen Bauarbeiten am Weg. Zuerst eine halbe Stunde. Ich spüre, wie sich in meinem Körper Nervosität breitmacht.

Meine Zuversicht und mein Vertrauen werden auf die Probe gestellt. Als ein weiteres Mal der Zug auf einen und dann noch einen und einen dritten Gegenzug warten muss, halte ich es kaum aus.

Atmen, bei sich bleiben, alles gut, sollte ich nach Lesbos kommen?

Ich rufe schon im Seminarbüro an, um in meiner Unsicherheit Bescheid zu geben, dass ich daran zweifle, nach Lesbos zu kommen. Ganz ruhig fragt die nette Frau am Telefon Uhrzeit und Abflug ab.

– Es wird sich ausgehen. –

beruhigt sie mich.

Umsteigen in München Ost.

– Das, was du denkst wird zu deiner Wahrheit. –

Ich werde heute auf der Insel ankommen!

Ich hole mir Sicherheit bei einem reisegewohnten, älteren Ehepaar mit Fluggepäck. Bin ich denn nicht reisegewohnt? Wir kommen in ein wohltuendes Gespräch. Wir können ohnehin nur die Gegebenheiten so nehmen, wie sie sind.

Das hatte ich auch während der Zugsfahrt gedacht: Ich fühlte es aber nicht. Höchstens annähernd.

So sei es. Der Zug hatte Verspätung und ich erreiche die spätere S-Bahn. Ich komme als Letzte zum Schalter und bekomme auch noch einen Fensterplatz und jetzt habe ich Zeit bis zum Boarding!

Was war das!? Was sollte ich da lernen?

Was sollte mir passieren? Nicht auf die Insel zu kommen?

Von da an war alles unübertroffen großartig!

Ein, zu einem Drittel besetztes, kleines Flugzeug; ich liebe das Fliegen!

Entspannte Menschen. Tee, Wasser.

Das Gefühl des Abhebens und des Landens. JA!

Das Meer, Palmen beim Aussteigen, die südliche Wärme, der Wind; Traurigkeit. Schöne Traurigkeit.

Das Gefühl, angekommen zu sein. Eine erfüllte Sehnsucht.

Ein kleiner Flughafen.

Ahnen, wer zur Gruppe gehören könnte.

Eine entspannte neugierige Frau lehnt am Geländer beim Ausgang. Das Taxi ist für uns bereit.

Eine Fahrt durch Lesbos. Meine Erinnerungen kommen hoch.

Mohnblumen – *Paparounas*, Flamingos. Mohnblumen empfangen mich, Palmen und Olivenbäume. Der Weg ist mir vertraut, ich erkenne die Strecke.

Freundliche, humorvolle Mitfahrende.

Das Hotel ist wunderbar, es lässt nichts offen. Das Meer.

Mir geht es gut, ich habe es verdient!

Ein großes Zimmer, Bad mit Thermalwasser.

Abends in einer Taverne am Meer mit gegrilltem Gemüse in allen Variationen, Vorspeisen, Fisch, süßer Leckereien als Nachspeise und Griechischem Kaffee, oder Ouzo, Wein. Alles was das Herz begehrt und mehr!

Hier wird es mir gut gehen, alle meine Wünsche und Bedürfnisse sind erfüllt!

Und jeden Tag noch viele unerwartete Geschenke mehr!

Meeresrauschen, Mondschein, Sterne und liebe Menschen.

Am Morgen ein Frühstücksplatz mit der Sicht auf die Weite des Meeres, ins Land mit Palmen und Olivenbäumen, zur Burg Molivos'. Raben begegnen sich und fliegen weiter.

Jetzt war ich offen für Neues.

Ein Urlaubsseminar, das in mir viel Bewusstheit hervorgehoben hatte. Und sobald ich aus dem Flieger ausstieg, wurde ich an unsere Reise 1984 erinnert.

Alles war ganz nah. Jakob und ich nahmen damals Günter, meinen *kleinen* Bruder, als vierzehnjährigen Jugendlichen, mit. Ich hatte lang nicht mehr daran gedacht. Eine Freundin, die sehr an zu Hause hing, wollte mit uns das Abenteuer wagen! Sie rief täglich von einer Telefonzelle zu Hause an. Die Telefonzelle musste gewährleistet sein an den Orten, die wir besuchten. Und ein Spiegel, um sehen zu können, ob das Make-up an ihr noch dort war, wo es hingehörte.

Günter kam in dieser Zeit oft in unsere WG. Wir wussten, es war unglaublich beklemmend für ihn zu Hause; er wollte mehrmals mit mir auf Urlaub fahren. Auch wenn ich damals keinen Kontakt zu unseren Eltern hatte, überzeugte mein Bruder sie, dass er mit uns mitkommen durfte. Geld gaben sie ihm nicht dafür. Das war bezeichnend für Vater damals. Mach was du willst, aber ohne unser Geld. Gut. Ich hatte fast jährlich einen Job in den Ferien. Mit dem verdienten Geld konnte ich gut den Urlaub bezahlen. Auch für Günter. Allerdings ging sich nur noch ein Zugticket aus. Er nahm die Strapaz der Reise im Zug nach Athen auf sich, während wir flogen (Ich kannte diesen Zug durch den kommunistischen Balkan). Ich gab die Anweisung, wie er in Athen zum Syntagma Square zu unserem Treffpunkt kommen würde. Wir warteten die Nacht, er kam um fünf Uhr morgens. Die Freude!

Gemeinsam nahmen wir einen Bus nach Piräus und fuhren mit dem Schiff bis nach Mytilini.

Rooms gab es genug und wir hatten Schlafsäcke mit. Es war schön unter dem griechischen dichten Sternenhimmel zu schlafen.

2017 war ich nun mit meinen SeminarfreundInnen an diesem Ort abends in der Diskothek. Ganz in der Nähe unseres damaligen Schlafplatzes in Molivos. Auf der wunderbaren, mächtigen Burg, die damals herrlich beleuchtet war, klangen die Stimmen Mikis Theodorakis' und Maria Farantouris' zu uns an den Strand. Welch Ereignis! Wir hatten vorher nichts von diesem Konzert gewusst, es lohnte sich nicht mehr, nach oben zu gehen, wir hatten keine Eintrittskarten. Es war die Sehnsucht. Doch wir konnten dem Konzert lauschen.

Es war mir nicht nach Disko, nicht nach Tanzen. Ich wurde sehr traurig. Der Ausblick von der offenen Bar war ein Traum: Das weite

Meer, das rosa Licht, das Rauschen der Wellen, die klare Luft. Ich konnte mich nicht halten, meine Tränen durften sich lösen! Eine liebe Therapeutin, die mit da war, hielt mich in den Armen: Es waren meine Eltern, die ich in dieser Fülle des Universums sah.

Es war so unsagbar schön für mich alles zu fühlen; das Warum, warum wir damals hier gewesen waren und das Vergeben und die Liebe, die ich jetzt zu Vater und Mutter empfand. Ich sah sie in der Weite des Horizonts, in den streifenden Wolken und in den Sternen. Sie waren ganz da. Ich vermisste sie so sehr! Und ich hatte großes Mitgefühl; das erkannte ich erst später.

Meine Eltern hatten den Kontakt zur Außenwelt zu dieser Zeit, als nur noch Günter zu Hause war, völlig abgebrochen. Mutter hörte zu essen auf und ihre Nacht endete um zwei Uhr morgens. Sie beschäftigte sich nur mit Besticken von Bildern. Beide, Vater und Mutter gingen nicht mehr ans Telefon.

Einzig Herbert, der Freund meiner Eltern, den ich nach ihrem Tod getroffen hatte, hatte Kontakt und hatte versucht sie zu bewegen. Er war sehr hartnäckig, meine Eltern waren ihm wichtig. Er hatte die Botschaft, sie sollten wieder ihr Leben leben. Er wünschte es sich von ganzem Herzen und war mit ihnen verbunden, ohne fordernd zu wollen, sondern er wollte es aus tiefstem Herzen.

Diese Zeit dauerte zehn Jahre und es ist ein Wunder, dass beide nach dieser schrecklichen kranken Zeit der Depression überhaupt noch in die Welt fanden. Ich wusste, dass Mutter unter dreiundvierzig Kilo wog! Bei meiner Körpergröße von einem Meter siebzig.

Günter kam oft betrunken nach Hause, was meine Mutter nicht wahrnahm. Sie nahm ihn immer in Schutz. Er war noch bei ihr. Und er litt. Es musste für ihn schrecklich gewesen sein!

Die große Schwester also half ihm hinaus in die Welt zu kommen. Keine Sonnencreme, gut. Südlicher Sonnenbrand, egal. Retsina und Metaxa. Ich konnte ihn beim besten Willen nicht abhalten. Meine bürgerliche Freundin, die sich nach einem Room mit Dusche sehnte und das Bedürfnis hatte, sich zu schminken, übersteigerte die Toleranzfähigkeit seines absolut anarchistischen Denkens (!). Duschmöglichkeiten und in einem bequemen, sauberen Bett zu schlafen – dagegen hatten auch wir, Jakob und ich, nichts! Wir fanden unglaublich liebe Wirtinnen und nette preisgünstige Zimmer. Was uns sehr gut tat! Zu guter Letzt wachte beim Nächtigen am Strand meine Freundin mit einer dicken Spinne im Schlafsack auf.

Die Unterschiede waren meinem Bruder zu groß. Er hätte sich alles noch *cooler* vorgestellt. Also beschlossen wir und er, er fährt mit dem Schiff zurück. Eingeschifft, Anweisung: Piräus, Bus zum Syntagma, dann umsteigen – alles weiß ich noch! Ich sehe das große, weiße Schiff noch vor mir und meinen Bruder den Schiffsteg hochgehen und verschwinden.

Ich mutete es ihm zu. Er hatte keine Angst, es könnte ihm etwas passieren. Er hatte Sorge, die Reise nicht auf die Reihe zu bekommen, erzählte er vor kurzem. Und ich wartete schon Wochen zu Hause auf seinen Anruf, ob alles gut gegangen wäre. Ich konnte ja nicht anrufen, unsere Eltern kannten nicht die Umstände und sie gingen nicht ans Telefon. Vertrauen!

Er fühlte sich als Opfer.

Ich hatte einen Brief von meiner Großmutter an meine Mutter aus dieser Zeit gefunden; als ich bei mir entrümpelt habe, auch einen an mich. Sehr sorgenvoll hatte Oma geschrieben, Mutter sollte doch endlich wenigstens ein Geselchtes oder sowas essen … Oma war auch zu Besuch bei Mutter. Mutter, so erzählte sie, hatte ihr verboten, ihr zu helfen. Warum sie sechs Wochen in diesem Gruselhaus war, weiß ich nicht. Sie saß nur da im bequemen Stuhl im Wohnzimmereck und hatte geschwiegen. Oma war es immer wichtig, sich nützlich machen zu können! Sie durfte nicht. Und schweigen konnte sie gut. Mutter erzählte mir das später. Auch in Bezug auf Opa, wie Oma ihn nach einem Streit mit Schweigen strafte.

1984 beschlossen Jakob und ich auf Lesbos, unser Leben gemeinsam zu gestalten und zu heiraten.

Lesbos ist eine Kraftinsel. Sie zeigt klare Wege. Auch Wege aus Verstrickungen. Immer mehr. Das wurde mir immer mehr bewusst in den Tagen des Mai 2017.

Was immer hier geschah, es verhalf mir zu Klarheit und Lebensenergie.

Mit Hilfe einer wunderbaren Therapeutin durfte ich weit in die Tiefe gehen. Weit zurück und mein inneres Potential erwandern!

Wir bekamen für Sonntag die Empfehlung, mit unserem Erfahrungsschatz aus dem Seminar, mit unseren inneren Kindern spazieren zu gehen, den Sonntag zu verbringen.

In mir entstand Verwirrung, Verzweiflung, Unzulänglichkeit. Ich kam nicht drauf, wie tun. Wohl hatte ich Zugang im Seminar, dennoch fehlte etwas Wesentliches!

Ich bat um Hilfe: Claudia bot mir an, mit mir zu arbeiten. In die Tiefe zu gehen, zu sehen, was ist. Innere Bilder zu bekommen, fällt mir nicht schwer. Dabei kann ich meistens gut mein Denken auschalten und es passiert einfach. Es war augenblicklich da:

Mein inneres Bild mit meinem kleinen Mädchen

Das kleine Mädchen, das sich mit den vom Vater geforderten AAAAs auf dem karierten, doppelbögigen Papier müht, die Buchstaben nie gut und schön genug. – Bleib auf der Zeile, üb' noch mehr! -. Ich war fünf. Noch gar nicht in der Schule. Und sollte es schon besser können.

Wie fühlt sich das kleine Mädchen? Ich begab mich ganz in seine Gefühls- und Gedankenwelt. Ich spürte diese Kleinheit, Hilflosigkeit und Ohnmacht, – Trauer, nicht zu genügen. Meine Eltern standen da, ich saß am Küchentisch. Sah genau, wie der aussah. Und Vater und Mutter waren da und auch nicht. Mutter hockte dann klein vor Vater. Ich war mit mir allein.

Ich hatte als Erwachsene Vertrauen in diese Arbeit und schlüpfte in die Gestalt meines Vaters. Ich fühlte nur Härte – und nicht nur das Gefühl, alles als Ganzes war wie eine Rüstung aus Metall, aus der man nicht herauskommt! Bewegungslosigkeit. Starre. Das Gefühl schien keines zu sein, da war nichts. Dastehen und etwas sehen. Mutter war gebückt. Auch in ihre Haut schlüpfte ich! Da war Scham. Angst, nicht richtig zu handeln, das Falsche zu tun, nicht zu entsprechen. Ganz mit sich beschäftigt – vielleicht brav zu sein. Auch hilflos, nie wissen, ob es richtig ist, was sie macht. Und in Bezug zu mir – nichts.

Und in Bezug zu Vater? Nichts und er in Bezug zu uns: nichts.

Er wollte lieben, sie wollte lieben, aber sie waren unfähig! Es war so spannend, das zu spüren! Ich wurde wieder herausbegleitet und bat meine Eltern um Vergebung für das, was ich je über sie gedacht hatte (ohne Schuld!) und sie baten mich um Vergebung. Ich durfte den Raum verlassen; die Große nahm die Kleine an der Hand und wir gingen aus diesem Raum, durch den Flur hinaus ins Freie. Dann auf die Wiese. Ich erlebte noch sehr schöne und spürbare Reinigungsrituale. Es war ein rundes Bild.

Ich begab mich noch in die Bilder der Lösung aus den Verstrickungen, es war ganz viel, was ich lösen durfte.

Ich schlief danach drei Stunden. Mir wurde körperlich bewusst, wie sehr mir der Bezug meiner Eltern zu mir fehlte. Sie konnten es nicht anders in ihrer Starre.

Eine Woche später ließ ich mich mit einer anderen Therapeutin auf eine weitere, noch tiefere Transformation ein.

Auch die Lösung der Verstrickungen mit unseren AhnInnen ist eine so wundervolle Arbeit. Es schafft viel Heilung und Vergebung. Trotz aller unglaublichen Ereignisse fühle ich mich frei und in Liebe. Es geht mir nicht immer gut und Traurigkeit taucht in mir auf. Ich lerne damit umzugehen. Alles darf sein.

Und wenn ich Handlungen in meiner Umgebung nicht nachvollziehen kann, im engen Familienkreis, wie bei Günter, kann ich immer mehr Abstand nehmen. Er will nichts Böses. Mal gelingt es besser, mal weniger gut damit umzugehen, dass bestimmte Aussprüche und Taten von Günter bei mir triggern, ich in Resonanz gehe und die bekannten Gefühle wieder voll da sind.

Bei der zweiten Imagination erlebte ich meine Blinddarm-OP als Zweijährige noch einmal; die Bauchschmerzen, das Alleingelassensein. Es geht darum, Gefühle zu erkennen, zu erspüren, Zusammenhänge zu klären und die Situation für immer loszulassen.

Was das Wesentliche bei meinen Erkenntnissen und aus diesen Erfahrungen war, dass wir alle in dieser Familie keinen Bezug zueinander aufbauen konnten. Ich spürte meine Eltern nicht. Sie waren nicht da, nicht in Bezug zu mir. Und was sie Liebe nannten, war große Abhängigkeit in ihrer Einsamkeit. Sie hatten so große Not und konnten mit dieser Schuld, es schlussendlich nicht geschafft zu haben, nicht mehr leben. Die Schmerzen meiner Mutter und die Herzerkrankung (!) meines Vaters waren im Vordergrund. Das Leid, die Liebe mit ihren Kindern nicht gelebt zu haben, ließ sie gehen. Sie waren Gefangene in sich und ihrer Zeit. Liebenswert und bemüht.

Und was hat es mit den gegenseitigen Liebesbeschwörungen in den letzten Jahren auf sich? Sie waren doch wie ein verliebtes junges Paar! Die zwölf Bänke am Weg auf den Schellenberg, die Vater gesponsert hatte, als Erinnerung an ihre Wege dort hinauf. Alles gezählt, fünfhundert Mal Schellenberg. Es ist in Ordnung, wie sie gelebt haben, es war ihr Leben.

Und dennoch hatte Vater zu meinen Enkelkindern so etwas wie Liebe entwickelt, er konnte sie so sein lassen, wie sie waren, sie haben ihn als lustig in Erinnerung – einer, der auf Apfelbäume klettert und Fangen spielt. Hanna war die erste, die Wilhelm vehement widersprechen durfte:

– Du hast nicht Recht, das stimmt nicht! –

Es ging um Säugetiere und Fische.

Sie erklärte ihm ihre Wahrheit, er konnte sie freundlich nehmen. Es hatte sich etwas geändert.

Auch Mutter haben sie als lustig in Erinnerung. Oft hatten sie sich nicht gesehen. Weihnachten hatte vordergründig keinen Wert für meine Eltern. Es wäre eine Möglichkeit gewesen.

Zu unserer Tochter gab es Vorwürfe von ihnen, weil sie sich nicht oft genug gemeldet hatte. Dennoch hatten sie ihren Freundeskreis und Kontakte. Das war gut. Auch, dass sie sich in den letzten Jahren bemühten, den Kontakt zu Mutters Schwester und ihrem Mann, Rita und Matthias zu pflegen und zu unseren sehr angenehmen Badener Verwandten. Wunderbar. Es gefiel ihnen und sie sprachen in den letzten zehn Jahren von ihren nahen Bezugspersonen nur positiv.

Ich behaupte trotzdem, dass sie die Liebe zu den Menschen nicht spüren konnten – und schon gar nicht die zu sich selbst.

Wo durchmüssen und hart sein und leisten war im Vordergrund. Nichtwertes Leben wollten sie nicht leben. Nur im Rollstuhl sitzen, womöglich am Fenster in diesen schönen Garten und auf die große Wiese zu sehen – und sich jeden Tag an der Natur oder Musik und anderen Menschen, oder gar am Leben zu freuen, das war es nicht. Sich einfach nur zu freuen, um zu sein, kannten sie nicht.

Was maße ich mir an? Hier zu werten, obliegt mir natürlich nicht. Es gab für sie selbst gesehen auch Augenblicke der Freude. Es war ihre Entscheidung, wie Vater und Mutter ihr Leben und ihren Tod lebten.

Viele Menschen wollen ihren Schmerz und ihr Leid nicht aushalten und manchmal auch nicht ändern. Wir gehen alle ganz unterschiedlich damit um. Viele, viele Menschen haben Krieg und Trauma erlebt, viele Menschen leben in Verbitterung. Und viele *leben* trotzdem. Viktor Frankl: *Und trotzdem JA zum Leben sagen!*

Danke, Mutter, danke, Vater, ihr habt es mir ermöglicht, diesen Dingen nachzuspüren und darüber nachzudenken. Ich lerne gerne von feinsinnigen Menschen und reise gerne. Ich leiste mir Seminare, die ich sonst nicht erleben würde. Ich nehme euer Geld und sage Danke.

Ich bin dankbar, diesen Weg mit euch gegangen zu sein, sonst wäre ich nicht da, wo ich jetzt bin. Es ist mein Leben mit meinen vielen inneren Kindern und mit meinen Lieben.

Ich erlebe die tiefe Verbundenheit mit meinen inneren Kindern, ich bin dankbar für die Fülle des Lebens. Ich erlebe die tiefe Verbundenheit mit unserer Tochter und unseren Enkelkindern und mit meinem Liebsten.

Ich bin dankbar dafür, Verbundenheit mit Oma erlebt zu haben und lebendige Verbundenheit zu anderen Menschen zu haben, die ich liebe.

*

Einen tiefen Zugang zur Verbundenheit mit meinem inneren Kind erlebte ich im November vor dem Todesjahr meiner Eltern in einer begleiteten Imagination. Sie führte mich zum Trauma und zur Angst meiner Geburt. Zum Erleben, warum die Sehnsucht, meine Freiheit und mein Urvertrauen zu leben Sehnsucht blieb. Nicht zur Entfaltung kommen konnte. Niemand ist schuld. Vieles werde ich noch mit inneren Bildern aufarbeiten dürfen.

Ihr seid jetzt tot. Beide. Gewollt. Zuviel hat das Leben euch abverlangt, zu viel habt ihr dem Leben abverlangt.

Mutter hat ihr Selbst ab ihrem fünfzehnten Lebensjahr scheibchenweise Vater zuliebe abgegeben.

Es funken plötzlich Zweifel auf, – Mutter, hast du deinen Tod so gewollt? – Ich gebe dieses Bild wieder ab. Wie ist *es* abgelaufen? Fragen meiner Brüder. Und doch auch meine Fragen, die plötzlich nachts aus dem Nichts kommen. Es sollte nicht mehr wichtig sein.

Kerzen

Kerzen anzünden. Draußen vor unserem Haus, im Haus, auf der Terrasse, auf dem Balkon. Unsere Nachbarin freute sich. Für mich versinnbildlichte es eine Verbindung zu Alfred, meinem Schwiegervater, und meinen Eltern; zu den Vorausgegangenen. Das Zurückziehen im Winter, der Duft des Räucherwerks taten mir gut. Die Rituale zur Wintersonnenwende bei meiner Schamanin vergegenwärtigten mir das Leben mit allem was ist. Die Freude, alte Freundinnen von anderswo auch dort zu treffen, ermöglichten ein sehr gut gelauntes Sein.

Es durfte Fröhlichkeit sein.

Der Winter umhüllt und verbirgt bis die Zeit der längeren Tage und der Wärme kommen, und die Natur wieder für Wachstum bestimmt ist.

Was wird Weihnachten sein? So, wie sich jede/r wohlfühlt! Die kleinen Familien unserer großen Familie feierten zu Hause bei sich. Jakob und ich genossen unsere Zweisamkeit am vierundzwanzigsten Dezember und trafen uns am fünfundzwanzigsten bei Jakobs Mama mit unseren Lieben. Johanna lebt Unkompliziertheit. Sie spricht mit Alfred und in mancher Stunde erzählte sie ihm, was geschehen war. Ganz im Vergessen, dass er nicht mehr unter den Lebenden ist.

Johanna genießt ihr Leben; sie trifft sich mit Freundinnen, malt, geht auf Reisen.

Wir alle sind gern bei ihr. Dieses Jahr wurde unser Enkelsohn, Simon krank. Kurzfristig beschlossen die *Grubenauer*s mit uns in unserem Haus in Salzburg Weihnachten zu feiern. Es war lustig und in einem Augenblick war es ganz still, es dachten alle gleichzeitig an Alfred. Ein gemeinsames ruhiges Fest, im Wissen ein gutes Leben zu leben. Dankbarkeit, dass diese drei Menschen sich in diesem Jahr all meine Sorgen angehört hatten ohne zu bewerten. Dankbarkeit, dass wir einander immer wieder zum Lachen gebracht hatten. Dankbarkeit, dass es Jakobs Familie gibt, in der Miriam hundertprozentig angenommen ist, ihre Kinder hundertprozentig angenommen sind, ihre Freunde willkommen sind.

An diesem Weihnachten tauschten wir alle unsere Viren aus. Wir wurden alle krank, niemand hatte die Widerstandskraft, über den Jahreswechsel gesund zu bleiben.

Ich plante noch mein traditionelles Geburtstagsfest mit meinen lieben Frauen. Gemeinsam mit einer besonderen Frau wollte ich das Feuerritual veranstalten, um die Möglichkeit zu geben, Altes loslassen zu können. Das Planen um das Ritual herum genügte.

Mein Kranksein hat mein Fest nicht zulassen wollen. Es wäre zu viel gewesen. Viel kam wieder hoch in dieser Zeit; der Tod meiner Eltern war nah. Danach hatte ich das Gefühl der Erleichterung. Es ging mir besser. Es war eine schwere Grippe, die wir alle so kaum kannten.

Friedhof

Simon, mein zehnjähriger Enkel, wollte mit mir zum Friedhof. Ich hatte Steine ausgesucht. Steine zum Abgeben. Steine in die ich alles sagte, was ich Vater und Mutter zurückgeben wollte. Dinge, die nicht zu mir gehörten und die mich belasteten. Ich erzählte das so Simon. Er nahm einen Stein. Simon ging es nicht gut. Er sprach still seine Worte in den Stein. Zum Friedhof wollte er nicht mehr mitkommen. Es ging ihm zu nah, war zu viel für ihn. Er blieb bei Johanna. Bei ihr hatte er Freude und wir trafen uns beim Mittagessen in unserem Stammwirtshaus.

Der Besuch an der Urnennische war beklemmend; lange mit viel Traurigkeit verbunden. Es tat mir gut, die Steine zu übergeben.

Auch Alfred besuchte ich an seinem Urnengrab.

Meine Friedhofsbesuche wurden immer seltener. Ich will gar nicht hinfahren. Es ist so. Es genügt im Moment, wie es ist.

Johanna schaut immer wieder zum Grab meiner Eltern, wenn sie Alfred besucht.

Erinnern wollen? Erinnerung annehmen.

Der Tag im Mai 2017

Heute geht es mir gut. Ich werde am Nachmittag reiten. Ich werde es wieder wagen, auch wenn meine Gelenke versuchen, mir immer wieder Botschaften zu vermitteln, indem sie schmerzen.

Ein Unfall: Als ich den schweren violetten Stressless Sessel meiner Eltern, den ich unbedingt aus ihrem Haus mitnehmen wollte, meinte, über die Treppe vom Dachzimmer in den ersten Stock in unserem Haus transportieren zu müssen, stürzte ich. Noch immer meinte ich, es alleine schaffen zu müssen. Stark zu sein. (- Zum Glück darf ich auch schwach sein und wenn ich es will, stark sein. – Es wäre sinnvoll, diesen Satz zu verinnerlichen.) Erst allmählich lerne ich, mein Maß zu finden.

Der Unfall war der Auslöser für die Knieverletzung, die ich nach Monaten noch spürte.
Das linke Knie erinnert mich an die Demut vor mir selbst.
Heute gehen die Pfingstrosen auf, wie vor einem Jahr.
– Was meint ihr, wie das satte Grün, jede aufblühende Pflanze, die Fülle der sommerlichen Natur mich jetzt an euch erinnert! –
Ich bin nicht gelähmt. Ihr lebt in diesem Bunt, in diesem Grün weiter.

> Im zweiten Jahr werde ich eine traurige Wut empfinden, wenn ich beim üppigen Aufblühen des Frühlings an euren Tod erinnert werde. Das satte Blühen der Pfingstrosen werde ich erst im zweiten Wahrnehmen als Freude empfinde. Die ersten Mohnblumen in den Feldern rühren mich zu Tränen.

Gestern war Freitag, der Ablauf des Freitags vom vorigen Jahr ist mir in jedem Detail in Erinnerung.

Der gestrige Tag war lähmend für mich. Ich konnte die Traurigkeit spüren und auch das Grauen, das dieser Tag auslöste.

Das Trauma wiederholt sich an solchen Tagen. Nicht in diesem Ausmaß! In der Müdigkeit meines Körpers!

Mein Termin mit einem Klienten ist ausgefallen.

Beim Ausmachen des Termins verdrängte ich das Datum. Das heißt, es war ja nicht das Datum. Ich dachte nicht, dass es der Freitag sein würde, der mich *überraschend* in die emotionale Erinnerung führen würde.

Es hatte seinen Sinn, dass der Termin nicht zustande kam.

Ich raffte mich mit Jakob zu einem schönen Spaziergang um den Thumsee auf und zu genießen. Die Fahrt dahin war schon fein und das Essen am See war erholsam.

Ein ruhiger Tag in Zufriedenheit, ohne dass eine Katastrophe passierte.

Unser Entsetzen tauchte immer wieder auf. Ich hatte Kontakt mit der Nachbarin meiner Eltern. Es war sehr berührend. Sie schickte mir ein Foto des verkauften Hauses unserer Eltern. – Die Wiese durfte noch mehr Wiese sein. Das Haus war noch nicht bezogen. Sie fand diese ungeordnete Wiese schön. Ich auch, anders – und ich habe mit dem Haus abgeschlossen.

Das Gefühl, ich mag Frieden. Ich könnte im Moment nicht hinfahren. Muss ich ja auch nicht. Ich darf loslassen.

Ich hoffe, es kommen keine Anrufe mehr aus Grubenau. Letzte Woche fragte noch ein Beamter der Bezirkshauptmannschaft telefonisch bei mir zu dem Verbleib der Waffe nach. Oder: Es sollte noch zur Grundstücksteilung wegen der Gemeindestraße eine Unterschrift getätigt werden, persönlich.

Ich konnte das nach einigen Telefonaten delegieren. Unser Makler ist noch immer unterstützend.

Seit Jänner, als ich dachte, vieles wäre abgeschlossen, fielen mir die organisatorischen Dinge ums Erbe und um den Tod meiner Eltern immer schwerer. Ich ging intensiv in den Widerstand. Ich wollte nicht mehr.

Ein Anruf von unserem Notar, die Frage, wie es mir denn mit meinen Brüdern ginge, wühlte wieder viel in mir auf. Nichts war heil.

Es war sehr lieb gemeint und er sprach seine Bewunderung aus, wie ich das Erbverfahren und alles, was damit zusammenhing, zu einem guten Ende brachte.

Ich bedankte mich und freute mich, dass es von ihm gesehen wurde.

Ich kann es annehmen. Ich weiß, dass ich bewusst gehandelt, und immer versucht habe, bei mir und authentisch zu sein. Immer den Frieden mit Selbstachtung, ohne mich zu vergessen. Nicht den Frieden um des Friedens willen. Ich glaube, wenn ich mich meinem inneren Frieden nähere, gelingt das auch im Außen.

Die Erstgeborene, die große Schwester, die Verantwortung.

Ich weinte, worum weinte ich? Aus Freude, dass mich jemand sah, aus Trauer, dass das in meiner Kindheit nicht der Fall war und dass mein kleiner Bruder das als erwachsener Mann auch nicht sehen konnte.

Letzteres ist seine Lebensherausforderung. Darum weinte ich nicht mehr.

Wieder und wieder wollte Günter bestätigt haben, dass er die schlimmste Zeit mit den Eltern verbringen musste. Es war für ihn so. Warum daraus einen Konflikt machen?

Leben und leben lassen.

*

Mein großer Wunsch ist, dass es unseren Kindern und Enkelkindern gelingen möge, auf ihre Art diesen heftigen gewaltsamen Tod meiner Eltern so gut als möglich zu verarbeiten. Bestens zu verarbeiten!

Diese Tat als ihre eigene Entscheidung anzunehmen, als eine Folge aus ihrem Leben. Ich wünschte, Miriam und ihre Kinder werden sich aus all den Verstrickungen lösen, um ganz in ihrer Freiheit ihr Leben zu leben.

Die vielen körperlichen Symptome, die schmerzhaften Reaktionen der Kinderkörper und Krankheiten, die Schulmediziner als solche nicht wahrnehmen, sind Zeichen der Dimensionen, die da schlummern, von übertragenen Traumata in unserer DNA. Zieht euch nicht die Mokassins eurer AhnInnen an!

Es gilt in Liebe hinsehen zu können – jede hat ihren eigenen Weg der Verarbeitung. Oft ist es eine kleine Veränderung in der Einstellung, die viel bewirken kann. Ich wünsche den Menschen in meiner nahen Umgebung, mit sich selbst liebevoll, achtsam und respektvoll umzugehen. Wir haben das verdient. Wir sind nur auf dieser Welt, um geliebt zu werden und zu lieben! Der Tod unserer Eltern, deiner Schwiegereltern, deiner Großeltern und eurer Urgroßeltern möge ein Ende der Härte gegen euch selbst, der Verzweiflung, der Verbitterung und der Unfähigkeit zu lieben aufzeigen.

Ich liebe euch.

Lesbos, September/Oktober 2017

Verbindung und Verstrickungen

Ich lasse mich mit Hilfe der Transformationstherapie auf innere Bilder aus der Tiefe meines Bewusstseins ein, um Verstrickungen wahrzunehmen und mit Hilfe und Begleitung in der Meditation zu lösen.

Es erfüllt mich immer wieder mit Erstaunen, was ich dabei an Erkenntnissen erleben darf, welche Bilder mir aus meinem Innersten gezeigt werden. Erstaunen und Verwunderung begleiteten mich im ersten Augenblick, als ich die Verstrickung zwischen meiner Tochter und mir erkannte. Sofort half mir der Satz sinngemäß:

– *... alles, was wir von unseren AhnInnen mit uns tragen und weitergetragen hatten an Schwüren und Verstrickungen, an Scham, Schuld und vieles mehr, darf jetzt gehen ..., all die Verstrickungen aus Generationen vor uns können jetzt gelöst werden. –*

Wir können viel lösen und müssen all das, was nicht zu uns gehört, nicht mehr weitergeben an unsere Nachgeborenen ...

Mein tiefes Inneres

Miriam kam zur Tür herein zu mir in den blauen Raum, der luftig durchflutet war. Wir konnten uns vieles sagen und vergeben; Ich sah unsere Verstrickungen und war im ersten Moment erschrocken: noch waren wir mit Ketten aneinandergekettet. An unsere Hälse jeweils ein Metallreif geschmiedet, an dem die Kette zwischen uns angebracht war. Keine lange Kette, vielleicht einen halben Meter. Das Bild war nicht bedrohlich. Erstaunen und sofort Klarheit, was noch da ist an Unfreiheit! Mit der goldenen Flex, die mir von oben gereicht wurde, war es leicht die Ketten auseinanderzuschneiden. An unseren Hälsen war Vorsicht geboten. Mit Hilfe der göttlichen Welt gelang es leicht.

Wir umarmten uns. Mit der Rose des Herzens Dankbarkeit und Liebe unsere Herzen verbindend, im Licht mit unseren Ahninnen verbunden, fühlten wir uns erlöst. Unsere Mütter und Väter der Generationen vor uns, unsere Vorausgegangenen, gaben dir den Segen und ich meinerseits gab den Segen an dich und durch dich an deine Kinder weiter. Den Segen für die Nachgeborenen.

Mögen sich all die Verstrickungen und Verwirrungen, die Schmerzen und das Leid lösen.

So sei es. Danke.

Die Gedanken des Vaters und der Mutter an unwertes Leben, immer wieder ausgesprochen und am Ende gedacht, als sie bemerkten, vergesslich zu werden. Die Angst davor. Gar dement, nicht mehr zu funktionieren, wie sie es von sich erwartet hatten. Niemandem zur Last zu fallen. Unwertes Leben in körperlicher Einschränkung. Woher kommen diese Gedanken? Verinnerlichte Gedanken aus der Zeit ihrer Kindheit, der schrecklichsten Ära der Vernichtung und Ausgrenzung und des Größenwahns.

Diese Themen lassen wir bei euch, diese Themen zu lösen ist eure Aufgabe und die Aufgabe eurer Vorausgegangenen, wo und wie auch immer.

Wir kommen in unseren Lebenstanz und freuen uns mit Lachen und Lieben am Leben. Ich mag Freude und Leichtigkeit an meine Lieben weitergeben.

Teil 2

Der Tanz in mein Leben oder: Tanze ich mein Leben?

Alleingang

ar es aus der Not eine Tugend zu machen, als Kind gerne alleine sein zu wollen? Oder war es mir in die Wiege gelegt? Oder ist es ohnehin ein ganz normales kindliches und menschliches Bedürfnis, mit sich alleine sein zu wollen? Oder ist es mir gar in den Genen gelegen? Oder anerzogen und die Umgebung war schuld? Braucht es Schuldige?

In der Stille allein mit mir selbst hatte ich Ruhe. Die Ruhe, die ich benötigte, mit mir zu sein und wieder so etwas wie Gleichgewicht und Harmonie spüren zu können. Ich ließ meiner Fantasie freien Lauf und war eins mit der Umgebung in der Natur und im Spiel. Keiner redete mir drein, wer und wie ich zu sein hatte.

Soweit ich mich zurückerinnere, liebte ich es, allein durch Gärten zu streifen, mich ins Gebüsch zurückzuziehen, ja sogar in den Buchenwäldern in unserer Umgebung herumzustreunen. Nicht, als ich zehn oder sechs Jahre alt war. Ich war vier Jahre alt.

Die Erzieherin ist nicht verpflichtet, Verantwortung für die entfernte Zukunft zu übernehmen. Aber sie ist voll verantwortlich für den heutigen Tag.

Janusz Korczak

Ich hatte überhaupt keine Lust auf Kindergarten, ich hatte kein Interesse wieder mit der *Tante* verhandeln zu müssen, ob ich ihr die Hand zu geben hatte oder nicht. Ich hätte müssen; es gelang mir jedoch tatsächlich, dass ich ihr meine *schöne* Hand nicht gab und schon gar nicht einen Knicks machte, auch die *grausliche* Hand gab ich ihr nicht, gar nichts wollte ich ihr geben, keine Berührung. Ich konnte sie nicht ausstehen. Die Drohung, dass ich kein *Brav-*

zetterl bekomme, berührte mich auch nicht; was sollte ich damit? Wenn man zehn (oder waren es viel mehr?) Zetterl beisammen hatte, bekam man ein Heiligenbild – und das in einem öffentlichen Betriebskindergarten! Auch hier wurde das Bild des strafenden und, wenn du brav warst, des lobenden Gottes, eingesetzt.

Also, kein Druckmittel. Wie sie mich am Morgen schon angesehen hatte! Ich grüßte doch! Ich sagte sogar – Grüß Gott -. Mein kleiner Bruder grüßte nie. Aber Körperkontakt, nein. Vielleicht gab ich ihr ja hin und wieder die Hand. In meiner Erinnerung lag ich brüllend am Boden und meine Mutter stand da, peinlich berührt über mein Verhalten. Sie tat aber nichts zu einer möglichen Veränderung der Situation. So war sie halt, hilflos.

Irgendwie kam ich doch zur Garderobe, irgendwie auch in einen Raum mit vielen Kindern, die brav waren. Da gab es diese kleinen Rosetten, die mochte ich. Ich kaute an den Fingernägeln, das war so bei mir. Auch das gefiel der *Tante* mit der Brille nicht. Sie drohte mir, die Fingernägel mit Gift einzustreichen, wenn ich das Kauen und Beißen an den Fingernägeln nicht unterlassen würde.

Ich glaubte ihr das. Ich bekam es mit der Angst zu tun.

Die *Tante* griff zu einigen Mittel aus der *Schwarzen Pädagogik*. Sie wusste es nicht besser.

Sie sperrte mich in den Waschraum. Den Grund weiß ich nicht mehr. Ich glaube, den kannte ich damals auch nicht. Mir ging es im Kindergarten nicht gut. Es war schlimm für mich. Es war so für mich, als wäre ich falsch – nicht richtig, nicht in Ordnung, so wie ich war – und fühlte mich haltlos.

Manchmal war es gut. Draußen im Garten, da war es schön, da hatte ich Bewegungsfreiheit.

Ich wollte doch Kontakt. Vor allem zu meinen FreundInnen aus der unmittelbaren Nachbarschaft, die ich nachmittags in der Nähe unserer Wohnung im Vorgarten oder in den Gärten traf. Ich mochte den Nachbarjungen vom ersten Stock sehr; aber der war ein Jahr älter – Ich hatte nie das Gefühl von jemandem unkompliziert gemocht zu sein; meistens war es an Bedingungen geknüpft, damit ich mitspielen durfte. Norbert war lieber mit Barbara zusammen, sie waren gleich alt.

Es lag allerdings nicht nur an den Bedingungen der beiden, sondern auch an den Bedingungen meiner Eltern. Es war nicht selbstverständlich, dass ich raus auf die gemeinsame Wiese spielen gehen durfte. Je nachdem, welche Kinder da waren.

Norbert zu besuchen, war sowieso noch mehr besonders als Weihnachten. Bei einem bestimmten Mädel, Manuela, war es für meine Eltern kein Problem gewesen, sie besuchen zu dürfen und mit ihr zu spielen, warum auch immer. Vielleicht, weil ihre Mutter so gut handarbeiten konnte und auch für mich manchmal sehr schöne ordentliche Sachen strickte. Zum Beispiel strickte sie für uns alle beide eine schwarze Trachtenjacke mit vielen hervorgehobenen roten Röschen mit eingestrickt, halbkugeligen, gestanzten Silberknöpfchen und einer grünen Umrandung an den Knopfleisten und am Kragen. Und auch einen hellblauen Pulli mit rosa Rand. Ich mochte Manuela. Es war gemütlich in ihrer Wohnung. Ihre Mutter verdiente sich mit Handarbeiten Geld dazu. Überall lagen Nähzubehör, Wolle und Stoffe verteilt. Ein Schlaraffenland mit interessanten Dingen. Ihr Vater war Schichtarbeiter und sie hatte zwei Zwillingsbrüder. Unter ihnen wohnte eine Familie mit zehn Kindern. Das Haus war am Eck zur Schichtarbeiterstraße. Die Wohnungen kleiner.

Mit einem anderen Kind spielen zu dürfen oder ein Kind zu besuchen, fühlte sich an, als wäre es eine Gnade.

Es war ein Erlebnis, als ich Norbert besuchte und wir unsere Zuckerlpapierl tauschten. Er hatte so viel mehr als ich, unvorstellbar. So viele Glitzer.

Er hatte so interessante Malutensilien; Norberts Vater ließ uns auf Stoff drucken, so wie ich wollte und konnte, einfach so, nur so. Das war ein *Gefühl* von frei sein und Angenommensein, von richtig sein.

Im Kindergarten waren mir die Kinder fremd und ich hatte nie das Gefühl, eine Freundin zu haben, die mich mag, immer mag. Und nicht: einen Tag – du bist meine Freundin und am nächsten Tag bist du nimmer meine Freundin. Das war anstrengend und ich kannte mich nicht aus.

Zu Hause beschäftigte ich mich allein. Das war gut für Mutter. Ich konnte das auch und tat das auch gerne. Mutter sagte mir nicht nur einmal, dass sie nicht mit uns Kindern spielen konnte. Sie war gut im Versorgen.

Im Kindergarten beschäftigte ich mich auch allein, wenn nicht eben irgendein Singkreis angesagt war.

Es war in Ordnung. Es ging mir gut dabei. Mit Papier und Stiften zu arbeiten machte mir Freude. Auch zu Hause konnte ich mit Papier sehr kreativ arbeiten. Ich bekam manchmal Buntpapier, das hatte eine glatte Konsistenz und so schöne Farben. Ich schnitt und klebte gern.

Unzulänglichkeiten

Abends war Vater da. Er spielte mit mir. Er liebte es zu spielen, er war unglaublich kreativ und zeigte mir viele Dinge. Matador. Eine großartige Sache – was man da alles daraus bauen und kreieren kann. Wenn die Verbindungsstaberl für die Matadorklötze, die zu lange und dünn waren, nicht immer wieder abgebrochen wären, als ich versuchte, sie in eine der zu engen Löcher mit vorbereiteter Metallhülse zu schieben! Ich hatte trotzdem nicht das erwünschte Erfolgserlebnis, wenn es endlich gelungen war. Es war ein Plagen. Ich sah Vater zu, wie er ein Riesenrad aus den kleinen Matadorklötzen baute. Die großen wären für mich handhabbarer gewesen. Mein Vater war Ingenieur – und was für einer! Er konnte alles, echt alles, wie es für mich schien. Und er meinte es so gut, so gut; er wollte mir alles zeigen. Ich selbst kam allerdings nicht zu meinen erwünschten Ergebnissen. Ich konnte kein Riesenrad, verdammt noch mal! Doch es war erstaunlich, wie das von Vater gebaute sich in Bewegung setzte. Vater hatte einen Elektromotor dazu installiert. Ich nahm die großen Matadorbausteine, damit arbeitete ich lieber. Dennoch war ein Restgefühl erspürbar, es doch nicht so gut zu machen.

Lego war auch gut. Oma schickte mir oft Packerl. Wirklich oft. Da waren große zwei-Liter-Himbeerdicksaftflaschen drinnen, Zucker, Spielzeug.

Es waren die sechziger Jahre, endlich konnte man sich was kaufen. Oma war Dienstmadl im Johannisbad; sie verdiente wenig, aber mich verwöhnte sie nach Strich und Faden.

Und von ihr bekam ich die schrägen Dachbausteine von Lego.

Auch die nach innen gewandten Dreieckdachsteine, wo man das Dach so wunderbar um die Ecke bauen konnte. Ich liebte das. Ich verspürte Freude, dass ich schon richtig gut gestalten konnte, was ich wollte.

Nur wer hohe Forderungen an einen jungen Menschen stellt, zeigt auch, dass er ihn achtet.

A.S. Makarenko

Vati zeigte mir viel.[1] Er meinte alles so gut.

– Ist doch schön, du hattest wenigstens einen Vater, der dich fördern wollte und der mit dir spielte. – Könnte man vermuten. Das war damals so, gut und noch besser gemeint. Es sollte ja aus mir *was werden*. Nur mir war das manchmal zu viel. Mit fünf Jahren musste ich auf doppelbögigem kariertem Papier schöne As schreiben. Es war anstrengend, noch eine und noch eine Zeile zu schreiben und darauf zu achten, dass es in dieser Zeile gelingen möge, die As gleich groß in die Karos zu bringen! Mutter stand nur da und Vater insistierte. Nicht böse, sogar geduldig, aber fordernd. Was war es, was mich so unglücklich machte?

---

[1] Damals ließen sich Eltern gerne Vati und Mutti rufen.

Der Druck? Der auch. – Sie waren nicht bei mir. Sie waren körperlich anwesend, aber nicht bei mir.

Ich konnte mit fünf Jahren schon schreiben und fand das auch lustvoll, langsam in die geheime verschriftlichte Welt der Erwachsenen einzutauchen und zu verstehen. Aber warum musste ich dann immer müssen, die Schule war noch in weiter Ferne. Ich wurde gelobt, als ich *übernächstes Jahr* schrieb. Was für ein Wort, welche Bedeutung! *Üwanextesja*. Ich mochte das Schreiben der Buchstaben dieses für mich ganz besonderen Wortes. Das klebten meine Eltern dann so, wie ich es geschrieben hatte, ins Fotoalbum. Ich habe es gesehen und gespürt, es wurde belächelt – Schau, wie sie das schreibt! – Die Eltern waren schon stolz, aber dieses mein Unvermögen schwang mit. Es tat mir weh. Es war mir peinlich. Wieder nichts Ganzes und nicht richtig. Ich hätte den Erfolg meines Schreibenkönnens gern genossen, einfach so an der Lust des Buchstaben Zusammensetzens und was dabei herauskam – eine schöne Erfahrung, die ich mir gewünscht hätte, ohne bewertet zu werden. Ein Lob mit Schwingungen, was das Gegenteil bewirkte.

Wieder dieses Gefühl der Unzulänglichkeit. Ohne Liebe.

Werkeln, kreative Möglichkeiten

Ich bekam ein Buch geschenkt, wo Schritt für Schritt illustriert wurde, wie kind ein Schwein, eine Katze, einen Hund und anderes Tierisches zu zeichnen lernen konnte. Ja, es machte mir Vergnügen, nach diesen Schablonen zu zeichnen, denn das sah dann tatsächlich wie ein Schwein aus. Ich zeichnete viele Schweine und Katzen nach dieser Vorlage. Denn wenn ich versuchte, aus freien Stücken Tiere bildnerisch darzustellen, sahen sie nicht so eindeutig aus. Meine Zeichnungen waren nicht immer als das erkennbar, was sie darstellen hätten sollen, aber Zeugnisse meiner persönlichen Entwicklung meiner Kreativität, meines Ausdrucks.

Noch lieber schnippelte ich mit der Schere aus Buntpapier Muster aus. Ich liebte dieses Heft aus vielen Farben und Qualitäten:

glänzend oder matt. Ich bekam auch Seidenpapier und mein Vater hatte aus seiner Arbeit weißes Transparentpapier für Konstruktionen mitgebracht. Durchpausen oder abpausen aus Büchern fand ich absolut schön. Später in Heimatkunde in der Volksschule und im Gymnasium in Geografie mussten wir Landkarten abpausen, Flüsse und Zugstrecken hervorheben und erkennbar machen. Ich weiß noch, wie der Atlas roch.

Aus dem Seidenpapier schnitt ich haufenweise Sternenmuster und beklebte unsere Fenster damit. War schon schön, das Durchscheinende. Ich rollte aus Papier hohe Palmenstämme und schnitt Palmenblätter zurecht, ganz viele. Unser Kinderzimmer wurde ein Dschungel.

Ich belebte ihn mit Tieren aus dem *Linde-Kaffee* und Oma hatte noch Figuren aus dem *Titze*[2]*-Kaffee*: Indianer, Cowboys, Löwen, Bären; die Büffel mochte ich am liebsten. Oma versorgte uns mit diesen Plastikfiguren.

Dem Dschungel war es egal, ob da Bären lebten oder Büffel, in der Kreativität und im Spiel war alles erlaubt.

Mein Bruder und ich spielten auch gemeinsam mit diesen Figuren. Das gemeinsame Spiel unter uns Geschwistern war nicht häufig der Normalfall.

Von meiner Tante Konstanze bekam ich viele Stoffreste. Sie schneiderte ihre Kleider selbst und dabei fiel einiges an interessanten Stoffresten ab. Ich zeichnete beispielsweise auf dünner Hartfaserplatte einen Hahn und beklebte ihn mit kleinen Stofffetzchen. Ausschneiden und bekleben, daraus etwas entstehen lassen – da war ich ganz bei mir. Oder ich fertigte Collagen mit Köpfen aus Kata-

---

[2] Die Titzetant war die Reklamefigur am Kaffeeersatz in der Weltwirtschaftskrise nach dem ersten Weltkrieg: »Ein bisserl bitter / und a bisserl Zucker, / dann schluckt das Bittere / der ärmste Schlucker. / A Tröpferl Dummheit / Und a Schipperl Lug, / a Körndl Wahrheit is / da mehr als g'nug. / A bisserl echt und recht viel Ersatz, / ja, das Rezept is a wahrer Schatz ... « Willi Resedarits mit Sabine Hank, Jura Soyfers Titzetant.
Soviel zu den Hintergründen unserer Spiel- und Sammelleidenschaft.

logen an. Ich riss ausgewählte Seiten aus Katalogen und behängte unseren Haselnussstrauch und unseren Apfelbaum damit. Ich liebte es, alles Mögliche auszuprobieren. Da ließ man mich auch gewähren.

Wenn ich Plastilin geschenkt bekam war es ein Fest für mich. Ich war sehr darauf bedacht, die Farben nicht zu mischen, ich formte wunderbare Figuren und Tiere und Fantasiegebilde. Ich musste kneten, bis das Material eine weiche Konsistenz bekam. Ich mochte dieses Gefühl in den Fingern und Händen, immer weniger Druck ausüben zu müssen und das Weiche leicht zu kneten. Etwas zu gestalten und zu verändern. Michael kam an mein Plastilin und vermischte es zu einer grauen Masse. Da konnte er mich richtig wütend machen.

Erkundungen draußen, ins Innere gehen

Ich zog durch die Gärten, welche durch schmale Wege zwischen den Zäunen begehbar waren und Siedlungsabschnitte miteinander verbanden. Die Siedlung faszinierte mich. Wir wohnten anfangs angrenzend an einer kleinen Straße am Bach. Da lebten die Familien der Angestellten, darunter die der Meister der Metallwerke. Die kleinen Brücken über die Brunnach waren gewölbt aus Stein wie aus dem Mittelalter (so empfand ich es).

Und im Winter – war ich fünf oder sechs Jahre? Älter gewiss nicht – sprangen wir aus Freude am Ausprobieren, wie zu den anderen Jahreszeiten auch, über die Brunnach. Der Bach war ein wenig gefroren, hatte Eis an den Ufern und führte sicher nicht so viel Wasser wie im Sommer. Ich war gut im Springen, auch, wenn das niemand erkannte. Ich war mit Norbert und Barbara draußen, kann sein, dass Axel auch dabei war. Er war der Junge vom nächsten Haus, sein Vater war Meister in der Hierarchie der Metallwerke und Axel war sehr frei erzogen, unkompliziert; Er hatte schon fast erwachsene Schwestern. Sie waren sehr schön. Axel war für mich ein *schlechter Umgang*. Mein Vater drohte ihm auch mal eine Ohrfeige an – meine Mutter hielt ihn grade noch davon ab; Axels Eltern hatten deshalb mit meinen Eltern eine Auseinandersetzung. Dann war darüber Schweigen und gleichzeitig die Feindschaft spürbar.

Axels Mutter mochte ich sehr und sie mich. Axel war unerreichbar für mich. Es gab kein definitives Verbot im Umgang mit ihm, aber irgendwie war das unausgesprochen. Meine Eltern ließen kein gutes Haar an dem Jungen. Warum, wusste ich nicht wirklich. Ich fand ihn sehr in Ordnung. Ich hatte das Gefühl, für Axel, der selbstbewusst und lustig war, nicht interessant als Spielgefährtin zu sein; Ich fühlte mich ihm gegenüber klein und naiv, obwohl er mir gegenüber nie ungut war.

Hin und wieder spielten wir zu viert; beim Bach-Überspringen war das auch so. Ich nahm Anlauf und sprang. Ein Mal, zwei Mal, ich kam tatsächlich drüber, knapp – aber doch. Beim dritten Mal landete ein Bein im Wasser. War mir das peinlich! Nach Hause traute ich mich vorerst nicht, ich tat so, als wäre es nicht schlimm. Die Kälte kroch mit der Nässe das Hosenbein hoch. Ich musste nach Hause, die Hose wurde steif; ich flitzte durch die Wohnungstür in mein Zimmer – ich hatte ein großes eigenes Zimmer! Aber ich war abhängig von Mutters Zuständigkeit und Fürsorge bezüglich Kleidung. Ich wusste nicht weiter. Mutter war sowieso gleich da und hatte die Situation erkannt; dass ich über den Bach sprang, sagte ich natürlich nicht; es wären eh wieder die falschen Freunde gewesen, die mich dazu angestiftet hätten. *Ich wollte* springen!

Es blieb unspektakulär, es geschah nichts, außer, dass ich meine Kleidung offiziell wechselte.

Vater bekam 1955 einen Arbeitsplatz, der aussichtsreich schien, eine große Familie zu gründen und zu erhalten. Damals gebucht mit schöner Wohnung und Garten. Die Siedlung wurde für die Werksangestellten gebaut – und jede Straße war einer bestimmten Hierarchie zugeteilt.

Zu dieser Struktur der Hierarchien gehörten für die unterste soziale Klasse die Baracken. Mit ganz hässlicher Außeneternitvertäfelung.

Und Wäscheleinen draußen. Die Baracken schienen nach keinem System angeordnet – unordentlich sozusagen.

Dort waren zu meiner Zeit die Gastarbeiter untergebracht. Baracken gab es auch in Grubenau in *schlechteren*, verrufenen Stadtvierteln. Hier lebten die Sudetendeutschen.

Wir kamen dort ja nie hin. Diese Siedlung in Waghofen war ganz in der Nähe vom Werk. Dahinter war ein Buchenwald und von dort konnte man über einen kleinen Weg ins Dorf hinunterkommen.

Die Menschen dort waren anders – manche dunkelhäutig – und viele und waren immer draußen. Ich weiß das, weil ich da eben als Kind schon allein hin spazierte – das weiß nur keiner … weil die *Tante* so blöd war und ich dann tatsächlich den Kindergarten schwänzte. Mit meinem lackroten Tascherl um den Hals gehängt mit der Jause drinnen und mit dem Drehverschluss drauf (ein kleines rechteckig ausgestanztes Loch im Metall an der Deckellasche, da musste der Metallknopf durch und konnte dann in die Vertikale gedreht werden), ging ich schon allein in den Kindergarten – und dann eben dran vorbei. In den Wald ging ich, das war so befreiend! – Ein Gefühl der Unendlichkeit. Ein Gefühl, was alles möglich sein könnte. Ich konnte lange gehen, den Weg ins Dorf und bei der Post den schmalen Trampelpfad wieder nach oben.

Ich hatte kein schlechtes Gewissen. Ich hatte beschlossen, diesen Vormittag allein zu verbringen und zu sehen, wohin es mich trieb. Ich ging und ging und ging. Es braucht niemand auf die Idee kommen, ich hätte Angst gehabt. Die Frage, was die Leute, die ich traf, meinten, stellte sich nicht. Ich traf ja kaum Leute, und wer schaut schon, noch dazu in den Sechzigern. Schaut doch keiner, nur hinterm Vorhang, aber nicht echt.

– Und haben sie dich nicht vermisst? Im Kindergarten. Und dann zu Hause? Du bist sicher nicht pünktlich zum Kindergartenschluss nach Hause gekommen. –

Das weiß ich nicht. Es ist nix passiert – und das kenn' ich heute noch, in Momenten der Zuversicht und in Bewusstheit meiner Selbst und meiner inneren Stärke: Was soll mir passieren?

Meine Mutter stellte mir keine Fragen, und ich lernte da schon kreative glaubwürdige Geschichten zu erfinden. Ich glaubte meine Geschichten selbst. Ich erzählte mit solcher Leidenschaft und schlüssiger Sicherheit, dass ich in dieser Geschichte ganz und gar lebte.

Im Kindergarten hatte niemand nachgefragt, es gab keine Katastrophe.

Niemand weiß bis heute, dass ich hin und wieder als vierjähriges kleines ortskundiges Kind allein meine Umgebung erforschte.

Nikolaus oder das Leid im Strafen und Loben

Ich ging in einen staatlichen Betriebskindergarten, der für Kinder der Metallwerk-Angestellten kostenlos war (was für eine Zeit!). Auch in diesem staatlichen Kindergarten wurde der Nikolaus eingeladen, ganz echt mit Bart, langem Mantel in Weiß und dieser hohen, steifen Mütze. Gut genug als angsteinflößendes Druckmittel, auch für weltlich orientierte Menschen.

Wir Kinder saßen im Halbkreis mit ehrfurchtsvollem Blick auf diesen großen Mann in Weiß mit weißem Bart und einer überdimensionalen Mütze auf dem Kopf.

Der Mann saß da, sah in ein Buch mit sorgenvollem, auf jeden Fall sehr ernstem Blick und seine Stimme war furchteinflößend.

Ich wusste mit ihm nichts anzufangen, wie sollte ich den einordnen, was hatte der mit mir zu tun?

Er wusste von jedem Kind etwas. Jedes Kind musste aufstehen, sich vor ihn stellen und sich anhören, was der über es zu sagen hatte. Ich weiß nicht mehr, was er zu mir sagte, als ich an der Reihe war. Ich war verwirrt und das Gefühl war beängstigend, dass einer, den ich nicht kenne, etwas von mir weiß.

Ich mag diese Zeit mit Nikolaus und Krampus bis heute nicht.

Meine Eltern vermieden die Konfrontation mit Krampussen und angstmachenden Nikoläusen und schützten mich so in meiner Kindheit davor.

Da hatten sie ein gutes Gefühl. Die Verlogenheit und Angstmacherei der katholischen Kirche hatten sie mir erspart.

Ich hörte so viele schreckliche Geschichten von FreundInnen, deren Eltern mit Nikolaus und Krampus drohten, wenn sie nicht brav waren.

Ich mag die Fingerspiele *Spinnefein und Hinzemann*, und andere, wo es um Zwerge, Licht und Dunkel geht. Das hat etwas Mystisches, Spannendes und Lustiges.

Mit Duft, Licht, Schatten, Kälte und Wärme, Liedern, Tänzen, Musik kann man so viele schöne gemeinsame Momente und auch schöne Momente speziell für ein Kind zaubern.

Neugierde

Ich war oft allein in meinem Zimmer. Ich konnte mich stundenlang allein beschäftigen, sagte meine Mutter und war froh darüber. Ich hatte unter Tags, wenn Mutter den Haushalt erledigte, kein Problem mit dem Alleinsein. Da hatte ich Zeit für mich und konnte ziemlich ungestört Dinge ausprobieren.

Nein, ich machte nichts kaputt, ich war sogar sehr sorgfältig mit den Dingen. Ich wollte nur von fast allen Dingen das Innenleben erforschen. Ich hatte eine Vollplastikpuppe aus gutem Material. Sie hatte Wimpern an den Glasaugen und konnte die Augen öffnen und schließen. Wenn ich sie hinlegte, schloss sie die Augen, wenn ich sie aufsetzte, öffnete sie die Augen. Ich konnte auch ihre Arme und Beine bewegen. Der Torso hatte Ausnehmungen, da konnte man die Kugelgelenke der Arme und Beine hineindrücken. Ich nahm Eva, meine erste Puppe, völlig auseinander. Den Kopf nahm ich ab, das war offensichtlich, dass das funktionieren musste, nachdem ich ihn auch um 360 Grad drehen konnte. Die Arme und Beine schaffte ich auch aus dem Torso zu bewegen. Die Augen hätte ich noch gern gesehen, wie sie von innen aussahen. Das konnte ich nicht so gut erkennen, die Öffnung in den Kopf war zu klein, um etwas zu erkennen. Ich drückte die Augen hinein, das war blöd, das konnte ich nicht mehr rückgängig machen. Die Puppe sah schauerlich aus mit den zwei Löchern im Gesicht. Das musste Vati reparieren.

Die Augen des Teddybärs mussten auch dran glauben. Und wie komme ich zu dem, was das Brummgeräusch im Bären ausmacht? Ich schaffte es, den akustischen Zylinder aus dem Bären herauszuholen.

Die Puppe Eva gibt es noch. Sie ist die einzige, die ich voriges Jahr wieder zu mir nahm.

Ich liebte Autos; später *reparierte* ich die Autos meiner Brüder. Ich schraubte den Unterboden auf und nahm die Karosserie ab, oft war nichts Besonderes dahinter. Die Räder waren dann lose und die mussten wieder angepasst werden.

So lernte ich, Dinge zu reparieren. Ich tat und mache das als Erwachsene noch gerne. Ich ließ nichts unversucht, was in meiner Macht stand, wieder in Ordnung zu bringen. Möglich, dass ich auch so manches der Neugierde wegen zerlegt habe.

Vielleicht kann man da eine Verbindung zum Umgang mit meinen Mitmenschen herstellen:

In diesem Fall wollte ich lernen, behutsam mit den Menschen umzugehen. Ich habe immer alles hinterfragt und musste Tatsachen, angebliche Tatsachen, von allen Seiten beleuchten und zerpflücken.

Ich weiß, dass ich damit einigen Menschen sehr auf die Nerven ging.

Die Möglichkeiten sind so groß, wie man sie sieht.

Das ist einer meiner versuchten Zugänge zur Vielfältigkeit des Lebens. Das haben nicht immer alle Menschen in meiner Umgebung verstanden.

Brav sein

Mit braven Kindern lebt sich's angenehm, denn sie tun, was man von ihnen erwartet und reden nicht frech zurück.

Wer immer nur brav und folgsam sein musste, wird sich auch schwertun, sich gegen Unrecht, das ihm/ihr widerfährt, zu wehren, denn er/sie hat nicht gelernt, stark aufzutreten und für etwas zu kämpfen – die Braven müssen vor allem dulden und ertragen, und nicht selten wird genau diese Duldsamkeit von anderen ausgenützt.

Kinder sollen groß und stark werden, sie sollen lernen zu empfinden, was gut für sie ist, und lernen, mit ihren Bedürfnissen umzugehen. Dazu brauchen sie Menschen, die sie mit diesen ihren Bedürfnissen wahr – und ernstnehmen, Menschen, die ihnen vermitteln, dass sie auch gemocht werden, wenn sie etwas Anderes wollen, Menschen, die ein Umfeld für sie schaffen, in dem sie kritisch sein dürfen, eigeninitiativ, sehr lebendig und manchmal auch laut.

Kinder brauchen sinnvolle und begründete Orientierung und es soll viel Platz für sie sein, wo sie sie selbst sein dürfen, wachsen und stark werden können.

Für uns ist das sicher eine viel größere Herausforderung, als von Kindern nur braves Folgen zu verlangen. Wenn ein Kind sich so ganz anders verhält als ich es erwartet hätte, so sollte ich es nicht zum Bravsein zwingen, sondern überlegen, welche Ursache sein Verhalten hat und Wege suchen, besser gerade auf die Kinder einzugehen, die mir vielleicht lästig sind, denn diese Kinder brauchen uns oft am meisten.

Ich war nicht immer ein braves Kind, ich habe viel geweint als kleines Kind und in der Pubertät.

Ich wollte trotzdem gemocht werden, also hatte ich mich eingerichtet und angepasst, soweit mir das überhaupt möglich war. Ich wusste nicht immer, wie ich mich verhalten sollte, damit ich gefiel und Anerkennung bekam und gleichzeitig tat mir vieles so weh, dass ich schreien und mich wehren musste!

Loben

Loben hängt mit dem Bravsein eng zusammen. Anerkennung von Herzen, mitfreuen, wenn etwas gut gelingt, wenn ein Kind etwas entdeckt hat, etwas für sich herausgefunden hat, sich zum Beispiel an seiner Gestaltung eines Bildes freut, sich spürt und auf dem Baumstamm balanciert. Beim Loben schwingt mit, dass es für die Erwachsenen etwas geleistet hat. Es geht darum, sich an seiner eigenen Entwicklung und an der eigenen Selbsterfahrung zu freuen. Montessori geht so weit zu sagen, dass das Kind ein Erfolgserlebnis hat beim Lernen, wenn es etwas herausgefunden und es begriffen hat, auf seine Art. Es ist mit sich und der Welt zufrieden. Es freut sich, wir freuen uns mit ihm. Nur wenn das Kind frei erforschen kann, ohne jemand Erwachsenen gefallen zu müssen, kann es wunderbar lernen. Der Erwachsene lässt das Kind ohnehin spüren, dass er es liebt, egal, ob etwas gelingt, oder nicht gelingt, oder später gelingt. Der Erwachsene gibt Halt.

Es kann sich Angst entwickeln, etwas falsch gemacht zu haben, nicht zu genügen. Das Pendant zum Loben ist Strafen. Wenn ich nicht gelobt werde, bin ich falsch. Ich werde fürs Aufräumen gelobt – wenn ich nicht aufräume, werde ich dann bestraft? Auseinandersetzung und Veränderungen werden nicht frei und unbelastet gestaltet.

Mutter und Vater konnten das nicht, sie hatten so viel mit ihrer eigenen Geschichte zu tun. Sie konnten Liebe nicht leben. Sie hatten keine Ahnung, was sich hätte entwickeln können, in Beziehung zu gehen. Mutter achtete darauf, nichts falsch zu machen. Sie wollten nichts Böses, beide wollten es gut machen, nur ich machte es ihnen nicht leicht, es gut zu machen. Ich reagierte auf ihr Unvermögen von Geburt an. Mutters Hilflosigkeit mich zu sehen und zu spüren, ließ mich noch mehr um Hilfe rufen. Vater hatte einen anderen Zugang, er versuchte den Spagat seiner Freude über mich und seiner inneren Härte zu überwinden.

Handibussi und andere Körperlichkeiten

Unser allabendliches Ritual war, dass wir drei Geschwister uns bei Vater und Mutter im Wohnzimmer an der Sitzgarnitur anstellten, um den allabendlichen Handkuss zu empfangen.

Vielleicht nicht ungewöhnlich für eine bürgerliche Familie der sechziger und siebziger Jahre, wo Körperlichkeit ein großes Tabuthema war.

Körperkontakt kannte ich von meinen Eltern nur in Form unangenehmer falsch verstandener Nähe meines Vaters, indem er mich in den *Schwitzkasten* nahm und nach langem Flehen, wo die Situation schon längst kippte, losließ. Er war muskulös und stählern. Er hatte so viel Kraft, dass wir nicht die geringste Chance gegen ihn hatten und er betrachtete es als Wettkampf.

Von Fotos weiß ich, dass ich bei meiner Mutter auf dem Schoß Bücher vorgelesen bekam. Erinnern kann ich mich an körperliche Zuwendung nicht. Oma konnte mich umarmen und auf die Wange küssen, ich liebte ihren Geruch und ihre Nähe.

Meine Eltern waren dazu nicht fähig und irgendwann hätte ich es auch nicht mehr gewollt; es wäre mir unangenehm gewesen und ich hätte es als übergriffig empfunden.

Den Geruch meines Vaters empfand ich als unangenehm; ich mochte beim Berggehen nicht unmittelbar hinter ihm gehen und ihn riechen.

Interessanterweise hatte er ein Problem mit Gerüchen. Wir hatten nie Kerzen, denn er mochte den Rauch nicht; Parfüm konnte er nicht ausstehen und Räume mit vielen Menschen hasste er wegen der möglichen Gerüche der Menschen – des Parfüms, das sie trugen.

Auch gegen Cremes hatte er etwas. Man muss sich nicht eincremen, war seine Devise. Er benutzte keine Sonnencremes. Und ich nahm von Mutter die *Oil of Olaz*; das durfte ich nicht, die Haut wird da ruiniert. Je mehr man an der Haut rummacht, desto mehr werden die Hautzellen kaputt. Hautkrebs. Schminken war sowieso tabu. Mutter hatte immer nur einen rosa Lippenstift. Sie hatte trotzdem Lidschatten im Allibert. Heimlich schminkte ich mich und cremte mich ein.

Wenn ich mir die Nägel feilte und länger im Bad war, als anständig wäre, kam die Rüge, dass ich mich nicht so lange mit mir selbst zu beschäftigen hätte.

Mit dreizehn benutzte ich Mutters Creme; ich liebte mich einzucremen. Cremen ist zu nah am Körper, also Tabu.

Ich cremte mich mit Sonnenöl ein und nahm Körpercreme, vielleicht deshalb, weil ich dadurch wenigstens selbst meinem Körper Streicheleinheiten zukommen ließ.

Als Baby muss Mutter mich ja wohl gewaschen haben. Oma wusch mich im Lavoir von oben bis unten mit einem Waschlappen.

Also, seit ich denken und mich selbst waschen konnte, war *Handibussi* die einzige körperliche Nähe meiner Eltern zu mir – und meinen Brüdern, obwohl mein kleiner Bruder ... dazu später.

Betthupferl

Und wenn ich an manchen Tagen ein angepasstes, *braves* Mädchen gewesen war, bekam ich zum Zubettgehen ein Betthupferl. Ein Stück Schokolade. Eine Süßigkeit zur Belohnung; so entsteht Essverhalten, wenn man etwas geleistet hat, sich mit Süßem zu belohnen. Da kann schon eine Essstörung schlummern. Ein Zugang, dass Genuss erlaubt ist, wenn du etwas geleistet hast. Dass es für die Zähne gleichermaßen nicht gesund war, war meiner Mutter, meine ich, nicht bewusst. Auch mein Lutscher- und mein *Stollwerck*konsum hatten Konsequenzen, nämlich beim Zahnarzt im Krankenkassaambulatorium gefoltert zu werden und langfristig mit riesigen Amalgamfüllungen zu leben.

Meine Eltern wussten es nicht besser. Körperlichkeit wurde vom Faschismus ausgetrieben. Entweder man widersetzte sich und ging mit dem gewaltigen Aufbruch der sechziger und siebziger Jahre zur neuen gelebten Körperlichkeit und Emanzipation oder man blieb, wie meine Eltern in den alten Mustern stecken.

Meine Eltern gehörten zu jenen, die *Beatles* und *Flower-Power*-Musik, Musik der Befreiung als *Neger-Musik* abtaten. Das war für mich eine Herausforderung.

Ich war eben kein angepasstes Kind, obwohl ich es auch wieder sein wollte. Das war nicht einfach für mich, zu spüren, dass mir andere Dinge guttaten, als Erwachsene von mir gefordert hatten. Ich war immer im Kampf mit meinen Eltern und mit meinem Inneren. Ich wollte ja, dass mich meine Eltern liebten. Das taten sie auch, auf ihre unzulängliche Art, sie wussten es vermutlich nicht besser – das kann ich heute sagen. Ich enttäuschte sie immer wieder. Ihren Ansprüchen konnte ich oft nicht gerecht werden, immer mehr Widerstand bäumte sich in mir auf. Die Wut auf meine Eltern damals kam auch Jahrzehnte später immer wieder hoch. Ich hatte das Glück, dass meine Eltern noch lange lebten. Es gab vor nicht allzu langer Zeit, nach Jahrzehnten, eine Versöhnung. Das gelang mir unter anderem mit den Zugängen meiner Ausbildung zur Mediatorin. Dabei hatte ich einiges verstanden. Wenn sich Polen und Frankreich mit Deutschland versöhnen können, kann ich das mit meinen Eltern auch versuchen und ihre Art der Versöhnung langsam annehmen.

Dachbodenfrieden

Vater akzeptierte zum ersten Mal, dass er Dinge nicht nur nach seinen Vorstellungen umsetzen konnte. Ich war insofern gelassen, weil keine Notwendigkeit bestand, unsere großzügig angelegten

Räumlichkeiten unter dem Dach für einen Ausbau zu nutzen. Ich fand die Idee gut und ich freute mich, keinen Druck zu haben und Vater spürte, dass ich nicht auf dem partout-Standpunkt beharrte. Er musste das Projekt finanzieren. Wir selbst hatten das Geld nicht. Ich verlangte nichts Unmögliches. Ich wusste, er liebte zu planen und zu bauen. Er erarbeitete sogar den Plan zur Stiege vom ersten Stock nach oben und setzte es mit seiner unglaublichen Kraft und Geschicklichkeit um. Er sah sehr schlecht. Die Brille war immerzu verschmutzt. Und an einem Auge war er blind.

Er ertastete die Schrauben an den Platten, die wir an die Dachschräge montierten. Es war heiß, die Oktobersonne brannte auf das Dach.

Vater balancierte gefährlich auf den Gerüsten.

Er war wochenlang regelmäßig bei uns. Er war mild. Er ließ sich in manchen Angelegenheiten von mir überzeugen, nicht überall das Billigste zu nehmen.

Mein lieber Mann und ich arbeiteten freiwillig und gerne mit. Es war anstrengend, aber verbindend.

Es entstanden zwei wunderbare, große, heimelige Räume. Ich hatte noch terracottafarben in Wischtechnik ausgemalt. Unsere Tochter hatte ihr Zimmer, es wurde ihr Refugium, wenn sie nach Hause kam. Lange wohnte sie nicht mehr bei uns.

Der zweite, größere Teil war auch wegen der Farben und einer erhobenen Plattform so wohlig, sodass wir täglich oben frühstückten und ich abends Yoga machte. Ich hielt mich hier gern zum Lesen und Musikhören auf.

Vater hatte seine Freude und wir zum ersten Mal einen verbindenden, versöhnlichen Zugang zueinander.

Mutters siebzigster Geburtstag

Begonnen hatte dieser Zugang zu Vater zum siebzigsten Geburtstag meiner Mutter. Dieses Fest hatte ich mit großem Aufwand gestaltet. Ich lud Mutters Freundin aus Schulzeiten ein, ihre Verwandten, Mutters Schwestern und Cousinen, Freundinnen und Freunde, Nachbarinnen und Nachbarn aus meinen Kindheitstagen, die alle aus ganz Österreich nach Baden anreisten. Ich schrieb Einladungen für ein Fest, in einem besonderen Rahmen in Baden am Rudolfshof, als Überraschung für Mutter. Sie hatte davon keinen Schimmer. Ich fotografierte Fotos vom Computer und aus den alten Fotoalben ab, um sie in Dias umzugestalten – damals war noch keine Power Point-Präsentation möglich. Ich stellte Musik dazu zusammen: Lieblingsschlager aus den sechziger Jahren, auch Rockmusik und Klassik, jeweils passend zur Epoche, den Bildern und den Situationen, die ich darstellen wollte.

Ich hatte viel Kontakt zu meinem Vater, der mich mit altem Bildmaterial unterstützte und mit dem ich die technischen Mittel ausklügelte, um die Bilder in Dias umzugestalten. Jakob half mir bei den Detailarbeiten.

Monatelang dauerte dieses Projekt. Ich weinte dabei viele Tränen des Mitgefühls für meine Mutter und auch der Wut und Trauer aus meiner Kindheit und Jugendzeit, die gleichzeitig mit den Tränen der Trauer über die Hilflosigkeit meiner Mutter verwoben waren. Es waren auch Tränen des Mitgefühls für mein inneres Kind. Ich lebte viele Situationen noch einmal durch, versuchte sie für Mutter verbal zu gestalten, ohne zu verletzen – es sollte schließlich ein Geburtstagsgeschenk für sie werden.

Ich verbarg nichts. Beschönigte auch nicht, das war nicht meine Absicht. Es schien mir dennoch zu gelingen, ihre mit uns verbundene Geschichte wertvoll darzustellen.

Ich wollte ihr eine besondere Freude machen. Dennoch kamen während dieser Bearbeitung meine Gedanken, verbunden mit Vorwürfen, auf. Die Frage nach dem Warum, warum so viel Leid? Die Frage war zu beantworten, immer unterschiedlich aus unterschiedlichen Perspektiven. Sich weiter entwickelnd. Ob es sinnvoll ist, nach dem Warum zu fragen?

Es war wie eine Katharsis für mich. Ich war am Tag der Präsentation und des Festes unglaublich aufgeregt. Ich zitterte am ganzen Körper.

Der Saal war sehr gut und feierlich gestaltet, ich baute alles Notwendige auf.

Nach und nach kamen alle Gäste. Meine Brüder, die Schwester meiner Mutter, mit ihrem Mann, die Cousine meiner Mutter mit ihrem Mann. Ich freute mich auch sehr, sie alle wiederzusehen. Auch unsere Nachbarin von früher, sogar mit ihrem Sohn, mit dem ich in den Kindergarten ging und der so schönes Zuckerlpapier hatte. Allein durch diese Begegnungen kamen meine Gefühle in Turbulenzen – so viele Erinnerungen kamen gleichzeitig hoch; welches Projekt habe ich mir da zugemutet – und auch meinen Eltern.

Sogar ihre Schulfreundin, die Margit, kam.

Mutter kam die Stiegen hoch, hielt sich am Geländer fest und ich meinte schon, sie würde stürzen vor Überwältigung. Sie atmete durch und kam mit Vater langsam hoch.

Sie war überwältigt von den Menschen, die da waren, um sie zu würdigen. SIE zu würdigen.

Es war so schön, so besonders!

Sie kam vor Staunen kaum zu sich, wer sie hier aller beglückwünschte. Ihre beiden Enkelkinder waren da. Ihre Söhne, Michael mit seiner neuen Freundin, ihre Schwester – beide Schwestern …

Und dann kam meine Präsentation mit Musik, Dias und meinen Worten. Es war klar, dass nicht alles rosig darstellbar war, aber gut ohne Schuldzuweisungen. Mutter konnte es gut annehmen – es war das Leben. Viele wussten das. Unsere befreundete Nachbarin und unser Nachbar aus der Klosterstraße waren da; eine besondere Freude!

Die gefüllten, dunkelrosa Rosen, die Vater mir damals still überreicht hatte, waren für mich ein besonderes Symbol der Versöhnung.

– Alles ist gut. –,

sagte er in einer Väterlichkeit, die ich so nicht von ihm kannte. Plötzlich angenehme Nähe, wahrgenommen werden und Angenommensein, Verständnis.

Wir hatten hier alle viele Gelegenheiten uns zu begegnen.

Nach dem Festmahl fuhren wir zu einem sehr gemütlichen Heurigen nach Kottingbrunn, was mein dort ansässiger Onkel organisiert hatte. Der Wirt hatte für diesen Feiertag sein Lokal für uns geöffnet, wo wir auch noch ausgiebig feierten.

Mutter hatte keine Vorstellung davon, was sie erwarten würde; sie meinte eben, dass wir Kinder sie in Baden überraschen würden.

Lange noch und immer wieder sprachen meine Eltern von diesem besonderen Feiertag, der Feierlichkeiten und den Begegnungen. Sie waren dankbar.

(Mutters Geburtstag ist der Tag der letzten Raunacht nach meinem eigenen Geburtstag.)

Versöhnung lernen

Es war Thema in meiner Ausbildung zur Mediatorin, politisch radikale Gegensätze zu versöhnen und es war Thema, von *-Ismen* wegzukommen und die ausschließende Haltung jener *Zugehörigkeiten* (Kommunismus, Katholizismus …) verstehen zu lernen.

Es war *Schwerstarbeit*, Jahrzehnte später mich meinem Vater zu nähern. Vergessen geht nicht, aber einander in die Augen sehen ging wieder. Ich muss kein Verständnis haben, aber ich kann versuchen zu verstehen, warum Menschen im Faschismus sich nicht zur Wehr gesetzt haben, angepasst waren und nach wie vor nicht reflektieren können darüber, was geschehen und in ihnen drinnen ist.

Viel ist in der Zwischenzeit passiert.

Ich war Klassensprecherin und Stellvertreterin des Klassensprechers in der sechsten und siebten Klasse Gymnasium, später Betriebsrätin, dann Leiterin meiner Einrichtung, was dann nicht mehr zu vereinbaren war. Ich fühlte mich hingezogen zu den Rollen, etwas zu verändern und mich einzusetzen – brav sein kann da nicht gefragt sein.

Bei unserer Tochter und unseren Enkelkindern war es mir immer wichtig hinzusehen, wenn Widerstand kommt. Unsere Tochter konnte auch gut ihre Grenzen ausprobieren. Das ging auch an meine Grenzen und forderte mich. Wir waren dabei immer im Gespräch, ich habe sie nie verurteilt. Wenn man Hintergründe begreift, kann frau ganz anders hinsehen und damit umgehen – das macht das Leben so wunderbar, vielfältig und schöpferisch.

Ich habe viel verstanden und jeden Tag mit jeder Begegnung kann frau es gut machen und Begegnungen immer besser und neu gelingen lassen. Und ich habe Fehler gemacht, die sich aus meiner Geschichte ergeben ... Ich sehe jetzt die Unzulänglichkeiten und Grenzen, an die unsere Tochter stößt. Auch unsere Enkelkinder gehen durch Herausforderungen in ihren Leben, die ich ihnen so gern ersparen würde ...

Es ist ihr Leben. Ich bin für sie da.

Nicht mehr die einzige

Michael kam zur Welt, als ich viereinhalb Jahre alt war.

An viel kann ich mich nicht erinnern. Hat das auch mit Bezug zu tun? Welche Beziehung hatte ich zu dem Baby Michael? Ich lernte, was ein Blazer ist. Er hatte immer Blazer an, hässliche Matrosenblazer. Man sagte, er sehe aus wie Winston Churchil. Er war zu Beginn ein fröhliches Kind. Unbeschwert. Ich war bei seinen ersten Gehversuchen mit ihm. Er machte nicht viel Aufsehen, er war angenehm. Im neuen Haus hatten wir ein großes gemeinsames Zimmer. Wir teilten uns ein Stockbett aus schwarzem Metall. Ich schlief oben. Aus unserem Zimmer konnten wir die Bushaltestelle sehen und die blauen Werksbusse beobachten, wie sie ein- und wegfuhren. Der Ausblick auf die Nachbarhäuser und Gärten war verschlafen, es war sehr ruhig und grün. Obwohl es einige Kinder in der Siedlung gab, war es ruhig.

Michael hatte etliche Matchboxautos, hauptsächlich von Oma geschenkt. Wir ließen sie auf einer Plastikspurbahn mit Looping um die Wette sausen. Welcher am weitesten fuhr, hatte gewonnen. Die meisten fielen beim Looping der Schwerkraft zum Opfer. Wenn Michael Oma ärgerte, ließ er sich von ihr mit einem Teil der Plastikbahn verfolgen. – Ich hau dich durch, wenn ich dich erwische! – Tat sie nie und Michael belustigte diese Verfolgungsjagd, bei der er immer gewann. Sie griff mit derselben erfolglosen Drohgebärde auch zum Pracker[3]. Den kannte sie als Züchtigungsmittel aus ihrer Kindheit, von wem auch immer. Vielleicht wie das Scheitlknien[4] in der Ecke des Schulzimmers.

Wir spielten gerne Autoquartett und verglichen Autos nach PS, Hubraum, Geschwindigkeit. *Maumau*, glaub ich heißt das, wo derjenige oder diejenige mit der höheren Anzahl an PS die Karten gewinnt.

Michael hatte eine Weltkarte an der Wand hängen. Von ihm selbst und ganz alleine gepuzzelt. Michael war sehr begabt im Puzzlen (Heute, als Archäologe, profitiert er von dieser Qualität). Von dieser Karte lernte er die Hauptstädte aller Länder – mit fünf. Er kannte Reykjavik und Santiago de Chile. Wir konnten miteinander spielen, aber etwa ab diesem Alter stritten wir mehr. Er sekkierte mich, ich sekkierte ihn zurück, er zwickte mich mit seinen Fingernägeln in den rechten Arm. Er konnte das so gut, dass regelmäßig Blut kam und ich bis heute seine Narben habe. Er schrie, während er mir weh tat und Mutter sagte immer, ich soll Ruhe geben und den Kleinen nicht ärgern. Ich schrie und sie reagierte nicht. Schimpfen bekam ich. Heute liebe ich meinen Bruder.

---

[3] Teppichklopfer
[4] Bestrafung für Kinder; auf der Kante eines Brennholzscheites knien müssen

Unser jüngster Bruder hatte in Michael, je älter er wurde, einen vertrauten und verständnisvollen Spielfreund. Sie gingen gemeinsam Fußball spielen, und sie hatten ein paar gemeinsame Freunde. Ich mochte meinen kleinen Bruder; ich war besonders für ihn da, vor allem mit beginnender Pubertät war ich mit ihm emotional sehr verbunden.

Michael verschloss sich mir gegenüber. Er wurde immer stiller bis zur Sprachlosigkeit. Meine Differenzen und Ausbrüche mit unseren Eltern hielt er schwer aus. Er hatte Angst, wenn er aufmuckte, dass es ihm wie mir ergehen könnte. In der Volksschule hatte er oft Bauchschmerzen. Er hatte Angst vorm Turnen; er grüßte nicht. Niemanden. Er sah in den Boden, um nicht grüßen zu müssen. Er mochte keine Menschenmengen; meine Mutter sagte später, er war unkompliziert, machte keine Probleme, er lief mit, so nebenbei. Mutter hatte manch *charmante* Bezeichnungen zu ihrer Einstellung zu uns Kindern.

Michael und ich hatten mit meiner Entfernung von meinen Eltern jahrelang kaum Kontakt. Erst als er bei Oma wohnte und in Wien studierte, fanden wir uns wieder.

Bücher berühren

Ein Kind allein mit einem Buch, schafft sich irgendwo tief in den Kammern der Seele eigene Bilder, die alles andere übertreffen.

Astrid Lindgren

Struwwelliese als Antwort auf den Struwwelpeter

Struwwelliese ist 1890 zum ersten Mal erschienen. Der Satz in diesem Buch

– … hier im Bettchen ist es schön, will nicht in die Schule gehen. –,

regte mich zum vollen Verständnis für dieses Mädchen an, in welchem ich mich sehen wollte. Ich hatte das Buch immer so gelesen, dass ich Partei für *Struwwelliese* ergriff. Sie hätte sich nicht zur braven Liese ändern müssen, das fand ich sehr schade. Dass ihre kleinen Abenteuer und Versuche, anders zu sein und anders zu tun, schlecht ausgingen und moralisiert wurden, fand ich gar nicht gut. Das Ausprobieren von Dingen ist kindgemäß, und hier wird es bestraft. Ich identifizierte mich mit *Struwwelliese* und meine kleinen Abenteuer gingen ja auch immer wieder gut aus.

Struwwelpeter ist ein schauerliches Buch. Das hat mir Angst gemacht: ein Mädchen, das verbrennt, weil es zündelt. Was wird aus den Katzen? Die taten mir so leid. Ein Junge, dem der Finger abgetrennt wird, ein *Suppenkaspar*, der verhungert; man ahnt, mit welchen Methoden Kindern gedroht wurde und wie mit der Angst erzogen wurde!

Eigene Experimente

Ich zündelte gern, wenn ich allein daheim war. Als der Papierkorb in Flammen aufging, bekam ich es mit der Angst zu tun, lief damit in unser großes Bad und ließ die Dusche drüber laufen. Ich versuchte die nassen schwarzen Papierreste und die Asche verschwinden zu lassen und den Rauchgeruch auszulüften. Es ist mir gelungen. Ich war im Volksschulalter. Interessanterweise dachte sich Mutter nichts dabei, mich ab und zu allein zu Hause zu lassen.

Ich liebte die Bilder im Buch *Florians wundersame Reise auf der Tapete*, meine Fantasie wurde sehr angeregt durch den traumhaften und geheimnisvollen Ablauf der Reise.

Hadschi Bratschis Luftballon machte mir Angst und warf einige Fragen auf; wie konnte er so viele Kinder und so weit weg entführen? Das Land der Zitronen schien sehr verlockend, könnte ein guter Ort sein. Was geschieht da mit den Kindern? Der bedrohliche Muselmann – der würde heute noch einigen Erwachsenen ins Konzept passen.

Es gibt heute wunderbare Kinderbücher. Hin und wieder besorge ich eines nur für mich – meine Enkelkinder können es natürlich haben und wir lesen sie gemeinsam. Mir sind sie genauso wertvoll.

Die beiden oben genannten Bücher würde ich als historisch betrachten und den Kindern heute nicht mehr vorlesen; die rassistischen Passagen mit Negern und Türken waren damals zeitgemäß und nicht alle fanden das auch richtig.

Wir können mit Kindern zum Thema machen, warum man damals *Neger* sagte und heute nicht mehr. Bei Pippi ist der Negerkönig jetzt ein Südseeinselkönig. Wie auch immer.

Wilhelm Buschs *Max und Moritz* war das Lieblingsvorlesebuch meines Vaters. Er konnte es fast auswendig rezitieren. Die Geschichte von *Max und Moritz* war ja wohl sehr grausam, als die Hühner die beiden als Körner aufpickten ... Wegen der Streiche so bestraft zu werden, ist sehr unverhältnismäßig dargestellt. Es war irgendwie ambivalent – denn *Max' und Moritz'* Streiche empfand ich mehr als übergriffig, was sie *Lehrer Lämpel* und *Schneider Böck* antaten. Ich empfand dabei Beklemmung. Vater fand es lustig. Er hatte zu Humor andere Zugänge.

Die zehn kleinen Negerlein wurden mir nicht nur einmal vorgelesen und ich sah mir das Buch immer wieder an. Mir war nicht klar, wohin das letzte »Negerlein« verschwand, was war da los? Offene Fragen.

Im Grunde wuchsen wir damals mit rassistischen, ausgrenzenden Büchern, strotzend von schwarzer Pädagogik, auf.

Die *Wunderwelt,* mit Comics von *Zwerg Bumsti* schaute ich mit meinen Eltern gemeinsam an, Mutter las mir daraus vor. Ich habe die Bilder in Erinnerung und das Beisammensein im Vorlesen mit Mutter oder Vater. Es muss so gewesen sein, es gibt Fotos davon, und eine vage Erinnerung.

Meine Eltern hatten die Bücherreihe des Verlages *Readers Digest* abonniert. Daraus las ich später Romanabdrucke ... ich las alles, was mir unterkam.

Die drei Stanisläuse bekam mein Bruder. Das war ein kinderfreundliches Buch! Ich las es sehr oft und fand es wunderbar, dass der Großvater die Vögel mit den kleinen Vogeljungen in seinem Bart nisten ließ.

Bücher anders

Bücher transportieren das Leben, Lebenseinstellungen, Haltungen, erweitern den Horizont, ändern und erweitern das Denken.

Ich fühlte mich ständig geprüft und nie ernst genommen. Wir Geschwister mussten uns ständig beweisen. Wir produzierten etliche Aufsätze über irgendwelche Begebenheiten. Ich musste die Rosegger-Bände über den *Waldbauernbub* lesen und dann schriftlich nacherzählen. Lieber las ich Enyd Blyton, die Abenteuer der *Fünf Freunde* oder ihre *Rätselbücher*. Ich lieh mir aus der Bücherei auch Liebesgeschichten. Bücher wie *Morgens um sieben ist die Welt noch in Ordnung* hab' ich gern gelesen. *Der kleine Lord* – der Junge, der dem einsamen und grantigen Großvater hilft, über seinen Schatten zu springen, war ein harmloses, für mich aber ein Buch mit Anziehungskraft, das ich oft las.

Ich hatte in der zweiten oder dritten Klasse in Deutsch ein Referat zu diesem Buch gehalten. Darauf bin ich nicht stolz. Ich wusste, es war ein Buch für Kinder. Irgendwie war es mir unangenehm. Ich spürte, ich hätte gern über etwas Wichtigeres referiert, ein gesellschaftskritischeres Buch – unser Lehrer war sehr fortschrittlich und kritisch. Am Gym geduldet. Meine Mutter riet mir dazu, dieses Buch zu referieren. Da wollte ich gefallen, und merkte, dass ich nicht gefiel: besser, das Buch gefiel nicht. Ich konnte mein Gefühl dazu nicht transportieren. Es war nicht ausgesprochen, ich merkte das. Mein innerer Konflikt war, dass ich mich von meiner Mutter zu etwas überreden ließ, was nicht mit dem übereinstimmte, was ich wollte! Weil ich wusste, auch wenn ich woran Freude habe, muss es für andere noch lange nicht passen. Ich konnte nicht gut zu mir selbst stehen.

Ich war zehn Jahre alt, als meine Mutter mit mir *Pippi Langstrumpf* im **Kino** ansah. Es war mein allererster Kinobesuch. Ich fühlte mich so besonders! Ich weiß noch, wie spannend ich es fand, als *Pippi* im Winter die Diebe an der Nase herumführte und diesen großen Schneeball nach ihnen rollte. Ich liebte es, *Pippis* Freiheit und Unabhängigkeit und ihre uneingeschränkte Kreativität nachzuspüren. Ein Leben ohne Erwachsene! Es war großartig, wenn Erwachsene *Pippi* näherkommen wollten und sie mit der nötigen Kraft, Genialität und Humor gegen die moralischen und habgierigen Eingriffe der Erwachsenen ankam.

Erst viel später las ich *Ferien auf Saltkrokan* und Astrid Lindgren wurde meine Lieblingsautorin. Mit unserer Tochter las ich alle Bücher Astrid Lindgrens und Miriam liebte sie. Simon bekam sehr jung einen Bezug zu Büchern, *Pippi* fand er bald und ich las sie ihm vor, danach kam gleich *Michel aus Lönneberga* und auch er und seine kleine Schwester lieben die Bücher Astrid Lindgrens. Das rührt mich sehr, denn diese Frau berührt tatsächlich alle Generationen von Kinderseelen.

Mit *Pipi Langstrumpf* und *Ferien auf Saltkrokan* lernte ich Astrid Lindgren kennen – die wichtigste, bahnbrechendste und aufgeschlossenste Kinderbuchautorin unserer Zeit. Christine Nöstlinger ist für mich die österreichische Antwort auf Lindgren. Ihren *Gurkenkönig* lasen wir in der sechsten Klasse mit sechzehn. Erst als Jugendliche und in der Clique lasen wir Bücher Christine Nöstlingers. Fortschrittliche Kinderbücher gehörten zu unserem Literaturrepertoire.

Robinson Crusoe las ich, glaube ich, mehr als zehnmal. Dieser einsame Held, der Schiffbruch erleidet und der sich mit dem Unheimlichen, ja einem Menschenfresser, einem Schwarzen(!) anfreundet – und wenn man ihn näher kennenlernt, wird er zum Freund. Welch eine Philosophie und wie aufklärerisch!

Ich verabscheute Ausgrenzung und Vorurteile. Es regte mich auf, wenn jemand, insbesondere meine Eltern, Menschen auf Grund der Hautfarbe, Nationalität und Religion … und des Geschlechts einstuften, auf den Charakter Rückschlüsse zogen und sie diskriminierten.

Übergangslos von *Robinson Crusoe* begann ich Berthold Brecht zu lesen. Upton Sinclair war auch sehr früh unter meinem gesellschaftskritischen Literaturrepertoire. Ich sog die Geschichten über die ausbeuterischen Methoden der amerikanischen Industrie, der Schlachthöfe in den Anfängen des zwanzigsten Jahrhunderts auf.

Kafkas *Schloss* fand ich bemerkenswert und es verwirrte mich. Gleichzeitig war *kafkaesk* ein wunderbarer Begriff, die unermessliche Bürokratie und das Nichterreichen von Notwendigkeiten innerhalb der Abhängigkeit des Beamtentums zu benennen.

Handkes *Wunschloses Unglück*, Brechts *Cäsar* und Soyfers *Lechner Edi* landeten im Müll – die Bücherverbrennung meiner Mutter.

Auf eine sechswöchige Reise nach meiner Matura durch Kreta nahm ich zehn Bücher in meinem Tramperrucksack mit. Im Schatten unter einem Baum sitzen und lesen, am Strand liegen und lesen; ich genoss das. Mein Tramperrucksack war schwer, ich war jung. *Brot und Rosen* las ich mehrere Male; ein gutes Buch zur Geschichte und Politik der Frauen. Von Männern belächelt. Es war nicht Alice Schwarzer, die war ja heiß umstritten und bei den Linken verpönt. Mir war klar, dass noch vieles in der Frauenpolitik im Argen lag und es viele Dinge zu lösen gab. Ich war mit drei Männern unterwegs. Durchaus konfliktreich. Dazu erzähle ich später.

Alice Schwarzers Biografie ist heute eines meiner Lieblingsbücher!

Experimentieren mit Buchstaben, Worten und dem Spiel der Sprache

Das Lernen der Sprache, die Fertigkeiten des Schreibens und Lesens Kindern lernen zu lassen, entspricht der natürlichen Entwicklung eines Kindes und ist ein Grundbedürfnis. Das Eröffnen dieser Möglichkeit, in diese Welt einzutauchen und sie kennenzulernen, ist so notwendig und deshalb ein Grundsatz, für alle Kinder gleiche Bildungschancen zu erreichen.

Kinder wollen mit drei Jahren oder früher die Buchstaben ergründen, Kinder lieben Bücher. Man darf sie ihnen nicht vorenthalten. Viele Kinder haben schon vor der Schule Interesse, schreiben zu lernen, da dran zu bleiben und sie lustvoll zu fördern ist ein Geschenk für sie.

Unter Zwang oder mit Druck gelingt das schlecht. Da halte ich es mit Maria Montessori und den sensiblen Phasen. Wir bemerken das Interesse der Kinder, wenn wir mit ihnen und bei ihnen sind. Wir Erwachsenen sind gefragt, die Möglichkeiten aufzubereiten, wenn der Zeitpunkt, die sensible Phase, des Kindes für neue Entwicklung da ist.

Meine Enkelin Hanna ist drei Jahre alt und lernt mit Simon, ihrem großen Bruder. Sie las mit mir den *Superwurm* und rezitiert ihn auswendig. Sie schreibt ihren Namen, *R S E* und *Mama* und *Papa*. Sie schreibt Buchstaben, wo sie Zettel, Heft und Bleistift erwischt. Sie liest Buchstaben in ihren Büchern. Ihre Euphorie ist kaum zu bremsen; das ist doch großartig! Wir freuen uns über den Inhalt vieler Bücher zu plaudern. Oder Hanna spielt ihn nach. Wenn ich Simon vorlese, hört sie mit. Wenn Simon liest, hört sie mit und ahmt ihn nach. Sie versteht *Michel aus Lönneberga* und *Pippi* auf ihre Art. *Anderswo ist überall* und all die wunderbaren Bücher eröffnen jedes Mal neue Welten.

Mit Miriam hatten wir das Vergnügen fast alle Bücher Christine Nöstlingers zu lesen. Miriam verschlang die Geschichte *Rosa Riedels* und des *Großvaters Albicocca* aus dem Krieg. Wir konnten ihr mit Hilfe solcher Bücher unsere Geschichte näherbringen. Die Familiengeschichte des einzelnen ist immer abhängig von den politischen, gesellschaftlichen Ereignissen. Der Krieg und der Faschismus, die Menschenverachtung hatte alle betroffen und es ist noch nicht so lange her. Ich meine, es ist wesentlich zu wissen, wie unsere Vorfahren gelebt haben, damit wir verstehen. Christine Nöstlinger versteht das besonders gut. Sie setzt sich auseinander mit uneinsichtigen und autoritären Erwachsenen als Kinderquäler. Mit ihrer Wiener Seele, in der ich meine Wurzeln sehe, ist sie mir sehr nahe. Sie widmet sich den alltäglichen Nöten und Sorgen von Kindern und erzählt sie in ihren späteren *Geschichten vom Franz* besonders hinreißend.

Mira Lobe

Mira Lobes *Omama im Apfelbaum* gehörte auch zu meinen Lieblingsbüchern, die ich mehr als einmal las. Vermutlich dockte deshalb Astrid Lindgrens Ausspruch

– Warum sollen alte Weiber nicht auf Bäume klettern? –

so gut bei mir an.

Ich habe manche Oma – Vorbilder neben meiner eigenen Oma und bin sehr gern selbst Oma.

Ich las, was ich in die Hände bekam; ich liebte es, mich in eine andere Welt und in andere Menschen zu versetzen.

Theater mit Mutter

Nöstlingers Themen lagen meinen Eltern fern.

In Baden, Mutters geliebter Heimatstadt, besuchten wir Open-Air-Operetten – *die Zirkusprinzessin* und *den Zigeunerbaron* im Kurparktheater. Ich sah die Sterne am Himmel und staunte über diese unfassbare Weite und über das Ambiente, das so etwas bieten konnte. Die Operette fand ich langatmig. Trotzdem: die Tatsache, dass Mutter so etwas mit mir unternahm, war besonders für mich. Ich zog auch was Schöneres an. Abends auszugehen war schon aufregend. Die sommerliche Abendluft, die Stimmung, alles war besonders. Mutter war auch gut gelaunt und glücklich.

Vater nahm mich anderswohin mit.

Umspannwerk

Mein Vater hatte am Wochenende Bereitschaftsdienst, da hatte er – wie er es nannte – sein Piepserl mit; das piepste, wenn er gebraucht wurde und er musste zum nächsten Telefon, um sich im Werk zu melden. Oft musste er dann auch ins Werk. Er kontrollierte auch die Umspannwerke in der Umgebung. Das auch am Wochenende. Er nahm mich auf diese Kontrollgänge mit. Er hatte den Schlüssel, da durfte niemand sonst hinein. Irgendwie war es etwas Besonderes und aufregend, dass er das durfte. Ich wurde angehalten, vorsichtig zu sein, denn von kindersicher konnte da keine Rede sein. Er instruierte mich, wo ich warten musste und holte mich dann und zeigte mir elektrotechnische Zusammenhänge, die ich nicht wirklich verstand. An ein U-Werk konnte ich mich erinnern. Es hatte innen rundherum ein offenes Geländer und es ging tief zu den Maschinen nach unten. Es roch eigenartig. Mir war unbehaglich; ich durfte die senkrechte Stahlleiter nach unten klettern und mitkommen. Ganz wohl war mir nicht dabei, die Tiefe war schwindelerregend. Vermutlich käme es mir als Erwachsenen bei weitem nicht so tief vor. Ich kann mich an den metallischen Geruch da unten noch erinnern; das Gefühl, dass da nicht jede hineindarf, war aufregend für mich.

Dass ich heute kein Problem damit habe, einfache, im Haushalt manchmal notwendige Handgriffe, wie neue Lampen zu montieren, umzusetzen, habe ich sicher Vaters Identifikation mit seinem Beruf und seiner Fähigkeit, mir trotz allen Zuviels die praktischen Dinge im Leben näher zu bringen, zu verdanken. Genauso, wie eine gute Basis an handwerklicher Geschicklichkeit, die ich trotz dem Druck durch Leistungsdenken auf den Weg bekommen habe. Es war leider immer mit viel zu vielen Erklärungen verbunden und dem, dass ich geprüft wurde, es zu wiederholen, ob ich es verstanden hatte. Mein Vater war auch Lehrer – Oberlehrer.

Rückzugsorte der Fantasie

Ich liebte die drei Tannen an der Straßenseite unseres Vorgartens. In ihrem Dreieck konnte ich mich gut verstecken, mit mir selbst sein und spielen. Die Außenwelt gab es da nicht. Ich war dort auch mit meinen Freunden. Ich ging in die zweite Klasse der Volksschule, als wir in ein Haus umzogen. In diesem Garten wuchs ein Haselnuss-strauch. So groß, dass seine Äste vornüber eine Höhle bildeten. Er wuchs in einem Halbkreis. Wenn die Erde trocken war, brachte ich Decken mit und behängte die Äste. Die trockene Erde fegte ich mit meinen kleinen Händen zur Seite, damit ein größerer Eingang ent-stand. Ich spielte an diesem Ort gern mit meinen Puppen. Ganz für mich alleine, abgeschottet von der Außenwelt, ohne Forderungen an mich. Die Zeit stand still. Es war behaglich unter dem schützen-den Baum. Die Erde war gut, ich legte sie je nach Bedarf mit Decken aus, oder ließ den Boden nackt. Ich mochte diesen feinen Sand. Ich berührte mit meiner Handfläche den glatten Boden, formte Muster und häufte Erde am Rand auf. Die raue Feinheit des fast sandigen Bodens war angenehm.

Die trockene Erde unterm Haselnussbaum

Ich genügte mir selbst im Schutz des Haselnussbaumes.
Da fand ich Ruhe und Geborgenheit.
Niemand bog mich hier zurecht.
Nur ich bog die Äste des Haselnussbaumes für mich zurecht.
Zum Schutz für meinen Bereich!
Ich spielte mit meinen Händen in der Erde, ich fühlte die feine san-dige Erde.
Ich machte Muster mit meiner Hand.
Ließ die Hände sich im Halbkreis im feinen Staub hin- und herglei-ten, streichen, streicheln. Meditativ.

Da war ich geborgen.

Feiern?

Wir feierten zu Hause Weihnachten, obwohl der katholische Glaube dafür nicht vorhanden war. Der christliche Glaube unserer Kultur in Bezug auf Nächstenliebe und ähnliche Werte lebten wir, oder lebten wir nicht, wie viele andere Gläubigen und nicht Gläubigen auch.

Weihnachten gehört zu unserer Kultur; es war gut, einen Weihnachtsbaum zu haben mit den (giftigen, von indischen Kindern gefertigten) Sternspritzern, Kerzen und roten Äpfeln und gemeinsam – oder von Muttern gebastelten Strohsternen. Oma feierte mit uns in Waghofen. Es war schön, ich habe auch Feste in Erinnerung, die nicht belastend waren, bestimmt. Ein anregendes staunendes Weihnachtsbild aus unserer ersten Wohnung in Waghofen taucht in meinen Erinnerungen durchaus auf, das war gut.

Aber die Dinge gestalteten sich komplizierter, je älter ich wurde.

Wir mussten an manchen Festtagen nach Waldbühl zu Vaters Familie feiern fahren.

Meine Eltern fuhren einen Opel Kapitän. Wir waren schon zu fünft mit meinen zwei jungen Geschwistern. Günter war schon auf dieser Welt, also muss ich neun oder zehn Jahre alt gewesen sein. Das Auto war voll bepackt bis an die Heckablage. Oma reiste aus Baden zu uns nach Waghofen. Wir fuhren zu sechst mit Koffern und Geschenken nach Waldbühl zur anderen Oma und meiner Tante.

Damals war das erste befahrbare Stück Autobahn zwischen Salzburg und Waidhall fertiggestellt. Es war eisig und die Straßen spiegelglatt. Mutter saß am Steuer, sah die kreuz und querstehenden Autos und es war zu spät – sie konnte nicht mehr bremsen, wir rutschten in die ineinander verkeilten Autos. Massenkarambolage, was für ein Wort! Ich konnte erzählen, wir waren in einer *Massenkarambolage* verwickelt. Allein das Wort begeisterte mich.

Es war kalt und ungemütlich. Es dauerte eine Ewigkeit, bis wir uns wieder weiter fortbewegen konnten. Die Polizei musste alles aufnehmen und wir froren. Gut, das war fremdbestimmt, da konnte niemand etwas dafür.

Gleichzeitig war Oma ohnehin schon viel zu ruhig und Mutter vorher schon nervös.

Oma war sehr ehrlich und konsequent in ihren Empfindungen. Sie konnte gut zeigen, wenn ihr etwas nicht passte. Die andere Oma aus Waldbühl machte gute Miene zum *bösen Spiel*, sie ließ sich nichts anmerken. Oma sah man die Unzufriedenheit an; sie kommunizierte kaum noch. Sie saß auf einem Fauteuil in der Ecke im Wohnzimmer und war still. Oma hatte ihre gefestigte nicht unbedingt positive Anschauung zu den Verwandten ihres Schwiegersohnes. Damals genauso zu ihm selbst.

Mutter las auch dieses Jahr Weihnachtsgeschichten oder -gedichte vor – mit Botschaft. Oft Waggerl, oder den *Waldbauernbub* von Rosegger, natürlich; sie botschaftete gerne mit Texten, die wir in ihrem und Vaters Sinne interpretiert bekamen. Ich musste ja alle drei Rosegger Bände lesen und Kapitel für Kapitel schriftlich nacherzählen. Ich bemühte mich, an manchen Texten Gefallen zu finden.

Ich trug eine Bluse nur aus Spitzen von irgendjemandem geschenkt und einen Rock aus schwarzem Samt. Die Spitzenbluse juckte und kratzte und ich schwitzte darin. Ich verweigerte nicht, sie anzuziehen, wollte ich doch festlich angezogen sein.

Was zum Höhepunkt noch fehlte, war das Spiel mit der Flöte. Ich wollte Gitarre lernen, nun, ich bekam eine Flöte und musste Stunden nehmen. (Ich kann immer noch auf der Flöte spielen.)

Mir gingen die Weihnachtslieder leicht von der Hand, es fiel mir auch nicht schwer später auf der Altflöte zu spielen. Auf dieser spielte ich lieber, der Klang war voller. Dieses Vorspielen vor Publikum, immer mit einem Beigeschmack von Zwang und – wir hätten jetzt gerne heile-Welt-Atmosphäre –, war mir bis in die Knochen unangenehm. Es war nicht, weil es lustvoll sein hätte können. Ich wurde dann übertrieben gelobt für ganz banales Flötenspielen. Ich hatte anscheinend damals schon Schwierigkeiten, Lob anzunehmen … - Siehst du, wenn du brav bist, ist es doch für dich auch gut und unaufgeregt-.

Ich war noch ein wenig jünger, da wünschte ich mir von ganzem Herzen ein *Schlummerle*, das war eine der ersten Weichkörperpuppen. Mein einziger wirklicher Weihnachtswunsch. Sie war etwas ganz Besonderes. Oma machte schon Andeutungen, dass sie unter dem Weihnachtsbaum liegen werde. Sie konnte sich ganz schwer zurückhalten; sie freute sich selbst.

Der Abend kam, viele Packerl mit Geschenken lagen am Boden und ich sah sie unterm Weihnachtsbaum, meine Puppe!

-Zuerst musst du auf der Flöte spielen, dann bekommst du die Geschenke – ohne Flötenspiel keine Geschenke. –

-Nein, ich spiele nicht. –

Das wird doch wohl möglich sein, mir bedingungslos ein Geschenk, eine Freude machen zu können. BEDINGUNGSLOS!

Ich spielte nicht, ich heulte, ich ging in mein Zimmer. Sollten sie doch ihr Weihnachten feiern! Oma kam mir nach, sie war auf Vater wütend, immer in diesen Situationen sagte sie mir unverblümt, was sie von ihm hielt. Sie wollte auch, dass ich die Puppe bekam und war auf Wilhelm stinksauer. Am nächsten Tag ging ich mit ihr spazieren, wir besprachen die leidvolle Situation; Oma besorgte mir die Puppe und der *Hausfrieden* hing schief. Das ging ganz schnell, dass der schiefhing; Vater war dann sofort zutiefst enttäuscht und gekränkt, wenn es nicht nach seinem Kopf ging, er nahm das persönlich und konnte nicht nachgeben, keine Kompromisse. Die Kränkung ließ er uns dann mit Nichtbeachtung spüren; manchmal mit schlimmen Wutausbrüchen und später mit heftigen Gewaltausbrüchen. Ich war schuld.

Ich bekam in den Sechzigern ein Klapprad. Im vorangegangenen Sommer sehnte ich mich danach, ein Fahrrad zu bekommen. Mein Herzenswunsch. Den vorderen Teil des Klapprades bekam ich zu

Weihnachten und tatsächlich den hinteren Teil zu Ostern. Der Humor meines Vaters. Etwas in mir stockte. Ich fühlte mich nicht sehr ernstgenommen, völlig unverstanden.

Als Jugendliche wollten auch meine Brüder vom scheinheiligen Fest verschont bleiben, wir wollten Weihnachten nicht mehr, meine Eltern stellten einen aufblasbaren Plastikbaum auf, warum? Als Reaktion, wie lächerlich dieses Fest doch sei und eh nichts wert, will eh niemand haben. Da doch besser gar nichts. Sie flogen in ihren älteren Jahren zu dieser Zeit auf die Kanaren, um Weihnachten zu entgehen. Ich erinnere mich, als unsere Tochter schon auf dieser Welt war, besuchten wir meine Eltern am Nachmittag des 24. Dezembers. Ich bekam einen gebrauchten Wasserkessel und einen gebrauchten Bademantel. Es ging mir um Freude und Feiern, das konnten die beiden nicht. Und es fühlte sich immer daneben und hilflos an.

Ich fuhr jahrelang zu Weihnachten nicht nach Hause, meistens feierte ich mit der Familie meines späteren Mannes. Einmal machte ich es mir gemütlich mit einer Freundin bei Rollbraten und Kartoffelpüree, wunderbar war das.

Doch, ich mag Weihnachten, unkompliziert. In der dunklen Jahreszeit tut dieses Fest gut. Wenn die Familie sich versteht, mag es sinnvoll sein, wenn man in Ruhe beisammensitzt, isst, trinkt, feiert, plaudert und sich bewusst schöne Geschenke macht, ohne Zwang. Ich erlebte das später sehr schön bei Jakobs Familie, mit seinen Großeltern und der Familie seines Onkels.

Als junges Mädchen feierten wir zu viert, Jakobs Eltern und wir beide. Ich war angenommen, so wie ich war. Nur das und es war schön.

Silvester war entspannter. Mutter machte russische Eier und anderes Mayonnaisezeugs. Wir spielten Spiele bis Mitternacht und aßen spät. Die russischen Eier mochte ich. Es war nicht aufregend, aber das heißt in meiner Familie Gutes; keine Konflikte. Als meine Brüder größer waren, ließ Vater zu Mitternacht ein paar Raketen los.

Spannend, welche funktionierten und welche nicht. Es war schön, im Garten die Nachtluft zu spüren.

Das Spiel des Kindes ist die Brücke zur Wirklichkeit

Bruno Bettelheim

Wir spielten Gesellschaftsspiele. Grundsätzlich mochte ich traditionelle Spiele wie Halma, Mühle, Dame, Quartett. Vater spielte erbarmungslos, und wenn er gewann, machte er ein unglaubliches Theater. Er freute sich wie ein kleines Kind, war furchtbar laut und verspottete uns zum Spaß:

– Schlecker Batzl –, rief er euphorisch. Er übertrieb maßlos. Das Kind in ihm kam da zum Vorschein. Ich brauchte das nicht. Es war mir unangenehm. Als Erwachsene hätte ich gern die Innviertler Kartenspiele, wie Bauernschnapsen oder Watten, gekonnt. Elisabeth spielte diese Kartenspiele mit ihren Freundinnen und Freunden im Zug zur Schule. Sie konnte das.

Mein zehnter Geburtstag

Es war schon hell, als ich aufwachte. Ich wollte lange schlafen. Angst, was passieren könnte. Geschenke waren um mich herum drapiert und vor meinem Bett war ein Schlitten. Es waren viele Geschenke und ich weinte. Ganz genau weiß ich noch, was ich da fühlte, ich weiß nicht, was ich dachte. Ich hatte Sehnsucht nach etwas, was ich nicht nennen konnte, mein ganzer Körper war Traurigkeit. Ich hatte keinen Bezug dazu, dass ich unermesslich materiell beschenkt wurde; ich weiß auch nicht mehr, was ich alles bekam, an keines der Geschenke kann ich mich erinnern, denn irgendetwas fehlte mir. Mutter war enttäuscht, sie konnte nicht ahnen, was los war, oder doch? Ich hatte sie enttäuscht, sie gab sich solche Mühe, mir meine Wünsche zu erfüllen, da war ich mir diesmal sicher – und ich – ich war wieder unzufrieden; -Es ist schon schwierig mit dir, Kind. – hätte sie sagen können, – Man kann es dir nicht Recht machen. –

Ich war unglücklich. Die Pubertät kündigte sich Hals über Kopf an, so viel war klar – und ich war frühreif. Elisabeth und ich waren uns da sicher, dass wir früher *dran* waren und sowieso fast erwachsen …

Ich bekam schon weibliche Formen und in diesem Jahr im Frühling sollte ich tatsächlich meine erste Blutung bekommen.

Nein, es waren nicht die Hormone; in diesem Moment an meinem Geburtstag spürte ich meine Haltlosigkeit; das Gefühl auf mich alleine gestellt zu sein. Ich fühlte mich nicht angenommen, wie ich war, ich fühlte mich nicht verstanden, es fehlte mir das Anlehnenkönnen, das bedingungslos Angenommensein. Es war (wie) eine Depression, wie in ein Loch fallen, und niemand fing mich auf. Ich erkannte das in meinem Erwachsenenleben wieder. Als Zwanzigjährige befiel mich Panik, ich hatte Panik vor den Schatten meiner Pflanzen im Zimmer!

Unerträglich war das laute Singen meines Vaters; warum musste er immer so übertreiben, kann er nicht leise sein, leise auf mich zukommen, wenn er mir Liebe oder Freude *zeigen* wollte? Nein, er zeigte das laut und für mich unerträglich.

Sonntag morgens riss mich lautes Flötenspiel, lautes Singen oder *nur* sein Urschrei aus dem Schlaf.

Jahrelang. Ich stand nicht gleich auf, ich kam im Pyjama und später zum Frühstück.

Meine Zimmertür musste offenbleiben. Ich schloss sie zum Schlafengehen, morgens war sie wieder offen. Ich horchte abends noch Radio – Ö3 war für mich damals noch hörenswert. Man bedenke, Andre Heller moderierte und viele andere Sendungen waren hörenswert, genauso wie gute Rockmusik, Jazz, Pop und eben Musik aus dieser Zeit der sechziger und siebziger Jahre.

Ich drehte das Radio auf Flüsterton, ich hörte heimlich und später, für mich.

Ich hatte Sehnsucht nach einem anderen Leben.

Frau werden?

Erst zehn Jahre alt und ich bekam meine erste Regelblutung.

Ich saß auf der Toilette und bemerkte braune Streifen in meiner Unterhose. Ich achtete auf meine Hygiene und wusste, es waren sicher keine Kotstreifen. Ich war beunruhigt, verunsichert, verzweifelt und hatte keine Ahnung, was mit mir vor sich ging. War ich krank, hatte ich doch in die Hose gemacht? Nein, das sah so nicht aus. Ich verbrachte Zeit am Klo. Ich hatte das Gefühl, meiner Mutter sagen zu müssen, was passiert sei – sie musste mir helfen.

Mutter gab mir viel Watte; – Das ist normal, die gibst du dir rein, wenn das wieder passiert. – Sie gab mir ein Buch für Frauen, das ich interessiert las. Biologisch war mir das dann schon klar, soweit war ich wieder beruhigt. Aber das wars dann schon. Mit zehn die Regel ohne Vorankündigung und Vorkenntnis!

Und bald hatte ich mit der Monatsblutung unglaublich starke Schmerzen, die ich kaum aushielt. Ich blieb im Bett, ich war krank vor Schmerzen. Keine Tabletten linderten meine Schmerzen im Bauch.

In späteren Jahren sollte Mutter mehrmals wiederholen: – Solange Frauen Kinder bekommen, können sie nicht emanzipiert sein. –

Es war ein paar Monate später, als ich etwas wie Trost und Verständnis von der Schwester meines Vaters bekam.

Sie traute sich üblicherweise nicht gegenüber ihrem Bruder aufzutreten. Vater bildete sich ein, ich sollte mich morgens um drei Uhr bereit machen zum Berggehen. Er war mit mir sehr grob und zwang mich aufzustehen – ich blieb im Bett liegen und hielt meine Bauchschmerzen kaum aus. Er war immer noch der Meinung, ich simulierte und er wollte mich aus dem Bett zerren. Ich flehte und schrie ihn an, beschimpfte ihn. Meine Tante kam vom Nachbarhaus, der einzige Mensch, auf den Vater mit viel Glück hörte. Sie half mir und wir verbrachten einen schönen Tag bei ihr in Erleichterung.

Alle Tränen sind salzig, wer das begreift, kann Kinder erziehen. Wer das nicht
begreift, kann sie nicht erziehen.

Janusz Korczak

Sie hatte ein braun gemustertes schönes modernes Kleid an, sie nähte sich schöne moderne Kleider im Stil der fünfziger Jahre. Enganliegend mit ausgestelltem Rock.

Sie färbte sich selbst die Haare mit einer alten Zahnbürste. Konstanze ging mit mir spazieren, gemütlich, wohin uns der Weg führte. Sie zeigte mir Kräuter und Pflanzen. Das Grundwissen über Kräuter und ihre Wirkung habe ich von ihr. Mit ihr erlebte ich, wie sie Arnika ansetzte. Die Arnikaessenz tat bei meinen üblichen Abschürfungen am Knie und Ellbogen nicht so weh wie die damals übliche Jodtinktur!

Konstanze machte sich schön und ich liebte es, sie dabei zu bewundern und ihr zuzusehen. Wenn sie ausging, hatte sie immer schöne Kleider an, selbst wenn sie zur Maiandacht ging. Das hatte für mich etwas Mystisches. Es musste etwas Besonderes sein, Konstanze war bei diesen Gelegenheiten sehr feierlich. Ich begleitete sie nicht. Kirche war tabu bei uns, gleichzeitig war das wie Konstanzes Geheimnis und ich fühlte mich dennoch nicht hingezogen.

Wilhelms Schwester; sie weinte viel, vor Glück und vor Sehnsucht; sie war schnell gerührt und nah am Wasser gebaut. Sie mochte mich. Sie hatte auch Chancen bei ihrem großen Bruder, der um vierzehn Jahre älter war. Immer gelang es ihr nicht, mich in Schutz zu nehmen. Sie stand zwischen uns. Ich hasste es, auf den Berg zu gehen, ich hasste es nach Waldbühl zu fahren, wo nur gearbeitet wurde und von wo aus Berge bestiegen wurden. Meine kleinen Brüder gingen mit, auch nicht immer mit Begeisterung; ich kann mich erinnern, als wir uns auf die Straße setzten und nicht mehr weitergingen. Konstanze war allerdings auch eine enthusiastische Bergsteigerin; hatte aber für Andersfühlende Verständnis. Sie hatte den Schulabschluss der Gewerbeschule in Waidhall, damalige *Knödelakademie*. Sie konnte extrem gut nähen. Zu Miriams

Geburt schenkte sie ihr ein ganz fein genähtes Babyhemdchen. Für sich selbst nähte sie schöne Kleider an einer alten kunstvoll gestalteten Pedalnähmaschine auf einem kunstvoll geschmiedeten Tischgestell. Ich durfte als Kind mittreten, während sie die Naht zog. Später durfte ich auch die Nähmaschine bedienen, ich fand den Mechanismus faszinierend. Sie selbst verdiente ihr Geld in einem Laden für Haushaltswaren, Werkzeug und Zubehör, so ein Krämerladen für alles, was man im Haus braucht – Die VerkäuferInnen bedienten alle im grauen Mantel. Ich durfte Konstanze besuchen und auch hinter die hölzerne hohe Verkaufspudl. Alles war düster, die Mäntel grau, das Holz dunkel. Konstanze war stolz auf ihre Arbeit. Die Firma gibt es heute, glaube ich, immer noch in Waidhall als Handelsunternehmen.

Mutter und meine Brüder gingen in aller Früh mit auf den Berg.

Gewalt

Mutter packte jedes Wochenende die Koffer für Wilhelm und uns alle. Sie war unglücklich nach Waldbühl zu fahren, die Stimmung dort war geladen. Wilhelm war da so angespannt, dass man das Gefühl hatte, wenn ein falsches Wort fällt, musste man das Schlimmste befürchten. Ich spürte diese Gewalt oft kurz vorm Ausbrechen.

Es passte Vater nicht, dass Mutter – es war eine unheilschwangere Stimmung – gerade jetzt allein wegfahren wollte – nach Oberbühl einkaufen. Sie wollte einfach ihre Ruhe haben. Mutter stieg ins Auto und schloss die Tür. Vater wollte die Tür öffnen, Mutter hatte sie von innen verschlossen, jedoch das Fenster war noch geöffnet. Es war ein sehr heißer Sommertag. Mutter hatte eine Kleiderschürze an. Sie wollte das Fenster hochkurbeln, Vater fasste ins offene Fenster und zerrte Mutter an den Haaren. Sie stieß sich heftig den Kopf an der halboffenen Fensterscheibe, oder an dem Türrahmen, sie schaltete den Rückwärtsgang ein und fuhr los. Vater hatte ein dickes Haarbüschel in der Hand. Er rannte ihr nach, sie sollte auf der Stelle zurückkommen.

Sie war lange weg.

– Zum Glück. –, dachte ich. – Sie muss sich aus diesen Klauen befreien. –

Danach, nach ihrer Rückkehr, war es, als wäre nichts gewesen. (Michael war diese Situation genau so tief in seinen Erinnerungsbahnen.)

Meine Güte, was hat sich da Generation um Generation aufgestaut!

Wilhelm vertrug nicht den leisesten Widerspruch. In lichten Momenten wollte er sich bemühen – das ging nach hinten los, wirkte peinlich und gekünstelt, irreal. Er war in sich gefangen.

Muggerls Worte zu mir waren: – Warum redest ihm immer dagegen? Da darfst dich nicht wundern, wenn ihm die Hand auskommt! –

Es waren die Fäuste, die ihm *auskamen*.

Ich hatte sehr viel verdrängt. Ich kann mich an drei heftige Prügeleien erinnern. Mein kleiner Bruder erzählte mir im Erwachsenenalter von einigen gewaltintensiven Ereignissen mit Vater. Er kann sich erinnern, wie Vater mich auf den Rücken geprügelt hatte. Immer mit den Fäusten.

Günter erzählte eine Geschichte, die ich völlig vergessen hatte. Der Fitnessparcour in Waghofen im Wald bei den Wildschweinen war gerade neu errichtet. Vater wollte dorthin einen Spaziergang machen. Wir gingen alle vier mit ihm. Ich dürfte geäußert haben, dass mich das nicht interessierte. Mitten im Wald schlug er hemmungslos auf mich ein. Wenn er schlug – immer hemmungslos, außer Kontrolle.

Genauso wie Vater die schrecklichen Ereignisse aus seiner Vergangenheit und der seiner Familie aus seinem Gehirn abgespalten hatte, tat ich das zum Teil, um mich seelisch zu schützen.

Meine Brüder hatten Angst. Angst, wenn Vater um 16.10 Uhr bei der Tür hereinkam. Angst, wenn samstags die Mittagssirene in Kriegssirenenlautstärke heulte und Vater nach zehn Minuten zu Hause auftauchte.

Er war immer so laut. Michael erzählte mir schon vor langer Zeit, dass es für ihn so schrecklich war, welchen Gewaltausbrüchen ich ausgesetzt war. Michael war still, sehr still. Er hatte eine übertrieben geduckte Haltung. Er passte sich an und wollte nichts falsch machen, damit ihm keine Gewalt wiederfährt. Günter ist siebeneinhalb Jahre jünger als ich. Für ihn war das genauso unfassbar. Er erzählte, sie beide hätten drei Mal eine Ohrfeige bekommen – davor hatten sie weniger Angst, als vor der ständigen Bedrohung. Welche Verdrehungen mussten sie vollziehen, ihr Selbst aufzugeben und lernen, welches Benehmen in welcher Situation angebracht sei.

Wir waren alle drei so schrecklich wütend und konzentriert auf Vaters Gewalt und Übermächtigkeit, dass wir erst viel später erwachten und sahen, wie allein wir tatsächlich waren. Mutter gab uns keinen Halt.

Wir wären doch selbst schuld, wenn wir Vater widersprachen, wir wüssten ja, was uns erwarten würde, sagte sie.

Ich ließ mir mein Selbst nicht herausprügeln. Ich passte mich nicht an, ich nicht.

Heute weine ich noch manchmal, so kurz nach dem Tod meiner Eltern, wenn ich mit dem Auto an der Fabrik, in der Vater viele Jahrzehnte gearbeitet hatte, vorbeifahre.

Ich sehe ihn in seiner gebückten Haltung, die Arme hinter seinem Rücken verschränkt, nach Hause gehend.

Ich weine, weil ich ihn vermisse. Es ist gut so.

Überleben – leben wollen!

Ich kam mit einem Kaiserschnitt zur Welt. – Kaiserschnittkinder sind schön. –, wiederholte Mutter gerne.

Die Hebamme hörte keine Herztöne mehr aus dem hochschwange-
ren Bauch meiner Mutter durch ihr hölzernes Stethoskop. Es ging
ganz schnell. Mutter freute sich nach dem Aufwachen von der Narkose, ein Baby im Arm halten zu können. So stelle ich mir das
vor. Sie lebte, ich lebte; das war in den Stunden vor meiner Geburt
nicht sicher. Mein Vater wurde um eine Entscheidung angerufen –
die Entscheidung, wer überleben sollte, Mutter oder Kind; er sollte
gesagt haben,

– Die Mutter, die kenne ich schon … –

Ich war vier Tage lang nach meiner Geburt nicht bei meiner Mutter. Die medizinische Versorgung war im Vordergrund. Zu Hause
schrie und schrie ich. Nach so einem Aufdieweltkommen, kein
Wunder. Vater filmte das Blumenbouquet, das Mutter von seinem
Chef zur Geburt geschenkt bekam, mit einer Karte: – Möge dieses
Kind immer ein Sonnenschein an Ihrer Seite sein. – Diese Aussicht
konnte ich nicht erfüllen, denn zum Scheinen hatte ich nicht den
nötigen Halt, zu wenig Licht.

Neben diesem Bouquet lag ich frisch aus dem Krankenhaus im
selbstgetischlerten Gitterbett und schrie. Mein Vater filmte; Mutter erzählte mir immer wieder, wie verzweifelt sie war, sie war so
hilflos. Ja, ich spürte das und merkte das und hatte dadurch von
ihr *keinen Halt* zu erwarten. Keinen Halt und keinen Schutz, auch
gegenüber meinem übermächtigen Vater, der Gewalt ausstrahlte,
auch wenn er das nicht wahrhaben wollte. In den Jahren später
sollte er aus Enttäuschung nicht nur seelische, sondern auch körperliche Gewalt mir gegenüber anwenden. Meine Rebellion ver-
hallte unverstanden.

Vater badete mich zum ersten Mal. In seinem selbst produzierten
Film filmte Mutter diese Szene. Man kann seinen sicheren Griff
sehen, wie er mich in der Badewanne hielt. Er *steckte* mich in die
Badewanne; – der sprachliche Ausdruck (hier: hinein*stecken*) macht
etwas aus, wirkt; Vater hat es nicht anders gelernt, er kommt aus
einer Zeit, wo Sprache mit Gewaltausdrücken nur so gespickt war.

Eine gefühlvolle, wohlwollende Sprache war vermutlich verdächtig und ihm nicht zugänglich.

Natürlich liebten sie mich auf ihre Weise. Man sieht Mutter die Unsicherheit an; ich wurde versorgt. Gewickelt mit zwei Stoffwindeln und der Plastikwindelhose, geschickt und liebevoll war sie über mich gebeugt. Sie gab mir liebevoll die Flasche, die ich nur halb leer trank – ich trank doch eine halbe Flasche!

Sie wollte das geben, was auf der Milupa-Packung stand – und ich wusste nicht, was da draufstand.

Ich hatte ein eigens großes Zimmer; später mit Gitter an der Tür, damit ich nicht aus dem Zimmer lief. Sicherheit? Ich fühlte mich eingesperrt, ich wollte die Wohnung erkunden. Alles Gitter: Gitterbett – von Vater selbst gebaut! Gehschule, natürlich konnte sich Mutter nicht aufs Kochen konzentrieren, wenn ich ihr zwischen den Beinen herumkrabbelte ... und dann das Gitter an der Kinderzimmertür; Oma erzählte mir, dass ich da immer raus wollte und ich wurde dabei auch gefilmt, weinend, schreiend ...

Ich wurde mit einem Kropf geboren. Unser Hausarzt hatte ihn nach meiner Geburt wahrgenommen und machte mich immer wieder darauf aufmerksam. Meine Schilddrüsenunterfunktion, in meinem Fall der Kropf, wurde in meiner Kindheit und Jugend nie behandelt. Ich hatte einen etwas dickeren Hals und das war ein Schönheitsfehler; mein Vater machte sich darüber lustig. Seit meinem fünfundzwanzigsten Lebensjahr nehme ich Medikamente und der dicke Hals hat sich zurückgebildet. Zum Glück hatte ich deshalb nie einen Krankenhausaufenthalt.

Innere Bilder: Mein inneres Kind

Doch was erlebte ich tatsächlich? Wie erlebte ich meine Geburt?

Ich hatte die wundervolle Möglichkeit, die Erfahrung zu machen, in die Tiefen meiner Angst zu gehen. Warum schuf ich in meiner Imagination, in meinen inneren Bildern Verwirrung, wenn ich kurz vor der Freude, vorm Licht stand?

In dieser Erfahrung während einer tiefgreifenden Imagination begann ich neu zu begreifen.

Meine Imagination im November 2016 – Sehnsucht

Anuradnapura. Der Tempel, es ist heiß, ich will nach draußen. Ich wandle, langsam. Ein ruhiger Fluss erschließt sich mir hinter exotischem Gebüsch, ein Bambuswald, dicke Bambusbäume, wunderschön ist die Inderin am Flussufer, ihre Handlungen gleichmäßig, ruhig, geschickt, behutsam. Sie wäscht farbintensive Kleidungsstücke, es zieht mich zu ihr, ich gehe weiter. Glaube ich etwas zu versäumen?

Die Frage stellt sich in mir, warum ich hier nicht verweile.
Sie war da, und ist bald wieder verschwunden. Ich fliege.

Ich lande auf einem Plateau, ich kenne es. Es ist gut hier zu sein, diese besondere Weite zu erleben, über dem Dschungel zu sein, bis ans Meer zu sehen. Das Grün des Dschungels zu spüren, und … Schwindel, kaum Boden unter den Füßen, doch offen nach oben, mit ausgebreiteten Armen das Licht empfangen, Freiheit, Leichtigkeit, Liebe dürfen fließen.

Wie eine Kanne Wasser immer mehr zum Wasserfall sich strömend entwickelt und eine besondere Leichtigkeit darf sich über mich ergießen.

Ich lache. Ein Lachen, das mich aus der Fassung bringt, aus diesem Zustand, eine Er-nüchterung.

Was ist es? Ich brauche Halt.

Wie ein Sog zieht es mich nach unten. Meine Arme und Beine waren nach vorne ausgerichtet und meinen Körper zog es nach unten in einem blauen Strom aus Strahlen. Zu einem Baum.

Verwurzelung? Tiefe? Was ist los?

Viele Menschen in weißen Gewändern bewegen sich leicht um mich. Sie lachen mir zu. Ich spüre Entspannung. Erleichterung, Angenommensein … plötzlich werde ich überdimensional groß … ich halte es nicht aus … ich muss aus diesen Bildern heraus.

Was treibt mich, wo zieht mich dieser Sog hin, wo muss ich hin?

Ein Kiesstrand am See, ruhig, ich tauche ins Wasser, ich werde vom Wasser getragen. Die Schildkröte taucht auf. Sie spielt mit mir, sie trägt mich, wir schwimmen weit, manchmal getragen, manchmal gemeinsam selbst schwimmend. Frei. Wir heben ab und fliegen – ins Licht!

Ich entscheide mich, wieder zurückzufliegen. Das Licht ist zu hell (!).

Zurück am Strand beobachten wir die Wellen- friedlich, fein, freundlich, ruhig. Hinter uns der Baum mit den spürbaren starken vielen Wurzeln.

Meine Irritation führt mich zurück zu diesem Sog von vorhin. Warum will ich immer wieder zurück, weg vom Licht?

– Was hindert dich, ins Licht zu fliegen? Was hindert dich, Freude zu erleben, ohne dass es dir zu viel wird? –

Ich werde von einer wunderbaren Frau aus meiner Ausbildung bei dieser weiteren Imagination begleitet: – Willst du hinein in deine Angst, ihr richtig ins Auge sehen? – Ja, ich wollte das.

 *Mit dem Sog komme ich zum Baum, zu seinen Wurzeln, was ist unterhalb dieser Wurzeln? Es ist dunkel, es ist beängstigend, ein sehr enges Gefühl steigt hoch in mir. Sehen zu wollen ist stärker, als zu fliehen. Wohin sollte ich auch?*

Es ist dunkel um mich, schwarz und Angst.

Es ist schwarzes Wasser – tiefes, enges, schwarzes Wasser unter der Wurzel des Baumes. Es bewegt sich. Konzentrische Kreise bewegen sich, ich erkenne die Wellen. Woher kommen diese kreisenden Wellen? Da ist etwas, etwas bewegt sich, es schnürt mir die Kehle zu. Da sind Arme, ganz weiß, ganz klein. Sehe ich auch Beine? Schwarze Untiefe, Arme rudern um ihr Leben, es wird immer enger. Bin das ich?

Das Gefühl, das ganze Wesen, dieses Etwas in mir strampelt um sein Leben. Es ist mir zum Schreien, zum Toben – ICH WILL LEBEN!

Wie komme ich da raus? Ich bin Angst, Todesangst, erkenne es als solche nicht. Wo sehe ich hin?

Es wird immer enger, ich bekomme keine Luft mehr, mir schnürt es den Atem ab, ich ringe nach Luft.

Ich schreie um mein Leben … und lande ohne Übergang am Strand.

Ich bin absolut erledigt, am Ende und dennoch – ich lebe!

Erstmal, ich lebe!

> *– Danke, meine Liebe, meine Kleine, meine Wunderbare, danke, dass du durchgehalten hast und dich entschieden hast für das Leben. Für unser Leben!*
>
> *Wir sind da auf dieser wunderbaren Welt, weil du stark warst und dich retten lassen wolltest.*
>
> *Wer immer sich auch gegen dich entschieden hätte, du hast ihm die Chance nicht gegeben – und es hätte in deiner Umgebung auch Freude werden können, wenn es denn eine bedingungslose Fähigkeit zur Freude gegeben hätte. –*
>
> *Es wurde Freude.*

Die Zeit war nicht reif dafür, eine Fähigkeit zur tiefen inneren Freude zu entwickeln.

Alles wurde *gemacht*. Medizinische Versorgung, Fotos, handgefertigte Möbel vom Vater, Milupa.

Viel essen, viel Versorgung. – Und dir war zum Schreien. Mamas Hilflosigkeit flutete in Futter. –

Schreie um Liebe, die im eigenen Kinderzimmer nirgends ankamen. Wie hielt Mama das aus, nicht zu reagieren? Ist es so, dass ich irgendwann resignierte?

Nein, meine Mutter musste das aushalten, aber ich kümmerte mich um sie und schenkte ihr auch fröhliche Stunden. Dafür bekam ich auch Zuwendung.

Ich konnte auch brav sein.

Vater, nachdem er aus Afrika zurück war, erdrückte mich mit seiner Liebe, viel zu nah, viel zu grob.
Auch er wusste es nicht besser.
Fünfundfünfzig Jahre später diese Bilder.
Die Sehnsucht nach Liebe, nach Licht.
Ich kann sie stillen. Nur ich.

Ich ahnte, was es bedeuten würde, mit meinem inneren Kinde die Verbindung aufzunehmen. Es zu wiegen, es zu lieben. Es dauerte noch ein halbes Jahr, bis die Zeit reif war, mich noch mehr einzulassen in die Transformation zum Wohlergehen und zur Liebe und Freude meiner inneren Kinder. Somit zu meiner eigenen Transformation.

Ich erzähle meine Geschichte, meine Eltern sind tot.
Mein Leben hat eine andere Qualität. Ich liebe meine Eltern.
Meine Geschichte ist meine Geschichte der Vergebung.
Immer wieder Schichten um Schichten.
Es ist gut.

So allein gelassen

Ich war zwei Jahre alt und war im vollen Schmerz – der Auslöser dieser schmerzhaften Empfindung war ein Blinddarmdurchbruch. Mutter fuhr mit mir in unserem Opel Kapitän ins Krankenhaus; schon wieder ging's um Leben und Tod.

Diesmal war ich zwei Wochen allein im Krankenhaus in einem Zimmer ohne Lebendigkeit. Besuch und somit Vertrautheit wurde nicht erlaubt. Die damalige medizinische Sichtweise ohne Rücksicht auf die kindliche Seele, wenigstens zur besseren Genesung, war grausam.

Oma und meine Eltern konnten mich nur durchs Guckloch sehen. Meine Oma war aus Baden angereist. Ich tat ihr so leid, sie litt darunter, nicht zu mir ins Zimmer kommen zu können. Daran habe ich keine unmittelbare Erinnerung außer meine große Narbe am Bauch und Omas Erzählungen, dass sie mir Schokolade bringen wollte und ich sie nicht bekommen habe.

Ich hatte überlebt. Die lange wulstige große Narbe ist nach fünf Jahrzehnten noch immer gut sichtbar. Mittlerweile besser durch Narbenbehandlungen, die mir jetzt zugänglich sind.

Allein

Lasst uns Achtung fordern für die hellen Augen, die glatten Schläfen, die Anstrengung und die Zuversicht eines Kindes.

Janusz Korzcak

Als sechsjähriges Kind hörte man meine Stimme durch meine Nase tönen;

– Du redest durch die Nase. –

Hieß es. Also: Die Polypen mussten rausgenommen werden. Daran habe ich eine gute Erinnerung. Im zarten Alter von sechs Jahren musste ich zu den erwachsenen Frauen ins Krankenzimmer, nur alte Frauen waren in diesem lieblosen Zimmer und noch ein Kind. Ich erinnere mich an wenig Besuch; und wenn, war die Zeit lang bis zum nächsten Besuch. Die alten Frauen lachten mich aus, weil ich ins Bett machte, ich sollte mich schämen, das andere Mädchen war so brav. Ich kotete ein. Mit meinen sechs Jahren wurde ich in einem Gitterbett untergebracht. Ich hasste diese Umgebung. Ich wurde ausgeschimpft, weil mein Bettzeug gewechselt werden musste. Es war schauerlich. Ich wurde nicht gesehen.

In meinen fantasievollen Bildern einer neuen, anderen möglichen Situation stand ich auf und schob die Betten der alten Frauen samt ihnen hinaus auf den Gang. Sie zeterten und schimpften und ich nahm darauf keine Rücksicht. In diesem Zimmer wollte ich für mich gesund werden. In einem schönen großen Bett und in einem Zimmer mit bunten Wänden, große Fenster zum Öffnen und hinaus in die Natur sehen können und mit Lieblingsbüchern. Hier konnte mich das Pflegepersonal verwöhnen, sich auf mich konzentrieren. Das Geschnatter der alten Frauen war ich los. Ich war Schöpferin einer für mich selbstbestimmten Situation, ein großartiges erfüllendes Gefühl!

Verletzungen

Später sollten meine Krankenhauserfahrungen besser werden. Da ging's dann um Verletzungen anderer Art. Ein von meinem Bruder beim Raufen ausgerenkter Finger, den unser Hausarzt nicht einrenken wollte, weil ich so panische Angst davor hatte. Der vordere Teil des kleinen Fingers stand im rechten Winkel zum anderen. Dr. Krenslechner zog an, es tat weh, das wollte er mir nicht antun – also überließ er das dem Krankenhaus. Der Finger wurde eingerenkt, ohne dass ich es besonders wahrnahm und ich blieb nicht stationär im Krankenhaus. Eine Geschichte, die wir Geschwister uns erzählen, wenn wir uns an unsere Kindheitsbeziehungen erinnern wollen.

Meine Beinbrüche nach dem ersten mit fast sieben Jahren gestalteten sich nicht mehr so traumatisch, ich nahm sie gelassener hin. Situationen, in Zusammenhängen wie diesen, waren mir vertraut. Sie hinterließen Spuren. Das Leben war eben so.

Vater ließ mich sein schlechtes Gewissen spüren, vielleicht war es deshalb leichter.

Im Winter gingen wir Schifahren, im Sommer Bergsteigen. Beim Schifahren waren die Schischuhe beengend und ich hatte immer kalte Füße und kalte Hände oder ich schwitzte, weil ich in der Märzsonne zu viel Schikleidung anhatte. Außerdem – ich bekam nie die Anoraks, die ich mir gewünscht hätte, immer die, die mir meine Eltern aussuchten. Als ich die Körpergröße meiner Mutter hatte, das gelang mir schon mit zwölf Jahren, überließ sie mir ihren weinroten Schizweiteiler und eine Fuchshaube!

Mit sechs wollte mir Vater am Haushang in der Umgebung unseres Wochenendhauses Schifahren beibringen.

Es war sinnvoll. Andere Kinder wären dankbar gewesen, wenn ihr Vater ihnen so viel zeigen hätte wollen. Ich hatte die Möglichkeiten viel zu lernen. In der Natur mich zu bewegen ist doch großartig!

Ich weiß noch, wie beschwerlich das Gehen mit den Schiern im Tiefschnee war, das Hinauftreten war schweißtreibend. Runterfahren war ja ganz fein und da geschah's denn doch – ich fiel und es tat weh, ich konnte mein Bein nicht belasten. Vater ließ mich noch mit den Schiern an den Füßen nach Hause gehen. Er meinte, es sei Theater, wie ich mich so jämmerlich aufführte – später war es ihm peinlich, als ich sechs Wochen im Spaltgips verbrachte und ich überall hingetragen werden musste. Das sollte noch vier Mal passieren, dass ich mir beim Schifahren das rechte Bein brach.

Nie konnte ich mich mit der Kälte anfreunden, dem kalten Wind, der mir ins Gesicht blies, den ewig klammkalten Fingern.

Ich schämte mich auch bisweilen mit den immer viel zu langen Schiern und der von meinem Vater viel zu fest eingestellten Bindung. Braune viel zu lange Schi, mit denen ich mich plagte. Ich war schon vierzehn und wir fuhren hin und wieder mit dem Schiklub in die Berge; da waren schon meine Freunde vom letzten Sommer mit dabei. Sie waren sehr freundlich zu Mutter. Sie wusste damals nicht, dass ich noch immer verliebt war. Mutter erlaubte mir ganz offiziell mit meinen Freunden, die älter als ich waren, Schi zu fahren. Ganz begreife ich nicht, wie das geschehen konnte, denn das waren die Freunde meiner damals verbotenen Liebe; Mutter glaubte mir damals offensichtlich, als ich ihr gegenüber die Liebe zu Karl leugnete. Es sei vorbei, sagte ich nach dem Crash im Sommer. Eine Notlüge, denn klar war ich verliebt bis über beide Ohren.

Ich fuhr gern Schi mit den Jungs. Es war ein Abenteuer gleichzeitig mit ihnen zu sein im Wissen der Anwesenheit meiner Mutter. Ich fuhr in den Tiefschnee, wurde langsam, kippte um, die Bindung blieb fest geschlossen, der Knöchel war verletzt und schmerzte. Ich wurde mit dem Akia abtransportiert, die Bergretter befreiten mich aus dem Schuh, die Bindung ging nicht auf. – Das gibt es nicht, sei nicht möglich! Er hätte die Bindung richtig eingestellt, beharrte mein Vater zu Hause. Ich hatte eine Knöchelverletzung.

Blöd war, ich musste lange zu Hause liegen und konnte meinen Freund nicht kontaktieren. Ich schrieb Briefe und ließ sie mit einer befreundeten Nachbarin zu ihm bringen. Telefonieren getraute ich mich kaum, da die Telefonnummern auf der Telefonrechnung unseres Werktelefons sichtbar waren, glaubte ich. Meine jugendliche Sehnsucht war groß, ich lag untätig mit Gips im Bett und meinte, nicht leben zu können, ohne meine große Liebe wenigstens zu hören.

Meine Schiunfälle waren legendär. Ungefähr zwei Jahre vor jenem Unfall machte ich mit meinem Vater eine Tour zum Rossfeld in Berchtesgaden. Es ging mir gut mit ihm; ich genoss das Tiefschneefahren. Wir fuhren bis ins Tal und entschieden uns dann noch einmal mit dem Bus nach oben zu fahren für eine weitere Abfahrt. Ich mochte diese Strecke. Es war ein sonnig warmer Märztag. Der Tag nahm seine Wende – ich stürzte und ein heftiger Beinbruch war die Folge. Meinem Vater ging es, glaube ich, schlechter als mir. Er musste Hilfe holen, denn wir waren in einer Senke ein gutes Stück abseits der Piste und weit und breit waren keine Menschen. Es verging eine gute Stunde, ich lag im Schnee, die Schmerzen waren erträglich. Ich wusste, mein Vater holte Hilfe. Er kam in einer Pistenraupe die steile Abfahrt zu mir. Die Rettungsmänner legten mir eine aufblasbare Schiene an – das war die Hölle, schon das Bein aus dem Schuh zu ziehen tat grausam weh, aber das starke Aufblasen dieser Stütze war schauerlich. Sie legten mich auf die Hinterseite der Pistenraupe und fuhren mit mir ins Tal. Ich fuhr allein mit der Rettung ins Salzburger UKH. Irgendwie war ich stolz, ich gab selbst meine Daten an. Im UKH musste ich sehr lange warten, meine Eltern kamen spät. Die ÄrztInnen und das Krankenpflegepersonal waren sehr freundlich und umsorgend zu mir. Ich hatte keine Angst. Ich musste operiert werden. Die Ärztinnen trugen geblümten Mundschutz; das fand ich schön und dann war ich weggetreten im blauen Traum.

Ich wachte im Krankenzimmer auf. Ich teilte das Zimmer mit einem Mädchen, ein wenig älter als ich. Die ÄrztInnen informierten mich, was sie gemacht hatten. Blut war auf meinem Gips und ein Fenster im Gipsverband an der Operationsstelle. Der Arzt zeigte mir das Röntgenbild und die Schlingen, mit denen sie Waden- und Schienbein stabilisiert hatten. Gut, das war dann so, es war damals eine moderne Methode Brüche zu stabilisieren und ich fühlte mich in guten Händen. Das einzige, woran ich litt: Ich konnte nicht aufstehen und musste das Lavoir als Klo benutzen – das war mir unangenehm und es war vor allem unbequem.

Meine Freundinnen aus der Schule besuchten mich. Alle vier. Es tat gut, dass sie da waren. Es war großartig, dass sie für mich den Weg von Grubenau nach Salzburg fuhren. Ich war ihnen wichtig! Was für ein Gefühl!

Die Schlingen hatte ich lange auf dunkelblauem, weichem Stoff als Erinnerung aufgehoben, nachdem sie mir wieder entfernt worden waren. Vier Narben an meinem Schienbein erinnern daran.

Alleine wegfahren

Ich freundete mich mit meiner Zimmerkollegin an. Renate kam aus der Steiermark und war fünfzehn. Später sollte ich sie besuchen. Von ihr hielten meine Eltern viel. Kein Mensch weiß, warum; wenn die Menschen in das Bild meines Vaters passten, war alles gut.

Ich fuhr tatsächlich mit dem Zug in die Steiermark, nach Voitsberg. Ich war eine Woche in meinen Ferien bei Renate eingeladen. Ihre Eltern hatten eine Weinhandlung, der Vater arbeitete im Bergwerk – vielleicht hatte Vater da eine Affinität, da seine männlichen Vorfahren auch bis zurück ins 17. Jahrhundert Bergleute waren.

Ich wundere mich, ich muss dreizehn gewesen sein und durfte eine Woche allein bei – meinen Eltern im Grunde unbekannten – Menschen verbringen. Wir tranken heimlich Eierlikör, wir fuhren mit den Rädern weit in der Gegend herum und genossen unsere Freiheit. Zum Frühstück bekamen wir steirische Semmeln, Doppelsemmerl. Ich weiß noch heute, wie sie schmeckten – ich liebte dieses Frühstück! Heute gibt's die überall – aber lange nicht so fein schmeckend. Mir ging's bei dieser steirischen Familie richtig gut. Ich war so frei und hatte eine Freundin, zu der ich mich sehr hingezogen fühlte. Ich mochte ältere Jugendliche, bei ihnen fühlte ich mich verstanden. Sie hatte einen heimlichen Freund und erzählte mir von ihrer Liebe.

Ich fuhr allein mit dem Zug zurück – ich fühlte mich erwachsen und fand mich im Leben gut allein zurecht!

Wir schrieben uns noch lange, irgendwann verloren wir uns aus den Augen.

Krankenhaus

Es ist unglaublich, wie verlassen Kinder sich allein im Krankenhaus fühlen. Ganze Generationen litten unter Hospitalismus. Manche Eltern vermögen nicht die Notwendigkeit zu sehen, mit ihren Kindern die Zeit im Krankenhaus zu verbringen, obwohl es möglich wäre. Ich hatte mich nach der Geburt unserer Tochter bei einem Verein versichert, der es ermöglichte, das Kind ins Krankenhaus zu begleiten. Als unsere Tochter geboren wurde, war gerade mal *rooming in* möglich in manchen Krankenhäusern. Die Begleitung der Eltern, im Fall eines notwendigen Krankenhausaufenthaltes des Kindes, war nur möglich, wenn man sich extra versichert hatte. Zum Glück mussten wir das nie nutzen. Miriam musste als Kind nie ins Krankenhaus. Sie musste ihre Erfahrungen später als Erwachsene machen und nach der Geburt ihrer beiden Kinder.

Miriam war fünf, als Jakob operiert werden musste; wir besuchten ihn auf der Intensivstation; auch wenn das für Kinder nicht vorgesehen war, befanden die Ärzte, dass es für Jakobs Genesung bestimmt gut sei, wenn er seine Tochter sehen konnte. Miriam wusste dann auch mit dem Nichtdasein von Papa etwas anzufangen, sie stellte viele Fragen und war nach den Antworten zufrieden.

Miriam selbst ging als erwachsene Frau durch bedrohliche gesundheitliche Situationen! Nach der Geburt ihres zweiten Kindes erlebte sie mit einer Thrombose lebensbedrohliche Angst.

Sie war an diesem Tag mit Viktor, dem Vater ihrer Kinder, und ihren Kindern unterwegs spazieren und brach – in der Nähe des Krankenhauses – zusammen. Viktor schleppte die Mutter seiner Kinder noch bis zum Krankenhaus – wie das gelungen ist, kann sich niemand entsinnen.

Miriam hatte unglaubliche Schmerzen in den Beinen, sie konnte sich nicht allein über den Randstein des Gehsteiges bewegen. Der kleine Simon und das fast neugeborene Baby Hanna im Kinderwagen wurden gemeinsam mit ihrer Mama von Viktor irgendwie zu Fuß in die Klinik gebracht, damit Miriam medizinisch versorgt werden konnte.

Die Ärzte konnten nicht erkennen, worum es sich bei ihren heftigen Schmerzen in den Beinen handeln könnte. Im Krankenhaus diagnostizierte ein Arzt einer anderen Abteilung die Thrombose eher zufällig. Miriam hatte enorme Schmerzen.

Sie musste drei Wochen mit ihrer vier Wochen alten Tochter im Krankenhaus bleiben. Für Hanna war das kein Problem, sie war ja bei Mama; Hanna fuhren wir tagsüber abwechselnd spazieren, damit sie auch die Umwelt draußen mit ihren Sinnen wahrnehmen konnte.

Simon war mal bei mir, mal bei einer Freundin, mal bei der anderen Oma, da sein Vater abends in die Schule musste – wir wissen jetzt, es hätte anders besser gelingen können. Simon war überfordert und unsicher, er weinte oft nach seiner Mama. Es wäre gut gewesen, eine/r von uns hätte ihn die ganze Zeit über konstant betreut und nicht in dieser Unregelmäßigkeit. Das verwirrte ihn noch mehr. Simon war noch keine drei Jahre alt. Die Situation war sehr belastend. Er machte sich viele Gedanken um Mama und brauchte viel Trost.

Krankenhausgeschichten sind für Kinder bedrohlich. Das müssen alle Beteiligten um das Geschehen wissen.

Vor diesem Ereignis litt Miriam an einer Brustentzündung mit hohem Fieber und musste nach Hannas Geburt mit ihr noch einmal nach Waidhall ins Krankenhaus. Sie bekam Antibiotika intravenös. Es wurde in ihrer bettlägerigen Situation verabsäumt, Thrombose verhindernde Maßnahmen zu setzen.

Vater – Mutter – Kinder und die Besonderheiten der Mittelklasse in den sechziger und in den siebziger Jahren

Meine Mutter bekam nach mir noch zwei Söhne. Wir zogen in ein schönes Haus und einen großen Garten. Es mangelte uns nicht an Platz. Meine Mutter hatte mit Haushalt und uns genug zu tun, auch wenn wir alle ab unserem dritten Lebensjahr im Kindergarten untergebracht waren. Sie hatte das Thema eigenständiges Einkommen 1960 abgeschlossen, nachdem sie aus ihrer geliebten niederösterreichischen Heimat 1955 ihrem Mann nach Grubenau gefolgt war. Mutter hatte noch zwei Stellen bei Anwälten in Grubenau – wir sollten mit der letzteren Kanzlei 56 Jahre später, nach ihrem Tod, zur Kaufabwicklung und Erbabwicklung ihres Hauses zu tun bekommen.

Als Mutter mit mir schwanger wurde, hörte sie zu arbeiten auf.

Muggerl war zwanzig Jahre alt, als sie heiratete. Wilhelm hatte noch die Vormundschaft, was sich im ehelichen Verhalten, als es diese Regelung nicht mehr gab, auch nicht sehr änderte. Wer in Entscheidungsfragen das Sagen hatte war Wilhelm.

Ihre Sehnsüchte konnte sie in weiten Reisen stillen.

Sie hatte ihre organisierte Reisegruppe aus dem Ort und kam viel in der Welt herum. Ich malte jedes Mal vor ihrer Rückkehr von ihren Reisen ein verschnörkeltes, verziertes Willkommens-plakat mit Blättern und Blumengirlanden, um sie willkommen zu heißen. Ich freute mich immer auf ihre Rückkehr. Und sie freute sich über das Plakat.

Dieses Familiensystem gaben wir in unseren Rollenspielen wieder.

– Spielen wir Vater- Mutter- Kind! Du bist das Kind. –

– Ich bin der Vater! –

– Gut, dann gehst du jetzt arbeiten, nimm deine Aktentasche. –

Zum Mittagessen kommt Vater zurück, Mutter hat gekocht, die Betten gemacht, das Kind beruhigt, wenn es weinte, indem es ein Flascherl bekam oder Mutter mit ihm im Kinderwagen spazieren ging.

Aus den Vereinigten Staaten Amerikas kennen wir die Bilder der sechziger Jahre aus Filmen: von den frustrierten gelangweilten Hausfrauen und den erfolgreichen Männern mit den möglichst angepassten Kindern. Buben, die eine gute Schule besuchen, Mäd-chen auch, damit sie ihre Kinder später beim Lernen unterstützen können und insgesamt in der Gesellschaft besser aussehen sollten. Ein gutes Buch dazu: *Die Stunden* von Michael Cunningham. Der Film dazu ist sehr berührend. Ein Tag aus dem Leben dreier unter-schiedlichen Frauen in unterschiedlichen Epochen – ein Teil davon zeigt den letzten Abschnitt aus dem Leben Virginia Woolfs. Darauf ist der Film aufgebaut.

Es werden nicht *alle* Frauen vom zuhause Sein bei den Kindern gelangweilt und frustriert gewesen sein … Ich weiß es nicht.

In Mitteleuropa entstanden in den sechziger Jahren neureiche und bürgerliche Familien, die nach dem Krieg vom Wirtschaftswunder profitierten – der Mann ging arbeiten und konnte tatsächlich eine, wie bei uns, fünfköpfige Familie versorgen.

Man stellt dieses Bild heute noch als Beispiel gebend in den Vor-dergrund. Es war eine *Ausnahmezeit* für im Verhältnis wenige bür-gerliche Familien.

Aus dieser Zeit und für wenige gültig und leistbar, kommt das Argument, dass Mütter bei ihren Kindern zu Hause bleiben sollten. Natürlich ist das fein in einer gesunden Umgebung. Andererseits: Warum sollen Frauen zu Hause bleiben bei den Kindern und die Verwaltung des Haushaltes allein managen? Es ist Arbeit, viel Management und Umsetzungsarbeit. Schlussendlich liegt es im Vermögen und der eigenen Verantwortung der Betroffenen, wo sie ihre Qualitäten leben und wie die Kinder gut – seelisch und körperlich – versorgt sind.

Abgesehen davon, was wirtschaftlich zu gestalten möglich ist und welche Abhängigkeiten noch gesund sind.

Nach dem Krieg waren Frauen in der Überzahl, die meisten gingen arbeiten und mussten ihr Einkommen sichern; wir wissen, dass es mit der Unterbringung der Kinder sehr schwierig war, wir wissen von der industriellen Revolution, dass Frauen schwanger bis zur Niederkunft gearbeitet haben und ihre Babys in die Arbeit mitgenommen haben, um sie zu stillen. Großbürgerliche Frauen hatten Ammen und die Bäuerinnen und Mägde rackerten sich ab und bekamen Kinder, bis sie daran starben. Historische Abhandlungen zu diesen Themen gibt es zur Genüge. Nach dem Faschismus leisteten Frauen Außergewöhnliches in der Aufbauarbeit, die Kinder wurden untereinander betreut und waren größtenteils sich selbst überlassen.

Wann war dieses geheiligte Bild von Vater-Mutter-Kind also die Wahrheit?

Kindergärten entstanden für bürgerliche Familien. Die Kindergärten schlossen mittags. Mein Kindergarten aus den sechziger Jahren war beispielhaft revolutionär, weil gratis und für die Angestellten des Metallwerks gedacht, also ein Betriebskindergarten.

In unserer Werkssiedlung, konkret in wenigen Straßen, galt, dass kaum eine Frau arbeiten ging. Dennoch waren wir nicht beispielgebend für die österreichische Durchschnittsfamilie. Viele Frauen mussten und wollten arbeiten. In weiser Voraussicht, sich unabhängig machen zu können von männlicher Willkür. Frauen stehen nicht völlig mittellos da, wenn Männer sich dem Klischee entsprechend nach vielen Ehejahren anders entscheiden, eine jüngere Frau anlachen und sich von der »*alternden*« Frau trennen. Unausgebildet, weil sie sich der Häuslichkeit gewidmet haben, ist es für diese Frauen schwierig in den Arbeitsmarkt einzusteigen, da gilt frau auch mit fünfundvierzig als alt. Genauso gilt das, wenn Frauen sich trennen wollen aus einer unstimmigen, unliebsamen oder leidvollen ehelichen oder familiären Situation.

In nicht jeder Beziehung gelingt eine lebenslange Kraft der Liebe.

Der eigene Pensionsanspruch sei auch nicht zu vergessen! Auch, wenn er häufig aus Gründen schlechtbezahlter *Frauenberufe* und Teilzeitarbeiten niedrig ausfällt.

Wer sagt, es sei das Beste für die Kinder, wenn Mama zu Hause ist?

Wie oft sind Frauen mit der alleinigen Bewältigung von Haushalt und Kindererziehung überfordert? Wie oft tappen wir Frauen in die Falle, alles allein schaffen zu müssen, und zu glauben es sei allein unsere Aufgabe, gut für unsere Kinder sorgen zu können? Wenn die Kinder »*missraten*«, ist das die Schuld der Mütter! Es gilt auch ein Wissen und Gespür zu haben, wie Kinder gut individuell begleitet werden, damit Eltern ihr Kind vertrauensvoll in Hände von PädagogInnen in Krabbelgruppen und Kindergärten geben können. Da sollten wir hinkommen, endlich!

Kinder erleben unterschiedliche Perspektiven im sozialen Lernen. Durch meine Jahrzehnte lange Erfahrung der Feldforschung in Krabbelgruppen kann ich sagen, dass das auch für die meisten Kinder unter drei, also zumindest ab dem ersten Lebensjahr, gilt; immer vorausgesetzt, es gibt eine gute Betreuung mit genügend Personal und Zeit der Zuwendung. Der Mutter geht es gut, wenn sie in Ruhe arbeiten gehen kann, sich in Ruhe Arbeit suchen oder für sich sein kann. Kinder wollen nicht nebenbei mitlaufen im Haushalt. Erfahrungsgemäß verbringen werktätige Frauen bewusster Zeit mit ihren Kindern, als wenn sie die Kinder den ganzen

Tag um sich haben. Wenn der Vater vorhanden ist, umso besser. Wenn das Kind eine männliche Bezugsperson als Vorbild hat, zum Beispiel einen Mann, der auch im Haushalt anfallende Dinge bewältigt– ein Traum? Warum? Ich konnte ihn verwirklichen. Und andere Familien auch.

Wir waren gemeinsam für unsere Tochter da und teilten uns die Belange im Haushalt – immer noch. Es geht um eine partnerschaftliche Beziehung. Das sollte nicht die Ausnahme sein.

Eine partnerschaftliche Beziehung in der gemeinsamen Organisation um die Kindererziehung, die anfallenden Arbeiten und die Verwaltung im gemeinsamen Haushalt ist für die ganze Familie eine Bereicherung.

Ich begann wieder zu arbeiten, als Miriam zweieinhalb Jahre alt war. Ihr Vater war bei ihr zu Hause. Miriam war nicht das Kind, das viele andere Kinder auf einmal aushielt.

Kindergarten als gesellschaftliche Notwendigkeit

Meine Eltern gaben mich in den Kindergarten. Ich wollte da nicht hin – was aus an anderer Stelle genannten Gründen klar und verständlich erscheint.

Für Frauen im Arbeitsalltag war er eine Notwendigkeit, für meine Mutter eine Entlastung.

Mein jüngster Bruder ging gern in den Kindergarten, da war die Schreckschraube einer *Tante* schon in Pension, oder aus einem anderen Grund nicht mehr da. Sie heiratete einen Lateinlehrer, der zu seinen Schülern fast so grausig war wie seine Frau zu den kleinen Kindern.

Günter durfte mit seiner Lieblingstante gute Erfahrungen machen. Er fühlte sich wohl in dieser Institution und ging stolz allein seinen Weg von zu Hause in den Kindergarten.

Für mich nahm ich Herta als beschützend wahr. An einem Winterspaziergang mit der Kindergartengruppe hatte ich schreckliche

Schmerzen an den gefrorenen Fingern. Herta nahm meine Hände liebevoll in ihre und blies darauf, bis es besser war. Danach gab sie mir ihre Handschuhe – diese Art von Handlungen der Liebe sind lebensbestimmend. Zauberhaft. Es gibt Engel der Liebe. Herta war eher im Hintergrund, aber da.

Ihr sagt: der Umgang mit Kindern ermüdet uns. Ihr habt Recht. Ihr sagt: denn wir müssen in ihrer Begriffswelt hinuntersteigen. Hinuntersteigen, uns herabneigen, beugen, kleiner machen. Ihr irrt euch. Nicht das ermüdet uns, sondern, dass wir zu ihren Gefühlen emporklimmen müssen. Emporklimmen, uns ausstrecken, auf die Zehenspitzen stellen, hinlangen. Um nicht zu verletzen.

Janusz Korczak

Accessoires

Ich hatte eine Lederriemenhalterung für den Kinderwagen, die bei meinen ersten Gehversuchen als Leine benutzt wurde.

Ich fand dieses Bild, an der Leine gehalten zu werden, schrecklich; ein großes Sicherheitsdenken aus Angst, mir könnte was passieren, stand dahinter. Natürlich hätte ich meine Umgebung anders erkundet. Wir gingen gern zu den Inn-Staudämmen, da kann frau schon Sorge haben, dass ich in den Inn fallen könnte – ich verliere heute noch den Boden unter den Füßen, wenn ich mit Kindern über ungesicherte oder gesicherte Brücken gehe. Gleichzeitig liebe ich es, an Brücken zu stehen. Es ist ein Wohlgefühl heller Freude, wenn ich mich gedanklich im fließenden Wasser verliere. Das Sonnenglitzern im Wasser genieße und nur schaue, dem Wasser zuschaue. Kinder lieben es, von einer Seite der Brücke zur anderen zu laufen, um zu beobachten, wohin das Wasser fließt. Da lebe ich in einer Ambivalenz, in der meine Mutter vermutlich auch gewesen war.

Eine mir vertraute liebe Pädagogin, Alma, erzählte von einer Erfahrung, die mich zum Andersdenken angeregt hatte: Sie beobachtete eine Mutter mit ihrem Kind an einem Steg an der Nordsee, auch genau in diesem *Geschirr* an der Leine; so konnte das Kind sich bäuchlings auf den Steg legen, das Wasser beobachten, den Steg mit allen Sinnen wahrnehmen, das nasse Holz riechen und spüren. Ob bei meinen Eltern auch diese Möglichkeit der Hintergrund war, meine Umwelt gefahrlos zu erforschen? Ich habe nicht in Erinnerung, mich gegen das *Geschirr* gewehrt zu haben. Ich sah mich auf den Fotos an der Leine spazierend. Die Utensilien der Sicherheit waren in Familien wie der unseren modern: Gitterbett, Gehschule, Raumsicherungstür, Kinderwagengeschirr mit Leine, Lauflernwagerl – als hätten Kinder nie anders gehen gelernt. Letztere sind nicht nur sinnlos, weil sie die Beweglichkeit und Körperwahrnehmung einschränken, sondern auch gefährlich. Sie können sich leicht verselbstständigen und nicht vom Kind selbst unter Kontrolle gehalten werden. Ich selbst wurde sogar im Freien in dieses Vehikel gesteckt und war da sehr unbeweglich. Es war sauber, ich konnte zumindest solange ich in diesem Gehwägelchen war, nicht am Boden krabbeln, Steine und Erde spüren.

Ich empfinde diese Wohlstandsgegenstände als Symbol einer Fessel. Gibt es alles heute wieder, bunter. Absicherung aus ständiger Angst, dem Kind könnte etwas zustoßen; so wird es weniger lernen können, wie es ist, zu stürzen. Das Fallen zu lernen, um allein wieder auf die Beine zu kommen. Kinder haben daran Freude, etwas selbst geschafft zu haben.

Die Läden meiner Kindheit

Im Schloss Waghofen aus dem neunten Jahrhundert gab es eine Metzgerei, den Lebensmittelladen und im Torbogen im Souterrain den Schuster. Ich ging gern dorthin und nahm die Abkürzung durch eine Lücke in der Schlossmauer.

Meine Mutter schickte mich einkaufen, wenn sie etwas vergessen hatte oder wenn nur ein kleiner Einkauf von Nöten war. Ich bekam von Frau Frei oft ein *Stollwerck* geschenkt, manchmal durfte ich mir um einen Schilling eine *Bensdorp*-Schokolade kaufen. Frau Freis Geschäft war klein, bei ihr konnte man mehr als das Notwendige einkaufen und beim Gemüse und Obst gab es extra Bedienung.

Wie in den griechischen oder italienischen Krämerläden – sie haben nichts, was es nicht gibt – gefühlt.

Bei Frau Leeb bekam ich Leberkäse. Die Metzgerei hatte einen großen Raum und Frau Leeb saß immer an der Kassa. Immer. Sie war quasi mit dem Stuhl an der Kassa verwachsen. Später, als ich als junge Frau in Ungarn in den kommunistischen *Läden* einkaufte, erinnerte ich mich daran. Dort bestellte man auch vorher die Dinge, die man benötigte, um dann einen Bon zu bekommen, zu bezahlen und seine Ware abzuholen. Bei Frau Leeb war das auch so; In den Fleischereien heutzutage wird das teilweise noch so gehandhabt – ich bin Vegetarierin, deshalb bin ich in diesen Läden kaum Kundin.

Jene Chefin der Metzgerei hatte eine weiße Schürze und lächelte selten; aber manchmal schon.

Neben der Metzgerei war die Sparkasse. Sie war nur am Weltspartag wichtig. Die Bankleute kamen auch in die Schule mit dem Sparefroh und erzählten uns Geschichten übers Sparen und wir bekamen eine Sparkassa aus Metall in Schwedenbombenform – schwer, das Geld da rauszuholen, wenn es schon mal drin war, aber es konnte gelingen, mit viel Geduld. Und eine kleine Sparefrohpuppe aus Plastik bekamen wir auch. Ich brachte die Büchse schon auch zum Ausleeren zur Sparkasse, um mein Sparbuch zu füttern und diese Weltspartaggeschenke zu bekommen.

Wichtig war dort im Schloss auch der Kaugummiautomat. Ich brauchte viele Schillingstücke. Möglichst viele, um eine Chance auf die Ringe, die da verborgen, aber sichtbar waren, zu bekommen. Wenn kein Ring kam, dann eben viele Kaugummis – und ich schob alle auf einmal in den Mund. Die Kaugummiblase konnte ich lange nicht – ich konnte nicht so schnell herausfinden, wie das geht, auch nicht mit vielem Üben. Die Bazooka-Kaugummis waren besser, die durfte ich aber nicht haben, die anderen auch nicht, ich weiß nicht warum; wegen ihres Ursprungs, von den Amis? Vater hatte was gegen die Amis. Meine schöne Freundin aus der Parkstraße konnte die Kaugummiblase perfekt.

Stollwerck war der Ruin meiner Zähne, die durfte ich allerdings haben – der unmittelbare Zusammenhang mit kranken Zähnen dürfte noch nicht so offensichtlich gewesen sein. Das Zahnambulatorium ist mir in angstbesetzter Erinnerung als Folterstätte! Langes Warten, stundenlang. Dieses schreckliche Bohren, tief und immer wieder, ohne Betäubung und dazu dieses zu hohe schreckliche eindringende Geräusch, war mehr als grausam. Meine Zähne waren zum Teil Hüllen für riesige Plombenfüllungen, als wäre es ein Geschenk, so viel Amalgam zu füllen. So tief war meine Karies bestimmt nicht.

Die Post war außerhalb des Schlossgebäudes zu erreichen, genau wie das Wirtshaus, die Schlosstaverne. Dunkle Räume mit Wirtshausmöbeln aus dunklem Holz, ein hohes Gewölbe mit gewölbtem gelbem Glas als Trennwände; verraucht. Heute immer noch dunkle Wirtshausmöbel. Gegenüber der Post auf der anderen Seite war die Bäckerei, beide verbunden mit einem schönen Durchgang mit Gewölbe.

Im Durchgang von den Lebensmittelgeschäften und der Sparkasse zu einem großen Innenhof, im Torbogen, hatte unser Schuster Reisecker im Souterrain seine Werkstatt und seinen Laden. Wir ließen dort unsere Schuhe reparieren; selten kauften wir welche. In der Auslage hatte er Schuhe, meistens nicht besonders schöne, aber einmal rote Lackschuhe und die wollte ich.

Ich mochte den Laden des Schusters, es roch so gut nach Leder. Ich kann mich an kein Fenster erinnern, es war immer dämmrig. Herr Reisecker hatte so viel Werkzeug, immer ein wenig Chaos. Er war immer am Arbeiten. Besonders freundlich war er auch nicht. Er war einfach.

Wenn ich das Fingerspiel von *Spinnefein und Hinzemann* den Kindern erzählte, war vor meinem geistigen Auge die Schusterwerkstätte vom Schloss; ein wenig unheimlich, unnahbar. Die Geschichte der Heinzelmännchen, die die Arbeit in den Werkstätten bei Nacht erledigten, hatte mich beeindruckt. Sicherlich waren die bei unserem Schuster.

In seiner kleinen Auslage entdeckte ich Lackschuhe mit Absatz und sie waren rot.

Wie sag ich's meiner Mutter? Vater brauch' ich gar nicht zu fragen, der fand alles, was schick war, unnötig. Tatsächlich brachte ich meine Mutter soweit, sich die Schuhe zeigen zu lassen. Herr Reisecker, ein alter Mann mit dem damals verbreiteten grauen Arbeitsmantel, wollte die Schuhe natürlich verkaufen und konnte meine Mutter tatsächlich überzeugen.

Zum ersten Mal hatte ich besondere Schuhe. Mein Vater dürfte nicht viel gesagt haben, das hätte ich in Erinnerung. Seine Ausbrüche, was Kleidung an mir betraf, die nicht seinem Geschmack entsprach, konnten sehr heftig werden, cholerisch! Je älter ich wurde, desto heftiger.

Ich liebte diese Schuhe. Ich bekam viele Blasen, das hielt ich aus mit viel Pflaster, irgendwann lief ich sie schon weich. Lackschuhe waren ganz was Besonderes damals, ich war zehn Jahre alt. Im Winter bekam ich sogar einen knallroten Knautschlackmantel und eine weiße Knautschlackmütze und fellbesetzte Stiefel – wie sie heute noch ein ehemaliger Schistar und jetziger Mann im Musikgeschäft trägt.

Später war ich eine Jesuslatschenträgerin und trug bequeme Birkenstockschuhe. Es kam schon die Zeit, dass Schuhe auch schön sein durften, jedoch kamen für mich zu enge und unbequeme Schuhe nicht mehr in Frage. Zum Glück kann ich schon lange beides vereinbaren, ich trage elegante, bequeme rote Schuhe!

Unsere Tochter hat kleine schmale Füße. Als junge erwachsene Frau suchte sie sich Schuhe nach ihrem guten Geschmack aus, auch wenn sie zu klein waren; Sie ist eine Große, sie entscheidet selbst. Bei ihren Kindern achtet sie auf gute Schuhe und Hanna als Dreijährige hatte ihren ganz besonderen Mädchengeschmack; sie braucht Glitzer und Herzen und Blümchen und Rosa und Lila; das gibt es auch in Gesund …

Wir achteten bei Miriam auf gutes Schuhwerk und versuchten das mit ihrem Geschmack in Einklang zu bringen. Gleichzeitig wollte sie, dass ihre Schuhe genauso aussehen, wie die von ihrer besten Freundin. Partnerlook.

Und wenn Schuhe kaputtgehen, gibt es auch heute noch Schuster, die reparieren.

Die Hierarchie der Straßen

Die Häuser und Wohnungen der jeweiligen Straßenzüge wurden nach der Hierarchie des Berufsstandes der *Haushaltsvorstände* der Familien, der Angestellten und Arbeiter des Metallwerks, vergeben. Sage mir, in welcher Straße du wohnst und ich sage dir, welcher Klasse du angehörst.

Da gab es die Straße mit den großen Häusern am Waldrand für die Familien der Generaldirektoren. Am Ende, im letzten Haus angrenzend zur Schule ordinierte und wohnte unser Hausarzt. Er hatte seine Wände im Wartezimmer und in der Ordination gefüllt mit Schaukästen voller aufgespießter bunter Schmetterlinge. Ansonsten war er der liebenswürdigste Hausarzt aller Zeiten. Er behandelte nach der Devise: Tee trinken, ausschwitzen, Ruhe geben, wird schon wieder gut.

In seiner Straße waren die Häuser sehr groß, wie Villen und mit großen Gärten. Ich arbeitete in einem der Häuser bei einer sehr lieben Familie als Kindermädchen, als ich circa dreizehn oder vierzehn Jahre alt war. Die Eltern gingen sehr liebevoll mit ihren zwei Mädels um. Die beiden waren auch ganz entzückend. Alle rothaarig. Später bekamen sie noch einen Bruder. Auch rothaarig. Für mich war Babysitten ein *schöner Nebenverdienst*. Ich wurde als Jugendliche mit Geld knappgehalten, musste mich für jede Ausgabe rechtfertigen und ein Kassabuch führen: Einnahmen – Ausgaben. Über meine Einnahmen als Babysitterin entschied ich selber, wie ich sie ausgeben wollte. Ich gab sie im Kassabuch anders an.

Der Kontakt zu den befreundeten Familien meiner Eltern erweiterte meinen Horizont. Sie waren mir gegenüber sehr freundlich und aufgeschlossen. Es war freier in anderen Familien, die Kinder waren aufgeweckter. Das wusste ich gut und lange schon, bevor ich vierzehn Jahre alt war, dass es unterschiedliches familiäres Miteinander gab. Ich hatte schon einige Eskapaden mit meinen Eltern hinter mir. Umso mehr genoss ich diese warme wohlige Atmosphäre bei den Familien deren Kinder ich abends betreute und ins Bett brachte, während die Eltern ausgingen. Es war ein Angenommensein in Wärme – so war mein Gefühl. Meine Eltern konnten das weniger gut.

Der Vater dieser Kinder in dieser Straße war allerdings kein Generaldirektor; wer weiß, manchmal hat man es mit der Hierarchie doch nicht so genau genommen.

Die Häuser waren *semidetached.* In der rangniedrigeren Straße waren die Häuser auch *semidetached* und mit großem Garten. Dahin zogen wir später. Mein zweiter Bruder kam hier zur Welt.

Ich war unglücklich über den Umzug, weil ich meine FreundInnen kaum mehr traf. Aber das neue Haus war groß und für eine fünfköpfige Familie besser geeignet. Ich musste mein Zimmer mit meinem Bruder teilen.

Langsam lernte ich die Familien mit deren Kindern in dieser neuen Umgebung kennen. Die Mädchen in der Umgebung waren älter und interessierten sich nicht so sehr für mich. Eines Tages zog in unser Nachbarhaus – *semidetachet* – eine Familie mit acht Kindern ein. Der Älteste war ein Jahr jünger als ich und mit den jüngeren Brüdern befreundeten sich meine Brüder. Mit dem Ältesten spielte ich gerne Tischtennis und wir plauderten, wenn er zu mir kommen durfte. Wir verstanden uns gut und konnten gut miteinander reden. Die Kinder wurden sehr streng erzogen und durften nicht jederzeit aus dem Haus. Es war eine sehr musikalische Familie. Die Kinder mussten viel auf ihren Instrumenten üben. Für mich war es schön, wenn ich nachbarschaftliches Klavierspiel mithören durfte, daran teilhaben durch die Wände. Es war wie in einem schönen Konzert. Harmonisch.

Volker hatte auf einmal einen steifen Fuß. Er war lange im Krankenhaus. Er spielte mit dem steifen Fuß sehr gut Tischtennis, damals wusste ich noch nicht, was mit ihm los war.

Ich erinnere Situationen wie diese, als ich Kieselsteine aus dem Rasen klauben musste – solche Beschäftigungstherapien fielen meinem Vater ein. Mir wäre viel eingefallen, was ich stattdessen gerne getan hätte.

Inzwischen hatte ich mein eigenes Zimmer. Volker hatte sein Zimmer an der angrenzenden Wand. Ich gab Klopfzeichen, jedoch erwiderte er sie kaum, immer wieder klopfte ich abends nach ihm. Konnte er mich denn nicht hören? Ich ritzte in die Mauer, wenn ich abends im Bett lag. Ich träumte davon, mit einem Schiff weit weg zu fahren und dieses Schiff ritzte ich mit einem Zirkel in die Mauer. Mir gefiel das Orange der Ziegelsteine. So konnte ich gut an der weißen Wand zeichnen. Zuerst zog ich einen gewellten Strich für das breite Meer. Immer wieder bohrte ich an einem Loch, das unsere Zimmer verbinden sollte. War ich verliebt in Volker? Ich wollte in ihm einen Verbündeten, er sollte mit mir reisen in meinen Phantasien.

Volker starb mit neun Jahren an Knochenkrebs – ich war erschüttert. Er war nicht mehr da, ich verstand das nicht und hatte Angst. Niemand sprach davon. Ich konnte mich nie von ihm verabschieden.

Am Ende dieser Straße waren die Häuser mit vier Wohneinheiten gebaut. Von rechts und links kam man draußen über die Stiegen jeweils zu den Eingängen der zwei Wohnungen im Parterre und im ersten Stock. Genau wie in unserer ersten Wohnung.

In diesen Wohnungen lebten auch Familien mit zehn Kindern und Familien mit vierzehn Kindern, mindestens mit acht oder fünf Kindern. Die Mütter gingen arbeiten. Viele waren Reinigungsfrauen. Mit den Kindern aus diesen Familien hatte ich nur vereinzelt im

Kindergarten Kontakt. Ich mochte die Kinder. Sie machten mich sehr neugierig. Ich kam nie zu ihnen nach Hause, sie kamen nie zu uns. Gegenseitige Besuche aus unterschiedlichen sozialen Schichten waren wahrscheinlich tabu.

Meine Brüder hatten zu diesen Familien schon Kontakt, sie waren befreundet mit gleichaltrigen Jungs.

Vielleicht, weil ich die Erstgeborene bin und ein Mädchen, hatten meine Eltern dauernd Angst, dass ich mich mit den *falschen Freunden* einlasse. – *Spiel nicht mit den Schmuddelkindern, …!* –

Meine Eltern sprachen von den Familien mit den vielen Kindern nie schlecht, sie waren sogar voller Respekt und Bewunderung, manchmal sogar mehr als gegenüber Kindern standesgemäßer Familien. Diese konnten durch ihre Aufgeschlossenheit *gefährlich* werden. Trotzdem waren Kinder aus kinderreichen, armen Familien für mich tabu.

An unseren neuen Garten grenzten viele kleine Gärten der anderen Siedlung. Wir hatten das erste Haus. Somit hätte ich im Sommer leichter Kontakt mit den Kindern der Familien mit den angrenzenden kleineren Gärten haben können; Mutter genoss den Plausch mit den Nachbarshausfrauen über den Zaun hinweg. Tatsächlich hatten wir zu manchen Familien gar keinen Kontakt, obwohl wir unmittelbar benachbart waren. Zu einer Familie schon gar nicht. Die mähten nie den Rasen, die Mutter lag im Liegestuhl im kniehohen Gras; der Vater ging einkaufen, die Tochter kannte ich aus dem Kindergarten. Sie war ruhig, hatte mich aber einmal richtig fest gekratzt und gezwickt. Ines war ein sehr gescheites Kind. Erst im Gym hatte ich Kontakt zu ihr. Das war mir aber definitiv verboten worden und ich ging heimlich zu ihr in ihr eigenes Mansardenzimmer.

Befremdend anders sein

Diese Familie galt in unserm Dorf als verrückt. Ines hatte es bestimmt nicht leicht. Sie wurde in allen ihren Bedürfnissen von ihren

Eltern unterstützt. Antiautoritär erzogen? Die Familie war interessant für mich, aber ich fühlte mich verunsichert, nicht ganz wohl bei ihnen zu Hause. Es war eigenartig, dass Ines ihren Vater Cola und Zigaretten kaufen schickte. Irgendwie passte das auch nicht. Ines' Familie war eine LehrerInnenfamilie, der Großvater war Lehrer, der Onkel auch. Ines' Mama war später meine Flötenlehrerin; sie war konsequent und ich lernte intensiv bei ihr dieses Instrument, das ich eigentlich nicht lernen wollte. Für mich war Ines' Mutter nicht ungewöhnlich, außer dass sie im Sommer gern im Liegestuhl im hohen Gras lag, das taten andere Mütter, die ich kannte, nicht. Und Ines rauchte bald mit ihren Eltern ganz selbstverständlich Zigaretten. Ines' Opa war der Direktor der Volksschule. Ich hatte ihn in der dritten Klasse als Klassenvorstand. Ich erinnere mich an ihn nur im Zusammenhang mit Kriegsgeschichten. Ich konnte wenig damit anfangen, dass die Russen seine Uhr gestohlen hätten. Sie hätten im Wasserturm im Buchenwald gestohlene Schätze versteckt – warum hat er dann die Uhr nicht geholt, wenn er wusste, wo sie war? Und warum die Russen? Ich glaube, er hatte uns manchen Bären aufgebunden. Er war der schwarzen Pädagogik verbunden. Wenn jemand nicht gehorchte, bekam er mit dem Lineal auf die Finger gehauen – meistens die Buben … vielleicht praktizierte seine Tochter gerade deshalb die gegenteilige antiautoritäre Erziehung im Sinne der Freiheit. In der Hauptschule in Waghofen hatte sie es sicher nicht leicht bei einem autoritären Direktor und entsprechenden Kollegen.

Ines hatte ein eigenes Zimmer in der Mansarde, Lernmaterial und loses Papier waren immer auf dem Boden verstreut, sie war blitzgescheit und unglaublich chaotisch.

Es war eine unglückliche Familie. Ines sollte sich mit Ende zwanzig aus dem 6. Stock stürzen; sie war tablettenabhängig und viel zu intelligent für diese Welt. Bernd, ihr Onkel, starb viel zu früh. Die Schule, meine Schule, das Grubenauer Gym, schien für ihn nur mit viel Rauch und Alkohol zu ertragen gewesen zu sein und sein

Herz machte irgendwann nicht mehr mit. Er fiel am Grubenauer Stadtplatz tot um. Welch tragische Symbolik!

Religiöse Zugänge

Alle Kinder bekamen schöne Kleider, die Buben bekamen schöne Anzüge. Die Kinder meines Alters waren ganz aufgeregt vor der Erstkommunion. Allein der Klang des Wortes war geheimnisvoll: Erstkommunion, was war das denn?! Die Kinder sprachen von Geschenken, die sie bekamen. Kettchen mit Anhänger und die Buben eine Armbanduhr. Am Tag der Erstkommunion gingen alle in die Kirche. Ich wollte auch dazugehören, ich wollte nicht allein bleiben an diesem Tag.

Die Mutter Norberts und meiner Freundin war Lehrerin. Sie wohnten im Haus unserer Schneiderin. Sie war es, die ein gutes Wort für mich einlegte, damit ich doch mit in die Kirche konnte. Ich bekam auch ein schlichtes, hellgelbes, schönes Kleid – von der Schneiderin.

In der Kirche saß ich auf dem Schoß der Lehrerin. Alles war sehr feierlich und groß und bedeutungsvoll.

Vorne sprach der kostümierte Pfarrer etwas von Schafen und Zitronen. Er erzählte eine Geschichte. Ich mochte Geschichten.

In der Volksschule wollte ich dem Religionsunterricht tatsächlich nicht beiwohnen. Meine SchulkollegInnen zeichneten den lieben Gott mit Bart. Manchmal bekam auch ich etwas von diesen besonderen Geschichten mit. An den lieben Gott glaubte ich nicht.

Jedoch fand ich manche Religionslehrer im Gym interessant und sie luden mich zu ihrem Unterricht ein. Einer war sehr fortschrittlich, er unterrichtete eher Ethik als Religion und hatte auch seine Probleme mit den reaktionären Kollegen und dem Direktor. Er hatte auch im Ort bei den konservativen Familien keinen guten Ruf. Ein Psychiater als Religionslehrer. So ein reflektierter Mann passte nicht in Grubenaus konservatives Bild. Er verabschiedete sich als Religionslehrer.

Religionslehrer, die nach ihm unterrichteten, wurden Opfer unserer angestauten Aggressionen gegenüber unseren autoritären, cholerischen anderen Lehrern. Schlimm. Einen ärgerten wir mit sexuellen Anzüglichkeiten – wir durften anonym Fragen stellen, er gab sich große Mühe uns nahezustehen, uns zu helfen und wir verarschten ihn nach Strich und Faden, kicherten und stellten unmögliche Fragen. Er hatte auch das Pech dauernd rot zu werden, der Arme. Er bat mich, dem Religionsunterricht nicht mehr beizuwohnen, wenn ich nicht an Gott glaube, da das dann nichts bringe. Mir war das auch Recht. Ich ging mit den *Befreiten* zu Berta und Lois ins Wirtshaus … und wenn er da war, zu meinem Freund und wir freuten uns an der zusätzlichen paradoxen Situation, uns in der Religionsstunde zu lieben. Überaus pubertär, aber lustig.

… das war 1976/77

Schulzeit

Du sollst den anderen träumen, wie er jetzt nicht ist. Jeder wächst nur, wenn er geträumt wird.

Danilo Dolci

Die Volksschulzeit war okay. Ich ging gern in die Schule. Ich hatte eine kompetente Lehrerin, die mich ernst nahm. Ich zeichnete gern ins Heimatkundeheft; der Brand in Grubenau und wie der Steininger, der an der Kirche jetzt in Stein gehauen ist, über die Treppe stürzte, blieb mir in lebendiger Erinnerung. Und die Geschichte, als Palm hingerichtet wurde von den französischen Truppen und deshalb der Palmpark so heißt wie er heißt.

Bei einem Heimatkundetest mussten wir die Stationen der Zugverbindung Grubenau – Salzburg aufzählen. Ich tat das mit großer Zuversicht und ohne die geringsten Bedenken, dass ich es nicht richtigmachen könnte.

Ich bekam den Test zurück mit einer Fünf. Die Reihenfolge stimmte nicht, ich hatte alle Stationen gewusst, nur nicht in der richtigen Reihenfolge aufgeschrieben. Na, wer wird denn so kleinlich sein? Ich verhandelte und ließ nicht locker. Die Note wurde ausgebessert auf eine Vier, das war in Ordnung.

Ich machte mir nichts aus Noten, meine Mutter schon. Für mich war wichtig, dass es gerecht war und ich wollte verstehen.

In Rechnen dürfte ich eine Fünf nach Hause gebracht haben. Ich kann mich nicht so genau erinnern. Ich trug es bestimmt mit Fassung, meine Mutter war aus der Fassung gebracht, sie rief in der Schule an, es kam zu einem Gespräch mit der Lehrerin. Keine Ahnung was dabei herauskam. Es gab ein Mords Theater, ich blieb völlig unberührt; wahrscheinlich hatte ich mich bei jener Arbeit nicht ausgekannt, der Fünfer schien dann gerechtfertigt.

Ich war eine neugierige, interessierte Schülerin und war aufmerksam, weil ich auch Glück hatte mit meinen Lehrerinnen. Sogar die Handarbeitslehrerin war freundlich und geduldig.

Häkeltant'

Miriam musste in der Volksschule mit einer Handarbeitslehrerin zwei Jahre lang Mobbingerfahrungen machen. Sie setzte die Kinder unter Druck, zeigte ihnen kaum, wie der Umgang mit den Strick- und Häkelschlaufen gelingen könnte. Die kleinen Kinderhände hätten schon Strick- und Häkelfertigkeiten kombiniert mit Kreativität umsetzen sollen. Das Ergebnis war, dass ich und andere Mütter zu Hause die Stücke fertigstellten. Sie hatte obendrein keine Ahnung vom wenigstens höflichen Umgang mit Kindern. Miriam und ihre Freundin hatten Angst vor ihr, sie schrie die Kinder an, wenn etwas nicht passte und demütigte sie mit dem Vorwurf des Versagens. Es nützte kein Gespräch unter Erwachsenen. Sie war verwundert über die Vorwürfe und sie konstatierte, es sei alles in Ordnung und hielt den Vorwürfen mit übersteigertem Selbstbewusstsein stand.

Miriam hatte Glück in der Volksschule mit ihrer besonderen Lehrerin. Sie lernte in der Schule im Projekt nach der Pädagogik Maria Montessoris. Das heißt noch nicht, dass die achtende Haltung Kindern gegenüber damit gewährleistet ist und das Prinzip Montessori tatsächlich verstanden und gelebt wird. Miriams Lehrerin war besonders. Wenn Eltern Sorge hatten, ihr Kind kann in der zweiten Klasse immer noch nicht lesen, beruhigte sie die Eltern- bis zur Vierten wird es das lernen. Sie sah die besonderen anderen Fähigkeiten der Kinder. Miriam liebte Lesen und Schreiben, sie wurde unterstützt Geschichten zu schreiben. Sie waren so besonders schön. Sie gestaltete Hefte mit Zeichnungen und schrieb ihre Geschichten dazu. Es war nicht wichtig, dass sie p und f auf gleicher Zeilenhöhe schrieb. Ursula fragte mich nur, ob sie als Kleinkind nicht gekrabbelt wäre. Denn wenn Kinder nicht krabbeln, können sie das mit Eislaufen ausgleichen und Rad fahren sei auch sehr gut. Es hänge mit der Entwicklung des Gleichgewichtssinnes zusammen und das sehe man auch im Erlernen der Schrift. Ursula wertete das nicht. Miriam ist mit knapp sieben Monaten gekrabbelt. Sie lernte auch das p so zu schreiben wie vorgesehen. Wir sahen die schulische Entwicklung Miriams entspannt und freuten uns, dass es Miriam gut ging und sie keinen Druck von Seiten der Lehrerin hatte. Sie mochte sie sehr. Wieder sechzehn Jahre später sollte Miriams Sohn in den Genuss kommen, in eine Schule zu gehen mit Ursula als Direktorin – das sind die Freuden des Lebens, wenn eine gesunde Basis geschaffen ist. – Simon schreibt ein Heft mit einer Piratengeschichte als Jüngster in der ersten Klasse.

Schlimm waren für einzelne Kinder die Winter im Hof. Alle mussten raus, und draußen warfen die großen Jungs mit Eisschneebällen auf die Kleinen. Miriam hatte Angst. Man kann als Mutter oder Vater den Kindern solche Erlebnisse nicht immer ersparen. Konflikte verbal zu lösen, dafür sind nicht immer alle Kinder zugänglich. Diese *Rambos* hatten Freude, Macht auszuüben. Es war eine Lehrerin da, die für Ordnung am Schulhof sorgte. Sie war um die Ecke und eine Lehrerin für den gesamten Hof schien zu wenig für die Menge SchülerInnen. Es waren zu wenig Erwachsene, um alles sehen zu können – und alles sieht man sowieso nie. Miriam und ihre Freundin erzählten die Situation mit den großen Buben der Lehrerin. Jene Lehrerin konnte mit der Situation nicht umgehen, wollte nicht parteiisch sein. Ich finde es wichtig parteiisch zu sein – wir können nicht grundsätzlich für die sozial schwachen Kinder plädieren und auf Grund ihrer Erfahrungen im Elternhaus alles entschuldigen. Auch sozial bevorzugte Kinder üben Mobbing und Gewalt aus. Wir sollten nicht in die Verurteilung gehen. Es besteht sofortiger Handlungsbedarf der Erwachsenen zum Schutz gemobbter und Gewalt ausgesetzten Kinder. Einfühlungsvermögen im Sinne, wie er sich denn fühlen würde, wenn ihm das wiederfahren würde, was er dem anderen Kind angetan hatte. Herzensbildung lernen.

Hilfsbereitschaft, Klarheit der Regeln und Konsequenzen müssen sichtbar sein zur möglichen Verhinderung von Gewalttaten und zum Schutz der Kinder. Damit meine ich kein *Polizeiaufgebot*, sondern genügend Zeit und Personal, um zusätzlich gemeinsam die Fähigkeit zu erlernen, mit Hilfe der Erwachsenen mit den eigenen Gefühlen und Konflikten umzugehen. Anerkennen, wie es beiden *Parteien* grade geht.

Die nächste Generation – Simon, als der Jüngste in seiner Klasse, ist Mediator und wurde Klassensprecher.

Schnitzel oder Striezel

In der dritten Klasse fragte unsere Lehrerin, was jede von uns SchülerInnen zu Hause als Frühstück zu sich nehmen würde.

– Schnitzel. –

– Schnitzel? –

– Ja, Schnitzel. –

Es war gar nicht glaubwürdig für meine Lehrerin. Ich war mir aber sicher und war überzeugt davon. Vorsichtig fragte die Lehrerin nach, schon zweifelnd, aber wohlwollend. Ich war mir nicht mehr sicher und merkte mein Missverständnis; sie fragte nach, ob ich nicht einen *Striezel* meinen könnte,

– Nein, Schnitzel! –

Ich hätte sonst das Gefühl gehabt, mein Gesicht zu verlieren. Sie ließ es so stehen. Es lag ihr fern, mich bloßstellen zu wollen. Ich meinerseits schaffte es nicht, meinen Irrtum, als ich ihn erkannte, aufzuklären. Es war mir unangenehm. Als Erwachsene können wir das. Es geht nicht ums Rechthabenmüssen. Als Kind hatte ich dazu in dieser Situation nicht den Mut. Ich hätte noch einmal in einer noch schwierigeren Situation die Chance gehabt, einen Irrtum gutzumachen, an der ein Schulkollege beteiligt war.

Beschuldigungen

Allerdings war folgende Geschichte heikler. Ich fand mein Häkelzeug nicht mehr und wir hatten an diesem Tag Handarbeiten. In meiner Klasse waren, wie sonst in der Öffentlichkeit auch, SchülerInnen aus allen sozialen Schichten vertreten. Die Kinder vom Dorf, Bauernkinder, die einen weiten Schulweg hatten, gemischt mit Arbeiterkindern und Kindern von Angestellten des Metallwerks. Ein Junge in der Klasse war – heute würde man sagen – auffällig. Er war der Sündenbock in der Klasse. Ich hatte ihm gegenüber keine negativen Gefühle, er war frech und traute sich Blödsinn machen. Mir tat er nichts, wir hatten nur *nichts miteinander zu tun* – Hatte ich verinnerlicht, dass ich *woanders* dazugehörte? Ich verstand es nicht, aber es war Distanz spürbar. Mit den *braven* Kindern konnte ich unkompliziert spielen, die *schlimmen* Kinder interessierten mich, das hatte etwas Geheimnisvolles. Ich durfte aber kaum Kinder im Dorf besuchen, nur Trude, die ich vom Kindergarten kannte, sie wohnte nicht so weit weg. Vielleicht hatte ich deshalb Jahre später zu Franz Josef Degenharts Lied von den Schmuddelkindern eine besondere Affinität.

Von meiner Familie bekam ich nicht vermittelt, dass arme Menschen schlechter wären oder unanständig (- als ob sich die Frage stellen würde, dass Leute mit Geld anständig wären!). Jedoch merkte ich, wie sie unterschiedlich reagierten bei armen und reichen Kindern. Mutter hielt nicht mit ihrem Wunsch hinterm Berg, dass auch ich einmal *reich heiraten* sollte.

Andreas hieß er. Ich saß auch einmal längere Zeit neben ihm. Ich vermute, er wurde zu mir *strafversetzt*; was nicht weiter schlimm gewesen sein konnte. Ich hatte mit Buben kein Berührungsproblem. Er eher mit mir.

In meiner Verzweiflung über mein abhandengekommenes Häkelzeug, beschuldigte ich nach langem Suchen ihn. Die Lehrerin half mir suchen; alle in der Klasse suchten mein Häkelzeug. Das war mir schon peinlich. Und ich weiß nicht, welcher *Teufel* mich geritten hatte, zu sagen, ob Andreas mein Handarbeitszeug nicht versteckt haben könnte! Warum hätte er das tun sollen?

Es war in den Untiefen meines Bankfaches. Ich wollte im Boden versinken.

Da hätte mir das morgendliche Beten auch nicht geholfen. Ich hätte mir nicht leicht vergeben können.

Alle Kinder erhoben sich morgens von den Stühlen, stellten sich neben die Tischbank und beteten. Ich blieb sitzen, ich betete nicht. Ich war o.B. (ohne Bekenntnis) und Manuela war evangelisch, das war auch exotisch. Ich blieb während des Gebetes auf meinem Stuhl sitzen. Dass alle Kinder, ihre Hände gefaltet, neben der Schulbank standen, berührte mich gar nicht. Während der Freistunde in Religion ging ich nach Hause oder Manuela und ich verbrachten sie in der Schule und machten Hausübungen.

In der vierten Klasse waren sehr gute Noten Voraussetzung zur Zulassung fürs Gym. Dass ich in die Hauptschule käme, das wäre absolut ein Ding der Unmöglichkeit gewesen. Wir hörten Gerüchte, der Direktor dort schlug Kinder und brüllte herum. Der Schulwart brüllte, der Verwalter (ehemals Blockwart?) der Siedlung brüllte.

Diese Männer waren unnahbar, wir mieden sie. Wenn der Verwalter nicht in der Nähe war, fuhren wir mit den Rädern in der Wiese und warnten uns gegenseitig, sobald er in Sicht war: – Da Grasecker kummt! –

Andreas kam eines Tages nicht in die Schule. Manche Kinder waren sehr verstört. Es dauerte eine Weile, bis wir das Schreckliche erfuhren. Kinder aus meiner Klasse hatten unten im Dorf in einer Scheune Indianer gespielt. Sie bauten einen Galgen und spielten die Todesstrafe eines Weißen im Rollenspiel nach. Die Vorrichtung unter dem Galgen kippte, die Kinder liefen in ihrem Schock davon. Niemand kam ihm zu Hilfe. Die von den Kindern gerufene Hilfe nach den Erwachsenen kam zu spät. Es war furchtbar. Heute noch schaudert es mich beim Gedanken an diese Geschichte. Wie schuldig mussten sich die Kinder gefühlt haben!

Verantwortung

Kinder haben ihre eigene Wahrheit, sie lügen nicht. Sie haben ihre Gründe ihre Geschichten auf ihre Weise und nach ihrer Fantasie zu erzählen. Kinder wollen selbst zu ihren Erkenntnissen gelangen. Niemand hat etwas davon, sie der Unwahrheit zu bezichtigen.

Fotografieren

Ich wünschte mir mit acht Jahren nichts sehnlicher als einen Fotoapparat. Mein Vater fotografierte und filmte oft und viel. Die starken hohen Lampen, die er in den Innenräumen aufstellte, um gute Belichtungsvoraussetzungen zum Fotografieren zu haben, sind mir gut in Erinnerung. Es war eine Riesenprozedur. Diese Lampen waren extrem hell. Um mich im Kinderzimmer zu filmen, benötigte er zusätzlich Licht. Ich wurde auch gefilmt, wenn ich weinte.

Wilhelm stellte mich in ein Feld mit hohem Gras, ich weinte, ich hatte Angst und war nicht fähig, allein hinauszulaufen. Minutenlang filmte er weiter, bis ich einen Schritt nach vorne wagte und auf einen Grashalm aufmerksam wurde.

Ich wollte nicht immer gefilmt werden; es war mir unangenehm; er hörte nicht auf und so hatte er auch Filmmaterial einer weinenden Tochter.

Man könnte vermuten, es sei wertvoll, aus dieser Zeit persönliches Filmmaterial zu besitzen; für mich sind das Wunden, die wieder geöffnet werden. Es gibt diese Super 8-Filme immer noch. Mein Vater hatte sie 2014 wohlmeinend auf modernes Format übertragen.

Mittlerweile habe ich zu Vater einen versöhnlichen Zugang.[5] Ich respektiere ihn und vergebe. Er versteht nicht, dass ich diese Filme nicht sehen mag. Er kann nicht verstehen, dass ich mit einem Campingausflug zum Weißensee, an seinen Heimatort, nicht unbedingt Gutes verbinde. Ich musste damals die Kacke meines sehr jungen Bruders entsorgen und Reisfleisch aus der Dose kochen … und essen. Einzig das Kleid, das ich oft anhatte, mochte ich. Mutter kam nicht mit und Vater wollte mit uns eine besondere Art von Freiheit und Naturverbundenheit erleben. Gut gemeint, auch das Wandern. Für mich war das verbunden mit mütterlichen Verpflichtungen, die mir nicht unbedingt entsprachen. Wandern war für mich nur begrenzt ein gutes Erlebnis, nämlich dann, wenn die Entfernungen absehbar waren. Vater liebte Umwege, andere Wege, die viel länger dauerten, als vorgesehen. Wir waren somit sehr lange unterwegs. Für mich und meinen kleinen Bruder oft zu lange. Die Idylle ist auf diesem Film zu sehen, mein Missmut nicht, ich war *brav* und machte mit. Hier habe ich ausnahmsweise *verstanden*, dass ich besser nicht dagegen arbeite und mir die Gunst meines Vaters zuziehen sollte, um die Stimmung zu wahren. Mich anzupassen gelang auch hin und wieder und das Gefühl von Vater Anerkennung zu bekommen war schön.

Jahre später bin ich immer weniger belastet mit der Geschichte meiner Kindheit. Wer weiß, vielleicht könnte ich meine Filme heute aus einem anderen Blickwinkel sehen und sie gingen mir nicht mehr so nahe.

---

[5] Das ist ein Abschnitt in diesem Buch, aus einer Zeit, als meine Eltern noch lebten; ich belasse es dabei.

Mein Vater zeigte mir in seiner Art, wie der Fotoapparat funktionierte. Er erklärte mir, wie die Blende funktionierte und wie man die Blendenzeit einstellen musste. Das interessierte mich, aber ich wollte meine Fotos mit meiner eigenen Kamera machen.

Mein Interesse war so offensichtlich, dass ich mit elf Jahren tatsächlich eine eigene Kamera bekam.

Ich bekam *nur* einen Schwarzweißfilm dazu, weil er billiger war, was mich jedoch weiter nicht störte. Damals war das Entwickeln von Farbfotos teuer und besonders.

Ich war Besitzerin einer sogenannten Instamatic-Kamera. Eine einfach zu handhabende Kamera, allerdings nur bei einigermaßen guten Lichtverhältnissen. Ich zog damals in Waldbühl zum ersten Mal los und fotografierte Gegenstände; besondere Details, Dinge aus einer anderen Perspektive. Das Gras aus einer liegenden Position, Baumrinden, eine alte Waage. Mich mit dem Selbstauslöser. Die Fotos waren gut.

Später leistete ich mir mit Jakob eine Spiegelreflexkamera von *Canon*. Wir entwickelten unsere Bilder anfangs auch selbst. Wir fotografierten auf Diafilmen, weil sie nicht so teuer waren; trotzdem ließen wir auch eine Menge Fotos entwickeln. Für mich war es schön, Menschen in ihrem möglichst authentischen Sein oder Handeln zu fotografieren.

Kinderfotos

Es gibt wunderbare Fotos von Miriam als Neugeborene und die vielen Besonderheiten ihrer Entwicklung. Das sind nicht viele Fotos, wie wir jetzt von unseren Enkelkindern haben, dank der digitalen, billigen Fotoentwicklungsmöglichkeiten. Wir können ihre Entwicklung und besondere Erlebnisse auch in Polaroid wiedererkennen und uns freuen.

Können wir auf Fotos wiederentdecken, was ein Kind empfindet?

Die große Ära der Sozialdemokratie

Ich wurde in eine Zeit des großen Wirtschaftsaufschwungs und mit einer Politik, die immer mehr soziale Reformen erkämpfte und hervorbrachte, geboren. Kreisky wird 1970 Bundeskanzler. Der Gratiskindergarten für Werksangestellte war schon lange vorher ein Beispiel in eine gute Richtung in einem wohlhabenden Land. Die Benutzung der Autobusse des Metallwerks für Schichtarbeiter war gratis, später auch für uns SchulpendlerInnen. Für meine Generation kam die Gratisschulbuchaktion neu. Das Besondere für meinen Schuljahrgang war: 1971 wurde die Aufnahmeprüfung ins Gym abgeschafft.

Ganz sicher war es noch nicht, ob es mich schon betreffen würde. Ich verfolgte die Diskussionen dazu. Wenige Wochen vor meinem Eintritt in diese Anstalt, ins Bundes Realgymnasium Grubenau war es dann gewiss. Keine Aufnahmeprüfung.

Mein Vater wollte mich trotzdem fähig machen. Ein für mich unnötiges Schulbuch, *Aufnahmeprüfung leicht gemacht,* vermieste mir die Ferien.

Die Reformen aus dieser Zeit waren nachhaltig:

- In den achtziger Jahren hielt es die Sozialdemokratie für notwendig, dass Paare heiraten und unterstützte das mit 10.000 Schilling. Wir waren eines dieser Paare. Wir verwendeten einen guten Teil dieses Geldes für unser unvergessliches Hochzeitsfest.
- Das Karenzgeld für ein Jahr und Ersatzzeit für die Pensionsversicherung sollte uns 1986 betreffen, als unsere wunderbare Tochter geboren wurde.
- Abtreibung wurde freigegeben, allerdings auf Druck der Frauen, die Männer in der SPÖ standen bei weitem nicht dahinter.
- Gleicher Lohn für gleiche Arbeit, die rechtliche Gleichstellung von Mann und Frau wurde in der Verfassung endlich verankert.

Die *typisch* weiblichen Berufe sind nach wie vor bei Weitem schlechter bezahlt. Dass *weibliche* Arbeit genauso wertvoll ist wie jene in männlichen Berufen, wurde nie genügend berücksichtigt. Die Haltung, der Mann sei der Erhalter der Familie und müsse mehr verdienen, die Frau sei Dazuverdienerin, ist in der Lohnaufteilung noch immer nicht überholt.

- Der Mutter-Kind-Pass war eine Notwendigkeit, um ein Bewusstsein zur Gesundheitsvorsorge für Kinder zu schaffen.
- Erst 1975 wurde die Wochenarbeitszeit auf 40 Stunden reduziert – das spürte ich in der Anwesenheit meines Vaters am Samstag.

1979 wurde Frauenpolitik mit der Benennung Johanna Dohnals zur Frauenstaatssekretärin institutionalisiert.

Mutter-Kind-Pass, Schülerfreifahrt, Gratisschulbuch, acht Monate Präsenzdienst, moderne Familiengesetze (Gleichstellung der Frau), Reform des Strafrechts, Geburtenbeihilfe, Heiratsgeld.

Der Österreichische Weg

Er hatte die Menschen gern und wollte mit den Mitteln der Politik gesellschaftliche Verhältnisse schaffen, die der überwältigenden Mehrheit der Menschen relatives Glück bringen können. Politische Macht war für ihn nur moralisch begründbar. – Wir dü rfen nicht die Macht an sich wollen, sondern wir müssen sie wollen, um unseren Zielvorstellungen näherzukommen –, schrieb er. Viele seiner Visionen wurden Wirklichkeit, wurden zu konkreten Leistungen für die Menschen. Die Höhe der Pensionen verdoppelte sich in zehn Jahren, Geburtenbeihilfe und Heiratsgeld, Gratisschulbuch und Schülerfreifahrt wurden eingefü hrt, der freie Zugang zu den Universitäten, der Zivildienst, ein modernes Strafrecht geschaffen. Es gab eine blü hende Epoche für Kunst und Kultur, mehr Mittel für die Forschung als je zuvor, Trinkwasserqualität der Seen und Flüsse und einen erfolgreichen Kampf gegen das Sterben vor der Zeit.

Der österreichische Weg hatte unser Land in 13 Jahren vom Schlusslicht des demokratischen Europa (1970 hatten nur die Diktaturstaaten Spanien, Portugal und Griechenland ein geringeres Pro-Kopf-Einkommen als

Österreich) zum fünftreichsten Land Europas und zum Musterstaat der sozialen Wohlfahrt katapultiert. Das BIP wuchs von 375 Milliarden auf 1,2 Billionen Schilling. Die Pro-Kopf- Verschuldung war die viertniedrigste der Welt. Österreich blieb die Vollbeschäftigung auch während der schwersten internationalen Krisen mit europaweiter Massenarbeitslosigkeit erhalten. Österreich hatte eine weltweite Reputation. Die Demokratie war gestärkt, die Position der Frauen nachhaltig verbessert und die Sozialdemokratie mit der Kirche, die Politik mit der Intelligenz versöhnt worden.[6]

Kreisky schaffte mit seiner Regierung und den Auseinandersetzungen mit den Frauenstaatssekräterinnen eine gute Basis. Die Umsetzung dieser Basis zum gleichberechtigten Zugang zur Bildung ist bis heute noch nicht gewährleistet.

Das Gymnasium, die elitäre Anstalt der gehobenen Grubenauer Klasse

Im Gym setzten wir uns mit kritischen Themen im *Anstaltsblatt,* unserer SchülerInnenzeitung[7] auseinander. Nicht nur die Willkür und die Launen der LehrerInnen verschriftlichten wir, uns waren aktuelle politische Themen wichtig, die wir auch mit dem Verhalten der LehrerInnen in Verbindung brachten. Wir spürten unseren jugendlichen Mut und hatten viel Energie, Kraft und Vertrauen in uns selbst – überzeugt von der Richtigkeit unserer Handlungen. Trotz unserer persönlichen Unterschiede und Zugänge fühlten wir dennoch Solidarität.

Bis heute leiden SchulkollegInnen an den Konsequenzen der entwürdigenden Behandlungen mancher Lehrer:

– Du bist zu blöd für diese Schule. In dieser Anstalt haben *Objekte* wie du keinen Platz. –

---

[6] Karl Blecha
[7] damals: Schülerzeitung – die *gegenderte* Sprache hatte sich noch kaum durchgesetzt, auch nicht in linken Kreisen.

Auf der anderen Seite wurden Kinder von wohlhabenden Familien *durchgeboxt*, egal, ob sie wenig lernten oder es für sie, aus welchen Gründen auch immer, nur eine Plage war, durchzukommen. Papa hat seinen Einfluss geltend gemacht.

Auch heute erlauben sich Lehrer unreflektiertes Verhalten! Es gibt sie noch immer – Lehrer, die SchülerInnen anbrüllen, weil sie keine Hausschuhe angezogen haben; SchülerInnen, die herabwürdigend von Lehrern angesprochen werden, wenn sie aufs Klo müssen. Bis dahin, wenn SchülerInnen Interesse am Lehrinhalt zeigen, indem sie nachfragen, doch noch einmal ein Thema erklärt zu bekommen, um es besser verstehen zu können, es zu solchen Herabwürdigungen kommt, wie: sie sollen gefälligst aufpassen, der Stoff wird durchgebracht, wer nicht mitkommt, soll schauen wo er/sie bleibt. Jede/r weiß von vielen Geschichten dieser Art.

LehrerInnen in unseren Schulsystemen sind häufig restriktiv und unverantwortlich in ihrem autoritären Verhalten SchülerInnen gegenüber, dass es einer besonderen Begabung entspricht, wenn SchülerInnen es bis zur Matura einigermaßen unbeschadet schaffen – und von Glück reden können, wenn sie nicht auch noch verständnislose Eltern haben, die zusätzlich Druck machen. Die Solidarität unter SchülerInnen ist sehr viel wert und unterstützend, das Schulgebäude betreten zu können, ohne psychosomatische Krankheiten davonzutragen und einigermaßen psychisch unbeschadet ins Erwachsenenleben zu wachsen.

Wenn unter SchülerInnen gemobbt wird, wird das Leben unerträglich. Also warum sind sich so manche LehrerInnen ihrer Verantwortung SchülerInnen gegenüber so wenig bewusst – oder ist es ihnen egal, wie es ihren anvertrauten Kindern und Jugendlichen geht?

Wie im Arbeitsleben auch, lernen und arbeiten SchülerInnen gerne in einer guten Atmosphäre, wo sie gesehen und gehört werden.

SchülerInnen aus sozial schlechter gestellten Familien

Diese hatten von einigen LehrerInnen gut zu spüren bekommen, dass sie hier im Grunde nichts verloren hatten. Probleme mit dem Selbstwert sind keine Seltenheit. Das kann schon haften bleiben, wenn man dauernd gesagt bekommt, dass man hier nur geduldet ist. Hinschauen und sich damit auseinander zu setzen, ohne in der Opferrolle zu bleiben, ist die Möglichkeit des Erwachsenen.

Manche warfen das Handtuch, die anderen wurden durchgeboxt, weil der Vater *ein hohes Tier* war.

Ich hatte Glück, aus vermutlich zwei Gründen, von den LehrerInnen akzeptiert zu werden, obwohl ich Widerstand leistete und im jugendlichen Alter Kommunistin war. Ich wollte jedoch lernen und die Schule aus eigenem Antrieb schaffen, was mir nicht immer gut gelang.

Ich hatte es trotzdem leichter. Erstens: weil mein Vater dem Bildungsbürgertum angehörte und eine gute Stellung im Metallwerk hatte und zweitens, weil die Lehrer von meiner schwierigen Situation zu Hause wussten. Ich kam Hilfe suchend zu meinem Deutschlehrer, Ines' Onkel, als mein Vater mich grün und blau geschlagen hatte. Ich machte kein Geheimnis daraus. Ich wollte weg von zu Hause und Anzeige erstatten. Er riet mir davon ab, denn ich hätte vom Regen in die Traufe kommen können. Die Fürsorge hätte mich schlimmstenfalls in ein *Erziehungsheim* stecken können und das wollte mir Bernd ersparen.

Das LehrerInnenkollegium hatte Mitleid mit mir. Meine Brüder profitierten davon.

Aufnahmeprüfung?

Täglich musste ich mich in den Ferien vor meinem Schulübertritt ins Bundesrealgymnasium mit mathematischen Übungen abplagen, auch wenn ich einen Funken von Interesse spürte, etwas zu lösen. Es war ein gutes Gefühl, wenn ich Aufgaben verstanden hatte und lösen konnte. Mit dem Druck, unter dem ich diese Aufgaben zu lösen hatte, überwog das Gefühl eines großen Unbehagens und einer Frustration. Ich fand es sinnlos. Die Aufnahmeprüfung fand nicht statt, die Ferien waren verdorben mit der ständigen Kontrolle und dem Ehrgeiz meines Vaters und meiner Mutter.

Das Lernen in den Ferien hatte seinen Zweck nicht erfüllt – ich bekam in Mathe auf meine erste Schularbeit ein Genügend, zur Verzweiflung meiner Mutter!

Am ersten Schultag kam ich sehr knapp zum Schulbeginn. Vorher war vermutlich Kirchgang angesagt, von dem blieb ich verschont. Ich kam als Letzte. Alle waren schon in unserer Klasse und hatten einen Platz. Ich hatte keinen.

Mir fielen drei Mädels auf, die sich offensichtlich gut kannten und sich noch nicht entschieden hatten, wer neben wem sitzt. Meine Freundinnen aus der Volksschule hatten ihre Plätze und sich zu einem Jungen zu setzen war hier nicht mehr en Vogue.

Das war der Beginn einer wunderbaren Freundschaft

Der Platz bei einem der drei Mädchen, jenen mit wunderschönem glänzend schwarzem Haar, war frei. Ich fand dieses Mädchen sehr anziehend. Der Platz neben ihr war frei für mich! Während der vollen acht Jahre meiner Schullaufbahn in dieser Anstalt war mein Platz neben ihr.

Das war der Beginn einer wunderschönen Freundschaft. Die tiefe Freundschaft zu Elisabeth hält bis heute.

Wir waren das Kleeblatt, die beiden anderen Mädchen und Elisabeth waren aus Marienstein. In unserer Klasse waren PendlerInnen. Manche kamen mit dem Zug von sehr weit.

Wir vier hatten uns von Beginn an gut verstanden. Diese drei Mädchen bedeuteten mir mehr als meine Freundinnen aus Waghofen. Bei ihnen hatte ich nie das Gefühl des vollkommenen Vertrauens gehabt. Sie quatschten auch hinter meinem Rücken, das merkte ich. Vor allem, weil ich es gewohnt war, auch mit Buben zu reden und zu spielen. Das war vorerst vorbei.

Einmal noch hatte ich alle acht Mädels meiner Klasse, die ich aus der Volksschule kannte, zu mir nach Hause eingeladen. Wir hörten meine Schallplatten. Schlagerschnulzen, ich kannte damals nichts anderes, außer die Klassikschallplatten von Vater. Ich war wohl ziemlich abgesondert von der *wirklichen* Welt. Die Mädels wollten mich musikalisch aufklären, ich verstand sie nicht und verteidigte meine Musik, reagierte schüchtern und sie lachten mich aus. Ich war schrecklich gekränkt. Ich war *nicht zugehörig* und nicht angenommen. Da kann ich mich erinnern, dass meine Mutter mich tröstete, wirklich tröstete.

Ich durfte selten mit meinen Freundinnen nach Marienstein fahren; das waren besondere Erlebnisse für mich! Die Mütter von den Dreien bildeten eine Fahrgemeinschaft und holten meine Freundinnen an manchen Tagen ab. Meistens fuhren sie mit dem Zug. Die Eltern meiner drei Freundinnen mochten mich sehr – wie alle Eltern, ich hinterließ immer einen bleibenden positiven Eindruck auf Erwachsene, ich hatte Charme.

Für Elisabeths oder Agathes Mutter wäre es selbstverständlich gewesen, wenn ich zum Abendessen geblieben wäre oder auch bei ihnen übernachtet hätte. Für meine Mutter und vor allem für meinen Vater war das unvorstellbar. Vater hatte es nicht so mit der Außenwelt, keine Ahnung, welche Gefahren er fürchtete, ich bekam darüber keine Auskunft. Bei Elisabeth drängte er mir seine Auslegung der Persönlichkeitstypenlehre und Physiognomie auf und erklärte mir Elisabeths Charakter; Sie sehe katzenartig aus und Katzen seien falsch und hinterlistig, so sagte er. Ich war entsetzt.

Zu jener Zeit musste noch viel aus der Schulzeit meines Vaters gespickt mit den Ideologien des Faschismus herhalten. Mein Vater war geprägt davon, was er in seiner Schulzeit erfahren hatte und ihm eingetrichtert worden war.

Es begann sich in mir ein politischer Geist zu rühren – irgendetwas war doch hier nicht in Ordnung. Für mich teilte man Menschen nicht nach dem Aussehen ein und bildete sich danach ein Urteil. Ich hatte ein stark ausgeprägtes Gerechtigkeitsdenken und jene Aussage traf mich selbstverständlich persönlich.

Er sprach von den meisten meiner Freundinnen in dieser Art. Er machte alle schlecht, die nicht in sein Schema passten. Elisabeth war Tochter eines rumäniendeutschen Vaters. Vielleicht war für Vater der *Makel* des *Ausländers* das Problem, denn Elisabeths Vater war Vertriebener. Allerdings hätte Vater sich mit den Gründen des Vertrieben-Seins der Rumäniendeutschen solidarisieren müssen. Ich glaube das war alles viel komplexer.

Der Faschismus war noch nicht lange vorbei, war er denn vorbei?

Vater hielt beim Abendessen seine Reden. Den Tisch aus Eichenholz mit bebilderten Kacheln in Vier- mal-sechs-Anordnung gibt es noch heute und der löste lange stark widerstrebende Gefühle aus.

»Heute« hat sich verschoben:

Mein Bruder hatte noch kurz überlegt nach dem Tod meiner Eltern jenen Tisch mitzunehmen. Er hatte offenbar eine andere Erinnerung daran. Mittlerweile ist der Tisch in einem serbischen Haushalt gelandet. Bei der Räumung meines Elternhauses hat er den Besitzer gewechselt. Ich wünsche viel Freude damit.

Die Reden waren legendär. Er hatte mich mit seinen abwertenden Aussprüchen stark politisiert.

Nicht nur, dass ich Angst hatte, zu fragen, wenn ich von ihm etwas brauchte. Was würde ihm diesmal wieder einfallen, was ich dafür tun könnte? Eine Wunscherfüllung war immer an Bedingungen geknüpft, ich musste immer eine Leistung dafür erbringen.

Er fühlte sich bemüßigt, mir die Welt zu erklären: Amerika sei besetzt von den Juden, war seine Behauptung, Juden seien die Kapitalisten und scheffelten das Geld, das sei ihnen eigen, angeboren sozusagen. Und die Neger sind dumm und gewalttätig –

ich vermute, dass er zumindest Letzteres *heute* nicht mehr denken würde.

Er bereiste die Welt dienstlich, privat, mit Mutter und ohne sie.

Mit den Erfahrungen des Reisens, wie ich meine, käme man mehr zu einer Weltoffenheit. Nicht Vater, er war sehr engstirnig seiner Umgebung gegenüber. Damals heftiger als in seinen späten Jahren. Er war den Menschen gegenüber, denen er auf Reisen begegnete jovial, freundlich überheblich. Er wollte einbeziehen, sprach Menschen an, fragte nach ihrem Tun. Es blieb immer ein Nachgeschmack. Er wisse es besser. Er konnte nicht anders.

Ich machte mich bei unserem Geolehrer beliebt, weil ich kiloweise Diakassetten der Reisen meiner Eltern anschleppte. Ich machte kein Geheimnis aus meiner Lage. Die Lehrer mochten mich. Herr Dipl. Ing., später Dr. war ja auch wer in Waghofen. Irgendwie hatte ich immer das Gefühl, mir konnte nichts passieren in der Außenwelt. Zu Hause schon, aber draußen nicht.

Ich hatte keine besonders guten Noten, obwohl ich mich gut auskannte und mitkam. Es war ja unsagbar, welche Lehrer uns zugemutet wurden.

Vor manchen konnte man als Zehnjährige schon richtig Angst bekommen.

Der Direktor ließ uns seine Macht spüren. Ihn hatten wir in Mathe. Er hatte die Angewohnheit, sein Gebiss quer hin und her zu schieben, als ob er die Zähne fletschte, schritt erhobenes Hauptes mit seinen schweren, quietschenden schwarzen Schuhen und rief uns mit Nachnamen: Kössler! Welch ein Klang! So bedrohlich kann sich ein Name anfühlen. Selbst wenn ich die Aufgaben lösen konnte, es war mehr als ein ungutes Gefühl, an die Tafel gerufen zu werden; du warst zuerst einmal schuldig, eine Versagerin, dann konntest du es besser machen, die Grundangst blieb, du warst in seiner Gewalt.

Der Name Kössler

Meine Englischlehrerin nannte mich Philomena oder Philly und alle anderen LehrerInnen: Kössler, nicht Fräulein Kössler – es hätte mir auch nicht gefallen, aber es wäre wenigstens persönlicher und weicher gewesen. Das wollte ohnehin niemand bezwecken. Mit Angst wurde gearbeitet, nicht mit Freundlichkeit, denn – sonst lernen die *Gfraster* ja nix. –

Im Gym riefen mich meine Schulkollegen lange Zeit Kössi – ich mag heute noch aufschreien über diese Unzulänglichkeit, sich näher zu kommen. Philly war zu intim, wer Philly sagte, war mit mir befreundet und im Alter zwischen zehn und fünfzehn (!) war das ja gleich mehr, zu viel an Nähe.

Philomena ist die sanfte, übertriebene Entschuldigung für den Nachnamen Kössler!

Wenn Vater ans Telefon ging und seinen Namen in die Telefonmuschel rief, klang es wie eine Drohung. Der Klang – *Kössler* – aus seinem Munde war stakkatohaft, wie Kononenschüsse. Es war respekteinflößend, wenn nicht angsteinflößend, ihn zu hören, je nachdem, wie das Gegenüber es für sich nehmen konnte.

Ich hätte lieber Illich geheißen, der Name meiner Großmutter mütterlicherseits. Und Mutter wollte den Namen Eva für mich. Mein Vorname sollte die Härte Kösslers nehmen, verursachte aber ein Identitätsproblem. Ich wollte nicht immer die Besondere sein, immer das Nachfragen und Erzählen, woher denn mein Name käme. Warum nicht? ich kann auch stolz auf meinen Namen sein und mit Freude erzählen, woher ich ihn habe. Mein Vater wollte mich besonders, das ist ihm mit dem Namen gelungen; in den USA bei unseren Verwandten gab es eine Philomena, dort war der Name auch geläufiger.

Die gesamte Härte der Erziehung meiner Vorväter kam beim Aussprechen dieses Nachnamens zum Tragen.

Eines Tages schleppte unser fortschrittlicher Deutschlehrer ein Herkunftswörterbuch zu Vornamen an. Als er mir auf seine wertschätzende Art sagte, was mein Vorname bedeutete, zerfloss ich vor innerer Wärme:

– Die, die geliebt wird, die Geliebte. –

Und: – Freundin des Mutes –

philein = lieben (Altgriechisch);
menos = Mut, Kraft, Stärke (Altgriechisch)

Geliebte? Geliebt werden? Damals wusste ich noch nichts vom Gewollt und Geliebt sein im universellen, göttlichen Sinn. Jedoch es berührte mich. Ich werde geliebt. Es gibt auch Menschen, die mich lieben. Genauso wie ich bin. Jetzt. Damals hatte ich oft das Gefühl, anders sein zu müssen, mich anzupassen, um so etwas wie geliebt werden erleben zu dürfen.

Meine Eltern liebten mich. Ich wusste es nicht.

… und mutig bin ich und mutig war ich in jeder Lebensphase. Mutig, wie ich mich zu jeder Zeit dem Leben zuwandte und öffnete, jedem Widerstand trotzend, bis 2009. Bis zu meinem beruflichen Aus. Danach brauchte ich Zeit, wieder aufzustehen. Nichts war mehr wie vorher. Ich bin wieder dabei Mut zu lernen, ihn auf andere, neue Art zu erleben und mich geliebt zu wissen – es gelingt mir.

Überdüngung ist genauso schlecht, wie ausgezehrte Erde, zu viel Trockenheit oder überschwemmender Regen. Zu viel Hitze schadet, wie große Kälte. Ich kann lange und gut ausgleichen – und doch irgendwann war Schluss.

Jetzt suche ich in mir wieder den Mut und finde ihn auch, indem ich mir Zeit und Ruhe dafür nehme. Jeden Tag neu. Jeden Tag anders.

Aber das ist jetzt, die andere Entwicklung war in meiner Wachstumszeit als Jugendliche.

Party

Ich war dreizehn Jahre alt. Meine SchulkollegInnen veranstalteten immer wieder Klassenpartys. Ich durfte nicht hin. Ich bettelte und bettelte, denn es wurde in der Klasse viel und geheimnisvoll darüber gesprochen und ich wollte auch mitreden.

Einige Buben interessierten mich mehr als andere und mit ihnen konnten wir auch super blödeln. Elisabeth und ich tauschten uns über ihre Anziehungskraft auf uns aus.

Eltern eines Kollegen aus einer höheren Klasse hatten im Keller Platz für Partys; eines Tages durfte ich endlich dorthin mitkommen, allerdings nur bis achtzehn Uhr. Mag sein, die Party hat um sechzehn Uhr begonnen. Es verging einige Zeit, bis wir miteinander *warm* wurden und nicht mehr nur herumstanden. Der Junge aus der Familie mit dem Plattengeschäft legte auf. Langsam begannen ein paar Pärchen zu tanzen. Timo war da. Er war ein Junge aus Marienstein, der mit uns im Zug fuhr, wenn ich Elisabeth besuchte. Er war einer aus unserer Klasse, den ich witzig fand. Ich tanzte mit Timo, ganz eng. *I'm going to San Francisco* … und die *Samba Partie* von Carlos Santana und dieses unglaublich laszive *Je't'aime* … Das Lied war auf der schwarzen Liste unserer Radiosender – zu erotisch!

Ich vermute, Timo hat unsere umschlungene, tanzende Begegnung bald wieder vergessen. Ein wenig stand ich schon auf ihn. Er war nicht so klein wie die meisten Jungs in diesem Alter. Er war gut einen Kopf größer als ich – ich litt unter meiner Größe – ich hatte mit dreizehn schon meine fertige Größe von einem Meter siebzig. Ich versuchte mich kleiner zu machen, was meiner Haltung nicht entgegenkam. Vor allem nicht meiner Haltung mir gegenüber, nicht meine wahre Größe zu leben.

Meine Mutter holte mich tatsächlich um achtzehn Uhr ab. Ich motzte, damals verweigerte ich noch nicht so absolut wie später. Zerknirscht fuhr ich mit.

Wir Mädels mussten zum Umziehen nach dem Turnunterricht durch die Garderobe der Jungs; das war ein *Juchee* und ein empörtes Aufschreien seitens der Jungs. Ich sah nicht weg und fand Timos dunkel behaarten Beine einfach fabelhaft und wunderbar gebaut. Sicherlich flirtete ich mit ihm, aber es gelang kein Näherkommen, außer bei diesem Tanz.

Ich nahm an unsere Jahrzehnte späteren Klassentreffen eher ungern teil. Ich hatte keine Lust mit bestimmten Themen konfrontiert zu werden. Die politischen Gespräche und Feindseligkeiten unter bestimmten Kollegen haben sich nicht geändert. Das war mir zu blöd. Wenn Elisabeth mitkam, hatten wir unseren Spaß. Bei einem dieser Klassentreffen erkannte ich viele KollegInnen sofort wieder. Timo sah ich an, als würde er nicht dazugehören. Ich erkannte ihn nicht. Erst als Elisabeth mir auf meine Nachfrage klarmachte, dass er es sei, war ich perplex. Er war ins Gespräch mit einem anderen Kollegen vertieft, den ich wegen seiner andauernden sexistischen Äußerungen mied. Er machte unentwegt schlüpfrige Witze, über die kaum jemand lachen konnte. Das Niveau war urtief. Bin ich froh, dass ich mir damals mit ihm nichts angefangen habe. Er ist mindestens doppelt so viel geworden bis zur Unkenntlichkeit und war dem Alkohol sehr zugetan; wie ich erfuhr, bei jeder Gelegenheit. Was hatte er wohl hinunterzuspülen? Schade, dass Menschen so tief fallen können. Wer weiß, was ihm widerfuhr.

Tanz-Schule ein Widerspruch in sich?

Mit Sechzehn hielt ich es mit Lukas Resetarits' Kabarettaussage: *Ich tanze nicht*. Diese altmodischen Standardtänze wollte ich mir nicht geben. Mit sechzehn grenzte ich mich gegen alles möglicherweise Bourgoise ab. Wobei ich es in meinem Innersten geliebt hätte zu tanzen.

Meine Freundinnen erzählten von den zu engen achselschweißtriefenden Hemden der Jungs; und der Unterricht der Standardtänze wäre fad gewesen. Meine Eltern hätten es im Übrigen nicht erlaubt, dass ich die Tanzschule besuche und aus unterschiedlichen Zugängen waren wir uns in diesem Punkt sogar einig.

Meine Freunde schwänzten Tanzkurse, weil sie den alten Mief von Konventionen und Anstandsregeln nicht mitmachen wollten.

Heute finde ich es schade, denn ich würde gern tanzen; ich kann nicht mal einen Walzer, aber ich kann ja noch lernen. Mein Mann identifiziert sich auch ganz mit Lukas Resetarits. Er tanzt nicht.

Auf Festen hatte ich immer gern getanzt. Die Feste des Kommunistischen Studentenverbandes waren legendär. Laut, so dass man sich ins Ohr brüllen musste, um sich zu verständigen, und ausgelassen. Es wurde gute Musik aufgelegt – Schallplatten von den Stones bis zu *Ideal*, der Neuen Deutschen Welle, vom *Skandal im Sperrbezirk* über Janis Joplin zu Lindisfarne. Es konnte abgetanzt werden in der Menge. Manchmal auch mit Lifebands. Der Wein war nicht empfehlenswert, dennoch floss er in Unmengen. Auf guten Wein legten wir leider erst viel später wert und wollten ihn uns auch leisten und genießen.

In griechischen Open Air Discos liebte ich es, mich zur Musik zu bewegen, mich ganz hinzugeben. Während meiner Zeit in der Schweiz nahm ich die Gelegenheiten wahr, mich mit Freunden in Discos zu verabreden und tanzte bis in den Morgen. Ich liebte es, mich in meinen Bewegungen und im Pulsieren der Musik zu spüren.

Ich liebe es, Paaren beim Tango zuzusehen; wer weiß, vielleicht lerne ich noch Tango tanzen.

Der Ausdruck der Frauen bei Orientalischen Tänzen ist unbeschreiblich schön und geht unter die Haut. Diese feinen und ausladenden Bewegungen der Frauen, die mich teilhaben lassen an ihrem fantastischen Körperbewusstsein und ihrer Würde.

Vor dem Tod meiner Eltern hatte ich die Gelegenheit, den Bauchtanz mit tiefer Erdverbundenheit und weiblicher Verbundenheit selbst zu erleben.

Tanz und Jugend waren bei mir nicht im Einklang. Auf der Insel Lesbos boten sich Gelegenheiten, nach Herzenslust zu tanzen. Mein inneres Kind hatte mit mir seine Freude daran!

Faschingsverkleidungs-un-lust

Mit der Tradition des Verkleidens zur Zeit des Faschings konnte ich mich nicht identifizieren. Die Kinder aus meiner Siedlung freuten sich auf den Fasching und sprachen euphorisch darüber *als was sie gehen wollten*. Ich hatte keine Idee, als was ich gehen sollte. Gleichzeitig wollte ich mit dabei sein. Mir fehlte dabei die kindliche Lust und Freude. Ambivalente Zugänge. Im Schlosswirtshaus wurde eingeladen zu einer Faschingsfeier für Kinder. Irgendeine Idee einer Verkleidung sollte mir in den Sinn kommen, um dabei zu sein. Mutter kaufte mir ein Chinesenkostüm, weil sie meinte, das wäre nett. Mädels verkleideten sich als Chinesinnen oder Ungarinnen und andere Nationalitäten und Hautfarben; Pippi Langstrumpf war bald im Kommen. Prinzessin, Hexe und Squaw. Zauberer, Polizist, Pirat und Räuber, Indianer und Neger die Jungs. Hatte das mit den rassistischen Nachwehen aus dem Faschismus zu tun? Unreflektiert? Kinder lieben es auch heute, sich als Indianer zu verkleiden.

Im nächsten Jahr hatte meine Nachbarsfreundin ein Kostüm als Ungarin, ihre Mutter konnte gut nähen und weil mir das gefiel und ich ohnehin nichts anderes wusste, zog auch ich als Ungarin zum Fest.

Genauso wie im Vorjahr war es langweilig. Es gab Musik, es sollte getanzt werden – für uns Kinder zwischen sechs und acht Jahren war Tanzen nicht wichtig, die Atmosphäre war dafür nicht einladend. Wir waren vielleicht nicht frei genug, wie die *heutigen* Kinder. Und die Animation war weder fordernd noch überfordernd, wie im heutigen Lärm unserer Zeit. Die Tanzfläche war leer und wir saßen an den Wirtshaustischen und tranken Sinalco oder Fanta. Das war etwas Besonderes. Eine alte Frau war da, ich glaube die Oma einer Nachbarsfreundin, in der damals üblichen Kleiderschürze – keine Verkleidung. Sie nahm sich ein Herz und wir spielten: – *Ziehe durch, ziehe durch, durch die gold'ne Brücke, die Brücke ist gebrochen, wir werden sie wieder machen …* – Es war lustig, wenn ich gefangen wurde und ich die Brücke sein durfte. Diese Spiele machten mir Spaß. Versteinern und ähnliche Spiele in Bewegung mit anderen Kindern fand ich lustig. Aber dazu hätten wir uns nicht verkleiden zu brauchen.

Verkleiden kann schön sein und lustvoll, wenn das Kind es selbst will und es nicht von außen aufgesetzt wird. Manche mögen das zu Fasching, manche nicht.

Ich hatte drei üppige weite Tüllröcke. Rosa, pastellgrün und pastellgelb mit vielen Rüschen. Die zog ich zu Hause übereinander an; manchmal brauchte ich sie als Ausstattung für meine Höhle unter meinem Kinderzimmertisch. Meistens fühlte ich mich besonders fein und schön, wenn ich mich damit in allen Varianten bekleidete. Einen am Oberkörper, um den Hals, zwei um die Hüften oder umgekehrt. Ich fühlte mich als Prinzessin, als ein besonderes, schönes Mädchen und war in meiner eigenen Welt.

> Das hingebungsvolle Einhüllen mit Stoffen und Kleidern werde ich auch Jahrzehnte später bei den Kindern in meinem späteren Beruf erleben.

> Die Kinder liebten es, sich das ganze Jahr hindurch immer wieder zu schminken und zu verkleiden. Wir stellten alle möglichen Verkleidungsutensilien zur Verfügung. Es gab Gruppen von Mädels, die den ganzen Tag und wochenlang wunderschöne Prinzessinnen waren – die wildesten Mädels mit starkem Selbstbewusstsein.

Wenn Kinder sich ihr gesamtes Gesicht genussvoll bemalt hatten, so bedurfte es guter Aufklärungsarbeit bei den Eltern, dass es für ihr kindliches, sinnliches Körperempfinden lustvoll ist und entwicklungsfördernd.

Lotte, meine spätere Kollegin, hatte eine besondere Begabung, beeindruckend und hingebungsvoll die Clownin für die Kinder zu spielen. Sie faszinierte mit ihrer Pantomime und dem Miteinbeziehen der Menschen. Kinder und Eltern und ihre Kolleginnen waren begeistert!

My home is my castle

Du kannst keine Katzen besitzen. Du kannst keine Bäume besitzen. Du kannst keine Kinder besitzen. Das ist wichtig zu wissen: von Katzen, von Bäumen, von Kindern.

Mein Vater legte sehr großen Wert auf Familienleben. Nur das galt. Er wollte mit seiner Familie – vorzugsweise in Harmonie – sein. Er mochte keinen Besuch, nicht von Mutters Freundinnen und meine FreundInnen mussten, wenn Vater von der Arbeit kam, unser Haus verlassen.

Ich durfte keine Freundinnen einladen; Es war eine Gnade, wenn ich nach Marienstein fahren durfte, um mit meinen Freundinnen lebendige Zeit in unseren gemeinsamen freundschaftlichen, manchmal geheimnisvollen, Begegnungen zu verbringen. Selten kamen meine drei Freundinnen oder eine von ihnen zu mir.

Die Eltern meiner Mariensteiner Freundinnen riefen bei mir zu Hause an und argumentierten, dass es doch kein Problem sei, dass ich hier bei ihnen sei und weil wir uns so gut verstehen würden, wäre es doch naheliegend und möglich, bei meinen Freundinnen auch zu übernachten. Mutter holte mich, auch wenn die Mütter meiner Freundinnen sich außerordentlich für mich einsetzten.

Auch meine drei Freundinnen hatten zu Hause ihre Herausforderungen, meine Eltern übertrafen alles. Mein Vater wollte seine Familie für sich und duldete kaum Außenkontakte und keine Besuche, schon gar nicht, wenn sie nicht in sein Menschenbild passten und das waren nicht viele. Die Freundin aus gutem (sehr reichem) Hause war eher akzeptiert und die andere brave, von fleißigen Gärtnereltern auch. Meine beste Freundin entsprach nicht mit ihrem Aussehen – entsprechend der typologischen Rassentheorie meines Vaters von damals.

Wenn ich seine Erzählung zu seiner Mutter lese, indem er hervorhebt, dass ihr einzig wichtig war, um die Familie zu sorgen, und dass kaum andere Menschen das Haus betraten, ist mir klar, woraus dieses Verhalten gespeist wurde.

Brieffreundschaft

Ich hatte Freunde, Freundinnen und BrieffreundInnen. Eine Organisation vermittelte Brieffreundschaften in viele Länder der Welt. Aus einem Verzeichnis von Adressen konnte man aus verschiedenen Ländern der Welt Kontakte aussuchen. Ich schrieb gern und es war besonders interessant und spannend die Möglichkeit zu haben, Jugendliche aus aller Welt kennenzulernen. Ich hatte eine Freundin in Schweden, in Neuseeland und den USA. Ich war dreizehn, als ich einen, ein wenig älteren Jungen aus Birmingham in England brieflich kennenlernen sollte. Englisch zu schreiben forderte und interessierte mich. Wir schrieben uns häufig und vieles konnte ich aufschreiben, was mir am Herzen lag. Langsam entwickelte sich unsere freundschaftliche Korrespondenz zu einer Korrespondenz mit Liebesbriefen. Es war aufregend. David beschrieb sich als kleiner als ich und das passte nicht in das Klischeedenken, wie Paare zu sein hatten. Wie diese Tatsache mich spürbar beeinflusst hatte! Es sollte egal sein, und ja, wir hatten nur Briefkontakt. Trotzdem, ich war richtig verliebt. Wir schickten uns auch Fotos. Am Foto gefiel er mir. Als er begann darüber nachzudenken, wie wir es anstellen könnten uns zu sehen, spielte ich eine Weile mit. Gleichzeitig sah ich nicht die Möglichkeit, wie das gelingen sollte. Über die SchülerInnenaustauschorganisation sah ich eine Möglichkeit, nach England zu reisen. Ich versuchte meine Eltern beharrlich davon zu überzeugen. Agathe durfte auch, noch dazu nach Frankreich! *Ich durfte gar nichts!* David und ich bekamen uns nie zu Gesicht. Unsere Brieffreundschaft verlief sich.

Kaffeeklatsch unerlaubt

Meine Mutter war mit den meisten Nachbarsfrauen gut befreundet. Sie trafen sich abwechselnd in ihren Wohnungen, bis ihre Männer von der Arbeit nach Hause kamen. Bei manchen Freundinnen setzten sich die Männer noch zu ihren Frauen, den Gastgeberinnen. Bei uns kaum, denn die Frauen gingen meistens schon eher.

Diese Kaffeekränzchen waren ganz witzig. Ich saß unauffällig dabei, denn die Gespräche der Frauen fand ich meistens interessant. Wenn meine Eltern abends Besuch bekamen, lauschte ich mit meinem Bruder beim Abzug unseres Ofens den Gesprächen. Durch diesen Abzug sollte die Wärme des Ofens zu unserem Zimmer im ersten Stock aufsteigen. Es war somit die Verbindung nach unten ins Wohnzimmer. Dieses Geheimnis verband mich mit meinem nach mir geborenen Bruder.

Vater kam an einem dieser Tage, als bei uns ein Kaffeekränzchen gegeben wurde, zu früh nach Hause. Die Frauen hatten sich schon verabschiedet. Die Aura der Geselligkeit war noch spürbar und der Kaffeeduft noch wahrnehmbar.

– Es stinkt! –

Ich saß am offenen Küchenfenster gemütlich auf dem Fenstersims, der zum Kellerabgang abfiel. Er ging auf mich zu – mit diesem angespannten Körper- und ich wusste, jetzt passiert etwas; ich war absolut überrascht und wusste nicht, wie mir geschah. Er war so ausgeflippt wegen des Kaffeegeruchs im Haus, dass er die Beherrschung verlor und alle Wut an mir ausließ. Ich konnte nicht mehr in Deckung gehen und er riss mich an meinen langen Haaren vom Fenster zu Boden und zog mich hinaus. Er ließ von mir ab, ich ging schreiend auf mein Zimmer, was wollte der noch. Ich hasste ihn.

Er war krank vor Jähzorn. Er hatte ein riesen Problem mit Gerüchen. Eine Phobie! Kaffeegeruch war ihm ein Gräuel, Kerzen konnte er nicht ausstehen. Durfte meine Mutter sich nicht vergnügen mit ihren Freundinnen? Er war auf alle und alles eifersüchtig. Krankhaft. Er nannte die Frauen *Trutschen* und hatte noch andere abwertende kärntnerische Ausdrücke für das weibliche Geschlecht.

Teilen

Wir waren in unserem Kinderzimmer zu dritt untergebracht. Anfangs teilten mein Bruder und ich uns ein Stockbett. Mein Platz war in der oberen Etage. Mein kleiner Bruder schlief in meinem ehemaligen Gitterbett, von meinem Vater selbst getischlert, mit gelben Kunststoffschnüren seitlich als Verstrebung angebracht.

Mein jüngster Bruder war der Erste, der im Zimmer meiner Eltern im Stubenwagen schlafen durfte. Für mich war dieses Zimmer tabu. Nur als Mutter einmal – ich meine das einzige Mal – krank war, versorgte ich sie im Schlafzimmer. Ich strich ihr eine von mir gewärmte Paste auf den Hals und kochte Tee für sie. Sie tat mir so leid und ich war stolz, sie pflegen zu können. Ich war um die acht oder neun Jahre alt.

Ansonsten fühlte es sich fremd an, das elterliche Schlafzimmer zu betreten. Ich ging als Jugendliche heimlich in das Zimmer und durchstöberte die Nachtkästchen.

Als Günter heranwuchs, bekam er mein Kinderbett bei uns im großen Kinderzimmer. Sehr lange lag ich meinen Eltern in den Ohren, bis ich endlich meinen eigenen Bereich bekam. Die Abstellkammer unter dem Dach wollte ich als meinen eigenen Raum. Ich tapezierte mein Zimmer selbst mit den typischen siebziger Jahre Tapetenmustern – groß und blumig, grau und eine Wand orange.

Vater baute mir einen Schreibtisch. Schwarze metallene Beine, zwei miteinander verbundene Platten als offene Ablage und die Tischplatte hatte er mit rotem, glänzendem Furnier beklebt. Er gefiel mir nicht, es war bestimmt gut gemeint. Ich bekam gefühlt nie das, was ich mir von Herzen wünschte … war ich unzufrieden? Ich fühlte mich nicht in meinen Interessen und meinem Geschmack gehört, schon gar nicht angenommen!

Ich zeichnete innen auf das Holz Hammer und Sichel; so gefiel mir mein Tisch auch nicht besser. Die Couch, die gleichzeitig mein Bett war, hatten wir aus unserer alten Wohnung. Auch von Vater selbst gebaut. Ich schlief auf einer moosgrün überzogenen Matratze. Ein weißer Kasten war in diesem Dachzimmer in die Dachschräge integriert. Der war gut. Ich konnte hinaufklettern und mich auf das Fensterbrett vor dem kleinen Dachfenster setzen und in die Weite sehen. Weite sehen! Hin und wieder hörte ich dabei ganz laut Musik aus meinem Kofferplattenspieler und später Kassetten auf meinem kleinen Kassettenrekorder. Ich ließ dabei die ganze Siedlung daran teilhaben. Es hat sich nie jemand beschwert, auch Mutter hatte dagegen interessanterweise kaum Einwände. Selten, dass sie sagte, ich sollte leiser machen.

Ich glaube, sie wollte sich nicht konfrontieren, sie wollte Streit vermeiden.

In meiner Erinnerung musste ich öfters allein zu Hause gewesen sein oder Mutter tolerierte meinen Musikkonsum einfach. Zu meinen Brüdern habe ich in der Situation kaum ein Bild. Sie waren Fußball spielen mit den Nachbarjungen oder sie spielten gerne mit den Matchboxautos.

Vater hatte ein Tonbandgerät, das er nicht oft benutzte. Ich nahm vom Radio Musik auf. Jenes alte Radiogerät aus Holz und mit gelbem Licht, das leuchtete, wenn er an war. Den grünen Zeiger konnte man mit einem Rad durch die Städte und Länder Europas bewegen. Luxemburg war da und andere Länder. Den jungen Sender *Ö3* konnte ich gut empfangen und mit diesem alten Ding konnte ich tatsächlich gute Musik zum Tonband übertragen. Mich interessierte das auch technisch. Ich fand diese Möglichkeit wunderbar! – *Bye, bye Miss American Pie, Drove my Chevy to the levee but the levee was dry …* – von *Don McLean* und *Roll over Beethoven* von *Chuck Berry* hatte ich aufgenommen und gefühlte tausende Male gehört, mitgesungen und getanzt. Das Gefühl war unbeschreiblich, ich fühlte mich so frei und traurig; der Text strotzt ja nicht eben vor

Optimismus. Es war sicher niemand zu Hause, sonst hätte ich mich nicht so frei bewegen und laut singen können.

Im Sommer lag ich im Garten auf unserer Wiese in Waldbühl in unserem Wochenendhaus. Ich war zwölf und trug einen schönen roten Badeanzug, im Nacken zusammengebunden. Meine Tante schenkte mir ein Transistorradio mit Ohrstöpsel. Ich war ständig am Sendersuchen mit interessanter Musik. Es war das höchste Ziel, den Sender mit möglichst wenig Rauschen zu empfangen. Ich vermute, Radio Luxemburg gehört zu haben.

Nicht immer waren wir am Berg oder mussten am Haus mitarbeiten – handwerkliche Arbeiten, nicht Haushaltsarbeiten, die waren Mutter vorbehalten. Solche Tage waren gute Ausnahme.

Väterliche Lautstärke und Aufdringlichkeit

Wenn wir an einem Kind etwas ändern wollen, sollten wir zuerst prüfen, ob es sich nicht um etwas handelt, das wir an uns selbst ändern müssen.

C.G. Jung

Endlich hatte ich mit dieser Dachkammer meinen eigenen Bereich! So meinte ich. Abends durfte ich die Tür nicht schließen, sie musste immer einen Spalt breit geöffnet bleiben. Und mein Vater liebte es, mich sonntags, wenn er nicht arbeiten ging, mit lautem Gesang aus dem Schlaf zu reißen. Er liebte es, früh morgens mit meiner Flöte zu spielen.

Er hatte so was von keinem Einfühlungsvermögen und fand das noch lustig und erheiternd.

Der Schwitzkasten, wie er es nannte, war seine Lieblingsgeste der Zuneigung. Abgesehen davon, dass das in jedem Alter unangebracht und nötigend war, machte er das viel zu lange mit mir. Dieses Fangen und eingerollte Festhalten war weit über dem, was wir aushielten.

Warum hast du nicht gelernt, mit Liebe umzugehen? Warum hast du Liebe mit Besitz verwechselt? Wovor hattest du so große Angst? Dass wir dir abhandenkommen? Das hast du ja auch geschafft.

Du warst mir zu viel und zu übermächtig! Heute weiß ich, dass du und viele Menschen deiner Generation im Aufwachsen in einem Horrorregime emotional völlig auf Eis gelegt wurden. Du konntest es niemals reflektieren und hast es als Blödsinn abgetan, wenn ich davon sprechen wollte. Du hattest erlebt, wie dein Vater ruiniert war und gelitten hatte. Und trotzdem: Leistung war das Wichtigste für dich, das eigene Selbst zu leben war nicht gefragt, ja völlig absurd sich mit solchen Unnötigkeiten auseinanderzusetzen. Es war nicht dran, es wäre dir viel zu viel gewesen, zu ertragen, hinzusehen! Du konntest aus dem Leiden deiner Generation und den Generationen vor dir noch nicht lernen.

Ich konnte nicht mehr.

Die Liebe und der Orkan in meinem Elternhaus

Kinder und Uhren dürfen nicht beständig aufgezogen werden. Man muss sie auch gehen lassen.

Jean Paul

Ich musste im Alter von vierzehn Jahren um spätestens sechzehn Uhr zu Hause sein. Vater kam um sechzehn Uhr nach Hause, wenn er nicht Bereitschaftsdienst hatte oder anderwertig gerufen wurde.

Mädels, die *lang* ausgingen, waren Flittchen und *liederlich*. Ich fuhr gern mit dem Rad FreundInnnen besuchen und mit ihnen gemeinsam erkundeten wir, innerhalb eines großen Radius' radelnd, unsere Umgebung. Ins neue Freizeitzentrum gingen wir schwimmen.

Das war meinen Eltern suspekt, sie hatten kein Vertrauen, sie vermuteten immer *das Schlimmste*. Ins Schwimmbad zu gehen hätten sie mir gern ganz verboten, aber dann *immerhin* bis sechzehn Uhr.

Ich war mit meinen jungen vierzehn Jahren wie erwachsen, zumindest sah ich so aus. Ich konnte mit zwölf aussehen wie eine Neunzehnjährige. Ich war frühreif, wie man sagen hätte können. Oder ganz normal? Ich hatte Gefühle zu einem Jungen im zarten Alter von neun Jahren, ich war bald verliebt. Ich sehnte mich nach Anerkennung und Zuneigung. Gefühle regen sich in diesem Alter, damals nannte man das frühreif, weil es eben tabu war. Heute ist es auch nicht immer selbstverständlich.

Ich schiebe die unsägliche Geschichte eines Zusammenbruchs vor mich hin. Es ist kaum zu erfassen, dennoch war es wie eine Katharsis, eine Befreiung, die Klarheit der Gefühle meiner Eltern, das Drama meiner Kindheit und Jugend zusammengefasst auf einen Tag – mit großen Folgen. Es tut schon weh, wenn ich daran denke, wieder weh. Lange war blinde Wut in mir, auch Verständnislosigkeit, die sich in Traurigkeit wiederfand; dann lächerlich, einfach lächerlich.

Heute nach vier Jahrzehnten ist es, wie es ist. Schon lange vergeben. Meine Geschichte.

Ich spüre das Leid dahinter. Ich war zutiefst verzweifelt und verletzt, gleichzeitig gewann ich auf eine eigentümliche Art meine Unabhängigkeit. Resilienz ist ein schönes Wort für meine Entwicklung. Trotz der Widrigkeiten, entwickelte ich mich zu einer empathischen, weltoffenen, neugierigen Frau – die sich weit über ihre Ressourcen und leider gegen ein gutes körperliches Gespür für eigene Grenzen engagierte.

Ich hatte meine FreundInnen und verständnisvolle Lehrer und sogar Nachbarinnen, denen ich vertrauen konnte.

Mein Weg war der Weg, es anders zu machen, aus dieser Starre auszubrechen und zu kämpfen für eine bessere Welt (- meine bessere Welt?), zu einer offenen Begegnung mit allen Menschen. Menschen anzunehmen wie sie sind, unabhängig von ihrer Herkunft, ihrem Aussehen, ihrer Religion, ihrem Geschlecht, ihren Neigungen …

Das ist so klar *wie Kloßbrühe* und doch so schwer zu begreifen.

Sehsüchte und tiefe Wut

Es war ein warmer Sommer, immer Sonnenschein, kein Regen. Ich traf mich immer wieder mit meinen SchulkollegInnen im Schwimmbad. Wir saßen beisammen und es war fad, die Schulkollegen waren fad. Ich langweilte mich, es entwickelten sich keine interessanten, besonderen Gespräche. Ich sah immer wieder auf die andere Wiese zu einer großen Clique, von der ich die meisten Jungen und Mädchen von der Schule und vom Busfahren kannte. Sie waren um die drei Jahre älter als ich. Außerdem waren dort ein paar Mädels der Parallelklasse – Ines und die jüngere Schwester von einem der Jungen.

Ich entdeckte Michi bei dieser besonderen Gruppe. Ich freute mich immer, wenn er im Bus zur Schule neben mir saß. Ich wagte nicht, seine Freundschaft zu erhoffen. Er ging eben an unserer *Kinderclique* vorbei, ich stand ohne nachzudenken auf, ging auf ihn zu und fragte ihn, ob ich mich zu ihnen gesellen darf. Sie nahmen mich sofort mit Fröhlichkeit auf, sie lachten viel und lasen viel. Michi war kein Kommunist, er war der Sohn eines Generaldirektors, von meinen Eltern akzeptiert; meine Mutter fand sogar – eine gute Partie. Für mich war er tabu, unnahbar und zu gescheit. Zu intellektuell.

Das schienen hier alle zu sein, aber ich war ja auch nicht blöd. Wir lehnten unsere Rücken aneinander, um bequemer im Gras zu sitzen; ein Annäherungsversuch, vermutlich, es war einfach üblich so. Wir hatten alle ein Buch in der Hand. Ich gesellte mich ab nun fast täglich zu diesen fortschrittlichen, offenen jungen Menschen. Michi war gar nicht oft mit dabei. Es war ein Gruppe aus SchülerInnen und andere waren mit dabei, die schon arbeiteten.

Ich war in dieser Clique angenommen und gar nicht überfordert. Wir tobten im Wasser und hatten viel Gaudi[8]. Es war zum Glück nicht immer nur intellektuell, es ging um uns, wie wir leben wollten und um unsere Träume. Zu Hause erzählte ich nichts von meinen neuen FreundInnen. Ich nähte Taschen und stickte *RAF* drauf

---

[8] Spaß

und eine Schlange, *Sissy Snake*. Es könnte *Royal Air Force* geheißen haben, wenn wer fragt. So meinte Karl, der Junge, der auf mich stand und dem ich gefallen wollte. Belustigt über die Situation.

Eines schönen Tages kam ein Gewitter auf, wir sprangen noch ins Wasser. Viel später soll mir meine Mutter sagen, dass sie mich abgeholt hätte, gesucht hätte, ausrufen lassen hätte, ich hatte nichts dergleichen mitbekommen, denn wir waren im und unter Wasser.

Das Gewitter zog vorbei. Ich war dabei mich zu verlieben, Karl auch. Er begleitete mich nach langem Hin und Her heim. Karl wollte dazu stehen, dass er sich um mich kümmerte, mich begleiten mag und mich mag. Ich ahnte, dass das nicht gut ausgehen würde. Karl sah nicht gerade den Konventionen entsprechend aus. Er war sehr dünn und trug sein Haar als einen natürlichen, sehr üppigen Afrolook. Er war Sohn eines Schichtarbeiters, was allerdings am Äußeren nicht erkennbar war.

Wir fuhren nicht mit unseren Rädern, wir schoben sie und gaben uns die Hand, so kam ich noch später nach Hause …

Meine Oma war bei uns zu Hause zu Besuch. Das könnte mir hilfreich sein, sinnierte ich, denn Angst vor dem, was sich anbahnen könnte, hatte ich schon, gepaart mit der Naivität und Zuversicht, dass mein neuer Freund schlimmsten Falls wieder gehen müsse.

Wir kamen an, ich musste nicht erst läuten, meine Mutter stürzte heraus, Karl hatte keine Chance, zu Wort zu kommen. Es war laut, er wurde mit schlimmen Worten weggeschickt, meine Mutter lief ins Wohnzimmer, fiel auf das Sofa, hatte einen *Nervenzusammenbruch*[9]; Vater war zu meiner Verwunderung auch schon zu Hause; im Hereingehen ohrfeigte er mich, Oma fuhr dazwischen, sie wurde kühl weg komplimentiert, in einer Weise und Härte, dass ich fürchtete, sie bekäme auch was ab von der Gewalt meines Vaters. Vater beschimpfte Mutter, sie soll sich nicht so aufführen, da stritten die zwei ganz heftig, Vater bedrohte Mutter. Sie schrie

---

[9] Der »*Nervous Breakdown*« von den Rolling Stones kam mir dazu in den *Sinn*.

und hielt sich schützend die Hände vor den Kopf; ich wurde nach oben geschickt, ich wollte mich erklären, das ging da gar nicht.

Oma versuchte wieder zu vermitteln. Für Vater war alles geklärt;

– Du bist für mich gestorben, du kommst mir nicht mehr unter die Augen. –

Das war's.

Ich ging in mein Zimmer, heulte mir die Augen rot, Oma war bei mir.

Günter erinnert sich wieder an heftige Fausthiebe, die Vater hemmungslos auf meinen Rücken schlug. Ich hatte diese Erinnerung komplett verdrängt. Ich hielt die Bedrohung für Mutter und Großmutter nicht aus, das war schrecklich! Vaters Schläge mir gegenüber ließ ich tief in meinem Unterbewusstsein verschwinden, die in Abständen von Jahrzehnten wieder körperlich auftauchen sollten. Der Körper vergisst nie.

In dieser Zeit sah ich auch meine Brüder kaum – ich habe von dieser Zeit wieder kein Bild zu ihnen. Sie waren sehr verängstigt.

Ich bekam kein Abendessen, ich wollte auch keines. Oma meinte noch in ihrer Hilflosigkeit, ich sollte mich davor hüten, schwanger zu werden. Das war ihre tatsächliche ausgesprochene Sorge. So wie sie ungewollt schwanger wurde, wie ich seit kurzem weiß. Nur, dass ich gar nicht so weit war, in diese Situation zu kommen, glaubte sie mir schon auch. Das konnte sich allerdings auch ändern.

Oma war maßlos erbost, schwieg meinen Vater an und sagte später gegenüber ihrer zweiten Tochter, wenn er wieder ihre Tochter Muggerl schlagen würde, würde er es mit ihr zu tun bekommen!

Die Geschichte zu meinem inneren Bild: das drei Monate alte Embryo
Geführte Meditation
Lesbos 2017

Wie komme ich zu solchen Bildern, welche Gefühle kommen aus meinem Inneren? Warum diese Körperempfindungen? Was passiert in mir? Was lasse ich geschehen? Ohne Vorbereitung, ohne Steuerung. Es ist da.

Ich sammle mich, gehe in mich, atme bewusst. Es ist kalt. Was fühle ich? Leere.

– Wo gab es *gute* Situationen in deinem Leben als Kind, eine liebvolle Begegnung? –

War die anregende Frage von außen.

Leere. Leere. Eingekrümmt, in mich gekrümmt, sitze ich wieder in einer mir vertrauten Szene am Küchentisch unserer ersten Wohnung. Beim Aufgaben machen. Du hattest gekocht. Sicherheit? Vermeintlich. Ich bekomme Nahrung. Welche Situation? Du warst im Raum. Jung, schön. Du warst eine schöne Frau.

Leere, kalt. Es ist so kalt! Ablehnung.

Plötzlich schwenke ich in diese Situation. Ablehnung, als es mir ganz darauf ankam, euch meinen Freund vorzustellen. Ablehnung – Eklat. Nervenzusammenbruch – Bruch. Drohungen, Schläge.

– Verschwinde!- Großmutter kam dazwischen. Kam …

Plötzlich, blitzartig fällt das Bild eines Embryos ein. Schemenhaft gerade noch wahrnehmbar. Ein kleines werdendes Mädchen im Bauch meiner Mutter. Ein Schatten. Hilflos, ohn-mächtig, wo ist die Verbindung zur Mutter? Die Nabelschnur? Wo? Dünn, sehr dünn die Nabelschnur. Schwarz. Die Mutter hilflos, unsicher, völlig überfordert. Das Embryo spürt sich fast nicht wahrnehmbar an. Leer.

Ich, die Erwachsene, lege und halte die Hände auf ihren Bauch.

Ich bin da. Ja, ich kann das Fruchtwasser silbern werden lassen. Es kann mich durchströmen. Ich entspanne mich, angenehm. Lila, violett, dann rosa. Die Farbe der Rose. Und ich fülle mich. Ich werde ein gefülltes, wachsendes Mädchen, in Rosa gebadet. Mit rosa, oranger Haut und Gestalt. Zufrieden. Lächelnd. Es ist schön, dich zu sehen. Es ist wundervoll, dass es dich gibt.

In Mutter hineinfühlen – Hilflosigkeit.

Vater ist da. Wir sind am Strand. Ich zittere noch vor Kälte, vor Überforderung.

Oder eher der Fülle der Überwältigung durch diese Bilder.

Die Kinder, als meine Eltern Kinder waren, neben ihnen.

Der Strand weiß, aber nicht warm. Das Meer, die Wellen angenehm.

Spürend das Wogen – ein, aus. Der Atem. Leben.

Meine Brüder da. Meine Tochter. Und Paul da.

Meine Familie darf da sein und heil werden.

Es ist gut, ich bin wieder auf dieser Welt im Hier und Jetzt. Mein Kreislauf sackt zusammen. Mir ist so unbeschreiblich kalt. Ich bitte um Hilfe! Ich bekomme Hilfe und Unterstützung und die richtigen Worte.

Nach zehn Minuten ist alles gut. Ich fühle mich frei und freudig. Im Leben!

Die Hilflosigkeit und Angst meiner Mutter war so unglaublich spürbar:

Ich, als Erwachsene kann handeln. Ich bin da für mein inneres Kind. In Verbindung.

Verhaltenskreativität

Ich saß von nun an in der Küche, um meine Mahlzeiten einzunehmen, ohne den Rest der Familie. Die speiste im *Speisezimmer*. Vorerst bekam ich Hausarrest; nur fand ich wie immer Mittel und Wege, dass ich noch ein halbwegs würdiges Leben als Jugendliche hatte. Ich log, ich hätte die Beziehung zu Karl beendet. Ich spielte ein Telefongespräch, ohne tatsächlich ein Gegenüber an der anderen Leitung zu haben, vor. Ich tat so, als erklärte ich das Ende unserer Beziehung. Mutter konnte das hören. Sie war weiterhin skeptisch und vorsichtig, ließ dann wieder immer mehr locker. Damit schaffte ich mir so nach und nach wieder Freiräume.

Ich telefonierte, ich sammelte Beutel voll Schillingen und ging damit zur Telefonzelle, um ungestört mit meinem Liebsten reden zu können. Das war nicht das Leben, das ich mir mit *ihm* vorstellte, aber besser, als gar keinen Kontakt. Ich fuhr frühzeitig mit dem Rad in die Schule und wir verabredeten uns an einem ausgemachten Treffpunkt in einer Grubenauer Siedlung, um uns zu küssen und zu reden. Nachmittags, wenn die Schule aus war, trafen wir uns wieder an unserer Fahrradstrecke.

Mein Körper

Vorerst blieb das so. Ich sagte meiner Mutter, ich ginge spazieren, das war dann bald in Ordnung. Ich ging zur Telefonzelle am Ende der Straße und wir redeten und bestätigten uns stundenlang unsere Liebe. Bei Schlechtwetter trafen wir uns bei Karl zu Hause im Gang. Er wohnte ein paar Häuser vor meiner Schule, das war praktisch. Ich versuchte mir Freiräume zu schaffen und fuhr im Winter mit einem früheren Bus zur Schule und mit einem späteren Bus nach Hause. Diese zehn Minuten nutzten wir und knutschten im Gang seines elterlichen Hauses. Es war schön, mit Karl meinen Körper langsam neu kennenzulernen. Er war sehr behutsam, liebevoll und zärtlich. Wir waren *revolutionär*. Die Revolte zu Hause, die Revolte gegen das Establishment, die Solidarität mit den Revolutionen der Welt und den sozialistischen Ländern. Die Revolution für die eigene Freiheit.

Die *Sexuelle Revolution* spürte ich auch in mir. Wir hatten *Das Sex Buch* von Günter Arendt gelesen und hörten die Schallplatte zur Lust und Liebe und Sexualität der Berliner Gruppe *Rote Grütze* – ein Aufklärungstheaterstück für Jugendliche.

… und warum mussten hier dünne junge Frauen abgebildet sein? Ich verglich. War ich auch so schlank? Ich sah gut aus, aber ich verglich und wollte richtig dünn sein. Abnehmen war Dauerthema, wir alle – Mädels – wollten dünn sein, weil wir glaubten, dann schöner und begehrter zu sein. Und die Jungs – die konnten sich entspannt auf andere Dinge konzentrieren, die schienen nie Figurprobleme zu haben.

Literatur, wie *Das Sex Buch* von Günter Arendt war ein guter Zugang, Sexualität zu enttabuisieren. Ich las andere Frauenbücher zur Sexualität, die mit Klischees, wie Frau zu sein hätte, aufräumten. Elisabeth war eine wunderbare Freundin. Mit ihr lernte ich über Sexualität einigermaßen offen zu sprechen. Karl tat mir gut. *Petting statt Pershing* in den Achtzigern oder *make love not war* in den Siebzigern waren eindeutige Botschaften, sich der Liebe und der Körperlichkeit zu widmen, anstatt sie zu tabuisieren. Gewalt als Antwort auf Konflikte – dagegen standen wir auf. Krieg ist kein Tabuthema, der Kalte Krieg war heftigst im Gange und die Bewegungen dagegen auch. Nicht immer gewaltfrei.

Ich war schwer verliebt. In den Ferien strickte ich etliche Jacken und Pullover. Ich fuhr mit dem Fahrrad in die Stadt, um Wolle zu besorgen. Dabei nahm ich die Chance der Freiheit wahr, um Karl bei seinem Ferialjob zu besuchen. Er hatte kein Problem jederzeit Pause zu machen und wir trafen uns romantisch im unromantischen Gang der Firma, in der er arbeitete …

Wir schliefen lange nicht miteinander. Ich wollte das nicht, solange wir nicht sicher verhüteten. Ich genoss unser Liebesleben im Erforschen unserer Körperlichkeit. Karl drängte mich nicht. Wir waren eineinhalb Jahre zusammen, bis ich zu einem privat ordinierenden Gynäkologen ging. Für einen Arzt, der auf Kasse abrechnete hätte ich einen Krankenschein gebraucht und dafür ging kein Weg an Mutter vorbei. Sie wollte ich keinesfalls damit behelligen. Ich bekam mit fünfzehn Jahren *die Pille*. Karl kam von seiner bestandenen Matura und ich holte *die Pille* aus der Apotheke.

Das erste Mal war, während meine SchulkolleginInnen Religionsunterricht hatten; das hatte etwas Blasphemisches und wir fanden es sehr originell. Das ist das Schöne an der Pubertät, sich besonders anders fühlen zu können; auch vorm Weihnachtsabend liebten wir uns und fanden es romantisch und aufregend, obwohl wir sowieso an nichts glaubten. Ein wunderbares Erlebnis war es nicht.

Wir nahmen uns dieses Schäferstündchen Zeit, viel zu kurz für das erste Mal. Ich war enttäuscht. Soll das alles gewesen sein? Ich sagte es aber nicht. Wir hatten zuvor schönere Momente. Ich hätte mir mehr erwartet, es war ernüchternd. Lustig war seine Mam, die immer klopfte, wenn wir absperrten. Sie stellte uns etwas Süßes oder Kaffee vor die Tür. Ich fühlte mich bei Karl schon daheim und seine Eltern waren lustig und unkompliziert. Seine Mama hielt es aber ganz schwer aus, wenn jemand bei ihm war, auch Freunde. Sie war außergewöhnlich neugierig.

Abgeschottet und überwacht

Meine Eltern erlaubten mir nicht, Ines zu besuchen. Auch sie schien mich zu *verderben*. Sie war schuld, wie alle Kommunisten, dass ich politisch so dachte, wie ich dachte.

Ab und zu ging ich zu ihr in die Dachkammer, um mit jemandem reden und ungestört sein zu können. Ich musste sehr vorsichtig sein, denn der Eingang zu ihrer Wohnung war von unserem Haus aus zu sehen.

Ich musste mich ins Haustor hineinstehlen. Nachdem ich mich von Ines verabschiedet hatte, verließ ich ihre chaotische Dachwohnung und ging hinunter ins Dorf zur Telefonzelle, um mit Karl ungestört zu telefonieren.

Meine Ausgehzeit war nach wie vor kontrolliert.

Mutter hatte mich bei Ines' Haustür herauskommen sehen und fuhr mir mit ihrem sehr dunkelblauen Mercedes Benz 280 SE nach.

Mutter zerrte mich ins Auto und fuhr voller Erregung nach Hause, sie war schrecklich aufgebracht! Was hast du nur gedacht, was hast du von mir angenommen, warum hast du solche Angst!?

Mutter berichtete Vater die Situation, sobald er bei der Tür hereinkam. Er kam ohne Vorwarnung direkt zu mir nach oben, ich hielt mit aller Kraft die Tür zu, er stieß sie mit mir zurück und ich schnappte den Zirkel, der auf meinem Schreibtisch lag und drohte, er solle nicht näherkommen. Es war klar, was passieren würde. Diese Gewaltanspannung kannte ich schon, da sah er nur Rot und sonst nix mehr.

Er schlug mich grün und blau. Ich ging zu Boden, er trat mich. Ich versuchte mich nur noch zu schützen, rollte mich ein, hatte keine Chance gegen seine Tritte.

Ich versteckte meine blauen Flecke am Hals nicht, alle sahen es, die es sehen wollten. In der Schule fragte ich Bernd um Rat, er hörte mir zu und musste mir von einer Anzeige abraten. Damals konnte das tatsächlich für mich schlecht ausgehen und ein Leben im Erziehungsheim wäre ein Vom-Regen-in-die-Traufe-Kommen. Da hatte er sicher Recht. Ich hatte, wie erwähnt, das Mitgefühl meiner Lehrer.

Schlimm war, was ich allerdings erst Jahrzehnte später realisierte, dass meine Mutter mir nie zur Seite stand.

Mutter

– Sie hat uns gut versorgt. –, sagte mein erstgeborener Bruder vor kurzem. Er freute sich über die Leberkäsesemmeln, die es hin und wieder zur Jause gab. Er genoss die Rituale, die Sicherheit in der

Regelmäßigkeit: warmes Mittagessen, abends kalte Jause mit Radieschen[10], nachmittags Kakao mit Butterbrot und morgens eben Frühstück. – No na! –, sage ich und weiß dennoch, dass das nicht überall und immer damals wie heute selbstverständlich ist. Gut, – *aber etwas fehlt* –, wie Herr Brecht schon in seiner Mahagonny Oper sagt. Lieber Michael, du fügst dich in das Schema des Kindes, das man nicht mal richtig mitbekommt – wie es Mutter einmal auszudrücken pflegte. Das tut weh! Aber nichts geht über guten, warmen Leberkäse. Verzeih' meinen Zynismus!

Wichtig war, dass im Haushalt alles passte.

Ich vermute, Mutter kannte keine Selbstliebe. Als junges Mädchen ließ sie sich die Sommersprossen wegmachen, weil sie Vater nicht gefielen. Sie machte Schitouren mit, weil Vater ihr seine Leidenschaft zu den Bergen nahebringen (besser: aufzwingen) wollte. Meine Mutter quälte sich vorerst auf den Schiern und fror in unangemessener Kleidung. Vieles hatte sie ihm zuliebe aufgegeben – am schlimmsten war, ihre Heimat zu verlassen.

Sie war kein Wunschkind, das wusste sie. *Oma verlangte vom Kindesvater, er müsse sich scheiden lassen und sich für ihre Familie entscheiden. Oma ging als junge Frau gerne tanzen und amüsierte sich. Sie verdiente ihr eigenes Geld und war immer selbstständig. Als sie schwanger wurde, wollte sie sich absichern – ein Bankert wollte sie nicht. Erna, ihre ältere katholisch gläubige und moralisch dem Glauben und der Kirche verpflichtete Schwester war sehr dahinter, dass alles geregelte Bahnen läuft. Also heiraten. Rita kam drei Jahre später zur Welt. 1938 musste Opa (in den Krieg) einrücken, wie Oma sagte. Oma lebte mit ihren zwei Töchtern in einem Zimmer und sagte oft, sie wäre am liebsten immer schwanger gewesen, da hätte sie nicht die Not gehabt, ihre beiden Kinder durchbringen zu müssen durch diese schreckliche Zeit der Armut und des Entbehrens.*

Mutter vergötterte ihren Vater. Sie hatte das Gefühl, ihre Schwester wird ihr von ihrer Mutter vorgezogen. Ihr Vater starb bald, nachdem meine Eltern 1955 nach Grubenau gezogen waren, an den Fol-

---

[10] Aus dem Lateinischem: radex, die Wurzel

gen einer Tuberkulose. Im Krieg rauchte er den Tabak eingesammelter Restzigaretten, um den Hunger zu mildern. In Italien, hörte ich Oma einmal sagen.

Mutter wuchs, wie so viele Kriegskinder, mit nicht viel Liebe auf. Es war nie genug zu essen da und nach dem Krieg wurden sie und ihre Schwester auf Erholung geschickt. Der Sinn bestand darin, die ausgehungerten Kinder am Land bei den Bauern aufzupeppeln. Meine Mutter wurde zu einem anderen Bauern als ihre Schwester gebracht. Sie wurden getrennt. Rita hatte herausgefunden, wo ihre Schwester sein könnte. Sie floh von ihrer Unterbringung. Beide hatten schmerzhaftes Heimweh. Und das Essen war sowieso nicht genug. Mutter meinte, sie wurden ausgenutzt und bekamen Reste, Milchsuppe. Vor dieser grauste meiner Mutter – in diesen Zeiten, wo man doch essen musste, was man bekam. Auch noch Ansprüche zu stellen und sich nach dem eigenen persönlichen Geschmack ausrichten zu wollen – *also das grenzt an Unmoral und Undankbarkeit!*

Für beide Schwestern war das Leben mit den Menschen am Bauernhof ein Gräuel und beide versuchten abzuhauen. Sie trafen sich und fuhren heim, ich weiß nicht, wie das gelang.

Mir kommen dazu Innerhofers Schöne Tage in den Sinn, der in seinem Buch sehr klar die Lage auf den Bauernhöfen beschreibt, die Hörigkeit zum Bauern, die Hierarchie, dem Umgang mit der patriarchischen Sexualität und wie es ihm als kleines Kind dort ergangen war …

Da kam Vater, mein Vater, und zeigte ihr die Welt. Sie war damals um die vierzehn, sehr religiös und wollte ins Kloster. Sie lernten sich in der Wohnung kennen, in die Mutters Familie nach dem Krieg gezogen war; eine Wohnung im Haus eines Kommerzialrates.

Vater bewohnte dort auch ein Zimmer, als er in Wien ein Stipendium für sein Studium der Elektrotechnik erhielt und sein Studium intensiv mit seiner Begabung zu lernen durchzog.

Er erwarb sich zu seinem Fachwissen aus der Schule sein Fachwissen von der Uni mit Hilfe, wie ich meine, seines fotografischen

Gedächtnisses und behielt es lebenslänglich. Er hielt sein Wissen für unumstritten.

Er trieb ihr die Religiosität aus. Sie heirateten fünf Jahre später standesamtlich. Mutter legte jeglichen Glauben ab. Ich glaube, dass von ihrem Selbst nicht mehr viel übrig war. Das setzte sich fort, als wir Kinder, bis auf Günter, ausgezogen waren und sie sich in die Magersucht stürzte. Im Alter erzählte sie, Vater dürfte zu ihr bei einer Anprobe eines Kleides gesagt haben, sie müsse abnehmen, wenn sie in dieses schöne Kleid passen will – und das tat sie auch. Sie hatte bald keine fünfzig Kilo gewogen und behielt für sich, wieviel sie tatsächlich wog. Sie war nur noch Haut und Knochen, ging nicht mehr ans Telefon, stand morgens um zwei Uhr auf, stickte Bilder aus.

Es war nicht das einzige Ereignis, bei dem Vater abwertend gegenüber meiner Mutter war. Ob das der Auslöser für ihre Magersucht war, weiß ich nicht. Sie war nie sie selbst und in ihrer Zurückgezogenheit hat sie sich vielleicht gesucht.

Vater baut

Vater baute 1979 ein Haus in Grubenau. Daran war ich nicht mehr beteiligt. Anfangs schleppte ich noch ein paar Ziegel, aber Mutter schuftete wieder und versorgte meine Brüder, die mitschufteten. Wir wohnten in unserem Reihenhaus in Waghofen und meine Eltern fuhren, wann immer Zeit war, zur Baustelle. Sie erschufen mit ihren eigenen Händen ihr neues Zuhause – nach Vaters architektonischen Plänen.

Ich hatte zu diesem Haus keinen Bezug. Interessanterweise behielten meine Eltern für mich ein Zimmer vor, eine Art Gästezimmer mit dunklen, unpersönlichen Möbeln und einem harten Bett (gut gemeint?). Ich maturierte im selben Jahr, als sie einzogen und war schon während meiner Vorbereitungszeit zur Matura hauptsächlich in Salzburg.

Das Häuserbauen zehrte enorm an meiner Mutter. Als wir klein waren, renovierte Vater ein altes Haus aus den vierziger Jahren in Waldbühl, welches sich zur Dauerbaustelle entwickelte. Mutter packte für uns alle den Kofferraum unseres Autos voll mit unseren notwendigen Habseligkeiten fürs Wochenende, um wieder ein Wochenende in Waldbühl zu verbringen. Günter war noch ein Baby, als wir begannen dort umzubauen. Mutter hatte es satt. Begehrte jedoch nie auf. Im Alter sprach sie mit hasserfüllter Abneigung gegenüber diesem Haus und den damit verbundenen Umständen.

Ich war dreizehn, als meine Oma aus Waldbühl starb. Ich war traurig – sie war nicht mehr da. Sie fehlte mir, ihre Gelassenheit, ihre Rauchschwaden. Ihr Haus wurde umgebaut. Es war eine Baustelle, statt eines gemütlichen, verrauchten Zuhauses. Es war ein Schnitt für mich.

Ich fuhr nie besonders gerne nach Waldbühl. Wir fuhren schon regelmäßig nach Waldbühl, bevor mein Vater das Nachbarhaus gekauft hatte, Oma und Konstanze besuchen. Mutter packte alles und kümmerte sich. Wir schliefen in einem alten Bett mit Schnitzereien am vorderen und hinteren Bettteil. Vorne war ein Querbett dazu. Wir schliefen alle in einem Zimmer. Michael, meine Eltern und ich. Da es hier zu eng war und Mutter mit Günter schwanger, kaufte Vater das Nachbarhaus. Vor allem Mutter war eingespannt mit Arbeit – Hausumbau, Dauerbaustelle. Wäsche, Baby, kleine Kinder, Haushalt. Sie hätte sich damals schon wehren sollen. Es ging ihr sehr schlecht in dieser Situation. Sie war absolut überfordert und gleichzeitig mit dem Standort gar nicht glücklich. Sie war eifersüchtig auf Wilhelms Schwester. Er war zu ihr wahrscheinlich zu der Zeit auch freundlicher und zuvorkommender, als zu seiner Frau. Sie verstanden sich eben als Geschwister. Vater hing sehr an Oma und Konstanze. Er ließ gegenüber der Situation und seiner Herkunftsfamilie absolut keine Einwände zu. Dass seine Frau litt, verstand er nicht und wollte er auch nicht akzeptieren. Erst Jahrzehnte später war spürsames Einvernehmen zwischen meinen

Eltern und sie beide fuhren öfter nach Baden in ihre neu gekaufte Wohnung, als nach Waldbühl ...

Nagende Eifersucht

Je älter Mutter wurde, desto intensiver wuchs in ihr der Wunsch, den sie mir gegenüber mehrmals äußerte, wie erleichternd es doch wäre, das Haus in Waldbühl zu verkaufen und das Geld unter uns Geschwister aufzuteilen.

Jede/r von uns könnte das Geld doch gebrauchen, meinte sie.

– Wir fahren doch nur noch hin zu diesem Haus, um zu arbeiten und das Haus in Stand zu halten. –

Vater lehnte einen Verkauf grundsätzlich ab. Der Gedanke daran war für ihn nicht auszuhalten gewesen; es wäre so etwas wie Blasphemie an seiner Herkunftsfamilie.

Mutter lernte nie mit der geschwisterlichen Situation ihres Mannes umzugehen. Sie rief mich heimlich an, als sie erfuhr, dass Vater mit dem Gedanken spiele, das Haus um unterpreisige 150.000 Euro an seinen ältesten Neffen zu verkaufen. Sie war völlig aufgelöst. Unser Erbe! An diese Verwandtschaft! Ich versuchte sie zu beruhigen: Es sei Vaters Haus. Solange er lebe, könne er damit machen was er wolle. Mutter meinte, ich wäre darüber erbost. Ich dachte eher, sie hätte dann endlich ihren Frieden, wenn das Haus weg ist, verkauft, egal an wem.

Sie war so voller Verbitterung gegenüber ihrer verschwägerte Verwandtschaft. Ihr subjektives Unglück vertiefte sich immer mehr. Vor allem war die Verbitterung auch deshalb, weil Vater die Familie seiner Schwester finanziell eher unterstützt hatte als uns – weil wir uns nicht entsprechend Vaters Vorstellungen verhalten hatten. Nicht das richtige studiert, nicht die richtigen Partner geheiratet, um die großen Verfehlungen zu benennen. Die Kinder seiner Schwester waren angepasst und hatten ihm eher entsprochen.

Die Zeiten, in denen mich das aufgeregt hatte, sind schon längst in einem anderen Film.

In meiner Mutter war dieses Thema nicht versöhnt.

Dennoch versöhnlich und dankbar war sie Vater gegenüber, weil er ihrer Sehnsucht nachkam, öfter gemeinsam mit ihr nach Baden zu fahren.

Meine Eltern wurden gegenseitig kaum laut und stritten fast nie vor uns Kindern.

Ich erinnere an jene schlimme Szene, als ich damals die dicke, unheilschwangere angespannte Luft in unserem Haus in Waldbühl spürte.

Mutter war sichtlich überarbeitet. Sie wollte nach Oberbühl zum Einkaufen fahren und Vater wollte sie daran hindern. Er hielt sie am Arm fest, sie riss sich los, stieg ins Auto. Sie hatte das Fenster an ihrer Fahrerinnenseite offen und machte den »Fehler«, dass sie sich hinausbeugte, um rückwärts zu reversieren. In diesem Augenblick zog Vater sie mit absichtsvoller Gewalt und solcher Wut an den Haaren, dass sie an den Autofensterrahmen stieß. Ich spürte den Schmerz meiner Mutter.

Sie fuhr weiter, Vater hatte ein Büschel Haare in der Hand. Wir waren nur still. Sprachlos. Fassungslos, wie sich die Wut unseres Vaters, als ob sich alles für diesen Augenblick aufgestaut hätte, in dieser unvermittelten Handlung gegenüber Mutter entlud. Hochspannung war in der Luft. Wir wagten keine Regung, kein Wort. Aus Angst, etwas in Vater könnte losgelöst werden und sich gegen uns richten.

Es dauerte lange, bis Mutter wiederkam und meine Eltern sprachen eine Zeit nicht miteinander. Es gab nicht viele solcher Szenen, aber diese blieben als Bedrohung haften.

Michael und ich sprachen als Erwachsene darüber, wie uns das in unserem tiefsten Inneren erschütterte. Wir waren gebannt vor Angst und Wut und Mitgefühl mit unserer Mutter. Ich hoffte, sie bliebe lange weg.

Ich war gern bei Oma, ich saß mit Michael unter dem alten dunklen schweren Tisch, der hatte von Tischbein zu Tischbein eine Querverbindung und in der Mitte einen gedrechselten Einsatz, den wir gern herausnahmen und befühlten. Wir saßen unterm Tisch, verhielten uns still, bis die Großen uns vergaßen und wir unbeachtet ihren Gesprächen lauschen konnten. Michael war gern unterm Tisch. Und ich kam dazu.

Michael war schüchtern und ich mochte manche Erwachsene nicht und verzog mich dann mit ihm unter dem Tisch, auch zu Hause.

Bei Oma taten wir das aus Jux. Ich liebte es, wenn Oma rauchte, wenn die Sonne zum Fenster hereinschien und der Rauch Nebelschwaden im Wohnzimmer bildete. Das Reflektieren des Lichtes war so faszinierend für mich. Oma hatte diesen Drehaschenbecher auf einer Metallsäule in Sitzhöhe. Wir ereiferten uns, wer draufdrücken durfte. Das war wie ein Kreisel: draufdrücken, das Ding drehte sich und die Asche verschwand.

Oma liebte Michael. Irgendwie meinten alle, dass Michael Omas Lieblingsenkelkind war. Mag sein, mir war das egal. Ich ging mit ihr ab und zu beim Bauern Milch holen, meistens aber mit Konstanze. Das dauerte, weil wir über die Bahngleise mussten. Es fuhr die Südbahn und viele Lasten- und Regionalzüge durch den Ort. Die Schranken wurden lange, bevor die Züge kamen, mit Geläut und langsam heruntergefahren. Es war absolut tabu, bei herabsinkenden Schranken und schon gar nicht bei geschlossenen Schranken durchzugehen. Das Warten war fad. Mit Konstanze taten wir das Verbotene: Wenn wir das Klingeln zur Ankündigung des Zuges hörten und die Schranken kurz vorm Herunterkommen waren, liefen wir noch rasch über die Gleise. Am Bauernhof durfte ich die Kühe sehen, Konstanze unterhielt sich lange mit der Bäuerin. Der Geruch des Hofes war warm und die Kühe aus der Nähe waren besonders, groß und wie aus einer anderen Welt. Es war für mich eine nicht zugängliche, geheimnisvolle Welt. Mit meinen Eltern ging ich nie zu einem Bauernhof. Bei unseren Wanderungen kamen wir an Bauernhöfen vorbei.

Es war ein Ritual, die kleine blecherne Milchkanne mit dem Schöpfer aus der großen Milchkanne zu füllen. Konstanze tat das auch, wenn die Bäuerin grad nicht da war. Ich fühlte mich ganz besonders und wertvoll mit Konstanze. Sie brachte mir mit ihrem Gefühl zur Natur Naturverbundenheit nahe. Mit ihr war es ein Erleben und ich war darin integriert. Mit ihr gemeinsam. Es war Beziehung. In diesen Augenblicken spürte ich das.

Oma schläft für immer

Ich trug meine selbstgehäkelte, beige Fransenjacke zum Begräbnis meiner Oma. Wir gingen zu Fuß am Wiesenweg von Waldbühl nach Oberbühl. Es war kalt, ich glaube es war März. In der Kirche kam ich neben dem Mann meiner Tante zu sitzen. Ich mochte ihn damals nicht sehr, ich empfand ihn aufdringlich und laut – tut mir leid, Konstanze. Es war schön mit Konstanze, so lange sie noch nicht verheiratet war. Natürlich konnte sie nicht auf Dauer mit Oma allein wohnen. Sie hatte auch Zeit für mich, als ihr Mann da war. Trotzdem war es anders. Er hatte sie mir weggenommen, so empfand ich das als Kind. Und er zog bei ihr ein. Da war er in der Kirche neben mir und sagte mir immer:

– Hinknien, aufstehen. –

Ich wollte das gar nicht und habe seine Ansage nur teilweise befolgt. Was hat das mit Oma zu tun?

Ich besuchte ab und zu mit Konstanze Omas Grab, Vater war manchmal auch mit dabei. Ich war beruhigt, dass Oma im Schlaf starb, sie legte sich abends hin und wachte morgens nicht mehr auf. Alle sprachen davon, als wäre es eine Erleichterung. Mein Vater hatte schließlich seinen Vater lange beim Sterben zu Hause begleitet, im Krankenhaus konnte man gegen den Lungenkrebs nichts mehr tun. Da war Vater fürsorglich und altruistisch. Ich glaube, ihm war klar, dass das Leben seines Vaters nur von Krieg und Tod gezeichnet war.

Die Konsequenzen vom Wagnis meiner Liebe

und für Vater war ich gestorben

Nach der sommerlichen, heftigen Prügelszene meines Vaters galt ich als vogelfrei.

Das offenbarte sich in Formen wie dieser, als eine Freundin mich besuchen kam. Sie läutete, ich sah sie von meinem Dachkammerfenster unten stehen, während mein Vater die Tür öffnete und sagte, ich sei gestorben. Trude, nicht auf den Mund gefallen, sah nach oben und sagte, ich sei doch da. Ich kam hinunter und ging mit ihr weg. Wenn ich gestorben war, kommt mein Geist überall hin. Überall – auch in die Sinne meines Vaters. Er konnte Dinge so verdrängen, dass sie nicht existierten – wie so viele Menschen nach dem Krieg in Österreich. Er spaltete vieles aus seinem Gedächtnis ab und es war weg.

Glücklich ist, wer vergisst, das, was nicht zu ändern ist[11].

Für Michael war diese angespannte Situation zwischen mir und Vater schlimm. Er war gegen mich, weil er befürchtete, den Zorn Vaters sonst auf sich zu ziehen. Günter erzählte ich viel. Er war viel zu jung, um zu begreifen. Ich benutzte ihn als Alibi und nahm ihn mit zum Schwimmen. Wir wanderten zu Fuß nach Grubenau ins Hallenbad. Dort trafen wir Karl. Günter langweilte sich im Schwimmbad. Ich erzählte ihm meine Gedanken am Heimweg in der Dunkelheit des Winters. Er lauschte mir geduldig und ich glaube, er verpetzte mich nicht.

Irgendwann ging und kam ich, wann ich wollte. Ich besorgte mir den Kellerschlüssel, um durch den Hintereingang ins Haus zu kommen, wenn die Haustür abgeschlossen gewesen war.

Es kam immer wieder zu idiotischen Aktionen, die mir das Leben schwermachten und meine Mutter litt. Nur konnte sie sich weder mir gegenüber noch Vater gegenüber wehren:

---

[11] Aus: Johann Strauss' Operette, Die Fledermaus

Wenn ich ihr ein wenig Verständnis abringen wollte, sagte sie: – Zuerst kommt Vater, dann nix und dann erst die Kinder. – Das tut weh. Sie sagte, – Die Kinder gehen weg, der Mann bleibt. – Da müsste sie sich arrangieren. Wenn frau das so sieht, kann man ihr nicht helfen, sie muss sich selber helfen.

Die fünf Freiheiten

Die Freiheit, das zu sehen und zu hören, was im Moment wirklich da ist, anstatt was sein sollte, gewesen ist oder erst sein wird.

Die Freiheit, das auszusprechen, was ich wirklich denke und fühle, und nicht das, was von mir erwartet wird.

Die Freiheit zu meinen Gefühlen zu stehen, und nicht etwas anderes vorzutäuschen.

Die Freiheit, um das zu bitten, was ich brauche, anstatt immer erst auf Erlaubnis zu warten.

Die Freiheit in eigener Verantwortung Risiken einzugehen, anstatt immer auf Nummer sicher zu gehen und nichts Neues zu wagen.

Virginia Satire

Welch ein Ziel!

Literatur und politisches Bewusstsein

Linke fortschrittliche Literatur beeinflusste mich in meiner geistigen und emotionalen Entwicklung.

Karl meinte, mir *Mad* Hefte borgen zu müssen – so toll fand ich die nicht. Sie waren sexistisch. Die Freizügigkeit war ein Weg aus einer prüden Gesellschaft. Diese Hefte sollten mir doch gefallen, wenn sie *alle* so gut fanden.

Ich las Brecht, wir hörten Brecht-Songs und seine Stücke. Noch keine fünfzehn Jahre alt, las ich im Sommer Brechts *Cäsar*. Ich plagte mich durch dieses Buch, verstand so wenig und meinte doch, manches zu verstehen und verstehen zu müssen, um dazu zugehören.

Handkes Bücher las ich gerne, ich mochte seine Geschichten und seine Sprache. Ich holte mir meinen historischen Zugang auch aus der Literatur, wie von Georg Büchner und seinen Theaterstücken: *Dantons Tod*. Eine Wand meines Zimmers zierte das Plakat vom *Hessischen Landboten*: *Krieg den Palästen, Frieden den Hütten*. Rita, die Schwester meiner Mutter, spielte im Künstlerhaus Büchners *Woyzeck*. Das war großartig. Sie machte mit ihrem Schauspielkollegium, den Komödianten und mit ihrem befreundeten Regisseur innovatives, fortschrittliches Theater. Von ihr hatte ich das Plakat.

Die fortschrittlichen Literaten des Surkamp-Verlages waren, laut Vater, lauter Juden und stifteten die jungen Leute nur zum Ungehorsam an. Genau! Mutter nahm die Bücher und warf sie in die Mülltonne! Ich holte sie unbemerkt wieder raus. Noch einmal nahm Mutter mir die Bücher weg und versteckte sie im Keller. Ich fand sie und es genügte mir zu wissen, wo sie waren – immerhin keine Bücherverbrennung.

Schon der bayrische Ministerpräsident sagte: – Lesen macht dumm und gewalttätig. – Klaus Staecks Plakat tapezierte später mein Zimmer meiner ersten Wohngemeinschaft in Salzburg. Den Inhalt nahmen meine Eltern wörtlich. Damals – später, in den letzten Jahren, sahen sie das bestimmt anders.

Aus DDR-Schulbüchern hielt ich Referate über Rosa Luxemburg und Karl Liebknecht.

Aber auch für einige, denen ich statt meinen Eltern das Vertrauen schenkte, war schwer zu begreifen, etwas anderes als ihre Meinung anzuerkennen; der reale *Sozialismus* war das Wahre und Gute. – Wir Kommunisten wissen was gut ist, gut für alle! – Schon wieder!

Das realisierte ich erst viel zu spät. Aber ich sah es! Trotzdem konnte ich in der Kommunistischen Jugend meine Ideen weitgehend erkannt sehen. Ich war mit anderen FreundInnen genauso unterwegs. Die KommunistInnen waren zu der Zeit *außer Elisabeth* meine wichtigsten WeggenossInnen.

Ich wollte die Welt kennenlernen und die Hintergründe verstehen, warum es so ist, wie es ist. Ich war sehr neugierig und Geschichte war ein wesentlicher Bestandteil meines Interesses. Ich las sehr viel kritische Literatur.

In der Schule lernten wir nicht besonders viel in Geschichte oder Geografie. In Geschichte unterhielten wir uns mit unserem Lehrer über seine technischen Errungenschaften, neue Autos, Kameras und dergleichen – kaum zu glauben; aber mit Geschichte hatte unser Lehrer wenig am Hut. Und in Geografie: Flüsse, Berge, Bodenbeschaffenheit, Bruttonationalprodukt – grade noch, ob Krieg war oder Friede in jenem Land, das wir durchgenommen hatten.

Was war los in Südafrika, Angola, Afghanistan, Iran, Chile und den anderen lateinamerikanischen Ländern?

Durch Literatur, Zusammenkünfte, Musik und kulturelle Veranstaltungen lernte ich sehr viel. Mag sein *einseitig*, einseitig war auch der Unterricht in der Schule. Es gab Lehrer, die ließen politische Diskussionen zu. Wir hatten heftige Auseinandersetzungen. Unsere Klasse war geteilt in das Lager der Pfadfinder, ein paar *reaktionäre* Intellektuelle und die Linken, die waren sowieso immer die Kommunisten.

Ein Deutsch- und Geschichtelehrer, der es im Grunde gut mit uns meinte und kluge Diskussionen schätzte, war demokratisch und konservativ. Er las mit uns zwecks Objektivität und Allgemeinbildung das *Kommunistische Manifest*. Ein Vater eines Mitschülers, der später bei den Ultrarechten als Burschenschaftler aktiv war, schwärzte diesen harmlosen Lehrer, der dieses Manifest ohnehin kritisch beleuchtete, beim oberösterreichischen Landesschulrat an. Dieser Lehrer wurde nach Linz zitiert und bekam tatsächlich eine Verwarnung.

Ich solidarisierte mich mit den politischen Bewegungen, die gegen die Verbrechen im Regime Pinochets in Chile auftraten, der Anti-Apartheid-Bewegung mit Nelson Mandela in Südafrika. Wir boykottierten den Kauf südafrikanischer Waren und unter anderem Waren aus Chile: Ananas, Birnen, Weintrauben, usw. Wir protestierten gegen die Folterungen von politischen Gegnern in vielen Diktaturen der Welt, gegen den Kalten Krieg und das gefährliche Wettrüsten.

Die unreflektierte, manchmal einfältige, einseitige Haltung meiner Freunde zum Realen Sozialismus erschreckte mich.

Zum Beispiel waren Artikel aus dem *Antiimperialistische Bulletin (AIB)* nicht zu kritisieren, ohne dass frau als Sektiererin galt. Im satirischen Film Monty Pythons *Das Leben des Brian* finden sich diese Themen des Ausschließens und gegenseitigen Bekämpfens wieder:

– Spalter, Spalter! –

Ein sehr empfehlenswerter Film!

1979 wurde Ayatollah Khomeinis Sieg über den Schah gefeiert. Der Antiamerikanismus der neuen iranischen Regierung war bedeutender als der große Rückschritt, Frauen wieder zu verschleiern und ihnen den Zugang zur Bildung zu verweigern. Islamistischer Fundamentalismus war besser als Amerika. Das war eine ganz reaktionäre Diktatur, aber von der Sowjetunion unterstützt und deshalb gutzuheißen.

Alles was die Sowjetunion veranstaltete war gut. Vor allem Kuba und die DDR waren Vorbildregierungen: Bildung für alle, keine Arbeitslosigkeit, jeder hatte eine Wohnung, Frauen schienen gleichberechtigt, es gab flächendeckende Kinderbetreuung in der DDR. Wie diese umgesetzt wurde, wagte ich in einer Sitzung zu kritisieren. Das kam bei den Genossen nicht gut an. Es ging nie um das WIE, immer nur ums DASS.

Che Guevaras und Fidels Charisma war natürlich sehr einnehmend! Unbestritten war die Zeit reif und Umbrüche, Revolutionen unabdingbar von der russischen Oktoberrevolution bis zum Sieg in der Schweinebucht, zur Nelkenrevolution in Portugal bis hin zur Revolution in Nicaragua (Elisabeth wirkte beim Aufbau dieses zerschundenen Landes in der Nähe von Dietmar Schönherrs Kolonne mit).

Ich stehe heute noch zu meinen damaligen Idealen für die soziale Gleichberechtigung der Menschen, gegen Faschismus und Krieg. Es war nicht die Zeit für friedliche Umwälzungen und offensichtlich nicht anders möglich, bei den Bedingungen der Diktaturen zu gewaltsamen Maßnahmen zu greifen. Der gewaltlose Widerstand, der aufzeigte, dass auch friedliche große Lösungen gefunden werden können, kann in Betracht gezogen werden, wie wir am Beispiel Ghandis in Indien erfahren haben. Doch oft müssen sich Menschen erheben und kämpfen, um eine gerechte Welt voranzutreiben und Oligarchien, die dem Volk nur Leid zufügen, zu stürzen. Ich bin überzeugt, wir sind heute zu ganz anderen Lösungen fähig, wenn wir die Gewalt in uns gegen uns selbst aufzulösen vermögen.

Wir diskutierten heftig die Gleichstellung der Frau. Auch selbsternannte fortschrittliche Männer waren zum Teil ausgeprägte Machos. Zuerst Revolution, dann kann man immer noch die *Frauenfrage* klären. Natürlich war in den lateinamerikanischen Ländern der Machismo ausgeprägt, Revolution hin oder her. Unsere Diskussionen waren gespickt von Zynismus gewisser Männer gegenüber uns Frauen.

Ich studierte Rosa Luxemburg und Klara Zetkin und ich verschlang Simon de Beauvoirs Bücher. Christa Wolff und Irmtraud Morgner waren für mich herausragende Frauen in der Literatur. Lange Zeit war *Das Leben und Abenteuer der Trobadora Beatriz nach Zeugnissen ihrer Spielfrau Laura* von letzterer mein Lieblingsbuch.

Die politische Auseinandersetzung brachte mir natürlich zusätzliches Wissen, was ich in der Schule nie erworben hätte.

Musik und politisches Bewusstsein

Ich konnte Brechts Dreigroschenoper, *Mahagonny* und die Lieder der *Mutter Courage* auswendig. Wir hörten die Lieder Viktor Jaras, der 1973 von der chilenischen Junta im Fußballstadion gefoltert und ermordet wurde. Violetta Parra, Miriam Makeba, Woody Guthrie mit seinen politischen Balladen und Kampfliedern gaben sehr viel Kraft. Sie erreichten Menschen in ihrer emotionalen und klaren Art, auf politisch und sozial untragbare Situationen aufmerksam zu machen und die Geschichte zu reflektieren. Es war wichtig hinzusehen, dass wir politische Menschen sind – das Private ist politisch. Mikis Theodorakis' Lieder sangen wir gemeinsam mit den Griechen auf dem Fest der Griechischen Kommunistischen Partei KKE. Ich weiß nicht mehr auf welcher griechischen Insel wir damals waren. Ich bereiste einige.

Die Feste der Kommunisten waren schon legendär. Das Gefühl der Gemeinsamkeit, das gemeinsame Lachen, Singen, Tanzen, Essen und Trinken und das miteinander im lauten Gespräch die Welt verändern war befreiend und sehr erhebend.

Später, als ich mit Jakob, unserer Freundin und meinem jüngsten Bruder unterwegs war, hörten wir von der Ferne Mikis Theodorakis auf der Burg von Mytelini in Lesbos. Wir wussten nichts davon, dass er an diesem Tag ganz in unserer Nähe singen würde.

Willi Resetarits begleitet mich mit seiner Musik von meinen Wurzeln bis heute. Die Lieder der *Schmetterlinge*, damals noch mit Beatrix Neundlinger, spielte ich als Siebzehnjährige ständig auf meinem Kassettenrekorder. Wir sangen ihre Lieder bei allen möglichen und unmöglichen Gelegenheiten. Ich war beeindruckt von ihrem legendären Auftritt in Salzburg mit der *Proletenpassion*. Ein politisches Oratorium – von der Geschichte der Pariser Kommune über den Zugführer Lenin bis zu Pinochets Junta.

Die deutsche Gruppe *Floh de Cologne* trat in Salzburg mit ihrem Anti Vietnam Stück auf: eine grausame Abrechnung zum grausamen Vietnamkrieg, die aufrüttelte.

Politisch Lied, ein garstig Lied:

August Heinrich Hoffmann von Fallersleben (1798–1874)

Ein politisch Lied, ein garstig Lied!
So dachten die Dichter mit Goethen
Und glaubten, sie hätten genug getan,
Wenn sie könnten girren und flöten
Von Nachtigallen, von Lieb und Wein,
Von blauen Bergesfernen,
Von Rosenduft und Lilienschein,
Von Sonne, Mond und Sternen.)

Ein politisch Lied, ein garstig Lied!
So dachten die Dichter mit Goethen
Und glaubten, sie hätten genug getan,
Wenn sie könnten girren und flöten –
Doch anders dachte das Vaterland:
Das will von der Dichterinnung
Für den verbrauchten Leiertand
Nur Mut und biedre Gesinnung.

Ich sang nach alter Sitt' und Brauch
Von Mond und Sternen und Sonne,
Von Wein und Nachtigallen auch,
Von Liebeslust und Wonne.
Da rief mir zu das Vaterland:
Du sollst das Alte lassen,
Den alten verbrauchten Leiertand,
Du sollst die Zeit erfassen!

Denn anders geworden ist die Welt,
Es leben andere Leute;
Was gestern noch stand, schon heute fällt,
Was gestern nicht galt, gilt heute.
Und wer nicht die Kunst in unserer Zeit
Weiß gegen die Zeit zu richten,
Der werde nun endlich bei Zeiten gescheit
Und lasse lieber das Dichten!

Warum nicht den Mondenschein, den Wein und die Nachtigallen verbinden mit der Liebe zu den Menschen!?

Das Alte mit Neuem verbinden und alte Verstrickungen loslassen.

Wir hörten live und auf Schallplatten Dieter Süvergrüp, Hannes Wader, Franz Josef Degenhardt. Konstantin Wecker mit *Gestern hobms' an Willi daschlog'n* aus Bayern 1977 geht mir heute noch nahe.

Zupfgeigenhansl waren wesentlich in der Verbreitung der Wiederentdeckung der Volksmusik als der Musik des Volkes aus seiner Geschichte heraus. Sie sangen kritische Musik zum Klerus und von unterdrückten Bauern und der verbotenen Liebe. Der Faschismus hatte dieses Liedgut ausgerottet und heute hört man Heile-Welt-Musik von einem ehemaligen, auf ewig jung gestilten Schifahrer in pelzigen Stiefeln.

In Salzburg formierten sich Künstlerinnen und Künstler zur Gruppe *Dulamans Vröudenton*. Sie belebte Kinderlieder und Volksmusik entgegen der industrialisierten heilen Weltvolksmusik wieder, die mit der tatsächlichen Musik des Volkes nichts zu tun hat. Und sie spielten auf wunderbaren alten Instrumenten. Bei *Dulamans* spielten Frauen. Frauen waren in der Musikszene nicht gerade häufig anzutreffen.

Es dauerte nicht mehr lange, bis ich die Lieder Ina Deters und der Frauengruppe *Schneewittchen* auch live kennenlernen durfte. Nina Hagen war sowieso ein Muss! Frauenfeste waren für mich die besseren und ausgelasseneren Feste.

Die Neue Deutsche Welle mit *Interzone*, den *Neonbabies*, und vielen anderen Gruppen und vor allem die Lieder der Gruppe *Ideal* verbanden uns beim Feste feiern!

Der Krieg und die faschistische Diktatur waren noch nicht so lange beendet. Wenig war verarbeitet. In Österreich war zumindest der Wiederbetätigungsparagraf eingeführt. Die rechte Szene formierte sich trotz Verbot. Die alten Nazis hatten auch sozialdemokratische Positionen inne.

Franz Josef Strauß, der bayrische Ministerpräsident, sorgte für große Widerstände. Sein Antikommunismus war in seiner Weise einzigartig herausragend: *Ratten und Schmeißfliegen* nannte er die linken Demonstranten.

In der Uni Aula beim Konzert der italienischen Gruppe, *Canzionere delle Lama* war Solidarität und Einigkeit im Publikum zu spüren, wie bei all diesen politischen Konzerten.

In meinem Gedächtnis sind heute noch viele Arbeiterlieder leicht abrufbar, auch jene aus Italien. Allerdings stellen sich viele für mich heute sehr gewalthaltig dar. Die Gemeinsamkeit der meisten *kraftvollen* Melodien und gewaltstrotzenden Texte der Arbeiterlieder und der faschistischen Lieder der Nazis ist auffällig, jedoch zur Zeit des Entstehens der Arbeiterlieder und der Lieder aus dem Widerstand, der Resistance ... sinnvoll und erklärbar.

Josef war das wandelnde Lexikon in der Männerwohngemeinschaft. Ich hörte viel zu und lernte viel. Er ist Sohn einer Arbeiterfamilie, sehr gescheit und gab sein Wissen unkompliziert weiter. Er war genervt, wenn einige Genossen eine unverständliche Sprache wählten, um eigentlich nicht an ihrem Wissen teilhaben zu lassen. Intellektuell sein muss nicht heißen unverständlich zu sein und somit andere auszuschließen.

Ich hatte das Gefühl, ein Teil eines großen Prozesses zu sein, der für die soziale Entwicklung auf der Welt wesentlich war. War er auch.

Viele protestierten mit dem Auftreten gegen das Unrecht in der Welt, auch gegen das Unrecht, das ihnen zu Hause bei ihren Eltern widerfuhr. Sie wollten wie ich raus aus dem System, sei es katholisch oder anders reaktionär.

Frank Zappa, Janis Joplin, – alles wurde endlich herausgeschrien! Ich schrie mit Janis Joplin meine ganze Wut auf meine unverstandene Kindheit und Jugend aus der Seele.

Die meisten Rockstars waren männlich, die Musik war männlich. Ich hörte sie trotzdem gerne und tanzte mit ihr ausgelassen in meine Freiheit. Es war der Aufstand gegen das Establishment.

So wie das Gefühl der ständigen Bedrohung in einer Diktatur, so war das Gefühl in Familien, in denen Gewalt an der Tagesordnung war. Meine Brüder erlebten die häusliche Gewalt an mir und hatten ständig Angst vor dieser Bedrohung. Wie im Faschismus, wenn du weißt, die Gestapo kann jederzeit vor deiner Tür stehen. Das Private ist Politik.

Wir Frauen

Die Zeit war sexuell und politisch aufgeklärt. Und trotzdem meinten viele Genossen, ihre Männlichkeit mit Macht demonstrieren zu müssen. Als ich von Jakob getrennt war, um allein zu sein, hatte ich immer das Gefühl, Freiwild zu sein. Wenn ich allein ausging, schien das immer als Zeichen für Männer, dass ich einen Mann finden wollte. Wie auf meinen wenigen Reisen allein in Griechenland – dort war die Auseinandersetzung mit Feminismus (auch) ein Fremdwort – auch für Touristen. Es war anstrengend, sich ständig dagegen wehren zu müssen, angemacht zu werden. Ich wollte selbst entscheiden, wen ich interessant finde, um mich vielleicht auf eine Beziehung einzulassen.

– *Eine Geschichte schmutzig und kalt und 1000 Jahre zu alt.* – F.J. Degenhardt.

Eine Klassengeschichte, doch dann kam er doch: der Abtreibungsparagraf §144.

Aktion Leben rief zur Demo und wir zur Gegendemo auf. Die AbtreibungsgegnerInnen bewarfen uns mit Eiern und Tomaten. Schade, dass jene die Dinge so fundamentalistisch sehen mussten. Denn das Problem der Abtreibung ist vielschichtig und kann jede/n in irgendeiner Form betreffen.

Eine scheinheilige Geschichte der Kirche. Wie viele Kinder wurden von Ordensbrüdern, Pfarrern und anderen ehrenwerten Männern gezeugt? Aus Schande nicht zu der Beziehung der Kindesmutter stehen zu können und noch schlimmer, nicht zu seinem Kind stehen zu können und anderen eigenen Interessen, haben diese Väter ihre Kinder nicht anerkannt und Frauen in eine Abtreibung getrieben. Keine Frau treibt leichtfertig ab, keine! Es gibt Zwangslagen, alle wissen das. Seit 1000 Jahren lebten Kurpfuscher und Ärzte von der Ohnmacht und der Zwangslage von Frauen.

Zu viele Frauen werden allein gelassen mit ihren Kindern. Kaum ein Mann hat eine Ahnung davon, wie es ist, ohne Hilfe mit einem kleinen Kind zu sein und es gut zu begleiten. Es ist zynisch zu sagen, Frauen könnten das von Natur aus!

Ich kam auch nicht mit dem Gen, Kinder wickeln zu können, auf die Welt. Auch nicht, zu wissen wie tun, wenn das Kind Nächte durchweint und du unter Dauerschlafmangel leidest, aber gefasst sein und *funktionieren* musst. Du willst doch gut sein zu deinem Kind und gerecht, das fordert körperliche Anstrengung. Wir schaffen viel, sehr viel und vieles machen wir gerne, am besten mit Unterstützung und gleichberechtigter Übernahme von Verantwortung – auch das gibt es; verpflichtend sogar im Gleichbehandlungsgesetz.

Es geht um das Kindeswohl, das heißt um die seelische und körperliche Gesundheit der Kinder. Immer mehr Männer verabschieden sich. Es spiegelt die Oberflächlichkeit unserer Zeit wieder.

Wie oft erzählen Väter, die Verantwortung für ihre Kinder übernehmen und sich engagieren zu wollen, dass sie diese Zeit des Wachstums nicht missen wollen.

Ich wollte nie Kinder und heiraten auch nicht. Ich hatte Angst, meinen Kindern Leid zuzufügen und meiner Aufgabe nicht gerecht zu werden, nicht zu genügen. Ich wollte nicht, dass meine Kinder leiden, weil ich Dinge übertrage. Ich hatte Angst um die Zukunft meiner ungeborenen Kinder. Ich wollte nicht, dass sie in eine Welt des Kalten Krieges und einer immer stärkeren Ausbeutung der Umwelt, der Natur und der Ressourcen hineinwachsen.

Und tatsächlich war ich 1986 im vierten Monat glücklich schwanger, als der Atomreaktor in Tschernobyl explodierte. Erst zu spät, nachdem ich in Bad Gastein im Regen spazieren gegangen war, wurde in den Medien von dem Unglück berichtet – und noch viel zu lange verharmlost. Ich habe meine Schwangerschaft keine Sekunde bereut!

Abhängigkeiten und Selbstfindung

Karl fand meine Beine zu dick, das nahm ich ihm übel und er verlor an Zuneigung meinerseits. *Stampfer* nannte er meine Beine. Es gibt Aussagen, die sind unverzeihlich, verletzen so, dass die Erinnerung bleibt.

Ich ließ mir damals die Haare ganz kurz schneiden. Er liebte mein langes Haar. Er verstand, es war nicht mehr so wie vorher.

Karl war mit den politischen Liedern tief verbunden. Meine Freunde, die ein breiteres Interesse an Musik hatten, fand ich anziehender. Jakob war da erlesener und nicht so hundertprozentig auf Agit Prop fixiert.

Am Karfreitag aßen wir bei einem Freund Wurst. Ein Teil der Clique, die keine hundertprozentigen Kommunisten waren, war mit dabei. Sie waren etwas weltoffener. Das Verhalten, am Karfreitag extra Wurst zu essen, um etwas zu beweisen, zeigt unsere damalige Unreife.

In der Schule kam ich knapp an eine Grenze. Ich bekam eine Verwarnung, weil ich Kontakt mit Kommunisten hatte (McCarthy lässt grüßen). Ich wurde tatsächlich in einem richtigen Verhör zur Rede gestellt. Ich konnte es selbst – nicht einmal währenddessen – kaum glauben, was da passierte. Ich sollte Namen nennen, wer denn bei der KP war. Sie entließen mich ohne Ergebnis. Sie *interviewten* noch zwei KollegInnen aus meinem Jahrgang, natürlich ohne Erfolg. Foltern konnten sie uns ja doch nicht. Die Vorgeschichte dazu war:

Ich fuhr nicht mit meiner Klasse im Rahmen einer Schulexpedition nach Wien. Ich wollte aus Liebe(?) in der Nähe meines Freundes bleiben und meinte, es eine Woche ohne ihn nicht auszuhalten. Endlich einer, der mich wahrnahm, der mich liebte, wie ich war.

Was ist hier passiert? Ich denke an meine Mutter, die Vater so hörig war. Hatte ich da von ihr etwas übernommen?

Das Zweite ist, dass ich von der starken Abhängigkeit meiner Eltern übergangslos in die nächste Abhängigkeit schlitterte, ohne es vorerst zu merken. Einen gab es aus der Clique, mit dem ich mich sehr gut verstand. Ich erinnere mich noch heute an seine reflektierte Meinung. Er wusste, wie groß die Liebe zu meinem Freund war. Ich suchte Nähe, ich war süchtig nach Nähe und total abhängig von dieser Liebe. Endlich bekam ich die körperliche Zuwendung, die ich noch nie genossen und gespürt hatte. Mein Freund war sicher sehr aufgeschlossen und engte mich nicht ein, das tat ich selber.

Ich war während der Wienwoche statt in der Schule bei einer Freundin, die auch nicht mitfuhr. Sie wohnte mit ihrer Mutter in der Nähe der Schule. Wir waren damals etwas überheblich. Wir gaben uns nicht mit Gleichaltrigen ab. Obwohl ich einige aus meiner Klasse sehr mochte und ich es später durchaus bereute, dass ich nicht mitgefahren war. Wir mussten die Welt verändern. Was in dieser Woche nicht passierte. Wir hatten es lustig und konnten uns für uns selbst Zeit einrichten. Klar war das lustvoll. Musik hören, kluge Gespräche, vertrauensvolle Gespräche. Meine Freundin lebte allein, ihre Mutter war alleinerziehend und ging arbeiten. Außerdem war Susanna für ihre Mutter selbstständig genug und erwachsen.

Ich zögerte und fand es unsinnig, diese Episode aufzuschreiben, als ich plötzlich wahrnahm, was dabei geschehen war: Meine gefundene Freiheit war, feinsinnig gesehen, auch nicht wirklich Freiheit.

Ich bekam damals von der Schule eine Verwarnung, die ich selbst unterschrieb. So ersparte ich mir zu Hause Komplikationen – und meiner Mutter unnötige Sorgen.

Ich hatte in der siebten Klasse fünf Nicht genügend, das war mir egal. Meine Eltern wussten das alles nicht, ich konnte das gut verschweigen. Ich lernte wieder, holte leicht wieder auf und konnte in die achte Klasse aufsteigen. Wenn es eng wurde, konnte ich gut und kreativ handeln.

Elisabeth war mir am wichtigsten. Sie war einmal längere Zeit krank. Elisabeth tat mir leid und sie fehlte mir. Ich war untröstlich. Ich war so glücklich, als sie wieder da war! Ich erinnere mich ganz genau, als sie an diesem Tag nach ihrem Kranksein wieder in die Schule kam. Sie kam zu spät in die erste Stunde zum Unterricht. Sie fand uns auf dem Weg Richtung Physiksaal. Wir umarmten uns. Wir hatten eine besondere Symbiose.

Verachtung

Wilhelm nahm unsere Aussagen beim Abendessen auf Band auf. Ein kleiner Kassettenrekorder wurde in die Mitte des Tisches gestellt und Wilhelm hatte Gefallen daran, uns hören zu lassen, wie armselig wir argumentierten. Er wollte Beweise für die Nachwelt haben. Michael, mein vier Jahre jüngerer Bruder, machte auch Versuche mitzudiskutieren. Er wusste nicht so recht, zu wem er halten sollte. Ich wurde von Wilhelm provoziert und in die Enge getrieben. Es ging um meine wunden Punkte, wo ich emotional wurde und nicht mehr argumentieren konnte und wollte. Es ging nicht nur um meine Sehnsucht nach Offenheit und Freiheit. Er provozierte mich mit Aussagen zu meinen Freundinnen und Lehrern.

Es entwickelten sich politische Diskussionen. In diesem Alter von ungefähr zehn Jahren hatte ich auch entwicklungsbedingt einen ausgeprägten Gerechtigkeitssinn. Vater sprach geschmacklos über Juden, die er so kurz nach dem Faschismus, so kurz nach dem Holocaust noch immer als hinterlistig und als Geldmacher beschuldigte.

Er verteidigte die Nazis. Die sind ja auch verreckt! Die sind ja (auch) in Hinterhalte gelockt worden. Er erklärte mir diverse Gefangennahmen von Nazis, z.B. in Ungarn, wo sie ausgehungert wurden. Er versteifte sich nur auf solche Dinge. Es war schrecklich, das noch diskutieren zu müssen.

In den letzten Jahren lernte ich Vater immer besser zu verstehen und ihm zu vergeben.

Wilhelm meinte, mein Deutschlehrer hätte mir die Flausen in den Kopf gesetzt. Dass Vater mit seinen ausgrenzenden Ansichten mich in die Verteidigung getrieben hatte, konnte er nicht glauben.

Später, als er wusste, dass ich mit KommunistInnen befreundet war und ich selbst Mitglied der Kommunistischen Jugend war – das wusste er nicht genau – hatte er tatsächlich Angst, enteignet und an die Wand gestellt zu werden. Er sagte mir das wörtlich!

Mittlerweile begreife ich erst die Dimension seiner Angst. Bei derart brutaler Vorgehensweise der Nazis zur Menschenvernichtung war die Rache vieler vorprogrammiert. Nachdem hohe SS Offiziere nach 1945 in Gerichtsverfahren freigesprochen wurden und die Alliierten, wie die Engländer nicht unmittelbar selbst betroffen waren und daher noch relativ *mild* mit Nazis verfahren sind, griffen Menschen aus der israelischen Armee und Partisanen zu Fememorden. Sie nahmen die Gerichtsbarkeit für die unendlich vielen Morde an Juden und Politischen, also an den Familien der Betroffenen, selbst in die Hand.

Es war bestimmt nicht befriedigend für die Rächer. Für die damalige Zeit, als die Wunden noch offenlagen, habe ich vages Verständnis für die Sühne. Erst ein bis zwei Generation später beginnt man nachzudenken und zum Glück fragt man sich, ob es andere Möglichkeiten gegeben hätte. Die Wut und das Bedürfnis nach Rache können vergehen und werden reflektiert. Wir sind gefragt, Vorbild in Gewaltlosigkeit zu sein.

Damals, als junge Frau, hatte ich die politische Wut auf meinen Vater. Ich sang mit bei den Arbeiterliedern und den Liedern aus dem Widerstand, bei Liedern aus dem spanischen Bürgerkrieg, der italienischen Partisanen (*Bella Ciao*) und der portugiesischen Revolution.

Mein Vater wusste bald, dass ich Kommunistin war. Ihm war klar gewesen, in welcher Gefahr sein Vater nach 1945 gewesen war. Er konnte froh sein, in der Kaserne als Gefangener gewesen zu sein, denn er ist bestimmt auf der Liste der Partisanen gestanden, die ihn ermordet hätten. Das hatte mein Vater in allen Zellen gespeichert. Ich hatte ihn mit meiner politischen Gesinnung in Angst und Schrecken versetzt; darum war die Aussage, ich würde ihn, käme es zur Revolution, an die Wand stellen und sein Haus enteignen, sehr ernst gemeint.

Klarheit und Erkenntnis sollte ich von einer kompetenten Frau in meiner Mediationsausbildung gewinnen, als ich gut zwei Jahrzehnte älter war.

Jahre sind vergangen, unsere Geschichte des Faschismus treibt mir immer noch Tränen in die Augen und das ist gut so. Ich gebe diese politische und humanistische Haltung weiter. Miriam ist zu unserer Geschichte informiert, auch sie trägt sie mit. Sie begreift meine Haltung und sie erlebte mein Werden mit der Ausbildung zur Mediatorin mit. Sie erlebte auch die Versöhnung mit meinem Vater mit. Ihre Kinder mögen meinen Vater und haben keine Angst. Miriam hat sich an seine Verhaltensweisen angepasst, indem sie seine Belehrungen, wurden sie zu viel, ignorieren konnte. Hanna stellt sich mit ihren drei Jahren vor dem großen Mann auf und gewinnt an unglaublicher Größe ihm gegenüber. Sie ist nicht respektlos, aber weit entfernt von irgendeiner Ehrfurcht. Sie nimmt ihn als Urgroßvater, der nicht mehr alles wissen kann ...

Die Kobra

In einem indischen Dorf lebte eine Kobra. Sie war sehr traurig, da die Menschen sie mieden und sie wollte unter den Menschen leben und ihnen nahe sein. Eines Tages kam ein Weiser des Weges und die Schlange beklagte ihr einsames Schicksal.

Der Weise spricht mit der Schlange, dass es falsch ist, die Menschen zu beißen und dass sie deshalb Angst vor ihr haben und ihr aus dem Weg gehen. Er nimmt ihr das Versprechen ab, die Menschen nie wieder zu beißen. Das spricht sich schnell herum, und schon bald nähern sich auch die Kinder des Dorfes der Kobra. Irgendwann suchen die Jungen aus dem Dorf nach der Kobra. Sie holen Sie aus ihrem Nest und treiben allerlei üble Späße mit ihr, schleifen Sie sogar durch die Straßen. Eines Tages lag sie im Straßengraben, war sehr mitgenommen und blutete. Der Weise kam des Weges, sah sie und fragte sie, wie das geschehen konnte. Die Schlange war sehr aufgebracht und erklärte: »Ich habe gelernt, nicht mehr zu beißen und du weißt, Kinder können nun mal sehr ungestüm spielen!« Da sieht sie der Weise an und sagt: »Schlange, es stimmt, dass ich dir geboten habe, keine Menschen mehr zu beißen. Aber ich habe dir nie verboten, sie anzuzischen und zu fauchen!«

Diese Geschichte passt in unsere heutige Zeit und ich erzähle sie gern meinen Enkelkindern. Ich hoffe, das Zischen zeigt genügend Wirkung.

Die Situation zwischen mir und meinen Eltern wurde mit meinem Erwachsenwerden nur noch verfahrener, bis zum kompletten jahrelangem Bruch unserer *Beziehung*. Die Folge war jahrelanges Schweigen.

Immer der gleiche Traum

Ich lag im Bett und ich spürte etwas aus der Ferne immer näherkommen. Eine orange, massige Kugel steuerte auf mich zu, ganz langsam. Sie bannte mich. Ich lag da wie gelähmt und konnte mich nicht bewegen. Da war ein unglaublicher Druck, der spürbar war, lange bevor sie fast auf mir landete. Die Kugel wurde immer größer und kam immer näher, bis ich sie berühren hätte können, mir nahm es den Atem. Die Kugel war wie eine Sonne, aber nicht warm, nur massig und sie erzeugte in mir Unbeweglichkeit und Starre. Wenn diese Bedrohlichkeit so erdrückend war und unvorstellbar nah zu spüren, wachte ich auf, schweißgebadet. Nie konnte ich diesen Traum lenken und einfach weggehen. Ich versuchte, die Kugel wegzulenken; das gelang nicht.

Diesen Druck spürte ich lange nach dem Traum – vielleicht hin und wieder noch heute.

Parallel dazu, nein eher früher, als ich jünger war, hatte ich einen Traum, schweben zu können. Ich glaubte das wirklich. Ich wusste genau, wenn ich mich gerade auf den Rücken hinlegte und mich auf bestimmte Muskeln konzentriere, könnte ich abheben. Einen Zentimeter, das Gefühl war schon da, weiter und weiter bis zu einem Meter und dann hoch hinaus, bis ich sanft wieder nachgeben und landen konnte. Das war so wunderschön. Im Traum war ich ganz wach und wusste, ich kann das. Ich glaubte das noch im wachen Zustand, dass ich das schaffen könnte.

So wie die Tränen, die bunten Tränen, die am Fenster entlang schwebten. Ich drückte die Augen auf einen winzigen Spalt zusammen und war dann fest darauf bedacht, die Konzentration auf die ganz langsam wandernden Tränen nicht mehr loszulassen. Ich spielte gern mit diesem Phänomen, es gab Kringel, manchmal bunt, manchmal durchsichtig. So konnte ich lange verweilen. Ich kann das heute noch probieren und es bewegt etwas Vertrautes und Wohliges in mir. So etwas ganz vermeintlich Unscheinbares war sehr schön für mich. Ich konnte dann so vor mich hinträumen und war bei mir. Nein, das war nicht unscheinbar, es war wundersam! Also, lasst Kinder träumen.

Agathe

Eine meiner Freundinnen des Kleeblattes aus Marienstein studierte ihrem Vater zu Liebe Jura. Sie verzweifelte daran, bestehen zu müssen. Sie schluckte alle möglichen Tabletten, um das Lernpensum durchzuhalten. Die Droge *Captagon* war damals sehr beliebt. Agathe stand enorm unter Druck und sie nahm stark an Gewicht ab. Ich besuchte sie und fand sie heulend, völlig aufgelöst mit einem Nervenzusammenbruch an der Badewanne liegend. Ihr Vater verunglückte in dieser Zeit bei einem Flugzeugabsturz. Umso mehr fühlte sie sich dazu verpflichtet, ihr Studium zu beenden, zumal ihr Vater eine wesentliche juristische Funktion in der Hauptstadt innehatte. Sie war so reich, dass sie nie arbeiten hätte müssen. Sie vertrieb Medikamente bei Ärzten und hatte nie einen Job als Juristin. Sie heiratete und wurde Arzthelferin bei ihrem Mann. Endlich, mit vierzig Jahren, ließ sie sich scheiden, baute sich das Haus ihrer Träume und studierte, wozu sie Lust hatte. Wir haben heute losen Kontakt, ich freu' mich jedes Mal, wenn wir uns treffen. Ich habe das Gefühl, sie lebt ihr Leben!

Was Kleidung bewirkt

Rita machte sich rar. Und ihre Schwester mit ihrer Familie machte sich auch rar. Rita ist die zweite, jüngere Tochter meiner Oma.

Es gab keinen Weg von Rita zu meinem Vater. Sie schien das *enfant terrible* unserer Familie zu sein. Ich liebte diese Frau. Sie ging ihren Weg. Ich hörte immer, wie wichtig für sie Klamotten waren. Ja gut, und warum nicht?

Mir ging der Kampf um Kleidung ziemlich auf die Nerven. Ich hatte kaum Kleidung, die mir gefiel und in der ich mich wohlfühlte. Wir hatten eine Schneiderin. Mutter suchte den Stoff aus und beide wussten, was mir gefallen sollte. Ich wollte einen Jeansanzug, daraus wurde ein blauer Hosenanzug aus elastischem Stoff, in dem ich schwitzte. Mein Vater nannte ihn Mao-Anzug und fand sich dabei witzig.

Die Schneiderin war nett, meine Kleidung war altbacken. Es waren die sechziger, siebziger Jahre. Klar war ich noch Kind, aber ich sah doch, wie sich Leute kleiden, und merkte, wie bieder ich mich zeigen musste. Ich hatte Sinn für Ästhetik, der mir abgesprochen wurde.

Ich fand es großartig, dass meine Enkeltochter mit zwei Jahren schon wusste, was sie anziehen will. Sie hatte gewählt und entschieden.

Als ich klein war, war der Krieg noch nicht so lange vorbei. Armut und Not waren noch in den Köpfen und Zellen der Menschen. Die faschistische Haltung, eine ordentliche Frau habe sich nicht herauszuputzen und sei nicht auffällig, war bei einigen Leuten noch vordergründig. Kinder hatten ohnehin nicht zu bestimmen. Es wird angezogen, was da ist. Mutter hatte sogar morgens für Vater die gesamte Kleidung hergerichtet. Ihr gemeinsames Leben lang.

Die Menschen und eben auch meine Eltern hatten so viel aus ihrer Vergangenheit mitgenommen, bewusst oder unbewusst.

Später, als Zwölfjährige, bekam ich ein paar Kisten mit getragener Kleidung von der Tochter einer Nachbarin geschenkt, die sieben Jahre älter als ich war. Es waren tolle Klamotten dabei: ein Hemd mit Schlaufe am Bauch, ein Schlangen T-Shirt, lauter Sachen, die der Mode der siebziger Jahre entsprachen. Ich durfte das sogar anziehen, denn die Nachbarin war von meinen Eltern anerkannt und eine gute Freundin meiner Mutter. Ich mochte sie auch. Es war eine konservative Familie, aber um vieles aufgeschlossener als meine Eltern, was nicht viel heißen hätte müssen.

Ich liebte es, meine rostbraune, nach unten ausgestellte Schürlsamtjean anzuziehen. Diese trug ich, bis sie dünn und nicht mehr tragbar war.

Mit vierzehn hätte ich so gern eine Levis gehabt. *Echte* Jeans waren damals sehr teuer. Ich bekam zwei billige, unförmig geschnittene glänzende Breitcordhosen, in denen ich mich fett fand.

Ich besorgte mir von zusammengespartem Geld aus einem kleinen Laden eine enge, echte Levis. Ich zog sie an, stieg in die mit heißem Wasser gefüllte Badewanne und passte sie so hauteng an meinen Körper an. So, wie es gehörte. Beim Anziehen musste ich tief Luft holen und den Bauch einziehen, um den Reißverschluss zuziehen zu können. Die Jean passte wie eine Strumpfhose. Ich fühlte mich aber nicht unwohl darin. Mutter duldete es.

Ich besuchte einen Nähkurs bei den Nonnen im Schloss. Meine Mutter hatte ihn mir vermittelt, mit dem Zuckerl, dass ich mir meine Sachen selber nähen konnte. Ich gestaltete gerne und durfte mir die Stoffe selbst aussuchen. Ich lernte sogar Blusen zu nähen – gesmokte Blusen waren modern und es gelang mir, sie zu nähen. Ich nähte Bahnenröcke und Jeansröcke – beim Saum achteten die Nonnen darauf, dass er nicht zu weit nach oben gesetzt wurde – das konnte ich ja zu Hause nachbessern.

Ich bekam von Vater bei einem Messebesuch eine Nähmaschine. Wenn er es für richtig hielt, konnte er großzügig sein. Diese Maschine hatte ich noch bis vor kurzem.

Ich nähte gerne, gestaltete lange Hemden, nähte Taschen und machte Applikationen drauf. *Sissy Snake* und *R A F*. Ich bin nicht stolz darauf, dass ich damals voll dahinterstand, dass man auch Gewalt anwenden musste, um das *Gute* zu erreichen und gegen das Establishment zu kämpfen! Was war das Gute?

Ich nähte mir ein luftiges, flatteriges Hemd, ich zog es an und war stolz auf mich. Ich ging damit einkaufen zum Schloss. Daheim saß ich auf dem Küchenfenstersims und sah in den Garten. Das war ein schöner Platz für mich. Vom Fenster ging die Mauer nach unten zur Außenkellerstiege und ich ließ die Beine runterhängen. Ich hatte mein selbstgenähtes Hemd an.

Ich sah meinen Vater zur Tür hereinkommen, wie damals; er steuerte auf mich zu, ich dachte …, ich bekam Angst – das war ein zu rascher Schritt. Da war wieder diese gewaltschwangere Stimmung, diese grässliche Anspannung seiner Muskeln, die stählerne Härte, da war nur noch pure Aggression, zielgerichtete Wut. Dieser Körper war übermächtig, eine übermächtige Kraft konnte sich aus diesem Körper entladen. Alle Alarmglocken läuteten in mir. Er riss mich vom Fenster, ich landete auf dem Boden, er riss mir das Hemd von meinem Körper, er schlug mich und trat mich – das war das dritte Mal, an das ich mich erinnere. Ich hielt nur noch meine Hände schützend vor den Kopf und sah meine Mutter. – Warum kam sie mir nicht zu Hilfe?!

Das fragte ich mich Jahre später; sie stand da, immer hilflos. Wenn sie etwas gesagt hätte, sie hätte wahrscheinlich wirklich keine Chance gehabt in ihren Augen. Ich fühlte mich allein gelassen und meine Wut war von da an nach vorne gerichtet – ihr könnt mir nix mehr, ich tu was ich will, ich hau ab!

Dieser Mann war begabt für dramatische Szenen.

Die Generationen der zwei Weltkriege

Die zwei Kriege hatten ihn zerstört. Erst in den letzten Jahren habe ich einiges verstanden. Verziehen? Möglich.

Mein Vater hatte seinen Vater in *englischer* Gefangenschaft in der Rainerkaserne Glasenbach erlebt (So behauptete er es, obwohl hier in Salzburg die Amerikaner waren.). Er wusste, dass es hätte sein können, dass er mit einem der wöchentlichen Transporte nach Jugoslawien den Partisanen ausgeliefert werden hätte können. Von ihnen wurden die Nazis hingerichtet. Mein Großvater war ausgehungert und auch er, wie mein anderer Großvater, rauchte statt zu essen. Zigaretten bekamen sie. Vater hätte ihn Gras essen gesehen. Als mein Vater mir diese Geschichte vor zehn Jahren das erste Mal erzählte, zitterten seine Hände, seine starken muskulösen Finger, unglaublich; da war so viel Leid in seiner Stimme. Ich hätte ihm da nichts entgegenhalten können. Da waren Emotionen, er litt, das hatte ich vorher bei ihm nie erlebt. Diese Geschichte hatte er vor Jahren ähnlich erzählt. Da war er in Rechtfertigungshaltung. Er wusste, dass ich ihm auf seine haarsträubenden Aussagen und seine Naziverteidigungen unerbittlich entgegnen würde. Er nannte die Gefangenenlager der Engländer KZs. In manchen Kreisen spricht man immer noch von den Alliierten als Besatzungsmächte und nicht als Befreier vom Grausamsten.

Wenn die Alliierten uns nicht zu Hilfe gekommen wären, wo wären wir heute? Sie haben uns vor dem Schlimmsten, Unvorstellbarsten befreit und da jammert einer, sein Vater wurde von *Englän-*

*der*n in Gefangenschaft genommen, in ein KZ, so nannte Wilhelm die Gefängnisse der inhaftierten Naziverbrecher. Warum wohl, ja warum wohl? Und was war mit den KZs der Nazis? Was? Keine Antwort. Großvater war Gendarm, er war Mitglied der NSDAP. Hatte er denunziert? Vor kurzem bestritt das mein Vater, ohne aggressiv zu werden.

Warum hatte er Günter erzählt, dass unser Großvater in Polen und in Slowenien als SS-Offizier war? Mir nicht. Weil ich als Frau vom Krieg nichts verstehe? Mein Bruder reagierte genauso entsetzt wie ich auf unsere Geschichte. Uns Geschwistern ist unsere Geschichte wichtig, um verstehen und begreifen zu können und um endlich aufgeklärt unseren Kindern offen und ehrlich Möglichkeiten zu bieten, damit umzugehen. Wir wollen leben und aus dem Vollen schöpfen, aus uns schöpfen, aus unserer Liebe schöpfen.

Schreien, lösen, weinen, traurig sein, um dann aus ganzem Herzen lachen zu können.

Vater hat die Tatsache, dass sein Vater SS-Offizier war, niedergeschrieben. Wir sind dabei, nachzuforschen. Vieles ahnen wir, einiges wissen wir. Immer mehr. Großvater war in beiden Weltkriegen, mit sechzehn kam er zur Marine. Er sah etliche Kameraden grausam sterben. Generationen seiner Vorväter arbeiteten im Bergwerk. Er wollte, dass seine Söhne es besser haben und er war ehrgeizig. Das erzählte mir Vater vor kurzem.

Wilhelm erlebte den Tod seines Bruders, als Max zwölf Jahre alt war. Er zeigte mir seine Zeichnungen vom Krieg. Mit seinen zwölf Jahren musste dieser Junge so schauerliche Bilder in sich tragen. Was er an Grausamkeiten auf Kriegsschauplätzen gezeichnet hatte, ist unbeschreiblich.

Vaters Bruder Max starb an TBC. Mein Vater sagte, er wäre an Heimweh gestorben. So etwas hätte er früher nie aussprechen können. So viel Gefühl da hineinzulegen wäre undenkbar gewesen. War es die Angst, sein Gesicht verlieren zu können? Härte zeigen, keine Gefühle aufkommen lassen? Welche Konflikte musste dieser

Mann in sich tragen! Es war zu schlimm für ihn, um davor jemals darüber so sprechen zu können.

In seinem Ehrgeiz schickte mein Großvater auch meinen Vater in die Militärakademie. Mit zehn Jahren musste er weg von seiner Mutter!

Wilhelm hatte den Tod seines Bruders im Alter von sieben Jahren erlebt und er wurde nach dem Tod seines älteren Bruders auch dort hingeschickt. Er weinte aus Heimweh und Sehnsucht nach seiner Mutter. Er wurde nach Hause geschickt. Ein heulender Junge war in diesen militanten Kreisen nicht zu gebrauchen. Es ist ihm dadurch sicher viel erspart geblieben. Ich finde es stark, dass er sich da zur Wehr gesetzt und das nicht ausgehalten hatte. Der Ehrgeiz seines Vaters hatte ihn dennoch geprägt.

Vater erzählte und schrieb die Geschichte seines Bruders auf. Ich entnehme seinen Aufzeichnungen viel Verzweiflung und Trauer, die endlich zu Tage kommen dürfen. Ich danke meinem Vater für seine Ehrlichkeit und dass er seine Erinnerungen in einfühlsamer Weise teilt. So viel durfte sich schon wandeln.

Du hast das Recht genauso geachtet zu werden, wie ein Erwachsener. Du hast das Recht, so zu sein, wie du bist. Du musst dich nicht verstellen und so sein, wie es die Erwachsenen wollen.

Du hast ein Recht auf den heutigen Tag, jeder Tag deines Lebens gehört dir, keinem sonst. Du, Kind wirst nicht erst Mensch, du bist Mensch.

Janusz Korczak

Aus Vaters Erzählungen im Frühjahr 2005

In einer Zuckerschachtel aus den Dreißigerjahren haben die Eltern meines Vaters nach dem Tod seines Bruders Briefe, ein Farbband vom Turnerbund und an die hundert Aquarelle aufgehoben.

Wilhelm war fast sieben Jahre alt, als sein Bruder Max starb. Sein Sterben war für Vater eine tiefe Erschütterung. Er erzählte von seiner in Tränen aufgelösten, vollkommen verzweifelten Mutter, seinem weinen-

den Vater. Von den mit Blumen überdeckten, geschlossenen, schwarzen Sarg in ihrem Schlafzimmer. Den starken Geruch nach Flox.

– Ich sehe mich in der winzigen Küche in unserer Wohnung in Radthal stehen und durch das Fenster in den blauen Himmel schauen und dabei meinen Bruder aus diesem Himmel zurückflehen. –

Maxi war gerade zwölf Jahre alt geworden, als er starb.

Die Eltern wollten alles geben, um ihrem Sohn ein besseres Leben zu ermöglichen. Sie wünschten, ihr Sohn hätte einmal einen Hochschulabschluss gemacht. Sie meinten, dass die besten Voraussetzungen für eine erfolgreiche berufliche Laufbahn der Besuch der Bundeserziehungsanstalt in Mödling gewesen wäre. Sie waren bereit, vom kargen Familieneinkommen, von annähernd vierhundert Schilling, vierzig Prozent auszugeben.

Auch Vater hätte drei Jahre später im Theresianum (NAPOLA) eingeschult werden sollen.

Er hatte erlebt, was Heimweh für ein zwölfjähriges Kind bedeutete. Er war »schwächer« als sein Bruder. Man konnte mit ihm dort nichts anfangen. Er bat mehrmals mit tränenden Augen, dass er nur den einzigen Wunsch hätte, nach Hause zurückkehren zu dürfen.

Max zeigte sich härter und er wollte vermutlich auch seine Eltern nicht enttäuschen. Die Folgen dieser Haltung waren schlechte Schulnoten und eine hohe Krankheitsanfälligkeit. Trotz hohen Fiebers wurde er vom Turnlehrer gezwungen am Turnunterricht teilzunehmen. Der Internatsarzt warf ihm vor, sich vom Unterricht drücken zu wollen. Als man Max schließlich doch in das Krankenhaus in Baden brachte, hatte er eine Lungenentzündung und eine schwere Rippenfellentzündung, zu dem am Ende noch Tuberkulose kam. Den Sterbenden wollten die Eltern noch nach Hause bringen. Er verstarb jedoch auf der Fahrt nach Radthal bereits am Semmering.

Für Wilhelm war Max ein Künstler, ein Begnadeter, der in der Lage war das ihn Bewegende mit dem Pinsel auszudrücken. Innerhalb eines Jahres schuf er siebzig Aquarelle. Er war aber nicht nur ein begnadeter Künstler, er schuf ein Zeitdokument, das den ganzen Schrecken des zwei Jahre später ausbrechenden Krieges vorausahnen ließ.

Zum Beispiel: Den Spanischen Bürgerkrieg, der in diesen Bildern am stärksten das Inferno des Zweiten Weltkrieges ahnen lässt.

Max' Visionen der zerstörten Orte, der Brutalität der Zweikämpfe, der Ohnmacht der Soldaten unter Artilleriebeschuss, der Massenerschießungen, der Tieffliegerangriffe, der Massenhinrichtungen, der Panzer, die über Menschen hinwegrollten, der versinkenden Schiffe schienen nicht nur Ergebnisse seiner Umwelt, die sichtlich grauenvoll genug war, zu sein. Vater glaubte, diese Bilder seien der Ausdruck von Vorstellungen, wie sie begnadete Künstler in sich tragen, die das auszudrücken in der Lage sind, was bei den übrigen Menschen im Unterbewusstsein verborgen bleibt.

Die Werke Max', so schien es Wilhelm, seien Vorboten einer schrecklichen Zeit gewesen und ein »gnädiges« Schicksal hätte verhindert, dass Max das erleben musste, was er in seinen Bildern darstellte.[12]

Die Bilder sind tatsächlich unglaublich ausdrucksstark in der Darstellung der Kriegsgräuel. Max zeigte darin auch die Übergriffe auf die Zivilbevölkerung innerhalb des Krieges auf, die unbeschreiblich grausam waren. Die Ausgrenzungen und Überlebensängste, die von den Nazis bei der Zivilbevölkerung mit ihrer brachialen Brutalität ausgelöst worden sind, die Maschinerie zur Vernichtung von Millionen von Menschen, blieben von den Kösslerbrüdern in der Form unerwähnt.

Vater absolvierte in Salzburg das Gymnasium und bekam nach dem Krieg ein Stipendium in Wien für die Hochschule für Elektrotechnik. Mein Vater hatte ein immenses angelerntes Wissen. Er hatte von seiner Schulzeit und der Uni noch unglaublich viel Gelerntes in Erinnerung.

Mein Vater war bei der HJ (Hitlerjugend) und wurde dort als Achtjähriger bis zum Kriegsende gestählt. Dieses Stahlharte blieb ihm bis zuletzt. Seine Muskeln waren immer hart, wie dauerange-

---

[12] Aus urheberrechtlichen Gründen ist es mir hier leider nicht möglich, diese Aquarelle abzubilden, ohne Menschen nahe zu treten, die im Besitz dieser Bilder sind.

spannt. Es gab für ihn nichts, was an geistigen Herausforderungen und körperlicher Verausgabung nicht möglich gewesen wäre. Von der Abfahrt mit den Schiern über die Watzmann- Ostwand übers Häuser selbst bauen bis zum Reparieren von Uhren und allem Mechanischem.

Was sollte man an kultureller und geistiger Entwicklung erwarten, wenn du in deinen wichtigsten Kindheitsjahren nur von Drill umgeben bist? Später veränderte sich Vater. Seine Einstellungen wurden milder.

Wie war es, als ihr Säuglinge wart? Wie wurdet ihr getröstet? Hat man euch (auch) schreien lassen? Es hatte feste Zeiten gegeben, wann ein Kind zu schlafen hatte, wann Essenszeit war, falls es zu essen gab. Dem Weinen eines Kindes wurde nicht nachgegeben. Man konnte es doch nicht verwöhnen! Es würde dann antrainiert bekommen, immer wenn es schreie, bekomme es, was es wolle. Abhärten, irgendwann hört es schon auf zu schreien!

Kinder wurden ab einem bestimmten Alter, ab einem Jahr schon, auf den Topf gedrillt. Manche Großmütter, jetzt werden es schon eher die Urgroßmütter sein, machen jungen Müttern immer noch ein schlechtes Gewissen, wenn ihre Kinder nicht schon im Alter von einem Jahr in den Topf ihre Notdurft verrichten. In manchen Familien wird ein solcher Umgang mit Kindern unreflektiert weitergegeben. Gesund ist er nicht.

Zeiten und Einstellungen können sich zum Glück ändern.

Aber wie muss es in diesen Zeiten unseren Eltern und Großeltern als Kinder ergangen sein?

Es war nicht überall so. Die Geschichte meines Vaters war die Geschichte des Krieges und des Faschismus.

Meine Oma, Vaters Mutter, wirkte sehr liebevoll auf mich, nicht überschwänglich, in sich ruhend, rauchend, ein wenig wie eine Lady. Mit ganz wenigen weißen kleinen Locken. Ich fühlte mich von ihr gemocht. Sie hatte als Mutter sicher ihre Zwänge, war sicher bemüht, alles richtig zu machen, sie liebte ihren Wilhelm und Wilhelm tat alles für sie und seine kleine Schwester, die gegen Ende des Krieges geboren wurde.

Als Wilhelms Vater dem Grauen entkommen war und von den *Engländern*[13], den Befreiern in der Gegend Salzburgs, heimgeschickt wurde, war er ein gebrochener Mann. Er konnte nie wieder richtig arbeiten, er hatte diverse Gelegenheitsjobs. Ende der fünfziger Jahre erkrankte er an einem Lungenkarzinom. Als klar war, er würde nicht mehr gesund werden, nahm Wilhelm ihn nach Hause. Er fühlte sich ihm neben seiner Mutter verantwortlich und pflegte seinen Vater bis zu seinem Tode. Drei Wochen lang war er bis zum Augenblick seines Hinübergehens bei ihm, pflegte ihn, fütterte ihn, half ihm bei den notwendigen Bewegungen. Auch das war Vater. Er hielt diese Seite nur lange verborgen.

Großvater starb, als ich ein Jahr alt war. Ich kannte nur noch dieses schreckliche Bild von ihm, das im Wohnzimmer meiner Großmutter neben einem gemalten Bild eines Bisons die Wand schmückte: hoch zu Pferde in dieser Wehrmachtsuniform. Ich bekam nie viel Auskunft zu dem Bild. Es hing mit anderen düsteren Bildern im Wohnzimmer meiner Großmutter. Ich fühlte bei ihren Anblick immer etwas Bedrohliches.

Ich bin seit jungen Jahren auf der Suche nach Literatur zur Aufarbeitung der psychischen Bürde dieser Generationen. Es ist ein Wahnsinn, was wir mittragen, was immer wieder weitergegeben wird. Wir tun gut daran hinzusehen, diese Zeit nicht zu vergessen, heranzugehen und gut, sehr gut zu reflektieren und die Traumata umzuwandeln; So lange ist das alles nicht her. Ich wusste das schon sehr bald, mit zehn, mit dreizehn, mit zwanzig. Mir war unsere Geschichte immer sehr wichtig. Geschichte, gesehen aus der Perspektive des Volkes und am Beispiel unserer Familie, nicht aus der der Mächtigen.

---

[13] Laut Vater. Jedoch waren in Glasenbach Amerikanische Soldaten stationiert. War Großvater zuerst noch in Kärnten und dann in Glasenbach?

Literatur und viele Aus- und Weiterbildungen ließen mich immer mehr verstehen. Der Weg zu mir selbst führte durch viele Trauerprozesse, Prozesse der Wut und des Mitgefühls. Prozesse der Dankbarkeit und Vergebung ließen mich mein Innerstes nach außen kehren. In dieser Tiefe an meinen Themen zu arbeiten, begann ich mit dem ersten Schritt, die schlimmen Schmerzen meines Rückens zu ertragen. Um mich dann nach und nach an Therapien und lebensverändernde Maßnahmen heranzutasten. Meinen Körper möchte ich dafür danken!

Wenn man sich damit auseinandersetzt und sich nichts vorlügt, hat man die Möglichkeit, etwas zu ändern und besser zu machen. Viele Verhaltensmuster erklären sich aus Anerzogenem, Erlerntem, aus der alten Kultur und dem Beispiel der Eltern – der wahrgenommenen, feinen, alltäglichen Situationen. Es sind oft die feinen Antennen der Kindheit, die viele Schwingungen aus ihrer Umgebung mitnehmen, die uns als Erwachsene begleiten und vor offene Fragen stellen.

Die Familiengeschichte meines Vaters

Mein Vater versuchte mir die Geschichte seiner Familie näher zu bringen, auch mit Hilfe seines kreierten Stammbaumes.

Es war für mich schwer verständlich und schwierig, diese Geschichte nachzuvollziehen, vor allem wegen der Ehe meines Urgroßvaters mit seiner zweiten Frau, die irgendwie verschwägert mit seiner eigenen Familie gewesen zu sein schien.

Im August 2006 schrieb er seine Geschichte für die Nachwelt auf. Eine Geschichte über einen alten, wertvollen, schwarzen Schrank mit dazugehörigen anderen Möbeln, die ihm sehr wichtig waren. Ein alter Familienbesitz.

Ich fand diese Geschichte peinlich und unangemessen. Ihr fehlt der menschliche Bezug. Er hob den Bezug zu den Möbelstücken hervor. Somit fiel es ihm möglicherweise leichter, die Geschichte aufzuschreiben. Ich lehnte meinen Vater und seine Geschichte immer ab. Vaterseite faschistoid, Mutterseite demokratisch, meinte ich.

Jetzt freue ich mich, die Geschichte meiner Vorausgegangenen zumindest in den Grundstrukturen zu kennen. Ich habe seine Möbelgeschichte bearbeitet und eventuelle Unklarheiten nicht ausräumen können:

Ein sehr alt und wertvoll wirkender, schwarz gebeizter Schrank, eine zum Schrank passende Truhe und ein Stuhl waren meinem Vater immer wichtig. Diese Möbelstücke sind seit Generationen im Besitz seiner Familie.

Vaters Großvater mütterlicherseits stammte aus einer Familie, deren Vorfahren in Niederösterreich lebten, sich dann als Kaffeesieder in Wien niederließen und schließlich vor dem Ersten Weltkrieg ein Hotel im Kurort Bad Gleichenberg besaßen. Der Vater seines Großvaters war Besitzer eines Kaffeehauses in Salzburg.

Im 19. Jahrhundert zählte Wilhelms Großvater zu den wenigen, die Elektrotechnik studierten. Mein Urgroßvater baute unter anderem Kraftwerke und Leitungsnetze für verschiedene Orte in Tirol und Salzburg.

Meine Großmutter kam 1903 auf diese Welt. Über ihren Vater wurde geschwiegen. Die Schuld, die ihm angelastet wurde am Scheitern seiner Ehe mit Maria Kössler, der Tante meines Vaters, die gleichzeitig auch die Stiefmutter von Vaters Mutter war, schien unverzeihlich.

Um 1910 verstarb die Mutter meiner Großmutter. Mein Urgroßvater Hans nahm sich eine Wirtschafterin zur Betreuung seiner vier Kinder ins Haus. Zwischen den beiden entwickelte sich eine Liebesbeziehung und sie heirateten. Herta brachte in dieser Ehe eine Tochter, Dora, zur Welt.

Während des Ersten Weltkrieges lebte meine Oma mit ihren Geschwistern, ihrem Vater und ihrer Stiefmutter in Rutzenmoos in Oberösterreich, wo ihre Eltern einen Bauernhof bewirtschafteten. Das war für diese Zeit lebenserhaltend.

Nachdem meine Oma die Bürgerschule hinter sich gebracht hatte, schickte man sie gegen Kriegsende nach Brückl zu den Eltern ihrer Stiefmutter, wo sie bei der Eisenbahn als Praktikantin arbeitete.

Die Geschwister der Stiefgroßmutter, Maria und Margarete, und sie selbst, stammten aus dem slowenischen Teil in Kärnten. Der Vater hatte sich vom Stationsdiener zum Bahnhofvorstand hinaufgearbeitet. Auch die Frauen arbeiteten bei der Eisenbahn.

Der älteste Sohn, mein Großvater, war während des Krieges bei der Marine. Er besuchte die Maschinenschule in Pola. Er hatte einen jüngeren Bruder. Von ihm weiß ich fast nichts. Er war Eisenbahner.

Meine Oma lernte in Brückl die beiden Kösslerbuben kennen.

Der vom verlorenen Krieg heimgekehrte, enttäuschte und verbitterte Sohn Max, arbeitete, nachdem er an den Kärntner Abwehrkämpfen gegen die Jugoslawen gekämpft hatte, bei der Gendarmerie.

Meine Oma verliebte sich in Max, meinen Großvater. Der Vater meiner Oma war gegen diese Beziehung. Der junge Gendarmeriebeamte verdiente seiner Meinung nach zu wenig, um seine zukünftige Frau versorgen zu können … Meine Großeltern heirateten dennoch.

Als Mitgift bekam meine Großmutter unter anderem jenen Schrank, die Truhe und den Sessel.

Als Untermieter in einem Bauernhaus lebten dort die Kösslers auf engstem Raum. Die Räumlichkeiten waren feucht und kalt. Wasser holten sie vom Brunnen vor dem Haus.

1925 kam der Bruder meines Vaters, Max, auf die Welt. Zweimal wurde die Wohnung durch Hochwasser überschwemmt. 1930 zogen die Kösslers in eine trockene Wohnung ins Ortszentrum von Hermagor. In Hermagor kam mein Vater zur Welt.

Die politische Situation in Österreich in den Dreißigerjahren war sehr angespannt. Als Gendarmariebeamter in Weißsee kam mein Großvater mit Nationalsozialisten in Kontakt. Sein Vorgesetzter teilte die Sympathie Großvaters mit den Nazis nicht. Max Kössler wurde von Hermagor nach Möllach versetzt.

Im Mölltal wurde damals die Glocknerstraße mit italienischen Gastarbeitern erbaut. (- schrieb Vater als losen Satz).

1934 ging die Umzugswelle der Familie – und der Möbel – weiter nach Radthal wo sie in eine bescheidene Wohnung im ersten Stock eines Fleischhauerbetriebes zogen. Von der Zweizimmerwohnung im ersten Stock konnten sie beim Schweine- und Rinderschlachten zusehen. Tatsächlich aus Rücksicht auf die zwei Buben übersiedelte die Familie wegen dieses unzumutbaren Anblicks in den ersten Stock einer kleinen Landwirtschaft im höher gelegenen Teil des Ortes.

In dieser Zeit erschütterte der Tod des Bruders meines Vaters die Familie. Vater erzählte von dem von Blumen übersäten Zimmer, in dem sein Bruder aufgebahrt worden war.

1939 übersiedelten sie nach Patengauhofen in das zweite Stockwerk eines neuen Amtsgebäudes. Die Wohnung bestand nicht wie bisher aus einer Küche und einem Schlafzimmer, sondern da gab es eine große Küche, ein Vorzimmer, ein Schlafzimmer, ein Wohnzimmer und zum ersten Mal war diese Familie stolze Besitzer eines Badezimmers. Nach dreizehn Jahren Ehe hatte Familie Kössler erstmals eine Wohnung, in der es fließendes Wasser und ein integriertes Klosett gab.

1944 kam gegen Ende des Krieges meine Tante Konstanze zur Welt.

1945, nach Kriegsende im Mai, richtete die englische Befreiungstruppe in den Räumlichkeiten des Gerichtes und des Gendarmeriepostens im Haus meiner Großeltern ihr Hauptquartier ein.

Vater erzählte von dem Zeremoniell der englischen Wachablösen vor dem Haus, die er vom Fenster aus beobachtet hatte und dass er das Hereinschleppen von aufgegriffenen Nationalsozialisten und Soldaten der deutschen Armee, die noch nicht in Gefangenschaft waren, gesehen hatte.

Mein Großvater war während des Krieges in Polen, Slowenien und am Ende des Krieges in Kärnten und wurde von den Engländern wegen seiner Zugehörigkeit zur SS verhaftet.

Vater erzählte von der Hausdurchsuchung, bei der eine am Schrank hängende Kamera von den Engländern beschlagnahmt wurde.

Das Wohnzimmer wurde zum Quartier für drei englische Soldaten. Die Engländer hatten Feldbetten aufgestellt.

Vater, seine Mutter und seine Schwester hatten diese Zeit am Existenz-minimum überlebt. Ihr Überleben wurde durch das Entgegenkommen der englischen Soldaten erleichtert, die ihnen von ihrer Verpflegung fallweise mit Käse belegte Weißbrotschnitten zukommen ließen und ihnen mit ihren Jeeps halfen, Brennholz aus einem zehn Kilometer entfernten Dorf heran-zukarren.

Die Wohnung wurde gekündigt. Meine Großmutter konnte jedoch 1946 um eine Übersiedlung in die amerikanisch besetzte Zone ansuchen. Sie hatten verschiedene Bescheinigungen von den Bürgermeistern aus Paten-gauhofen und Waldbühl, die die Genehmigung zur Übersiedlung nach Waldbühl in das Haus von Vaters Großmutter väterlicherseits erteilt wurde.

Nach ihrer Pensionierung haben die Urgroßeltern durch Vermittlung des Bruders meines Urgroßvaters Ignaz um 1930 ein kleines Haus in Wald-bühl bei Waidhall gekauft. Vaters Großvater war während des Krieges verstorben. Gegen Kriegsende war Dora, eine Tochter des Urgroßvaters mütterlicherseits, das heißt die Stiefschwester der Mutter meines Großva-ters, vor der roten Armee von Wien nach Waldbühl geflüchtet. Nachdem diese nach Kriegsende zu ihrer Mutter nach Amerika ausgewandert war, lebte die Urgroßmutter allein im Haus. Dora ist 102jährig vor wenigen Jahren in den USA, Chicago, gestorben.

Die folgenden Jahre waren für Vater gezeichnet vom ständigen Hoffen und Bangen um seinen Vater, der zwei Jahre unter den unmenschlichen Bedin-gungen der Engländer (– in Kärnten; in Salzburg war er bei den Amerika-nern in Gefangenschaft) festgehalten wurde und vom täglichen Kampf um die Ernährung und dem Kampf um das nötige Brennholz ausgelaugt war. Mit Hilfe des Geldes seiner Großmutter und über den Verkauf von etwas Schmuck konnte etwas über den Schwarzmarkt herbeigeschafft werden. – Feste wurden gefeiert,- sagte Vater, – wenn die ersehnten Hilfspakete, die liebevoll von den Verwandten in Amerika zusammengestellt wurden, bei uns ankamen. –

Mit fast fünfzig Jahren kam Großvater von der Internierung als Greis nach Hause. Von der Gendarmerie entlassen, durfte er dann zeitweise als

Hilfsarbeiter in einer Metallwarenfabrik in Waidhall arbeiten, wo er auch fallweise zum Schlägern von Brennholz eingesetzt wurde.

Nach sieben Jahren wurde von den österreichischen Behörden festgestellt, dass er zu Unrecht (warum?) *als »belastet« eingestuft worden war, sodass ihm dann wieder die Möglichkeit geboten wurde, in den Gendarmeriedienst einzutreten. Er entschied sich aber, mit gekürzten Bezügen in Pension zu gehen.*

Die Arbeit in der Fabrik, die von ihm immer als unwürdig empfunden worden war, gab er dann auf.

Vater beteuerte, seine Mutter hätte das schwere Los der Nachkriegsjahre immer mit Würde ertragen.- Ihre Liebe galt der Familie, sonst hatte sie kaum Freunde. (Wollte Vater diese Einstellung nicht fortsetzen?) *Sie liebte ihren Garten und vor allem hing sie an ihrer Mitgift*(!). *Die Möbel waren unter ihrer Betreuung immer gepflegt worden. –*

Die Möbel waren für die Familie wesentlich, sie gaben ihnen Sicherheit, waren ein fixer Bestandteil durch die Zeiten.

Vater zog im Jahre 1949 nach Wien und begann sein Studium.

Vater: – In den Jahren 1961 und 1962 waren unsere Möbel Zeugen der fürchterlichen Leiden meines todkranken Vaters, der an Lungenkrebs starb. –

– 1973 entschlief meine Mutter friedlich inmitten der ihr vertrauten Umgebung. –

Wie werden Möbel gesehen, wie Menschen? Seit Sommer 2016 haben sie einen neuen Platz. Vererbt an Vaters Schwester, die Bezug zu den Möbeln hat.

Wo war mein Großvater tatsächlich? In Glasenbach waren keine Engländer, hier waren die amerikanischen Befreier stationiert. Was hat mein Vater vermischt? Warum übernimmt man festgeschriebene Familienerzählungen? Der Hass auf die Engländer, die entschlossen waren, Nazi-Deutschland ein Ende zu bereiten, war unglaublich groß. Gründe und Abschwächungen zu finden, wie: Die Engländer hatten auch KZs oder die Nazis hätten in Gefangenschaft auch viel durchgemacht ... , um das Unermessliche, was die Nazis an Grausamkeiten vollbracht hatten, zu verniedlichen und abzuwenden.

Dokumente als Zeitzeugen

Ich fand beim Ausräumen meines Elternhauses Dokumente aus dieser Zeit, die mir Vater zum Teil schon gezeigt hatte:

Den Identitätsausweis der Besatzungsmacht aus dem Jahre 1945 – Registrierungsnachweis als »minderbelastete Nationalsozialistin« bezogen auf meine Großmutter.

Das Ansuchen um Einstufung als »minderbelastet«, wegen Mitgliedschaft bei der NSDAP

Das Ansuchen bei der Militärbehörde um Übersiedlung von Patengauhofen (englische Befreiungsszone) nach Waldbühl bei Waidhall (amerikanische Befreiungsszone)

Den Räumungsbescheid für die Wohnung in Patengauhofen.

Das Ansuchen um Übersiedlungsgenehmigung in Blockschrift, diese wurde von der Befreiungsmacht[14] vorgeschrieben, da sie diese, die sonst übliche, Kurrentschrift nicht lesen konnte.

Die Bestätigung, dass die bei der Übersiedlung mitgeführten Kartoffeln nicht vom Schwarzmarkt stammen.

Der Bürgermeister von Waldbühl genehmigt die Übersiedlung nach Waldbühl.

Um die Mittellosigkeit der Familie Kössler zu belegen hat Urgroßmutter bestätigt, dass die wertvollen Möbel nicht der hiesigen Familie, sondern Tante Dora in Amerika gehören.

Selbstverständlich bin ich dankbar für diese Zeugnisse meiner Vorausgegangenen. Heute, vier Jahre nachdem ich begonnen hatte zu

---

[14] Mein Vater sagte wohl »*Besatzungsmacht*« *zu den Alliierten, den Befreiern vom Faschismus.*

schreiben, habe ich gelernt, die Dinge anders sehen zu können. Nicht mehr in einer verzweifelten massiven Wertung und Beschuldigung. Vielleicht aus meiner eigenen Geschichte schwer nachzuvollziehen. Ich muss die Menschen nicht lieben, jedoch aus ihrer eigenen Not heraus kann ich immer mehr vergeben.

Eine herausfordernde Frage meiner Therapeutin Theodora in einer Ausbildungsaufstellung am Familienbrett stimmte mich nachdenklich. Was an meinem Großvater (väterlicherseits) war gut? Meine Reaktion war damals sofort: – Nichts! Was soll an einem Nazi gut gewesen sein? – Ich empfand ein Gefühl von heftigem Widerstand in mir aufkommen. -Welche Eigenschaften oder Werte meines Großvaters seien wichtig für mich? – Meine Ablehnung wuchs auffällig. Ich lehnte so sehr ab, was zu integrieren für mich von Vorteil sein hätte können. Es ging um Werte, nicht um Taten. Ich näherte mich. *Klarheit* war ein Wert. Er wusste, was zu tun sei. *Anerkennung*, – von seinen Kameraden. *Zugehörigkeit* – er war in seinem sozialen, politischen Netz absolut zugehörig.

Anerkennung und Zugehörigkeit, Werte, die wir als Kinder so dringend benötigen. Klarheit, ein Weg der Klarheit des eigenen Gefühls und des Herzens, gesichert in der Geborgenheit des eigenen Seins. Klare Wege gehen können mit der liebevollen Zuwendung und Zuversicht der Eltern: – Du wirst deinen Weg gehen! –

So übertragen wurde mir verständlich, was Theodora bewirken wollte. Ich konnte tatsächlich, ein Stück weit, meinen Großvater anders sehen. Auch er hatte diese Werte gesucht … Eine interessante und spannende Erfahrung, die sich weiten durfte.

Vater hatte, je älter er wurde, immer mehr verstanden.

Von der Familie meiner Mutter weiß ich vieles aus den Erzählungen meiner geliebten Großmutter.

Ich will wachsen und lernen

Ich mache Fehler und ertappe mich in vielen Situationen, leisten zu müssen, über meine Grenzen zu gehen, mich nicht mehr zu spüren, zu funktionieren. Ich *arbeite* daran, das Leben zu genießen, mein persönliches gesundes Maß zu leben und diese Haltung unserer Tochter und ihren Kindern vorzuleben. Miriam hat meinen Perfektionismus mitbekommen, ich sehe mich hin und wieder in ihr als Spiegelbild, obwohl ich meinte, diesen Anspruch, perfekt zu sein, nicht zu haben. Sie weiß es, sie ist noch jung. Sie hat viele gute Dinge mitbekommen, die ihr Halt geben.

Ich stelle einen hohen Anspruch an mich. Den Anspruch zu erkennen und zu leben.

Ich freue mich, dass wir unserer Tochter einen guten Halt geben konnten und ihre Entwicklung zu einer wundervollen, verantwortungsbewussten Frau unterstützt haben. Ihre Kinder werden noch selbstbewusster ihr Leben gestalten.

Wir sind für sie da

Sie hat ihre eigenen heftigen Herausforderungen, die sich immer stärker zeigen und durch den Tod meiner Eltern enorm hervortraten. Wie hilflos sind wir. Erkennen, nicht *mehr* tun zu können, als da zu sein. Unvollkommen, tröstend. Unsere Vorausgegangenen hinterlassen uns Muster, die irritieren und schwer einzuordnen sind. Sie lassen es uns spüren als große Belastung und Druck in uns, bis zu zerstörerischen Krankheiten. Geben wir sie ihnen zurück und nehmen das, was zu uns gehört, mit Freude und Dankbarkeit an!

Wie geht und ging es den Menschen, die jetzt aus den Kriegen zu uns gekommen sind? Zum Beispiel aus dem Bosnienkrieg: hier, bei uns angekommen, soll alles nach Plan funktionieren, wie denn?

Wieviel ist da aufzuarbeiten und schon überhäufen sich die nächsten Ereignisse mit den heutigen Flüchtigen. Wann wird man je verstehen? Wieder eine Welle der Ausgrenzung, der Feindseligkeiten, des nicht Annehmens von Menschen, die in Not sind.

Nur dieses kurze Eintauchen in die Geschichten meines Vaters kann sichtbar machen, wie Menschen derart verhärten, auch wenn sie das nicht wollen. Leistung ist alles, nur wer leistet, ist etwas wert. Kinder haben keine Widerworte zu leisten; damit konnte Vater gar nicht umgehen, dass ich es – mein Leben – von klein an anders haben wollte, als er es sich vorstellte und als Mutter es sich vorstellte. Ich war die Erstgeborene, sie wussten gar nicht, wie sie mit mir umgehen sollten. Als Kind *schrie und weinte* ich viel, dann gab es durchaus Zeiten der Anpassung und mit der beginnenden Pubertät war kein Zurechtkommen mehr. Eine neue aufgeschlossene Gesellschaftsordnung brachte vieles aus dem Ruder, viele *Ordnungen* wurden auf den Kopf gestellt und in vielen Familien somit auch die familiäre Ordnung.

Ich bin sicher, dass meinem Vater vieles leid tat. Er wollte beginnen, mir das vor zwei Jahren sagen. Er begann mit den Worten, wie es denn sei, welche Gewalt in einem entstehen konnte. Diesmal war ich es, die ablehnte, darüber zu sprechen. Ich hatte viel zu sehr Angst, er könnte etwas Falsches sagen und noch mehr kaputt machen. Ich wollte ihm nicht die Absolution erteilen müssen, das schaffte ich nicht.

LEBENSBAUMBILD MIT VATER
Inneres Bild

(Wolfgangsee, November 2015)

Ein Weg durch die grüne Landschaft, ich gehe ihn mit Leichtigkeit. Ich genieße. Es kommt eine Bank. Sitzt da jemand? Ist das mein innerer Begleiter? Nein. Er ist nach vorne gebückt, den Kopf in den Händen haltend. Er hat den beigen, aus billiger Wolle gestrickten Pullover und die Arbeitshose an. Es ist Vater. Ich spüre Traurigkeit, ich will mich jetzt nicht mit ihm befassen. Sehend gehe ich an ihm vorbei. Lasse ihn.

Er ist in der Anderswelt, es ist gut, wie es ihm geht. Es wird für ihn gesorgt.

Ich gehe weiter und sofort ist er da: mein Baum. Riesengroß, stark, mit kräftigen Ästen, grün, breit nach oben rund zusammenführend. Ein Apfelbaum. Belebt mit Tieren, Eichhörnchen, Insekten, Vögeln.

Lebendigkeit

Rote Äpfel und im Wipfel die Blüten.

Ich liege in einer Blüte, geborgen, genussvoll. Von hinten werde ich gehalten von einem weisen Mann mit weißem langem Haar und weißem langem Bart im weißen Gewand.

Lächelnd

Licht, hell, viel Licht, Helligkeit.

Rentiere kommen.

Ich werde abgeholt und mein Weiser begleitet mich in einem Schlitten mit Rentieren. Wir sausen durch das Universum und sind der Mondin, dem Leuchten der Mondin nah.

Zur Mondin schweben.

Ich spüre weiches, angenehmes Licht um mich und in mir.

Nur leichte Energie, pures Glück, purer Frieden in mir.

Durch die Mondin hindurch.

Die Mondin ist in mir.

Energie.

Bleiben wollen.

Wieder hier, spüre ich diese wunderbare Leichtigkeit.

Tage danach spürte meine Physiotherapeutin gelöste Blockaden weit um mein Kreuzbein, in meinem Becken.

Wie wunderbar der Geist auf den Körper wirkt.

Dankbarkeit. Heilung.

Bauen in Versöhnung

Vater hatte sich verausgabt beim Umbau unseres jetzigen Hauses und auch schon vor zehn Jahren beim Dachbodenausbau in unserem Reihenhaus, das wir ein paar Jahre später verkauft haben. Mit diesem Projekt gelangten wir zu einem guten Frieden.

Meine Mediationsausbildung hatte mir zu diesem Frieden sehr geholfen. Viele Widerstände hatten sich geregt beim Verzeihenkönnen. Alles verzeihen zu können und wieder aufeinander zugehen zu können, ist ein spannender Prozess. Meine Mediationsausbildung hat mich dahingeführt, Konflikte und Positionen anders sehen zu können.

Ja, ich konnte mich als erwachsene Frau meinem Vater nähern.

Er hatte so viel Kraft mit seinen über achtzig Jahren. Es ist schwer vorzustellen, wie er neben vielen anderen baulichen Kraftakten die Türzargen aus der Wand herausriss, wie er Wände umriss und neue Wände wiederaufbaute und das ausdauernd, bis alles gelungen war.

Gib endlich Ruhe!

Und doch, die entsetzlichen Geschichten, als ich vierzehn und siebzehn Jahre alt war und jünger, bleiben ein Teil von mir. Wann kann ich sie loslassen? Ich kann.

Wurzeln in Wien

Meine Tante Rita lebte ihren Beruf als Schauspielerin in Wien in einem unkonventionellen Theater. Sie lebte damals in einer Beziehung mit einem in der Szene bekannten fortschrittlichen Regisseur. Rita spielte mit ihrer SchauspielerInnengruppe – den Komödianten – anders, authentischer, hingebungsvoller als die SchauspielerInnen der konventionellen Bühnen wie des Burgtheaters und anderer bekannter Wiener Theaterbühnen. Sie spielten die Stücke Brechts, Alban Bergs, Nestroys und weniger bekannter Dichter, die auf anderen Bühnen kaum aufgeführt wurden.

Ich war sechzehn, als ich sie zum ersten Mal am Theater besuchte und mir mit Karl ihr Stück *Woyzeck* ansah.

Ich war fasziniert vom Bühnenbild und von den SchauspielerInnen. Als Zuschauerin hatte ich das Gefühl mittendrin zu sein.

Vor nicht allzu langer Zeit besuchte ich ein Stück mit meinem Mann und meinem Bruder. Ein modernes Stück eines amerikanischen Autors und Rita führte Regie. Ich konnte mich mit dem Stück in tiefer Konzentration verbinden und von den DarstellerInnen faszinieren lassen.

Rita und ich sehen uns in zeitlichen Abständen von Jahrzehnten. Sie war in meiner Jugend und noch lange danach mein großes Vorbild. Sie ging ihren eigenen Weg, ohne Rücksicht auf Ratschläge bezüglich Sicherheit und einem *ordentlichen* Leben. Sie verließ das Max Reinhardt-Seminar, die Wiener Ausbildungsstätte für SchauspielerInnen, obwohl sie ein Stipendium gehabt hätte, und entwickelte selbst Theater.

Hin und wieder wurden *ihre* Stücke im Fernsehen übertragen. Ich erinnere mich an ein Stück mit der Aufbereitung der politischen Situation in Irland in einem gelungenem Bühnenbild, zwei Wohnungen in diesem Kammerstück zu verbinden.

Damals, mit sechzehn, verabredete ich mich mit meiner Tante in einem Cafe' in Wien. Rita hatte nie viel Zeit, aber bei dieser Verabredung erzählte ich ihr von meinem Leid zu Hause, sie hörte mir zu. Sie war ganz nah.

Ich war damals mit meinem Freund und einer Freundin ein paar Tage in Wien und genoss Kino und Theater. Wir wohnten in einer schönen Altbauwohnung in einer Wohngemeinschaft unserer Grubenauer Freunde, die in Wien studierten.

Mit meiner Freundin verbrachte ich eine wunderbare vertrauensvolle Nacht in intensiven, tiefen Gesprächen. Wie hätten wir schlafen können, die Nacht gehörte uns! Unsere Freunde schliefen neben uns in den großzügig gebauten Hochbetten in den hohen Zimmern.

Morgens um fünf zogen wir durch die Wiener Straßen und holten Frühstück. Wir waren jugendlich überdreht. Wir waren nicht betrunken, ich konsumierte damals kaum Alkohol. Das interessierte mich nicht besonders, ich vertrug ja auch nicht viel. Ich war trunken vor Freiheit und dem Leben.

Wir gingen jeden Tag ins Kino und besuchten Ausstellungen.

Wir sahen uns die Fellini-Retrospektive im Kino an. Mein Lieblingsfilm blieb *Amarcord*, der eine gekonnte Parodie auf die italienischen Faschisten ist, in dem sie zum Beispiel versuchen auf ein Grammophon zu schießen, das die Internationale spielt – eine wunderbare Szene.

Panzerkreuzer Potjemkin war mir zu schwerfällig, die Darstellung zu mühsam. Lieber sah ich die Filme Charles Chaplins, *Modern Times* und *Der große Diktator* sowie Buster Keaton-Filme.

Mit meinem Kulturkonsum reflektierte ich viel Sozialkritisches und Historisches. Der Film *Clockwork Orange*, der damals neu im Kino war, war für mich grenzüberschreitend: Ich konnte keinen Sinn darin finden, Vergewaltigungsszenen darzustellen, egal auf welcher *Seite*. Auch bourgeoise Frauen werden nicht vergewaltigt! Der Film war insgesamt heftig für mich, auch wenn er provozieren und das Establishment *bluten* sollte. 1984 ging es mir ähnlich bei Sergio Leones Film: *Es war einmal in Amerika*. Man(n) meinte, ich sei so empfindlich: richtig. Aber das ist wie Realität. Ich empfand es, als würde ich die Vergewaltigung erleben.

Der Film *If* war ein Muss für diese aufbrechende Zeit. Die Drangsalierungsmethoden der Lehrer in Schulen und Internaten wurden in die Öffentlichkeit gebracht und in vielen Filmen in Szene gesetzt. Das blutige terroristische Ende in *If* war heftigst. Ein Pflichtfilm für SchülerInnen und ExschülerInnen, die die mittelalterlichen pädagogischen Methoden noch in Ansätzen kennen und nachvollziehen können.

Passend zu diesem uns sehr nahen Thema war die Verfilmung des *Schüler Gerber* nach dem Roman Friedrich Torbergs. 1989 sollte sich der Film *Der Club der toten Dichter* mit dem Thema aus den Vereinigten Staaten Ende der fünfziger Jahre auseinandersetzen.

Wir zogen aufs Volksstimmefest und genossen die internationale Solidarität mit den Menschen. Wir trafen Freunde im Kubaner Zelt (Kubaner, keine Kubanerinnen. Frauen waren weniger vertreten). Wir tranken *Cuba Libre* – was sonst – und fühlten Zugehörigkeit. Wir hörten Sigi Maron und die Gruppe *Auflauf* mit ihren vordergründigen Agit Prop-Liedern. Mit den Exilchilenen sangen wir international bekannte Lieder wie *Venceremos*.

Die Feste der Kommunisten waren immer berauschend und ich hatte im Zusammensein mit ihnen das Gefühl etwas Richtiges zu tun, solidarisch sein zu können mit den Ausgegrenzten und jenen, die unter den unterdrückenden Regimen zu leiden und zu kämpfen hatten.

Meine kommunistische Ära

In meinem Gedächtnis eingeprägt ist ein internationaler Frauentag, noch aus meiner Grubenauer Zeit. Wir sahen uns Filme aus der Sowjetunion zur Lage der Frauen an. Sie waren äußerst vordergründig und grenzwertig und fast hätte ich gesagt, sie erinnerten an die Propagandafilme der Nazis über den BDM.

Ich empfand einige Zusammenkünfte mühsam. Sitzungen, die mir die Zeit stahlen.

Später, als Studentin, ärgerte ich mich oft über die Ausgrenzung Andersdenkender und das Machogehabe einiger männlichen Genossen war schauerlich. Man *musste* entsprechende Literatur lesen, die mich nicht interessierte, die Sprache und Diskussionsweise waren männlich dominiert. Emotionen hatten da keinen Platz, das Reglement war sehr straff. Kritik war unerwünscht – Kritik wurde als emotional und nicht sachlich abgetan. Oder bist du gar ein Sponti? Strukturen sind grundsätzlich gut. In diesen Strukturen jedoch fühlte ich mich immer mehr unwohl. Die Leute der KPÖ

fand ich interessanterweise weniger einengend als die Studenten-
bewegung der Kommunisten.

Die Agitationen an den Büchertischen waren oft absurd. Am
schrägsten war, mit Karl Habsburg über die Sowjetunion zu diskutieren. Vergeudete Zeit und gleichzeitig wieder amüsant.

Ich war überfordert mit den vielen Sitzungen.

Was soll ich studieren?

Mein Studium vernachlässigte ich nicht unbedingt wegen meines
politischem Engagements, sondern weil ich keinen Bezug dazu
hatte; Mein Vater hatte mir nur ein Studium seiner Wahl bezahlt –
Medizin, Jus oder ich weiß nicht mehr was. Ich wollte nach Salzburg und hatte Jus gewählt. Ich hatte schon Ideen, vielleicht als
Arbeitsrechtlerin für Gerechtigkeit einzutreten. Die Tendenz zur
Kinder- und Jugendanwaltschaft war auch präsent in meinen Plänen. Auf jeden Fall wollte ich das Recht nutzen, um gerecht handeln zu können und die Gesetze für die Benachteiligten auszule-
gen! Recht und Gerechtigkeit sind nicht immer kompatibel.

Dieses Studium war nicht meines, es lag mir nicht. Ich mühte mich
ab mit einem Schrank voller Skripten. Ich saß im Bus zur ersten
Staatsprüfung und hatte Panik! Ich wäre ausgestiegen, hätte mich
Jakob nicht begleitet und fast an der Hand zur ersten Staatsprüfung
geführt. Ich hatte im Kirchenrecht spekuliert und fiel durch, beim
zweiten Anlauf hatte ich einen guten Erfolg.

Es wurde mir klar: Ich will mich nicht durch dieses Studium durch-
quälen. Juristen waren für mich keine Leute, mit denen ich arbeiten
konnte, das merkte ich bald.

Für Begegnungen mit Menschen sind Sprachen hilfreich. Daraus
einen Beruf zu machen, hätte mir entsprochen. Ich meinte endlich
das studieren zu können, was mich tatsächlich interessierte: Ich
belegte an der Romanistischen Fakultät Brasilianisch und Spanisch.

Tatsächlich bewirkte eine Professorin, dass ich auch dieses Studium vergessen musste. Sie empfahl mir einen Beruf zu erlernen, wo ich Spanisch nicht benötigen würde. Ich hatte damals ein Gedicht von Mercedez Sosa interpretiert und jene hatte kritisiert, dass das Gedicht nicht katalanisches, sondern argentinisches Spanisch war und ich die spanische Aussprache nicht beherrschen würde. Ich weiß, dass mir der Umgang mit Sprachen liegt und das R rollen konnte ich aus vollem Herzen.

Ich begriff nicht, dass auch damals gesiebt wurde.

Ich resignierte: no future 1984.

Man hatte mich wieder erwischt und gebrochen – Du schaffst das sowieso nicht!

Ging es hier wieder darum, mir selbst etwas zuzutrauen, mein Selbstvertrauen zu finden und zu stärken? Mein Stolz sagte: Ich lasse mir mein Selbstwertgefühl nicht nehmen!

Süßes bis zur Bulimie

Den Paketen meiner Oma zufolge hätte man meinen können, wir wären in Not. Es machte ihr einfach Freude, uns zu beschenken. Und das war anders als Mutters Versorgung unter Vaters wachem Auge. Oma schickte so viele Süßigkeiten, dass wir einen aufgelassenen Tiefkühlschrank voll davon hatten. Mutter und ich gingen beide dran. Von Mutter erfuhr ich das erst später.

So viele Süßigkeiten, wie Oma uns zukommen ließ, hätten wir nie essen können; viel davon naschte ich jedoch gerne. Mit sechzehn stopfte ich sie in mich hinein und trank danach Glaubersalzlösung, damit alles schnell wieder meinen Körper verlassen konnte. Ich aß eine große Tafel Schokolade, Kokoskuppeln, Gurkerl und trank anschließend drei Liter Glaubersalz, damit alles wieder rauskam. Erbrechen konnte ich nicht, also machte ich es umgekehrt.

Mutter kochte damals sicher gut. Ich liebte ihre Obstknödel und Reis mit Tomatensoße. Allerdings hatte ich nicht immer Lust zu essen. Ich sah wohlgenährt aus. Mutter wollte immer, dass ich mehr esse.

Sie hatte immer das Gefühl, ich bekomme zu wenig. Als Baby hatte ich sicher nicht aus Hunger geschrien, sondern, weil mein Bauch vor lauter Milupafläschchen und Brei überzugehen drohte.

Und mit elf Jahren dachte ich, ich wäre dick. Ich war nicht dick, aber ein Junge, bei dem ich mich auf den Gepäcksträger seines Fahrrades setzen wollte, meinte, ich sollte zu Fuß gehen, ich sei zu schwer und ein anderes Mädel nahm statt mir Platz.

Essen war immer ein Thema: Mit fünfzehn saß ich nach dem Eklat mit meinen Eltern nicht mehr bei Tisch mit der Familie. Ich aß allein in der Küche. Es störte mich nicht, da ich endlich in Ruhe essen konnte, ohne dass mir dauernd jemand die Welt und die Moral erklärte. Mutter bereitete Essen für Vater vor, damit er, wenn er nach Hause kam, nicht warten musste. Das Essen, das Vater gehörte, durfte ich natürlich nicht anrühren. Der Fisolensalat gehörte Vater. Ich hätte auch gern einen gehabt, ich naschte davon. Noch ein wenig, er würde es sicher nicht bemerken und eine Gabel noch, bis nicht mehr sehr viel da war. Mutter war entsetzt. Ich hatte die starke Vermutung, dass der Salat für Vater bestimmt war, ausgesprochen war es nicht.

Wirklich dick war ich nie, aber ich fühlte mich meistens zu dick.

Ich nahm mit sechzehn ziemlich ab und fand zu einem normalen Gewicht. Ich wurde nicht magersüchtig, hatte jedoch schwere Essstörungen und keinen Zugang dazu, gutes Essen von Herzen zu genießen.

Essen war etwas, was man tun musste. Ich erinnere mich nicht, dass es zelebriert wurde und als etwas Genussvolles von meinen Eltern vorgelebt wurde.

Ich durfte nicht kochen, ich durfte im Haushalt nie helfen, meine Mutter wollte ihren Bereich so, wie sie sich das vorstellte. Sie wollte nicht, dass da etwas anders gemacht würde. Es störte sie auch, wenn Oma da war und ihr helfen wollte.

Heimlich versuchte ich einmal einen Pudding zu kochen. Ich hatte große Mühe ihn zu entsorgen, denn er war ungenießbar, er schmeckte abscheulich. In der Mülltonne hätte Mutter ihn noch finden können. Also ins Klo, dann klebte alles, also musste ich auch noch das Klo sauber bekommen. Ich war bei solchen Dingen aber sehr ungeübt. Außerdem musste ich noch meine Spuren in der Küche beseitigen.

Meinen morgendlichen Kakao und das Butterbrot konnte ich nicht essen. Den Kakao leerte ich in den Abfluss. Das Butterbrot packte ich in Alufolie und mischte es in den Mülleimer. Das waren lauter Aktionen, die unglaublich anstrengend waren.

Später sollte ich in der Männerwohngemeinschaft Schnitzel braten und andere nützliche Dinge lernen.

Wir fahren nach Baden

Wir drei Geschwister fuhren mit Mutter am Steuer im Auto auf der Autobahn mit Höchstgeschwindigkeit. Im grauen Opel Kapitän mit Plastiksitzen. Im Sommer, wenn's heiß war, blieb man daran kleben. Ohne Gurt, der war noch nicht erfunden.

Wir Kinder saßen auf der Rückbank und hatten den Auftrag zu schauen, ob ein Hubschrauber uns verfolgte. Meine Mutter fuhr mindestens hundertachtzig bis zweihundert Stundenkilometer, sie wollte so schnell als möglich nach Baden. Sie hatte Heimweh. Damals galt keine Geschwindigkeitsbegrenzung auf der Autobahn und es war wenig Verkehr. Diese Situation gibt es heute zu keiner Stunde des Tages.

Abfahrt Alland, raus ins Helenental,

– Ich kenn ein kleines Wegerl im Helenental … –

begann sie zu singen – meine Mutter sang sonst nie. Das Helenental zog sich bis zu den ersten Villen von Baden;

– Schau, die Einschusslöcher! Das waren die Russen nach dem Krieg. –

Erzählte sie jedes Mal. Warum? Warum waren das die Russen? An Antworten habe ich keine Erinnerung. Die Villen waren heruntergekommen und hatten tatsächlich große sichtbare Einschusslöcher – die Vorstellung war beklemmend.

*

I haaß Kolaric

I haaß Kolaric

du haaßt Kolaric

Warum sogns' zu dir Tschusch?

In Wien lebt die Sprache von ihrer bewegten Geschichte und ihrer Bewohner unterschiedlicher Herkunft. Wer ist ÖsterreicherIn per Defenition? Damals gehörte Vielsprachigkeit zu Österreich; die Amtssprache war Deutsch, die Menschen sprachen ihre Nationalsprachen. Ich will mitnichten die Monarchie heraufbeschwören. Ich will damit sagen, dass es uns keinesfalls zusteht, nur weil wir zu einem so kleinen Land geschrumpft sind, alle, die von außerhalb dieser Grenzen zu uns kommen, mit bestenfalls Skepsis und Verachtung zu bestrafen. Es ist bereichernd, anderen Kulturen zu begegnen und über den Tellerrand hinauszusehen. Unser Land hat den Faschismus noch nicht aufgearbeitet. Die Wurzeln des aufgesetzten Ariertums sind noch nicht abgefault. Wir sollten uns auf unsere tatsächlichen Wurzeln besinnen. Fast alle ÖsterreicherInnen haben Wurzeln in diesen Ländern der ehemaligen Monarchie.

Und doch schiebt man die angrenzenden Länder in ausgrenzende Schubladen. Von AfrikanerInnen und weiter entfernten Ländern und Kontinenten ganz zu schweigen. Wir sollten aus unserer Engstirnigkeit ausbrechen und uns freuen, von anderen Kulturen zum Beispiel Mut, Zivilcourage und Lebenslust lernen zu können.

Ich habe meine Wurzeln großmütterlicherseits in Ungarn, und großväterlicherseits in Böhmen und die mütterliche Seite meines

Vaters waren *Windische*. Nach und durch Österreich kamen immer viele Völker. Meist aus kriegerischen Gründen. Nur weil ein Hitler meinte, dass nur arisches Blut fließen darf in den Adern der Groß-deutschen, versuchen das bis heute Menschen aufrecht zu erhalten. Man sollte Ahnenforschung bei all jenen machen, die da am lautesten schreien. Am Kärntner Abwehrkampf war mein Groß-vater auch noch beteiligt. Obwohl die weibliche Linie der Köss-lers Sloweninnen waren. Für mich ist das wichtig zu wissen, einer-seits die nationale Einstellung meiner väterlichen Familie, obwohl ihre angeheiratete Familie aus dem angefeindeten Slowenien kam; andererseits das Wissen, dass mein Großvater und mein Onkel beide Weltkriege an der Front miterlebt haben und daran gestorben sind. Mein Großvater sah als junger Mann tausende Marinesolda-ten sterben. Er hatte mit schrecklichen Traumatas überlebt und war dann Gendarm im Nazideutschland – was für mich auch bezeich-nend war. Ich wusste lange das Foto bei der Mutter meines Vaters im Wohnzimmer nicht einzuordnen. Es wurde auch nicht darüber gesprochen. Der Mann auf dem Pferd in Naziuniform.

Ich habe Glück, ich konnte mit meinem Vater über seinen Vater und seine Familie sprechen und versuchen zuzuhören, was mir nicht immer ohne aufkeimende Emotionen gelungen ist.

Omas Kindheit

Omas Mutter hatte zwölf Kinder zur Welt gebracht und starb, als sie vierzig Jahre alt war, an Tuberkulose. Was mussten Frauen an Übermenschlichem aushalten, als die Gesundheitsversorgung noch im Argen lag, wo Frauen an Kindbettfieber starben; oder an Erschöpfung vor schwerer häuslicher und beruflicher Arbeit, ehe-licher und anderer moralischer Pflichten, Missbrauch und Armut. Urgroßvater hatte in einer Gärtnerei gearbeitet, bis er in den zwan-ziger Jahren lange arbeitslos war. Oma war acht Jahre alt, als ihre Mutter starb. Sie ging Tennisbälle klauben, um ein wenig Geld nach Hause zu bringen.

Andere männliche Verwandte arbeiteten in der Ziegelfabrik in der Umgebung. Viele Menschen lebten von der Fabrikarbeit in der Ziegelei und vom Kartoffelklauben auf den abgerodeten Äckern an der ungarischen Grenze. In einem Buch erzählt Frau Todt von ihren Forschungen, die die Lage um den ersten Weltkrieg und danach in dieser Gegend um Baden und Traiskirchen nicht besser beschreiben könnten.

Mich faszinierte schon als Jugendliche Literatur der Industriellen Revolution, Bücher, die die Ausbeutung der Menschen und vor allem der Frauen im historischen Zusammenhang transportieren. Diese Themen hatten mich immer beschäftigt und berührt. Vor allem jedoch, wie es den Menschen gelang, im politischen Kampf immer mehr zu erreichen.

Deine Geschichte hat mit der Geschichte der Welt zu tun. Das Schicksal der Generationen vor meiner Oma bis heute hängt an den jeweiligen gesellschaftlichen Bedingungen; Kriege, Hungersnöte, Klassenzugehörigkeit, medizinischer, technischer Fortschritt, Gesundheitsversorgung ...

Oma war am rechten Ohr taub. Seit ihrer Kindheit. Sie wurde von ihrem Lehrer in der Volksschule geschlagen, sodass das Trommelfell zerbarst. Dem Lehrer passierte nichts; Prügelstrafen gehörten zum pädagogischen Alltag. Oma litt unter Schmerzen im Ohr und an der Taubheit. Sie litt unter dem Lehrer. Gleichzeitig wollte sie immer viel lernen. Oft sagte sie zu mir: – Dein Wissen kann dir niemand wegnehmen! – Sie wusste, wie wichtig Bildung für Frauen war, um einer eigenen guten Existenz näher zu kommen und manchmal auch zu überleben. Der Krieg und die Arbeitslosigkeit ließen Oma keine Chance auf Bildung. Sie besuchte nur sechs Jahre die Volksschule. Sie konnte wunderschön und fehlerfrei in Kurrentschrift schreiben. Wir lernten diese noch in meiner Volksschulzeit, ganz genau kann ich sie nicht mehr lesen.

Oma musste bald arbeiten. Von der Schule erzählte sie vom Scheitlknien und anderen demütigenden Bestrafungen. Im Winkel zur

Wand stehen war noch harmlos – das kannte auch ich noch aus meiner Zeit in der Volksschule. Ich kenne Oma nur mit Schrunden an den Knien und meinte früher, das käme vom Scheitlknien – aber es war vom Putzen.

Nach dem Krieg

Meine Mutter meinte von ihrer Mutter nicht geliebt worden zu sein; sie verstand sich besser mit ihrem Vater, als er nach dem Krieg nach Hause kam. Er las die Arbeiterzeitung und fuhr mit dem Fahrrad zum Heurigen. Sie lebten von seinen Gelegenheitsjobs. Großvater hütete Schweine, am Bau konnte er keine schweren Arbeiten mehr verrichten und wurde gekündigt. Mutter brachte ihm mit dem Fahrrad die Jause zu seinem zwanzig Kilometer weit entfernten Arbeitsplatz bei den Tieren. Er rauchte viel. Im Krieg rauchte er statt zu essen. Zigaretten waren leichter zu erstehen. Die Eltern meiner Mutter stritten viel. Mutter erzählte, Oma sei oft laut geworden und ungerecht. Sie schwieg tagelang nach diesen Auseinandersetzungen. Mutter ließ kein gutes Haar an Oma. Sie selber konnte mit Vater nicht streiten. Ich meinte schon bald, dass diese Geschichten ihren Grund hatten. Es muss schlimm sein, wenn der Mann nach sechs Jahren aus dem Krieg zurückkommt, völlig gebrochen, völlig verändert; und er konnte nichts erzählen. Wir wissen, dass er im Pferdelazarett im heutigen Tschechien gearbeitet hatte. Er hatte sich vermutlich eine Verletzung zufügen lassen, um nicht wieder an die Front zu müssen. Er hatte sich sein Bein brechen lassen. Mit sechzehn Jahren musste er in den Ersten Weltkrieg einrücken. Bis zur Heirat mit seiner ersten Frau weiß niemand, was in der Zeit mit ihm geschehen war.

Er konnte nicht vom Krieg sprechen. Er brachte kaum Geld nach Hause, die zweite Tochter war krank an der Niere und benötigte mehr gutes Essen. Sie wurde von Oma *verwöhnt* und das Geld, das meine Mutter von ihrer Lehrstelle nach Hause brachte, wurde zu diesem Verwöhnen benutzt. Das tat Mutter weh. Oma war unglücklich. Es bedarf schon besonderer Größe, solche Situationen zu meistern. Sie arbeitete immer im Gastgewerbe als Dienstmagd. Zwei Töchter im Krieg *aufzuziehen* (- Ich wäre gern immer mit euch schwanger gewesen, da wärt ihr versorgt gewesen. -) und zu ernähren, war zeitweise mehr als eine Herausforderung. So wusste sie von einem Tag zum anderen nicht, wie sie das Essen für ihre beiden Kinder herbeischaffen sollte. Mit dem guten Rotwein vom Heurigen betäubte Opa seine Vergangenheit, was für Oma auch nicht so leicht zu tragen war. Streit ist für Kinder immer belastend. Frauen reagieren mit Gefühlsausbrüchen, weil in der Wut und Unzulänglichkeit gegen männliches Verhalten oft die Worte fehlen. Schweigen schützt vor weiteren Verletzungen. Stolz macht verschlossen. Und Verschlossenheit führt zu weiterer Sprachlosigkeit.

Mein Großvater starb an der Armut. Er hatte im Krieg Zigaretten geraucht statt zu essen. Die Kriege ließen auch diesen meinen Großvater 1958 an der kranken Lunge, an TBC sterben.

Zwei Familien, die unterschiedlicher kaum sein können, haben mit meinen Eltern zusammengefunden. Mich hat das immer erstaunt, wie Mutter, aus einer sozialdemokratischen Familie und Vater aus einer Nazi Familie zusammenfinden konnten. Man kann das nicht nur schwarz-weiß sehen. Beide wollten mit der Vergangenheit nichts mehr zu tun haben. Beide hatten sich nicht damit auseinandergesetzt.

Aber diese Kultur lebte in ihnen weiter. Man kann eine Vergangenheit, in der man als Kind und Jugendliche so viel Härte und Gewalt egal von welcher Seite und auch unterschiedlich spürbar erfahren hat, nicht einfach abspalten und so tun, als hätte sie nichts mit einem zu tun. Im Alter wurden meine Eltern weicher, sie konnten über vieles sprechen, was vor 20, 30, 40 und 50 Jahren unmöglich gewesen war. Sie hätten den Zusammenhang mit ihrem Leben und ihrem Verhalten uns Kindern gegenüber nicht in dieser Tiefe erkennen können. Als Jugendliche und junge Erwachsene hatte ich darum gekämpft, hinzusehen.

Jetzt kann ich verzeihen und es darf sich vieles lösen. Es ist gut zu wissen und nachspüren zu können, was es mit einem selbst macht.

Meine Leichtigkeit und meine Gelassenheit werden immer mehr spürbar. An manchen Tagen, jedoch an manchen Tagen gar nicht.

Gefühle

Wie viele Ängste, wieviel Trauer und Traurigkeit des nicht Angenommen- und Verstandenwerdens aus dieser katastrophalen Zeit mussten Frauen wie Männer tragen. Bis heute leiden wir an den nicht sortierbaren Gefühlen und an den nicht aufgearbeiteten Lebensbewegungen. An den Vorwürfen, wir Frauen würden nur nörgeln und werden hysterisch (- ein frauenverachtender Begriff, der Frauen auf ihre Ausbrüche in ihrer Not reduziert, jedoch das Leid dahinter und die Misshandlungen seitens der Männer unbeachtet lässt), werden wir in unserer Kommunikation mit den Männern nicht weiterkommen. Wir haben die Chance, die alten Verhaltensmuster zu verstehen, wir dürfen uns mit uns selbst auseinandersetzen, Gefühle sind wichtig. Es tut gut zu erspüren und zu erfahren, was dahintersteckt. Das Leid von Generationen von Frauen muss endlich sichtbar werden, geklärt und in Kommunikation gebracht werden. Schreie scheinen dabei notwendig zu werden, Schreie und auch manchmal das Werfen mit Porzellan – nicht gegen Menschen und möglichst nicht vor den Kindern. Lernen wir andere, bessere Wege der Kommunikation!

Wir können unsere Wut erkennen, herausschreien und lernen, sie in Lebenskraft und Vitalität zu wandeln!

Wieviel Leid aus einer männlich dominierten Politik, die frauenverachtendes Verhalten noch hervorhebt, passiert in privaten Haushalten. Vergewaltigung in der Ehe ist erst seit 1975 strafbar und war vorher ein *Kavaliersdelikt.* Frauen wurden auf ihren Arbeitsplätzen und zu Hause erniedrigt und sexuell missbraucht. Wenn es aus diesen Gründen zu psychischen Ausbrüchen kam, wurden sie als *hysterisch* bezeichnet. Auch heute wird dieser Begriff gerne missbraucht, wenn Kinder, vor allem Mädchen sich schreiend wehren gegen Anpassungszwang und Unverständnis. Ich plädiere dafür, mit diesem Begriff vorsichtig umzugehen. Wir können ihn genauso gut aus unserem Wortschatz streichen. Es ist eine Freud'sche Erfindung, die missbraucht wurde.

Mutter litt am Streit ihrer Eltern und warf Oma ihre Wut vor. Sie ließ alles über sich ergehen, sie wehrte sich nicht, wollte Vater alles Recht machen und meinte sich glücklich, weil sie dachte, ihr Leben als Hausfrau, selbst gestalten zu können.

Meine Mutter wurde magersüchtig. Sie glaubte, mit ihrem Leben, angepasst an gesellschaftliche Normen, zurecht zu kommen. Sie war dankbar für die großen finanziellen Möglichkeiten durch die berufliche Laufbahn meines Vaters, die in der Zeit des Wirtschaftswunders begonnen hatte. Das alles wog mehr als persönliche Befindlichkeiten. Jahrzehntelang schluckte sie ihre Gefühle hinunter. Vater hasste Ausbrüche und bestrafte sie mit seiner arroganten, herablassenden Härte und Nichtachtung. Gefühle zeigen war Tabu. Vermutlich war es dieser Widerspruch, in dem ihre Krankheit ausbrach.

Ich brach aus diesem System mit Schrunden und Narben aus.

Mein Opa war sicher ein lieber Mensch; Oma sprach nie schlecht von ihm. Sie heiratete nicht mehr und fand, es gibt selten Männer, die es wert seien, dass man sie heiratet. Können wir unser Männerbild verändern? Ob sie eine Beziehung nach Opa einging, weiß niemand.

Oma in meiner Zeit

Ich liebte es, wenn Oma *Köch* machte (Kohl mit Einbrenn und Erdäpfeln). Ihr Apfelstrudel mit einer Menge süßer Rosinen verfeinert schmeckte so wunderbar warm und weich. Ein Genuss gepaart mit Geborgenheit. Als ich Kind war, machte Oma mir *Gaugau* (Kakao), wie sie ihn nannte, zum süßen Strudel. Sie trank *Löskaffee*, den ich ihr zubereiten durfte. Ich würde als wählerische Erwachsene nie Löskaffee trinken. Gemeinsam eine Tasse mit Oma in ihrer Umgebung zubereitet und getrunken schmeckte er köstlich. Ihre durchsichtige Plastiktischdecke, schützend auf der mit Kreuzstichen verzierten, beigen, *schönen* Tischdecke, mit Spangen am braunen schweren Tisch befestigt, nahm ich als Kind ganz genau wahr. Wenn sich die verschütteten Tropfen des Kakaos auf der glatten Fläche Wege bahnten oder sich als Tropfen kugelig abhoben. Die weißen Servietten, die sie immer auf dem Tisch liegen hatte, saugten nicht wirklich.

Ich nahm ihre Sprache in mich auf. Diese Sprache war nicht verhalten, sie war ungeschminkt und direkt.

Im Souterrain unter Omas Wohnung hat hinter dem Kohlekeller eine jugoslawische Familie gewohnt – ich wusste das lange nicht und konnte mir das auch nicht vorstellen. Es schien mir dort unten sehr dunkel zu sein. Als ich mit Oma Koks holte, traf ich sie. Von da an fiel mir die Familie öfter auf. Wir waren freundlich zueinander, wenn wir sie trafen, Oma plauderte mit ihnen und stellte mich vor.

– Meine Enkelin –, sagte sie immer mit einem stolzen Lachen im Gesicht! – Sie besucht mich! – Das sagte sie auch in dieser Herzlichkeit und mit diesem Stolz, wenn wir Kolleginnen, Bekannten oder FreundInnen auf der Straße begegneten. Wie schön das war!

Es war nicht ganz so dunkel, als ich dachte. Es war kein Keller, sondern ein Souterrain mit Fenster auf der Seite zum Hof. Trotzdem Souterrain.

Oma schleppte bis zum Schluss *Gogs* (Koks). Über die Treppen zu sich in das erhöhte Parterre – und der Kokskübel (auf gut wienerisch: *Gogskübel*) war schwer. Sie heizte in der Küche und im Wohnzimmer mit dem Ofen; sie hatte keine Zentralheizung.

Wir durften das Papier und die kleinen Scheite anzünden.

Auf dem Ofen in der Küche kochte sie auch im Winter. Sie verheizte nicht nur Koks – der Ofen war auch Mülleimer; Sie benutzte leere Milchpackerl und auch sonstigen Müll als Heizmaterial, ohne jegliches Umweltbewusstsein – wie viele andere auch.

– Friiiieda!! – schrie Tante Erni schon von weitem. Oma hatte eine Klingel, aber traditionell wurde gerufen, wenn jemand um die Ecke bog, und das laut. Tante Erni hatte ein lautes Organ, Tante Kathi auch.

Ich freute mich, wenn ich sie hörte. Wenn die Schwestern da waren, ging es richtig rund. Es wurde lautstark diskutiert und Leute wurden ausgerichtet. Oma hatte zehn Geschwister, die überlebt hatten. Onkel Karl war im Krieg gefallen – darauf waren sie stolz, der *einzige* Nazi. Der wurde nicht besprochen, das habe ich auch erst vor kurzem erfahren.

Einer wurde Pfarrer. Kennengelernt habe ich nur noch Tante Kathi und Erna. Erna mit ihrem Mann, Onkel Adolf. Wenn die beiden Oma besuchten, setzte sich Adolf auf dem Fauteuil, ließ sich einen Doppler bringen und stand erst wieder auf, wenn's zum Heimgehen war. Er war dick und hatte einen großen Kopf, unglaublich große Ohren mit unglaublich großen Ohrläppchen. Der Name Adolf war verdächtig. Keine Ahnung, was sich dahinter verbarg. Er liebte den Wein. Und wenn wir die beiden besuchten, das war ein ordentliches Stück Weg, wurde immer Wein getrunken – kein Tabu wie bei uns in Grubenau.

Erna und Adolf hatten Zimmer und Kuchl ohne Kabinett, Klo am Gang, Wasser am Bassena[15] und von der Regentonne. Sie waren richtig arm. Die Küche war in einem kleinen Gang und ein schmales Sofa fand sich gegenüber dem Herd. Im Schlafzimmer hatten die beiden noch eine Sitzgelegenheit. Dort zeigte mir Adolf gerne seine Briefmarkensammlung und erzählte mir, woher die Marken kamen – da war wieder der Krieg sehr präsent.

Ich mochte diese heimelige, mit Decken, Deckerln und Polster vollgestopfte kleine Wohnung. Erna war sehr bestimmend, aber zu mir sehr lieb. Es war immer etwas Geborgenes spürbar; auch wenn sie

---

[15] Wikipedia: Bassena ist in Wien, aber auch sonst in Österreich, ein üblicher Ausdruck für eine allgemein zugängliche Wasserstelle am Gang eines alten Mietshauses.

immer zu mir sagte: Wenn ich den Teller ganz sauber essen würde, würde morgen die Sonne scheinen. Schade, ich mach' das heute noch und die Sonne scheint nicht immer. Wahrscheinlich gibt es zu viele Menschen, die nicht aufessen.

Omas Wohnung war größer, nach einigen Umwegen übersiedelte sie nach dem Krieg wieder in ihre alte Straße. Sie hatte zwei Eingänge. Mutter erzählte, sie hätte mit Rita hinten im Kabinett geschlafen. Dort hing ein Spiegel, den besitze ich noch als Andenken an Oma. Das war Garderobe und Abstellkammer. Von dort kam man in das große Wohnzimmer und dahinter lag ein kleines Schlafzimmer mit Kühlschrank.

Die Fotos von meiner Mutter und Rita in liebevoller Umarmung und eines von meinem verstorbenen Großvater hingen an der Wand beim Kühlschrank und ich sah sie lange und oft ganz genau an. Was sagten die Gesichtszüge aus? Wie waren die beiden wohl damals zueinander gewesen? Das Foto war in Schwarzweiß und weich gezeichnet. Sie hingen immer dort, alles war wie immer – seit meiner Geburt, bis Oma ins Altersheim kam. Die pastelligen, mit sternspritzerförmigen Blumen gemusterten Vorhänge, der dazu passende Bettüberwurf und die immer ordentlich gemachten Betten. Das nächste Zimmer war die Küche mit einer alten Kredenz gewesen. Damals war die weiße Kredenz schon 100 Jahre alt. Oma hatte sie mit Plastikfolien innen ausgeklebt – einige Schichten. Ich nahm die Kredenz, nachdem Oma ins Altersheim gezogen war, mit, beizte sie neu und strich sie blau.

Miriam kannte Oma noch, wir hatten sie gemeinsam ein paar Mal in Baden besucht. Miriam fand es auch faszinierend, in dieser Wohnung rundherum gehen zu können. Bei der Küche hinaus, vorbei am Klo, hinein in einen gemeinsamen Vorraum und ins finstere, fensterlose Kabinett und von dort in das große Wohnzimmer. Toll. Die hohen Räume und die hohen Fenster der Altbauwohnung waren etwas Besonderes. Die alten weißen Fenster waren mit einem Haken offenzuhalten.

Architektur verursacht Gefühle.

Tante Kathi und ihre Töchter lebten auch sehr eng zusammen in einer Zimmer-Kuchl-Kabinett-Wohnung. Zu viert. Dann kamen noch die Zwillinge, als Tante Kathis Tochter Inge noch sehr jung war und nach ihren Zwillingstöchtern brachte Inge noch ein Mädel zur Welt.

Sie lebten später zu sechst in einem kleinen bungalowartigen Haus in Kottingbrunn. Es kam bald noch ein Bub zur Welt. Diese Familie war unkompliziert. Sie hatten einen großen Garten. Ingeborg baute alles Gemüse der Welt an und sie hatten einen Haufen Tiere. An Hühner und Katzen erinnere ich mich, auch an einen Papagei. Ich sah sie sehr selten. Ab und zu kamen die drei Mädels – der Junge weniger – mit, meine Oma besuchen, wenn wir auch da waren. Ich mochte sie. Sie waren in meinem Alter und wir verstanden uns sehr gut. Ich hätte gern bei ihnen übernachten wollen. Für meine Eltern war das ein Problem, für Ingeborg und ihre Familie überhaupt nicht, warum auch. Mich zog es einfach weg und wenn wir uns so gut verstanden, da konnte man den Tag doch fortsetzen.

Vielleicht war es wegen der Katzen. Zwei schwarze Kater trieben sich überall im Haus herum und schliefen auch bei den Kindern. Das passte Mutter gar nicht; Ingeborg konnte Mutter tatsächlich überzeugen – als alle Anwesenden mit Oma fanden, was denn schon dabei wäre, gab Mutter klein bei. Das tat sie sonst nie. Sie mochte Ingeborg auch sehr gern und ihre Tanten auch.

In einer langen Phase hatte sie zu Wilhelm ein sehr gespaltenes, besser – verurteilendes Verhältnis, und das war spürbar. Auch ihm gegenüber konnte sie sehr gut schweigen, verletzend schweigen.

Sie ahnte, wie Wilhelm ihre Tochter behandelt hatte.

Erna hatte keine Kinder, sie hatte einen Garten an der Autobahnausfahrt Baden. In Tribuswinkel. Der Garten brachte alles hervor – Gemüse, Beeren, Zwetschken, Nüsse – was man zum Überleben brauchen kann. Im Garten stand ein kleines Hüttl mit Ofen, falls sie ein Wetter überraschen sollte. Erna und Adolf gingen kilometerweit *auf'n Garten*. Den hatten meine Eltern mit großer Überredungskunst auf Leibrente erstanden.

Erna und Adolf liebten ihren Garten. Sie machten auf ihrem Weg dorthin bei Oma Pause. Für ihre Beine wurde der Weg immer beschwerlicher. Das Wasser zum Gießen und Trinken aus dem Brunnen zu pumpen auch. Aus dem Brunnen zu pumpen und die schweren Gießkannen und Kübel zu tragen. Sie hätten gerne Wasser anschließen lassen. Die Leitungen waren vorhanden. Das wussten meine Eltern, mein Bruder hat es auch herausgefunden, weil er bei dem nun geerbten seinem Grund für sich selbst Wasser anschließen wollte. Wir dachten, die Hauptleitung müsste erst gelegt werden. Fünf Bäche treffen sich in Tribuswinkel. Die Schwechat, der Wiener Neustädter Kanal, der Badener Mühlbach, der Hörmbach und der Sagerbach. Wasser gibt es hier zur Genüge.

Michael fand Briefe, wo Erna unseren Vater inständig bat, doch eine Wasserleitung legen zu lassen. Es würde ihr Leben sehr erleichtern. Vater wollte sich die Kosten ersparen. Es kam deshalb zu einer familiären Spaltung. Vater und Mutter sprachen nicht mehr mit Tante Erna und antworteten nicht mehr auf ihre bittenden Briefe. In diesen Briefen sprach sie auch ihre Verzweiflung aus, weil sie ihr Muggerl nicht mehr sehen durfte.

Oma stand dazwischen und wusste nicht, wie sie sich verhalten sollte. Sie hielt zu ihrer Tochter, war aber sehr böse auf ihren Schwiegersohn.

Als Erna in ihren achtziger Jahren im Krankenhaus lag, besuchte Oma sie. Sie war danach wie gerädert. Es wurde schwierig mit Erna, sie schien nie zufrieden und war vermutlich dement. Wenn Frieda ihrer Schwester Bananen an ihr Krankenbett mitgebracht hatte und Erna sie mit einer wegwerfenden, sturen Art nicht annehmen wollte, war Oma ohne Verständnis und traurig.

So bekam ich die Stimmung von Oma mit.

Mein Bruder erzählte mir, wie arg sich die Situation zugespitzt hatte, bis meine Eltern den Grund erworben hatten und Erna und Adolf klein beigaben.

Ich erinnere mich, dass es schwierig war: Der Kontakt war nicht mehr wie früher und Mutter sprach nicht mehr über Erna. Oma jammerte über Erna. Erna vermisste ihre Muggerl, die wegen Vater nicht mehr zu ihr kam. Wegen eines Grundstücks … !

Die Katzen schliefen bei mir im Bett, ich musste das verheimlichen, meinte ich. Ich genoss es, aber ich durfte ja nicht. Sag das einer Katze! In der Familie meiner Tante wurden auch viele Handarbeiten gemacht. Moderne Sachen. Die Zwillinge und Hannelore die Jüngere häkelten eine Jacke mit Fransen, die hüftlang war. Ich wollte auch so eine und häkelte eine für mich. Ich war geschickt und machte das gerne. Wie stolz ich darauf war! Ich trug sie so oft es vom Wetter her passte. Ich trug sie auch zum Begräbnis meiner Waldbühler Oma.

Wochenendhaus

Das Haus, unser gekauftes Haus in Waldbühl ging mir auf die Nerven. Es war so unnötig.

Außerdem hielten dieses Haus jede Menge große, schwarze Spinnen für ihr daheim. Ich weigerte mich in diesem Haus zu waschen und erst recht zu baden, denn fast immer, wenn wir nach der Woche ankamen, waren eine bis drei fette Spinnen in der Badewanne, im Waschbecken und auch immer wieder in den anderen Räumen. Ich hasste es und ich bekam dafür keinerlei Verständnis. Ich konnte nicht schlafen vor Angst, es könnte vom Stockbett eine Spinne auf mich fallen. Ich durchsuchte vorher alles, trotzdem konnte sich eine versteckt haben. – Die tun ja nichts! –, mein Vater ärgerte mich damit und stellte mich als lächerlich hin. Meine Mutter beeilte sich, die Spinnen sofort zu entfernen, aber ich merkte das. Dann war im Garten der Geräteschuppen – voller Spinnen … Die Möbel waren langweilig, grau. Das Haus war mir immer fremd.

Mein Vater tischlerte Stockbetten für uns und ihr Schlafzimmer machte er auch selbst. Mit Paneelen aus Holz. Stockbetten aus Paneelen, schräge Wände aus Paneelen. Gerade Wände aus Paneelen. Das ließ die Räume noch dunkler erscheinen. Er machte alles selber, wie immer. Er konnte das bis ins hohe Alter. In den letzten Jahren, wenn er am Haus arbeitete, machte er auch sauber, aber damals machte das Mutter. Wir waren zum Rasenmähen und zu Hilfsarbeiten eingeteilt. Später verlangte ich Geld fürs Rasenmähen. Ich wollte nicht nach Waldbühl.

Ich hatte mit neun Jahren einen Freund in Waghofen, Thomas. Wir waren viel beisammen. Ich durfte ihn auch besuchen. Meistens spielten wir draußen. Es war so unheimlich interessant in anderer Leute Häuser und Wohnungen. Ich war sehr neugierig, wie andere Menschen wohnten. Thomas' Eltern mochten mich und seine Mama lud mich zu Kakao ein. Sie sagte mir oft, wie hübsch ich sei, welch schöne Haut ich habe; sie streichelte mir über die Wange und sagte, – Wie ein Pfirsich, so weich! – Meine Güte, war ich stolz … ! Wahrscheinlich habe ich deshalb bis zum heutigen Tag eine schöne Haut.

Diese zärtlichen Gesten vermisste ich bei meinen Eltern. Thomas' Mama kam aus Berlin, Thomas hatte einen älteren Bruder und eine wunderschöne ältere Schwester, die damals schon studierte. Die Haut seiner Mama war faltig, wunderschön faltig und sie hatte ein so freundliches Gesicht. Wahrscheinlich war ich mehr in seine Mutter verliebt als in ihn. Aber Sehnsucht hatte ich schon, er fehlte mir, wenn wir mal nicht spielen konnten. Ich weiß, dass ich am Heckfenster unseres Opel Kapitäns hing, gegen die Fahrtrichtung sah und heulte und bitzelte, weil ich am Wochenende bei Thomas bleiben und nicht nach Waldbühl fahren wollte. Und ich war sicher, dass ich bewirken konnte, daheim zu bleiben. Dann eben in der Vorstellung. Ich verschloss mich und schmollte, ich saß in Waldbühl am Zaun und zählte mit meinem Bruder Autos – Autos im Stau. Damals gab es noch keine Autobahn und der Nord-Süd-

Verkehr zog hier vorbei. Interessant für uns, die Langeweile zu vertreiben.

Meine Eltern und meine Brüder besuchten regelmäßig meine Tante im Nachbarhaus. Mutter kam nicht immer mit und ich blieb auch manchmal alleine in unserem Haus. Ich wollte ausprobieren, unser Auto aus der Garage zu steuern. Ich wollte wissen, ob ich es auch allein schaffen würde, Auto zu fahren. Eine Ahnung hatte ich davon. Vater ließ mich ab und zu aus der Garage fahren. Ich setzte mich ans Steuer des Opel Kapitäns, der Schlüssel steckte. Ich trat die Kupplung und rollte rückwärts. Blöderweise lenkte ich in die falsche Richtung, das Auto wurde mir zu schnell und ich rollte gegen die Schaukelstange. Ich versuchte noch das Auto wegzubringen, konnte es jedoch nicht mehr in die Garage fahren. Ich hatte Sorge, noch mehr auf die verbotene Situation aufmerksam zu machen und dem Auto noch eine Delle zuzufügen. Die Schaukelstange war verbogen. Ich bekam eine Ohrfeige.

Zu einem späteren Zeitpunkt übte ich wieder, mit Erfolg. Zehn Jahre später hatte ich mehr Respekt vor dem Autofahren und es war nicht leicht für mich, den Führerschein zu machen. Ich war regelmäßig schweißgebadet.

Jahrelang und wenige Jahre später, nach dem Tod meiner Großmutter, fuhr meine Familie ohne mich zu diesem Haus und der Nachbarsfamilie meiner Tante.

Mutter litt immer mehr und veränderte nichts.

Vierteltelefon

Klak, klak, besetzt. Und wenn das Telefon frei war, wählte ich die Telefonnummer *fünfzehn*: – Es wird mit dem Summerton zehn Uhr, acht Minuten und dreißig Sekunden - piep– ... –

Jetzt belegte ich das Telefon. Das beigegelbe Telefon stand auf einem schwarzen, schmalen, kindhohen Telefontischchen mit einer Ablage im unteren Drittel. Die Füße des Tischchens gingen pyramidenförmig nach unten auseinander.

So gesehen haben Möbel eine Bedeutung. Es sind Kindheitserinnerungen und stehen in Bezug mit Ereignissen und Menschen.

Das Telefon hatte diese schöne alte Form mit erhobener Gabel für den Hörer. Unten rechts war dieser Kreis, der, wenn man wählte – mit Wählscheibe – seine Vierteleinteilungen von schwarz nach weiß bewegte, sodass acht Kreissegmente, vier schwarz, vier weiß, entstanden.

Ich liebte diese Beobachtungen. Oma ließ mich die Wettervorhersage (Telefonnummer: *sechzehn*) anrufen oder die Zeit. Wenn man nicht durchkam, weil einer der vier TeilnehmerInnen an diesem *Netz* telefonierte, hörten jene das Klicken, wenn ich auf den Knopf neben diesem Kreis drückte. Und das tat ich mit Herzenslust – mein Bruder auch, er wollte auch an die Reihe kommen. Wir konnten das Klicken der anderen Teilnehmerinnen hören, wenn sie den Versuch zu telefonieren machten und wir die Leitung belegten. Auch eine Art von Kommunikation.

Für Oma war das Telefon eine wichtige Errungenschaft. Seit ich denken konnte, rief Oma täglich um sieben Uhr morgens bei uns zu Hause an, ganz selbstverständlich. Ich freute mich darauf und es war immer angenehm. Vielleicht war diese Art heimatlicher Verbindung für Mutter wichtig.

Wir fanden es schön mit Oma zu plaudern. Ich hatte auch nicht das Gefühl, dass Mutter die täglichen Anrufe Omas nerven würden. Es hatte etwas Vertrautes.

Oma schickte uns wöchentlich, oder mindestens monatlich, ein gut verschnürtes Paket. Für meine Brüder waren immer *Matchbox*-Autos drinnen und bis zu sechs Doppelliter Himbeersaftflaschen. Als die sechs Flaschen in Sirupsoße und Scherben bei uns ankamen, schickte sie wieder weniger und öfter. Sie liebte es, uns zu versorgen. Wenn sie bei uns war, half sie Mutter im Haushalt – das nervte Mutter, jedoch Oma konnte nicht stillsitzen und sich dabei erholen. Wenn sie zu uns kam, war das Urlaub für sie, für uns da zu sein.

Für uns Kinder war sie ganz und gar da, auch wenn sie Hausarbeit gemacht hatte.

Mutter wollte alles erledigt haben und darauf fiel ihre gesamte Konzentration. Sie hatte ordentlich zu tun, wenn Vater mit der gesamten Familie Schifahren wollte und jedes Wochenende nach Waldbühl zu seiner Familie. Vater liebte die Dauerbaustelle *seines* erworbenen Hauses als Herausforderung es als das seine zu gestalten. Mutter war am Packen und Waschen, Her- und Wegräumen; sie wollte ihren Anspruch absolut erfüllen.

Oma war es auch wichtig, ihren Haushalt ordentlich zu führen, aber *sie war präsent, sie war spürbar, greifbar, sie war da.*

Michael bei Oma

Als Michael in Wien zu studieren begann, wohnte er bei Oma in Baden. Bis dahin hatte ich kaum Kontakt zu ihm. Mit der Krise, die ich mit unseren Eltern hatte, wollte er nichts zu tun haben. Er zog sich im Jugendalter noch mehr zurück; er wollte nicht, dass es ihm so erginge wie mir, verhielt sich still und vermied auch den Kontakt zu mir, um nicht irgendwie in Schwierigkeiten zu kommen. Ich hegte kaum Gefühle für Michael. Sollte er sein Leben leben.

Als Erwachsene besuchte ich Oma immer wieder gerne. Ich genoss es, mit dem Zug nach Wien zu fahren. Hinausschauend erlebte ich die Landschaft, die immer ebener und weiter wurde. Anschließend fuhr ich mit der Tram nach Meidling durch Wien und von da mit der Badener Bahn, berührt von den ersten Weingärten, die ich mit meinen Sinnen aufnehmen konnte, zu ihr. Zug fahren war ein Stück Autonomie.

In Baden traf ich auf Michael. Wir aßen Risipisi. Michael verlautbarte Oma gegenüber Erbsen zu lieben, so dass er sie häufiger als ihm lieb war, zu essen bekam. Oma versorgte ihn, ihm ging es gut bei ihr.

Wir näherten uns im Gespräch an. Michael war grade achtzehn oder neunzehn Jahre alt. Wir unterhielten uns aufgeregt über

Musik, die uns etwas bedeutete und fanden es erwärmend, wie sich im Laufe unserer Annäherung gemeinsame Musikinteressen herausfilterten. Wir fanden unsere Gemeinsamkeit in der Musik der *Dire Straits* und *Gianna Nanninis*. Michael studierte Mathematik, weil ihm sonst nichts einfiel und es Vater gelegen kam. Als er das Astronomiestudium begonnen hatte und Vater Rechtfertigungen forderte, verzichtete er auf Vaters Geld und finanzierte sein Studium mit Gelegenheitsjobs, wie Fahrradzustelldienste und dergleichen. Ich bewunderte ihn dafür.

Bei Oma wollten wir was trinken. Beide waren wir dem Alkohol zu dieser Zeit zugetan. Vielleicht verwechselten wir Alkoholkonsum mit Geselligkeit. Oma hatte noch Wein vom Heurigen; sie bot uns später Schnaps an, mit dem sie sich normalerweise ihre Beine einrieb … Sie ging los und besorgte uns noch eine Flasche Rotwein vom Heurigen in der Nähe. Wir saßen mit ihr zusammen und hatten Familienleben. Ich rauchte selbstgedrehte Zigaretten. Ich durfte das bei ihr. Keinen Ton sagte sie. Für sie war das in Ordnung. Sie kannte das auch von Rita. Später sagte sie allerdings, dass sie froh sei, wenn Rita bei ihr nicht mehr rauchte. So tat ich das auch nicht mehr.

Michael und ich trafen uns noch hin und wieder bei Oma, bis er in eine Wohngemeinschaft nach Wien zog, wo er seine zukünftige Frau kennenlernte. Wir fuhren während seiner WG-Zeit gemeinsam zu einem legendären Jazz-Konzert nach Hollabrunn. Ein Riesenerlebnis mit Miles Davis, Airto Moreira, Milton Nascimento, Flora Purim, Working Week –, eine unglaubliche Stimmung. Wir waren ausgelassen, tanzten, freuten uns an uns selbst und über das Dabeisein! Da konnte ich meine Dauerthemen mit meinen Eltern vergessen.

Wir trafen uns mit Freunden, bei Michael in der WG konnten wir übernachten. Gegen Morgen fuhr ein Bus nach Wien. Ich brauchte Schlaf! In der WG stellte Michael uns seine Freundin vor, eine gescheite Frau. Dass Michael eine Freundin hatte, war damals für mich ungewöhnlich und ich freute mich sehr mit ihm.

In Wien fühlte ich mich immer frei und nach Baden fuhr ich, um mich ein paar Tage zu erholen und die Gegenwart meiner geliebten Oma zu genießen.

Demenz

Oma wurde merklich älter, sie kam immer wieder wegen Sturzver-letzungen ins Krankenhaus. Geistig baute sie immer mehr ab.

Sie beschuldigte eine Nichte, dass sie sie beklauen würde. In ihrer Welt entwickelte sie haarsträubende, unglaubliche Geschichten, die leider mit der Beschuldigung anderer Menschen zu tun hat-ten. Rita und ihr Mann kümmerten sich so gut es ging um sie. Sie fanden die verloren gegangenen Dinge wieder. Wie zum Bei-spiel ihren Personalausweis, den ihr angeblich fremde Menschen gestohlen hätten.

Oma wurde für sich selbst eine Gefahr, meinten die Leute; Ich wollte es nicht wahrhaben. Sie vergaß den Herd abzuschalten. Sie wusste nach dem Einkaufen nicht mehr, wo sie war und fand nicht mehr nach Hause.

Beim Ausräumen ihrer Wohnung fanden wir die *Kukident*tabletten und einen alten Personalausweis unter dem Teppich. Sie hortete ungeöffnete Bettwäsche, Zucker und noch verpackte Nachthem-den in ihrem Schrank.

Es ging mir sehr schlecht, als Oma aus ihrer Wohnung ausziehen musste; allen ging es schlecht; Rita hatte für sie einen Platz im Altersheim organisiert, als Oma noch bei Sinnen war. Es geschah mit ihrem Einverständnis. Ab dem Zeitpunkt, wo sie zeitweise so irritiert war, wurde Dauerbetreuung notwendig.

Michael organisierte für mich einen Freund, der mir ein paar für mich damals wesentliche Sachen nach Salzburg brachte – eine Kre-denz, die ich später abbeizte und neu renovierte. Den *Fauteuil*, auf dem Onkel Adolf immer saß, überzog ich mit einem bunten Stoff. Ich brachte es nicht übers Herz, dass sie auf dem Müll landen oder einfach wegkommen würden. Soviel zum Bezug zu Möbeln! Ich habe die Kredenz nicht mehr und den Fauteuil verschenkte ich nach Jahren an eine Familie mit vielen Kindern, die ihn bald ruiniert hatten.

Michael, mittlerweile Vater, und ich besuchten mit unseren Kindern Oma im Altersheim. Es war eine lange Reise – von Baden nahmen wir den Bus nach Bad Vöslau. Oma versorgte die Kinder mit einer Malakofftorte, die sie selbst nicht mehr mochte. Wir gingen ein wenig spazieren.

Ihr Zimmer war okay, aber eben nur ein Zimmer. Sie ertrug es. Sie schien damals noch verhältnismäßig fit und erholt. Sie stellte vorbeikommenden alten Menschen stolz, wie früher, ihre Enkelkinder vor und jetzt sogar ihre Urenkel. Wir bedeuteten ihr sehr viel. Auf den Weg nach Hause bekamen unsere Kinder ganz rote Backen und waren total aufgedreht. Sie schliefen auf der Busrückbank ein – in der Malakofftorte war Rum gewesen.

Oma brach sich noch einmal den Oberschenkel, kam ins Krankenhaus und von da an baute sie geistig und körperlich noch mehr ab.

Sie wurde ins Pflegeheim überstellt. Als ich sie besuchte, war ich völlig überrascht, dass man meine Oma in einem Krankenbett am Gang schlafen ließ. Sie konnte sich noch selbstständig zum Tisch setzen. Sie sah kleine Tierchen. Ich begleitete sie bei einem anderen Besuch in ihr Zimmer, das sie mit einer anderen Frau teilte. An den Tischen draußen waren lauter alte Menschen mit teilnahmslosen Gesichtern. Es war siebzehn Uhr, Oma bekam das Abendessen in ihr Zimmer; ich blieb trotz Bitte des Personals zu gehen. Nach dem Abendessen wurde Oma gewickelt. Es war so entwürdigend! Ich verabschiedete mich von Oma vor diesem Prozedere, bekam jedoch noch genug mit.

Ich wusste, dass Rita nicht glücklich war über diese rigiden Abläufe, die dem Tagesplan des Personals entsprachen und niemals den Tagesrhythmus eines alten Menschen, geschweige denn der Individualität der alten Menschen – Individualität schien eine unbekannte Möglichkeit. Ich brach beim Hinausgehen in Tränen aus, ob meiner Ohnmacht, gegen dieses unwürdige Leben im letzten Lebensabschnitt meiner Oma aufzutreten.

Rita meinte, sie gäben sich Mühe, es werde wie überall am Personal gespart. Wenn Menschen am Abstellgleis landen ist nie Geld da – wie früher bei den Bauern das Auszugshaus, wo die Alten, wenn sie zu nichts mehr nutze waren, hinkamen. Es ist so viel Geld da. Wir sind ein reiches Land. Bei Obdachlosen, alten Leuten, eben den Schwächsten unserer Gesellschaft, die nichts mehr leisten können, und auch bei Kindern, die noch nichts leisten können für die Wirtschaft, wird mit Geld sehr knauserig umgegangen. Zum Leben zu viel, zum Sterben zu wenig – um es pessimistisch zu formulieren.

Abschied

Im Sommer besuchte ich Oma noch einmal allein. Die Sonne schien, ich fuhr mit ihr im Rollstuhl im Park spazieren, es schien ihr gut zu gehen. Sie hatte ihre gesunde, schnell sonnengebräunte Gesichtsfarbe. Sie erzählte von ihrem Vater; sie müsse ihm helfen, die Tomaten zu ernten; sie wollte zu ihrem Vater nach Hause. Ich fragte sie nach ihm und sie erzählte, als wäre sie die kleine Frieda, vielleicht zehn Jahre alt. Ich hielt ihre dunkelhäutige, ganz runzelige Hand. Wie ich diese Hand liebte! Diese weiche, faltige Haut. Ihre Augen hatten einen silbernen Schimmer, das dunkle Rehbraun, diese Tiefe in ihren strahlenden Augen gab es nicht mehr; sie war nicht mehr von dieser Welt. Wer weiß, ob sich alte Menschen die Freiheit leisten, ihre eigene Welt aufzubauen – sich abzuwenden vom alltäglichen Wahnsinn, den sie nicht mehr nötig haben; mit ihrer Weisheit in sich gehen, wenn das Außen nicht mehr die Geduld hat, diese wahrzunehmen.

Ich wollte nicht gehen. Ich wollte Oma so lange wie möglich in mich hineinwirken lassen. Ich wusste so viel aus ihrem Leben und doch viel zu wenig. Jetzt lernte ich sie noch anders spüren, aber sie war es, ganz sie. Es überfiel mich eine unendliche Traurigkeit; ich wollte vor ihr nicht weinen, ich wollte doch für sie da sein; so wie Oma für mich da gewesen war, wie sie mich liebte, so eine Liebe gab es kein zweites Mal.

Ich war hunderte Kilometer weit weg, ich war viel zu wenig oft bei ihr. Ihre Nichte und Rita mit ihrem Mann besuchten sie häufig. Ich war mit Arbeit eingespannt, war an meiner kleinen Karriere dran, die im Kinderbetreuungsbereich möglich ist – ich bekam eine Möglichkeit einer sehr guten Fortbildung für den Managementbereich für Leiterinnen im Kinderbetreuungsbereich, die es mittlerweile leider nicht mehr gibt. Diese ergiebigen und intensiven Ausbildungswochenenden genossen wir damals im wunderschönen Ambiente des Schlosses Goldegg.

Vom hohen Fenster unseres schönen Seminarraumes im Schloss sah ich auf den Friedhof.

Während eines Seminars bekam ich die Nachricht von Omas Tod. Zu Hause hockte ich, während ich mit Mutter telefonierte, auf der Treppe und war fassungslos. Ich begriff nichts.

Es war das Jahr 1999. Es war Ende Februar. Ich fuhr mit meinem kleinen grauen Nissan nach Hause. Das Auto hatte mir mein Schwiegervater um einen Euro geschenkt, ich lernte wieder Autofahren, so war ich mobiler.

Ich wäre gern selber und allein nach Baden gefahren. Jeder riet mir davon ab, ich wäre bestimmt zu sehr am Boden zerstört und ziemlich fertig, um konzentriert fahren zu können. Ich war das selbstständige Autofahren noch nicht so gewohnt. Also lümmelte ich mich auf den Rücksitz im Auto meiner Eltern und überließ mich meiner Trauer.

Das Begräbnis war unbeschreiblich. In diesem kleinen Sarg sollte Oma sein? ich konnte es noch nicht fassen. Vater war am Grab vor mir an der Reihe, Oma mit Erde zu segnen. Ich stand vorm offenen Grab und wollte am liebsten mit hinein, ich war fassungslos, ich schluchzte laut, brach in mich zusammen. Die Vorstellung, Omas Körper Meter unter der Erde zu wissen, war nicht von dieser Welt, nicht möglich. Liegen da unten, leblos. Es wurde mir so bewusst, es war so real, keine Spiritualität griff in diesem Moment, keine Worte kamen an mich heran.

Ich lief davon. Ich war ohne sie. Oma ist nicht mehr da! Und dann … sie ist immer bei mir. Mein Schmerz war unbeschreiblich. Oma war immer in mir, so nahe, mehr als ein Teil von mir. Sie war die Verbindung zu allem, was gewesen war, meine Wurzeln weit über Generationen vor ihr. Ich spürte mit ihr, bevor ich Wissen hatte, was vor ihr gelebt wurde, das Leid, die Schmerzen durch Krieg und Armut, aber auch eine starke Solidarität und Verbundenheit mit Menschen. Auch ein leichtes, freies Leben war da; die Bitterkeit der Zwänge des Lebens von außen und das Suchen einer guten Bewältigung und eines gesunden Umgangs mit jenen Zwängen, bis hin zum Versuch, sich aus ihnen zu befreien. Das war meine Großmutter. Sie lebt in mir weiter und ich gebe meinen Altruismus und meinen Schatz an meine Enkelkinder weiter, mit meiner Oma als erfühltem Vorbild. Geboren als ein Sonnenkind am Tag der Sommersonnenwende.

Rita erfuhr am Begräbnis, dass die Schwiegertochter des Steinmetzes ihre Halbschwester ist. Das Schweigen ist Thema unserer Familie. Mutter wusste es. Sie hatte als Kind das Geld zu einer Familie gebracht, bis ihr klar wurde, das waren die Unterhaltszahlungen ihres Vaters an seine Tochter aus erster Ehe.

Niemand sprach darüber. Für Rita muss das heftig gewesen sein, am Begräbnis ihrer Mutter diese Umstände kennenzulernen. Die Schwestern trafen sich und wollten so viel als möglich von ihrer jeweiligen Geschichte erfahren.

Ich fuhr mit dem Zug nach Hause. Alles war anders; ich weinte viel. In einer meditativen Übung in einem der folgenden Seminare in Goldegg brach wieder alles auf, ich konnte nicht hinaussehen zum Friedhof, ohne dass große Traurigkeit aus mir hervorbrach.

In mir entwickelte sich Spiritualität, die ich vorher, als Atheistin, nicht kannte.

Ich begann mich auf Yoga einzulassen. Ich konnte vorerst mit der Verbindung zur Erde und zum Universum nichts anfangen. Meine Lehrerin hatte ein gutes Gespür, mich hinzuführen und mich von Mustern zu lösen. Bei der Verbindung mit dem Universum war ich unbeschreiblich berührt.

Mir tat die Meditation bei dieser wunderbaren, kompetenten Lehrerin gut. Ich lernte, mich auf mich zu konzentrieren, in mein Inneres zu gehen, mit den Gedanken zu spielen und mich zu finden.

Es gab mir Kraft, die Verbindung zur Erde zu denken und wahrzunehmen, bewusst zu atmen. Im Arbeitsleben, bei Überforderung und wenn ich mich weit weg von mir selbst befand. Bei fremdbestimmten Ereignissen lernte ich mit bewusstem Atmen und Hineinspüren, ganz langsam mich mir selbst zu nähern. Wenn wir Übung darin haben, kann der Alltag leichter bewältigbar sein, bevor Überforderung eintritt. Du findest dein Maß ... es ist schön, sich selbst wieder mehr zu spüren und darauf zu achten, was du brauchst.

Ich begann zu laufen. Im Wald lief ich bald eine Stunde lang, ich lief ... und es war gut. Beim Laufen im Wald und in der Meditation war ich Oma nahe.

Kind sein in der Straße nach unserem ersten Umzug

Nicht wie andere Mädchen wollte ich einmal heiraten und Kinder bekommen. Ich verwandelte mich wohl gern mit weiten Spitzenunterröcken in eine Prinzessin – und das gefiel mir – für mich. Ich war neun, als diese Unterröcke, die weite ausgestellte Röcke machten, modern waren. Ich bekam sie von jemand geschenkt und fand sie so schön. Ich spielte Rollenspiele ganz für mich. Prinzen waren nicht dabei. Ich spielte bis in mein dreizehntes Lebensjahr mit Barbiepuppen. Eine um zwei Jahre ältere Nachbarstochter, Bea, spielte mit mir.

Gleichzeitig ging sie mit mir in den Kellerabgang um zu rauchen. – Kennst du das Geräusch eures Autos? –, fragte sie, damit wir rechtzeitig die Rückkehr unserer Mütter hörten. Natürlich kannte ich das Geräusch bestens. Das immer langsamer werdende Knarzen im Kies auf dem breiten Gehsteig vor unserem Haus, wenn Mutter das Auto dort parkte. Das Geräusch des Motors und wie es verstummte. Die Art, wie Mutter die Autotür zuschlug – nicht laut. Jetzt war keine Zeit mehr. Mutters Schritte waren hörbar auf dem Schotterweg und dann das Klackern ihrer Schuhe auf dem gepflasterten Weg zur Eingangstür. Jetzt war sie da. Und alles was nicht auffallen sollte, war von uns vernichtet worden. Wir verhielten uns unauffällig und waren inzwischen im Garten spielen.

Oma schenkte mir immer wieder Barbies und ich liebte es sie anzuziehen. Bea nähte mit mir schöne Kleider für die dünnen Puppen. Wir spielten auch *Verliebtsein* mit Barbie und Ken und zogen eine Schuhschachtel mit allen meinen dreizehn Puppen durch den Garten, wenn sie auf Reisen gingen.

Man musste eine Weile den Schlossberg hinunter bis ins Dorf gehen, um in eine nicht wie oben geordnete Siedlung zu kommen. Beas Oma lebte in einem uralten Bauernhaus. Wenn man noch weiterging, kam man zu einigen Bauernhöfen. Ich ging gern an einem Bauernhof vorbei, wo Truthähne gehalten wurden. Die tummelten sich auch auf dem Gehsteig. Es waren für mich hässliche Tiere und ich hatte Angst vor ihnen, gleichzeitig faszinierten sie mich mit ihren Lauten, ihrem runzeligen Kopf und ihrer unförmigen Gestalt. Beas Oma hatte keine Tiere mehr, nur ein paar Katzen. Sie war sehr alt und sehr freundlich. Der Eingangsbereich war sehr groß. Wir mussten viel zu große, graue Filzschlappen anziehen. Vieles war aus Holz und sehr alt. Die Räume waren niedrig, was mir sogar als Kind auffiel. Es roch alt und heimelig. Beas Oma lud uns auf Milch und Honigbrot ein. Das schmeckte ganz anders als zu

Hause. Weich und warm und duftend. Die Küche hatte noch einen alten Ofen. Mit der Ofenbank aus glattem warmem Holz spürte ich Geborgenheit. Vertrautheit. Mit meinen kleinen Händen streichelte ich genussvoll, gedankenverloren über das Holz, als ob ich mir etwas von diesem Fühlen mitnehmen wollte.

Es war wie im Knusperhaus, nur sehr vertrauensvoll. Bea ging oft zu ihrer Oma. Auch für sie war die Großmutter ganz wichtig, bedeutungsvoll. Das Haus steht heute noch unter Denkmalschutz. Es hat außen Holzschindeln und einen Balkon, der nicht mehr betretungswürdig aussieht. Ich freue mich, wenn ich heute daran vorbeifahre. Da taucht dieses heimelige Gefühl von damals wieder auf und ich bin stolz, in diesem Haus eingeladen gewesen zu sein.

Kurz nach dem Einzug in unser Haus in der Werkssiedlung faszinierte mich die Kellerstiege, sie bot einen besonderen Reiz. Ich hatte noch ein altes Dreirad aus der alten Wohnung. Was bot sich eher an, als die Kellerstiege mit dem Dreirad zu erfahren; Tatsächlich gelang es mir die Stiegen bis nach unten mit dem Dreirad hinunter zu rattern, ein paar Mal, bis ich mir dann doch weh tat, weil ich bei den letzten Stufen stürzte. Ich wollte es wissen. Ob Mutter das wusste? Ich denke nicht.

Gern spielte ich auch für mich allein im Haselnussstrauch, da machte ich mir eine Ausbuchtung unter den Zweigen und legte Decken aus. Ich hatte eine Vorliebe für Höhlen. Da war ich für mich.

Hin und wieder kam Janine aus der Nachbarschaft. Wir fuhren gemeinsam mit dem Bus zur Schule. Sie ist ein Jahr älter als ich. Sie war ein unauffälliges Mädchen. Was durch die auffällige Schönheit ihrer Schwester noch verstärkt wurde. Ihre Schwester ist drei Jahre älter als ich und war eine schöne junge Frau mit asiatisch wirkenden Gesichtszügen und dunkler Haut. Sie war dünn und hatte schöne weibliche Formen. Sie wirkte unnahbar. Beide Mädchen traten nicht in den Vordergrund. Ich besuchte hin und wieder Janine, das durfte ich. Janine durfte *Bravo* lesen! Diesen *Schund* hätte ich nie über unsere Türschwelle bringen dürfen. Ich borgte mir die Hefte oft aus und wir lasen sie gemeinsam bei ihr. Wie interessant doch die Fragen zur Sexualität und Liebe an *Doktor Sommer* waren! Janine hörte Cat Stevans, wir hörten gemeinsam Cat Stevans und träumten von einer besseren Welt.

Simone kam mittags nach Hause und sagte zu ihrer Mutter, sie möchte nur Joghurt zu Mittag essen; sie müsse abnehmen. Das war ein Hohn auf ihre Schwester Janine. Die meisten Mädels hatten Sorge, zu dick zu sein und versuchten es mit einer *Fast-nix-essen-Diät*. Janine sprach nicht davon. Ob es ihr egal war, weiß ich nicht. Sie wirkte auf mich in sich ruhend und zufrieden. Manchmal polstern sich Frauen ein, sie bauen sich einen *Schutzwall* auf – diese Vermutung hatte ich bei Janine.

Die meisten jungen Frauen, die Hungerkuren machten, waren ja dünn! Und auch die Feministinnen, die ich später kennenlernte, waren diesem Wahnsinn, dünn sein zu müssen, verfallen. Bei Alice Schwarzers Lebenslauf kann frau auch nachlesen, dass sie es nicht glauben konnte, aber ihr war in jungen Jahren eine kleine Kleidergröße wichtig – für wen? Welche Rolle spielt es?

Mit Janine war ich jahrelang befreundet. Sie war politisch nicht sehr interessiert und wir verstanden uns trotzdem gut. Irgendwann verloren wir uns aus den Augen.

Elisabeth

Ich fühlte mich zu älteren Jungen hingezogen. Auf unserem ersten Schulschikurs flirteten Elisabeth und ich mit dem Liftboy.

– Der ist fesch, der hat so fesche blonde Locken und so schöne blaue Augen. –, schwärmten wir. Er sprach uns an, ob wir abends Zeit hätten. Wir waren höchstens elf, der junge Mann am Lift vielleicht siebzehn Jahre alt und wir hatten unseren Spaß anzubandeln. Es interessierte uns nicht, uns mit ihm zu treffen, das wäre auch schwierig gewesen. Es war um einiges lustiger, uns mit unseren Schulkollegen auf ihren oder unseren Zimmern zu treffen. Während wir uns vom Schlepplift auf den Berg ziehen ließen, beschlossen wir, mitten auf dem Weg auszusteigen, einfach aus der Liftspur in den Tiefschnee zu fahren. Es gelang uns – ein vorbeifahrender Schüler sollte Bescheid geben, dass wir aus dem Schlepplift gefallen wären, wir würden uns dann schon treffen. Wir stapften allein durch den Wald und hatten schelmische Freude, nicht in der Gruppe mit unserem alten Lateinlehrer fahren zu müssen. Der Tiefschnee machte uns nichts aus. Elisabeth und ich waren geübte Schifahrerinnen. Wir kamen bald zu einem Weg, der zu einer Schipiste führte. Bis wir unsere Gruppe wieder getroffen hatten, verging genug Zeit, um uns sehr frei und amüsiert zu fühlen! Frech war das schon. Immer wieder hatten wir schräge Ideen bei Schulveranstaltungen und vermeintliche, überzeugende Gründe, bei Wanderungen nicht mitgehen zu müssen, um dann im Tal Dinge zu tun, die wir lustiger fanden. Zum Beispiel in der örtlichen Kirche *heiraten* zu spielen. Vieles ist uns eingefallen. Wir hatten uns.

Wir schwärmten von feschen Männern und von den Beatles.

Elisabeth hatte einen viel älteren Bruder und eine noch ältere Schwester. Wie sehr ich Elisabeth darum beneidete! Ältere Geschwister konnten den jüngeren das Leben ein wenig ebnen. So empfand ich das als Älteste meiner Geschwisterreihe. Ich sah mich als *Versuchskaninchen* für die Eltern. Mit mir machten sie erste Erfahrungen, ein Kind zu haben …

In der Nachbarschaft wohnte ein älterer Freund Elisabeths. Sie hatte da ganz anderen Zugang zur Welt und zur Musik, als ich das hatte. Mit Elisabeths Nachbarjungen hörten wir Beatles, meistens jedoch, wenn ich bei ihr war, waren wir beide unter uns oder mit den anderen Mädels zusammen. Wir brachten uns das Tanzen bei. *Hang on sloopy, hang on …* Agathe konnte sich das Tanzen von ihrer älteren Schwester abschauen. Die vierte unseres Kleeblattes, Gundi, hatte zu Hause auch ihre Schwierigkeiten. Sie durfte nicht selbstverständlich immer mit uns sein. Sie musste bei sich zu Hause im Geschäft mithelfen. Später, als Studentinnen, sollten wir beide zusammenwohnen. Sie fuhr trotz großem Kummer und Leid, die sie durch ihre Eltern empfand, jedes Wochenende zu ihren Eltern nach Hause.

Wo's nur ging, sangen wir Beatles-Lieder. Beim Schifahren am Lift, in den Straßen Mariensteins, wenn wir unterwegs waren. Später sangen wir mit der *Internationalen* unsere Emotionen heraus. Elisabeth und ich. Ihr Vater hatte uns schon gesucht. Wir waren im Kaffeehaus und dann spazieren und übersahen die Zeit. Elisabeths Vater sah uns kommen und war zufrieden, wir waren da. Uns war es peinlich, dass er uns beim Singen der *Internationale* erwischt hatte. Vermutlich überhörte er es einfach. Wir waren stark pubertierend und fünfzehn Jahre alt. Das Anderssein machte uns Spaß. Wir sahen beide immer älter aus als wir waren.

Manche rauchten schon mit elf Jahren. Ich nicht. Ich war nur immer dabei, wenn meine KlassenkollegInnen in der großen Pause in die nahegelegene Au rauchen gingen. Es waren die interessanteren Leute, die rauchen gingen, also ging ich mit.

Irgendwann war uns das Im Kreis-Gehen in der großen Pause zu blöd. Auch wenn wir es witzig fanden, in die entgegengesetzte Richtung zu gehen, war es sonderbar. Ein Lehrer hatte Gangaufsicht, die von fast allen LehrerInnen sehr ernst genommen wurde. Wir wechselten das Stockwerk, besuchten SchülerInnen der höheren Klassen und näherten uns anfangs noch schüchtern. Wir wollten die Pausen zur Kommunikation und zum Austausch mit anderen nutzen.

Der Schulwart passte auf, dass niemand hinausging. Wir sagten immer, wir hätten Freistunde, irgendwas fiel uns immer ein. Er ließ uns ihn anhauchen, ob wir geraucht hätten, das tat ich – wie unappetitlich(!) – denn ich rauchte nicht. Das Rauchen war auch Kommunikation, ein sich Näherkommen, indem man sich gegenseitig Zigaretten anbot und Feuer gab. Wir hatten in der Au einfach Gaudi und konnten vom mühsamen Schulalltag Luft ablassen. Als wir älter wurden, gingen wir ins Wirtshaus auf einen billigen Toast. Alois, der Wirt, war sehr spendabel und hatte Mitleid, wenn wir kein Geld hatten, seine Frau Berta schaute aufs Geld. Sie hatte andere Preise. Wir verbrachten gute Zeit in diesem ihrem kleinen Wirtshaus.

Die schwarze Elf

Ich wollte dem ein Ende bereiten, dass wir so eigenartig distanziert zu den Buben und sie zu uns waren und handelte: Ich gründete eine *Bande – Die schwarze Elf*. So war ich, lösungsorientiert.

Ich schrieb Zettelchen und kündigte darauf an:

– Treffen im Buchenwald –, zum Beispiel.

Diese Treffen gelangen tatsächlich. Mal trafen wir uns in Grubenau in der Au, mal in Waghofen im Buchenwald. Wir zogen herum, elf Mädchen und Buben mit zwölf, dreizehn Jahren. Manche rauchten. Es war gut in der Gruppe, meine Mariensteiner Freundinnen waren mit dabei und ein paar SchulkollegInnen aus Waghofen. Wir hatten ein gutes Miteinander. Nur so, unter uns zu sein, das war es, nicht mehr. Irgendwie tolerierten das auch meine Eltern, soweit ich ihnen das gesagt hatte. Pfadfinder waren mit dabei. Diese waren vertrauenswürdig.

Erst später wurden sie unsere politischen *Gegner*.

Andersdenkende Freundinnen

Ich war mit einem Mädchen aus der Parallelklasse befreundet, das sehr katholisch erzogen war. Sie sprach mich an, sich nicht vorstellen zu können, dass ich absolut an nichts glaube, dass ich keinen Gott habe, an den ich mich wende und der mich schützt. Marianne war wunderbar. Wir diskutierten über Gott und die Welt und waren neugierig auf unsere unterschiedlichen Lebenseinstellungen. Ich war sehr interessiert an den biblischen Geschichten und Gleichnissen. Marianne wusste viel. Wir hatten bei einem Klassentreffen nach der Matura wieder zueinander gefunden und verbrachten die Nacht im tiefen Gespräch mit Marianne, meinem Bruder und einer anderen Freundin.

Wenn ich Menschen traf, die mit mir gerne das Christentum, was es bewegt und was Glaube bewirken kann, besprachen, war ich sehr offen dafür. Mit Elisabeth, ihrer älteren Schwester und einer anderen Freundin reisten wir als erwachsene junge Frauen mit dem Auto ins Burgenland. Wir sahen uns kulturell viel an, besuchten viele Heurige und gingen tanzen. Wir redeten die Nächte durch. Elisabeth und ihre Freundin schliefen schon und Paula erzählte mir ihr Bibelwissen. Sie versuchte mir verständlich zu machen, warum Menschen an Gott glauben, obwohl er Krieg und Gewalt zulässt und die Menschen mit der Errichtung von Atomkraftwerken ihr Leben und ihre Umwelt aufs Spiel setzen.

Es bereitete mir Vergnügen mit Paula zu diskutieren. Sie hat viel Humor und ist sehr gescheit.

In Wien bei Elisabeths Bruder verbrachten Elisabeth und ich mit Paula auch eine gemeinsame Nacht. Ihren Bruder trafen wir vorher beim Wirt mit seinem Freund, dessen große Augen bei mir Eindruck hinterließen. Nicht immer hatten wir tiefschürfende Gespräche, manchmal waren wir einfach nur ausgelassen. Bis wir morgens die Vögel zwitschern hörten und das Licht uns überraschte, lagen wir wach auf den ausgebreiteten Matratzen am Boden, hatten erheiternde Gespräche, waren kindisch und hatten Freude an uns selbst.

Antifa in Braunau

In den siebziger Jahren und auch noch später wurden am 20. April zu Hitlers Geburtstag Antifaschistische Demos in Braunau organisiert.

Kameradschaftsbundtreffen

Es muss 1976 gewesen sein. Wir wussten, dass in Braunau am
20. April eine Großveranstaltung von *ewiggestrigen* Kamerad-
schaftsbündlern ausgerichtet war. Ein paar linke Organisationen,
darunter wir, veranstalteten eine Gegenaktion.

Die Kameradschaftsbündler füllten stramm den ganzen Stadtplatz.
Sie standen in ihren Uniformen aufgereiht wie die Soldaten. Vor
ihnen war mit einer Kette abgesperrt. Ein Polizeiaufgebot flan-
kierte die ehemaligen Soldaten. Ich war hinter dieser Truppe.
Meine FreundInnen waren auf der gegenüberliegenden Seite. Es
war schwierig hinüber zu gelangen, ohne aufzufallen. Ich hatte
Karl entdeckt und wollte umso mehr auf die andere Seite. – Na
was soll's, ich geh da durch. – Ich hatte keine Skrupel. Ich ging zwischen den Reihen der Uniformierten durch, bückte mich unter die
Absperrung und -ratsch- riss meine Jean, genau vom Oberschenkel zum Popo. Das war peinlich. – Ich muss eine Sicherheitsnadel
besorgen –, war mein erster Gedanke. Dass ich die Aufmerksamkeit der Polizei auf mich gezogen hatte, war zweitrangig. Die Polizei reagierte nicht weiter auf mich, anscheinend wirkte ich harmlos
in der Not mit meiner zerrissenen Jean. Ich ging einfach ungeniert
weiter zu meinen FreundInnen. Es war Bewegung und Gemurmel
bei den alten Soldaten, aber nichts weiter.

Danach fand die antifaschistische Kundgebung statt, die *friedlich*
verlief.

Antifa-Demos

In anderen Jahren war das nicht immer so:

Wir wussten, es kamen Busse voll mit Nazis aus Deutschland über
die Grenze. Sie wurden schwach kontrolliert und durchgelassen.
Die Zöllner nahmen das nicht so genau, wobei bei uns in Österreich
der Wiederbetätigungsparagraf im Gesetz verankert ist. Die ANR,
Aktion Neue Rechte, war verboten, ihre Mitglieder traten dennoch
immer wieder in Aktion.

Gegenüber von Hitlers Geburtshaus hatten sich die Männer der Rechten Fraktion versammelt. Ich bekam es mit der Angst zu tun, sie waren bewaffnet, einer hatte sogar einen Morgenstern, andere Ketten. Es war offensichtlich und spürbar, dass nicht viel passieren musste, damit die Anspannung sich löste und in Gewaltausbrüchen eskalierte.

Wir standen gegenüber. Die GRMler, *Gruppe Revolutionäre Marxisten*, die österreichische Sektion der Trotzkistischen Vierten Internationalen aus Salzburg waren auch da. Wir riefen Parolen wie: – Nazis raus! – und dergleichen. Eine Genossin der GRM drohte mit dem Regenschirm und ließ Schimpfparolen los. Es entlud sich enorme Wut.

Wirklich provokant und dieses Gefühl der damaligen Gräuel heraufbeschwörend waren die Nazis. Ich verdrückte mich in die Gasse hinter mir. Ich hatte richtig Angst. Die Stimmung war mehr als unheimlich. Plötzlich gingen alle aufeinander los, die Polizeihunde wurden losgelassen, ein Hund bekam einen von uns zu fassen. Ich lief weg; das war mir zu heftig. Ich hatte Glück und konnte mich verziehen. Vor dem Stadtturm war es eng. Es gab Verletzte. Die Geschichte mit dem Regenschirm wurde legendär. Wir machten die GRMler dafür verantwortlich, provoziert zu haben. Es wäre ohnehin eskaliert, da bin ich sicher. Wir wollten, dass die Nazis verschwinden und die Polizei ihre Aufgabe wahrnimmt. Es wurden Menschen verhaftet, allerdings vorzugsweise die Kommunisten, nicht die Nazis.

Die Clique

Mit Karl und auch ohne ihn war ich bei politischen Veranstaltungen der Kommunisten immer dabei. Jakob differenzierte meistens, wo er mitmachte und wo nicht. Bei unseren Festen war er da. Wir machten Ausflüge ins Gewerkschaftsheim der Jungen Generation der SPÖ nach Marienstein. Dort traf ich Elisabeth. Sepp hatte ein Auto und lud uns ein mitzufahren, so viele nur irgendwie Platz hatten. Wir saßen übereinander. Sepp hing zum Dauerleidwesen seiner Freundin zu oft am Bier. Manchmal fuhr er auch, wenn er getrunken hatte – das hätte Mutter nie wissen dürfen und Vater schon gar nicht, aber egal. Zum Glück waren damals um einiges weniger Autos auf den Straßen. Wir grölten Lieder von *Zupfgeigenhansel*, Arbeiterlieder, internationale Lieder, *Venceremos*, in der Art.

Wir verabredeten uns mit den GewerkschafterInnen in Marienstein. Die Jugendlichen der Gewerkschaftsjugend waren genauso radikal wie wir in ihren Ideen. Ich fuhr ab und zu mit zu gemeinsamen Veranstaltungen, bis etwas passierte, was der Achtung der Menschenrechte und der Solidarität nicht entsprechen konnte! Nämlich eine Vergewaltigung einer Genossin von Genossen. Im Beisein von anderen Genossen! Elisabeth war entsetzt, als sie das erfuhr. Da war das Miteinander mit denen vorbei. Ich fuhr nicht mehr mit hin.

Es gab Sitzungen der Kommunistischen Jugend Österreichs, an denen ich mich manchmal beteiligte. Wir druckten im *Loch*, so nannten wir die Räumlichkeiten, unsere Schülerzeitung auf Matritzen – wir kamen nicht auf die Idee, sie SchülerInnenzeitung zu nennen. Jakob war bei diesen Sitzungen nicht dabei. Irgendwie langweilten sie mich auch – rückblickend. Die Intellektuellen trafen sich eher bei Musiksessions bei einem Freund und Schulkollegen von Jakob. Wir machten irgendetwas mit irgendwelchen Musikinstrumenten und Topfdeckeln. Zu diesem Freund flüchtete ich mich manchmal, wenn's mit meinen Eltern wieder eskalierte. Die Eltern unseres Freundes waren sehr aufgeschlossen, genauso wie Jakobs Eltern, wo wir uns auch immer wieder trafen. Er hatte ein großes Zimmer und wir sahen uns bei ihm die *Rappelkiste* an – eine lustige, gesellschaftskritische, anregende Kindersendereihe. Zwanzig Jahre später sollte sie *meiner* Kinderbetreuungseinrichtung den Namen geben – kaum jemand wusste den Ursprung dieses Namens.

Wir diskutierten als junge Menschen Kindererziehung, griffen alle Themen auf, um sie zu besprechen und für uns aufzubereiten.

Jakob

Ich mochte Jakob; schon als ich siebzehn war und noch mit Karl zusammen, fühlte ich mich sehr zu ihm hingezogen. Ich weiß nicht warum, aber ich weiß, dass meine Mutter mir die Erlaubnis gab, Silvester 1977/78 bis Mitternacht mit meinen FreundInnen zu feiern und mich danach mit einem Taxi nach Hause fahren zu lassen. Ich ließ mich gerne darauf ein. Es waren die jungen Männer, die sich mit Bowle sehr betranken. Einer von ihnen war Lehrer, der in seinem heiteren Zustand ständig rezitierte; – Geh üben! – . Das wurde zum Running Gag. Wir wussten, Jakob war mit seiner Familie Schi fahren. Ich hoffte so sehr, dass es sich ausging, ihn noch zu sehen. Endlich kam er in seiner Schikluft. Er setzte sich zu mir, wir kuschelten uns aneinander und genossen unsere Nähe. Karl schien das nichts auszumachen, er war nicht eifersüchtig. Er war sich meiner sicher. Es ging insgesamt rund, wir waren alle sehr ausgelassen. Jakob und ich küssten uns, er war nach einer Weile von der Bowle spürbar angeheitert. Ich fuhr mit dem Taxi brav nach Hause. Es sollte noch ein Jahr dauern, bis ich mich endgültig für Jakob entscheiden sollte.

Auch zu Silvester. Es gab wieder ein rauschendes Fest bei GenossInnen, die schon selbst eine Wohnung hatten. Jakob und ich lagen den ganzen Abend beieinander. Wir gingen in ein Nebenzimmer, um für uns zu sein. Karl kam herein, entschuldigte sich und ging wieder. Ich war sehr in Jakob verliebt und wollte Karl doch nicht verletzen. Er zeigte sich souverän und tolerierte (genau im Sinne des Wortes – das sonst meist anders verstanden wird – nämlich: erdulden) unser Turtelverhalten. Die Gastgeberin borgte mir Handschuhe, Haube und Schal fürs Nach Hause gehen am frühen Morgen. Ich durfte sie behalten. Es war über Nacht Winter und kalt geworden. Ich ging meinen Weg von der Stadt nach Hause, allein. Ich schwebte auf Wolke sieben, die Sterne glitzerten für mich, es war ein wunderbarer Neujahrsmorgen, ich genoss mich in meinen neuen Gefühlen.

Jakob wohnte mit Karl und noch zwei Studenten in einer Wohngemeinschaft in Salzburg. Ich feierte dort fünf Tage später meinen Geburtstag. Karl lud mich ins Kino ein. Wir sahen uns einen Film mit den Marx Brothers an. So witzig konnten sie gar nicht sein, liefen mir die Tränen – ich wusste, die Trennung stand bevor. Karl wunderte sich noch immer. Immerhin, er war mein erster ernsthafter Freund.

Da beide in der gleichen Wohngemeinschaft wohnten, veranlasste das einen weiteren Mitbewohner dazu, zu werten, wie schändlich ich mich doch benahm, ins Nachbarzimmer zu *tauschen* und Karl sitzen zu lassen. Moralisieren tun die, die selbst verbergen mögen … Es war auch unmoralisch, mit den *falschen* Leuten zu verkehren. Höchstens um SympatisantInnen zu gewinnen, hätten wir uns mit Andersdenkenden abzugeben. Auf dieser Linie war jener Mitbewohner.

Es war eine schöne Zeit. Jakob und ich unternahmen weite Spaziergänge. Ich liebte seinen Humor und wie wir miteinander herumalberten.

Karl war mir ein zu hundertprozentiger Kommunist. Ich hörte auch gern Ernst Busch und Brecht Songs von Therese Giehse.

Jakob war intellektuell und erreichbar. Nicht arrogant. Er hörte auch Jazz und fand neben der Arbeit im Studentenverband auch andere Dinge lebenswert.

Ich liebte ihn mit seinen himmelblauen Augen, seinem blonden schulterlangen Haar, seinem schon erkennbaren Haarausfall und seinem gekräuselten roten Vollbart. Wir hörten Musik von Lindisfarne und den Dubliners, das hatte aber nichts mit Jakobs Aussehen zu tun, obwohl die irischen Männer ihm ähnelten. Jakob tat mir gut. Ich wollte ihn sehen. Die Sehnsucht packte mich und ich fuhr per Anhalter mit meinem selbstgehäkelten, gepackten Seesack nach Salzburg. Er war nicht daheim. Ich vermutete ihn bei seinen Eltern zu Hause und fuhr wieder zurück nach Grubenau.

Familienanschluss

Er war doch noch in Salzburg gewesen. Ich blieb bei seinen Eltern, die sehr liebevoll zu mir waren und unglaublich gastfreundlich. Jakob rauchte, rauchte zu Hause aber wenig, aus Respekt. Es war selbstverständlich, bei ihm mit zu wohnen. Später sollte ich fast jährlich mit seiner Familie Weihnachten feiern. Sie wussten um die Intoleranz meiner Eltern. Ich erzählte meinen Eltern von Jakob – das heißt meiner Mutter – sie lernte ihn nicht kennen und verurteilte ihn als Nichtsnutz wegen seines Studiums der Germanistik und Geschichte. Er würde es damit zu nichts bringen. Unsere Liebe sei eine aussichtslose Beziehung ohne Zukunft. Was immer sein Studium mit unserer Liebe zu tun haben sollte, verstand ich nicht. Ich machte meinen Weg selbst. Mutter dachte immer noch an einen Ernährer, wie sie ihn hatte. Das könnte doch nicht schaden. Es war nicht anzuhören! Jakob war wohltuend unkompliziert.

Seine ganze Familie mit Tanten, Onkeln, Omas und Opas nahm mich in ihren Kreis auf. Das tat richtig gut.

Jakob wuchs als sogenanntes Schlüsselkind auf. Auch das erfuhr meine Mutter und beurteilte es.

Jakobs Mutter ging bald nach seiner Geburt arbeiten und Jakob wuchs bis zur Schule am Bauernhof seiner Großeltern auf. Das war so, weil nicht genug Geld für das gemeinsame Alltagsleben da war und gleichzeitig wollte Jakobs Mutter arbeiten, sie hatte ihre Arbeit schon vorher. Jakobs Eltern teilten sich die Hausarbeit. Sie begrüßten die *Halbe – Halbe* Regelung, die in den Neunzigern im Familienrecht verankert wurde, um die Arbeitsbelastung im Haushalt gerecht aufzuteilen. Jakobs Eltern praktizierten das. Beide griffen zum Beispiel zum Staubsauger, spülten das Geschirr – vorgekocht hatte immer seine Mutter. Sein Vater kochte nicht. Jakob schon und das sehr gut.

Das war mit ein Grund, dass wir unsere Beziehung bis heute pflegen, nämlich, dass nicht darüber diskutiert werden muss, was jeder im Haushalt zu tun hat, sondern dass wir Hand in Hand arbeiteten. Kochen lernte ich erst im Laufe der Zeit. Jakob übernahm das Kochen, als unsere Tochter zur Schule kam, wieder fast vollständig. Heute habe ich auch wieder Lust und Freude am Kochen und ich koche gut. *Manchmal trägst du mich ein Stück und dann trag' ich dich ein Stück.*

Ich fand es auch besonders schön, dass Jakobs Eltern sich beim Spazierengehen die Hand hielten und sich öffentlich und zu Hause küssten. Sie waren wunderbare Vorbilder, wie man gemeinsamen alt werden kann. Den Sohn aus so einer Beziehung wollte ich lieben.

Förderer und Verhinderer

Von meinen Zeichenlehrern im Gym bekam ich Vertrauen in meine Begabungen und in mich selbst. Zwei von ihnen waren Künstler. *Natürlich* musste ich dem SchülerInnenverhalten entsprechen, in den Zeichenstunden den Blödsinn und die Verweigerung mitzumachen, die in anderen Unterrichtsstunden fast nicht möglich waren. Wenn wir uns trotzdem in den so genannten *wichtigen* Fächern verweigerten und nicht jeder Forderung der Lehrer nachkamen, hatte das unangenehme Konsequenzen. Im Zeichenunterricht nicht. Damals war es für moderne Lehrer ein erster Schritt, uns im Sesselkreis in U-Form zu setzen, damit der Frontalunterricht nicht so frontal aussah.

Das war bei einem jungen GZ[16] Lehrer so und im Zeichenunterricht saßen wir auch in U-Form. Wobei das hier keine Rolle spielte. Wir hatten nur besseren Augenkontakt zueinander. Es fand Kommunikation statt, ohne dass das ein Problem für den Lehrer darstellte. Wir sollten nach Themen malen und wenigstens ein paar Zeichnungen und Malereien am Ende des Schuljahres abgeben können. Es wurde zurückhaltend beurteilt. Es musste ja beurteilt werden. Das hatten damals unsere Zeichenlehrer verstanden, dass man Kreativität nicht beurteilen kann.

---

[16] Geometrisch Zeichnen

Bis auf einen, der nur ein Semester da war und besonders cool sein wollte, aber, als wir cool sein wollten, kam er damit nicht zurecht. Im Freien Türme und andere Sachen zu zeichnen, um Perspektiven zeichnen zu lernen, war eine gute Idee. Diejenigen, die rauchten, durften auch rauchen. Die meiste Zeit waren wir aber unterwegs und haben nicht gezeichnet, er hatte uns mit einer schlechteren Beurteilung gedroht.

Aber er war die Ausnahme. Leider starb unser erster Lehrer bald an Krebs und erst in der Oberstufe bekamen wir einen Grubenauer Künstler in Bildnerischer Erziehung.

Wir arbeiteten mit vielfältigem Material. Linoleum zu bearbeiten machte mir Freude. Ich konnte mich in diese Arbeit richtig vertiefen. Ein Spiegelbild herauszuarbeiten, um es im Druck dann als das Andere wahrnehmen zu können. Was das Besondere an diesem in sich ruhenden Lehrer war: Er sagte mir, ich sollte Kunst studieren. Wir sprachen nicht viel, er holte mich nur dieses eine Mal zu einem Gespräch und sagte das. Unglaublich, es schätzte jemand meine Fähigkeiten und glaubte an mich.

Pohh, nach Wien gehen und Kunst studieren!

Es begannen die *Wenn und Abers* in meinen Gedanken zu wachsen. Die verinnerlichten, immer wieder gehörten Botschaften vom brotlosen Sein, wie der Schauspielerei meiner Tante. Widerstände regten sich in mir: – Was sollen mir solche Argumente anhaben? – Ich spielte auch mit dem Gedanken, eine Lehre zur Goldschmiedin zu beginnen; niemand fand die Idee gut: – Sieh zu, dass du bis zur Matura kommst und dann studiere, nur das bringt dich weiter. –, waren die Weissagungen.

Ich kannte junge Menschen, die schon in die Arbeitswelt integriert waren, Lehrlinge, Kindergartenpädagoginnen, LehrerInnen. Elisabeths Freund war bei der Eisenbahn.

Gut. Ich machte Matura, damit was wird aus mir, was immer aus mir werden sollte. Ich hatte nie den tragenden Hintergrund meiner Eltern. Meine Mutter versprach sich, mit einer Heirat in ein *rei-*

ches Haus meinen Lebensinhalt und mein Lebensziel zu sichern. Sie hatte in dieser Beziehung immer wieder Ideen. Von Vater erfuhr ich: Jus, Medizin und maximal Lehramt, was Anderes würde er nicht finanzieren; er hätte es allerdings finanzieren müssen. Dieses leidige Thema wurde mit Mutter und von Vater in Form von komischen Briefen besprochen, die begannen mit: – Unter der Bedingung … -. – Unter der Bedingung, dass du mir nicht mehr unter die Augen kommst, erhältst du monatlich dreitausendfünfhundert Schilling. –

Zu Gute halten kann ich ihm, dass er mir ein Studium zugemutet hatte.

Und nach Wien gehen? Ich hatte Freunde in Wien, aber mein Freund ging nach Salzburg studieren. Nachdem ich mich von ihm getrennt hatte und ich mich in meinen jetzigen Mann verliebte, war der Weg nach Salzburg unausweichlich.

Ich war immer gern in Salzburg und lebe noch immer gerne hier. Für Wien hätte ich mich genauso begeistern können und zwischendurch bekam ich konkrete Sehnsucht nach der Bundeshauptstadt. Wenn ich gute berufliche Möglichkeiten gefunden hätte, wäre ich auch nach Wien gegangen. Wahrscheinlich war ich zu feige und hab somit auch nicht gründlich genug gesucht.

Wenn frau der Liebe wegen handelt, so ist das auch ein zu achtender Weg und es tut meinem Leben gut, Jakob getroffen zu haben.

Meine echten Sehnsüchte, die meinen Begabungen entsprachen, hatte ich nicht gelebt. Die Idee mit der Kunst hat mich berührt. Wo es mich tatsächlich hinzog, war die Architektur. Das Eine hätte das Andere nicht ausgeschlossen. Gestalten war und ist mein Weg. Architektur kann, muss aber nicht brotlos sein; als inneres Argument galt das auch nicht. Wenn mich etwas interessiert und es mir wichtig ist, gehe ich den Weg und sehe, was dabei herauskommt. Das entspricht mir, wenn ich frei bin. Damals litt ich unter vielen Zwängen.

Darstellende Geometrie und das Scheitern

In den letzten zwei Schulstufen ließ ich mich von der Darstellenden Geometrie herausfordern. Wir waren in diesem exotischen Fach eine kleine Gruppe von zehn SchülerInnen. Physik und Naturgeschichte war den meisten SchülerInnen im Naturwissenschaftlichen Gymnasium näher. Mich nicht für die neuen Sprachen Französisch und Englisch vertiefend zu entscheiden, war wegen der Sympathien zu den KollegInnen, die anders wählten. Gleichzeitig war es auch eine Entscheidung des scheinbar leichteren Weges. Doch mein Interesse für die Wahl am Darstellenden Geometrischen Zeichnen war schon auch geweckt. In der siebten Klasse teilten sich die *NaturwissenschafterInnen* in TeilnehmerInnen an Darstellender Geometrie oder Physik und Naturkunde.

Elisabeth war mit mir. Wir lernten viel, ich zeichnete gerne und war stolz auf meine Ergebnisse – nur sie waren nicht in Ordnung. Ich fing an mich dabei zu quälen. Ich bat meine Kollegen um Hilfe. Ich besuchte sie zu Hause und hatte bei einem Jungen vom Jahrgang vor uns Nachhilfe. Ich wollte verstehen, hatte aber immer kleine Fehler, die mich scheitern ließen. Für den Lehrer waren meine Fehler nicht klein.

Auch in der Unterstufe hatte ich Freude am Geometrischen Zeichen und Mathematik fiel mir im Grunde nicht schwer. Die Art des Umgangs der Lehrer mit uns hinderte mich, mich unbehindert einzulassen und damit verbunden waren meine Selbstzweifel. Ich selbst hatte mit jenem, der seinem Verhalten nach dem Professor aus Friedrich Torbergs *Schüler Gerber* nahekam, tatsächlich weniger ein Problem. Die cholerische Art, Hefte durch die Klasse zu pfeffern, weil er die Leistungen in den Schularbeiten nicht zufriedenstellend fand, war mehr als daneben. Schüler Gerber-Allüren waren an dieser Schule durchaus noch an der Tagesordnung. Zum Beispiel, als Schlüsselbunde von Lehrern durch die Gegend gepfeffert oder Hefte zerrissen wurden, weil eine Schülerin von der anderen abgeschrieben hatte. Nämlich ich von Elisabeth. Und Elisabeths Heft hat Herr Rössler zerrissen. Mit uns gebrüllt wurde immer wieder, der Ton war bestimmt nicht immer angemessen und SchülerInnen wurden vor anderen lächerlich gemacht.

Irgendwie fühlte ich mich trotzdem geschützt, wie in Hermann Hesses Gedicht: Die Stufen: – *… Und jedem Anfang wohnt ein Zauber inne, der uns beschützt und der uns hilft zu leben …* –

Das Gefühl, dass mir geholfen wurde zu leben, meine Lebendigkeit zu spüren, Auswege finden zu können, das Gute um mich wahrzunehmen, dieses Gefühl kannte ich auch.

Hatte es mit dem Mitleid der Lehrenden an dieser Schule bezüglich des Verhaltens meines Vaters mir gegenüber zu tun? Oder war es der Status meines angesehenen Vaters im Metallwerk? Mal das, mal dies.

Und meine Trotzmacht!

Das alles hat mir nicht geholfen, als ich bei den Schularbeiten der Darstellenden Geometrie saß und mir alle Fingernägel bis aufs Blut abkaute und negative Noten schrieb.

Meine Fingernägel mussten immer mal dran glauben. Ich biss sie bis tief in den Nagelansatz, schon jahrelang. Eine Freundin bemühte sich, meine Fingernägel dennoch zu feilen, wenn Ansätze eines Wachstums da waren, um mich dann zu motivieren, weniger daran zu kauen, weil sie schön gepflegt waren. Zu Hause hatte ich keine Feile und lernte nicht den Umgang damit. Körperpflege war Waschen und Baden, darüber hinaus war es Eitelkeit.

Ich spekulierte mit dem Lernen und den Noten in der Schule und konnte bis zum Jahresende immer meine Noten ausbessern, wenn ich vorher keine Lust zu lernen hatte und alles andere, nämlich das Leben, wichtiger fand.

Der Abschluss der achten Klasse war mir wichtig, um zur Matura zugelassen zu werden und sie auch zu schaffen – ich wollte endlich aus diesem Grubenau weg.

Und was geschah? Ich hatte eine Entscheidungsprüfung in Darstellender Geometrie. Ich schaffte die Schularbeiten kaum positiv, nur mit großer Mühe. Was hatte sich der Lehrer bemüßigt gefühlt zu sagen? Weil ich eine Frau bin und ich ihm versprechen musste, nie Architektur zu studieren, würde er mir den Weg zur Matura ebnen (Aufschrei!). Das konnte ich schon versprechen, ich hätte es ja trotzdem wagen können Architektur zu studieren, vielleicht wäre ich am Zeichnen gescheitert, niemand weiß es.

Das tat weh. Das war die erste offensichtliche Einschränkung meines Weges außerhalb meiner Familie. Eine Bestärkung meiner Unsicherheit dieses Weges. Den Mut dafür aufzubringen wäre ohnehin schwer genug gewesen. Es war eine Beleidigung.

Die Freude, zur Matura antreten zu können, war gedämpft. Gleichzeitig *wusste* ich schon, ich werde danach nach Salzburg ziehen, um zu studieren. Ich besuchte Jakob während meiner Vorbereitungszeit zur Matura und lernte in der Wohngemeinschaft. Das gelang sehr gut.

Die Matura schaffte ich für meine Begriffe gut, ich war gut vorbereitet und hatte Freude an der Mathematikarbeit. Ich verstand sie und fand sie nicht schwer. Doch mein Gefühl täuschte mich hier, denn mein Lehrer informierte mich vor dem Notenbeschluss, ich sei an der Grenze zum *Nicht Genügend* gewesen. Er hätte beim Landesschulrat die Empfehlung geäußert, mich positiv zu beurteilen. Ich dachte, ich würde den Boden unter meinen Füßen verlieren, denn ich hatte zumindest ein *Gut* erwartet. Ich hatte mich verrechnet, so war das. Aber: Ich war durch, ich hatte die Matura geschafft, alles andere war nicht mehr von Bedeutung.

Diese Zeit um die Matura war mit großem Druck verbunden. Es zu schaffen, war für mich die Perspektive zur Freiheit.

Arbeitswelten

Ich war immer sehr stolz darauf, mein eigenes Geld zu verdienen. In die Mühen und in gute Erfahrungen der Arbeitswelt einzutauchen, war Bereicherung, eine Erweiterung meines geistigen Horizontes. Zu erleben, wie die meisten Menschen ihr Geld verdienten, war wichtig für mich, um sich nicht immer im eigenen Kreis zu drehen. Es wäre anders gewesen, hätte ich diese wertvollen Erfahrungen – das Leben der Menschen, denen ich begegnen durfte, annähernd zu begreifen – nicht machen dürfen.

Für Mitgefühl und Verständnis gegenüber anderen Menschen müssen wir nicht all ihre Erfahrungen machen. Allerdings kann eine gesunde, wertschätzende und offene Einstellung zu anderen Menschen durch unterschiedliche, vielfältige eigene Erfahrungen entstehen.

Ich hatte gute Beziehungen zu den Eltern, deren Kinder ich betreute und begleitete. Mir war es immer ein Anliegen, die täglichen Sorgen, Nöte und *Freuden* der Menschen wahrzunehmen und verstehen zu können. Menschen achtsam anzunehmen und nicht unsere *Beschlüsse* unreflektiert anderen überzustülpen, zum Beispiel, wie Eltern zu funktionieren hätten, brachte mich hin und wieder in Konflikt mit *Systemen*. Meine Haltung und mein Interesse, gepaart mit Empathie für den sozialen und kulturellen Hintergrund der Menschen, erschien mir eine Notwendigkeit, um ihre Anliegen zu begreifen.

Wie zum Beispiel in Alltagssituationen, wenn Mütter ihre Kinder nicht zum ausgemachten Zeitpunkt von der Kinderbetreuungseinrichtung abholen konnten, Arbeitsbedingungen und der Druck in bestimmten Firmen bekannt waren, wie bei Krankenpflegerinnen, im Gastgewerbe oder bei Reinigungspersonal, wie sollte ich die Frauen verurteilen und gar zurechtweisen?

Unsere Zuständigkeit, dass es jedem Kind in der Einrichtung gut geht, dass wir es auch in der überlappenden Zeit gut begleiten, das heißt, die Zeit für es anregend ist und in Geborgenheit begleitet wird, müsste selbstverständlich sein. Einen Unmut am Kind auszulassen, dass Mutter *wieder* zu spät kommt, sollte tabu sein. Wir hatten die Kinder *nicht* in die Garderobe zum Warten auf Mama gesetzt, sodass Mutter sofort erkennen würde, dass sie mit ihrem

Zuspätkommen einen Fehler gemacht hätte. So, als würden wir sie abstrafen, moralisch abstrafen. Ja, es waren unsere Dienststunden. Ja, wir waren müde. Es war Einteilungssache unsererseits. Die Müdigkeit hatte vielerlei Gründe.

Für die meisten Mütter und Väter war es ohnehin kein Thema, alles Notwendige für ihre Kinder in Ordnung zu haben, rechtzeitig da sein und die Kinder zu unterstützen, rechtzeitig fertig zu sein. Pünktlich ist anders als rechtzeitig.

Meine Erfahrungen in der Arbeitswelt bis dahin waren ein intensiver, ereignisreicher Weg.

Meinen ersten Arbeitsplatz organisierte ich mir bei der Post. Ich wollte in den Ferien nach der sechsten Klasse verreisen. Mutter meinte, gut, aber sie würde dafür keinen Groschen bezahlen. Ich bekam den Job. Die Arbeit machte mir Freude und mein eigenes Geld zu verdienen umso mehr! Wenn es schön war und es wenig Post gab, konnte ich um elf Uhr ins Schwimmbad. Es war ein wunderbarer, erfüllter Sommer.

Nicht mein Ding

Leider gab's im nächsten Jahr keine Ferialjobs bei der Post. Ich suchte und fand eine Stelle im Salzburger Sternbräu. Da musste die Arbeit rasch gehen und der Chef war kein Freundlicher. Ich hatte riesige Tabletts auf Schulterhöhe zu balancieren, die Speisen und Getränke zu bonieren, Biere abzuholen. Ich erfuhr zum ersten Mal, was ein Bierwärmer ist und verbrannte mich daran. Ich wurde nach Stundenlohn bezahlt und bekam 13 Schilling in der Stunde. Die großen Tabletts waren viel zu schwer und ich hatte nicht die Kraft und die Geschicklichkeit, sie zu balancieren. Ich lud einen mit Speisen und Soße vollgefüllten Teller an einem Gast ab. Ich war völlig überfordert mit dem Tempo und der Menge und den vielen Tischen, für die ich zuständig war. Ich wollte es versuchen, am dritten Tag gab ich meine Kündigung bekannt. Diese Tätigkeit überstieg meine Fähigkeiten, solche Dinge zu tun, die ich vorher gar nicht gelernt hatte und mir aber genauso, zugemutet wurden, als hätte ich sie gelernt.

Diesen Sommer hatte ich keine Arbeit mehr gefunden.

Karl und ich kauften das *Austria Ticket* und reisten zwei Wochen mit dem Zug quer durch Österreich. Wir blieben wo es uns gefiel und schliefen im Zelt, in Jugendherbergen und in WGs.

Monotonie und Freiheit

Nach der Matura bekam ich die Möglichkeit, in den *Wackerwerken* im bayrischen Burghausen als Schichtarbeiterin in zwei Schichten zu arbeiten. Ich schlief bei Jakob. Wir mussten, wenn wir beide Frühschicht hatten, um vier Uhr aufstehen, um dann mit einem Schichtbus voller *Bildzeitung* lesender Männer abgeholt zu werden.

Ich sortierte oder wusch acht Stunden lang Siliciumscheiben, mit genau bemessenen Pausen: Brotzeit mit Hannutta und Gröbi. Ich lernte Studentinnen aus Bayern kennen und Schichtarbeiterinnen, die im Akkord konkurrierten. Es war eine anstrengende Arbeit, weil sie sehr eintönig war und ich immer die gleichen Armmuskeln zu bewegen hatte. Obendrein verrichteten wir diese Arbeit den ganzen Tag im Stehen. Um vierzehn Uhr waren wir mit der Frühschicht fertig. Wir hatten also anschließend noch viel Zeit ins Schwimmbad zu gehen und uns dort zu erholen. Die Spätschicht ging bis zweiundzwanzig Uhr. Selten, dass ich nach der Schicht noch ausging. Meistens fiel ich müde ins Bett. Viele Menschen machten das schon jahrelang. Wenn ich nach dem Ausgehen in Grubenau mit dem Schichtbus des Metallwerks zu später Stunde, wenn kein öffentlicher Bus mehr fuhr, nach Hause nach Waghofen fuhr, hatten einige der Schichtarbeiter glasige Augen und man merkte ihnen das Spiegeltrinken an. Ein Arbeitsleben lang auf Schicht arbeiten zu müssen, die ständige Umstellung von einer Schicht zur nächsten ist für Körper und Seele, so finde ich, eine Zumutung.

Die Männer, die zusätzlich noch die Nachtschicht arbeiteten, bauten an ihrer Gesundheit und ihrem Wohlbefinden ab. Sie büßten an Lebensqualität ein. Das war für mich als junges Mädchen erschreckend. Ist es eine Wahl?

Einige waren Bauern, denen die Schicht mit dieser Zeiteinteilung gut passte, um sich gutes Geld im Nebenerwerb dazuzuverdienen. Wie geht's diesen Menschen? Wie gut geht es mir, solchen Belastungen nicht ausgesetzt sein zu müssen!

Acht Wochen lang arbeiteten wir in Burghausen und anschließend reisten wir sechs Wochen nach Kreta. Eine besondere Reise. Wir verbrachten vierzig Stunden im Zug nach Athen, bis wir dann über Nacht mit dem Schiff nach Kreta fuhren. Wir schliefen in unseren Schlafsäcken unter funkelndem Sternenhimmel im kühlen Wind auf Deck …

Es war meine erste Begegnung mit dem Meer; ich war überwältigt. Ich war eins mit dieser Weite. In Heraklion wollten wir umgehend ins Meer springen, ohne darauf zu achten, dass hier Seeigel sein könnten. Jakob und ich stürzten geradezu auf die Stacheln der Seeigel mit Ferse und Handfläche. Ein Grieche meinte, wir sollten uns gegenseitig anpinkeln. Schmerzhaft war es allemal.

Wir bereisten die Insel per Bus mit Zelt und Schlafsack. Wir schliefen an den Stränden und erreichten Gegenden, die keinen Tourismus kannten. Was nicht immer von Vorteil war, was die Verrichtung der Notdurft in der Natur anbelangte. Es waren andere vor uns da gewesen. In Vai, einem riesigen Wildcampingplatz ohne hygienische Möglichkeiten. In der naheliegenden Taverne konnte man sich notdürftig waschen.

Wir gingen lange Strecken mit unseren Tramperrucksäcken. Ich war manchmal am Ende meiner Kräfte. Die Landschaft und das Meer versöhnten mich wieder. Es luden uns liebe Einheimische ein, mit ihnen zu essen. Wir genossen das vielfältige griechische Essen, den Retsina, den Ouzo, das Baklava. Es war eine Freude in die Küche gebeten zu werden und dort aus den Pfannen auszusuchen, worauf wir Lust hatten.

Ich reiste mit drei jungen Männern. Mit einem war ich in frischer Liebesbeziehung, mit dem anderen war unsere Paarbeziehung ein dreiviertel Jahr vorbei und der dritte wohnte mit den beiden in der Salzburger Wohngemeinschaft. Wir kannten uns alle aus Grubenau. Der Dritte meinte für alle sprechen zu müssen und wir stritten eine Nacht durch. Er sollte sich nicht moralisierend einmischen, wie es wem gehen würde. Das war sehr belastend, denn ich hatte das Gefühl, mich gegen etwas verteidigen zu müssen, was gar nicht war.

Bei diesem Streit aßen wir gesalzene Sardinen und tranken Rotwein. Wir ahnten beim Kauf in diesem Laden beim bärtigen Griechen nicht, wie salzig diese Fische sein würden. Ich weiß noch, wie unser karges Zimmer ausgesehen hatte, welches wir damals gemietet hatten, um am nächsten Tag weiterzureisen.

Mit meinem Exfreund verstand ich mich gut.

1980 arbeiteten Jakob und ich auch noch einmal in den *Wacker Werken*, das Jahr danach bekam ich keine Arbeit mehr in den Ferien.

Barmaid

Ich lebte mittlerweile mit Jakob zusammen in einer angenehmen Zweizimmerwohnung in Salzburg.

Eine liebe Freundin aus dem Bund Demokratischer Frauen (BDF) hatte mir die Stelle als *Barmaid* in der Schweiz vermittelt.

Ich erinnere mich, wie ich gekleidet war. Ich meinte mich besonders anziehen zu müssen, da meine baldige Chefin viel Wert auf Äußeres legen würde, meinte Evelyn. Rock und Bluse waren meine Wahl. Die Bluse war enganliegend, mit schmalen, rot-weißen Streifen. Der Stoff war unangenehm. Warum tat ich mir das an? Ich schwitzte und ich gefiel mir nicht. Gleichzeitig fühlte ich mich unwohl, weil ich mit dem Zug ins Ungewisse fuhr; obwohl Evelyn mir versicherte, dass es eine ordentliche Arbeit war, wo frau sehr gut verdienen konnte. Das war dann auch der Fall.

Ich war angekommen und fand mich in der Bar Orangensaft trinkend. Frau Kersten war sehr freundlich. Sie lud mich sofort zum Einkaufen ein, weil ihr überhaupt nicht passte, was ich anhatte. Mir auch nicht, weil ich in einer rot-weiß gestreiften Bluse nicht ich selbst war. Ich trug gern alternative, gemusterte lange Röcke. Wir hatten nicht gerade den gleichen Geschmack. Ich machte für meine Arbeit Kompromisse. Zusätzlich zum Lohn bekam ich ein schönes Zimmer im Haus und köstliche Mahlzeiten. Meine Chefin und Wirtin kochte ganz vorzüglich. Sie verwöhnte mich sehr und am Sonntag ging ich in der Nähe frühstücken. Das beste Bircher Müsli, das ich je gegessen haben würde! Mit allen Früchten und Körnern ...! Das Zimmer war klein, aber in Ordnung. Es hatte einen guten Geruch. Ihre Tochter hatte daneben einen Nippes-Laden. Der Mann meiner Chefin war viel älter als sie und Alkoholiker; er saß täglich an der Bar und trank Beaujolais. Wenn die Chefin an der Bar saß, ließ sie sich zu einem *Güpli* einladen – einem Glas Champagner.

Ich arbeitete mit einer lieben, freundlichen Kollegin zusammen. Ich mied alkoholische Getränke, wenn ich eingeladen wurde und trank Orangensaft; Heidi, meine Kollegin, war alkoholkrank, wie ich später erfahren sollte. Sie lud mich zu sich in ihren Bungalow nach Hause und bot mir Cognac an, ich nahm Wasser. Sie erzählte mir von ihren Beziehungen und den Schwierigkeiten mit Männern. Sie sah gut aus. Heidi liebte einen verheirateten Mann. In der Schweiz Anfang der achtziger Jahre war das nicht einmal denkbar! Der Garten mit Ausblick zum See war wunderschön. Wir saßen bis abends zu unserm Arbeitsbeginn im Liegestuhl und genossen das Leben und uns. Wir verstanden uns ganz wunderbar und der Gesprächsstoff ging uns nie aus!

Ich war Mädchen für alles. Ich bediente im Gartenbetrieb auf der Terrasse an einem schönen Platz am See. Abwechselnd dazu bediente ich die Gäste an den Tischen um die Bar und übernahm die

Bedienung an der Bar. Wir hatten keinen Notizblock, egal wie viele Gäste zu bedienen waren. Wir merkten uns die Bestellungen und bereiteten sie selbst zu. Wir mixten Getränke, machten Espresso und *Café Crème*[17]. Wir toasteten, wärmten Würste in der Mikrowelle, bereiteten Eiscremebecher zu und wuschen das Geschirr im kleinen Geschirrspüler. Wir holten Wein und Champus und kredenzten ihn. Meistens gelangen die Abende gut und ich bekam viel Trinkgeld. Im Traum arbeitete ich die Nacht weiter durch – die ganze Nacht war ich auf den Beinen und zählte Geld. Um ein Uhr nachts war *Polizeistund'*. Die Polizei kam tatsächlich kontrollieren, ob wir noch Gäste bedienen würden. Wir machten noch sauber und ich ging in mein Zimmer Geld zählen. Ich hatte Stress, ob das Geld mit den Belegen übereinstimmte. Irgendwann wurde ich ruhiger und meistens hatte ich gutes Trinkgeld.

Am Tag ging ich gern zum See an die Promenade. Es war sehr schön hier. Ich las viel und genoss das Alleinsein.

Dario kam wegen mir ins *Althus*, so hieß die Bar. Andere Männer auch. Damals war er für mich Gast, wie jeder andere auch. Ich war mit Jakob zusammen und wollte das auch bleiben. Allerdings nicht mehr lange. Ich wollte es wieder wissen, das Leben anders spüren zu lernen, was zu inneren Konflikten führte und zu Komplikationen. Ich spürte die Leichtigkeit des Unabhängigseins. Bald nahm ich Einladungen zum Segeln von zwei jungen Schweizern an. Durch die Landschaft fahren, gut essen gehen, ausgehen, Freunde treffen. Ich ließ mich auf Beziehungen ein und wusste, es ist Oberflächlichkeit.

Elisabeth besuchte mich mit ihrem damaligen Freund, ihrer Schwester Paula und mit Agathe. Jakob war schon da. Meine Chefin bezahlte uns den guten Weißwein bei einem befreundeten Wirt und bestellte für uns Käsefondue mit viel Schnaps. Wir waren sehr ausgelassen und der Käse lag uns schwer im Magen, umso

---

[17] Café Crème ist eine lange Tasse Kaffee, die nach der Espressomethode zubereitet wird. Die Variante ist besonders in der Schweiz verbreitet. Auch: *Schümli Kaffee*

mehr Schnaps sollte Abhilfe leisten. Wir konnten uns danach kaum mehr bewegen. Paula war dabei, es wurde eine lange Nacht – wie immer, bei den seltenen Gelegenheiten, wenn ich mit Elisabeth und Paula gemeinsam verreiste.

Meine FreundInnen übernachteten bei Dario. Er war sehr gastfreundlich. Damals war ich mit Jakob noch zusammen, unsere Beziehung veränderte sich. Ich merkte, etwas ging in eine andere Richtung, erkannte diese aber noch nicht. Dario, hatte ich das Gefühl, tat das alles für mich aus purem Altruismus.

In diesem Sommer spürte ich, ich muss endlich allein sein. Ich genoss das Singleleben hier in Zug. Ich war jung und in der Bar flirteten die Männer mit mir. Zwei waren die Ursache, dass ich mich tatsächlich von Jakob trennte. Er arbeitete zu diesem Zeitpunkt mit einem Freund in München bei BMW. Wir telefonierten und er spürte, ohne dass ich etwas sagen musste, unsere Beziehung würde zu Ende gehen. Es ging ihm extrem schlecht. Als ich nach Hause kam, schenkte er mir einen Strauß roter Rosen und eine funkige Schallplatte und ich sagte ihm, es sei vorbei. Nach einer Woche reiste ich noch einmal für ein paar Tage in die Schweiz.

In der Schweiz zog ich mit den beiden Männern, die eine gemeinsame Wohnung hatten, herum. Wir genossen das Segeln bei wunderbarem Wetter am Zuger See mit ihrem Segelboot. Die beiden waren gesegnet mit einer Leichtigkeit und Unbeschwertheit. Einer der beiden hatte eine Affinität zu Peru.

– *Hoy es hoy, manana es otro dia* –, pflegte er zu sagen, wenn ich mir Gedanken machte über das Leben und wie es weitergehen sollte. Die Leichtigkeit könnte man auch als Oberflächlichkeit interpretieren. Die beiden nahmen es leicht mit den Frauen. Natürlich war ich nicht die Einzige. Wir segelten eines Tages zu einem Fest. Ich wusste, dass wir dort im Boot übernachten werden oder im Freien. Ich war zu wenig Schweizerin (wollte ich auch nie sein!) und merkte, dass ich da nicht dazu gehörte. Mir war langweilig und die Kajüte war sehr unbequem; es wurde eine lange Nacht.

Diese beiden Männer vermittelten eine Freiheit *ohne Verantwortung*, höchstens Tendenzen einer Verantwortung. Sie waren großzügig und in ihrer Wohnung konnten wir machen, was wir wollten. Dennoch hatte diese – schlussendlich doch- Beziehungslosigkeit einen schalen Beigeschmack.

Immer wieder zog es mich zu den beiden und ich lernte eine ihrer Freundinnen kennen. Mit ihr fuhr ich im Auto durch die schöne Schweizer Landschaft um den Vierwaldstättersee und wir hielten, wo es uns gefiel. Wir sangen laut zu Joan Armatrading. Ich hatte die Füße am Armaturenbrett und ließ mir den Fahrtwind um die Ohren blasen. Wir fühlten uns frei. So frei kann frau sich nur ohne Männer fühlen. Immer spürte ich eine Art von Abhängigkeit, auch wenn da nie eine fixe Beziehung hätte sein können. Ich wollte gefallen und oft wartete ich viel zu lange auf ein Rendezvous, ich nahm einiges in Kauf. Die anderen Frauen waren mir egal, diese Art von loser Beziehung war damals trotzdem okay für mich. Ich wollte Gespräche führen zu für mich wesentlichen Themen. Gesellschaftliche, soziale Themen. – Es sei doch nur belastend –, war die Antwort. Warum ließ ich mich trotzdem auf sie ein? Anerkennung, ein Gefühl von Freiheit und Unangepasstheit. Trotzdem war ich eingeschränkt.

Dario hatte mich in diesem Jahr immer wieder im *Althus* besucht. Er saß Stunden da und trank ein Glas Weißwein, – *wießer G'spritzter*. Das zweite Jahr bekam ich diese Arbeit nicht mehr. Dario lud mich am Ende der Saison zu sich nach Hause ein.

Es war ein sehr schöner Abend in einem sehr schönen Haus mit einer besonderen Atmosphäre, ein altes Fachwerkhaus. Draußen tobte ein heftiges Gewitter. Wir saßen vorm Fenster und sahen zu. Da war Nähe, vorsichtige, langsam sich anbahnende Nähe. Endlich war es ihm gelungen mich zu erobern. Es war gut mit Dario zu sein, ich mochte ihn sehr. Er hielt es aus, dass ich ihm in seinem Nichtraucherhaus die Bude vollpaffte. Morgens, an meinen freien Tagen, rauchte ich schon zum Frühstück eine Parisienne und trank geräucherten Tee – *Ruchtee*. Er verwöhnte mich, wo es nur ging.

Wir machten wunderbare Ausflüge zu schönen Plätzen am See. Ich mochte seinen orangen VW-Bus, an dem er immer herumbastelte – mit dem sollten wir ein Jahr später durch Spanien nach Marokko reisen.

Ich verstand einige Schweizer Bräuche nicht und hatte auch ein Problem mit dem Schweizer Zugang zu Frauenrechten. Erst 1971 waren Frauen tatsächlich wahlberechtigt und im Appenzell stimmten die Männer noch mit Schwertern ab, so hieß es. Dort errungen die Frauen das Wahlrecht erst 1990!

Wir sangen mit den Beachboys und Genesis. Unbeschwerte Musik, weiße Musik aus den USA für ein unbeschwertes Leben. Die Musik nach dem Krieg, die vergessen ließ. Leichtigkeit gepaart mit Oberflächlichkeit? Nein, nicht immer. Dario engagierte sich gegen die Nestleversuche in Afrika, Babies mit unverträglicher Trockenmilch zu versorgen. Mit ihm konnte ich gut diskutieren. Geld war ihm nicht wichtig, er könnte sich seinen Wohlstand, gesund und bewusst zu leben leisten, wie viele Schweizer. Oft hörte man von Schweizern in seiner Umgebung, ihre Franken seien ihnen nicht wichtig. Sie gaben sich sehr alternativ.

Dario hatte einen verwachsenen kleinen Garten und einen schönen Park ganz in der Nähe am See. Da ging ich hin, wenn ich allein sein wollte. Zwischen großen, hohen Weiden waren hohe Schaukeln. Ich liebte es, abends in der Dunkelheit allein am See zu schaukeln; es war schaurig schön. Ich sollte das wieder tun, nachts schaukeln zu gehen.

Das Alleinsein war immer wichtig.

Mädchen für alles

Ein Jahr später suchte ich mir einen Job in der Schweiz, als ich schon eingereist war. Einen Tag vor meiner Reise in die Schweiz, am 15. Mai 1982, fuhr ich noch auf die Friedensdemo in Wien. Ich war da mit hunderttausend anderen FriedenskämpferInnen. Erhebend und berauschend, dieses Gefühl, in die euphorische Menge Menschen einzutauchen und überzeugt zu sein, gemeinsam Frieden bewirken zu können. Ich hatte meine Seminare an der Uni abgeschlossen und fuhr per Anhalter gleich von Wien in die Schweiz. Ich wollte die Studienrichtung wechseln und erst mal Geld verdienen. Ich war finanziell am Limit. Also reiste ich per Anhalter. Ich dachte mir nicht viel dabei. Ich war unverwundbar, sehr selbstsicher und von mir überzeugt. Ich hatte ein Auftreten gegenüber Männern, das mich schützen sollte. Es war abenteuerlich. Ich lernte die schrulligsten Menschen kennen und ich hatte bis auf einmal, als ich per Anhalter fuhr, immer Glück. Wohl fühlte ich mich nicht in einem flachen Sportwagen, in dem ich mehr lag als saß und der Fahrer meinte, er müsse mir mit der Geschwindigkeit seines Autos etwas beweisen. Ich bat ihn, die Geschwindigkeit zu reduzieren, weil mir Langsamfahren gelegener käme; ich war ihm ohnehin zu flippig.

Bei Dario konnte ich wohnen. Ich suchte mir einen Job und konnte ab Juni im Altersheim Baar zu arbeiten beginnen. Eine Woche in der Küche: den ganzen Vormittag Eierschwammerl putzen, oder den ganzen Vormittag Eier schälen, oder den ganzen Vormittag Zwiebel schälen. Eine Woche Dienstmädchen: den ganzen Vormittag die Stockwerke saugen. Eine Woche bei den BewohnerInnen: Tabletten verteilen, Katheder legen helfen (!); Klo putzen, Windeln wechseln. Viel zu selten: zuhören. Eine Woche in der Wäschekammer im Keller: bügeln, Wäsche zusammenlegen, waschen. Dort lernte ich Hemden bügeln und sie richtig zu falten. Die Wäsche von Verstorbenen, die niemand mehr benötigte, hatte ich zu entsorgen. Da waren entzückende Spitzennachthemden darunter. Ich durfte mir welche aussuchen. Damals färbte ich viele Klamotten lila (Ich wusste damals nicht, dass es die Farbe der Transformation ist). Ich färbte diese Nachthemden lila und trug sie als Alltagskleidung. Im Herbst trug ich eines auf der Romanistik, als ich Barbara kennenlernen sollte.

Eines Tages begann es mich auf dem Kopf zu jucken. Ich sagte meiner Kollegin, sie soll mich auf Nissen und Läuse untersuchen. Sie fand keine. Abends sah ich nicht nur die Nissen. An jeder Körperbehaarung siedelten sich schon Läuse an. Ich war entsetzt. Wir besorgten in der Apotheke Lausschampoo, wuschen uns beide die Kopfhaare und die Körperbehaarung rasierte ich radika(h)l. Ich nahm meine gesamte Kleidung, warf sie in die Waschmaschine und wusch sie heiß. Unser Bettzeug, alles musste an diesem Abend gewaschen werden. So hatte ich morgens nichts mehr anzuziehen. Ich ging einen Stock tiefer in diesem wunderschönen Fachwerkhaus zu Darios Bruder und seiner Frau. Sie borgte mir Wäsche und Kleider. Ich fuhr wieder mit dem Fahrrad am schönen Zuger See entlang in meine Arbeit. Dort meldete ich meine Situation, damit sich alle untersuchen ließen. Es wurde auf die leichte Schulter genommen, allerdings hörte ich nicht davon, dass noch jemand Läuse bekommen hätte.

Es war ein Geschenk, morgens fünf Kilometer am See entlang zu radeln und den jungen Tag zu spüren und abends am Rad abschalten zu können. Die Arbeit war anstrengend, aber sie machte mir Freude. Ich arbeitete neun Stunden am Tag in einer Sechs Tage-Woche. In der Schweiz war das Gesetz. Ich verdiente nicht so viel wie in der Bar, aber ich war zufrieden.

Ferne

Dario und ich beschlossen den Rest des Sommers nach Spanien zu reisen – mit seinem orangen VW-Bus, an dem er laufend bastelte, um eine gemütliche Schlaf- und Sitzgelegenheit zu schaffen.

Wir nahmen gute Musikkassetten mit. Die Beachboys sollten mir in Erinnerung bleiben als eine Assoziation von Wiederankommen zu Hause.

In der französischen Schweiz hielten wir an einem erinnerungswürdigen Cafe'. Ich hörte zum ersten Mal schweizerisches Französisch. Schwyzerfranzösisch? Dario sprach mit der Kellnerin in diesem witzigen Akzent. Ich fand es sehr amüsant. Der Kaffee war sehr gut und irgendwie war hier die Atmosphäre weicher, luftiger, leichter als in der deutschen Schweiz. Wir fuhren am Genfer See entlang nach Frankreich. Diese Gegend mit ihren Weingärten blieb mir in wunderschöner Erinnerung. Wir suchten einen guten Platz zum Schlafen. An einem versteckten Parkplatz im Wald hatten wir Glück. Wir machten viele Kilometer. Wir durchquerten Frankreich, machten in kleinen Dörfern Halt und inhalierten die Atmosphäre bei Frühstück mit Croissant und Cafe' au Lait. Wir hatten die Idee die Dünen von Arcachon zu bereisen und dann weiter nach Biaritz zu fahren. Bei den Dünen hielten wir länger. Im Baskenland wollten wir durch San Sebastian und kreisten in der Stadt, ohne eine Ausfahrt zu finden. Wir waren sehr müde, als wir außerhalb endlich einen Abstellplatz für unsere Schlafstätte fanden. Dario hatte Angst, wir hörten Gewehrschüsse. In der Nähe vom Strand an einem Waldweg schliefen wir. Wir gingen in ein einheimisches Restaurant Fisch essen. Rindfleisch wäre billiger gewesen. Die Schüsse hörten auf. Morgens sahen wir die Weite des Atlantiks vor uns. Ich liebe das Meer. Der Strand war klein, wenige Menschen waren da. Wir lagen auf Schotter. Die Gezeiten überraschten uns, wir rückten fünf Meter zurück. Ich wollte nach Bilbao und von dort nach Guernica. Ich wollte sehen, wo die Nazis mit Franco im Spanischen Bürgerkrieg eine Stadt dem Boden gleichgemacht hatten. Die Stadt, von den Truppen Francos besetzt, in der immer weiter gemordet wurde. Ich hatte ein Poster von Pablo Picassos *Guernica* erstanden, das ich auf Holz aufziehen ließ. Es fand Platz in vielen Zimmern meiner Umzugskarriere bis es verblich.

Dario verfuhr sich. Wir fanden Bilbao nicht, keine Ahnung warum. Er hatte ein ungutes Gefühl im Baskenland. Ich, die sich noch zu den Kommunisten hingezogen fühlte, fand es dort aufregend.

Abenteuer im See

Wir fuhren ins Landesinnere über die Meseta, es wurde immer heißer und trockener. Wir besorgten uns Cidre und Wein und leckeres Essen und fanden bei einem See in der Nähe eines verlassenen Dorfes Platz zum Campen. Leute aus Bonn gesellten sich zu uns. Wir hatten es feuchtfröhlich. Es war so heiß, dass ich nachts in den See baden ging, es war wunderbar im Mondschein zu schwimmen. Ich fühlte mich so frei und spürte mich. Doch ich war betrunken und auf einmal spürte ich, wie mein Kreislauf nicht mehr mitmachte. Ich konzentrierte mich, atmete bewusst und konnte gerade noch das Ufer erreichen. Wenn einmal was so richtig schön ist, spielt der Körper verrückt – also das nächste Mal nüchtern im Mondschein baden. Meine Freunde am Feuer bekamen das nicht mit. Erst als ich schon da war.

Wir sahen uns Städte wie Sevilla und Granada an und wollten an die Südküste. Wir fuhren mit dem Auto an den Strand. Dario meinte, der Sand würde tragen, er sei nicht tief. Wir mussten auf die Guardia Civil achten, wildes Campen war verboten. Vor der Guardia Civil hatte ich Angst. Die Diktatur Francos war gerade einmal sieben Jahre vorbei ...

Wir genossen einen wunderbaren Abend am Strand. Am Morgen sahen wir sie schon kommen. Sie stiegen den steilen Abhang zu uns. Wir warteten ab. Ich konnte von unserer Zeit in Spanien schon ein bisschen Spanisch kommunizieren. Wir waren sehr freundlich. Das Schweizer Kennzeichen hatte bestimmt auch Vorteile. Wir luden die Polizisten der Guardia Civil auf ein Glas Cidre ein. Es waren zwei junge Guardisten. Sie gesellten sich zu uns in den Bus und amüsierten sich. Wir mussten versprechen bald weiterzufahren. Dummerweise waren sie dann zu schnell weg. Der Bus blieb im Sand stecken, die Räder drehten durch. Dario legte Matten unter, die wurden vom Schwung des Rades weggeschleudert. Ich sollte mich ans Steuer setzen, ich hatte keine Ahnung vom Autofahren. Davor hatte ich großen Respekt. Dario stand hinter dem Bus, um anzuschieben. Ich sollte Gas geben und hatte große Angst, ihn niederzufahren! Langsam, unter großem Stress gelang das Vorwärtsbewegen des VW-Busses. Es dauerte, bis wir wieder an einer asphaltierten Straße waren – eine Schnapsidee in eine Bucht zu fahren.

Jetzt waren wir schon so weit im Süden. Afrika war so nah. Wir könnten doch gut nach Afrika überschiffen. Nach einigem Hin und Her und Meinungsverschiedenheiten entschieden wir uns und erreichten mit Darios orangem Bus eine zeitlich günstige Fähre.

Spätestens an den verschleierten Frauen erkannten wir, Marokko und die Grenze nach Tanger erreicht zu haben.

Ich fand es respektlos, wie Touristinnen in Shorts und Leiberl mit Spaghettiträgern die Afrikanerinnen zu beleidigen schienen. Vor allem hatte ich selbst ein ungutes Gefühl. Ich verkroch mich im hinteren Teil unseres Busses und zog mir mein indisches langärmeliges Kleid über. Die Grenze war unheimlich mit den bewaffneten Militärs. Wir warteten lange auf die Einreise.

Zum ersten Mal war ich in Afrika. Ich sog alles auf: die Menschen, die Landschaft, die Gerüche. Wir erreichten Tetouan. Noch in Spanien gesellte sich ein Tramper aus Bonn zu uns. Er redete zu viel. Zu dritt wollten wir uns Tetouan ansehen und dort Rast machen. Wir fanden einen Campingplatz, der von Militärs bewacht war. Ich wusste nicht, ob ich mich beschützt oder bedroht fühlen sollte.

Männer sprachen mich an, ob ich schwanger sei – mit dem indischen Kleid sah ich wohl so aus. Ich ließ sie in dem Glauben, denn die Blicke der Männer gegenüber westlichen Frauen waren unerträglich. Ich hakte mich intensiver und ganz eng bei Dario unter. Andauernd wurden wir angehalten, in einen Laden zu kommen und Tee zu trinken. Schließlich ließen wir uns überzeugen oder waren es müde. Es war dennoch besonders, allein die Erfahrung gemacht zu haben: der Pfefferminztee mit der ganzen Minze und viel Zucker schmeckte einzigartig. Unser Gastgeber machte ein besonderes Ritual aus der Teezubereitung in der Art, wie er den Tee immer wieder mit Hingabe in die Kanne nachgoss. *In meinem Garten wuchert Pfefferminz für Tee für Jahre hinaus.* Wir tranken aus verzierten Gläsern. Wir plauderten unbefangen mit den zum Teil zahnlosen Männern in englischer Sprache, obwohl üblicherweise Französisch gesprochen wurde. Wir vermuteten später, dass die ausgefallenen Zähne vom Haschischrauchen herrühren könnten – oder von den Unmengen Zucker im Tee!

Es war in männerbesetzten Kneipen offensichtlich, wie sich marokkanische Männer mit Haschisch einrauchten. Wenn du als Touristin dabei erwischt werden würdest, könntest du dir die Konsequenzen nicht einmal ausdenken! Zur gleichen Zeit waren Freunde von mir in einem marokkanischen Gefängnis eingesperrt, wie ich zu Hause erfuhr, weil die Polizei bei ihnen Haschischbesitz vermutet hatte, was sich später als Irrtum herausstellen sollte. Trotzdem waren sie dort sechs Wochen(!) inhaftiert. Sie erzählten nicht davon.

Unsere Gastgeber wollten natürlich etwas verkaufen. Wir wussten, es entsprach den Gepflogenheiten und ihrer speziellen *Kultur*, wenn wir uns auf ein Gespräch zu ihren Waren einließen und ihre wunderschönen Taschen, Polster, Schmuckstücke und Teppiche begutachteten, dass wir auch ein Geschäft abschließen *mussten*. Es war klar, dass wir sonst mit unangenehmen Konsequenzen zu rechnen hatten. Ich fand ein paar Stücke sehr schön, eine Tasche, einen Hocker… und kaufte ein. Unser *Freund* Dieter aus Bonn quatschte mit den Händlern über Teppiche, ließ sich immer wieder welche zeigen und beteuerte, keinen kaufen zu wollen. Wir bezahlten meine Sachen – den Hocker hatte ich noch bis vor kurzem – und wollten gehen. Den Mann aus Bonn wollten die Händler festhalten, er musste einen Teppich kaufen. Wir gingen gemeinsam mit Dieter schneller, ein Mann verfolgte uns, wir verfingen ihn in ein Gespräch und schrien, Dieter sollte rennen. Jetzt und schnell. Der Mann zückte ein Messer und rannte hinter ihm her. Dieter konnte entwischen, wir trafen ihn wieder am Campingplatz.

Die Menschen waren unglaublich arm. Es kamen reiche TouristInnen in ihr Land und manche Marokkaner meinten, wenn wir schon ihr Land genießen wollten und sich ihrer Kultur auch nähern, dann sollten wir auch dafür löhnen. Verständlich. In einem Land, in dem Menschen unterdrückt und arm sind, sind Verbrechen unvermeidbar. Ich kann das verstehen, habe aber kein Verständnis für Gewalt.

Wir sahen in einem Hinterhof Frauen, die sich mit Trommeln und Henna auf eine Hochzeit vorbereiteten. Wir wollten nicht voyeuristisch wirken und gingen weiter.

Ich färbte mein Haar schon damals mit Henna und deckte mich in Marokko damit ein.

Am Campingplatz lernte ich Petra kennen, eine tolle Frau aus Berlin. Wir freundeten uns schnell an und ich zog mit ihr ohne Dario los. Zu zweit und selbstsicher, wie wir waren, genossen wir die Straßen von Tetuoan und gingen zum Markt riechen, sehen und staunen. Wir hatten eine kleine Trommel mit, Petra fing unterwegs immer wieder zu trommeln an. Ich glaube, die Menschen hielten uns für verrückt, wir bekamen aber keinerlei Probleme.

Wir verspürten Hunger und gemeinsam mit den beiden Männern machten wir eine Kneipe ausfindig. In den Kneipen der Einheimischen (für TouristInnen hatten wir nirgends welche gesehen) waren nur Männer. Mit der Verständigung war es nicht besonders leicht. Wir konnten kaum Französisch. Also bestellten wir Couscous. Mit einem ungenießbaren Suppenhuhn. Ich musste aufs Klo, dringend. Mir wurde eine dunkle Kammer gezeigt. Kein Licht. Ich konnte erahnen, wo das Loch der Stehtoilette war. Der Boden war weich. Ich wollte nicht wissen, worauf ich stand. Gut, dass ich festes Schuhwerk anhatte. Ich sollte mein Tampon wechseln. Ich spürte, es war dringend an der Zeit. Das, was sich Klo nannte, stank ekelerregend nach Pisse. Es war eindeutig spürbar, dass viele Orte für Frauen nicht zugänglich waren – Touristinnen wurden eben geduldet. Elisabeth und ich waren in einem echten einheimischen Lokal – jetzt wussten wir das.

Ich freute mich auf den Campingplatz. Am Brunnen konnten wir mit Wasser aus der Flasche Zähne putzen. Die Stehklos waren sauber.

In Asilah blieben wir drei Tage. Die Weite des Meeres war so wunderbar, so berührend. Dort zu sein tat mir bis in meine Tiefen gut. Ich genoss diesen wunderbaren Sandstrand. Es war kitschig:

ein junger Marokkaner spielte Beatlessongs auf seiner Gitarre zum Sonnenuntergang am Lagerfeuer. Der junge Musikant genoss sichtlich sein weibliches Publikum. Er machte sich aufdringlich an mich heran. Ein Nein allein genügte nicht, ihn zu besänftigen. Ich beschimpfte ihn und wir mussten gehen.

Die eigenen Frauen werden bis zum Heiraten weggesperrt und die Männer rühmen sich der Polygamie, so sah ich das. Ich interessierte mich für Kulturen und die Lage von Männern und Frauen aus unterschiedlichen Kulturen mit allen Facetten und Hintergründen. Im Christentum war es genauso, dass die Frauen jungfräulich in die Ehe gehen mussten. Für Männer war das kein Grund, sich vor der Ehe nicht zu vergnügen. Und somit war es für viele Frauen vorbei mit der Jungfräulichkeit. Generationen von Müttern gaben Tricks weiter, wie das Leintuch in der Hochzeitsnacht denn doch noch blutig wurde. Man weiß, dass in so vielen Religionen der Welt die Vagina genäht wurde, nicht nur in Zusammenhang mit den schrecklichen Beschneidungen und Verstümmelungen der weiblichen Geschlechtsorgane in afrikanischen und anderen Ländern. Es ist schauerlich, wie tiefgreifend eine männerdominante Welt in die weibliche Körperlichkeit und Psyche verletzend und verachtend eindringt. Zum Glück entwickelt sich die Menschheit weiter in Richtung Humanität. Ich glaube daran.

Damals war Marokko sicher ein gefährliches Reiseland.

Marokkos Tücken

Wir wollten nach Mecknes und Fes. Wir mussten die Tage einteilen, obgleich uns noch Zeit bis zu unserer Heimreise zur Verfügung stand.

Die Beschilderung der Wegweiser war Arabisch und unsere Straßenkarte inkompatibel mit der Straßensituation. Wir orientierten uns nach den Himmelsrichtungen. Wir kamen an eine Bergstraße. Die Serpentinen führten uns immer höher. Aus einer Wüstenlandschaft gerieten wir überraschend in eine Föhrenlandschaft. Wir begegneten keiner Menschenseele und trotzdem fuhren wir weiter. Es stieg Nebel auf. Petra holte ihre Speedies hervor und ihr biologisches Kraut zum Zigarettenwuzeln – keine Droge – Biozigarette nannte sie es. Dario hielt das kaum aus und der Bonner wurde nervös. Der Geruch würde uns verdächtig machen, wenn wir auf Polizei stoßen würden. In der gottverlassenen Gegend? Petra und ich rauchten. Plötzlich tauchte hinter uns ein Toyota-Pritschenwagen auf und fuhr ganz dicht an uns heran. Der Fahrer hupte und winkte heftig. Wir blieben nicht stehen, sondern wir fuhren an den Rand dieser engen Straße, um das drängelnde Auto vorüberfahren zu lassen. Wir wurden überholt. Ein Mann hing mit seinem Oberkörper aus dem Wagenfenster und gestikulierte wie wild mit seinen Armen. Der Fahrer bremste, fuhr schneller, bremste wieder und wollte uns zum Anhalten zwingen. Wir bekamen es mit der Angst zu tun. Dario vor allem tat mir leid. Plötzlich waren sie weg. Ein paar Minuten später tauchte ein Mercedes auf. Wir wussten nicht, ob uns das beruhigen sollte. Er hatte ein deutsches Kennzeichen und machte den gleichen Wahnsinn mit uns wie der Wagen zuvor. Wir sahen zu unserer Beunruhigung Autos im seitlichen Abgrund liegen.

Wir alle hatten großen Druck auf unserer Blase, immer dringender benötigten wir einen geschützten Ort für unser basales Bedürfnis! Der Mercedes verschwand wieder. Wir fanden eine Ausbuchtung, einer Umkehrstelle gleich, im Wald. Dario lenkte den Bus tiefer hinein, damit wir unentdeckt bleiben würden. Wir hatten eben alle gepinkelt, als wie durch Zauber der Mercedes hinter unserem Bus stand. Die Männer stiegen aus und der Pritschenwagen kam langsam aus dem Nichts auf uns zu. Ich blieb sehr ruhig, wir alle harrten der Dinge. Uns war klar, dass es um Haschischhandel gehen würde. Die Marokkaner fragten uns, ob wir welches haben möchten. Wir lehnten dankend ab. Wichtiger war ihnen jedoch der Bus. Sie wollten ihn kaufen, um Haschisch über die Grenze schmuggeln zu können – sie zeigten auf die Seitenteile an der Wagentür und wie praktisch der Bus als Versteck wäre. Wir bekämen viel

Geld dafür. Wir beschlossen in unseren Bus einzusteigen. Natürlich waren sie nicht zufrieden mit unserem Abgang. Trotzdem ließen sie uns erstaunlicherweise entkommen.

Ein paar Mal überholten sie uns wieder. Es ging endlich bergab, die Straße wurde breiter, die Landschaft karger. Am Ende dieser Straße über diesen Bergzug stand Polizei. Sie stoppten uns und untersuchten den Bus tatsächlich nach Haschisch. Wir befürchteten, die Männer hätten uns etwas untergeschoben, irgendwo im Bus versteckt. Zum Glück war das nicht der Fall!

Wir waren *zufällig* auf der Straße nach Fes. Danke! Wir fuhren in der Wüste an Lehmhütten vorbei und freuten uns, Zivilisation zu erleben. Wir hielten nicht.

Zivilisation

Ich tauchte in die wunderbare Atmosphäre der Medina in Fes ein. Wir konnten nach den Gerüchen die Bereiche der Handwerker ausmachen. Die Gerüche der Gerberei empfand ich nicht als sehr angenehm.

Baumwollstränge in den schönsten Farben hingen von Leinen, aus den Töpfen der Färber roch es streng. Wir erlebten unbedingt ein Fest für die Sinne. Im Souk wurden wunderschöne Metalllampen mit buntem Glas verkauft (Ich habe vor kurzem meine dort erstandene Lampe nach gut fünfunddreißig Jahren an einen Lampenliebhaber weitergegeben. Zeit, sich zu trennen.). Ein paar Schritte weiter waren die Gewürze wunderbar ansprechend in Schüsseln geordnet und wie Sandberge aufgetürmt. Der Duft umwob mich wie eine Wolke, süß, würzig, herb ... wie wenige Worte habe ich dafür!

Wir kauften Safran und Henna. Schmieden konnte man beim Bearbeiten und Schlagen von Messing zusehen. Messingteller in dieser Art hatte meine Mutter von vielen Reisen mitgenommen ... sie sind schön und vielseitig verwendbar.

Spielbretter und Tische aus Holz mit wunderschönen Intarsien wurden gefertigt. Es war einem zauberhaften Geschenk gleich, die vielfältige Auswahl an Kunstwerken ansehen zu dürfen.

Ich trat mit einem Fuß in Eselscheiße. Am helllichten Tag ist es stellenweise sehr dunkel in der Medina und in den engen Gassen transportierten Esel die Waren. Zum Glück hatte ich geschlossene Schuhe an, trotzdem war ich grantig.

Ich war müde, wir stritten immer mehr.

Mecknes besuchten wir noch. Die Campingplätze waren in Ordnung. Der Bonner ging uns allen dreien auf die Nerven. Er war überheblich und schimpfte auf Land und Leute. Nach den Erlebnissen hätten wir es ihm nicht verübeln können; trotzdem mag ich Respektlosigkeit und Verallgemeinerungen nicht.

Wir schlugen ihm vor, sich eine andere Mitfahrgelegenheit zu suchen, was er auch tat.

An der Grenze wurde vor uns ein Auto nach dem anderen auseinandergenommen; das Innere der Türen wurde abmontiert, Koffer und Taschen auf die Straße geleert. Bestens. Wir blieben tatsächlich verschont vor Gröberem. Die Grenzpolizisten sahen wohl in den Bus und stiegen ein, ließen uns einen Rucksack öffnen, aber das war es dann auch schon. Wir fuhren erleichtert mit der Fähre ans spanische Festland. Dario wollte noch Sehenswürdigkeiten und Städte besuchen. Petra blieb noch in Spanien, ich wollte zurück nach Hause. Wir waren sechs Wochen unterwegs gewesen. Ich hatte genug, vor allem, weil Dario und ich uns immer weniger einig waren. Möglicherweise war ich schon gesättigt von den vielen Eindrücken, es war genug.

Ich genoss noch unsere Aufenthalte in Kneipen, Restaurants und Cafe's. Ich mochte die Leute und liebte es, mich durch die einheimische Esskultur sinnlich zu berauschen. Ich deckte mich in Frankreich stangenweise mit Gauloises ein.

Es war spät nachts, als wir die Lichter von Zug sahen, die Beachboys hörten und ich berauscht vor Glückseligkeit war. Es ist eine besondere Stimmung, sich nachts von der Autobahn abfahrend einer Stadt zu nähern, am besten von einer Erhebung. Dario war meiner Sehnsucht wegen, nach Hause zu kommen, enttäuscht. Er wollte mich heiraten.

Allein deshalb ergriff ich die Flucht. Ich hätte die Schweizer Staatsbürgerschaft annehmen müssen! In einem Land, wo Frauenrechte, Feminismus und Gewerkschaft Schimpfworte waren.

Am nächsten Tag sollte ich per Anhalter nach Hause. Dario wollte, dass ich mit dem Zug fahre. Ich wollte, dass er mich zur Autobahnauffahrt fuhr. Sehr unfreiwillig tat er mir den Gefallen. Ich fuhr voller Euphorie nach Salzburg zu meinen FreundInnen, die mir sehr fehlten. *Home is where your heart beats.* Und das waren damals meine Wohngemeinschaft und meine FreundInnen. Ich empfand wohl Trauer beim Abschied von Dario. Wir hatten immerhin eine intensive Zeit miteinander gehabt und ich mochte ihn sehr. Im Winter besuchte er mich in Salzburg, aber er kam mit meinem Freiheitssinn gar nicht zurecht und er war mir fremd.

Nach Hause

Ich öffnete die Tür zur Wohngemeinschaft. Stella empfing mich mit offenem Herzen und ihrer Freude, mich zu sehen. Wir umarmten uns und freuten uns, uns wieder zu haben und holten uns einen Doppelliter *Sturm* aus der Kneipe nahe dem Toscanini-Trakt. Stella konnte sehr viel Alkohol vertragen, was sie zehn Jahre später das Leben kosten sollte. Sie versuchte ihre Gewalterfahrungen mit Männern buchstäblich hinunterzuspülen.

Damals war es einfach nur schön mit einer Freundin in weiblicher Innigkeit bei ein paar Gläsern Sturm die Nacht durchzuquatschen.

Mich hatte mein kurzer Aufenthalt in Marokko dazu animiert, Arabisch zu studieren. Ich fand die Herausforderung interessant, eine absolut neue Schrift und Sprache zu erlernen. Nach meinem abgebrochenen Jurastudium hatte ich ohnehin vor, endlich Sprachen zu lernen. Ich hatte das Bedürfnis nach Völkerverständigung. Ich wollte mit den Menschen, die mir begegneten, sprechen und mich austauschen können und ihre Kultur besser verstehen lernen. Das geht am besten in ihrer jeweiligen Sprache. Bei Arabistik täte sich einiges auf und ich erwartete mir auch beruflich Chancen; als Lektorin zum Beispiel? Schön wäre es gewesen, in Salzburg war dieses Studium nicht möglich. Ich wollte aber in Salzburg bleiben.

Wer oder Was soll ich werden? Wo liegen meine Interessen?
Was entspricht mir?

Ich studierte das Vorlesungsverzeichnis und entschied mich für Romanistik: Spanisch und weil Brasilien zu Lateinamerika gehört und es mir kulturell und politisch *am Herzen l*ag, entschied ich mich als Zweitfach für Brasilianisch. Wir waren eine kleine Gruppe von Studentinnen bei einem liebenswerten brasilianischen Padre mit ungewöhnlichen Lehrmethoden. Er machte ab und zu Anspielungen und vorsichtige Äußerungen zu seiner Vergangenheit in Brasilien. Er durfte nicht mehr in seine Heimat zurück. Eine gute Freundin hatte einen besonderen Bezug zu ihm, da sie monatelang immer wieder nach Brasilien zu ihrem Bruder reiste. Ihr vertraute er einiges an, gleichzeitig konnte sie seine Sprache ausgezeichnet. Sie lernte Sprachen wie ein kleines Kind, mit großer Selbstverständlichkeit.

Wir trafen uns nach den Proseminaren und Seminaren noch beim Wirt und bekamen einen guten Zugang zu dieser wunderbaren Sprache.

Mit dem Text Mercedes Sosas, der wunderbaren argentinischen Sängerin: – Gracias alla Vida, que me hado tanto … – (*Danke an das Leben, das mir so viel geschenkt hat* … –), war mein kurzes Spanischstudium beendet.

Die Lehrende unterbrach mich nach jedem Satz, meine Aussprache sei unmöglich. Ich muss katalanisch sprechen und nicht argentinisch. Gut, akzeptiert. Gleichzeitig erklärte sie mir, ich sei unfähig und sollte dieses Studium lassen und einen Beruf erlernen. Ja, das wäre auch meine Idee gewesen *mit* diesem Studium einen Beruf zu erlernen.

Diese Kränkung traf mich wie ein Blitz aus dem Nichts und das war tatsächlich der Anlass mein Studium zu beenden. Ich hatte das Gefühl, es nicht mehr schaffen zu können. Als ob ich den Boden unter den Füßen verlor. Ich bekam keinen Ferialjob im folgenden Jahr. Da in diesen Jahren ständig von der Arbeitslosigkeit der AkademikerInnen die Rede war, meinte ich, ohnehin keine Zukunft zu haben.

In meiner Entscheidung, Spanisch zu studieren, wuchs die Idee nach Mexico zu gehen und dort als Lektorin und Übersetzerin in einem Verlag zu arbeiten. Nicht nach Spanien. Ich wollte Bücher übersetzen, lateinamerikanische Literatur und österreichische, deutschsprachige Literatur. Mit dieser Idee konnte ich ganz eins sein. Es hat nicht sollen sein.

Ich konnte mir selbst und dem Leben nicht vertrauen. Zu sehr meinte ich, dass mich das Außen steuert … Ich könnte mir gleich einen Job suchen und mich endlich von den Mindestzahlungen und den Bedingungen meines Vaters lösen. Wie mein Bruder.

Elisabeth und ich hatten keinen regelmäßigen Kontakt.

Wir freuten uns, wenn wir uns sahen und genossen unsere Freundschaft. Unsere Freundschaft ist immerwährend.

Elisabeth wurde Lehrerin. Ich beneidete ihre Situation, ihren Weg zu kennen. Die Klarheit, die Regelmäßigkeit, engagiert sein zu können im gewählten Beruf.

Ich fuhr mit ihr gemeinsam in ihrem Auto. Sie trank aus dem Halbliterpackerl Milch und aß ihr Frühstückssalzstangerl. Elisabeth würde das jeden Morgen machen, zum Frühstücken hätte sie keine Zeit.

Sie konnte das wunderbar mit dem Schulweg im Auto vereinbaren. Ich konnte nicht Auto fahren, schon gar nicht dabei essen und trinken! Fühlte ich *Mangel*?

Ich sah, was ich nicht hatte und es schien unüberwindlich dorthin zu kommen. Wohin? Wohin wollte ich denn kommen? Wollte ich Lehrerin sein?

Wir begegneten uns auf Festen und trafen uns ab und zu mit unseren Freundinnen. Wir gingen gemeinsam in die Sauna im Paracelsusbad und ließen uns von den Frauen dort mit Bürsten abschrubben, bis wir rosarot waren.

Anschließend genossen wir Weißbier.

Ein Leben ohne Elisabeth gibt es für mich nicht. Sie bekam ihre liebenswerten Töchter in einer Zeit meiner Abwesenheit. Als sie ihre Kinder bekam und mit ihrem reisenden Freund zusammen war, hatten wir uns ein paar Jahre verloren.

Das passiert nicht mehr, auch wenn wir wissen, dass Zeit keine Rolle spielt für unsere Innigkeit.

In den letzten Jahren entwickelten wir wieder intensiven Kontakt. Wir feierten gemeinsam Feste. Elisabeths Geburtstagsfest animierte mich, meine unterschiedlichsten Freundinnen zu meinem Geburtstag einzuladen. Unsere Feste wurden zur Tradition, zu einem festen Bestandteil unserer Wiedersehensfreude im Jänner.

Freudig, anregend, humorvoll, tiefgehend, wärmend, freundschaftlich, unsere Gemeinsamkeit spürend, wertschätzend, liebevoll

Frauen

Letztes Jahr hätte ich für uns einen Höhepunkt geplant. Mit einer wundervollen Freundin, die mit Ritualen arbeitet und forscht, wollte ich das Ende der Raunächte mit meinen Frauen bei einem Feuer im Garten gestalten. Zeremoniell Altes loslassen, dem Feuer übergeben.

Ich wurde krank. An meinem Geburtstag meditierte ich. Ich war ganz bei mir – *Harald, Elisabeths Bruder, war da in meinen Bildern.*

Ihr Bruder war schon jahrelang sehr krank. Um Weihnachten telefonierten Elisabeth und ich. Lange übers Sterben. Es würde für Harald zu Ende gehen auf dieser Welt. Wir philosophierten über den Tod, über den Umgang mit ihm und waren traurig. Harald wollte leben.

Ich weiß nicht wie, ich sah in meiner Meditation Harald gehen, leicht, schwebend, lächelnd.

Elisabeth rief mich am nächsten Tag an. Harald sei gegangen.

Verschollen

Im Herbst nach meiner Marokkoreise und als ich dabei war, neue Wege des Studiums zu gehen, vermisste ich Jakob. Wir alle in der Wohngemeinschaft machten uns Sorgen. Er war in Tunesien unterwegs; das wussten wir, weil er in Lampedusa, nein, auf einer anderen italienischen Insel, unsere MitbewohnerInnen aus der Wohngemeinschaft getroffen hatte. Am Bahnhof in Rom fand Jakob die Nachricht von Mark und Livia, dass Lampedusa ein ödes Eiland sei und sie auf eine andere Insel unterwegs seien. Ohne zu wissen wo genau, fand er beide an einem Strand. Danach fuhr er allein nach Tunesien weiter. Es wurde Oktober und er war noch nicht da. Wir wollten Interpol einschalten. Jakobs Eltern wollten wir nicht anrufen und verunsichern. Es wurde November, auf einmal stand er in der WG-Tür mit weißem Turban, braungebrannt mit langem Bart und langem Haar. Ich musste zweimal hinsehen, er war richtig fremd. Unglaublich wie erleichtert und froh ich war, ihn wieder zu sehen! Er hatte drei Jungs aus Nürnberg in Tunesien getroffen und war mit ihnen weitergezogen, acht abenteuerliche Wochen lang. Er hätte die Idee gehabt durch die Wüste nach Kenia zu reisen, aber er wurde vorher krank. Als seine Freunde weiterreisten und er wieder gesund war, war ihm das Alleinreisen in der Gegend doch zu riskant. Sonst hätten wir noch länger auf ihn warten müssen!

Weihnachts-un-stimmungen

Ich war viel mit Stella zusammen. Sie verstand es, sich immer Freunde auszusuchen, die sie in ihrer Würde verletzten. Sie war mit einem Mann liiert, der mir von meiner ersten Wohngemeinschaft in frauenverachtender Erinnerung war. Er war herablassend und nannte Stella einen *Nudelfriedhof*, wenn sie mit Lust Spaghetti gegessen hatte. Sie war so gekränkt.

Auf unserer gemeinsamen Reise durch Kreta schwärmte er für androgyne Frauen. Das ließ er auch Stella spüren. Wir aßen gern und sahen auch gut aus. Von Männern lasse ich das nicht bewerten! Dieser *Freund* hortete Pornos, was einige mühsame und unnötige, sinnlose Diskussionen hervorrief. Die intellektuellen Männer der WG gingen in Verteidigung. Sie verstanden unsere Emotionen nicht, hatten nur Demütigung und Verachtung für unsere Meinung und unser Gefühl zu Pornos übrig.

Ich wurde zu Weihnachten von Stellas Eltern eingeladen, das heißt, Stella wollte mich mit dabeihaben, um mit ihrer Familie zu feiern. Ich freute mich über diese Einladung. Wir beide hatten es gemütlich. Das Fest dauerte nicht lange, die Stimmung war distanziert. Ich freute mich über ein Geschenk ihrer Eltern – Mozartkugeln. Ich freute mich tatsächlich! Ihre Mutter war sehr still und grau, unscheinbar. Ihr Vater sehr höflich. Wir zogen uns zurück. Ich bekam von Stella einen warmen angenehmen Overall als Schlafanzug. Ich glaube, mit diesem schützte sie sich vor Übergriffen seitens ihres Vaters. Ich spürte, dass etwas nicht in Ordnung war. Stella ließ anklingen, dass sie keine Nähe zu ihren Eltern wollte. Sie war auch wenig zu Hause und ließ Weihnachten auch ab und zu ausfallen. Ihr Vater hatte sie missbraucht. Sie hatte das nie verwunden. Immer wieder ließ sie sich auf Abhängigkeiten ein, die sie sehr unglücklich machten.

Vor Weihnachten erhielt ich ein Paket von einem Freund aus Wien mit einem kleinen Kuchen. Schön, meinte ich, da freu ich mich, dass Alexander für mich einen Kuchen bäckt. Ich zeigte Stella freudvoll den Kuchen. Es war ein Brief dabei, den wollte ich später lesen. Stella wollte keinen Kuchen. Ich begann zu kosten; ein kleines Stück, er war sehr lecker! Noch ein Stück aß ich. So groß war er nicht, ich aß ihn gänzlich auf. Mir wurde ganz angenehm komisch zu Mute. Ich begann zu lachen und konnte mich nicht halten vor

Lachen. Stella wollte mit mir reden, ich redete nur albernes Zeug. Mark und Livia kamen nach Hause. Livia war sofort klar, was passiert war. Ich war absolut abgehoben, fand alles urlustig, und nahm nichts und niemanden ernst. Livia hielt mich an, Gewürze umzufüllen. Ha, ich hatte sie durchschaut und tat es ihr zuliebe trotzdem, es war ja ganz witzig. Meine MitbewohnerInnen hielten mich nicht mehr aus. Sie setzen mich in Jakobs Zimmer vor den Fernseher. Es lief ein Programm mit Pferden, Lipizzanern aus der Hofreitschule, total uninteressant und ich kugelte vor Lachen! *Amadeus* nannte ich sie und war außer mir. Irgendwann schlief ich ein. Den Brief fand ich am nächsten Tag. Ich hätte den Kuchen mit meinem Freund genießen sollen, wenn er das nächste Mal nach Salzburg kommen sollte. Ich rief ihn an und musste ihm gestehen, dass ich zu gierig auf diesen Kuchen gewesen war und zu spät herausgefunden hatte, um welchen Kuchen es sich gehandelt hatte. Ein Shitkuchen. Wer denkt denn an so was? Es gab kein zweites Mal, auch nicht mit Alexander gemeinsam, dass ich dergleichen genossen hätte. Wir gingen in ein gutes Lokal essen, als er mich in Salzburg besuchte.

Leben ausprobieren

Heidi war nicht mehr da. Sie hatte sich das Leben genommen. Ein Opfer dieser Umgebung und des immerwährenden Suchens und Enttäuschtwerdens von Männern. Sie hätte alles in sich selbst gefunden, aber dazu hatte sie nicht die Kraft und die Erkenntnis.

Meine neue Kollegin war in meinem Alter, sehr lebenslustig und sie trank keinen Alkohol in dieser Bar während unserer Arbeit. Wir freundeten uns an. Ich übernachtete manchmal bei ihr, wenn wir nachts noch ausgegangen waren.

Wir waren keine Kinder von Traurigkeit. Manche männlichen Besucher in dieser Bar waren unnachgiebig. Ich ließ mich von einem Griechen überreden, mit ihm meinen freien Tag zu verbringen. Er besaß angeblich viele Schiffe und war sehr reich. Er lud mich nach

Luzern in ein teures Restaurant ein und zeigte mir die Stadt. Wir machten uns einen schönen Tag und genossen diese wunderbare Gegend am Vierwaldstätter-See. Natürlich lud er mich zu sich nach Hause ein. Ich wusste, wenn ich die Einladung annahm, könnte es unangenehm werden. Es war urkomisch. Er drehte laut griechische Musik auf und begann hingebungsvoll vor mir Sirtaki zu tanzen. Ich wollte gehen; er lud mich nach Griechenland ein und wollte, dass ich mitkomme auf eines seiner Schiffe und weiß der Himmel was noch. Das alles brachte er unheimlich theatralisch vor. Ich musste klarstellen, dass ich diesen Ausflug gut fand, aber mehr sei nicht. Sag das einem griechischen Mann, der dich mit zu sich nach Hause nehmen möchte. Er meinte, dass ich jetzt nicht einfach gehen und ihn hier stehen lassen könnte. Er erwartete sich, dass ich gefügig sei und verstand keineswegs, dass ich nicht im Sinn hatte, mit ihm ins Bett zu gehen. Ich ging zur Haustür hinaus und lief zu meiner Unterkunft. Ich hinterließ ihn schwer gekränkt. Er kam noch ab und zu in die Bar. Bestimmt fand er eine Andere. Ich lernte viele Menschen kennen. Manche Männer verstanden nicht, dass ich mich nicht auf sie einließ. Einen Wiener, Ben, der in der Schweiz lebte, lernte ich näher kennen. Er war witzig. Wir gingen mittags ins Cafe' *Kaffee Coretto* trinken. Ein Espresso mit Grappa, der Kreislauf kommt dabei ordentlich in Schwung. Mit Ben ging ich abends, besser gesagt: nachts noch in die Disco – das tat ich in Salzburg nie, oder kaum. Disco war nicht unbedingt der Ort, wo ich tanzen wollte. Ich kam hier auf den Geschmack und es tat gut, mich ausgelassen der Musik hinzugeben. Es war lustig und irgendwie komisch. Mit ihm fuhr ich in seinem Volvo nach Hause. Uns verband die Heimat. Wir hatten viel Spaß miteinander in einem verbindenden Wiener Humor. Wir unternahmen Ausflüge und fuhren nach Bern, besuchten dort den Zoo und aßen Crevetten. Ich hatte bis um sechzehn Uhr frei und an Regentagen bis siebzehn Uhr. Einen Tag in der Woche arbeitete ich nicht. Die Arbeit machte mir Spaß, das Leben war schön. Ich besuchte hin und wieder meine Freundin Lisa in Zürich und wir ließen uns über

Männerwelten aus. Jakob und Lisas Freund arbeiteten wieder bei BMW in München.

Ich lernte das *Brokahus* kennen. Als Second-Hand Liebhaberin war das eine Fundgrube für mich: alte schöne Möbel und Kleider in großer Auswahl. Diese Häuser sind eine Institution in der Schweiz. Ich bin mit einem Nachtkästchen im Gebäck mit dem Zug nach Hause gefahren.

Jakob und ich beschlossen nach unserer Ferienarbeit gemeinsam Urlaub zu machen. Wir waren uns im Grunde immer sehr nahe. Allerdings wollte Ben, dass ich bei ihm bliebe; schon wieder. Er wollte nicht verlassen werden, wobei immer klar war, dass ich nach der Beendigung meines Jobs nach Salzburg zurückgehen würde. Ich versprach zu telefonieren und er wollte mich in Salzburg besuchen kommen.

Gemeinsam und allein sein

Jakob und ich reisten auf die schöne Insel Santorin und nach Paros. Beim Ankommen mit dem Schiff in Santorin war mir übel. Jakob trug diesen langen Weg vom Hafen bis zum Ort hinauf auch meinen Rucksack. Esel standen zur Verfügung, jedoch wäre mir auf diesem Tier genauso schlecht gewesen. – Ireen! –, hörte ich einen Amerikaner immer wieder seine Frau rufen. Eine Menschenmenge von Amerikanern kam eben von einem Kreuzschiff, das am Hafen Thiras angelegt hatte.

Jakob suchte uns eine Bleibe. Ich aß noch Apple Pies und mir wurde noch mehr übel. Wir bezogen ein kleines Häuschen mit Zimmer, kleiner Küche und Bad mit wunderbarer Aussicht aufs Meer. Es war umgeben von Kakteen mit reifen roten Früchten. Das nahm ich erst nach drei Tagen wahr. Vorher konnte ich Tag und Nacht nicht mehr unterscheiden. Ich fühlte mich, als hätte ich Ruhr oder Cholera. Ich wusste nicht mehr zu unterscheiden zwischen Traum und Wirklichkeit. Ich nahm die höchste Dosis an mitgebrachten Tabletten gegen Durchfall. Jakob betreute mich und las draußen.

Am vierten Tag wagte ich mich wieder ins Freie. Wir mieteten einen Motorroller, wie wir das immer auf unseren Griechenlandreisen liebten und fuhren nach Thira. Es war wunderschön. Sonne, Wind, Wärme, Landschaft. Wir besuchte ein Cafe', das Jakob von einer anderen Reise kannte. Ganz klein mit einer kleinen Terrasse mit Aussicht auf die gegenüberliegenden Vulkaninseln. Wir genossen unseren begehrten griechischen Kaffee in dieser himmlischen Umgebung mit dieser wundervollen atmosphärischen Aussicht und alles war gut.

Nicht ganz. Ben geisterte noch in meinen Gedanken umher. Ich rief ihn noch einmal an. Jakob war enttäuscht, obwohl die Beziehung zu Ben, wenn es denn eine war, situationsbezogen auf die Schweizer Zeit gewesen war. Was heißt das denn für den Menschen, der dich liebt?

Wir fuhren mit dem Bus zum schwarzen Strand, da merkte ich, dass ich noch geschwächt war. Die Toiletten waren unhygienisch und ich hatte meine Not. Als es mir wieder ganz gut ging, besuchten wir die Ausgrabungen in der Höhle von Akrotiri und anschließend einen wunderbaren Strand, an dem wir Aussteigerinnen kennenlernten und in einer einfachen Taverne die Aussicht genossen. In einem überfüllten Bus mit Menschen und Hühnern reisten wir zurück in unser Quartier. Mit dem Schiff besuchten wir die kleine Vulkaninsel in der Nähe. Unser nächstes Ziel war Paros. Das griechische Leben auf dieser Insel war wunderbar. Wir hatten einen guten Campingplatz gefunden, gingen eine halbe Stunde zu einem relativ einsamen Strand in einer kargen ansprechenden Landschaft. Am Ufer sah ich zum ersten Mal in meinem Leben einen Mantarochen. Ich war fasziniert von diesem Tier, wenngleich ich vermutete, dass es ungewöhnlich ist, ihm in Ufernähe zu begegnen. Die anmutigen Bewegungen dieses vorzeitlich wirkenden Tieres erstaunen mich immer wieder. Wundervoll!

Abends wurden wir im Hafen mit herrlichen griechischen Speisen verwöhnt. Morgens mit gutem Frühstück in Begleitung mit Musik von Placido Domingo. Wir fuhren mit der Vespa die Gegend erkunden und ließen es uns gut gehen.

Wir schifften ein und trafen Stella mit meinem Lieblingsfeind, ihrem Freund. Stella und ich suchten uns ein schönes Plätzchen an Deck. Sie klagte mir ihr Leid, wollte sich von ihm trennen und ich wusste nicht, was ich eigentlich wollte. Ich beschloss noch eine Woche allein Urlaub zu machen. Ich wollte erfahren, was ich wollte, was mir wichtig war und wann ich mich von ganzem Herzen gut fühlte. In Piräus warteten wir auf den Bus; Stella und ich gingen noch zu einem Stand Souflaki essen und waren glücklich, uns zu haben. Die Souflaki waren fett und mit Knorpeln. Ich besorgte mir ein Ticket nach Ios und begleitete die drei noch zum Flughafen. Ich absolvierte noch meine Portion Streit mit Stellas Freund und übernachtete am Flughafen im Schlafsack.

Insel

Ich sog die salzige und dieselschwere Luft bei der Abfahrt der Fähre ein und fühlte mich stark und frei.

Ich hatte viel Geld verdient in der Schweiz und gab wenig für diese Reise aus. In Ios fand ich einen halboffiziellen Campingplatz und richtete mich mit meinem Schlafsack neben einer Engländerin und einer Neuseeländerin ein. Ich freute mich, dass es in der naheliegenden Taverne small fishes, die ich mit Kopf aß, und Tsaziki gab. Ich wollte allein sein. Nur später traf ich mich mit den beiden Frauen und wir verabredeten uns in die Open-Air-Disco zu gehen. Wir tanzten zu *UB 40* bis spät in die Nacht. Ist es nicht wunderbar, unter dem Sternenhimmel mit Meeresrauschen zu schlafen? Mehr brauchst du nicht zum Glück.

Der Strand stellte sich als FKK-Strand heraus. Nackt im Meere zu baden fühlt sich ohnehin viel besser an.

In der Nähe bewohnten Tramper Höhlen. Dort waren Matratzen ausgelegt und wenn ein Platz frei war, konnte man sich einquartieren. Es zog mich nicht hin. Ich lernte noch einen Mann aus Deutschland und eine Frau aus der Schweiz kennen. Mit den Frauen ging ich gern essen. Wenn ich allein unterwegs war, sprachen mich oft Männer an. Sie konnten nicht verstehen, dass ich allein sein wollte: – Where do you come from? –

Und trotzdem ging ich in der Hauptstadt in ein einheimisches Cafe' mit zauberhafter Aussicht über die Insel weit hinaus aufs Meer. In dem Cafe' saßen nur Männer. Ich wollte zur Terrasse. Es hätte ein Spießrutenlauf sein können, war es aber nicht. Ich wollte ein Tischchen und den Kaffee und die Aussicht genießen. Schließlich hatte ich mich unendlich viele Stufen diesen Berg hinaufgeplagt. Ich verweilte in der Stadt, sog mit allen Sinnen die Bauwerke und die südliche Flora ein. Ich mochte die gastfreundlichen Griechen.

Zwei Nächte schlief ich in den Höhlen. Es war schon wildromantisch im Fels mit dieser Aussicht aufzuwachen. So wunderbar das Alleinunterwegssein war, so schlimm war es, ständig das Gefühl zu haben, sich wehren zu müssen.

Ein einziges Mal geriet ich wirklich in Gefahr, allerdings, als ich von Salzburg in die Schweiz per Anhalter unterwegs war. Ein schmerbauchiger Mercedesfahrer nahm mich von Salzburg mit. Andauernd machte er anzügliche Bemerkungen bezüglich *leichter* Studentinnen. Ich reagierte nicht darauf und versuchte diesem Kerl klarzumachen, dass ich bei der nächsten Autobahnabfahrt aussteigen möchte. Er redete immer unappetitlicher. Er fuhr die nächste Ausfahrt ab und blieb nicht stehen, sondern schlug mir vor, doch diesen Waldweg zu nehmen und ein Plätzchen zu finden, um uns im Auto zu vergnügen. Ich bekam es mit der Angst zu tun, öffnete die Wagentür und sprang aus dem fahrenden Auto. Ich kam mit blauen Flecken davon, richtete mich auf, lief und lief und fuhr dennoch per Anhalter weiter. Der Schmerbauch war ohnehin nicht fähig mir zu Fuß zu folgen und dem Auto konnte ich ausweichen. Ich entkam und wurde von einem LKW-Fahrer mitgenommen. Vom Fahrerhaus des LKWs hatte ich wenigstens eine gute Aussicht. Ich schränkte meine Reisen per Anhalter ein. Als Maturantin fuhr ich auf diese Art nach Salzburg, wenn ich kein Geld hatte, hin und wieder nach München, öfter in die Schweiz. Spätestens, als ich meine Arbeit in Gastein hatte, gab ich das auf.

Salzburg

Ich nahm mein Romanistik-Studium wieder auf und inskribierte auch Proseminare an der Germanistik. Literatur war ein Teil meines Lebens und ich tat mir sehr leicht bei Interpretationen. Ich wurde positiv hervorgehoben vom damaligen Lehrenden bei der Interpretation vom *Zauberberg* Thomas Manns.

Mein Hauptstudium galt der Romanistik.

Ich war in eine andere Wohngemeinschaft gezogen; für Jakob war mein Freiheitsdrang nicht mehr tragbar. Er stellte mich vor die Wahl: entweder er oder meine sogenannten Gefühle ausleben zu wollen. Ich hatte Klarheit. Jakob wollte das nicht aushalten und ständig verletzt werden. Ich wollte mich nicht festlegen. Damals meinte ich, meinen Emotionen freien Lauf lassen zu müssen und Beziehungen dann einzugehen, wenn es sich ergibt. Mein Selbst war offenbar noch in den Kinderschuhen. Ich definierte mich über die Bestätigung von Männern, dass ich attraktiv war. Auch wenn ich das wusste.

Gewachsenes Unglück

Stella ging ein Auslandssemester nach Sofia. Sie kam gebrochen zurück. Sie wurde im Studentenheim vergewaltigt. Nicht lange und sie trennte sich von ihrem Freund, stürzte sich in die nächste emotionsarme Beziehung und ging dann nach Wien. Sie machte einen Entzug in Kalksburg, zog zu einem Mann, der sie schlug und wurde wieder schwer alkoholabhängig. Jakob und ich waren inzwischen wieder in Salzburg und lebten mit unserer Tochter ein angenehmes Familienleben. Jakob fuhr zweimal nach Wien, um zu versuchen, Stella herauszuholen. Er war entsetzt, fand sie voller blauer Flecken im Gesicht. Stella behauptete, wie so viele

Frauen in der Situation, dass sie gegen den Türstock gerannt sei. Ihr falscher, undurchsichtiger Freund drohte Jakob, er solle verschwinden. Jakob hätte Stella zu uns geholt. Als ich damals allein nach Ios weiterfuhr, hatte Jakob mit Stella eine Liebesbeziehung. Es war ihr vergönnt. In Wien konnte Jakob sich nicht mehr um sie kümmern; sie lehnte jedes Angebot ab, sie hier herauszuholen. Andere Freundinnen versuchten, sie aus dieser Beziehung wegzuholen. Wir erfuhren, dass sie an ihrem Erbrochenen erstickt war.

Stella war eine einfühlsame, gescheite Frau mit Zukunftsplänen. Ihre Geschichte und die Männer haben sie ruiniert.

*

Im folgenden Jahr bekam ich keinen Job in den Ferien. Mir war das Geld knapp geworden und meine Motivation weiter zu lernen nach ein paar Rückschlägen im Studium ging gegen Null. Ich wollte arbeiten.

Umzüge

Umzüge haben immer mehr oder weniger mein Leben verändert, oder ich zog um, um mein Leben zu verändern.

Den alten vertrauten Ort zu verlassen und in eine neue unbekannte Umgebung zu ziehen, hat Bedeutung und es ändert sich vieles.

Es ist nicht verkehrt, sich darüber Gedanken zu machen, was ein Umzug für meine Vorausgegangenen (siehe auch oben in Bezug auf Vaters Geschichte) bedeutet haben mag. Mein Großvater wanderte von Böhmen nach Baden aus, meine Ur-Großmutter vom monarchistischen Ungarn nach Baden. Die Umstände waren der erste Weltkrieg. Die Umzüge waren nicht freiwillig.

Ich bin in meinem Leben so oft umgezogen, dass es auf Grund meines inneren Widerstandes gegenüber dieser Tatsache therapeutisch ein Thema wurde. Unsere Tochter zog mit ihren Kindern aus unterschiedlichen Gründen immer wieder um. Es ist ihr Leben, trotzdem konnte ich das Wort Umzug nicht mehr hören: Das Zurücklassen von Dingen und Umgebungen gepaart mit den körperlichen und finanziellen Belastungen. Die Umstände der Trennung vom Partner, Verlust von Freunden. Auch Neubeginn ... alles Gute und Mögliche erwartend.

Mein Vater zog von Salzburg nach Wien und lernte meine Mutter in Baden kennen. Er war in einem Zimmer im selben Haus unter Mutters Familie eingezogen. Er durfte studieren, es war für ihn Aufbruch. Ein gelungener Umzug. Meine Eltern heirateten 1955 und zogen nach Waghofen bei Grubeneau, weil mein Vater dort eine vielversprechende Arbeit im Metallwerk bekommen hatte.

Meine Mutter verabschiedete sich von ihrer Arbeit als Sekretärin in einer Rechtsanwaltskanzlei in Baden. Sie mochte diese Arbeit in einem wohlwollenden Arbeitsklima. Vor allem verließ sie ihren geliebten Vater. Damals hatten meine Großeltern kein Telefon, das Briefeschreiben war die einzige Kommunikation. Allerdings hatten meine Eltern ein Auto. Meine Mutter fuhr mit Stolz einen Simca.

Vater hatte ihr vorerst nicht erlaubt, mit diesem Auto selbst zu fahren. Sowohl kurz nachdem sie den Führerschein gemacht hatte und auch noch einige Zeit später hätte er ihr es gerne verboten. Es gab Streit, Mutter schien sich gegen diesen unlogischen Freiheitsentzug zu wehren. Mein Bruder erzählte mir aus Mutters Tagebüchern, dass Vater schon damals zu körperlicher Gewalt geneigt und Mutter geschlagen hatte. Sie fuhr das Auto. Sie litt in dieser Zeit, entschied sich für den Wohlstand, den die Ehe mit diesem Mann versprach. Mutter verursachte manchen Blechschaden – es gab Werkstätten, um sie zu beheben.

Wenige Male besuchte Mutter ihre Eltern, ihren Vater vermisste sie sehr. Er war krank, aber ließ sich nichts anmerken, wie sie erzählte, und verstarb in einem Sanatorium in der Tschechoslowakei an Tuberkulose. Sie hatte sich noch verabschieden können. Es zerriss ihr das Herz, denn immer wieder beteuerte sie, er habe sie geliebt. Ihre Mutter liebte uns, ihre Enkelkinder, aber nicht sie. Dennoch hatte Mutter Mitgefühl mit Oma, die um ihren Mann trauerte.

Meine Mutter fuhr mit uns später allein nach Baden. Ich glaube, ihr Heimweh blieb mehr oder weniger für immer. Meinen Eltern ging es finanziell, seit Vater hier in Waghofen zu arbeiten begonnen hatte, sehr gut. Vor ein paar Jahren kauften sie sich eine kleine Wohnung in Baden, um Mutters Heimweh stillen zu können.

Ihre erste Wohnung war der pure Luxus für meine Eltern, die bisher nur Zimmer-Kuchl-Kabinett kannten. Die Wohnung hatte 70 m² und für die Miete waren lächerliche 90 Schilling zu bezahlen. Mein Vater verdiente damals 2600 Schilling! Das war 1955 sehr viel Geld. Nach fünf Jahren Ehe wurde Mutter mit mir schwanger. In dieser Wohnung mit Garten wuchs ich auf.

Der Dachboden und andere heimelige Dinge

Meine Mutter hängte die Wäsche am Dachboden zum Trocknen auf. Ich ging gern mit nach oben, kletterte zum schrägen Dachfenster hinauf und genoss die Aussicht zu den anderen Häusern und Gärten. Ich fühlte mich unbeobachtet und konnte die ganze Welt sehen. Der große Raum unter dem Dach und die Holzkonstruktion bis zum Boden empfand ich als heimelig und großzügig gleichzeitig. Ich versteckte mich hinter den großen Wäschestücken. Allein war ich nie da droben, nicht einmal unerlaubter Weise.

In der Wohnung gab es eine ausklappbare Eckbank. Meine Mutter hatte diese von ihrem Onkel Karl bekommen, der sie tischlerte und tapezierte. Wir hatten diese noch, als Miriam, meine Tochter, klein war. Als ich klein war, schlief ich mit Oma auf diesem *Lager*, wenn sie uns aus Baden besuchen kam. Vor allem dann, wenn meine Eltern, oder meine Mutter allein auf Reisen waren. An der Holzwand war eine Ablage angebracht, unter der ich mich als Kind in die Ecke kuschelte. Ich hinterließ dort Spuren, ich kritzelte mit dickem Bleistift irgendwelche Buchstaben an die Holzwand.

Mein Vater tischlerte meine Kinderzimmermöbel alle selbst. Das Gitterbett, mit mehreren Ablagen für mein Spielzeug und meine kleinen Stofftiere, die ich mir ins Bett holen konnte. Er tischlerte ein Bett für mich, als ich zu alt fürs Gitterbett wurde, mit einem am Bettende angebrachten Bettenkasten und einer Ablage. Sehr gern hatte ich die Kombination aus kleinem Sessel und Tischchen aus einem Stück – fünfzig Jahre später bestellte ich für die Krabbelgruppe die für Kinder ergonomisch wertvollen *Picklerbänke* – die sahen genauso aus, wie die, die mein Vater für mich gemacht hatte. Noch nachdem ich herausgewachsen war und ich mich richtig hineinzwängen musste, um zwischen Tischchen und Bank Platz zu haben, arbeitete ich auf diesem *Schreibpult*. Ich kann verstehen, dass auch die großen Kinder diese Bänke liebten und darin sitzen wollten. Auch Schlafzimmermöbel machte er selbst. Er war bis zu seinem Lebensende immer unglaublich geschickt. In dieser Beziehung bemühte sich mein Vater sehr für mich.

Mein erster Umzug

Als ich sieben wurde, zogen wir in ein Reihenhaus ein paar Straßen weiter. Michael war schon auf dieser Welt. Günter, mein jüngster Bruder, wurde im Juni dieses Jahres geboren.

Ich war wegen des Umzugs traurig, denn der Nachbarsbub fehlte mir. Obwohl ich wusste, dass er mit seiner Familie bald nach Salzburg ziehen würde. Ich vermisste meine FreundInnen aus der alten Umgebung. Ich war mit meiner Umgebung, in der ich aufwuchs, vertraut und die alte Wohnung gewöhnt.

Wir zogen nur ein paar Häuserblocks weiter und trotzdem war der Kontakt zu den Kindern, die ich bisher gekannt hatte, abgerissen. Ich schlich noch öfter durch die Wege zwischen den Gärten zu unserer alten Wohnung, einfach, um den alten Wegen nachzuspüren. Es dauerte eine Weile, bis ich mich nicht mehr allein fühlte und Kontakt mit den neuen Nachbarskindern hatte.

Wir hatten im Eingangsbereich, das heißt im Vorzimmer, einen Kachelofen, der vom Ölofen im Wohnzimmer gespeist wurde. Auf diesem Kachelofen, wenn er nicht angemacht war, präsentierte meine Mutter immer eine Obstschale. Meine Freundinnen fanden das schön und einladend.

Adoleszente Turbulenzen

Der nächste Umzug wäre 1979 gewesen. Mein Vater baute in Grubenau ein neues Haus. Da zog ich nicht mehr mit ein. Der Riss zwischen meinen Eltern und mir war riesengroß. Ich lebte schon in Salzburg in einer Wohngemeinschaft.

Mein Ausziehen von *zu Hause* passierte so nach und nach. Während der Maturavorbereitungen schlief und lernte ich bei meinen Freundinnen und zum Teil in Salzburg in der Wohngemeinschaft meines neuen Freundes.

Mein Vater *musste* mir mein Studium finanzieren.

Im Herbst wollte ich offiziell in die Wohngemeinschaft ziehen. Vater ließ mir mitteilen, ich müsse im Studentenheim wohnen, das finanziere er mir und sonst nichts. Ich versuchte das bestmögliche Zimmer zu finden und es zu versuchen. Jedoch war jedes finanzierbare Studentenheim mit sehr kleinen Doppelzimmern. Ich wollte nicht mit irgendeiner Frau, die ich nicht kannte, meinen engen Lebensbereich teilen. Ich war zwei Nächte da und zog dann wieder in die Wohngemeinschaft. Ich riskierte, mich vom Heim abzumelden und ließ es darauf ankommen. Lange Zeit bekam Vater davon nichts mit. Ich gestand es meiner Mutter und hatte Argumente, auch finanzielle. Es war alles im Unreinen.

Bevor ich das elterliche Haus verließ, wollte mich Mutter ohnehin loswerden. Sie kam mit mir nicht mehr zurecht und *packte* mich ohne Vorwarnung ins Auto. Wir klapperten in Salzburg Erziehungsheime ab. Abgesehen davon, dass fast alle katholisch waren, hatte sie wenig Erfolg, da ich mich bei jeder Leiterin nach den Ausgehzeiten erkundigte. Diese waren sehr einschränkend und der Tagesablauf war sehr starr eingeteilt. Ich war siebzehn und es interessierte mich überhaupt nicht, irgendwo eingesperrt und fremdbestimmt eingeteilt zu werden.

Ich sagte den HeimleiterInnen sehr klar und direkt, dass ich nicht gläubig sei. Diese Tatsache machte es offenbar schwieriger, mich unter ihre Fittiche zu nehmen. Ein Heim, das mir ein wenig offener schien, fanden wir im Nonntal in Salzburg. Es hätte mir gefallen, es gab aber keinen Platz für mich. Ich war verliebt und hatte das Bedürfnis, mich mit meinem Freund zu treffen. Das schien mir bei diesen Arten der Unterkunft nicht möglich, ohne die Regeln zu durchkreuzen. Es war im Sinne meiner Mutter diesen schlechten Umgang mit meinem Freund und den anderen *GenossInnen* zu verhindern. Sie wollte mich weghaben. Das traf mich, obwohl ich nicht mehr zu Hause sein wollte, doch heftig, dass meine Mutter mich loshaben wollte. Sie war mit mir einfach heillos überfordert.

Zum Glück gelang dieser Umzug nicht. Aber es war schon ein symbolischer Wegzug von meiner Mutter.

Mutter schrieb in ihren Erinnerungen, als ihr Jüngster auszog, dass jetzt das letzte ihrer Kinder sie *verlassen* hatte. Das ist schon eine prekäre Aussage! Wie steht sie zum Verhältnis der Generationen? Sollten wir Kinder ihre Unzulänglichkeiten und Mängel am Dasein ausgleichen, gar auffangen? Wir sind die Kleinen. Sie die Erwachsene, die uns gehen lassen können sollte, wenn die Zeit dazu reif ist. Nicht nur die Zeit, auch die Eltern selbst benötigen dazu Reife. Dieser Übergang gelingt vielen Eltern nicht.

Als unsere wunderbare Tochter auszog, freute ich mich für sie, dass sie ihr eigenes Leben gestalten wollte, wir waren miteinander in Kommunikation. Ich stieß mich allerdings daran, dass sie in eine Wohngemeinschaft zu einer Freundin zog, die für Drogen unterschiedlichster Art offen war. Miriam ging es damit nicht gut. Auch, dass in der Küche sich das ungewaschene, verschimmelte Geschirr stapelte, die Mülleimer überquollen und Miriam das so nicht stehen lassen konnte. Ich wusste es und sah das alles. Ich besuchte sie, wir sprachen miteinander.

Meine Mutter lernte meine Wohngemeinschaft, meine Mitbewohner nicht kennen. Für Mutter war es ein Problem, was sein *könnte*. Sie hatte ihre Fantasien zu meiner Art zu leben. Sie war nicht in Beziehung mit mir.

Für Miriam dauerte ihre erste Erfahrung mit einer Wohngemeinschaft tatsächlich vier Wochen. Es wurde ihr bei aller Freundschaft zu ihrer Mitbewohnerin zu *heiß*. Sie zog zu ihrem Freund.

Ich freute mich, dass mein Mann und ich und auch ich allein das Haus für uns hatten. So sehr ich unsere Tochter liebe, es ist auch ein gutes Gefühl, wieder für mich und für uns sein zu können, eine Gelegenheit und die Zeit wahrzunehmen, auf mich und meine Bedürfnisse zu hören. Allerdings hat es auch seine Zeit gebraucht, mich wieder anders zu orientieren und zu erspüren, was jetzt dran ist. Was will ich wirklich? Erst jetzt, zehn Jahre später, beginne ich langsam das zu erspüren, weil mein Körper mich dazu zwingt.

Meine Mutter hat es nicht verstanden, ihre Eigenständigkeit gut zu leben und uns im Vertrauen und Wohlwollen gehen zu lassen.

Ich freute mich auf mein Studentinnenleben in Salzburg. Wir holten meine Möbel und andere private Sachen, als meine Eltern bewusst nicht zu Hause waren, mit Hilfe von Jakobs Eltern.

Während meiner Studienzeit lebte ich in verschiedenen Wohngemeinschaften. Eine Zeit lang zog ich mit Jakob allein in eine kleine Wohnung. Nach unserer dramatischen Trennung nach meinem Schweizaufenthalt zog Jakob in eine WG und ich lebte in dieser Wohnung alleine, bis eine Freundin zu mir zog, die kaum hier war, weil sie bei ihrem Freund lebte. Es war ihre Alibiwohnung für ihre Eltern.

Ich musste aus dieser Wohnung ausziehen und Jakob gab mir in seiner Wohngemeinschaft *Asyl*. Es war ein Zimmer frei geworden. Wir waren kein Paar, das WG-Leben gelang trotzdem einigermaßen. Hier, in der Chiemseegasse, hatte ich ein Zimmer mit Fenster zum Innenhof. Im Sommer brauchte ich elektrisches Licht am Tag. Das Bad war am Gang und kühl und das Klo außerhalb der

Wohnung am Gang. Wir hatten eine turbulente Zeit. Unsere Freundinnen maßten es sich an, heftige Urteile abzugeben nach unseren Trennungen. Nach der Trennung von meinem ersten Freund regnete es offen Vorwürfe gegen mich.

In der Chiemseegasse war es alles andere als einfach für meinen jetzigen Mann, mit mir zusammen zu leben.

Ich war bedürftig nach mir, nach dem All-Eins-Sein, dürstete jedoch immer wieder nach Anerkennung und Zuneigung, sodass ich mich immer wieder verliebte, mir Zuneigung holte, um mich, bevor mir jemand Leid zufügte, doch nach meistens drei Wochen wieder zu trennen.

Die Unabhängigkeit hätte in mir selbst passieren sollen, mit Selbstvertrauen und Selbstachtung und dem Wissen, was ich von diesem Leben will. Ich war politisch sehr interessiert und engagiert, wollte die Welt begreifen und ich lernte auch sehr viel. *In mir kannte ich mich nicht aus.*

Ich konnte mich nicht allein, wie am eigenen Schopf aus dem Sumpf, aus dieser Situation manövrieren. Dazu war ich mein bisheriges Leben, meine Kindheit, meine Jugend zu sehr stolz und kämpferisch. Ich gehe meinen Weg. Jedoch spürte ich keinen Halt. Keine Hände an meinen Schultern: – Du bist in Ordnung, wie du bist. – Anerkennung bekam ich über Leistung und Anpassung. Zärtlichkeiten waren ein Ding der Unmöglichkeit von beiden meiner Eltern. Erinnerungen an eine Aussage meiner Mutter: Ihr jüngstes Kind konnte ihr endlich Zärtlichkeit geben! Ich verhungerte emotional bei meinen Eltern. Wie sollte ich da meine Selbstachtung entwickeln, meine Selbstliebe? Lange war ich auf Suche und mein Mann war sehr geduldig, er hielt immer zu mir. Vermutlich hatte ich mir in meinen zwanziger Jahren diese Liebe nicht erlaubt, als hätte ich sie nicht verdient. Gleichzeitig war immer das unendliche Bedürfnis nach dem Alleinsein da. Das konnte ich schon und ich bin auch jetzt gern auf mich selbst *zurückgeworfen*. Ich fühlte mich nie einsam – das nicht.

Eine entspannte Wohngemeinschaftserfahrung

Während einer uninteressanten Vorlesung an der Romanistik lernte ich Barbara kennen. Ich saß neben ihr. Ich hatte mein lila eingefärbtes Nachthemd aus dem Schweizer Altersheim an. Wir kamen ins Gespräch und beschlossen aufzubrechen und uns in einem Cafe' näher kennenzulernen. Es dauerte nicht lange und ich zog bei ihr und ihrem Freund in die Wohngemeinschaft. Das war der Beginn einer tiefen Freundschaft, gemeinsam mit noch einer Studentin, die mit mir bei jenem brasilianischen Padre Brasilianisch studierte. Ich sollte bei Barbara und Vinzenz noch einige Jahre wohnen. Ich wollte dieses Zimmer nicht aufgeben, auch als ich schon in Gastein lebte, bis Elisabeth mein Zimmer übernahm. Nächtelanges Diskutieren, schöne Gespräche, politische Gespräche über den Sauren Regen, AKWs und die Juntas Lateinamerikas machten unseren Alltag sehr anregend. Wir befriedigten unsere Sehnsüchte nach fernen Ländern mit den Erzählungen von Elses Reisen nach Brasilien. Else war monatelang dort bei ihrem Bruder. Meine zwei MitbewohnerInnen waren *SympathisantInnen* und das war gut so. Manche Genossen unserer politischen Bewegung wollten sie in unserem Verein sehen und setzten das immer wieder auf die Tagesordnung unserer Sitzungen. Vinzenz war dennoch sehr erstaunt über meinen Austritt aus der kommunistischen Partei. Er sah diese Mitgliedschaft als ein zu seinen politischen Einstellungen Stehen. Ich stand aber nicht mehr dazu. Ich hatte immer weniger das Gefühl, meine Individualität leben zu können.

Jakob und ich lebten in getrennten Wohngemeinschaften, als wir wieder ein Paar wurden. Ich lebte gern in Salzburg und jede Wohngemeinschaft hatte ihre gute Zeit.

Resumee

In der Zeit während meines Studiums in Salzburg ließ ich mich einerseits davon leiten, was gerade auf mich zukam, andererseits war ich auf Suche und hätte viel gegeben für meinen Weg, wenn ich ihn gefunden hätte. Andere schafften ihr Studium mit Leichtigkeit. Warum nicht ich? Ich hatte keine *Ausdauer*. Stimmt das?

Der Weg, den ich ging, war mein Weg!

Ich reagierte auf Situationen und schien den Weg des geringsten Widerstandes zu gehen, wie meine Mutter gesagt hätte.

– Du gehst immer den Weg des geringsten Widerstandes! –

pflegte sie zu sagen.

Das darf auch sein, einen Weg so zu gehen. Wenn es der Weg des Herzens ist, ein klarer Weg von Entscheidungen, die dir selbst aus dem tiefsten Inneren zu eigen sind, dir selbst entsprechen.

Ob ich das in dieser Zeit so spürte, sei dahingestellt. Ich meine nicht.

Ich möchte keine Sekunde meiner Erfahrungen missen, sie haben mich zu dem Menschen gemacht, der ich jetzt bin. Und diese Frau, die ich jetzt bin, bin ich gerne.

Dennoch war diese Zeit voller Irrungen: auf Grund innerer Widerstände. Angst, es nicht zu schaffen, Schuldzuweisungen gegenüber Eltern und anderen Menschen, die nicht wussten, was mir eigentlich fehlte. Wusste ich es selbst? Konnte ich mich selbst annehmen, so wie ich war?

Wem wollte ich gefallen? Hier war die Kleine, die zornig ihr Leben verteidigte! Und trotzdem: Schaut her, ich will doch nur geliebt werden!

Mein Leben leben! Was ist mein Leben? Wer bin ich selbst? Was ist Meines? Zu dieser Reifung waren noch viele Erfahrungen durchzugehen.

Das Leben hatte so viele Geschenke zu bieten! Es war immer für mich da und nie gegen mich.

In einer verzweifelten Zeit des Kampfes konnte ich das nicht sehen … muss man kämpfen? Wohin hat mich mein Kampf gebracht? Zu anderen Widerständen, die ich wohl oft überwunden hatte. Ich war stark, ich hatte eine starke Trotzmacht, ich war resilient! Welche Qualitäten!

Gleichzeitig hatte ich immer die Einstellung, zu sehen, was das Leben mir jetzt bringen würde. Einen anderen Weg zu gehen, wenn dieser begonnene Weg mir nicht zugänglich zu sein schien.

Jede Begegnung mit Menschen war ein Schritt zu mir. Ich wollte mich Freude und Genuss nähern, ich dachte, ich erlebte viel Freude und konnte genießen. Tränen kamen vor Rührung, wenn ich das Glitzern des Meeres in mir spürte, wenn ich im Flugzeug saß und das Abheben und Landen des Flugzeuges wahrnahm – als ein bei mir Ankommen. Ankommen, ohne Druck und ohne etwas leisten zu müssen. Erfüllendes Beisammensein mit Freundinnen, zuhören, da sein.

Diese Augenblicke zu spüren, einfach nur zu sein, ohne etwas zu wollen, müssen und sollen, niemandem entsprechen zu müssen, nur mir SELBST.

Jede Verletzung ließ mein inneres Kind aufweinen. Bevor ich verletzt werden konnte, hatte ich Menschen verlassen. Nie wieder sollte ein Mann mich verletzen. Das hatte mein Vater schon getan. Alles was anders als bei meinem Vater war, war gut.

Nie wollte ich so werden wie Mutter. Abhängig! Von einem Mann. Die eigenen Wünsche immer anpassen müssen an die Bedürfnisse des Mannes, das Leben für den Mann leben.

Was heißt das?

Ist es Abhängigkeit, wenn ein Partner im Augenblick kein Geld verdienen kann?

Das durfte ich lernen: anzunehmen, getragen zu werden, ja zu sagen, danke zu sagen.

Als ich mit fünfzig nicht mehr arbeiten konnte. Nie wollte ich *abhängig* sein.

Wir sind immer abhängig und das ist gut. Auch vom Wetter. Sich darüber zu beklagen, wäre sinnlos.

Es ist die Frage der Einstellung, Abhängigkeit als etwas Gutes oder Gegebenes sehen zu können und sich nicht als Opfer zu sehen, sondern Schöpferin sein des momentanen Lebens. Wenn Bereitschaft vom Partner da ist, gemeinsam durch das Leben zu gehen, heißt das auch gegenseitige Unterstützung, ohne dass sich einer ausgenützt fühlen und der andere Schuldgefühle haben muss.

Nie so sein wollen wie die Eltern führt dazu, in die Falle zu gehen vor lauter Ablehnung. Das Gegenteil kann auch lebenshemmend werden.

Wie von der autoritären Erziehung zur antiautoritären Erziehung.

Es geht nur um Liebe, um die Selbstliebe und die Beziehung zu den Menschen, die wir lieben. Unsere Kinder zu begleiten auf ihrem Weg und sie nicht in eine Richtung zu ziehen, womöglich in eine, die uns selbst vielleicht nicht gelungen ist. Lieben wir unsere Kinder, egal, wie sie handeln!

Eure Kinder sind nicht eure Kinder.

Und eine Frau, die einen Säugling an der Brust hielt, sagte: Sprich uns von den Kindern.

Und er sagte:

Eure Kinder sind nicht eure Kinder.

Sie sind die Söhne und Töchter der Sehnsucht des Lebens nach sich selber.

Sie kommen durch euch, aber nicht von euch,

Und obwohl sie mit euch sind, gehören sie euch doch nicht.

Ihr dürft ihnen eure Liebe geben, aber nicht eure Gedanken,

Denn sie haben ihre eigenen Gedanken.

Ihr dürft ihren Körpern ein Haus geben, aber nicht ihren Seelen,

Denn ihre Seelen wohnen im Haus von morgen, das ihr nicht besuchen könnt, nicht einmal in euren Träumen.

Ihr dürft euch bemühen, wie sie zu sein, aber versucht nicht, sie euch ähnlich zu machen.

Denn das Leben läuft niemals rückwärts, noch verweilt es im Gestern.

Ihr seid die Bogen, von denen eure Kinder als lebende Pfeile ausgeschickt werden.

Der Schütze sieht das Ziel auf dem Pfad der Unendlichkeit, und Er spannt euch mit seiner Macht, damit Seine Pfeile schnell und weit fliegen.

Lasst euren Bogen von der Hand des Schützen auf Freude gerichtet sein;

Denn so wie er den Pfeil liebt, der fliegt, so liebt er auch den Bogen, der fest ist.

Khalil Gibran

Hochzeit

Unsere Hochzeit feierten Jakob und ich mit all unseren FreundInnen in Jakobs Wohngemeinschaft. Ich war lange davor aus unserer
gemeinsamen WG zu Barbara und Vinzenz gezogen.

Wir hatten eine wunderbare, erinnerungswürdige Hochzeit und
es war schön, alle Freunde und Freundinnen noch einmal bei uns
zu haben. Jakobs Mama hatte viel organisiert, seine Familie war
da. Oma konnte nicht kommen, meine Eltern hatten kein Interesse daran, meine Brüder verhielten sich gelangweilt und anar-
chistisch am Standesamt und während unserem offiziellen Essen.
Meine Tante, Vaters Schwester mit ihrem Mann, war vertretend
sozusagen für meine Familie hier. Beim Essen machte der Mann
zotige Witze. Durchaus unpassend. *Verständlich* seine Unsicherheit, ob unserer familiären Situation.

Wir wurden in meiner WG überrascht mit selbstgemachten Baisers
und anderen selbstgemachten Leckerlis. Meine LieblingsfreundIn-
nen waren unsere TrauzeugInnen, uns sehr nahe FreundInnen waren bei der kleinen Zeremonie im Schloss Mirabell mit dabei. Schön
sind die Fotos, die gemacht wurden. Das Bild mit Jakobs Großeltern und seiner Tante erinnert uns, dass unsere Hochzeit schon
lange Zeit her ist. Wir heirateten beide im Nadelstreifanzug. Meinen hatte ich mit Oma in Baden gekauft mit einem knallgrünen,
métallisé Staubmantel. Jakob und ich wurden reichlich und sehr
liebevoll beschenkt!

Zwei Koffer, die uns bis heute begleiten: Mit der Botschaft meiner Trauzeugin und liebsten Freundin Elisabeth – für die Reisen
allein, miteinander und zueinander. Es entlockt mir heute noch ein
Lächeln aus der Tiefe bei dieser immer aktuellen, wichtigen und
berührenden Botschaft. Eine Hängematte erinnert uns jeden Sommer an gute bleibende Qualität, eine einfache Salatschüssel benutzen wir noch immer gemeinsam mit anderem Alltagsgeschirr. Die
Badewanne und unsere Abwasch in der Küche waren gefüllt mit
Blumen. Wunderschön und so überraschend für mich, wie wir

gefeiert wurden. Die Blumen waren ein Symbol dafür. Wir hatten tagelang Freude an ihnen.

Nachmittags trafen wir uns wieder mit Jakobs Familie zu Kaffee und Kuchen bei seinem Onkel und seiner Tante. Es war wohlig und geborgen. Ich rauchte meine selbstgedrehten Zigaretten beim gewohnt starken und guten Espresso seines Onkels. Abends fand das ausgelassene Fest in Jakobs WG, aus der ich nach Gastein zum Arbeiten ausgezogen war, statt. Der Padre aus Brasilien schenkte uns eine Bibel. Mein kleiner Bruder war stockbetrunken und beleidigte ihn. Er hatte nichts verstanden. Padre sah gelassen darüber hinweg.

Manche FreundInnen sahen wir nicht mehr wieder. Einige sind wegzogen und haben in der Ferne Familien gegründet.

Jakob und ich gingen sommerlich gekleidet um fünf Uhr früh in Begleitung eines Freundes und zwei Freundinnen zum Haus meiner letzten Wohngemeinschaft in mein noch bestehendes Zimmer. Es war der 31. März und die Luft war lau. Wir hatten getrennte Wohnungen, wir waren glücklich und liebten uns. Ich fuhr wieder nach Gastein arbeiten. Jakob beendete sein Studium und absolvierte in Hofgastein am Gymnasium sein Probejahr. Es begann ein neuer Lebensabschnitt. Ich freute mich auf regelmäßige Arbeit und auf Jakob.

Innergebirg

Ich ging mit dem Gefühl, dass ich nach einem Studium ohnehin keinen Job bekommen würde und ich mich deshalb entschieden hatte, arbeiten zu wollen, nach Bad Gastein in das Heim für SchihauptschülerInnen. Ich wurde als Erzieherin eingestellt. *Professionell* war das nicht; heutzutage wäre das gar nicht mehr möglich, jemanden ohne pädagogische Ausbildung einzustellen. Und dennoch, es passte gut in meine Lebenssituation, es war genau der Weg, der zu gehen jetzt dran war. Der Weg eines Lebens mit Kindern. Gut und gerne arbeitete ich mit den Kindern, mit viel Verständnis und gegenseitiger Zuneigung. Die Jugendlichen vertrauten mir, sie mochten mich und erzählten ihre Anliegen und Nöte. Ich dürfte eine gute Zuhörerin gewesen sein und hatte Einfluss auf sie, wie mir eine Schülerin und ein Schüler, heute ein verheiratetes Paar um die vierzig, unlängst bestätigten. Ich hatte beide bei einer logotherapeutischen Veranstaltung wieder getroffen.

Mit Aufträgen, wie zu Weihnachten mit den Kindern eine Krippe aus Ton zu basteln, scheiterte ich. Die Kinder mochten es, doch war ich diesbezüglich noch keine Fachfrau. Ich hatte großen Druck, alles richtig zu machen.

Wir verbrachten gemeinsam unsere Mahlzeiten. Die Abende, Nächte und die Wochenenden war ich mit den Jugendlichen. Bis auf ein Wochenende im Monat. Mag sein, ich wurde ausgenützt; ich war völlig unterbezahlt. Es war nicht so wesentlich, denn ich freute mich, selbstständig Geld zu verdienen und etwas zu tun, wozu ich Bezug hatte. Zu diesen jungen Menschen hatte ich Bezug! Es war mir bewusst, dass sie mich *um den Finger wickeln* konnten. Es sollte ihnen gut gehen. Einige Zehnjährige hatten Heimweh. Zu Hause hatten die Eltern oft mit einer Gastwirtschaft ordentlich zu tun und kaum Zeit für ihre Kinder. Gleichzeitig spürte ich bei diesen Eltern, die mir eben in den Sinn kommen, eine tiefe Liebe zu ihrem kleinen Heinz, in der Art, wie sie ihn brachten, sich verabschiedeten und ihn dann zum Wochenende abholten. Nicht alle Kinder wurden abgeholt, die Älteren eher nicht; darum war mein Wochenenddienst installiert.

Wir waren unterwegs auf den Wanderwegen im Gasteinertal. Viele andere Möglichkeiten etwas zu unternehmen hatten wir nicht. Die wagemutigen, durchtrainierten Jungen zeigten mir durchaus auf, wo meine Grenzen des Aushaltbaren waren.

Zwei Jungen, Peter und Sepp, schwangen sich am Weg auf ein Holzgeländer, das vor dem Abstürzen in den tiefen Abgrund schützen hätte sollen. Mir blieb das Herz stehen. Die beiden wussten genau, dass ich nichts sagen konnte. Ich beschloss, in Ruhe weiterzugehen, was hätte ich machen sollen? In dieser Situation anders zu reagieren, hielt ich für zu gefährlich. So geschickt die Jungs auch waren, natürlich hätte ein Fehltritt passieren können.

Diese Art von Grenzgängertum war schwer auszuhalten, sie wagten es allerdings – mit mir – nur einmal. Ich war stinksauer. Ein anderes Gefühl stieg in mir hoch, als die Kinder unbedingt zum Perchtenlauf nach Bad Gastein wollten. Ich konnte ihnen das nicht verwehren, *nur* weil ich damit großen Stress und Angst hatte und es für unnötig hielt.

Ich ging gemeinsam mit ihnen. Es war ein föhniger Dezembertag. Die Perchten mussten ihre Masken immer wieder vom Kopf heben, den Kopf lüften, der Schweiß rann in Bächen. Wir gingen den Berg nach unten ins Dorf. Es war ein Riesentumult und die Kinder hingen wie eine Traube um mich vor lauter Angst. Eine Percht verletzte ein Mädchen mit ihren Hörnern, als sie sich zu ihr hinabbückte. *Er* nahm die Maske ab und entschuldigte sich. Mir war wohler. Diese Situation war menschlich, nicht so tierisch Angst einflößend.

Die Angst der Kinder ließ meine geringer werden. Mein Beschützen verwandelte die Situation. Wir entschieden, zurück ins Heim zu gehen. Es war gut, es war dunkel und klar, der Sternenhimmel war wunderbar, wie beruhigend und vertrauensvoll anzusehen. Ich war dankbar, am vertrauten Weg wieder in Sicherheit zu sein und heimwärts gehen zu können!

Ich war mit dem Personal von Küche und Büro freundschaftlich verbunden. in dieser Institution lebte ich ein paar Jahre in einem Zimmer mit Bad. Während dieser Zeit heirateten Jakob und ich, ohne eine gemeinsame Wohnung zu haben.

Jakob bekam nach seinem Studium in Hofgastein für ein Jahr eine Stelle als Probelehrer und wir nahmen uns eine gemeinsame Wohnung. Und eine Katze vom Bauernhof einer Freundin und Arbeitskollegin.

Es ging uns sehr gut. Wir hatten ein kleines Familienleben und für unsere Verhältnisse viel Platz. Ob wir da heimisch werden konnten? Die Winter waren sehr schattig, nachmittags verschwand die Sonne sehr bald hinter den Bergen und es konnte um fünfzehn Uhr dunkel werden. Eine Zeit lang hielten wir es gut aus.

Míríam

Ein Jahr zuvor hatten Jakob und ich geheiratet. Es war Februar.

Ich wusste es von Beginn an. Im März, zwei Wochen nach Ausbleiben der Regel, ließ ich den Test bei meinem Hausarzt in Gastein machen. Er bestätigte es. Ich war schwanger! Ich war vor Freude nicht zu bremsen. Jakob war noch in der Schule.

Ich lief den Berg hinauf zu meiner Arbeit. Ich musste rennen, rennen zum Telefon zu Resi der Sekretärin! In meiner bewegten Freude hielt ich es kaum aus, dass es Jakob nicht gleichzeitig wusste; trotzdem hielt ich nicht zurück, diese wunderbare Neuigkeit meiner Freundin Resi vorher herauszusprudeln. – Komm, rauchen wir noch eine! –, Resi und ich trafen uns bei ihrem Gästepult und rauchten unsere gewuzelten Zigaretten. – Nein, ich rauche nicht, jetzt, wo ich weiß, dass ein Kind in mir wächst! –, Nur noch eine. – Eine *Drum*. Mir wurde übel, wie bei meiner ersten Zigarette. Es war die letzte Zigarette, die ich in meinem Leben – bis zum heutigen Tag – rauchen sollte.

Jakob und ich freuten uns unbeschreiblich auf unser Baby!

Jakob holte mich regelmäßig um dreiundzwanzig Uhr vom Zug ab, wenn ich eine Haltestelle vor Hofgastein im Wald ankam. Nachts arbeitete ich nicht mehr. Mein Chef übernahm die *Nachtaufsicht*. Ich blieb, bis alle schliefen und fuhr mit dem letzten Zug nach Hofgastein. Es war wunderbar durch den nächtlichen Wald mit unserem in mir wachsenden Baby zu gehen.

Ich traf mich mit Mutter in Salzburg, als ich im dritten Monat schwanger war.

Ich hatte kaum Kontakt zu ihr, zu Vater war der Kontakt schon jahrelang abgebrochen. Mutter war angetan von der neuen Situation. Sie hätte beides verstanden, falls ich abtreiben hätte wollen oder Miriam zur Welt bringen. Ihre Offenheit diesbezüglich kam aber nicht daher, dass sie so aufgeschlossen und tolerant gewesen wäre. Für sie selbst waren Kinder anstrengend. Wir Geschwister waren (auch) als Kinder für sie mühsam und eine Herausforderung. Sie hätte verstanden, wenn ich mir das ersparen hätte wollen. Sie kannte mich nicht mehr, verstand aber dann bald, dass wir uns nur auf unser Baby freuten. Schließlich freute sie sich auch mit. Ich ging mit Mutter in der Rainerstraße essen. Es tat mir gut.

Am vierundzwanzigsten April ging ich, wie jeden Tag, spazieren. Es regnete. Als ich zurückkam, hörte ich in den Nachrichten, dass im Atomkraftwerk Tschernobyl der Supergau passiert war und die radioaktive Wolke vom Wetter bis zu uns getragen wurde. Die Folgen sind noch nicht klar gewesen. Man verharmloste noch die Auswirkungen – doch die Wolke war da. Der Regen war gefährlich, die Radioaktivität war messbar. Schwangere und Kinder sollten sich nicht im Freien aufhalten. Man durfte sich nicht auf Parkbänke setzen, denn das Holz nahm das Plutonium auf. Baustellen, Sand und Staub sollten gemieden werden. Regen auch. Keine Salate, keine Lebensmittel, die zu der Zeit auf den Feldern wuchsen, sollten gegessen werden. Milch wurde genau kontrolliert, sie war genauso radioaktiv verseucht.

Ich achtete absolut auf meine Ernährung. Ich ärgerte mich über Menschen, die die Auswirkungen des Atomunfalls verharmlosten. Zivildiener machten um diese Zeit ihre Ausbildung in der Jugendherberge. Die Lehrenden des Ausbildungslehrganges der Zivildiener meinten, in Gastein sei ohnehin verstärkt *natürliche* Radioaktivität vorhanden. Was sollte das jetzt genau heißen? Im Grunde, dass die Grenzwerte absolut überschritten waren. Sandkisten durften nicht mehr bespielt werden, der Sand wurde ausgetauscht – mit welchem *gesunden* Sand?

Wir hatten eine schöne Schwangerschaft. Es ging mir gut. Ich liebte Vanilleeis und hasste Gurgelwasser. Ich ging sehr viel spazieren. Mir war nie übel. Miriams Wachstum wurde erst im Juni an meinem runden Bauch sichtbar.

Wir begannen uns Gedanken zu deiner Geburt zu machen. Wir besorgten uns Bücher zur sanften Geburt, um uns damit zu beschäftigen, was wir tun könnten, um dich behutsam und sicher in diese Welt zu begleiten. Wir wussten, dass wir dir nur unsere Liebe zu geben brauchten. Es war selbstverständlich für mich, dass ich dich mit meiner Muttermilch ernähren würde und dass du bei uns schlafen würdest, wenn es gut für dich wäre. Alles würde sich zeigen.

Zu den Untersuchungen, ob mit dir alles in Ordnung war, ging ich zu unserem Hausarzt, der deine Herztöne mit dem Stethoskop aus Holz abhorchte und dich als gesund befand.

Ich vertraute ihm.

Jakob bekam, als ich mit dir im dritten Monat schwanger war, Windpocken. Die Ärzte meinten, es wäre kein *großes* Risiko für dich.

In der Zeit starb Lisa, die Frau von Jakobs Onkel Rudolf und Mutter von Helmut und Fridolin, an Lungenembolie.

Jakob war krank und konnte nicht mit nach Grubenau zu ihrer Beerdigung. Ich fuhr mit dem Zug nach Salzburg und von dort mit Jakobs anderem Onkel und Tante nach Grubenau.

Jakob wurde gesund, alles war in Ordnung, Miriam wurde von den Windpocken nicht tangiert.

Wir erkundigten uns nach guten Krankenhäusern. Oberndorf war leider zu weit entfernt von Hofgastein. Schwarzach, das nächstgelegene, kam nicht in Frage. Dort würden die Gebärenden an den Gebärstuhl angeschnallt. (Das erzählte mir die jugendliche Tochter meines Chefs, die zur selben Zeit wie ich ein Kind erwartete.)

Das Waidhaller Krankenhaus hatte einen guten Ruf.

Wir nahmen den Zug nach Waidhall. Wir ließen uns alles zeigen und besprachen mit der diensthabenden Hebamme, wie wir uns deine Geburt vorstellen würden. Eine Geburt ohne Medikamente, ohne Elektrode an deinem Kopf und andere Dinge, die uns wichtig waren, damit du einen guten Start in die Welt bekommst.

Die Umgebung war freundlich, die Hebamme auch, die Ärzte bei der Ultraschalluntersuchung, die ich in Waidhall machte, waren zugänglich. Nur war nicht klar, wer uns bei deiner Geburt betreuen wird.

Wir besuchten Barbara und Vinzenz hin und wieder in meiner WG in Salzburg, ab und zu kamen sie auch zu uns nach Gastein.

Wir hatten niemanden in unserem Freundeskreis mit Kind.

Als ich dich das erste Mal sah

In deinem sechsten Monat sah ich dich zum ersten Mal am Ultraschallgerät. Ich war überglücklich, als mir dein Körper mit deinem pulsierenden Herzen am Bildschirm gezeigt wurde. Es wurde deine Größe berechnet und wie schwer du warst. Ob du männlich oder weiblich warst, wollte die Ärztin mir nicht verraten. Diese Information war damals in manchen Krankenhäusern nicht selbstverständlich.

Aber ich wusste ohnehin, dass du eine Frau wirst. Wir hatten vorsichtshalber einen Männernamen (Alexander) ausgesucht und sonst hatten wir immer wieder verschiedene Frauennamen überlegt. Dass du ein Mädel wirst, habe ich auch geträumt – einmal warst du Muzi, unsere Katze.

Fotos vom Ultraschallbild wurden nicht ausgedruckt und mitgegeben.

Wir wagten noch einen gemeinsamen Urlaub auf Kreta bei großer Hitze. Wir fuhren mit der Vespa durchs Land, verirrten uns und rutschten über Schotterstraßen. Mitten während der Fahrt an einem Weg durch Olivenhaine kamen wir genau im (un)passenden

Augenblick, als einer Ziege von einem Mann die Kehle durchgeschnitten wurde! Nur ein Augenblick, für mich, für die Ziege. Jakob bekam das gar nicht mit. Wir fuhren weiter, was hätten wir auch sonst tun sollen? Verwirrung und Verblüffung überkamen mich, wie ein Kurztraum.

Nachts stand ich auf, duschte mehrmals und wickelte uns in das nasse Leintuch. Auch nachts wurde es nicht kühl.

Im Schatten unter Bäumen am Strand beobachtete ich einen kleinen Skorpion im Sand – plötzlich spürte ich einen Stoß von dir und dein Fuß machte eine Beule in meiner Bauchwölbung. Von da an spürte dich Jakob, wenn ich mit meinem Bauch an seinem Rücken lag. Vor allem nachts hast du ihn dich spüren lassen.

Die Abende waren heiß, am angenehmsten war es, in den Tavernen zu sitzen und gut zu essen. Ich aß wenig Fleisch. Mein Bedürfnis nach Fleisch hatte sich bald in Luft aufgelöst.

Unser Urlaub gestaltete sich völlig anders als jener Urlaub 1979. Kreta hatte sich touristisch unglaublich verändert. Elounda war erschlossen mit vielen Hotelanlagen, dort, wo wir 1979 noch über die niedrigen Hirtenmauern gewandert waren und unsere Zelte in den Ziegenweiden aufgestellt hatten. Das Meer war klar bis in die Tiefen, wo wir an der Buntheit der Fische und anderer Meeresbewohner teilhaben durften, ungefährlich schön.

Unser Urlaub zu dritt war ereignisreich genug. Umso angenehmer war es, der wunderbaren täglichen Versorgung mit Lebensmitteln und einem Hotelzimmer sicher zu sein. Immer noch mit dem wunderbaren griechischen Joghurt mit Honig zum Frühstück!

Nach den Sommerferien musste ich nicht mehr arbeiten. Das fügte sich wunderbar durch die Berechnungen der Zeit meines Mutterschutzes bis zum Geburtstermin. Das Leben war wieder auf meiner Seite.

Stolz trug ich meinen Bauch, als er endlich größer wurde. Mit offenem Reißverschluss, Hosenträgern und einem langen rosa Strickpullover ging ich stundenlang spazieren. Das bietet sich in dieser

Gegend im Gasteinertal an. Es war ein so schöner, warmer, heller Herbst!

Meine Mutter schickte mir im November ein Paket mit zehn Tafeln Schokolade. Warum ich mich ausgerechnet die letzten Tage bis zu deiner Geburt so gar nicht bewusst ernähren konnte, weiß ich nicht. Ich ernährte mich von Joghurt, aber sonst kaufte ich nicht viel ein, ich brauchte auch nicht viel. Ich verschlang etliche Tafeln dieser Schokolade beim Ausprobieren, welche schmeckte und welche nicht.

– Das Leben ist wie eine Schachtel Pralinen: man weiß nie, was man kriegt! – Aus dem Film: *Forest Gump*.

Ist das so?

Der Rücken tat mir schon weh, ich lag oft am Boden, war lange auf und sah mir späte Filme, am Rücken liegend, an.

Ich meldete mich täglich am Postamt bezüglich der dringenden Notwendigkeit eines Telefonanschlusses. Kein positives Resultat.

Ich telefonierte mit Jakob aus der Telefonzelle.

Jakob hatte seine Schilehrerprüfungszeit in Kaprun. Damals gab es keine Mobiltelefone und wir hatten das Telefon, das wir bei der örtlichen Post vor Monaten beantragt hatten, noch immer nicht bekommen.

Ich begann die Wohnung zu putzen, fand, dass der vier Meter lange Fleckerlteppich eine Reinigung nötig hätte und stopfte ihn in die Waschmaschine im Bad.

Mit großer Mühe, mit Hilfe meines ganzen Körpereinsatzes, bekam ich ihn wieder aus der Waschmaschine heraus.

An diesem Tag ging ich spät schlafen. Ich wurde wach, weil das Bett nass war.

In diese Welt kommen

Es war ein Uhr nachts und es fühlte sich feucht an in meinem Bett. Ich lag im Fruchtwasser. Mir wurde langsam nach erster Verwirrung bewusst, dass du heute deinen Geburtstag haben wirst. Es war mir noch nicht klar, was ich mit dieser Situation anfangen sollte – auf deine Geburt war ich noch nicht gefasst, Jakob war nicht da. Ich musste wohl zu einem Arzt kommen, aber wie? – Ich will nicht nach Schwarzach! – Ich konnte ohnehin nicht telefonieren, hatte ja kein Telefon, allzu viel sollte ich mich vielleicht nicht bewegen. Ich musste jemanden kontaktieren. Ich bewegte mich ins Parterre zu unseren Vermietern.

Ich läutete Sturm. Niemand machte mir auf. Ich setzte mich verzweifelt auf die Steinstiege und versuchte klar zu bleiben. Nochmal Sturm läuten. Es dauerte ewig, bis unser Vermieter nach meinem Toben am Gang die Tür öffnete und mich sein Telefon benutzen ließ. Mein Vermieter ging wieder schlafen. Ich rief nicht die Rettung. Ich wollte nicht ins nächstgelegene Krankenhaus.

Ich rief Elisabeth in Salzburg an, die glücklicherweise noch wach war, mit ihrem Freund und Barbara Karten spielte und sie hatten wenig getrunken. Bernhard und Elisabeth wollten mich mit ihrem Auto in Hofgastein holen. Ich versorgte die Katze, packte meinen kleinen Koffer und wartete. Elisabeth und Bernhard fuhren uns nach Waidhall ins Krankenhaus.

Es war eine laue Vollmondnacht, die Berge und Wälder wirkten mystisch. Sie gaben mir ein Gefühl von Vertrautheit und Geborgenheit. Es war warm und föhnig, eine wilde helle Stimmung. Bernhard war nervös, er absolvierte zu dieser Zeit seinen Zivildienst bei der Rettung. Er wollte nicht Geburtshelfer sein. Ich spürte nicht viel, was auf deine Geburt hingewiesen hätte. Ich hatte keine Wehen.

Um vier Uhr früh im Krankenhaus angekommen, brachte frau mich in den Kreißsaal. Elisabeth fuhr nach Hause mit dem Versprechen, ab sieben Uhr in der Jugendherberge anzurufen, um Jakob telefonisch erreichen zu können. Das Sekretariat der Jugendherberge in Kaprun war erst ab sieben Uhr besetzt.

Eine Ärztin stellte fest, dass der Muttermund noch viel zu klein war und legte mir eine Tablette ein, um ihn zu erweitern. Von dir gab's noch kein Zeichen, dass du in diese Welt wolltest, ohne Fruchtwasser konntest du nicht mehr lange in meinem Bauch bleiben!

Ich war noch ganz entspannt.

Die Ärztin meinte nach der Ultraschalluntersuchung, dass Miriam zu klein sei, eine Risikogeburt und dass sie nach Salzburg ins Krankenhaus überstellt werden müsste. Ich meinte, dass das nicht der Fall sein werde, denn sie werde sich besser entwickeln, wenn sie bei mir ist und ich sie stillen kann. Allein lass' ich dich sicher nicht, in ein anderes Krankenhaus. Die Geburt wurde eingeleitet.

Ich war absolut zuversichtlich, dass du gesund bist, eben klein, aber gesund! Gut, überzeugt.

Ich wollte eine Geburt ohne Schmerzmittel, hockend, nicht liegend.

Die Krankenpflegerin verabreichte mir einen Einlauf. Es war mühsam, Zeit am Klo zu verbringen.

Ich packte, als ich auf einem Bett im Kreißsaal saß, Strickzeug aus (den Geburtstagspullover für Jakob).

Ich dürfte ein wenig geschlafen haben. Elisabeth blieb bei mir. Sie war zuvor noch zu Hause in der WG, um Jakob telefonisch zu erreichen. Die Schilehrerschüler wollten eben aufbrechen, als Jakob gerade noch die Info deiner Geburt bekam. Ein Kollege fuhr ihn sofort mit seinem VW Käfer vom verschneiten Kaprun zu uns.

Barbara löste Elisabeth ab.

Ich klärte noch mit der Hebamme, dass ich, wenn irgend möglich, keine Schmerzmittel möchte. Jakob kam um elf Uhr. Ich war wieder ganz entspannt.

Ich spürte nicht viel, du warst ganz ruhig.

Im Nebenkreißsaal war eine Frau, die wir aus Hofgastein kannten.

Ich bekam einen Gürtel mit einem Wehenmessgerät und EKG. Es war notwendig zur Beobachtung, es schien wichtig … ich wehrte mich nicht dagegen. Barbara und Jakob waren da, das tat mir gut. Die Wehen wurden sehr heftig.

Du tratst so kraftvoll gegen meine Wirbelsäule. Ich war wie benommen vermutlich auch vom Lachgas. Jakob half mir beim Atmen. Ich bekam eine Art Sauerstoffmaske beim Einatmen. Barbara massierte mir den Rücken.

Die Hebamme brachte Jakob und Barbara Kaffee. Es war eine Art Pause am Nachmittag. Ich sah einen Spiegel, in dem sich die Herbstlandschaft vor dem Fenster widerspiegelte. Ich genoss das Bild des blauen Himmels und der bunten Blätter. Ab und zu kam die Ärztin vorbei. Ich wünschte, du würdest dich endlich zeigen.

Pressen! Die Ärztin redete mir zu – nicht jetzt. Ich nahm das kaum wahr, da ich wusste, jetzt muss es sein, ich spür das doch – und da war er schon da, dein Kopf. Jakob hatte dich schon gesehen. Du warst da, hier bei uns – strecktest deine Zunge raus.

Die Hebamme hatte Stress und durchschnitt die Nabelschnur, saugte Schleim aus deinem Mund, wog dich irgendwie, packte dich in ein Handtuch, erst dann legte sie dich auf meinen Bauch. Wir genossen dich und waren überwältigt. Wir konnten uns nicht dagegen wehren, dass du gebadet und angezogen wurdest. Die Ärztin und Krankenpflegerinnen handelten nach Routine, vermutlich auch aus Sorge wegen deines zarten Körperbaus. Das warst du für dein weiteres Leben, ein zartes Wesen.

Wie solltest du heißen? Miriam – das war die spontane Entscheidung.

Ich hatte keine Schmerzen, keine Risse.

Miriam war geboren. Sie ist da auf dieser Welt, dieses wunderbare Erdenkind! Gesund; dem kleinen Finger fehlt die Kuppe mit dem Fingernagel. Tschernobyl? Wir wissen es nicht.

Sie wog 2500 Gramm, sie war bei mir. Tagsüber. Ich war die ganze Nacht wach, Miriam schlief bei den anderen Babys, ich hatte keine Chance, sie nachts bei mir zu haben. Ich war hellwach und ging zu ihr ins Babyzimmer.

Miriam nahm meine Milch an. Das medizinische Personal meinte, sie würde zu wenig bekommen. Sie nahm ab – wie alle Babys zu Beginn. Sie gaben Miriam eine Flasche, was nicht mit mir abgesprochen war. Ich war die ganze Nacht wach. Morgens wurdest du in einer Art großem Einkaufswagen gemeinsam mit lauter Jungs, die größer waren als du, zu mir gebracht. – Warst du süß!

Der Junge aus Hofgastein heißt Fridolin – wir haben ihn noch oft getroffen.

Tagsüber konntest du bei mir sein, nachts musstest du zu den anderen Babys. Du wurdest nachts gar nicht oder nicht rechtzeitig zu mir gebracht, wenn du Hunger hattest: Zu spät, wenn du geweint hattest und nicht mehr trinken konntest, zu früh, hattest du keinen Hunger. Ich freute mich auf die Tage. Ich konnte sofort aufstehen, es ging mir gut.

Wir hatten eine wunderbare Symbiose. Ich war so sicher, du bist gesund! Beim Wickeln deines kleinen Körpers, im vorsichtigen Behandeln deines Nabels hatte ich Angst, dir weh zu tun. Dennoch wollte ich bald wieder nach Hause!

Jakob besuchte uns täglich mit dem Zug. Jakobs Eltern freuten sich so sehr, dich zu sehen!

Zwei Tage nach Miriams Geburt besuchte uns meine Mutter. Sie war sehr gerührt und überwältigt, dass ihre Tochter dieses kleine Wesen an ihrer Brust stillte. Diese Symbiose machte meine Mutter traurig und glücklich zugleich.

Vroni, eine liebe Freundin aus Kuchl, holte uns mit ihrem bunten Fiat vom Krankenhaus ab. Es war von heute auf morgen tiefster Winter, das Auto hatte Probleme vorwärtszukommen. Es war zugig, du warst in einer Decke eingepackt, mit der schon Michael, mein Bruder, nach Hause gebracht worden war.

Alles an Babykleidung, was wir dir angezogen hatten, war dir zu groß gewesen. Du hattest die kleinste Größe.

Daheim sein

Baden und wickeln, alles war neu für uns. Und für dich erst! Du warst so zart, ganz vorsichtig zogen wir dich an und aus. Wir badeten dich nicht so oft in deiner winzigen Badewanne, deine Haut brauchte das auch nicht.

Wir trugen dich, oder du lagst bei uns auf dem Schoß oder nachts im Bett bei uns. Wenn du Hunger hattest, konnte ich dich gleich stillen.

Du schienst zufrieden zu sein. Muzi war eifersüchtig. Wir mussten achtgeben, dass sie sich nicht *beschützend* auf deinen Kopf legte. Im Gitterbett wolltest du nicht liegen – dein Protest war eindeutig. Im Gitterbett machte es sich unsere Katze gemütlich. Du hast es vorgezogen, auf meinem Bauch zu schlafen – sechs Monate lang, es ging mir gut damit.

Wir haben viel mit dir geplaudert und dich überall hin mitgetragen.

Die erste Woche sollten wir mit dir nicht ins Freie gehen. Danach gingen wir mit dir im Snuggli unter meinem Mantel täglich spazieren – so sah ich wieder schwanger aus, denn dein Kopf war noch an der Lehne des Snugglis versteckt.

Manchmal stimmte dein Trinkrhythmus mit meiner Milchproduktion nicht überein. Ich musste beim Spazierengehen zusätzlich Stoffwindeln auf meine Brust legen, damit ich mich von der ausrinnenden Milch nicht erkälten würde. Abgepumpte Milch aus der Flasche hast du absolut verweigert. Unsere Stillbeziehung war gut. Nachts bist du kurz wach gewesen, du warst ja bei uns und konntest wieder gut einschlafen.

Miriam wurde in eine Zeit geboren, in der alles unsicher war. Den Job im Caritas-Heim wollte ich nach ihrer Geburt nicht mehr annehmen. Nachtarbeit und Wochenendarbeit gingen gar nicht in unserer neuen Lebenssituation. Jakob wurde als Probelehrer nicht übernommen wegen Mangels an Jobs für Deutsch- und Geschichtelehrer. Er nahm Gelegenheitsjobs an. Ich bezog ein Jahr Karenzgeld und danach Notstandshilfe.

Miriam machte hin und wieder die Nacht zum Tag und sie liebte es mit Jakob zu tanzen. Wir ließen ihr alle Freiräume, ihre Umgebung zu entdecken und genossen unsere Dreisamkeit.

Besuch bekamen wir nicht viel und sehr mobil waren wir auch nicht. Elisabeth borgte uns ihr Auto, als sie nach Nicaragua ging. Das nutzten wir für kleine Ausflüge.

Lieber Onkel

Michael war zu dieser Zeit um Miriams Geburt einige Wochen nach Mexico gereist.

Er machte die Reise, die Jakob und ich nach unserer Hochzeit machen wollten. Wir erhofften uns damals aus einer Laune heraus eine Mitgift von meinen Eltern. Das war nicht zu Ende gedacht.

Also gaben wir Michael unseren Reiseführer. Mein Bruder kam nach seiner langen Reise aus Mexico direkt zu uns, um seine vier Wochen alte Nichte zu sehen.

Schön war das, auch seine Erzählungen aus der Welt. Er war sehr lieb zu Miriam.

Michael war Miriams erster Besuch in Hofgastein. Er freute sich und hatte sofort einen guten Zugang zu Miriam. Er verschriftlichte seine Reise und wenn Miriam auf meinem Bauch bei mir in der Hängematte lag und schlief, las ich und war bei Michael in Mexico.

Ich fand beim Ausräumen nach dem Tod meiner Eltern einen Brief von Oma an meine Mutter, in dem sie schrieb, sie mache sich große Sorgen, weil Martin in Mexico verschollen sei und Mutter nichts essen würde.

Matteo

Michael besuchte uns mit Maria, seiner Freundin aus der neuen WG in Wien. Sie sprach wenig. Sie brauchte eine Weile, bis sie verbalen Kontakt zu Menschen aufnahm. Wir spielten Karten. Das war gut zur Kommunikation.

Kurz vor der Geburt ihres und Michaels Sohnes begriff sie ihre Schwangerschaft. Miriam war keine zwei Jahre alt. Sie bekam einen Cousin. Wir besuchten die junge Familie gerne in Wien und hatten schöne Zeiten miteinander. Günter kam manchmal mit seiner Freundin dazu. Beide waren lustig und hatten großes Einfühlungsvermögen mit unseren Kindern. Miriam liebte sie.

Michael und Maria taten alles für ihren Sohn. Beide ließen sich ganz auf ihn ein. Matteo hatte ganz eigene Gewohnheiten und Ideen. Mitten am Weg zum Prater an den Straßenbahnschienen rutschte er durch den Bügel seines Kinderwagens und lief auf die Schienen. Er schrie und warf um sich, als Michael ihn zurückholen wollte. In manchen Situationen wehrte er sich heftig gegen unumgängliche Lebensgebote der Erwachsenen. Er brachte sich in Gefahr oder Erwachsene in unangenehme, hilflose Situationen.

Als Drei-, oder Vierjähriger suchte er am Gehweg und daneben Hundescheiße. Wir mussten sehr achtsam sein, sie vor ihm zu entdecken, was nicht immer gelang. Er stieg mit Herzenslust in diese weiche Masse. Es machte ihm unglaubliches Vergnügen. Im zweiten Wiener Gemeindebezirk waren die Gelegenheiten zu häufig.

Abends lasen wir den Kindern gemeinsam Bücher vor. Wir gingen in den Prater und zu einem tollen Spielplatz mit einer Straßenwalze zum Klettern. Wir gingen in den Zoo. Matteo aß gern die Dinge, die Miriam nicht mehr wollte. Da kam er zu einigem Genuss.

Bei einem Besuch in unserer Wohnung in Salzburg hatte er ein für uns unergründbares Bedürfnis. Er fing zu brüllen an. Niemand gelang es, ihn zu beruhigen. Für uns war diese Situation neu. Wir gingen nach draußen, machten einen Spaziergang und fuhren mit dem Bus in die Stadt zur *Spielzeugschachtel*. Auch das brachte für

Matteo keine Beruhigung. Hilflosigkeit unsererseits war spürbar. Nach gefühlten Stunden hörte er aus unerfindlichen Gründen wieder auf. Mir tat es leid für alle Beteiligten.

Michael und Maria trennten sich, als Matteo vierzehn Jahre alt war. Die Stimmung in ihrer neuen schönen Wiener Wohnung war angespannt, alle schwiegen. Dieses Schweigen wurde unerträglich. Matteo spielte am PC mit seinen Tieren. Lange.

Er wusste viel, er war so neugierig. Er kannte alle Dinosaurier und liebte es in ihre Welt einzutauchen.

Matteo war sehr groß. Er wurde immer um zwei Jahre älter geschätzt, als er tatsächlich alt war. In der Schule wurde er überschätzt. Er hatte einen guten Freund, der viel kleiner als er war. Matteo passte nicht in das Schema, wo alle *gleich* behandelt werden und nicht gesehen wird, dass Kinder individuell gefördert werden müssen. Er ging sehr ungern in die Schule. Ich erlebe ihn als Erwachsenen hintergründig humorvoll, oft verschwiegen, jedoch wenn er Vertrauen hat, ist es schön mit ihm zu reden.

Michael stand immer hinter ihm. Das ist gut so. Unsere Eltern nicht. Mutter war verzweifelt und hielt das schulische Scheitern Matteos schwer aus.

Lebensbewältigung

Dein erster Geburtstag nahte. Wir Frauen hatten damals in Österreich die Möglichkeit ein Jahr in Karenzzeit mit unseren jungen Kindern zu sein. Wenn diese erste gemeinsame Zeit um war, mussten die Frauen wieder arbeiten. Ich bemühte mich, wieder in der Jugendherberge als Erzieherin der InternatsschülerInnen der Schihauptschule arbeiten zu kommen. Mein Anliegen war, dich im Nachtdienst mitzunehmen. Du zeigtest keine Anzeichen, andere Nahrung aufzunehmen außer Muttermilch.

Mein Chef war nicht einverstanden.

Wir fuhren mit dem Zug zum Arbeitsamt nach Bischofshofen. Ich erklärte dem zuständigen Beamten unsere Lage. Wir hatten die Möglichkeit nach dem Karenzjahr Notstandshilfe zu beziehen, vor allem, wenn das Kind noch gestillt würde. In dieser Situation, meinte er, müsste ich nicht vermittelt werden.

Jakob suchte eine Arbeit als Lehrer, in der Hoffnung, unsere Bereitschaft, ins Innergebirg zu ziehen, würde für eine Stelle in erreichbarer Nähe von Hofgastein berücksichtigt.

Nach Tamsweg hätte er für ein paar Stunden, die zum Überleben nichts gebracht hätten, unterrichten fahren sollen. Es war wie verhext. Eine Stelle als Lehrer zu finden, vor allem in Fächern wie Deutsch und Geschichte, schien aussichtslos.

Wir lebten von wenig Geld, die Miete war akzeptabel und wir hatten ein schönes Leben zu dritt. Wir waren beisammen und konnten jeden Schritt deiner Entwicklung und unseres Beisammenseins genießen.

Dennoch war es an der Zeit für mich, mir Gedanken zu meiner weiteren Berufstätigkeit zu machen.

Berufswagnisse

Im Frühling hatte ich mich für einen Lehrgang für Hebammenausbildung in Salzburg beworben. Wir fuhren zu dritt nach Salzburg. Du bist mit Jakob spazieren gegangen, während ich mit anderen Bewerberinnen den Aufnahmetest absolvierte.

Wir hatten durchdacht, wie wir unsere Lebenssituation und deine Betreuung gemeinsam gut bewerkstelligen könnten – es musste sich bezüglich unserer Berufswahl unbedingt etwas tun – wir konnten nicht ewig von der Notstandshilfe leben. Deine intensive Betreuung war für uns alle sehr schön, gleichzeitig hatten wir das Gefühl wenig Zukunftsperspektive bezüglich unseres Berufslebens zu haben.

Ich wurde zu diesem Lehrgang nicht angenommen.

Oma Besuch

Du wurdest zwei Jahre. Wir beide unternahmen eine Reise mit dem Zug nach Baden zu deiner Uroma.

Du hast dich in deiner fröhlichen einnehmenden Art gut mit meiner Oma verstanden. Sie begriff zwar nicht, warum du nicht alleine geblieben bist, wenn ich aufs Klo am Gang ging. Klo gehen war kompliziert, du hast bei aller Zuneigung zu deiner Uroma an mir geklammert.

Jedoch am zweiten Tag hattest du Vertrauen gefasst und bist für kurze Zeit bei Uroma geblieben. Oma verstand nicht, dass ich dich immer noch stillte und dass du nicht gern ohne mich bei ihr geblieben bist. Oma hatte mich aber immer so genommen, wie ich war. So auch uns gemeinsam.

Es machte sie so einzigartig, dass sie nie etwas über ihre Enkel – und Urenkelkinder kommen ließ, auch wenn sie unsere Lebensweise oft nicht nachvollziehen konnte. Sie hatte sicher unter der Vorstellung gelitten, dass Jakob und ich keine Arbeit hatten, andererseits hat sie unser Familienleben, wie wir miteinander umgingen, sehr schön gefunden. Was sie nicht verstehen konnte, sagte sie, ich hatte aber nie das Gefühl bei ihr, dass sie abschätzig war. Und sie hat dich geliebt!

Du bist gern durch diese große Wohnung gesaust und hast dich in ihrer Nähe wohl gefühlt, wenn auch mit der Sicherheit, dass ich da war.

In Baden blühte schon alles. Viel eher als bei uns in den Bergen. Du spieltest schon kurzärmelig und mit roter Sonnenbrille im Doppelhofpark am Spielplatz. Aus meiner Kindheit war mir der Park wohlig vertraut mit dem See, den Trauerweiden, den Ruderbooten, den kleinen Brücken und den Rosen.

Arbeitsversuche

Im Dezember davor hatte ich Arbeit in einer Familienpension bei einer schrulligen, peniblen Frau angenommen. Es war ein trockener Winter mit wenig Schnee. Die Gäste blieben aus.

Mittags konnte ich zu dir nach Hause, um dich zu stillen. Jakob hatte einen gemütlichen Vormittag mit dir und du hast es gut bis Mittag ohne Muttermilch ausgehalten. Ein wenig Obstbrei, Joghurt und ab und zu drei Nudeln hast du ja gegessen.

Es dauerte nicht lange, da wurde mir gekündigt, weil es nichts zu tun gab. Die Bäder hatte ich alle gründlich geputzt, die Tische gesäubert, die Leintücher noch einmal gewaschen. Die Gurken aus den Aludosen in andere Behältnisse gefüllt. Ich fuhr wieder nach Bischofshofen zur Arbeitsvermittlung.

Geschickt wäre es, meinte ich, die Marktlücke zu erkennen und in dieser Gegend eine Krabbelgruppe zu installieren.

Der Beamte reagierte nur ungläubig und irritiert. Ich ging zur SPÖ Bischofshofen, aber ich fand keinen *Zuständigen*. Ich ließ im Gedanken diese Idee in mir wachsen, mich im Innergebirg für Kinderbetreuung weiter zu engagieren. Es blieb bei meinen Gedanken.

Jakob war nach wie vor arbeitslos – keine Stellen für Akademiker, ich bezog Notstandshilfe.

Ende Februar bekam ich eine Stelle in einem Hotelkindergarten. Ich betreute Kinder von Hotelgästen. Frederika war das einzige Kind, das ich betreute, da für andere Eltern offenbar kein Bedarf war. Wir hatten uns in dem großen Park verabredet, wo du gern spieltest und mit Jakob oft spazieren gingst. Rika war ein offenes, fröhliches Mädel und ihr hattet unmittelbar freundschaftlichen Kontakt zueinander. Sie hatte ein zweites Kind zum Spielen. Es war für alle in Ordnung. Ihre Eltern genossen den Urlaub und wir freundeten uns an.

Ich musste von neun bis sechzehn Uhr arbeiten. Für dich war es eine lange Zeit, denn du warst ja gewöhnt, dass Jakob und ich beide für dich da waren. Du hattest mit Jakob wunderbare Tage.

Für das Hotel war es kein lukratives Geschäft, da die Kinderbetreuung wenig in Anspruch genommen wurde. Nach gut einem Monat war ich wieder arbeitslos.

Uns wurde es zu eng im Gasteinertal, wir wollten zurück nach Salzburg oder dorthin, wo Jakob als Lehrer Berufschancen hätte – das war zu dieser Zeit nirgendwo.

Teil 3

Omas Tanz in unser Leben erwecken: Lasst unser Leben ein Tanz sein!

> Die großen Leute verstehen nie etwas von selbst,
> und für die Kinder ist es zu anstrengend,
> ihnen immer und immer wieder erklären zu müssen.
>
> *Antoine de Saint-Exupéry, »Der kleine Prinz«*

Stadt

Wir fanden in Salzburg eine Wohnung mit günstig aufgeteilten Zimmern. Allerdings war Miriams Spielzimmer abgesondert, nur vom Gang aus erreichbar. Es war egal, da sie ohnehin bei uns schlief und wir viel Raum zum Spielen hatten. Wir bauten ein Hochbett über unserem Bett. Ihr Spielmaterial und der Springmauskäfig waren in ihrem Spielzimmer. Wir hatten noch unsere Katze aus Hofgastein. Miriam wuchs zu jeder Zeit mit Haustieren auf.

Jakob und ich hatten beide keine Arbeit und mussten der Vermieterin beteuern, eine in Aussicht zu haben. Oberhalb wohnte die Vermieterin mit ihrer Familie und einem Einsiedler im Dachgeschoss. Hin und wieder besuchten Miriam die Nachbarbuben. Manchmal ging sie zu ihnen nach oben spielen. Sie waren um ein paar Jahre älter als Miriam, bauten mit ihr Lego und sausten mit ihr hinten am Dreirad durch den Gang. Im Garten wachte ein Rottweiler, um den wir einen großen Bogen machten.

Es wurde Mai und ich startete meine Karriere in der Krabbelgruppe.

Der Umzug nach Salzburg war nur positiv. Wir hatten Freunde und Jakobs Onkel, die uns sehr unterstützten. Josef engagierte sich kraftvoll beim Tragen unserer Möbel. Mit unserem hoch gewachsenen Avocadobaum zwischen den Beinen am Vordersitz hielt er in unserem kleinen geborgten Auto die Fahrt nach Salzburg durch.

Wir hatten uns gemütlich eingerichtet. Die Entfernung zu meiner neuen Arbeit konnte ich mit dem Fahrrad in zehn Minuten bewältigen. Meine neue, befreundete Kollegin Mathilde wohnte zehn Minuten von uns entfernt. Wir trafen uns monatlich und reflektierten unsere Arbeit mit Kindern und ihren Familien, besprachen unsere Ideen und wie wir unsere gemeinsame Arbeit gestalten wollten. Wir hatten freie Vorbereitungszeit und engagierten uns gerne.

Jakob war bei Miriam zu Hause, bis sie den Kindergarten besuchen konnte. Jakob bekam als Lehrer keine Anstellung. Er machte eine auf seinen Schulabschluss aufbauende Ausbildung und bekam Arbeit, fünf Minuten von unserer Wohnung entfernt.

Neue Wege

Ich ging direkt zur *Spielzeugschachtel* und erkundigte mich nach der Zuständigen bei den Kinderfreunden für Krabbelgruppen. Ich bekam unverzüglich die Telefonnummer der Leiterin, die mich sofort zu einem Vorstellungsgespräch bat. Auf dem Weg dorthin traf ich an der Salzach Amadeus, einen lieben Freund, den ich lange nicht gesehen hatte und der an den Haaren ergraute. Eine neue Zeit. Alles blühte.

Ich war total aufgeregt. Es war Mittag, Birgit schob einen Kinderwagen im vorderen Gruppenraum und schimpfte das Kind darin, es sollte endlich schlafen – mein erster Eindruck.

Ich bekam den Job als Betreuerin in der Krabbelgruppe – ganztags. Ich hatte das Glück, anfangs um neun Uhr mit der Arbeit beginnen zu können. Du hattest gerne länger geschlafen und ich wollte nicht aus dem Haus, während du noch schliefst, damit du nicht wach wirst und mich suchst. Jakob sorgte wunderbar für dich.

Ihr habt alle Spielplätze in Salzburg unsicher gemacht! Jakob fuhr dich mit dem Buggi überall hin. Weite Spaziergänge, wie früher. Jakob und ich liebten unsere langen Spaziergänge quer durch Salzburg.

Kindergartenalltag

Vom Kindergarten warst du nicht besonders angetan, als Institution nicht, weil *Fremd*betreuung nicht in deinem Sinn war. Bei Jakob ging es dir so gut, warum dann in den Kindergarten gehen?

Während Jakob seine Ausbildung machte, wolltest du noch weniger da sein, weil du dich über Mittag hinlegen musstest und so tun, als ob du schlafen würdest – eineinhalb Stunden.

Du weintest immer wieder. Später hieß es dann *rasten*. Zu Hause hattest du mittags fast nie geschlafen und ab drei Jahren ohnehin nicht mehr. Wir waren als Pädagoginnen in der Krabbelgruppe immer wieder im Gespräch auch mit Kindergartenpädagoginnen: Die Großen, Dreijährigen in der Krabbelgruppe und alle die nicht schlafen konnten, hatten mittags die Möglichkeit in Ruhe zu spielen. Im Kindergarten waren sie wieder die Kleinen, die schlafen *mussten*.

Ein Erzieher kann nur sein, wer sich in das kindliche Seelenleben einfühlen kann, und wir Erwachsene verstehen die Kinder nicht, weil wir unsere eigene Kindheit nicht mehr verstehen.

Sigmund Freud

Was du dir an Essen aus der Schüssel geschöpft hattest, musstest du auch essen. Auch wenn es deinem Geschmack nicht entsprach oder dir gar ekelte wie bei den Grünkernlaibchen. Beim Aufräumen des Mittagsgeschirrs hattest du deinen Teller mit den Laibchen unter die anderen Teller gestellt und als Fanny es sah, dass jemand sein Essen versteckt hatte, hast du es ehrlicherweise noch gestanden!

Ich hatte mit Fanny und Elsa ein Gespräch und ärgerte mich, dass es in einem *Kinderfreunde*-Kindergarten so etwas noch geben durfte! Es liegt an den Menschen, die mit Kindern arbeiten, ob Werte und Haltungen liebevoll umgesetzt werden oder nicht und es ihnen ums Prinzip geht. – In Afrika verhungern die Menschen. – Ihnen hilft es nichts, ob du Grünkernlaibchen isst oder nicht. Ich mochte meine Kolleginnen und im Grunde hattest du vor allem zu Elsa eine feine Beziehung. Aus Prinzip pädagogisch zu wirken ohne Freiraum – wäre schön, immer wieder darüber zu reflektieren, was noch zu einer gesunden Haltung zu Kindern passt und was nicht.

Du hattest großartige Freundinnen im Kindergarten, Fanny und Elsa waren kreativ super engagiert. Vieles hat dir große Freude bereitet, Theater spielen – zum Beispiel den *Ritter Camenbert* zu inszenieren, großartig. Ich bin immer noch erstaunt, was in Kindern alles an wunderbarer Phantasie, Kreativität und Engagement schlummert, und wie wundervoll es ist, es mit ihnen gemeinsam zu wecken.

Aus diesen Gründen, wegen der Freundinnen und der Freude daran, wie du dich im Spiel entfalten konntest, bist du doch ganz gerne hingegangen.

Jakob hatte dich auch sehr gut eingewöhnt, er tat sich bei der Trennung ein bisserl schwer. Also blieb er zwei Monate, auch zur Freude der Pädagoginnen, weil er in dem Fall auch Zusatzbetreuung war.

Mutter-Kind-Urlaub

Im Juli besuchten wir Hermi und Günter, meinen jüngsten Bruder, in Grafenstein. Sepp, Hermis Bruder, hat dir die Schweinezucht gezeigt. Riesige Tiere und eine riesige Muttersau mit den kleinen Ferkeln an den Zitzen und der intensive Schweinestallgeruch – eine Ambivalenz von Eindrücken.

Mit Hermi und Günter machten wir Ausflüge zum Klopeinersee oder zum Turnersee. Hermi hatte ein kleines altes Auto und es machte uns Spaß herumzufahren in dieser wunderschönen Kärntner Landschaft und flexibel dorthin zu fahren, worauf wir Lust hatten.

Am Klopeinersee mieteten wir ein Tretboot. Du hattest Schwimmflügerl an den dünnen Ärmchen und ich hatte ständig Angst, du könntest ins Wasser fallen! Ich wollte dich nicht loslassen und hielt dich auf dem Boot in meinen Armen.

Wir spielten abends am Bauernhof *Versteinern* oder *Drittabschießen* mit einem Haufen Leute – du hattest großen Spaß dabei. Für uns Erwachsene war so viel Leichtigkeit und Ausgelassenheit spürbar. Spielen, nur spielen! Wieviel mehr Freude hätten wir, wenn uns das öfter in den Sinn käme, die Idee zu spielen!

Das Essen von Frau Lassnigg zubereitet, Kärntner Nudeln und die wunderbaren Kärntner Mehlspeisen schmeckten auch dir, sodass du dein meist zurückhaltendes Essverhalten vergessen hattest. Die Fliegenklebeschlange in der Küche und die Unmengen Fliegen verunsicherten dich, ob der Grausamkeit gegenüber den Fliegen. Mir verging der Appetit.

Du bist den vielen Katzen quer durch den Bauernhof hinterhergelaufen – auch Anschleichen war den Katzen zu viel Kind und sie verkrochen sich.

Ein Freund meiner Brüder interessierte sich für meine Geschichte. Daher kann ich mich noch erinnern, dass Wilhelm noch immer nicht in dein Leben getreten war, weil ich mit diesem Freund der Familie darüber intensiv gesprochen habe. Irgendein Papier von Wilhelm haben wir damals aktuell in Händen gehabt. Damals war auch Michael mit einem heftigen Schreiben von Wilhelm konfrontiert worden. Dass er das Falsche studierte und auch etwas mit Bedingungen.

Schade, wir Kinder konnten seine Bedingungen nicht erfüllen; damals konnte er nicht anders, als Bedingungen zu stellen, wenn Beziehung passieren hätte sollen.

Schule

Wir mussten uns mit deiner schulischen Zukunft auseinandersetzen. An welcher Schule wird bestmöglich auf individuelle kindliche Entwicklung eingegangen?

Von Birgit wusste ich von der Lieferinger Volksschule, in der Montessori – Pädagogik von engagierten LehrerInnen umgesetzt wurde. Birgit erzählte mir viel Positives von den Erfahrungen ihrer Kinder an dieser Schule.

Wir konnten uns ja nicht vorstellen, dass du eine Regelschule besuchst, in der ohne Rücksicht auf Individualität Stoff durchgenommen wurde. Das Problem war nur, wir mussten dich in unserem Schulsprengel anmelden.

Ich weiß noch, ich fuhr mit dem Rad zum Informationselternabend nach Liefering. Es war ein lauer Frühlingsabend. Es wurde uns Eltern ein Film gezeigt über die Entstehung und von der Durchsetzung des Schulversuches der Pädagogik Montessoris vor damals zwanzig Jahren. Ich war überzeugt davon, dass das die Schule sein wird, die für dich geeignet war!

Für das zweite Schuljahr benötigten wir die Zustimmung des Birkenmoorer Bürgermeisters, damit du weiterhin in deiner Schule bleiben konntest. Wir waren umgezogen. Du fühltest dich in der Salzburger Schule gut aufgehoben. Vom ersten Schultag an verband dich eine tiefe Herzensfreundschaft mit einem Mädchen namens Alva aus deiner Klasse. Ihr habt euch gesehen und sofort gespürt, ihr gehört zusammen.

Mit dem Bürgermeister hatten wir ewige Verhandlungen, vorsichtiges, überzeugendes Argumentieren, wobei für ihn nicht dein Wohlergehen, bezüglich sozialem Umfeld und angenehmer kompetenter Schulführung im Vordergrund stehen durfte, sondern einzig unser Arbeitsplatz und eine gesicherte Betreuung nach der Schule.

Ich hätte noch Birgits Beziehungen zur Stadtpolitik ausnützen können, musste aber vorsichtig sein. Es hatte gedauert, dein Schulplatz in Liefering war gesichert und damit die kontinuierliche Beziehung zu deiner Herzensschwester.

Gwand

Es schien für euch beide besonders wesentlich zu sein, die gleiche Kleidung zu tragen. Ihr habt euch abends fast täglich angerufen, wie ihr euch am nächsten Tag kleiden werdet, welche gleichen Klamotten ihr beide anziehen werdet. Gleiche rote Sandalen, im Winter gleiche rote *Dr.Martens* Stiefel, gleicher blauer Pullover mit weiß-orangen Streifen am Reißverschluss, gleich gemusterte Leggins, alles gleich.

Ihr habt euch gefunden und wart beide glücklich in eurer Symbiose. Ihr wart in allen Lebenslagen füreinander da. Und da gab es viele davon, die ihr durchzustehen hattet.

Alva kam auf unsere Urlaube mit und du bist mit Alvas Geschwistern und ihrer Mama mit Zelt nach Cres gereist.

Anders wohnen

Unsere Vermieterin wurde immer sonderbarer und zurückgezogener. Sie erhöhte die Miete, sodass wir nachdenken mussten, wie wir mit dem Wohnungsproblem weiter umgehen werden. Ich war anfangs Alleinverdienerin, Jakob und ich waren gemeinsam für unsere Tochter da. Wir bekamen Mietzuschuss von der Stadt. Wenn die Miete erhöht werden würde, war es nicht mehr leistbar, in dieser 70 m² Wohnung zu leben. Jakob suchte nach einem leistbaren geförderten Reihenhaus. Langsam gewöhnte auch ich mich an den Gedanken. Vorerst konnte ich mir ein so großes Projekt nicht vorstellen. In Salzburg waren diese Objekte unerschwinglich. Jakob sichtete in der Zeitung ein Reihenhausprojekt einige Kilometer außerhalb der Stadt. Meine Freude aufs Land zu ziehen – doch ein Stück weit weg von Salzburg – hielt sich in Grenzen. Wir hatten das alte Auto von Jakobs Vater bekommen. Das war ein angenehmer Vorteil für unsere Mobilität.

Ich selbst bin zehn Jahre nicht Auto gefahren, die Hürde wieder damit zu beginnen war vorerst unüberwindbar. Schweißausbrüche waren vorprogrammiert.

Wir würden sehr vom Auto abhängig sein, wenn wir aufs Land ziehen würden. Die Verbindung mit der Lokalbahn war das große Plus.

Landleben

Wir klopften all unsere Verwandten nach eventuellen Geldquellen ab und fanden so weit Unterstützung, dass die Anzahlung für dieses Reihenhaus leistbar war. Das Projekt unterstützten auch meine Eltern. Seit drei Jahren gab es wieder so etwas wie eine Beziehung zu ihnen. In Immobilien zu investieren fand mein Vater immer gut.

Wir waren oft auf der Baustelle und verhandelten mit den Professionisten. Vieles geschah nicht termingerecht. Die Maler malten bei zu niedrigen Temperaturen aus, die Fliesen kamen spät. Die Böden verlegten wir mit Hilfe meines Vaters (!) selbst. Wir mussten fertig werden, unser Mietvertrag lief aus. Parallel malten wir die alte Wohnung aus. Die Vermieterin war nicht zufrieden mit unseren MalerInnenarbeiten. Sie weigerte sich, uns die Kaution zurückzuzahlen. Sie fand immer wieder etwas zu bemängeln. Meine Tante Konstanze und unser Freund Josef halfen mir noch einmal auszumalen. Im Klo waren Ablagerungen, die nicht mit gewöhnlichen Mitteln zu entfernen waren (Dann eben mit Salzsäure!), ein Klebestreifen am Fenster, ein Nagel noch in der Wand. Gleichzeitig hatten wir die Arbeiten in Birkenmoor. Ich fühlte mich tyrannisiert. In der Lokalbahn bekam ich einen Nervenzusammenbruch. Ich war fix und fertig. Es überstieg meine Kraft. Das alles neben unserer Vollzeitarbeit. Sechs Wochen hatten wir kein Warmwasser im neuen Haus. Wir kochten Badewasser im Topf am Herd und schleppten etliche Töpfe in das erste Stockwerk für ein wohliges Bad für Miriam. Wir fuhren mit dem Auto nach Grubenau zu Jakobs Eltern duschen. Irgendwann war das überstanden und schien sich in Wohlgefallen aufzulösen.

Miriam ging in die erste Klasse. Nun begann meine Überzeugungsarbeit beim Birkenmoorer Bürgermeister, damit Miriam weiter in ihrer gewohnten Umgebung zur Schule gehen konnte. Miriam hatte eine wunderbare kompetente und einfühlsame Lehrerin.

Begegnungen

Man kann seine Kinder nicht besser erziehen, als man selbst ist. Wenn sie trotzdem besser werden, dann hat man wenigstens ihre Entwicklung nicht gestört. Und mehr kann man nicht verlangen.

Reinhard Lempp

Die Assistentin des Bauträgers warnte uns vor den Nachbarn. Sie wusste, warum. Sie erkundigte sich, ob wir unsere Nachbarn durch die Wände hören würden. Das Klavierspiel unseres Nachbarn, der Klavierstimmer war, nahmen wir wahr, allerdings erfreut. Wir testeten die akustische Durchlässigkeit mit seinem Klavierspiel und fanden es in Ordnung.

Mit der Zeit wurde klar, was sie gemeint hatte. Unsere Nachbarn zur rechten Wandseite unterhielten sich häufig brüllend. Sie hatten damals ihr erstes Kind, mit dem zweiten war sie schwanger. Zwei weitere sollten folgen. Wenn ihre Kinder nicht entsprachen, wurde gebrüllt und zugehauen.

Im Winter sahen wir den dreijährigen Erstgeborenen, Herbert, im Schnee liegen und herzzerreißend weinen. Er gab uns zu verstehen, er dürfe nicht ins Haus. Wir nahmen ihn zu uns, um ihn aufzuwärmen. Als wir seine Eltern informierten, er sei bei uns, lachten sie nur und sagten, dass es nicht schadet, wenn Kinder draußen sind – ein Dreijähriger allein? Das Letztgeborene, eine Tochter, krabbelte allein auf der Einfahrtstraße umher. Sie fuhr als Dreijährige in Begleitung ihres fünfjährigen Bruders mit dem Rad auf der Hauptstraße in den Kindergarten. Beispiele ihrer Vernachlässigung. Diese Familie wurde dorfbekannt. Wir bekamen ihre Aggressionen unmittelbar zu spüren. Diese Nachbarn waren sehr verletzend zu ihren Kindern:

– Du Trottel bist zu allem zu deppert, jetzt spüst des no amoi … –

Im Sommer beim Klavierüben, plötzlich hatten die rechten Nachbarn auch ein Klavier, und ähnlich wie beim Hausaufgabenmachen der Kinder, waren ihres Vaters übermäßig laute, unangenehm durchdringende Worte zu hören. Es ging so weit, dass wir im Sommer nicht mehr in den Garten gingen, um Sichtkontakt zu meiden und schlussendlich nicht mehr auf die Terrasse, denn die Beschimpfungen und Streitereien wurden unerträglich.

Anfangs bat ich diese Nachbarn, Familie Aumeier, mich zu informieren, wenn sie den Griller anmachten, damit ich auf dieser Hausseite das Schlafzimmerfenster vorher schließen konnte und die Wäsche ins Haus nehmen. Ich bekam nur Beschimpfungen zur Antwort. Welche Herausforderung sollte das sein? Wie weit schaffe ich es, Zugang zu meinen Nächsten zu finden? *Kommunikation, um gegenseitige Interessen und Positionen wahrzunehmen, ist mir zu jeder Zeit ein Bedürfnis. Die Intention, Handlungen zu verstehen, auch. Da musste ich lernen, dass nicht alle Menschen zugänglich sind und offensichtlich zugänglich sein wollten.* Da zählten einseitige Interessen. Wir wissen, dass diese Nachbarn eigentlich ein Bauernhaus kaufen wollten, sich jedoch nur ein Eckreihenhaus leisten konnten – so wollten sie eben gar nicht Rücksicht auf Nachbarn nehmen.

Sie waren überzeugt von ihrer Erziehung. Ich wagte über den Zaun mit dem Vater, nach einer eindeutigen Situation mit seinem Sohn, zu sprechen, dass es nicht angehen konnte, ihre Kinder immer wieder zu ohrfeigen und dass es strafbar sei. Das war ganz zu Beginn und ich bekam natürlich eine patzige Antwort und erreichte nichts.

Ich besprach die Situation mit dem Jugendanwalt, den ich kannte. Er konnte mir nichts raten, ohne dass wir noch mehr *Schwierigkeiten* bekämen … und die Nachbarschaft gefährdet wäre (noch mehr?). Er war mit jenen auch in Kontakt.

Herr und Frau Aumeier luden Baumaterial auf unserem Parkplatz hinter unserem Auto ab, sodass wir keine Chance hatten, wegfahren zu können. Als ich an Aumeiers Tür klopfte und ansprach, dringend wegfahren zu müssen, konnte ich mir wieder nur Beschimpfungen anhören. Es half kein, – Bitte nicht in diesem Ton … – Wir wurden nicht gehört, es war ihnen total egal. Das waren die Anfänge. Wir hatten Glück mit den anderen Nachbarn. Für sie war es auf eine andere Art schwierig mit diesen egoistischen und gewaltbereiten Nachbarn, da ihre Söhne im gleichen Alter waren. Sie spielten gemeinsam, doch es war gefährlich. Wir konnten gerade noch verhindern, dass der psychisch benachteiligte Zweitgeborene ein anderes Kind mit der Eisenrohrstange schlug. Es gab unglaubliche Gewalteskapaden. Aumeiers Kinder zertraten die Zäune zur benachbarten Gärtnerei, warfen Müll in die benachbarten Gärten. Ich räumte ständig alte Wurstsemmeln aus unserem Garten.

Als der Erstgeborene ins Jugendalter kam, ließen die Eltern ihn zu Wochenenden allein. Sie gingen Schi fahren. Herbert veranstaltete Partys mit den heftigsten Dorfjugendlichen. Mitten in der Nacht war ein unglaublicher Radau, zwei Uhr morgens war noch Partyzeit. Ich läutete die Haustürglocke. Niemand konnte sie hören. Ich ging hinein, um mit Herbert reden zu können. Ich traf auf lauter betrunkene, gewaltbereite Jugendliche, die mir zu nahe kamen. Zum Glück kam Herbert die Treppe herunter, betrunken, aber ansprechbar. Er war der Einzige, mit dem man tatsächlich hin und wieder reden konnte. Er gab mir seine Telefonnummer und wir sollten anrufen, wenn es zu laut werden sollte. Es klappte nicht. Draußen flogen Bierflaschen, die morgens vor unserem Haus lagen wie etliche Zigarettenstummel. Niemanden interessierte es, sie wegzuräumen – genauso wenig nach einem Sylvesterfest, an dem die Eltern selbst beteiligt waren.

Ich rief die Polizei; wir wussten uns keinen anderen Rat. Was hätten wir zu verlieren? Am nächsten Tag war mein Auto zerkratzt. Ich zeigte das bei der Polizei an, nur nützte das gar nichts. Es ging so weit, dass die Kinder Aumeiers an mein Auto pinkelten, genau auf die Türschnalle. Es war das Letzte. Wir holten keine Polizei mehr, denn es wurde dadurch nur noch schlimmer. Die Familie war polizeibekannt und die Polizei bezeichnete sich als hilflos und handlungsunfähig ihnen gegenüber.

Die kleinen Kinder standen da, wenn ich mit dem Auto von dem engen Parkplatz wegfahren wollte, und sahen zu, damit ich nicht über das kleine Eck ihres Parkplatzes fuhr. Sie kamen direkt aus dem Haus, wenn sie mich wegfahren sahen. Manchmal sogar ihre Mutter, die mich anschrie, dass ich um ihren Parkplatz gefälligst herumreversieren sollte. Sie riss meine Wagentür auf. Ich verschloss sie von nun ab von innen. Jakob bekam schon Magenbeschwerden, wenn er zur Abbiegung unseres Hauses kam, mir ging es auch nicht viel besser. Die Kinder fühlten sich in ihrem Mobbingverhalten von ihren Eltern noch bestärkt.

Ich hatte großes Glück, dass mein Vater bei der Ausfinanzierung unseres Haus half, sodass wir es verkaufen konnten. Ich war froh, nicht mehr pendeln zu müssen und ich bin ohnehin ein Stadtmensch. Wir waren hier in Birkenmoor nie wirklich zu Hause gewesen. Miriam hatte ihre FreundInnen in Salzburg und dort war auch unser Lebensmittelpunkt. Mit den anderen Nachbarn waren wir gut befreundet. Diese Beziehungen taten uns wunderbar gut und waren unkompliziert. Wir waren füreinander da und fanden gute Zeit miteinander. Nachbarschaftliche Zeit in zufälligen Begegnungen draußen im Garten und in geplanten Begegnungen.

Miriam schlief im jugendlichen Alter immer öfter bei FreundInnen in Salzburg. Wenn sie abends wegging, musste sie nicht mehr nach Birkenmoor fahren und ich wusste sie bei der Familie ihrer Freundin und bei einem Freund gut aufgehoben. Miriam hatte hin und wieder Kontakt zu den Nachbarjungs, es interessierte sie aber nicht wirklich.

Tiere

Miriam fühlte sich zu Tieren hingezogen und wünschte sich nach den Mäusen eine Ratte. Unsere Katze wurde achtzehn Jahre alt und es ging ihr am Ende sehr schlecht. Der Tierarzt kam und gab ihr eine befreiende Spritze. Sie starb auf meinem Schoß. Die erste Katze, die ich beim Sterben begleitete. Das erste Tier, dem wir eine Begräbniszeremonie im Garten bereiteten. Es dauerte nicht lange und Miriam bekam ihre Ratte. Sie war überfordert mit der Reinigung ihres Zimmers. Ich kündigte meine Putzaktionen an, weil das Rattenfutter nicht nur im Käfig war und die Ratte ihre Notdurft dort verrichtete, wo es ihr gefiel. Die Ratte erkrankte an Krebs. Miriam war beim Tod unserer Tiere unglaublich traurig und trotzdem brachte sie ein weiteres Rattenpaar mit nach Hause. Sie hatte eine Freundin aus schlimmen sozialen Verhältnissen, die immer zu Miriam stand. Wir holten die Ratten bei ihr zu Hause ab. Ihre Ratte hatte einige Junge geworfen. In der Familie der Freundin war Gewalt spürbar. Evelyns Familie wurde amtlich betreut. Wir bekamen nur ihren Bruder zu Gesicht.

Sie wurde mit vierzehn von der Schule suspendiert. Die Jungs aus Miriams Klasse konsumierten Drogen und Alkohol, waren gewaltbereit und aufsässig. Sie bekamen ihren Abschluss. Evelyn war provokant. Man vermutete, sie würde sich prostituieren. Und nun hatte sie auch keinen Abschluss. Sie wurde schwanger und ich begegnete ihr wieder, als das Jugendamt für ihr süßes Kind einen Krabbelgruppenplatz beantragte.

Miriam wurde in der Schule gemobbt, allerdings nicht von Jugendlichen aus sozial schlecht gestellten Familien. (…) Wir bemerkten bei ihr verstärkt Essensverweigerung. Ich suchte Rat in einer Institution, bei einer Ärztin, einer Spezialistin zum Thema Essstörungen in jeglichen Formen. Miriam sprach zu Hause nicht über ihren Leidensweg in der Schule. Erst Jahre später konnte sie mit uns darüber sprechen. Evelyn war diejenige, die Miriam in der Schule vor Übergriffen beschützte und verteidigte, das konnte sie!

Miriam besaß wieder Ratten. Nach deren Tod hatten wir wieder zwei Kater. Unser Garten wurde ein kleiner Friedhof für Tiere. Die beiden Kater, Mogli und Balu, kamen eines Tages nicht mehr von ihren Streifzügen zurück. In der Nähe war ein Wald. Vermutlich hatten sie dort ihr Leben gelassen.

Ich fuhr mit dem Auto meinen gewohnten Weg zur Arbeit, als ich – unsere zwei Kater lebten noch – auf der Hauptstraße einen Kater liegen sah. Ich kehrte um, denn ich wollte ihn von der Straße bringen und ich spürte, es könnte unser Kater Mogli sein. Ich erkannte ihn, er war tot; ich war fix und fertig. Ich lud den schweren, schwarzweiß gefleckten Kater in den Kofferraum und begrub ihn in unserem Garten. Abends, wir saßen beisammen im Wohnzimmer, sah Miriam wie paralysiert zur Terrassentür. Unser gefleckter Kater wollte herein. Ich hatte den falschen Kater begraben.

Terminintensiv

Es war ein warmer September. Wir hatten die gemeinsamen Klausurtage der Kinderbetreuungs-einrichtungen unseres Vereins. Ich wurde bekniet, mich doch als Betriebsrätin der Kinderbetreuungs-einrichtungen aufstellen zu lassen. Mein Engagement war bekannt. Schlussendlich machte ich diesen Schritt und ließ mich in den Betriebsrat wählen. Damit begann ein intensives, termingefülltes Leben. Ich hatte für Familie wenig Zeit. Mit der Lokalbahn bin ich zu den Sitzungen nach Salzburg gefahren. Ehrlich gesagt war ich froh, dass Birgit mir den Platz zur Leitung unserer Kinderbetreuungseinrichtung geräumt hatte. Vor Weihnachten hatte sie angekündigt den Verein zu verlassen. Als Leiterin einer Einrichtung war mein Leben strukturierter und ich hatte wahrscheinlich dadurch auch mehr Gestaltungsmöglichkeiten und die Chance zu wirken.

Auto

Jakobs Vater überließ mir seinen alten grauen Nissan Micra mit noch ausklappbaren Rückfenstern. Meine Chance, wieder selbst Auto zu fahren! Ich hatte solche Angst davor! Birgit benötigte Übungspraxis für ihre Kinesiologie-Ausbildung und bat mich, ihr zur Verfügung zu stehen. Gerne, meine erste Berührung mit Kinesiologie, zumindest an mir als Klientin. Mein Thema: Angst, wieder selbst Auto zu fahren. Birgit löste es auf. Es ging mir gut, ich stieg ein und fuhr um ein Wesentliches leichter.

Heute arbeite ich selbst als Kinesiologin und freue mich bei jeder Erfahrung in dieser Arbeit, was alles möglich werden kann, wenn wir offen sind aus dem Unbewussten ins Bewusstsein zu schöpfen.

Ich hatte Sehnsucht! Ich musste das Meer sehen. Ich plante für Miriam und mich einen günstigen Urlaub. Alfred meinte zu Johanna, wie Jakob mich alleine so weit fahren lassen konnte. Johanna reagierte, wie sie auf Aussagen dieser Art meistens reagiert: – Es ist ihre Entscheidung und sie weiß, was sie tut. Miriam und Philomena werden es gut haben. –

Ich gewöhnte mich mit ein wenig Fahrpraxis an das Auto und wagte die weite Fahrt gemeinsam mit Miriam. Bergab überholte ich die LKWs, bergauf wurden wir überholt. Ich bekam Schweißausbrüche im Megastau an der Küstenstraße bei Opatja, als ich bergauf den Motor anstarten musste. Motor abgestorben, neu starten in der Kolonne. Schlussendlich die Herausforderung, auf die Fähre aufzufahren. Und dann die enge Küstenstraße auf Cres: Italiener, die vor unübersichtlichen Kurven überholten, ohne einen Gegenverkehr ahnen zu können. Mir reichte schon, dass ich mir nicht vorstellen konnte, wie auf dieser Straße überhaupt zwei Autos nebeneinander Platz haben konnten. Miriam und ich waren beide sehr müde. Ich sah ein Schild Richtung Beli und wusste von Günter, dass es dort schön sein sollte.

Dieser Weg entpuppte sich als noch enger und abschüssiger und wurde zu einem Schotterweg. Es war extrem anstrengend, ich hoffte bald da zu sein. Es dauerte. Mir war übel vor Konzentration. Zweimal kamen uns Autos entgegen. Kein Platz auszuweichen. Ich blieb stehen und das andere Auto musste am Fels entlang sehen, wie es vorbeikam. Wir sahen verunfallte Autos im Abgrund liegen. Keine gute Voraussetzung, sich sicher zu fühlen. Angekommen. Sofort Zelt aufgestellt, Hunger. Gute Aussichten für unseren leeren Magen – eine Taverne; voll mit vielen Gästen. Das Essen ließ eine Stunde auf sich warten und unser Riesenhunger quälte. Miriam hat mir so leidgetan.

Die Gegend in dieser Meeresbucht war ein Traum. Das konnten wir nach dem Essen wahrnehmen. Endlich bekamen wir Cevapcici und Gemüse.

Der Zeltplatz war laut wegen der fernsehenden Urlauber in ihren Wohnwägen und morgens wegen der ausdrucksstarken Geräusche von Ziegen und Hunden und Hühnern. Du hattest geschlafen – ich nicht in meiner abschüssigen Liegeposition. Das war mein letzter Zelturlaub!

Das Meer war wunderschön. Die Sonne ging riesengroß und orangefarbenprächtig im Meer unter. Die Sanitäranlagen waren ein Graus!

Nach drei Nächten, als ich mir wieder vorstellen konnte Auto zu fahren, zogen wir ab.

Wir suchten ein Quartier und fanden ein Geschenk! In einer Appartementsiedlung mit herrlichem Strand bekamen wir ein geräumiges, nettes Appartement mit Balkon zugeteilt – wir schliefen herrlich! Wir unternahmen wunderschöne Abendspaziergänge an einem Weg am Strand entlang, saßen später im Dunkeln auf der Terrasse und plauderten über die Welt.

Miriam und ich waren sehr glücklich mit uns. Wir aßen köstlichen, warmen Käse mit Weißbrot und Melone aus dem Supermarkt. Wir waren steil bergauf dorthin gegangen, um Gutes einzukaufen, abends, als es immer noch heiß war.

Wir wollten weiter den berühmten Aussteigerort Valun besuchen, was sich als eine gute Idee herausstellte. Wir genossen die vorzüglichen Speisen in den Tavernen am Meer und der Strand, den Miriam aus den Reisen mit Alva gut kannte, war ideal. Dort hat sie genau zwischen den Zehen eine Wespe gestochen. Ein deutsches junges Mädchen, eine Tramperin, brachte Zwiebel zum Auflegen. Wir hatten uns angefreundet. Wie oft haben Erfahrungen wie diese ihr Gutes?

Der Nachhauseweg war lang. Ich war zuversichtlich. Im Karawankentunnel begann es im Auto immer mehr nach Abgasen zu stinken. Wir hatten vergessen, das Klappfenster zu schließen. Ich bat Miriam, nach hinten zu klettern und die gekippten hinteren Fenster zu schließen. Durch den Tunnel zu fahren wäre gut gelungen, nur dieser Geruch verursachte in mir aufkommende Panik. Atmen. Es war mir nicht wohl, dich unangeschnallt hinter mir herumkriechend zu wissen. Miriam war die Art der Verriegelung nicht klar und es dauerte, bis ihr nach bemüht ruhigen Erklärungen meinerseits das Schließen der Fenster gelang.

Wir hatten einige schöne gemeinsame Urlaube – immer mal wieder mit kurzen Konflikten, abenteuerlich, herausfordernd; wir verstanden uns gut und konnten die gemeinsame Zeit gut genießen. Die Ferien hatten Jakob und ich mit unseren Urlauben aufgeteilt. Miriam war gerne bei ihren Großeltern, Jakobs Eltern. Vor ihrem Schuleintritt machten wir unsere erste Reise zu dritt – nach Teneriffa.

Wunderbare Entwicklungen

Sechzehn Jahre lebten wir auf dem Land. Miriam war nach ihrer Matura und manchen WG Versuchen zu ihrem Freund in die Wohnung seiner Mutter gezogen. Ich feierte meinen fünfundvierzigsten Geburtstag. Miriams FreundInnen und viele meiner FreundInnen feierten mit, mein Bruder Michael war zu meiner Freude mit dabei. Die jungen Leute hockten beisammen und tuschelten. Etwas war anders. Das sollte ich zwei Tage später erfahren. Eine meiner Freundinnen wusste es und versprach den *Kindern* zu schweigen

Miriam bekam ein Baby. Ich freute mich riesig. Beide hatten so Angst es mir zu sagen und mir den Geburtstag zu versauern. Das wäre nie der Fall gewesen!

Ich freute mich auf Simon ab der ersten Sekunde, als ich von seiner Existenz erfuhr. Viktor versicherte uns, dass er nie daran zweifeln würde, zu seinem Vatersein zu stehen.

Im unpraktischen, runden Bett, das Miriams Freund so wichtig gewesen war, übernachtete ich später mit Simon. Wir bewegten uns darin ständig im Kreis und verloren die Orientierung, weit entfernt von einem erholsamen Schlaf.

In unseren Räumlichkeiten hatte Simon die Gelegenheit, oft zu malen. Er liebte es, sich mit Händen und Pinsel auszudrücken und auszutoben. Simon genoss die Treppen im großen Haus für seine kreative Bewegungsentwicklung. Wir fuhren oft nach Salzburg und unterstützen Miriam abends, wenn Viktor Schule hatte. Er bereitete sich in der Abendschule auf die Matura vor. Miriam ging abends mit Simon im Tragetuch spazieren. Es war anstrengend, so energieraubend. Sie war in den Nächten allein. Viktor schlief. Wobei sie zu Beginn immer beteuerte, dass es gut war, wenn Viktor tagsüber für Simon da war. Ich sah ihn viel lernen.

Simon war noch keine drei Jahre alt und Hanna kam zur Welt. Die Freude war groß, Hanna war von Herzen willkommen. Ihre Eltern nahmen sich viel vor. Leider hatten Miriam und Hanna keinen guten Start, da Miriam zwei Mal ins Krankenhaus musste. Bei Hanna waren wir anfangs nicht so präsent wie bei Simon. Sie protestierte, wenn ich sie auf den Arm nehmen oder sie wickeln wollte, sie wollte von ihrer Mama versorgt werden. Wir konzentrierten uns auf Simon, auch damit Miriam Zeit für Hanna hatte.

Die Kinder waren hin und wieder bei uns. Hanna war nicht bereit, ohne Miriam bei uns zu übernachten. Auch sie liebte es, die Treppen hochzuklettern. Sie wird sich an unser Haus in Birkenmoor nicht erinnern. Wir zogen aus, als sie noch keine zwei Jahre alt war.

Miriam und Viktor trennten sich. Ich bemerkte immer wieder Spannungen. Ich war wütend, Miriam ging es schlecht. Simon ging es schlecht. Hanna war sehr klein. Es wurde eine mühsame Zeit für alle.

Es war gut, dass wir in die Nähe der Kinder zogen. Miriam nahm unsere Hilfe, soweit wir unterstützend sein konnten, an.

Zurück in die Stadt

Im Internet entdeckte ich ein Haus in Salzburg, das verhältnismäßig günstig war. Es gelang uns, es mit dem Verkauf unseres alten Hauses zum Großteil zu finanzieren.

Über ein Jahr sollte es dauern, unser altes Haus zu verkaufen. Kein Wunder bei dem Karma unserer damaligen nachbarschaftlichen Wohnsituation.

Wir hatten eine sehr engagierte, angenehme Marklerin. Sie möge uns verzeihen, dass wir ihr die unangenehmen Ereignisse mit unseren Nachbarn vorenthalten hatten. Wir hatten Sorge, es wäre sonst nie jemand eingezogen. Wir hofften, dass der Neuanfang für die neuen Besitzer eine Chance auf ein anderes Verhältnis zur Nachbarschaft bringen könnte.

Der Umzug von Birkenmoor nach Salzburg hatte fast ein halbes Jahr gedauert. Wir hatten das Haus im Oktober gekauft und lebten noch bis Februar im alten Haus. Mit meinem Vater und zwei Arbeitskollegen renovierten wir. Ich fuhr regelmäßig mit Dingen, von denen ich mich getrennt hatte, zum Recyclinghof. Das war das Schönste.

Ich warf alles weg, was ich im Keller hatte und was ein Jahr nicht in Gebrauch gewesen war – zum Beispiel auch kassettenweise alte Dias. Nicht nur Dinge aus dem Keller. Ich fuhr sicher mehr als zehnmal mit einem voll beladenen Auto. Ich wollte das neue Haus nicht mit unnötigem Kram vollstopfen.

Es machte mir Freude, ein großes Bücherregal zu bauen und ich organisierte mir vom benachbarten Tischler gute Bretter, die ich an die volle Wandlänge montierte. Es war befreiend, die Unmengen an Büchern aus den nicht enden wollenden vollen Schachteln einzuordnen. Schritt für Schritt brachten wir schon Notwendiges nach Salzburg, damit am Umzugstag nur das Notwendigste und die großen Möbel zu übersiedeln waren.

Mitten in den Renovierungsarbeiten reisten Jakob und ich nach Lissabon. Ich wollte meinen fünfzigsten Geburtstag in Coimbra feiern. Der Urlaub tat so gut: Die Wucht und die Sanftheit des Meeres in Estoril, die wärmenden frühlingshaften Sonnenstrahlen genießen. Sylvester in Lissabon zu erleben in den nächtlichen Cafes mit dem einmaligen Feuerwerk am Tejo zu Mitternacht.

In Coimbra regnete es in Strömen. Ich war enttäuscht.

Wir kannten Lissabon und genossen es, hier zu lustwandeln. Den starken Espresso in den besonderen Cafes zu genießen und die kleinen Restaurants zu besuchen, wie wir Lust hatten. Das Gefühl der Stadt inhalieren mit den Menschen und der Architektur. Wir sahen die Armut der Menschen. Jakob war nach der Nelkenrevolution da gewesen und erzählte von der bitteren Armut, die er damals wahrgenommen hatte.

Das Geld für die Reise brachten wir noch auf. Bei den Summen, die mit den Häusern verbunden waren, fiel das nicht mehr ins Gewicht. Wie reich wir doch waren – mit Hilfe der Bankkredite! Vater arbeitete in der Zeit unserer Reise in unserem Haus.

Wir haben uns in diesem Haus von Beginn an wohl gefühlt. So viel Negatives fiel weg! Die Nachbarn sind unkompliziert, die Atmosphäre sehr angenehm. Der Kontakt zu den Kindern und zu Freundinnen ist bis heute spontaner und häufiger. Ich nutze nach wie vor den Bus in die Stadt. Ich fuhr mit dem Rad zur Arbeit und auch Jakob ersparte sich mit dem Auto viel Pendlerzeit. Mein Weg zur Arbeit dauerte im Winter mit dem Auto zehn Minuten. Unsere Wohnqualität stieg erheblich!

Meine folgenden Geburtstage waren ein fixer Bestandteil im Terminkalender meiner Freundinnen. Wenn wir uns unterm Jahr nicht getroffen hatten, so gelang es an meinem Geburtstag.

Umzüge in meinem Arbeitsleben

Ich hatte seit meinem Salzburger Berufsleben mit Familien aus Stadtteilen mit schlechtem Ruf gearbeitet. Kinder aus sozial schwachen Familien waren in unserer Einrichtung genauso willkommen wie Kinder aus Familien mit Migrationshintergrund und aus allen anderen Familien. Es ist völlig egal, woher Menschen kommen, wenn man sich gegenseitig achtet.

Es entwickelten sich mit dem immer besseren Kennenlernen vertrauensvolle Beziehungen. Wir waren geduldig und immer bedacht, dass Achtung gegenüber allen Menschen spürbar war. Auf Grund ihres Alters waren Kinder manchmal nur ein Jahr bei uns. Für vertiefenden, vertrauensvollen Beziehungsaufbau wäre ein zweites Jahr gut gewesen. Nach einem Jahr tat es auch den Eltern leid, mit ihren Kindern in den Kindergarten wechseln zu müssen, denn sie hatten spätestens nun Vertrauen aufgebaut, dass sich die Kinder bei uns sehr wohl fühlten.

Die Familienleben waren so unterschiedlich und komplex wie die Meinungen zur *Fremdbetreuung*.

Begegnungen mit anderen Menschen sind besonders und bereichernd.

Notwendige Sparmaßnahmen führten in der Geschäftsführung und in den Strukturen zu weitreichenden Veränderungen. Unser Haus mit dem großen schönen Garten wurde verkauft. Das Haus war nicht besonders. Im Winter waren die Toiletten kalt, die Räume unpraktisch angeordnet. Wir waren zu dem Zeitpunkt pädagogisch und zwischenmenschlich ein sehr gutes Team und öffneten uns zueinander auch räumlich. Reggio-Pädagogik begann in gemeinsamen Projekten zu leben. Es war unfein, mit der Unsicherheit zu leben, wie es mit uns weitergehen würde. Damals schon begegnete mir der Mann fürs Grobe aus Wien, der zehn Jahre später als Geschäftsführer der Einrichtungen folgen sollte. Er erklärte die Lage: Wir müssen raus.

Wir, das Team der Einrichtung, begaben uns auf Objektsuche! Irgendwie hatten wir das Gefühl: Wenn wir nichts finden, wird nichts gefunden. Wir wollten ein Objekt in der Umgebung und fanden eines- nicht optimal als Kinderbetreuungseinrichtung – traumhaft

wäre gewesen, eine Einrichtung nach unseren Plänen neu aufzubauen – aber das Geld fehlte bei weitem.

Unser gewähltes Objekt wurde akzeptiert, wir zogen ein. Wir wussten was wir benötigten, um den Kindern eine gute Umgebung zu
gestalten. Gute Ideen nahmen wir gerne an. Es war eine heftige und
arbeitsintensive Zeit.

Offen Arbeiten

Wir Pädagoginnen blieben vorerst zu viert. Wir saßen am Boden
im ersten Stock und berieten unsere Möglichkeiten zur Aufteilung
und mögliche Strukturen. Wir kamen zu dem übereinstimmenden
Ergebnis, *offen* zu arbeiten – alle fühlten sich bei diesem Gedanken sehr gut. Wir waren überzeugt davon und gegen alle Widerstände argumentierte das Verhalten der Kinder für uns. Wir richteten Räume mit Schwerpunkten ein. Gina konzipierte ein Atelier,
das alle Erwartungen sprengte – *wertloses* Material, das für die kleinen Kinder in Regalen erreichbar war – sodass sie nicht ständig
danach fragen mussten. Farben wurden an den Staffeleien vorbereitet. Ton, Knetmasse, alles stand zur Verfügung. Eine Pädagogin
war für je einen Raum zuständig. Alle hatten dafür zu sorgen, wenn
sie einen Raum benutzten, ihn wieder ordentlich zu hinterlassen.
Im ersten Stock gestalteten wir den Raum für Theater, Feste, Bewe-
gungsspiele und Bewegungsbaustellen. Die Kinder konnten sich
hier auf einer großen Fläche bewegen, die für alle Gelegenheiten
gestaltbar war. Mittags wurde er zum Ruheraum umfunktioniert.
In einem anderen Raum gestalteten wir den Musikschwerpunkt
mit Orff- und anderen Instrumenten. Montessorimaterial wurde
für die Kinder greifbar in zwei Räumen untergebracht. Genauso
Konstruktionsmaterial und die Teppiche dazu. Wir hatten einen
Pavillon für Projektschwerpunkte vorgesehen, je nach Alter der
Kinder, Gruppenkultur und Interesse konnten wir in zwei Räumen
umgestalten. Literatur für Kinder hatte einen besonderen Schwer-
punkt.

Dieses Team war besonders, wir identifizierten uns mit dem, was wir aufbauten. Die Kinder orientierten sich gut im neuen Haus. Eine Mutter wollte ihr Kind von einer bestimmten Pädagogin betreut sehen. Die Kinder hatten ihre Bezugspädagoginnen. Das ist auch sehr wichtig für die neuen und jungen Kinder. Wir sorgten dafür, dass die Kinder mit unserer Hilfe ihre Interessen wahrnehmen konnten. Den Umgang mit Büchern und anderen Materialien konnten wir ihnen gut näherbringen.

Unser Team wurde auf sechs Pädagoginnen vergrößert. Wir hatten manche *Fehlgriffe* bei der Auswahl von Pädagoginnen, was wir auch an der Unruhe und Unzufriedenheit der Kinder merkten.

Wir wünschten uns für die Kinder und für uns Kontinuität in der Betreuung. Das kann man sich wünschen, dem stehen aber Einzelinteressen wie Studium oder Schwangerschaft der Kolleginnen im Weg.

Lotte kam zu uns. Das war der Beginn einer wunderschönen, manchmal komplizierten, auseinandersetzungsreichen, somit lehrreichen Arbeitsbeziehung und Freundschaft.

Wir wussten, unsere Bereichsleiterin stand kurz vor der Pensionierung. Ich hatte Interesse an ihrer Nachfolge und bewarb mich. Es dauerte eine Weile, bis ich sicher sein konnte, dass ich Ulrikes Nachfolge vertrauensvoll übernehmen konnte. Ich lernte viel von ihr auf meinem bisherigen Weg. Drei Monate begleitete sie mich und führte mich in die Belange einer Bereichsleiterin ein. Ich wurde in der Verwaltung von den meisten KollegInnen wohlwollend aufgenommen.

Auch zu dieser Zeit war unser Team auf einem guten Weg. Ich konnte im Vertrauen gehen und wurde sehr wohlwollend verabschiedet – in meine neue Aufgabe als Vorgesetzte der Kinderbetreuungsein-richtungen unserer Organisation.

Die Veränderung

Es dauerte ein gutes Jahr und ich war zufrieden mit mir und gut eingearbeitet. Es gab viele Projekte zu begleiten und Herausforderungen zu bewältigen. Ich war lange genug, zwei Jahrzehnte, in dieser Institution, um alle Einrichtungen, die ich zu betreuen hatte, gut zu kennen. Ich kannte die meisten MitarbeiterInnen von Fortbildungen und Betriebsausflügen. Mitarbeiterinnen aus meiner ehemaligen Einrichtung waren aus der Zeit meiner Vorgängerin in der Zentralverwaltung inzwischen in anderen Einrichtungen als Leiterinnen eingesetzt. Offensichtlich hatte ich ihre Kompetenzen gut fördern können. Darauf war ich stolz. Aus meiner Funktion als Betriebsrätin kannte ich ebenfalls die MitarbeiterInnen der Kinderbetreuungseinrichtungen und zum Teil auch jene der Kinder- und Jugendwohngemeinschaften. Ich hatte Kontakt zu den Einrichtungen, kannte ihre Geschichte und Herausforderungen von anderer Seite und von nun an hatte ich als Vorgesetzte der Kinderbetreuungseinrichtungen damit umzugehen.

Spätestens bei der Exkursion mit den Leiterinnen nach Bielefeld zu unserer jahrelangen Begleiterin und Mentorin am Weg unserer Umsetzung der freien Art der Reggio-Pädagogik und Leiterin einer ganz besonderen KITA, hatte ich das Gefühl, wir ziehen in der Hauptsache, nämlich in der achtenden Haltung zu Menschen, an einem Strang. Mein Konzept war, weiter zu feilen an unserem sehr guten gemeinsamen Konzept und die Inhalte bestmöglich umzusetzen.

Es sollte anders kommen. Im September davor hatte der Umzug unseres Verwaltungsbüros stattgefunden – schon wieder ein Umzug. Einer, bei dem ich enorme Widerstände in mir aufkommen spürte. Körperlich spürbar in wachsenden Rückenschmerzen.

Bisher war klar, dass das Konzept der Menschlichkeit und somit einer gesunden, zeitgenössischen, humanen Pädagogik auch von der Geschäftsführung getragen wurde.

Unsere besondere, politisch und frauenspezifisch engagierte bisherige Geschäftsführerin ging in Pension. Sie wusste, wie sie uns aus dem arbeitsintensiven Alltag mit Pausen *zwang*, durchzuatmen. Sie setzte humorvoll und konsequent um, unser Team als Team zu fördern. Gemeinsam diskutierten wir in Pausen über Gott und die Welt (Gott weniger!). Keine/r arbeitete alleingelassen im stillen Kämmerlein. Geburtstage wurden gefeiert – wir mussten das nicht Teamentwicklung nennen. Wir machten es. Genauso konnte sie in Verhandlungen sehr taff sein.

… Der neue Geschäftsführer – es wurde lange ein Geheimnis daraus gemacht, wer er sei – übernahm seine Geschäfte zwei Monate nach seiner Ernennung. Er war da und stellte Forderungen. Er würde für Modernisierung sorgen. Neue Büros sollten bezogen werden und jede sei austauschbar, die seinen Vorstellungen nicht entsprechen würde. Es wäre vorbei mit dem jahrelangen sozialen Mitschleppen von einzelnen unfähigen Personen, die ihre Aufgaben nie verstanden hatten. Es war nicht nur von Nachteil, sich zu überlegen, wie man mit dem Thema umgehen sollte. Personal, das tatsächlich jahrelang von Teams getragen worden war und unendlich Energie gekostet hatte, wäre *freizustellen*. In diesem Fall war ich seiner Meinung. Natürlich war das heikel. Er war der Mann fürs Grobe! Ohne zu differenzieren, welche privaten Hintergründe einzelne Mitarbeiterinnen hatten.

Ein kaltes Büro in einer kalten Umgebung

Er hielt gemeinsame Pausen für überflüssig. Ein Rauch- und Kochverbot wurde erlassen. Ich rauche nicht, aber die Art, wie er die RaucherInnen darstellte, war diskriminierend.

Ich fühlte mich nicht davon betroffen, austauschbar zu sein, obwohl er es bei jeder Gelegenheit von sich gab. Er übte Druck aus und sprach sehr herablassend über Menschen.

Der Umzug in die neuen Bürogebäude war für mich physisch und psychisch eine Überforderung. Ich spürte meine Ressourcen schwinden, arbeitete auch am Sonntag, packte Kisten aus und ordnete den Computer – auch technisch wurde umgestellt –, um gut in den Alltag starten zu können. Nichts vom alten Büro konnten wir mitnehmen – mein alter Bürosessel war ergonomisch wunderbar, ich hatte keine Rückenschmerzen, er war bequem. Der neue Bürostuhl verursachte sofort schlimme Rückenschmerzen – von da an begann ich gesundheitlich an dieser Stelle abzubauen. Es lag nicht allein am Bürostuhl. Jede Kiste, die ich trug, verursachte Schmerzen. Bandscheibenvorfall, Physiotherapien, wieder besser, wieder schlechter.

Die Räumlichkeiten waren derart gestaltet, dass die Trennung der Büros sichtbar war. Man hörte nicht mehr das Scheppern der Schlüssel und nahm die Kleinigkeiten nicht mehr wahr, an der Art, wie Türen geöffnet wurden sodass wir wussten, wer kam und wie er kam.

Auch wenn die Türen offenstanden, war der Eindruck nicht einladend, weil die Büros hinter der schrägen Wand versteckt waren und weit auseinander lagen. Die in Grün gehaltenen Räume strahlten eine kalte Atmosphäre aus. Die Räume waren völlig überhitzt. Es war Oktober und wenn die Sonne schien, brauchte man Sommerkleidung, um nicht zu zergehen. Das Klima war nicht auszuhalten.

Teile und herrsche war sein Motto.

Er wollte alles auf einmal und das sofort. Ich meinte mithalten zu müssen, teilweise bot ich ihm die Stirn und versuchte wenigstens die Einrichtungen zu schonen. Das Gefühl, dazwischen zu stehen, kostete mich enorme Energien.

In Bielefeld überlegten wir uns Strategien, um wertvolle traditionelle Inhalte bewahren zu können und gute Ideen, die uns weiterbringen würden, vorzubereiten. Zwischendurch brach ich zusammen – Alma erkannte die Situation – und führte die Leiterinnen dahin, mich in meinen Unternehmungen zu unserem Wohlergehen und dem unserer anvertrauten Kinder zu unterstützen und es zu unseren gemeinsamen Unternehmungen zu entwickeln.

Es sollte so nicht kommen.

Ich kam zurück, wurde ins Büro des Geschäftsführers zitiert und mein Vertrag wurde von ihm gekündigt. Von einer Minute auf die andere.

Zum ersten Mal in meinem Leben verlor ich den Boden unter meinen Füßen. Ich fiel, ich fühlte keine Kraft zu einem Ausweg. Meine bisherigen Überlebensstrategien verließen mich.

Ich musste ihm versprechen, niemandem etwas zu erzählen – natürlich hielt ich mich nicht daran. Walpurga, unsere Assistentin, half mir mit Notfallbonbons. Ihr erzählte ich die Situation unmittelbar nachdem ich aus seinem Büro entlassen wurde. Abgesehen davon, dass meine KollegInnen mir meine Erschütterung ansahen, wollte ich sie nicht uninformiert lassen – das war nie unsere Strategie. Was hätte mir noch passieren können? – Ja doch, ich musste achtsam sein, eine fristlose Kündigung konnte ich mir nicht erlauben. Ich sollte mir noch überlegen, in welcher Einrichtung ich als Leiterin zu arbeiten wünschte. Ich hatte die Wahl, welcher Leiterin ich den Job nehmen würde. Er ließ mir drei Tage Nachdenkfrist – was auch immer ich nachzudenken hätte. Ich beriet mich mit Alma, die meinte, die Leiterinnen zu informieren und sie gemeinsam um Stellungnahme zu bitten, wenn bei der Versammlung mein Abgang offiziell bekannt gegeben würde, um einen würdevollen Abgang zu haben.

So sollte es nicht kommen.

Ich wollte mich für eine Herausforderung in einer instabilen Einrichtung, die ich auf den Weg bringen wollte, einlassen und wollte mich dafür entscheiden. Das Team wollte mich wohlweislich nicht und etwas gegen ihren Willen zustande zu bringen in meiner schwachen Situation war wenig sinnvoll.

Und warum wollte ich mich wieder in eine schwierige Situation bringen; was wollte ich mir beweisen? Als ob ich nicht ohnehin schon weit über meiner Grenze gelandet wäre.

Ich benötigte Ruhe. Ich konnte nicht mehr für mich denken und fühlen. Ich konnte mich nicht mehr spüren und klare Gedanken fassen.

Willy, jener neue Geschäftsführer, setzte mich wieder in meiner alten Einrichtung ein. Josi, die bei meinem Karrieresprung meine Stelle als Leiterin bekam, war vorbereitet, ihr Vertrag war befristet.

Das zweite Mal im übertemperierten kalten Büro informierte Willy mich zu meiner Nachfolgerin. Mir wurde übel, das war die Zugabe, die unglaublich war. Eine junge Kollegin, Eleonore, aus dem Team der Leiterinnen, die sich schon für eine andere Laufbahn entschieden hatte und mich über ihre Kündigung informiert hatte, wurde meine Nachfolgerin. Sie wartete draußen und wollte sich erklären; das musste ich mir nicht zu Gemüte führen. Ich kam erst aus *meinem* Büro, als alle Leiterinnen versammelt waren. Ich war fassungslos. Eine wagte zu sagen, sie verstünde Willy, dass er es sich anders richten wollte. Danke. Mathilde, meine Freundin und Kollegin der ersten Stunde, verlor wohlwollende Worte mir gegenüber und kritische Worte gegenüber dieser absurden Situation. Die anderen schwiegen oder gaben Plattheiten von sich. Feige, weil sie die neue Chefin kannten und, wie alle lieben Kindergartenpädagoginnen, nicht verletzen wollen, immer nett. Ich war verletzt – zutiefst. Alle hatten Angst. Eleonore hatte von Beginn an meine Stelle gewollt, das sagte sie mir bei einer Gelegenheit sogar.

In diesem Team war ich als Kollegin diejenige, die sich wehrte und den Mund aufmachte. Diese Erfahrung zu machen, wenn es drauf ankommt, allein zu sein, war so enttäuschend. Wo war die Courage, die ich von zumindest einer Leiterin erwartet hätte? Sie alle kannten mich gut, wir hatten zusammengearbeitet – nichts davon schien zu zählen.

In meinem Coaching, das ich mir ausverhandelt hatte, lernte ich zu verstehen, dass große Angst unter den Kolleginnen war, sie könnte es auch erwischen. Ich meinte immer, Solidarität wäre stärker. Das meinte ich.

Ich war auf mich selbst zurückgeworfen. Woher kannte ich das Gefühl?

Wieder zurück

In meinem neuen alten Team wurde seitens der Geschäftsführung und seiner neuen Gefährtin mit den Pädagoginnen heftig umgegangen. Sie wurden in einer Sitzung als Nummern bezeichnet und zum Teil falsch informiert – ein Beispiel der Ignoranz des Geschäftsführers – und des Mobbings.

Dieses Team stand auf, stellte sich dem Geschäftsführer entgegen und sagte ihm ihre Meinung – allen voran Lotte, die genauso Angst hatte, als alte Mitarbeiterin gekündigt zu werden. Es war offensichtlich und er machte kein Geheimnis daraus – er wollte ein junges Team. Er selbst hatte mein Alter. Drei Monate war er jünger als ich.

Nach und nach gingen Leiterinnen von der Firma, mit denen ich noch gerne zusammengearbeitet hatte. Mathilde bekam eine Anstellung in einer Organisation, in der das Arbeitsklima noch würdevoll war. Ilse ging in Pension.

Professionalität wurde erwartet, die Mittel dazu gab es nicht. Ich befürworte Professionalität unbedingt und finde es gescheit, die Mittel neuer technischer Errungenschaften sinnvoll und arbeitserleichternd einzusetzen. Da war ich ganz bei meinem Chef. Er redete viel, versprach viel, überforderte mit seinem Wollen alle, vor allem die Pädagoginnen.

Wieder im alten Team brauchte ich einige Zeit, mich neu zu akklimatisieren. Ich konnte mit Veränderungen umgehen. Allerdings besser mit jenen, die einigermaßen selbstbestimmt waren. Das gesamte Team brauchte Zeit, sich wieder auf die neue Situation einzulassen.

Ich nahm mir vor, mit mir achtsam umzugehen:

- Keine Überstunden mehr zu machen.
- In Ruhe zu essen (das gelang nicht so gut).
- Wenn ich bei den Kindern bin, mich ungehindert auf sie einzulassen.
- Nicht zum Telefon zu gehen, während ich mit den Kindern in einer Situation vertieft bin.
- Wenn ich ein Gespräch mit Erwachsenen führte, ganz bei ihnen zu sein.
- Genügend Zeit vor, nach und bei Terminen einzuplanen.
- Zuzuhören.
- Gelassenheit zu üben.
- Das alles den Kolleginnen vorzuleben, damit auch sie sich nicht auspowern.

Meine Kollegin Bella setzte das Pause machen bewusst um. Sie legte sich im Büro hinter dem Vorhang auf die Couch zu einem halbstündigen Mittagsschlaf.

- Es nicht immer allen recht machen zu wollen.
- Und nur den allernotwendigsten Kontakt zu meiner neuen Chefin zu halten.

Diese Bemühungen gelangen nicht immer. Ich war nach der Arbeit oft sehr erschöpft.

Viele aus dem alten Team hatten gekündigt. Karl, der Finanzbuchhalter, zu dem ich eine sehr positive Arbeitsbeziehung hatte, auch wenn ich nicht immer seinen Anforderungen und Zielen gerecht werden konnte, kündigte nach meinem Abgang. Die Art, wie der neue Geschäftsführer seinen Umgang mit Menschen pflegte und seine Inkompetenz überstiegen auch Karls Toleranzgrenze. Er sagte mir, so wie mit mir umgegangen wurde, war sein Grund, diese Firma zu verlassen.

Ich hatte bei Karl Freiräume und immer Karls Hilfe und Unterstützung.

Die neuen Angestellten in der Zentrale achteten mich. Selbstverständlich, denn ich konnte mein Geschäft im Schlaf.

Wir bekamen innerhalb der folgenden drei Jahre, in denen ich hier noch arbeiten sollte, nicht einmal die wesentlichsten Arbeitsmittel, wie z.b. einen Anrufbeantworter. Wir hatten eine antiquierte Telefonausstattung, die der Geschäftsführer belächelte. Das zu ändern fand er als absolut notwendig. Trotzdem: Es gab immer Gründe, keine neue Telefonanlage zu installieren.

Mein Arbeitsbeginn im neuen *alten* Team war im Februar. Im Herbst war ich so weit, noch einmal Anlauf zu nehmen und unser Konzept hier zu vertiefen. Nicht schriftlich, das war vorhanden, sondern in der täglichen Arbeit im Team, mit den Eltern und den Kindern.

Den Elternabend hatte ich vorbereitet mit mittlerweile üblicher Power-Point-Präsentation. Und was fehlte? Der Laptop dazu. Wir borgten uns den Beamer, der uns nichts brachte, denn den PC konnten wir nicht in den ersten Stock transportieren. Genau die Professionalität, die wir zeigen wollten, wurde laufend durch diese Dinge verhindert. Wenn ich Hilfe brauchte, beispielsweise in Form von Arbeitswerkzeug, so war das nicht möglich, da das Budget dafür erst beschlossen werden musste. Nächstes Jahr. Ich hatte deshalb einige zynische Auseinandersetzungen mit meiner Chefin.

Wir benutzten den Laptop einer Mitarbeiterin. Oft besorgten wir uns privat Arbeitsmittel, weil Anschaffungen zuerst für anschaffungswürdig befunden werden mussten und das dauerte sehr lange, bis dahin, dass es nicht funktionierte. Zum Beispiel eine Nähmaschine. Es sollte alles für alle Einrichtungen gleich sein und darauf konnten wir lange warten. Gleichmacherei kontra Individualität ist die Vorgehensweise in absolutistischen Gesellschaftsstrukturen.

Was den Personalschlüssel anbelangte, kannte ich mich gut aus und ich konnte mit der Anwesenheit der Kinder und dem Personal gut rechnen.

Im Spätsommer 2010 fiel Lotte als Kollegin in der Kinderbegleitung aus. Sie hatte einen schweren Unfall. Ihr Krankenstand war absehbar für Monate. Sie sollte vor ihrer Pensionierung nicht mehr zurückkommen.

Das Ende meiner Ressourcen

In dieser Zeit gingen wir alle sehr an unsere Grenzen. Die teilweise Aushilfe einer Springerin war gut. Sie kam aus dem Deutschland der ehemaligen DDR im Rahmen eines Berufsförderungsprojektes. Sie war eine großartige Hilfe. Wir hatten genau in diesem Jahr achtzehn, meist einjährige Eingewöhnungskinder. Alle Pädagoginnen gaben ihr Bestes. Wir dachten gemeinsam nach, wie wir die Kinder am besten aufteilen konnten, da Lotte fünf Kinder zur Eingewöhnung zugeteilt waren. Die Praktikantin blieb sechs Wochen und half uns die erste Zeit über die Runden. Zu Weihnachten war ich nur noch erschöpft. Wir bekamen einen unfähigen jungen Praktikanten, den ich behielt, weil er nun schon mal ein paar Wochen hier war. Ich wollte nicht ständig neues Personal anlernen. Wir dachten ja, Lotte käme vielleicht noch im Jänner. Bald war klar, dass das nicht der Fall sein würde.

Ich arbeitete mitten im Burnout weiter und weiter; meine Rückenschmerzen hatten sich nie beruhigt – wie auch. Im April bekamen wir eine neue Kollegin. Immer wieder hatten wir Personalwechsel, was unsere Situation nicht erleichterte. Dieses eine Mal wollte ich noch durchstarten und all meine Kräfte sammeln. Ich hatte immer ein gutes, stabiles Grundteam und die neue Kollegin war kompetent.

Während ich hier schreibe, wird mir noch einmal bewusst, wie lange ich weit über meine Kräfte gearbeitet hatte.

Ich wurde vor den Besprechungen mit den Leiterinnen in den Räumen der neuen Zentrale mit meiner neuen Chefin immer krank. Mir war elend, wenn ich diese Hallen betreten musste. Ich hatte kein Vertrauen, zu niemandem. Ich hatte mein Team. Aber so wie früher, Sicherheit und Verlässlichkeit in der Führung und im Kollegium zu haben, das war vorbei. Ich war stark genug auszuhalten, solange im Team alles passte und wir ausreichend Personal hatten. Als das nicht mehr der Fall war, war ich nur noch erschöpft.

Nach circa zwei Jahren (!) ging ich mit Gelassenheit zu den Besprechungen. Vorher fragte ich mich, was ich dort sollte. Es war immer das Gleiche. Themen, die längst schon durch waren, wurden wieder aufgerollt, man verzettelte sich in Details – es war zu langweilig. Und später musste wieder alles verändert werden. Ich saß da, dachte mir meinen Teil, wunderte mich nicht mehr und ab und zu ging mir die Galle über und ich warf meine angestaute Wut auf den Tisch! Die Themen wurden kleinlicher, der Umgang mit Menschen rigoros. Es sollte nicht mehr unterschieden werden in der Art der Begegnung mit Menschen. Wir waren nicht mehr dazu aufgerufen, Mütter in ihrem Spagat zwischen Arbeitswelt, Haushalt und Kinderbetreuung zu unterstützen. Sie hatten sich an Zeiten und an unsere Dienstpläne zu halten.

Es ging nicht mehr um Gerechtigkeit, es ging um stupide Gleichmacherei und die Höflichkeit Eltern gegenüber ließ zu wünschen übrig. Der Ton, wie über Eltern gesprochen wurde, gefiel mir nicht.

Es ging mir nicht darum, es allen Müttern Recht zu machen, nur Verständnis zu haben und ihren Wünschen nachzugeben. Natürlich brauchten wir unsere Diensteinteilung, die sich nach der Anzahl der anwesenden Kinder richtete. Die Kinder blieben häufig länger, die Mütter wechselten ihre Arbeitszeiten. Der Geschäftsführung fiel nichts Besseres ein, als dass diese Frauen ein Monat vorher ihre Zeiten bekannt geben müssten, auch wenn sie am Arbeitsplatz wöchentlich oder täglich zeitlich flexibel sein müssten. Ich sprach mich dagegen offen aus. Die Antwort: Wir sollten die Eltern erziehen und das ginge dann schon.

Das sind Beispiele. Dieser Mann forderte mich heraus, mich weiter mit meinem Vaterthema zu beschäftigen. Im Grunde war Willy der Hinweis, für mich lebensverändernde Maßnahmen zu setzen.

Ich hätte ihm dankbar sein können, mit meiner Rückversetzung nicht mehr unter seinen unmittelbaren Bedingungen arbeiten zu müssen. *Bedingungen*, wie gut ich das kenne! Allerdings war der Schritt in die Kinderbetreuung, nicht nur hierarchisch gesehen, ein Schritt zurück. Im Grunde hatte ich noch nicht gesehen, dass es damals schon an der Zeit gewesen wäre zu kündigen und einen ganz anderen Weg einzuschlagen. Es ist nie zu spät!

Jetzt ist er tot. Ich erfuhr von seinem Tod, als ich mit ihm innerlich schon abgeschlossen hatte. Bald sollte ich nicht mehr für diese Organisation arbeiten.

Willy war schwer krank von Beginn an. Er hatte es mir zu Beginn unserer *Zusammenarbeit* erzählt. So tragisch es ist. Was war ihm wichtig? Welchen Sinn gab ihm sein Leben? Er ging noch mit der Sauerstoffmaske ins Büro. Und dann – tot.

Wie geht es weiter? Ich will es nicht mehr wissen. Es ist mir nicht wichtig. Ich hatte für meine Ziele im Interesse einer fortschrittlichen zeitgenössischen Pädagogik, aufgeschlossen für Neues und für immer neue Begegnungen gearbeitet. Viele haben von mir gelernt, wer will, kann das mit Engagement und Courage weiterführen, ansonsten eben nicht.

Ich hatte ein wunderbares Netzwerk. Es braucht Anwältinnen für Kinder und auch für deren Familien. In unserem Mikrokosmos konnte ich eine gute Welt schaffen, dreiundzwanzig Jahre lang. Es ist eine lange Zeit, es war gut und jetzt darf etwas Anderes kommen. Danke den vielen hunderten, über tausend Familien, die ich begleiten durfte. Ich hatte von allen gelernt.

Danke meinem Rücken, der mir geduldig immer klarer werden ließ, dass ich lernen werde, sehr viel in meinem Leben zu verändern. Ich darf es mir gut gehen lassen.

Verwirrende, anstrengende Prozesse führen zur Klarheit.

Meine Großmutter hatte immer gesagt: – Wenn du nur Finsternis siehst, sei dir gewiss, um ein Uhr früh ist wieder der nächste Tag. Du kannst das Licht des kommenden Tages schon erahnen. Sei gewiss, es wird heller. –

Ich war mit dem Auto unterwegs, blieb am Straßenrand stehen und telefonierte mit einem jahrelangen pädagogischen Begleiter der Uni Salzburg. Er fand diese tröstenden Worte für mich. Ich konnte weinen.

Im Sommer noch hatte ich für unser Team eine Klausur vorbereitet. Wir arbeiteten an wesentlichen Themen, die uns in unserem Alltag mit Kindern, Eltern und uns im Team betrafen. An Strukturen, Inhalten und einer Gestaltung eines besseren Alltags. Am ersten Klausurtag hatte ich gegen Mittag endlich erkannt, es würde ohne mich gehen müssen. Ich hatte Rückenschmerzen, die mich nicht mehr aufrecht gehen ließen. Ich konnte nicht mehr. Das war das letzte Mal, dass ich in meiner Einrichtung gewesen war: Nach meiner Kur im Herbst wurde ich weiter krank geschrieben und irgendwann war klar, es hatte keinen Sinn mehr. Der Chef der Krankenkasse meinte, ich sei austherapiert. Im Sommer ließ ich mich langsam auf eine Psychotherapie ein. Nach und nach öffneten sich Möglichkeiten und Welten für mich. In kleinen Schritten lernte ich einen ritualisierten Tag zu gestalten. Zeiten nur für mich zu genießen, Essen zu kochen und mich mittags zu Tisch zu begeben. Einen langen Spaziergang zu machen. Die Zeit nicht mit anderen Dingen füllen zu müssen.

Mein gesundes Maß zu finden, auszuhalten, nichts tun zu müssen. *Nur* zu sein.

Dies gegenüber *Stalingrad*; bis zum Endsieg zu gehen, wie meine Therapeutin zu sagen pflegte.

Über die eigenen Grenzen zu gehen, und wenn schon nichts mehr geht, weiter zum *Sieg*. Wie Vater.

Mein Werden aus der Krise

Die Kündigung

Ja. Ich werde hingehen. Ich geh in die Firma, in der mir in den letzten Jahren so viele Schmerzen, so viele Kränkungen zugefügt worden sind.

Ich werde meine Kündigung unterschreiben.

Als meine Therapeutin das aussprach, das Unaussprechliche, dass ich dieses Gebäude zu diesem Zwecke noch einmal betreten sollte, meinte ich, dies wäre ein Tabu, das es zu brechen gilt.

Falls die Traumatisierung immer noch so stark sein sollte, dass es als ein Trauma wieder hochkommt, entscheide ich, nicht hinzugehen.

Es war wichtig für mich, die Wahl zu haben.

Beim Heimweg am Fahrrad und immer wieder beschäftigte mich der Gedanke, wie das wohl sein wird, wenn ich die Treppen hochgehen werde, in den Vorraum, wo ich die Leiterinnen imaginär werde stehen sehen, hineinkommen werde und die Sekretärin, die jetzt eine andere ist, sehen werde und hinter der Tür des Chefbüros meine Geschichte ablaufen sehen werde, als Willy mir jovial beizubringen versuchte, dass er mich in meiner Funktion als Bereichsleiterin nicht mehr brauchte.

Ich sah den Gang nach links zum Sitzungszimmer vor mir, das Sitzungszimmer mit den Leiterinnen, als sie mich *verraten* und keine Stellung bezogen hatten, während sie die *Neuigkeit* – die sie von mir schon kannten – gleich mit der jungen, neuen Bereichsleiterin aus ihren Reihen serviert bekamen von Willy.

Jetzt nach vier Jahren hab ich andere Emotionen dazu. Es ist mir nicht egal. Ich will auch nicht damit konfrontiert werden. Da schwingt Angst mit. Angst, dort wieder allein zu sein. Das erkannte meine Freundin. Ich telefonierte mit Lotte. Lotte sieht mich, Lotte kennt mich. Ihr fällt dazu ein:

– Brauchst du eine Mama? –

So ist sie: direkt und klar, wenn auch manchmal kryptisch.

– Ich begleite dich dorthin, soweit du das brauchst! –

Gestehe ich mir das ein? Ja. Ja, es tat gut. Ich hatte nie eine Mama, die mich so begleitet hatte, wie ich das gebraucht hätte. Lotte schätze ich als Freundin.

… und ich wusste, es wird kein Trauma werden. Alles war leicht, meine Stimmung lief ins Leichte und Fröhliche! Wir würden uns mit dem Fahrrad begegnen.

Der Tag war wettermäßig unbeständig. Ich beschloss das Auto zu nehmen, jedoch in dem Moment rief Lotte an, sie wäre schon unterwegs. Auch das ist eine Freude, mit dem Fahrrad zu fahren. *Doch mit dem Fahrrad zu fahren und den kühlen Wind im Gesicht zu spüren.* Lotte wurde nass vom Regen. Was nimmt sie doch für mich in Kauf!

Wie besonders bin ich, dass jemand für mich eine Radltour im Regen macht?

Ich wurde nicht nass. Wir trafen uns am Schotterweg. Es war gut.

Wir fuhren gemeinsam eine sehr vertraute Strecke, die Strecke in Richtung unserer gemeinsamen ehemaligen Arbeitsstelle, der Krabbelgruppe. Sie begann zu erzählen, wie schön es hier gewesen war bei unseren gemeinsamen, wunderbaren Spaziergängen mit den Kindern zu allen Jahreszeiten. Sie wollte sich vertiefen in unsere Walderlebnisse, sie lächelte ihr hintergründiges Lachen, glaube ich.

– Lotte, nicht jetzt in diesem Augenblick! –

Diese Geschichten konnte ich nicht hören. Ja, wir hatten es schön und das berührte mich, etwas kam hoch und dieses Gefühl konnte ich eben gerade nicht brauchen.

Die Wege sahen jetzt anders aus. Unsere Wege früher waren gerade, direkt zur Salzach hin am Bach entlang. Alles war umgebaut und die benutzbaren Wege schlangen sich in Mäandern. Mir war nicht ganz wohl.

Wir wollten uns noch zu trinken besorgen und ich fühlte Alltag und ein wenig Aufregung. Wir waren zeitig genug. Sollte ich schon hin? Bloß nicht, nicht schon wieder überpünktlich sein, die Zeiten sind vorbei. – Du müsstest warten. –, sagte Lotte.

Und was passierte? In diesem Augenblick liefen uns Stefanie und ihre Mama über den Weg. Stefanie, ein Lieblingskind aus den letzten Tagen meiner Kinderbetreuungszeit. Ja, lass uns begegnen, vor meinem Auftritt. Frau Okoye konnte nichts damit anfangen, dass ich kündigen würde. Sie wunderte sich ein wenig, dass ich mich freuen konnte.

Sie hatte Schmerzen, es ging ihr nicht gut. Ihr Mann sei jetzt hier in Salzburg und arbeitslos. Was erzähl' ich ihr da von mir! Ich hatte eine Arbeit. Sie wusste trotzdem, wie es mir erging. Stefanie war still. So still wie Kinder sind, wenn sie ehemalige Pädagoginnen treffen, die mit ihrer Mama reden.

Wir verabschiedeten uns mit einem langen Händedruck. Ich musste gehen, jetzt war Zeit.

Ich war irgendwie im Vertrauen und *cool*. Lotte und ich wollten ein Cafe' finden, um uns dort nachher wieder zu treffen. Das Cafe' im Gebäude der Firma war geschlossen und das andere hatte eine schreckliche Atmosphäre. Jugendlich cool, aber nicht schön.

Ich konnte wegen der einseitig zu öffnenden Tür nicht mehr zurück ins Gebäude und Lotte meinte, ich solle einfach gehen, sie fände schon eine Möglichkeit zu verweilen.

Nochmals das Gebäude umrunden. Ich habe die Bilder im Kopf: Leiterinnenkolleginnen, die mit dem Fahrrad kommen. Liftfahrten mit Kolleginnen. Fußwege über die Treppe mit Walpurga, der Assistentin – da ist noch ein Gefühl offen, von lange her – ... Ich beschließe, den Fahrstuhl zu nehmen, ich will nicht außer Puste oben ankommen und die Treppen sind ein zu langer Weg. Ich habe keine Lust auf Zögern. Ich will da jetzt hin. Der Lift öffnet noch einmal, ich spüre Ungeduld in mir – das ist wohl auch nicht angebracht.

Ist es nicht. Durchatmen. Ich stehe vor dem milchigen Glas und läute. Ich öffne die Tür und sehe im BesucherInnenempfangsraum Leute im Gespräch. Die kenne ich nicht. Gut. Ich stehe da und schaue – wie in meiner Vorstellung und mit relativ wenig Emotion. Ich gehe mit flottem Schritt klar und zielsicher zu Iris Tür. Sie ist jetzt die zuständige Geschäftsführerin. Ich kenne sie schon lange. Walpurga hat ihre Tür wie immer offen.

Violetta, die Sekretärin, erkannte mich nicht. Ich kannte sie noch. Sie lief hinter mir her und fragte, ob sie mir behilflich sein könnte. Ich: – Nein, ich finde den Weg, hab' einen Termin bei Iris. –

Ob ich ein Glas Wasser wolle. – Nein, will ich nicht. –

Komisch, die Situation als ewig lange Mitarbeiterin in diesem Betrieb und ich bin jemandem fremd. Es hatten mich immer alle' gekannt, die einen mehr, die anderen weniger, aber alle wussten, wer ich war. Violetta wusste es nicht. Auch ein gutes Gefühl.

Iris kommt mit Rikke aus ihrem Büro, hektisch, sie brauche noch zwei Minuten, ich könne inzwischen bei ihr im Büro warten.

Rikke fragt nach meinem Befinden. Ich sage, – gut -. Das ist ausreichend und tut gut. In meiner Zeit als Bereichsleiterin freute ich mich immer, wenn wir uns begegneten.

Sekundenlang stand ich noch in der Tür zu Walpurgas Büro, bis Unbehagen mich überwältigte. Sie telefonierte und wollte gleichzeitig, dass ich bei ihr wartete. Nein. Genau dieses Gefühl will ich nicht mehr. Mich warten zu lassen, da kam bei mir Vergangenes hoch, was ich gar nicht brauchen konnte. Ich musste hier ja nicht stehen und ging zu Iris. Sie suchte mein Kündigungsschreiben. Es war ihr sehr unangenehm. Ich war die Gelassenheit in Person. Ich hatte Zeit. Iris durchsuchte alle Mappen und Stapel, die auf und um ihren Schreibtisch verbreitet waren. Sie erzählte mir, dass jetzt

diskutiert würde, sie solle den Anteil ihrer Geschäftsführungstätig-
keit reduzieren. Ich meine, es ist gut, weniger zu diskutieren und
Handlungen einzufordern. Ein Job als Bereichsleiterin und noch
Geschäftsführungstätigkeiten dazu zu übernehmen, könnte zu viel
für einen Menschen sein. Ihre Aussage zu ihrer Situation passend,
war: – Ich lernte in meinem letzten Urlaub Lebensqualität kennen,
ich wusste gar nicht mehr, was das ist. – und – Ich brauchte gar keinen Urlaub, Hauptsache die Dinge werden erledigt. – Diese Aussagen kannte ich von mir. Ich hatte als Bereichsleiterin statt meinen
39 Urlaubstagen 25 Urlaubstage. Das war in Ordnung, jedoch hatte
ich Mühe (!) auch diese aufzubrauchen. Wie verbunden muss frau
mit der Arbeit, mit ihrem Wirken sein! Wie unabkömmlich glaubt
frau, sei sie! Ist das ihr Selbst, ein Teil davon? Ich meine, ich spürte
mein Selbst nicht mehr.

Ich weiß, wie es sich jetzt anfühlt und wie es sich damals angefühlt
hat.

Iris kenne ich vom Tag meines Einstellungsgespräches vor 24 Jahren und fast 4 Monaten (-8Tage).

Ich glaube, das hat sie bewogen, auch persönlich zu werden. Sie
sprach mir ihre Bewunderung zu diesem Schritt aus. So wie damals
beim Betriebsrat, bei Sigi – auch einer, der schon von den Anfängen
mit dabei war und der sich immer noch als Kämpfer für die Sache
einsetzt – vor drei Monaten, als ich den beiden mein Anliegen, dass
ich nicht mehr in dieser Firma arbeiten würde, unterbreitete. Sie
sagte mir auch diesmal, dass es so gesehen nicht gut gewesen war,
dass die damalige Geschäftsführerin mir die Stelle der Bereichsleiterin anvertraute. Sie meinte das, weil sich die Bedingungen so
autoritär und unmenschlich entwickelt hatten.

Doch es war richtig, denn ich wollte in Ruhe wirken, ohne in der
Arbeit mit Kindern tätig zu sein. Ich wollte im Hinblick auf die
Pensionierungen der Gründerinnen deren Vermächtnis, besondere
Betreuung und Förderung von Kindern und Familien und beson-
dere Förderung von Teams und MitarbeiterInnen des Vereins, in

einer sehr menschlichen Haltung weiterführen. Dieser Aufgabe wollte ich mich stellen. Es war sicher nicht leicht. Die Priorität war ja nicht, dass es leicht sein würde.

Diese Aufgabe sah Willy als nicht notwendig an. Er wollte den Verein wirtschaftlich funktionierend führen – das wollten seine VorgängerInnen auch, nur er hatte dabei die Kinder vergessen, die menschliche Haltung. Was sich in einer Institution, die für Kinder da ist, fatal auswirkt.

Das kann mir jetzt egal sein. Lange regte es mich noch sehr auf. Jetzt finde ich es schade für die Leute, die dort arbeiten und die ich mag.

Ich höre auch Einstellungen von Menschen, die sagen, sie arbeiten in ihren 38,5 Stunden das, was sie schaffen und wenn was bleibt, gibt es einen nächsten Tag. Sie identifizieren sich nicht mehr mit ihrer Arbeit, sondern sehen sie als Brotberuf und lernen damit möglichst gut umzugehen. Eine Höchstleistung gegen den Alltagsdruck. Welche Einstellung zur Arbeit, die wir täglich verrichten, ist gesund? Egal, welche Arbeit, sollte nicht die Freude mit dabei sein?

Iris hat nach langem Suchen mein Kündigungsschreiben auf ihren Ordnern im geschlossenen Schrank gefunden, extra versteckt, wegen der Wichtigkeit. Ach ja.

Iris wirkte auf mich so wie immer und zusätzlich suchte sie Bestätigung. So kannte ich sie nicht. Sie fand liebe Worte für mich und setzte sich für mich ein, auch dass ich meine Abfertigung pünktlich bekommen würde. Sie betonte, zumindest für mich möchte sie sich beim Geschäftsführer, einem früheren Kollegen und Vorbild Willys, für den guten Verlauf der Kündigung einsetzen. Sie wirkte niedergeschlagen und verunsichert, ob sie den Stempel nun für das Papier brauche oder nicht und solche Dinge.

Sie zögerte mein Weggehen hinaus.

Bei ihr störte mich das nicht.

Sie küsste mich zum Abschied. Wir hatten uns trotz guter Bekannt-schaft immer nur die Hände gedrückt.

Sie kannte meine Anfänge, dass ich Alleinverdienerin war und Jakob keinen Job hatte. Er hatte sich damals einmal für ein pädago-gisches Projekt mit einer alterserweiterten Kindergruppe bewor-ben.

Iris weiß viel von mir. Sie fand auch schön, dass Jakob mich jetzt unterstützt.

Sie war rührselig.

Ich ging noch zu Walpurga ins offene Büro, um mich zu verab-schieden. Wir umarmten uns – sie mich vorsichtig aus Rücksicht auf meinem Rücken. Ich sagte ihr, hier nicht mehr verweilen zu wollen, sie könne mich anrufen. Die Fotos ihrer Enkelkinder sah ich mir noch an, dann war ich weg.

Langsam ging ich den Gang entlang, um alles noch abzuschätzen, die Räume nachzuempfinden, mich zu verabschieden. Die neue, stellvertretende Bereichsleiterin war nicht da. Ich hätte auch nicht das Bedürfnis gehabt, sie zu treffen. Interessanterweise ebenso we-nig bei Mary, mit der ich viel zu tun gehabt hatte in der zentralen Verwaltung und wo ich mich sonst auch freute, wenn ich sie sah. An diesem Tag ging ich nicht mehr in ihr Büro.

Es war Zeit zu gehen.

Danke für das, was ich lernen konnte. Danke für das, was war.

Es ist mir leicht gefallen zu gehen. Ich sah noch Iris am Gang mit meiner Kündigung auf dem Weg zu Mary. Sie rang mit Tränen. Ist das nicht unglaublich, dass so etwas geschehen mag?

Man mochte mich, man schätzte mich, man achtete mich, man respektierte mich … und jetzt fehle ich ihnen, aber mir fehlt nichts mehr.

Lotte musste lange warten. Sie saß auf der Bank bei den Radlstän-dern. Du meine Güte, lass uns in die Stadt in ein warmes Beisl gehen. Danke Lotte, dass du da warst!

Im Cafe' besprachen Lotte und ich alte und neue Zeiten. Ich erzählte, warum ich mit manchen Exkolleginnen gar nichts mehr zu tun haben möchte. Es gibt vereinzelt Menschen, die frau in Arbeitswelten als Kolleginnen achtet. Sie machen gute Arbeit. Sie sind nicht auf meiner Wellenlänge gewesen, verstandesmäßig nicht und auch nicht was unsere Haltung anbelangt hatte. Gut, sie hatten ihre Qualitäten und haben sich intensiv eingesetzt. Ich hatte loyale und flexible Kolleginnen. Die Loyalität war nun angekratzt. Ich lerne damit zurecht zu kommen, mich selbst nicht mehr so wichtig nehmen zu müssen.

Lotte konnte mir sehr gut das Wesen in meiner Rolle als Leiterin erzählen, und wie Menschen, denen an mir sehr viel lag und die mich gut verstehen konnten, mir trotzdem, oder genau deshalb auf unterschiedlichste Art und Weise IHRE Meinung und ihren Standpunkt zu den Dingen vermitteln konnten. Es hatte Reibereien gegeben. Und durch Reibung entsteht Wärme. Diese Menschen hatten mir tatsächlich viel Wärme gegeben. Mir kommen tatsächlich im Augenblick die Tränen.

Wie haben wir gestritten! Wie brachte mich Lotte auf die Palme, wie war ich wütend, wenn etwas anders passierte, als ich mir das vorstellte, ohne vorher informiert worden zu sein, oder schon und ich hatte es nicht vernommen. Was weiß ich.

Ich lernte viel. Ganz viel.

– Ich war Leiterin und du hast mich immer respektiert. Immer. Und ich wollte nicht gelobt werden und du hast es trotzdem getan und Dankbarkeit ausgedrückt. –

Als Leiterin ist frau einsam und muss sich auch unbeliebt machen können. Das ist mir bestimmt oft gelungen.

Natürlich gab ich in Reflexion mit dem Team einen Weg vor. Auch als Bereichsleiterin. Dass ich da an Grenzen und Unverständnis stieß, ist naheliegend. Und doch konnte ich einen guten Weg mit guten Menschen gehen.

Schlüsseltraum

9. September 2013

Es ist im Freien. Es ist grün. Meine Kollegin Josi, mit der ich ein bemüht freundliches Arbeitsverhältnis hatte, macht mit lila Steinen ein Häufchen, deutet auf ein rotes Steinchen und fragt, warum das so sei. Ich sage ihr, das sei eh klar, solange sie sich aus dem Team hervorhebt.

Ich sehe die Häufchen an, und meine viel zu erkennen, ich bin mit Josi im Gespräch. Plötzlich fällt mir ein, einen Termin zu haben. Wir müssen, also ich muss zum Bürgermeister.

Ich gehe in einen kalten Raum, der nur mit einem Tisch und Stühlen eingerichtet ist. Der Bürgermeister sitzt schon hinter dem Tisch, vorne sind drei Stühle besetzt. Obwohl ich pünktlich, noch vor der Zeit, komme. Ich sehe noch einen kleinen Stuhl an der Wand. Ich hole ihn, er ist der einzig freie.

Ich nehme diesen kleinen Puppenstuhl, drehe ihn um und setze mich zwischen dem ersten und zweiten Menschen, mit der Lehne nach vorn, aus gesundheitlichen Gründen – ich will beachtet werden. Allen ist egal, ob ich da unten sitze.

Ich will meine Füße ausstrecken. Ich glaube, ich lege meine Füße auf den Schoß meiner Kollegin. Ein Mann aus dieser Reihe geht auf die Toilette, bevor wir beginnen – womit? Er bleibt lange weg, wir warten. Ich suche auch die Toilette auf, mit dem Wissen, dass ich bald fertig sein werde. Die Toilette ist eng. Die Wand aus strukturiertem Milchglas scheint mich von der Seite her zu erdrücken. Hier drin kann ich mich kaum bewegen, kaum umdrehen oder bücken. Ich gehe wieder unverrichteter Dinge, sehe jedoch aus dem gekippten Fenster: draußen auf einem Platz demonstriert eine große Menschenmenge.

Ich drinnen empfand das als beängstigend. Ich sehe hinaus, nicht mehr vom Klo aus. Die Menschenmenge löst sich bis auf ein paar nackte Männer auf – nein, das kommt später. Vorher gehe ich hinaus. Es gibt eine zweite Ebene – unterhalb einer alten Steintreppe. Ich bin in einem alten Gemäuer, oben sind die Menschen, jetzt sehe ich auch unten eine geordnete Menschenmenge auf einem festen, sandigen Platz. Jemand gibt mir einen gelben Post-it Zettel – das passt nicht in diese Zeit. Ich soll den Zettel übergeben. Unten lehnt ein mir vertrauter Mann gegenüber den Menschen an der alten Steinmauer. Jemand entwendet mir den Zettel. Die Menschen jubeln, der Mann flüstert mir zu, das sei eine Botschaft gewesen. Man jubelt mir zu. Dabei war ich doch nur die Botschafterin.

Plötzlich musste ich davonlaufen. Ich gelangte nach oben und nun sah ich auf dem großen Platz von vorhin vereinzelt Menschen und diese nackten Männer am Boden sitzend. Josi sagte, der eine wäre doch hübsch. Ja, jedoch spielte das keine Rolle. Ich fand sie auch angenehm in ihrem ruhenden Dasitzen. Ich musste fliehen. Irgendwoher drohte Gefahr.

Männer nahmen mich mit und meinten, sie brächten mich in Sicherheit. Männer waren hinter mir her.

Wir sprangen in ein kleines, langgezogenes, rotes Boot und zischten davon mit dem Gefühl, hier völlig immun zu sein. Kurze Zeit empfand ich es als ein schönes Gefühl auf dem Meer dahinzugleiten. Die Verfolger kamen immer näher.

Wir strandeten am Ufer eines Dickichts, ließen das Boot am Ufer und rannten. War ich noch immun?

Ich blieb stehen und suchte mir ein Versteck, die Männer verfolgten die restlichen Männer und ich dachte mir, – Ich brauch die alle nicht mehr. Die verfolgen nicht mich. – Ich kam auf einen feinschottrigen, breiten, nach unten ins Tal verlaufenden, wenig kurvigen Wanderweg und sah ein Bauernhaus oder so etwas Ähnliches am unteres Wegesrand. Ich wollte dahin, fand den Weg angenehm. Das Haus wirkte freundlich – ganz sicher war ich nicht – ich wurde wach.

Alles bin ich. Gabi, die alle dominieren will, bin auch ich. Der rote Stein bin auch ich. Der, der aus der Menge der blauen Steine anders ist.

Ich bin anders.

Ich werde nicht beachtet und sitze auf einem kleinen Sessel. Das ist die Szene, übertragen auf die Firma. Ich werde degradiert. Es gibt kein Thema bei der Sitzung. Es wird mir nicht gesagt, worum es geht. Was hab' ich *falsch* gemacht? Der geht einfach auf die Toilette und zeigt Ignoranz. Mir wird es immer enger in der Toilette, so dass *ich mich nicht einmal mehr bewegen kann.* So hab' ich das in der Firma auch gespürt.

Die nackten Männer berühren mich nicht. Frau Rose Leibvoll, meine Therapeutin: Was wäre, wenn ich auf die Männer zuginge? Ich finde sie selbstverständlich in ihrer Nacktheit. Ich bleibe angezogen. *Ich mache das, was ich will. Ich entscheide mich – ich habe die freie Entscheidung, angezogen zu bleiben.*

Ich bin gerührt.

Die alten Gemäuer sind all meine Geschichte. *Ich gehe meinen Weg.* Zuerst auf der Flucht. Dann merke ich, die Flucht ist gar nicht mehr notwendig, ich brauche die Männer nicht mehr!

Wann begann ich noch mehr gegen mich zu arbeiten?

Tatsächlich spürbar war für mich das *Ende* schon, als Lotte nicht mehr bei uns war. Alles war viel zu viel. Wir bekamen Lotte nicht ordentlich nachbesetzt, wir hatten achtzehn einjährige Kinder in drei Monaten einzugewöhnen. Der Spagat zwischen dem Verständnis für Eltern, Kinder und Team und der marionettenhaften Leitung mit der Geschäftsführung, ohne irgendein tatsächliches Verständnis und Handeln für menschenwürdiges Arbeiten, war nicht machbar. Ich bat im Team um Rücksicht auf meine Rückenschmerzen. Ich hob keine Kinder mehr. Ich wickelte die Großen im Stehen. Ich nahm die Kinder auf meinen Schoß, bewegte mich nicht mehr mit einem Kind auf dem Arm.

Das war in Ordnung. Gleichzeitig war mir oft schwindelig, sodass ich kaum stehen konnte. Es wurde mir ganz eng um die Brust.

Was sollte ich tun? Ich ging erneut mit Widerwillen zu Leiterinnenbesprechungen und legte im Jänner mein Problem offen. Es käme im April eine kompetente Pädagogin, von der die Chefin begeistert war und bei der sie auch in Kauf nahm, dass ihr Kind mit zu uns in die Einrichtung kam. Das war für mich kein Thema. Ich wartete sehnsuchtsvoll auf Unterstützung. Es ging mir schlecht in dieser Zeit der Überbrückung. Gerit war gut für unser Team, für die Kinder und deren Familien. Ich nahm das so, egal, ob die neue Chefin sie unbedingt wollte – vermutlich wollte sie uns ja unterstützen.

Das Problem des Helfens war bei ihr so ausgeprägt, dass sie meinte, *sie* wüsste, was andere brauchen würden. Die junge, neue Chefin war unter Zugzwang des Geschäftsführers und war sozial inkompetent, wie er.

Gerit war ein Anker, an dem ich mich noch hoffnungsvoll hielt, um mich ein wenig zurückziehen zu können. Ich weiß, dass ich oft erwähnt hatte, dass ich dies und jenes nicht mehr machen konnte, wegen meines Rückens – ich hatte das Gefühl, mich rechtfertigen zu müssen. Die Kolleginnen hatten Verständnis. Ich ging mittags ins Büro weinen vor Schmerzen. Mein Arzt schrieb mich für zwei Wochen krank.

Ich besuchte einen Qi-Gong Kurs. Die Übungen taten mir sehr gut. Die Energieübungen, mich auf mich und meine Energie konzentrieren zu lernen, war ein weiterer Entwicklungsprozess für mich.

Willys Tod

Im Jänner noch dachte ich, als ich Willy das letzte Mal sah, dass er dem Tod nah sei – zwei Monate darauf starb er.

Ich erfuhr das in einer außerordentlich verordneten Leiterinnenbesprechung. Anschließend fuhr ich mit dem Auto nach Waldbühl zu meinem Qi-Gong Kurs. Es goss in Strömen. Man konnte nur sehr langsam fahren. Die Sicht war schlecht. Ich begann zu lachen, schallend zu lachen, ich konnte mich nicht mehr beruhigen und ließ es aus mir lachen. Ich meinte zu spüren, er geisterte in meiner Nähe, vielleicht konnte er mitlachen. Es war ein verrücktes Lachen aus einer paradoxen Situation heraus. Ich lachte über das Paradox, sich so in die Arbeit zu hängen bis zum Tod. Als wusste er es – und er wusste es! Hatte er alle MitarbeiterInnen der Firma getrieben, alles

Technische und Wirtschaftliche möglichst schnell – zu seinen Leb-zeiten – umzusetzen. Und auch er blieb auf der Strecke!

Nein, Trauer konnte ich nicht verspüren. Ich verabschiedete ihn allerdings in Frieden.

Bei meinen Übungen zu Hause, wenn ich mich mit meinem Schei-telchakra ins Licht öffnete, kam er mir lange unter. Er war einfach da in *meinem* Licht, meinen Gedanken. Ich suchte Oma, damit sie ihn wegschickte. Irgendwann bemerkte ich, heute hab' ich *freies* Licht, mit dem ich mich verbinden kann.

Schmerz

Die Rückenschmerzen, meine Bewegungsbeeinträchtigung, das Gefühl der Enge blieben lange. Auch wenn ich bewusst atmete, auch wenn ich die Freiheit beim Radfahren spürte.

In der Einrichtung wurde alles eng. Ich beantragte noch einen ergo-nomisch guten Schreibtischstuhl. Ich *durfte* mir einen aussuchen – 400€. Das war okay.

Wenn ich länger saß, konnte ich fast nicht mehr aufstehen. Abends ließen meine Knie nach. Ich musste mich abstützen, um irgendwie hochzukommen. Die Stiegen in unserem Haus bewältigte ich – vor allem nachts – nur im Nachstellschritt und indem ich mich mit mei-nen Händen am Geländer abstützte. Meine Füße hielten mich nicht mehr. Ich hatte keine Kraft mehr.

Wegbegleiterinnen

Im Mai begann ich eine Psychotherapie. Emma, meine Freundin, legte mir eine wunderbare Therapeutin nahe. Eine, die sehr klar ist und mich sehr gut bis heute begleitet zu einem Leben, das ich damals nie zu denken fähig gewesen wäre.

Mit Emma kam ich auf die Idee meinen Hausarzt zu wechseln. Richard ist Osteopath. Ich ließ mich auf eine osteopathische The-rapie ein. Es tat mir gut. Mein unterer Rücken blieb hartnäckig.

Auch nach fünf Sitzungen änderte sich außer kurzfristigem Wohlbefinden langfristig nichts an meinen Schmerzen. Richard meinte, es mache keinen Sinn, wenn sich nach fünf Sitzungen nichts ändert. Ich werde andere Wege finden müssen. Auch er legte mir eine Psychotherapie nahe.

Viele Physiotherapien sollten folgen – von der Kasse bezahlt und von privat mir.

Ich hatte diese Schmerzen im unteren Rücken schon das dritte Jahr. Natürlich verließen mich die nicht so schnell wieder.

Ich sollte dem seelischen Grund für die Schmerzen näherkommen.

Meine Therapeutin hatte es endlich geschafft, mir verständlich zu machen, dass meine Heilung eine langwierige Geschichte sei und dauern werde, insofern, als diese Erschöpfungszustände, mit denen ich noch viel zu lange arbeiten gegangen wäre, eine Krankheit sei, die es auszukurieren gelte!

Am 3. Juli ging ich erneut zu meinem Arzt, ich hielt es nicht mehr aus. Ich funktionierte auch nicht mehr. Auch wenn ich mir das noch immer nicht eingestand. Er schrieb mich wieder für zwei Wochen krank. Ich beantragte eine Erholung. Für Oktober bekam ich einen Platz. Ich wollte nicht erst im Oktober dorthin – ich spürte, wie bedürftig ich war. Ich weinte vor Verzweiflung. Mir wurde ein anderes Haus des Regenerationszentrums angeboten und ich hatte die Aussicht Ende August ins wunderbare Goldegg zu reisen.

Vorher fragte ich mich immer noch, wie das zu schaffen wäre, wieder arbeiten zu gehen, bis mich mein Arzt unbefristet krank schrieb. Die Infusionen, die mir verordnet wurden, machten mich hirnweich und schwindelig, die Schmerzen waren mir dann egal. An manchen Tagen, wenn ich Infusionen bekam, ging es mir besser. Und ich musste unbedingt noch die Klausur durchziehen! Das durfte doch nicht wahr sein, dass ich mein Kranksein so übergehen wollte!

Ich hatte die Infusion und konzentrierte mich noch zwei Tage, um für meine Mitarbeiterinnen da zu sein. Unsere jährlichen Klausurtage, an denen wir uns viel Zeit für uns nehmen konnten, um Dinge zu besprechen und zu erarbeiten, die für unsere Gemeinschaft und unsere mögliche Weiterentwicklung gut waren, waren für uns alle so wesentlich. Noch hielt ich mich für unabkömmlich. Tatsächlich. Ich weiß noch, wie schwach ich mich fühlte, wie mir schwindelig wurde, wie ich nicht lange sitzen konnte wegen der Schmerzen und ich moderierte …

Irgendwann sagte ich – Adieu! – Es wurde mir so zu viel, dass ich vor der Zeit ging. Ich meinte, im Krankenstand noch hier sein zu müssen! Mein Körper schrie – Hör endlich auf! –

Das war mein letzter Arbeitstag in meiner Einrichtung.

Rose, meine Therapeutin, musste mir regelmäßig versichern, dass es in Ordnung sei, wenn ich ruhe. Das fiel mir trotz großer Erschöpfung schwer zu glauben. Ich meinte, ich müsse doch für nützlich sein und etwas tun.

Da sollte ich noch lernen, mit mir *achtsam* zu sein: Den Tag in zwei Teile zu teilen, Mittag zu essen. Meine liebe Therapeutin backte mit mir kleine Brötchen.

Ich war so müde, so müde! Ich wollte morgens nicht aufstehen. Irgendwie schaffte ich es doch – ich musste zur Therapie, auch hatte ich Physiotherapie und zur Krankenkasse musste ich auch. Der Pflichtbesuch bei der Krankenkasse war vielleicht nicht oft, es war aber äußerst energieraubend – vor allem mich dort zu rechtfertigen, dass ich krank war.

Die Termine waren wichtig – so hatte ich eine Aufgabe.

Ich *arbeitete* viel im Garten und im Haus. Ich wollte mich nützlich machen. Ich genoss mein Mittagessen.

Ich ließ einen Rutengänger kommen. Der sollte austesten, ob unser Bett gut positioniert sei. Ich wollte alles versuchen um herauszufinden, was an meinen Schmerzen noch beteiligt sein könnte. Er zeigte mir glaubhaft Möglichkeiten, wo das Bett besser stehen sollte.

... und ich verschob. Ich verschob Kasten und Bett im Schlafzimmer. Bauch anspannen, Beckenboden anspannen, die richtige Haltung einnehmen und schieben. Die richtige Haltung kannte ich zur Genüge. Es war nicht schwer. Nur mein Rücken war nicht damit einverstanden. Jakob war mehr als erstaunt über meine Aktion. Er meinte, wenn ich glaubte, es täte mir gut, dann sollte das so sein. Nur hätte ich doch auf ihn warten sollen und mir helfen lassen! So hatte ich meinem Rücken erneut ein Signal gegeben, was er aushalten müsse und er hat es mir mit größeren Schmerzen zurückgemeldet.

Rose gab mir Klarheit über mein Leistungsverhalten und den Zwang keine Hilfe anzunehmen, dieses immerwährende Aushaltenmüssen. Soll es das sein? Diese Übertragung aus einer vergangenen faschistischen Zeit? *Endsieg, Stalingrad?* Gegen den Körper arbeiten, der muss das schon aushalten.

Meine Qi-Gong Lehrerin behandelte mich mit Tuina-Massagen. Das tat sehr gut, sprach aber meinen schmerzenden Bereich der Wirbelsäule nur kurzfristig an.

Ich merkte, ich war trotz meines Erschöpfungszustandes immer noch sehr aktiv.

Ich konnte nicht einfach ruhen – mittags war ich zwar streichfähig – ich sollte nur eine halbe Stunde schlafen, damit ich nachts die Tiefschlafphasen nicht wegschlief. Denn nachts hatte ich große Schwierigkeiten zu schlafen und morgens war ich zutiefst müde.

Goldegg

Sei gut zu dir

Nichts planen, nichts erledigen.
Einfach nur da sein.
Wie ein stiller ruhiger See.
Nicht eilen, nicht hetzen.

Sich einfach nur treiben lassen.
Wie eine Wolke am Himmel.
Nicht kämpfen, nicht durchhalten.
Einfach mal loslassen.
Wie eine Feder im Wind.

Die Karte mit diesem Spruch schickte mir Brigitte nach Goldegg. Sie ist eine besondere Freundin mit sehr viel Empathie! Endlich fuhr ich nach Goldegg auf Erholung.

Eine Woche saß ich mit Frauen am Essenstisch, die mir immer unangenehmer wurden. Eine von ihnen sprach wie meine Mutter und hatte auch ihr Essverhalten. Das hielt ich schwer aus.

Ich besprach das mit der dortigen Psychotherapeutin, die über die Ärztin und das Bedienungspersonal mir einen anderen Sitzplatz mit humorvollen, angenehmen Frauen ermöglichten.

Die Physiotherapeutin sagte mir nach der ersten Massage und nach einigen Übungen, dass sie mir empfehlen würde, nicht mehr mit Kindern zu arbeiten. Ja. Gut. Und dann?

Irgendwie fühlte ich mich ja bestätigt und es tat mir gut, das zu hören. Die Psychotherapeutin fragte mich danach – wie schon viele Menschen vor ihr, woran mich die Situation mit Willy und Eleonore, die mich in meiner leitenden Funktion ersetzt hatte, erinnerte. Sie sagte auch, sie wisse, dass ich diese Frage, wenn ich schon in therapeutischer Behandlung war, schon öfter gehört haben würde. Trotzdem, es störte mich nicht, und in dieser Umgebung gab es ihr noch einen anderen Kontext, einen anderen Sinn.

Das gesunde Maß

Ich ging mit meinen Walkingstöcken lange spazieren. Diese Bewegung tat mir gut. Die Ärztin verordnete mir, kürzer zu gehen. Sämtliche Menschen, die mit meinem gesundheitlichen Werden zu tun hatten, rieten mir, noch kürzer zu treten. Auch wenn mir etwas Freude machte, neigte ich dazu, zu viel davon zu nehmen. Immer zu viel. Das Gehen tat mir gut. Mehr als eine Stunde zu gehen verursachte wieder erneut Beschwerden. Ich selbst wollte mir das zumuten. Die Ärztin meinte – so wie Rose: das gesunde Maß sei mein Thema!

Ich fand eine dicke Buche. Bei ihr ließ ich mich auf die Stille ein und auf meine Qi Gong Übungen.

Der Spaziergang nach der psychotherapeutischen Beratung war erleuchtend, in eine neue Richtung weisend. Es fiel mir wie Schuppen vor die Augen: Fiel mir das nicht schon früher ein? Es war genau die Seite, die mich so schmerzte, die Seite, in die mir Vater als Siebzehnjährige seine brutalen Tritte versetzt hatte.

Ich spürte das wieder – genau so.

Hier im Wald in der abgeschiedenen Ruhe kam mein Unbewusstes zum Vorschein.

Natürlich wusste ich, dass diese Geschichte mit Vater zu tun hatte und mit Mutter, die mir – wie die Leiterinnen – nicht zur Seite gestanden war. Ich kannte dieses Thema. Aber der Schmerzpunkt und dieses Spüren machten alles ganz deutlich.

Ein anderes Mal fing ich auf dem Spazierweg zu weinen an. Ein Eichhörnchen kreuzte meinen Weg. Ich war gerührt von dieser Begegnung. Dem Dasein, von den kleinen und großen Wundern hier. Von der Stille, dem Wald, der Wärme, der wunderbaren, umgebenden Natur.

Ich hatte mein Mobiltelefon bei mir. Ich wollte das Lotte mitteilen und rief sie an. Ich weinte ihr viele Tränen vor. Sie hörte mir zu. Es war schön hier.

Obwohl mir gleich am ersten Tag tatsächlich eine Leiterinnenkollegin begegnete, die sich genau diese Wochen hier von ihrem Burnout zu erholen versuchte. Wir beschlossen beide, unsere Begegnungen reduziert zu halten und nicht von der Arbeit zu sprechen.

Die Natur tat das Ihre. Die Therapeutin fragte nach, wie sich das anfühle, nicht mehr zurückzukehren an meinen alten Arbeitsplatz. Ich verstand, dass sich nichts ändern würde, wenn ich wieder weitermachen würde, wo ich aufgehört hatte. Es war mir durchaus klar, dass mich die alte Situation dort in meinem Leben nicht mehr weiterbringen würde und krankmachend war.

Gleichzeitig wollte die Therapeutin mir den Gedanken näherbringen, eines Tages in einem anderen Bereich, zum Beispiel beratend in dieser Firma zu arbeiten. Mir wurde übel bei dem Gedanken, das Verwaltungsgebäude wieder regelmäßig betreten zu müssen.

Es ging mir großartig bei dem Gedanken, nicht mehr ins alte Muster in meiner Arbeit zurückkehren zu müssen. Gleichzeitig sah ich keine Alternative. Ich liebte diesen Gedanken, hatte jedoch gleichzeitig große Existenzängste.

Es ging mir nicht gut genug. Diese Ideen hatte ich auch noch nie. Nämlich, mich nur um mich selbst kümmern zu dürfen, ohne andere mitzudenken.

Ist es nicht völlig absurd, ins Krankmachende zurückzukehren und keine anderen Möglichkeiten sehen zu können?

– Weil du zu alt bist für den Arbeitsmarkt und zu krank und anfällig! –

Ich will mich nicht mehr selbst ausbeuten, geschweige denn von anderen ausbeuten lassen. Ich will nicht mehr gegen eine gesunde, achtsame Haltung gegenüber meinen Mitmenschen und mir arbeiten!

Was wird werden?

Es ist schon viel besser, das mit dem *Vierefiachten*[1]. Und: *Über ungelegte Eier gackern.* Rose gab mir ein Ei für Jakob mit.

---

[1] ein Ausdruck Roses = nach vorne fürchten, vor Dingen in der Zukunft, worüber wir nichts wissen können.

Immer noch hätte ich's gern gewusst, wie es denn sein würde mit meinem Selbstständigwerden. Und immer noch lädt mich Rose zu kleinen Schritten ein. Aber jetzt versteh' ich's langsam und spüre ich's schon. Ich habe viel Vertrauen in mich und dass es gut wird. Jetzt nach gut einem Jahr lebe ich immer noch, mit viel weniger Geld und mit großer Lebensqualität.

Immer noch melden sich mein Rücken und die Füße dazu. Aber es geht mir gut in mir!

In diesem Jahr ist auch viel passiert. Mein Krankenstand gestaltete sich sehr aktiv.

– Nein, ich komme nicht mehr zurück. –

Dieser Gedanke half mir einen Schritt weiter. Er war entlastend.

Ich konnte das vorerst in der Firma nicht sagen, da ich nicht auf die finanzielle Absicherung meines Krankseins verzichten konnte und wollte.

Kurz vor Weihnachten besuchte mich meine Stellvertreterin aus der Firma und ich wusste, ich würde die Situation nicht leicht aushalten. Wir verabredeten, dass sie nur kurz bleiben würde und ich signalisieren würde, wenn ich nicht mehr könne. Ich ging über mein gesundes Maß hinaus. Ich spürte die unglaubliche Enge in meiner Brust, als sie doch erzählte, wie eng es in der Krabbelgruppe wird mit rigorosen Einschränkungen und immer größerem, scheinbar wichtigem Verwaltungsaufwand und Prüfung der Wirtschaftlichkeit auf Kosten der Kinder. In dieser Firma wird eine menschliche Haltung vergessen, die Haltung, dass es um die Kinder geht. Wie bei *Momo* von Michael Ende. *Die grauen Herren*, auch wenn Frauen dabei sind, übernehmen die Macht.

Dorli hatte mir liebevolle Geschenke mitgebracht für mein Wohlbefinden und Material, das mir gehörte und ich noch in der Firma gehabt hatte. Dorli war rücksichtsvoll und ich glaube, ihr war damals schon klar, dass ich nicht mehr kommen würde – wir sprachen es nicht an. Ich wollte auch niemanden mit diesem Gedanken belasten, denn wie wäre das, wenn wenige es wüssten und nicht darüber sprechen könnten? Das wäre eine Last. Also hielt ich mich da zurück.

Das Gespräch mit Dorli hing mir noch lange nach. Ich merkte, wie schlimm mir diese Arbeit, die ich 23 Jahre lang gern gemacht hatte, jetzt noch im Nacken saß. Ich merkte, wie sehr ich gegen mich gearbeitet hatte. Was ich alles auf mich genommen hatte. Ich hörte das auch von Dorli, als sie meine Arbeit übernahm, wie unglaublich sie es fand, was ich alles geleistet hatte – mit den Kindern zu arbeiten, zu verwalten und engagiert im Team und mit den Familien zu sein und dazwischen zu stehen, das Team schützend vor den Informationen von *oben*, die ich umgewandelt hatte, damit sie im Team anders ankommen konnten. Ich hatte, auf Grund meiner Erfahrung, mir vieles herausgenommen und Sinnloses nicht umgesetzt – das hatte ich trotzdem meinen Vorgesetzten gegenüber transparent gemacht. Ich hatte die Konflikte. Wie auch immer. Dorli spürte wie ich die Vielfalt und die Fülle! Und weit weg vom gesunden Maß. Später hörte ich sie sagen, sie mache das nicht um jeden Preis weiter – sie war jung und sollte bald die Konsequenzen ziehen.

Bella, meine andere liebe, ehemalige Mitarbeiterin besuchte mich später. Ich merkte aus der Distanz umso mehr, wie krank sie war und Angst hatte vor Konsequenzen. Sie hatte den Tod ihres Vaters und ihres Bruders zu betrauern, sie hatte Probleme mit der Hüfte und die Kur wurde ihr nicht genehmigt! Die Arbeit war ihr zu viel. Sie sagte, sie kümmere sich um die Kinder. Das tue sie gerne. Bei allem anderen schalte sie ihre Ohren auf Durchzug. Sie sah nicht so aus, als wäre ihr Unbewusstes auch ihrer Meinung.

Lange, monatelang konnte ich nichts mehr hören von dieser Firma.

Nachdem ich von Goldegg zurück war, wurde ich auf unbestimmte Zeit krank geschrieben.

Ich ging walken, ging spazieren, so es mein Körper erlaubte. Mitten auf den Spaziergängen bekam ich Atemnot. Ich hatte das Gefühl, meine Brust schnüre sich zusammen. Ich wollte nicht hören, was ich da gerade dachte. Noch wollte ich es nicht wissen. Ich hatte Angst.

Die Termine waren nach wie vor anstrengend für mich. Ich wollte keine Termine mehr. Sie raubten mir den Atem.

Ich versuchte Infusionen und Schmerzmittel. Auf die Infusionen sprach ich für den Moment an. Ich war nur im Delirium und danach war das gute Gefühl wieder vorbei. Nachts wachte ich wegen der Schmerzen auf. Ich nahm Schmerzmittel, die mich morgens noch schwerer aufkommen ließen.

Ich freute mich auf Rose, meine Therapeutin, die mich immer wieder aufbaute. Ich lernte gute Termine als solche wahrzunehmen.

Freundinnen konnte ich nicht besuchen, das war mir vorerst zu viel. Dabei hatte ich ein schlechtes Gewissen. Die Kinder, meine Enkelkinder wollte ich sehen. Hanna: – Gell, du hast Rückenschmerzen, du kannst mich nicht tragen! –, wiederholte sie oft und oft. Verständnis und Hoffnung, dass es vielleicht doch mal wieder geht? Es tat mir leid, dass ich so wenig Kraft für meine Enkelkinder hatte.

Ich konnte die Situation nicht annehmen, wie sie eben war.

Jakob war sehr einfühlsam. Er hatte große Sorge um mich. Ich war ihm, da ich ja die Situation selbst erlebte, immer um einige Schritte oder Gedanken voraus. Ich spürte langsam, wie mir klar wurde, mich nur um meine Gesundheit kümmern zu dürfen und finanziell werde das schon in Ordnung gehen. Es machte mir nichts aus, vom Krankengeld zu leben, von 60% meines Gehalts. Für Jakob war das schockierend und ich meine, er hatte Sorge vor der *alleinigen* finanziellen Verantwortung. Er hatte Angst vor der Zukunft. Er hatte sich das anders vorgestellt. Wir beide hatten uns das anders vorgestellt. Gleichzeitig sah er, wie es mir ging und er verzweifelte daran, dass kaum etwas gegen meine Schmerzen ansprach.

Geld

Es fühlte sich nicht anders an. Ich kaufte keine Dinge, die ich mir nicht leisten konnte. Und es machte nichts mit mir. Es tat mir nicht leid. Bücher leistete ich mir immer. Und ich merkte, ich kam nicht ins Minus am Konto.

Jakob wollte nicht, dass ich einkaufen ging. Ich hatte aber die Zeit, einkaufen zu gehen und zu kochen. Ich wollte doch nicht warten, bis er nach Hause kam und erst dann zu kochen beginnen. Natürlich bin ich keine enthusiastische Einkäuferin. Ich stehe nicht auf Einkaufen. Aber ich hatte Zeit – nicht immer Lust – darüber nachzudenken und dann zu handeln, was wir essen könnten.

Ich wollte ihn nicht um Geld bitten. Meistens hatte ich das Gefühl, es sei ausgeglichen.

Er meinte, was wohl mit der Familie wäre, wenn er nicht mehr arbeiten könnte? Er machte sich Sorgen.

Das war *Vierefiachtn* und nicht hilfreich.

– Es ist jetzt aber nicht und wenn was ist, werden wir weitersehen. –

Die Kinder

Miriam war vielfach belastet. Sie studierte, ging zur Arbeit, war geduldig mit ihren Kindern und auch mit Viktor, der viel lernte und abends und samstags die Fachhochschule besuchte. Sie organisierte den Haushalt, kochte und putzte, da Viktor viel lernen musste. Er tat Seines dazu. Er wollte den Haushalt mitgestalten. Er arbeitete gründlich und nicht flott. Er fuhr die Kinder in Schule und Kindergarten. Dabei ließ er sich viel Zeit. Die Kinder kamen dadurch häufig zu spät und in innere Konflikte. An manchen Tagen in der Woche holte Miriam die Kinder mit dem Bus. Das war sehr umständlich. Wenn es regnete und ich das Gefühl hatte, ich kann mir nicht mehr vorstellen, dass Miriam das alles gesund überstehen würde, spätestens da holte ich die Kinder ab. Ich half ihr bei der

Wäsche. Simon fragte oft, ob ich ihn nicht von der Schule abholen könnte.

Ich tat das auch gerne. Er wollte ohne seine Schwester bei uns Großeltern sein. Damit Simon einen Tag im Hort auslassen konnte, holte ich ihn einmal die Woche von der Schule ab.

Ich wollte das, gleichwohl ich es dann schade fand, dass er viel Hausübung machen musste und uns die Zeit zum Spielen abging.

Hin und wieder holte ich freitags Hanna vom Kindergarten. Wir hatten gute gemeinsame Zeit. Es gab noch keine Hausübungen.

Ich freute mich sehr auf die Kinder. Samstags, wenn Viktor Schule hatte, trafen wir uns. Jakob und ich unterstützten Miriam mit Einkaufen und Haushalt. Ich mochte das, merkte aber, dass ich noch immer schnell erschöpft war.

Mir tat das leid und Hanna sagte wieder, – Gell, es ist wegen deinem Rücken, gell, du darfst mich nicht tragen …! –

Ich wollte für meine Enkelkinder viel mehr da sein, kam jedoch mit mir selbst in Konflikt. Ich war noch nicht belastbar.

Visionen

Viel zu früh, wie mir jetzt scheint, wandte ich mich an die Beratungsstelle von *Frau und Arbeit*. Ich kannte die Beraterin aus meiner Zeit nach meiner unfreiwilligen Rückkehr in die Arbeit der Kinderbetreuung.

Sie fand meine Qualitäten damals besonders, ich hatte jedoch nicht die Idee, was ich daraus machen könnte. In meiner Erschöpfung wollte ich es trotzdem wissen und ich ließ mir einen Termin geben.

Sie meinte, dass sie mich gar nicht beraten werde, denn sie sehe, dass ich so im Burnout hänge und ich solle erst einmal gesund werden und dann wieder kommen.

Wir plauderten lange. Sie tat mir gut. Schließlich empfahl sie mir, im November ein Visionsseminar zu besuchen. Wenn ich es nicht schaffte – es waren noch zwei Monate hin – könne ich einen Tag davor absagen. Das hörte sich interessant an. Nach dem Gespräch weinte ich, ich war gerührt, gehört zu werden. Ich fühlte mich verstanden und mehr erkannt als von mir selbst.

Wege aus dem Kranksein

Meine Therapeutin empfahl mir, mit Vorsicht an das zweitägige Seminar heranzugehen. Sie versuchte, mich vor zu schnellen Schritten zu bewahren.

Wir sprachen über die Themen der Vergangenheit, ich wollte das vorerst nicht, merkte jedoch, wie sehr ich da verhaftet war. Die Leistungsglaubenssätze hatte ich absolut intus. Die Magersucht meiner Mutter, ihre Themen kamen hoch – so gegen sich selbst zu sein, gegen das Leben, wie sie – das bin ich nicht – und doch. Mein Körper sollte gesund werden – er hatte zu funktionieren, damit ich wieder funktionierte. Ich war noch lange nicht so weit.

Ich bin doch mein Körper! Wenn er krank ist, sollte ich ihn doch liebevoll behandeln.

Nachts wälzte ich mich, um eine weniger schmerzhafte Position zu finden. Der Polster passte nicht, egal, welchen ich nahm, in Bauchlage schaffte ich es einigermaßen auf einer Seite zu liegen, bis ich mich mit angezogenen Beinen in die andere Position bringen musste. Auch diese Bewegung machte ich kontrolliert.

Wie ich mich wirbelsäulenfreundlich bewegen konnte, hatte ich mittlerweile gut gelernt.

Ich bekam von meinem Arzt ein leichtes Schlafmittel verschrieben. Das war wunderbar. Endlich hatte ich das Gefühl einigermaßen schlafen zu können. Ich meinte, mit der Therapie viel verstehen zu lernen und langsam kam das Geübte auch ins Bewusstsein.

Ich durfte gut zu mir sein und ich lernte langsam zu ahnen, wie sich das anfühlte.

Ein wenig hatte ich das Gefühl, in die Zukunft blicken zu müssen und das fiel mir sehr schwer. Ich merkte, wie es mich belastete.

Die sich abwechselnden Ärztinnen der Krankenkasse sagten, wie lange ich meine, noch krank zu sein und ich müsste wissen, dass die Leistungen beendet würden, wenn sich herausstellen würde, dass ich ohnehin chronisch krank sei.

Also was jetzt? Ab wann ist man von dieser Institution abgeschrieben? Ab wann hätte man keine Chance mehr zum Gesundwerden? Habe ich denn keine Möglichkeit mehr, gesund zu werden in deren Augen?

Im Jänner wurde ich mit freundlichen Worten ernsthaft darauf aufmerksam gemacht, ich solle mich um die Berufsunfähigkeitspension kümmern, denn wenn mein Leiden nicht besser würde, steige die Kasse aus und ich fiele durch das soziale Netz.

Meine Therapeutin hatte zu tun, mich wieder in die Zuversicht zu bringen.

Ein Neurochirurg, erwähnte in seinem Brief an die Kasse, dass ich den Antrag zur Berufsunfähigkeitspension gestellt hätte. Außerdem, dass ich daran glaube, mit intensiver Arbeit an mir durchaus wieder so gesund zu werden, um wieder in die Arbeitswelt eingebunden zu werden.

Mein Neurochirurg war mein Glück, weil er mir noch weiter Physiotherapien empfahl und eine Kur in Aussicht stellte, die auch etwas bewirken könnte. Ich meinte, er wollte mich versorgt wissen, bis ich wieder stabiler sei. Denn auch er schrieb meine Rückenschmerzen dem chronischen Erschöpfungssyndrom zu.

Die Kur wurde genehmigt. Warmbad Villach in Kärnten! Mein Hausarzt sah das positiv. Es soll schön da sein. Bis zur Kur im Juli sollte mein Krankenstand andauern.

Schon lange machte ich regelmäßig zu den Übungen des Qi Gongs morgens und zwischendurch meine empfohlenen physiotherapeutischen Übungen.

Der Chef der Kasse meinte, ich hätte genug Physiotherapie gehabt, was solle da noch helfen, wenn es bisher nicht geholfen habe.

Meine Therapeutin empfahl mich weiter zu einer Kollegin, Astrid, die *feiner* arbeiten konnte.

Durchgecheckt wurde ich erneut von meinem Neurochirurgen. Abnützung war die Diagnose, fünf Bandscheibenvorfälle und das entzündete Kreuzbeingelenk. Der Neurochirurg versuchte ein paar Griffe. Es tat sich nicht viel. Er meinte, wenn sich gar nichts ändere, könne er nichts tun, ich müsse das noch rheumatologisch abklären. Tat ich. Termin beim Rheumatologen: kein Rheuma.

Der stellvertretende Chef der Krankenkasse respektierte die Meinung des Chirurgen, obwohl er sagte, ich solle mich besser einer OP unterziehen, als herumzutherapieren. Ich war sehr wütend. Er war sehr beleidigend und übergriffig.

Ich schrieb einen Brief an seinen Chef, der sich danach tatsächlich bei mir entschuldigte. Sein Kollege habe mich nicht kränken wollen.

Und ich lasse mich nicht mehr kränken!

Meine letzte Physiotherapeutin war wunderbar. Ich suchte sie mir unabhängig von der Krankenkasse aus. Sie arbeitete osteopathisch und feinstofflich. Die Abstände der Besuche waren lange anberaumt, da mit meinen Übungen und meiner Änderung mancher Einstellung ich die Zeit für meine Genesung brauchte.

Die Arbeit Astrids tat mir gut, ich konnte etwas beitragen und ich merkte, es bewegte sich etwas.

Ich wurde beweglicher. Das Wichtigste für mich: Nicht mehr so steif zu sein. Beweglichkeit in allen Formen!

Seminar der Visionen

Ich beschloss, am Seminar der Visionen teilzunehmen. Es war interessant, mich in der Gruppe von zehn Frauen zu erleben. In einer

Rolle, die ich kannte. Ich war offen und redete, wie mir der Schnabel gewachsen war.

Leider hatte ich Schwierigkeiten beim Sitzen und mittags legte ich mich ins Hinterzimmer. Ich musste ruhen. Es war anstrengend und ich spürte heftige Müdigkeit. Achtung, gehe ich wieder über meine Grenze? Ja, ein wenig. Jedoch freute ich mich, es hierher geschafft zu haben und mitmachen zu können.

Jede von uns Teilnehmerinnen ließ sich ihr Krafttier in ihre Sinne kommen. Ihr ganz eigenes Krafttier. Die Frauen sollten zum Krafttier jeder Frau ihre persönlichen Assoziationen formulieren. Ich sah mich als Eisbärin und weinte beinahe, was zu diesem meinem Tier von den Frauen assoziiert wurde. Einsam, lange und ausdauernd herumschweifend, nach Nahrung suchend und immer für die Jungen da …

In einer Dreiergruppe besprachen wir unsere Wirkung aufeinander. Ich war angetan und überrascht, wie fremde Frauen mich sahen, die mich einen Tag lang kannten.

Ich war stolz. Rückblickend weiß ich, dass es mir noch gar nicht gut ging, auch war ich sehr labil. Aber dort war es besonders. Am Ende des Seminars gaben wir uns Feedback. Die Frauen schrieben mir Stärken zu wie: Kritik annehmen können, um etwas daraus zu machen, etwas entstehen zu lassen; Teamfähigkeit; Mut; bewusst sein, dass ich ein großes Netzwerk habe; Ehrlichkeit; delegieren können (Konnte ich das denn?); Vertrauen ausstrahlen und haben. Das war schön.

Das Visionsseminar brachte mich weiter. Ich durfte es mir erlauben, ohne viel zu berücksichtigen die Zukunft zu fantasieren, besser: imaginieren.

Ich schrieb an meinem Buch. Ich arbeitete in meiner eigenen Praxis als Beraterin.

Ein Rollenspiel bestätigte meine visionierten Ziele. Ich brauchte damals etwas zum Anfassen. Ob das alles gelingen würde, würde ich sehen. Rose erkannte dieses Bedürfnis.

Mein Zimmer

Jakob und ich besorgten uns im späten Frühjahr neue Matratzen. Auch ein Versuch zur Heilung. Ziemlich parallel dazu begann ich, mein Zimmer auf dem Dachboden auszugestalten.

Hin und wieder schlief ich oben in einem ausziehbaren IKEA-Bett, das Miriam nicht mehr haben wollte … Das Schlafen unter dem schrägen Fenster war für mich eine besondere Freude. *Ich wollte das schon immer.*

Ich kaufte mir einen alten Kasten für meine Utensilien. Mein an die schräge Wand angepasstes Regal sollte für die aktuelle Literatur sein und die Dinge, die ich in meinem jetzigen Leben haben wollte. Immer mehr wandelte sich dieses Zimmer zu meinem. Es sollte auch ein Rückzugsort für mich werden. Mein Refugium. Wer sagt, dass man sein Leben lang im gemeinsamen Bett schlafen muss? Es ist eine andere Lebensqualität, ein Gefühl von Unabhängigkeit, auch getrennt zu schlafen. Vor meinen Beziehungen hatte ich doch auch ein eigenes Zimmer und ich erinnere mich gern daran. Zu Hanna sagte ich, es sei mein Mädchenzimmer. Das gefiel ihr – unsere Mädchenkammer.

Ich kaufte ein bequemes Bett.

Therapien, Yoga und Logotherapie

Mein Weg der finanziellen Absicherung musste vorbereitet werden.

Die Rückenschmerzen waren ein Teil von mir. Wie sollte ich da wieder ins Arbeitsleben einsteigen? Ich lernte, mich nicht mehr zu fürchten. Gleichzeitig wollte ich nicht in Pension gehen. Von diesem Gedanken war ich weit entfernt. Ich brauchte einfach Zeit. Ich würde mich im Sommer nach der Kur um eine einvernehmliche Kündigung kümmern und danach würde ich erst einmal Arbeitslosengeld beziehen. Jedoch hatte ich gleichwohl im Hinterkopf und spürte, viele Ressourcen und viel Wissen zu haben, um eine gute Beraterin zu werden.

Ich bekam genau zum richtigen Zeitpunkt die Gelegenheit, in zehn Einheiten abends eine Ahnung von dem logotherapeutischen Zugang zum Leben zu erfahren. Ich war fasziniert von dem Gedanken, mich in diese Richtung zu entwickeln.

Ende Februar startete der erste logotherapeutische Abend. Ich war seit langem wieder abends außer Haus. Es war durchaus anstrengend. Ich konnte die Nacht darauf schwer schlafen und war sehr unruhig.

Der Vortragende war sympathisch und inhaltlich fühlten sich die Themen ausgesprochen gut an. Die Haltung der Logotherapie ergänzte erfreulicherweise die Haltung, die ich in meinem (Berufs-) Leben versucht hatte zu leben. Ich war begeistert. Und körperlich merkte ich, dass ich gut auf mich aufpassen konnte, um mich nicht zu überfordern. Zum Glück hatte ich lange Erholungsphasen dazwischen.

Meine Therapeutin merkte, ich brauchte *Futter* und unterstützte mich behutsam in diesem Prozess, meine *Zukunft* zu gestalten, besser: meinem Leben eine andere Richtung zu geben.

Ich war noch krank und spürte meine Erschöpfung. Wenn's zu viel wurde, reagierte mein Körper mit Atemnot.

Ich ging viel walken, um draußen Weite zu spüren und meinen Körper gut wahrzunehmen.

Meine Physiotherapeutin legte mir nahe, wieder Yoga zu machen, um gut atmen zu lernen und mein Körperbewusstsein zu steigern. Sie zeigte mir in unseren gemeinsamen Stunden ohnehin Yogaübungen und ich war stolz, dass sie gelangen. Denn als meine Kreuzschmerzen vier Jahre vorher heftig geworden waren, hatte ich aufgehört ich auf Yoga zu praktizieren.

Und jetzt stieg ich wieder ein. Ich bekam die Information zur Möglichkeit der Begegnung mit einer großartigen Yogalehrerin und seither bin ich mit ihr verbunden, Yoga zu leben.

Dieser Weg half mir auch zu einer guten Haltung zu mir und meinem Körper – also zu mir ganzheitlich. Im Sommer nahm ich nach dem offiziellen Yogakurs bei Kerstin privat weiter Übungsstunden.

Ich erlebte mich an der Arbeit mit mir sehr konsequent. Ich tue viel und tue es für mich.

Manchmal hatte ich Jakob gegenüber ein schlechtes Gewissen, weil ich ein paar wenige Abende weg war.

Da sitzt noch etwas.

Darf ich mich so intensiv mit mir beschäftigen?

Jakob steht an meiner Seite. Kann er bei meiner Entwicklung mitkommen?

Mit den Gedanken und Hintergründen der Logotherapie fühlt auch er sich verbunden. Und für ihn ist wichtig: Das was mir gut tut, soll ich doch tun.

Er war oft erschüttert, wie schlecht ich vom Liegen und Sitzen meinen Körper in die Vertikale bringen konnte. Meine Beine, meine Knie und Fußgelenke ließen neben dem Rücken aus. Langsam musste ich mich hochhieven. Natürlich war er froh, als er langsam eine Veränderung bemerkte.

Ich sagte mir, ich hatte vier Jahre lang mit diesen Schmerzen gelebt und zum Großteil gearbeitet. Die Schmerzen waren von *langer Hand* aus meiner Kindheit angelegt. Wie sollten sie nach so kurzer Zeit verschwinden?

Ich fragte mich immer und immer wieder: – Was wollt ihr Schmerzen mir denn noch sagen? –

Mir war klar, da würde ich noch viel an meinem Selbst entdecken, um alte Muster abzulegen und negative Erfahrungen mit den Menschen, die mich begleitet und ihren Umgang mit Kindern nicht besser verstanden hatten, zu verzeihen.

Die Verdeckte Aufstellung deckt auf

Emma nahm mich mit zu Nora, einer Psychotherapeutin, die eine besondere Art der Aufstellungsarbeit praktiziert. Verdeckte Aufstellungen, bei denen du zu Beginn nicht weißt, wer welche Rolle spielt.

Was diese verdeckten Aufstellungen bei uns hervorbrachten, war faszinierend.

Drei Aufstellungen wurden an einem Samstagnachmittag gearbeitet. Beim ersten Mal musste ich nach der zweiten gehen. Das war mir zu viel.

Ich ließ mich auch beim nächsten Mal ein und fragte mich, was das denn mit mir macht.

Die Teilnehmerinnen kannten das Thema nicht. Nach ihrer Intuition zogen sie von den kleinen Zetteln, die auf dem Boden lagen und jeweils eine verborgene Zahl enthielten, ihren selbst gewählten. So erhielt jede ihre eigene Zahl, die einer Qualität, einem Wert zugeordnet war. Die Teilnehmerinnen bewegten sich nach ihrem Gefühl im Raum oder blieben in einer gewählten Position an einem gewählten Platz. Sie stellten intuitiv ihre zugeordnete Qualität dar (wie: Freiheit, Fürsorge, Mut ...)

Es wurde für mich erstaunlich begleitet und es war faszinierend, was daraus entstand.

Du spielst dein Thema und das Thema der Aufstellerin in einem.

Meine Aufstellung

Ich hatte die Gelegenheit, selbst aufzustellen und es war erstaunlich, wie ähnlich, fast erschreckend gleich, eine Frau meine Mutter spielte, ohne sie je gekannt zu haben – sie tat mir schon fast leid.

Emma spielte mich und ging mit einer Frau, die *meine Fähigkeiten* spielte, gemeinsam in die Zukunft. Das war so berührend und so klar für mein Selbstvertrauen.

Meine Mutter hatte große Sorgen mit sich und ihrer Vergangenheit und das fand auch Ausdruck in ihrer Magersucht.

Die Frau, die in der Rolle meiner Mutter war, wollte mich umarmen und die Darstellerin meiner Person konnte das in diesem Moment zum Glück nicht zulassen.

Immer wieder sollte das zum Thema werden. Es war in dieser Aufstellung so sichtbar, dass ich die Verantwortung bei meiner Mutter lassen konnte. Niemand hat Schuld. Und ich bin nicht schuld daran, wie es meiner Mutter geht. Sie lebt(e) ihr Leben.

Und ich lebe mein Leben.

Immer mehr konnte ich mich später auf die Aufstellungen einlassen und ich hatte auch Spaß daran. Nora leitete sie großartig. Ich tue mir jetzt leichter, Dinge zu erkennen und zu *spüren!*

An einem Wochenende auf der Alm erlebte ich Außergewöhnliches! Nora organisierte für unser Aufstellungsteam drei Tage auf einer Salzburger Alm in einem Blockhaus. Wir versorgten uns selbst und bekamen ein außergewöhnliches Seminar geboten. Emma und Richard waren mit dabei. Die Art, wie wir lernten, in uns hineinzuspüren, in unsere eigenen Lebenssituationen, unsere Gefühle und unsere Persönlichkeit war beeindruckend. Jede/r ging am Ende intuitiv seine persönlichen Wege auf der Alm. Die Leichtigkeit im Beisammensein, bei den Mahlzeiten und abends war nicht zu unterschätzen!

Da war ich doch tatsächlich am Ende bis auf weiteres schmerzfrei!

Mit Nora arbeitete ich in großen Abständen immer wieder zusammen, in Einzeltherapie mit inneren Bildern.

Und weil's noch nicht genug war, begann ich mit einer mir vertrauten Therapeutin aus früherer Zeit unseres Lebensabschnittes in Birkenmoor und meiner Leiterinnenarbeit, mit der Aufstellung am *Familienbrett* weiterzuarbeiten und zu lernen.

Emma

Emma wurde während meiner schwierigen Zeit des Umbruchs eine wunderbare Freundin. Sie rief mich an und erkundigte sich nach mir. Sie hatte Feingefühl und wusste, was mit mir geschah und wie es in mir aussah. Sie hatte Ähnliches miterlebt, allerdings meine ich, um einiges schwieriger, denn ihre Krankheit war lebensbedrohlich gewesen.

Sie fragte auch nach, wie es Jakob ginge und wie er mit meinem Bedürfnis nach meinem Alleinseinwollen zurecht käme.

Emma ist die Mutter eines guten Freundes von Miriam. Als Jugendliche war Miriam mit Alva und anderen Freunden und Freundinnen oft bei Leo. Sie sahen bei ihm gruselige Videos und hatten danach furchtbar Angst. Leo war Miriam immer wichtig und ein guter Freund. Wunderbar chaotisch und von *klein* auf intellektuell. Sozial und politisch war Miriam mit ihren FreundInnen in ihrer Clique sehr engagiert. Gemeinsam mit Alva setzt sich Leo auch heute altruistisch für eine bessere Welt in den alltäglichen Begegnungen mit Menschen und in politischen, menschlich not-wendigen Situationen ein.

Emma sieht sich als *Schwiegermama* Miriams, obwohl Leo mit Miriam nicht die entsprechende Beziehung hatte – das ist eine Geschichte zwischen Emma und Miriam. Damals war ich mit Emma befreundet. Wir verloren uns nach der Schulzeit unserer Kinder aus den Augen. In Abständen von Jahren hatten wir schöne Begegnungen. Seit jener Zeit meines Umbruchs pflegen wir unsere Freundschaft.

Ich konnte lange keine Freundinnen besuchen oder Besuch empfangen.

Jedoch riefen mich immer wieder treue Freundinnen wie Emma an und erkundigten sich nach mir.

Jakob

Jakob und mir ging es gut miteinander. Jakob war immer sehr wichtig für mich. Mit ihm konnte ich selbstbestimmt leben. So weit ich es eben aus mir heraus konnte und meinte zu können.

Es war nicht leicht für ihn, mit der neuen Lebenssituation zurecht zu kommen. Als ich schon Zuversicht hatte, überkamen ihn viele Zweifel. Er fühlte sich in seiner Rolle als *Alleinverantwortlicher* in finanzieller Hinsicht sehr unwohl.

Ich hatte doch auch Geld. Ich bekam mein Krankengeld. Und wenn er krank werden würde oder etwas Unvorhergesehenes geschähe, würden wir auch damit zu Rande kommen.

Ich war immer die Zuversichtlichere von uns beiden. Ich hielt ihn, soweit förderlich, über die Einsichten aus meiner Therapie am Laufenden und versuchte ihn an meinen Gedanken ebenfalls, soweit ich es für uns beide für wesentlich hielt, teilhaben zu lassen. Das Schritt für Schritt Denken versuchte ich ihm nahe zu bringen. Obwohl ich im Grunde die Ungeduldigere bin. It depends. Er ging auch darauf ein. Trotzdem hätte er es gerne *sicher*. Aber sicher ist gar nichts. Ohnehin nicht.

Meine Freude

Endlich hatte ich die Idee, eine sehr gute Ausbildung zu beginnen, um danach das zu tun, was ich konnte, jedoch ohne angestellt zu sein. Ich machte meine logotherapeutische Ausbildung weiter und parallel die Ausbildung zur Kinesiologin.

Ich spürte schon, dass ich noch sehr angeschlagen war, dennoch, es sollte mein Weg werden, ein besonderer Weg der Wandlung und des Werdens.

Mit Menschen zu arbeiten im beraterischen Kontext, aufbauend auf einem lebensbejahenden logotherapeutischen Konzept, ist eine gute Möglichkeit, den Menschen zu dienen. Es ist wunderbar für mich, auf Menschen eingehen zu können, ihre Geschichten zu hören, zu hören, was sie bewegt, ihre Ressourcen zu finden und aufzubauen auf dem bemerkenswerten Potential, das in jedem Menschen da ist. Meine Ausbildungen, das wurde mir erst danach klar, machte ich für mich, für mein Wachsen. Umso schöner empfinde ich es, dass die Zeit gekommen ist, andere Menschen an meinem Wissen, meiner Erfahrung und meiner Empathie teilhaben zu lassen.

Zu lernen gibt es bis zum *Happy End*[2].

... und sogar in Bezug auf meinen kleinen Bruder scheint das noch der Fall zu sein:

Zwischendurch Familie

Günter

Mutter liebte mich auf ihre Art, es war keine Nähe spürbar. Erst bei Günter bemerkte ich, dass sie aufging in ihren Gefühlen. Er war ihr Sonnenschein. Sie zeigte etwas, das vorher bei uns nicht da war. Günter gab ihr die Liebe, die *sie* brauchte(!). Er war unkompliziert, schrie nicht, er durfte bei Mutter im Schlafzimmer schlafen. Er war immer lustig, er lachte oft und war sehr zugänglich. Er holte sich die Zärtlichkeit unserer Mutter. Ich war nicht eifersüchtig. Ich freute mich auch an Günter und Michael hatte in ihm bald einen Spielgefährten.

Mein jüngster Bruder heiratete spät und bekam mit seiner Frau zwei wunderbare Töchter. Die ältere Tochter lernte ich noch in München kennen, die jüngere wurde geboren, als meine Schwägerin beschloss, den Kontakt zu mir abzubrechen. Leider. Auch Günter sah ich in dieser Zeit nur zweimal kurz bei schwierigen Familienbegegnungen. Es war nicht nur die Entscheidung meiner Schwägerin. Wir sahen uns zehn Jahre lang nicht. Umso mehr

---

[2] Aus dem Lied: *Da sein*, von Marietta Zumbült. – *Ich will da sein bis zum Happy End.* –

freute ich mich über sein Geschenk zu meinem zweiundfünfzigsten Geburtstag: Oskar Maria Grafs *Das Leben meiner Mutter* und einen Brief mit dem ausgesprochenen Bedürfnis einander wieder zu begegnen. Ich freute mich nicht sofort. Ich ließ Zeit verstreichen und beschloss nach und nach, es für eine gute Idee zu finden. Drei Monate später fanden wir uns wieder. Es ist ein wunderbares Gefühl, Geschwister zu haben. Hin und wieder muss man sie neu entdecken.

Günter ist mein kleiner Bruder, den ich, wie ich meine, politisch bildete. Er war junge vierzehn Jahre alt, als ich ihn auf unseren Urlaub auf die Insel Lesbos mitnahm. Günter soff schon damals viel zu viel. Den Metaxa trank er wie Retsina. Und kein Mensch konnte ihn davon abhalten. Er besuchte mich hin und wieder in unserer WG in Salzburg. Wenn wir gemütlich beisammensaßen, trank er Ricadonna, einen Wermut, wie wir Wein. Und nachts musste ich ihn *versorgen*, weil er uns das Bad vollkotzte. Mein kleiner Bruder soff bei unserer Hochzeit bis zum Umfallen. Er lebte noch zu Hause bei unseren ELTERN. Er kam in den Morgenstunden nach Hause und unsere Mutter behauptete bis zu ihrem Ende, er sei nie betrunken gewesen und habe immer nur Tee getrunken. Meine Eltern waren großartige Künstler des Verdrängens:

> *Und er kommt zu dem Ergebnis:*
> *Nur ein Traum war das Erlebnis.*
> *Weil, so schließt er messerscharf,*
> *nicht sein kann, was nicht sein darf!*
>
> *aus dem Gedicht: Die unmögliche Tatsache*
> *(aus Palmström); Christian Morgenstern*

Dieses Gedicht passt gut zu meinen Eltern. Ich rauchte und sie schienen es nicht zu bemerken. Als langjährige Nichtraucherin rieche ich Rauch, wenn vor dem Haus geraucht wird, ein Fenster offen ist und ich weit davon entfernt bin. Als junge Frau war ich so gut wie nie im Haus meiner Eltern in Grubenau. Einmal kurz meine Mutter besuchend, rauchte ich aus dem Gästezimmer (meinem Zimmer) am offenen Fenster meine selbstgedrehten Zigaretten. Alles an mir roch stark nach Rauch. Fünf Jahre lang hielt mein Körper meinen intensiven Zigarettenkonsum aus. Mutter sagte nichts, obwohl ich weiß, dass sie RaucherInnen gegenüber absolut intolerant und verachtend war; das gleiche galt dem Alkoholkonsum. Unsere Eltern bezeichneten sich als Asketiker – was meinen Vater betrifft, war das sicher nicht der Fall, bei meiner Mutter schon. Auch was das Essen betraf. Sie hörte zu dieser Zeit mit der Nahrungsaufnahme auf.

Vater ignorierte die Gewalt, die er mir angetan hatte und nach Jahren des Schweigens schien er vergessen zu haben. Wenn die Sprache in die Nähe der Ereignisse meiner Jugend kam, wurde das Thema gewechselt oder die Dinge wurden schöngeredet und ausgelassen.

Miriam war zweieinhalb Jahre alt, als mein Vater und ich wieder miteinander sprachen. Ich sorgte dennoch dafür, dass wir uns selten begegneten. Ich konnte und wollte nicht mehr über all das Belastende sprechen, was in meiner Jugend passiert war. Es war sowieso sinnlos und änderte nichts. Für Mutter waren diese Themen tabu. Auch bei ihr war es so, wenn ich mich dem Thema, was mit uns in meiner Jugend passiert war, nähern wollte, gab sie nur ausflüchtende Kommentare ab. Das war verletzend. Es sollte noch Jahre dauern, bis sich unsere Beziehungen einigermaßen stabilisierten.

Günter war das Lieblingskind, das Nesthäkchen, der Gescheite, der sich nach seiner Promotionsfeier auf der Straße den Anzug auszog, in Unterhosen dastand und seine alten Klamotten anzog. Er wurde dabei noch von meinen Eltern fotografiert. Das war in Ordnung – Vater hätte diesbezüglich auch keinen Genierer und sie waren so schön anders als die Andern. Beide ließen sich nicht in gesellschaftliche Konventionen stecken. Darunter fiel auch das Tragen eines Anzugs. – Ich lass mir nichts von außen auferlegen. –, war die Devise – von beiden. Das mögen meine Brüder nicht hören. Beide sind in dieser Beziehung Vater ähnlich, sich keiner Etikette unterwerfen zu wollen. Das hat seine Berechtigung. Wenn es zum Kultstatus erhoben wird, wirkt es lächerlich.

Günter war eine Weile in Wien und hatte eine wunderbare Freundin in Kärnten. Später bezogen beide ein Häuschen in Graz, er studierte auch da. Beide waren humorvoll und sehr kreativ. Hermi war eine talentierte Goldschmiedin, es gelang ihr leider nie, davon zu leben. Miriam und ich besuchten die beiden in ihrer ländlichen Idylle. Es war ein altes Haus, das Klo war offen zum Wohnzimmer, die Stufen steil in die Dachkammer zum Schlafen. Miriam nahm ihre allerliebste Freundin dorthin mit. Wir wollten ein paar Tage bleiben. Alva hatte schreckliches Heimweh. Günter und Hermi waren sehr lieb und konnten sie gut trösten. Diese Tage waren besonders, wir rannten über weite Wiesen. Es war März und es war schön, wieder Wärme zu spüren, wir rollten Hänge hinab und versteckten uns, machten lange Spaziergänge, ohne dass es für die Kinder langweilig wurde.

Wir besuchten Hermi und Günter auch bei ihrer Mutter am Bauernhof in Kärnten. Endlich gute Assoziationen zu diesem Bundesland. Hermi hatte in der Scheune ihr Atelier. Miriam ging es mit Günter und Hermi so gut. Miriam war in allem mit einbezogen und Hermis Mutter zeigte ihr das Leben am Bauernhof.

Idylle hin und her, Günter blieb Hermi nicht treu und irgendwann, als er Zivildienst machte, meinte er heiraten zu müssen, dadurch würde er mehr Geld bekommen. Er heiratete Irene, nicht Hermi. Er sagte mir damals beiläufig, es wäre nicht wichtig, wen er heiraten würde. Es gäbe für ihn keine zwingende Bindung. Aber Heirat ist Heirat. Irene, seine Frau, sah das so. Sie übernahm Verantwortung für ihre Beziehung und stand zu ihrem Mann, meinem Bruder. Sie zogen nach München und sollten später zwei entzückende Töchter bekommen.

Wir hatten losen Kontakt. Irene hatte einen Sohn, Laurin, mit ihm verstand sich Miriam sehr gut. Wir machten in der Umgebung von Graz einen Ausflug zu den Nutriaschweinen. Laurin erzählte viel und war sehr aufgeweckt. Miriam und Laurin sprangen in den in der Nähe liegenden See und hatten miteinander großes Vergnügen. Ich mochte Laurin. Er sollte als Jugendlicher an der vermutlich unbewussten Ablehnung und dem Erziehungsdruck seiner Mutter scheitern. Das alltägliche Miteinander rieb sich an Dingen, wie am Partoutstandpunkt, den Mülleimer hinuntertragen zu müssen. Beziehungen, noch dazu Eltern-Kind- Beziehungen, sollten nicht am Mülleimerproblem und Ähnlichem scheitern. In der Schule klappte es auch nicht nach ihren Vorstellungen. Er wurde stark unter Druck gesetzt und Günter versuchte zu erklären, was mich immer irritierte. Für ihn war Mülleimer hinuntertragen auch ein Muss …

Wir verstanden uns nicht besonders gut und spürten die unangenehme Atmosphäre. Wir beschlossen unausgesprochen, unseren Kontakt auf Eis zu legen.

Somit verschwand auch mein Bruder aus meinem Leben und das fand ich absurd und schade.

Früher schrieb Günter komplizierte Briefe in einer komplizierten Schrift. Mutter lobte diese Briefe und alles, was Günter verfasste, in übertrieben höchsten Tönen. Er konnte schreiben, was er wollte, alles war super. Das war mir zuwider und Günter hielt diese Art der übertriebenen Zuwendung auch nicht aus.

Er litt, dass er noch drei Jahre mit unseren Eltern allein verbringen musste in einer Phase, die ihn fast in den Wahnsinn getrieben hätte. Mutter schottete sich sozial völlig ab, niemand ging mehr zum Telefon, unsere Eltern ließen sich verleugnen. Die Magersucht meiner Mutter war sicher eine Ursache für Günters Alkoholkonsum. Spätestens in seiner Ehe nahm das nicht mehr diese grandiosen Ausmaße an.

Ich gewöhnte mich an das Schweigen gegenüber meinem kleinen Bruder. Das Thema in meiner Familie, dass man nicht miteinander spricht und sich beleidigt zurückzieht, ist mir vertraut. In den Jahren hörten wir über unsere Eltern voneinander und es entstanden Bilder in unseren Köpfen, die sich verfestigten. Aufgeklärt wie wir sind, konnten diese Bilder richtiggestellt werden. Ich weiß, es könnte sich eine neue Beziehung von anderer Qualität entwickeln.

Der Brief

Ein Brief zu meinem Geburtstag, das heißt eine ganz unkomplizierte Karte mit guten Wünschen und dem Buch O.M. Grafs wird vieles verändern. Vorerst hatte ich keine Lust, mich neu auf Familienangelegenheiten einzulassen. Es ging mir nicht gut und ich wollte mich nicht zusätzlich belasten. Günter will unseren Kontakt wieder auffrischen und nicht nur davon reden. Hatten wir davon gesprochen? Ich bin noch wütend. Wie bei meinem Vater, der auch plötzlich meinte, jetzt passt alles. Jetzt sehen wir uns wieder. Und ich soll damit umgehen!

Vater hatte in dieser Zeit für uns einen Dachboden ausgebaut und in unserem neuen Haus Türstöcke und Wände umgerissen, Wände aufgebaut, fünfzehn Tannen ausgerissen, Zäune gebaut, seine Kräfte mit einundachtzig Jahren verausgabt. Er arbeitete, als müsse er all seine Sünden abbüßen, so sah es Günter. Vater weiß doch, was er getan hatte, Mutter weiß nicht, dass sie ein Teil davon war, ein wichtiger Teil. *Sie hatte danebengestanden und mir nicht einmal verbal Trost gespendet.*

Kann ich es Vater gegenüber so stehen lassen?

Bleibt etwas offen?

Günter muss nicht so viel Energie investieren. Er hat mich enttäuscht und nicht verletzt. Enttäuscht in der Bedeutung: aus einer Täuschung herausreißen. Die Täuschung, als Bruder da zu sein. Meine Erwartungen waren andere, jetzt habe ich sie nicht mehr.

Mal sehen, was wird. – Ich weiß nicht, ob ich jetzt den Kontakt will – Ich will mich um mich selber kümmern und habe derzeit wenig Energie für Familienprobleme! – Das waren meine ersten Gedanken. Drei Jahre später erschossen sich unsere Eltern.

Wir hatten erneut miteinander zu tun. Wir bekamen erneut Gelegenheiten, unsere Verstrickungen zu sehen und weiterzuwachsen, hinzuschauen.

Ketten

Und dann der Tod.

Familie anders.

Stricke lösen, Ketten lösen.

Dann Freude erleben und aus Ketten Mut gestalten.

Im Kettenkarussell mit den Nachgeborenen fliegen,

Höhe und Weite spüren,

das Gesicht in den Wind halten, ihn durch die Haare wehen spüren,

den Körper mit der Fliehkraft treiben lassen,

Vertrauen.

Frieden machen, Ruhe haben.

Mit Respekt Nein sagen können.

In der Ruhe Frieden finden.

Vergeben.

Nach und nach, Verwirrung.

Annehmen können, geben können.

Wird es sich wandeln?

Es wird.

Im Frieden sein mit sich selbst und der Familie.

Den Karren der Vergangenheit nicht mehr ziehen

Ihn loslassen, stehen lassen,

die Hände frei bekommen für die Beweglichkeit im Jetzt.

Lassen wir es uns gut gehen!

Das Leben leben und wissen, es geht weiter.

Ketten sprengen, verwandeln, im Kettenkarussell fliegen.

Freude. Lebensfreude. Vitalität.

Tanze deinen Lebenstanz! Tanze ihn! Tanze!

Hundert Sprachen hat das Kind

Ein Kind ist aus hundert gemacht.
Ein Kind hat
hundert Sprachen
hundert Hände
hundert Gedanken
hundert Weisen zu denken
zu spielen und zu sprechen.
Immer hundert Weisen zuzuhören
zu staunen und zu lieben
hundert Weisen zu singen und zu verstehen
hundert Welten zu erfinden
hundert Welten zu träumen.

Ein Kind hat hundert Sprachen
doch es werden ihm neunundneunzig geraubt.
Die Schule und die Umwelt
trennen ihm den Kopf vom Körper.
Sie bringen ihm bei
ohne Hände zu denken
ohne Kopf zu handeln
ohne Vergnügen zu verstehen
ohne Sprechen zuzuhören
nur Ostern und Weihnachten zu lieben und zu staunen.
Sie sagen ihm, dass die Welt bereits entdeckt ist
und von hundert Sprachen
rauben sie dem Kind neunundneunzig.

Sie sagen ihm
dass das Spielen und die Arbeit
die Wirklichkeit und die Phantasie
die Wissenschaft und die Vorstellungskraft
der Himmel und die Erde
die Vernunft und der Traum
Dinge sind, die nicht zusammengehören.
Sie sagen also, dass es die hundert Sprachen nicht gibt.
Das Kind sagt: »Aber es gibt sie doch.«

Loris Malaguzzi,
Reggio Emilia 1985 (übersetzt von A. Dreier)

Konstanze

Es fiel mir schwer nach Waldbühl zu fahren, um meine Tante zu besuchen. Es überforderte mich. Es kostete mich Überwindung, dennoch nahm ich mir ein Herz und fuhr. Sie mag mich sehr, das weiß ich, ich wollte sie nicht völlig enttäuschen. Ich mag sie ja auch, ich fühle mich aber in der Umgebung ihres Zuhauses nicht wohl. In den Gesprächen gemeinsam mit ihrem Mann fühlt es sich so schwer und verwirrend an, das war schon vor dem Tod meiner Eltern so.

Ich nahm für Konstanze das Foto meines Vaters mit, als er ein kleiner Junge von etwa acht, neun Jahren gewesen war, das ich im Haus beim Ausräumen gefunden hatte. Auf diesem Foto war Winter, der junge Wilhelm war in eine viel zu große Art von hellem Dufflecoat und dicken Strumpfhosen gekleidet und sah zu seinem großen Bruder in Militäruniform auf.

Der Gesichtsausdruck meines Vaters war naiv bewundernd, eingeschüchtert. Ahnungslos und gleichzeitig etwas ahnend.

Der große Bruder sah, den Kopf hoch erhoben, diesen Ausdruck mit einer Militärkappe betonend, weit in die Ferne – ins Reich?

Ich wollte dieses Foto nicht bei mir haben, obwohl es ganz wesentlich und ausdrucksstark war für die Geschichte meines Vaters. Ein Teil von ihm, der hilflos und unschuldig war, kam hier für mich zum Vorschein. Aus dieser Zeit weiß ich nicht viel über ihn. Gleichzeitig wollte ich darüber mit Konstanze reden.

Ich habe das Foto gesehen, jetzt brauche ich es nicht mehr besitzen. Es hatte mich sowohl in meinem Mitgefühl als auch in meinem Grauen berührt.

Ich fragte Konstanze, ob sie es haben möchte, ich wolle es nicht. Sie freute sich darüber, sie kannte es. Konstanze ging aus dem Raum und kam wieder mit einigen Fotoalben, denen anzusehen war, dass sie nicht aus jüngeren Zeiten stammen.

Beim Öffnen des ersten Albums sprangen mir Fotos von ihrem Vater aus der Zeit des Dritten Reiches ins Gesicht. Ich hatte Konstanze von meiner Angst als Kind vor dem düsteren Bild aus Großmutters Wohnzimmer erzählt, auf dem Großvater zu sehen war, während er in Wehrmachtsuniform hoch zu Ross posierte.

Die Fotos aus einem dieser Alben waren Bilder dieser Art. Konstanze erzählte etwas von einem Hund … ich hörte auf zuzuhören. Diese Bilder waren grauenvoll! Gruppierte Männer in Naziuniform im Schnee liegend, andere stehend, lachend. Siegesgewiss, selbstherrlich. Bilder mit berittenen Militärs im Schnee und dergleichen.

Ich hatte genug! Ich wollte das nicht mehr sehen. Mir kamen genau andere Bilder in den Sinn. Bilder der erfrorenen Soldaten vor Stalingrad, Bilder der toten, gefolterten, kranken und verhungerten Menschen aus den Konzentrationslagern und tausend mehr aus dieser grauenvollen Zeit. Mir wurde es eng.

Ich habe keine Ahnung, ob Konstanze verstand. Ich glaube nicht. Ich weiß genug von meiner Familiengeschichte. Diese überbetonte Heldenhaftigkeit meines Großvaters hier noch gepriesen zu sehen, damit wollte ich mich an diesem Ort mit Konstanze nicht auseinandersetzen.

Ich hatte das Gefühl, als ob die ganze Geschichte aus dieser Zeit wieder in mir aufbrechen würde. Ich hätte mich übergeben können. All die Widersprüche, die Verlogenheit in den Familien. Unbewusstheit.

Sich selbst ins Unwissen retten wollen. Natürlich hat Konstanze eine andere Sichtweise. Das ist so. Sie hat ihren Weg, mit den *Heldentaten* und dem Leid ihres Vaters aus dieser Zeit umzugehen. Mit der Geschichte ihrer Brüder, unserer Vorausgegangenen, ihrer Geschichte.

Es ist nicht nur der gewaltsame Tod meiner Eltern, an den ich in der Kommunikation mit Vaters Schwester nicht erinnert werden will. Es ist die ganze große Geschichte, die damit verbunden zu sein scheint.

Es verarbeiten? Ja. Dennoch entscheide ich, ob und mit wem ich worüber spreche und welche Art von Geschichte ich hören mag. In der Küchenstube meiner Tante nicht.

Michael liest die Tagebücher unserer Mutter. Seit den Fünfzigerjahren bis zu ihrem Tod von ihrem Leben Aufgeschriebenes. Nüchtern, wie er erzählt, einen routinierten Alltag beschreibend und plötzlich wieder Überraschendes. Zum Beispiel, dass Mutter doch zu ihrer Schwester vor meiner Geburt in ihrer Waghofener Zeit eine gute Beziehung hatte. Rita besuchte sie ab und an in Grubenau und sie gingen auch einen trinken. Durchquatschten Nächte. Waren zusammen als Geschwister. Vater duldete das nicht. Mutter war nicht glücklich mit ihrem Mann, der, wenn ihm etwas an ihr nicht passte, durchaus gewalttätig wurde. Rita wurde von Vater ignoriert. Glücklich war Mutter mit der Aussicht, sich endlich etwas leisten zu können. Reisen zu machen nach Schweden oder Irland.

Mit mir schwanger im nassen Zelt auf irischem Boden, wie sie mir immer wieder erzählt hatte.

Günter fuhr nach Dresden, um nachzuforschen. Vaters Geliebte zu finden. Er fand sie. Sie ist. Vater und Anke hatten immer wieder Kontakt. Damals, in den Achtzigern, eine Liebesbeziehung.

Konstanze rief sie an und informierte sie, dass Vater tot ist.

Danksagung

Meinen besonderen Dank spreche ich dir aus, liebe Evi. Danke für unsere anregenden Gespräche. Danke für dein achtsames Lesen und deine Korrekturhinweise. Danke für die Motivation diesen Weg zu gehen!

Helga und Helmut, danke fürs Immer-wieder-lesen und – trotz eurer Betroffenheit – der Freude, die ihr mir dabei vermittelt habt. Danke an die Initialzündung, das Buch werden zu lassen!

Danke, Gabi, für deinen seelischen Beistand mit deiner besonderen Intuition, deiner Ehrlichkeit und Klarheit, mir die Augen zu öffnen und Dinge bewusst zu machen, sie zu tun oder zu lassen.

Danke an die Betroffenen – besonders meine langjährige Freundin Petra, meinen Mann Klaus, unsere Tochter Marlene, die beim Lesen an alte Wunden und Freuden erinnert wurden. Danke an alle, die meinen Zugang zu dieser Geschichte annehmen konnten und auch an die, die sie anders sehen. Danke meiner Familie, die hinter mir steht!